REISEN
DURCH DAS
JÜDISCHE
DEUTSCHLAND

IMPRESSUM

Erste Auflage 2006

Ausstattung und Umschlag:
Gesetzt aus der Stempel Garamond
Gedruckt auf säurefreiem und chlorfrei gebleichtem Papier
Gestaltung: botschaft prof. gertrud nolte visuelle kommunikation und beratung, düsseldorf
Satz: gertrud nolte
Druck und Verarbeitung: B.o.s.s Druck und Medien, Kleve
Printed in Germany
ISBN 10: 3-8321-7932-1
ISBN 13: 978-3-8321-7932-8

REISEN DURCH DAS JÜDISCHE DEUTSCHLAND

Herausgegeben von

Micha Brumlik
Rachel Heuberger
und
Cilly Kugelmann

Projektentwicklung von
Dodie Volkersen

DUMONT

INHALT

VORWORT

Vorwort

Der vorliegende Reiseführer durch das jüdische Deutschland bietet mehr, anderes, aber auch weniger als herkömmliche Reiseführer. Reisende, die am schnellen Abfahren bestimmter Routen interessiert sind und dabei griffige Informationen über preiswerte Unterkünfte, gute Lokale und schnell bewältigbare, logische Routen erwarten, werden hier zu kurz kommen. Dieser Reiseführer setzt nicht auf touristische Erlebnisse, sondern auf historische Erfahrungen, nicht auf Breite, sondern auf Tiefe, nicht auf Schnelligkeit, sondern auf Muße. Indem er nicht nur ausführliche Portraits von Landschaften, Städten und Regionen bietet, sondern zugleich in Hintergrundartikeln, handbuchartigen Einträgen und von der Individualität ihrer Verfasser geprägte Essays bietet, soll er nicht nur die Umrisse einer Kultur, sondern zugleich eine Religion, ihre Geschichte und ihre Tradition entfalten, dabei zugleich ein Stück Zeitgeschichtsschreibung präsentieren und damit Leserinnen und Lesern eine neue Perspektive eröffnen.

Es konnte gar nicht anders sein, als dass die Auseinandersetzung mit Juden und Judentum im Deutschland der Nachkriegszeit sich vor allem längs der Linien bewegte, die durch das Menschheitsverbrechen des Holocaust vorgegeben waren. Diese für ein aufgeklärtes Selbstverständnis der deutschen Gesellschaft unerlässliche Einstellung hatte freilich zur Folge, dass Juden, jüdische Kultur und Religion in den Hintergrund traten und ihnen damit ihre eigene Physiognomie genommen wurde. Aus Juden wurden so – Signum des zwanzigsten Jahrhunderts – »die Opfer«. Die mit diesem Buch vorliegende Einladung zu einer Reise durch Raum und Zeit will hinter »den Opfern« wieder die Angehörigen einer Religion, einer Ethnie, einer Kultur hervortreten lassen, die seit Jahrhunderten und auch noch nach dem Zweiten Weltkrieg in einer aktiven, lebendigen Auseinandersetzung mit ihrer – in diesem Fall: deutschen – Umgebung standen, mehr noch: ein Teil ihrer waren.

PORTRÄTS VON STÄDTEN UND REGIONEN

BERLIN

Inka Benz :
Juden in Berlin – Orte ihrer Geschichte

Judith Kessler :
Zwischen »Charlottengrad« und »Scheunenviertel«
Jüdisches Leben in Berlin heute

JUDEN IN BERLIN – ORTE IHRER GESCHICHTE

Inka Benz

Juden im mittelalterlichen Berlin

1871 begann Ludwig Geiger seine Geschichte der Juden in Berlin mit der Feststellung: »Berlin ist keine mittelalterliche Stadt«. Damit traf er das Lebensgefühl der Bewohner ebenso wie ihre architektonische Gestalt. Denn nichts ist heute und war schon damals bereits so gründlich verschwunden wie das mittelalterliche Berlin.

Vier Kirchen und ein kleiner Rest Stadtmauer sind alles, was blieb. Die Umrisse der alten Stadt sind nur noch am Verlauf der Trassen der S-Bahn zwischen Hackeschem Markt und Jannowitzbrücke sowie der U-Bahn zwischen Märkischem Museum und Hausvogteiplatz zu erahnen. Allein die Straßenschilder in der Gegend von Fernsehturm, Marx-Engels-Forum, Staatsratsgebäude und im nachgebauten Nikolaiviertel deuten auf die historische Struktur: Klosterstraße, Brüderstraße, Petriplatz, Molkenmarkt, Mühlendamm – und eben auch Jüdenstraße. Denn hinter dem Roten Rathaus, heute eine Wüstenei von Parkplatz und Schnellstraße, befand sich einst der jüdische Wohnbezirk. Sein Mittelpunkt war der »große Jüdenhof« mit Synagoge, Lehrhaus und Ritualbad. Noch bis in die dreißiger Jahre existierte ein Platz mit diesem Namen.

Das mittelalterliche Berlin war vor allem ein Handelsplatz. Hier kreuzten sich die Handelswege, die von Magdeburg nach Polen und aus Sachsen an die Ostsee führten. Das benachbarte Spandau hatte die größere jüdische Gemeinde; dort befand sich ein Friedhof, auf dem wohl auch die

1
Alte Häuser des Jüdenhofes, im Hintergrund der Turm des Stadthauses.

Berliner Juden ihre Toten bestatteten. Etliche Grabsteine dieses »Judenkiewer« haben sich erhalten. Sie sind heute die einzigen materiellen Zeugnisse des mittelalterlichen jüdischen Berlin. Der älteste Stein stammt aus dem Jahr 1244, demselben Jahr, in dem auch die Stadt Berlin zum ersten Mal schriftlich erwähnt wird. Gut einhundert Jahre lang nutzte die Gemeinde den Friedhof, bis Mitte des 14. Jahrhunderts die Pest Europa heimsuchte und mit ihr eine Welle von Pogromen, der auch die Berliner und Spandauer Juden zum Opfer fielen. Die Grabsteine ihres Friedhofs verwendete man einige Jahrzehnte später zum Ausbau der Spandauer Festung. In deren Mauern wurden sie in den fünfziger Jahren bei Restaurierungsarbeiten gefunden und sind heute in den Kasematten zu besichtigen.

Juden waren Händler und hatten eine wichtige Funktion bei der Vermittlung von Waren zwischen Stadt und Land. Die erste urkundliche Erwähnung der Berliner Juden stammt aus einem Innungsbrief der Wollweber vom 28. Oktober 1295, worin den Mitgliedern dieser Zunft verboten wird, ihr Garn bei Juden zu kaufen.

Als »Eigentum« des Landesherrn wurde die Judengemeinde zum Objekt in dessen Machtkampf mit dem Rat der Stadt und den Ständen. Nachdem Berlin Residenzstadt geworden war, setzten die Hohenzollern alles daran, den Juden Aufenthalt zu gewähren und so gegen die Macht der Patrizier und der Zünfte ein leistungsfähiges, reiche Abgaben versprechendes Wirtschaftswesen zu etablieren. Die Spannung zwischen Stadt und Landesherren bildete auch den Hintergrund der großen Verfolgung des Jahres 1510, die dazu führte, dass 39 Juden zum Feuertod verurteilt und alle übrigen aus der Mark Brandenburg vertrieben wurden.

1539 ließ Kurfürst Joachim II. die Ansiedlung von Juden wieder zu, doch markiert die Vertreibung von 1510 das Ende der mittelalterlichen jüdischen Geschichte in Berlin. Denn nun veränderte sich die Struktur der jüdischen Bevölkerung und es begann das Zeitalter der »Hofjuden«. Dies waren nun einzelne Juden mit ihren Familien, die der jüdischen Oberschicht angehörten und die meist auch nicht mehr aus der unmittelbaren Umgegend von Berlin stammten. Dank ihrer überregionalen Handelsverbindungen lieferten sie Luxusgüter für die immer aufwendiger werdende Hofhaltung oder waren in der staatlichen Geldwirtschaft tätig. Der 1543 zum »Hofjuden« ernannte »reiche Michel« oder sein Nachfolger Lippold aus Prag waren

Vertreter dieses neuen Typus. Lippold war nicht nur seit 1565 »Münzmeister«, sondern wenige Jahre zuvor, 1556, vom Kurfürsten auch zum »Obersten aller märkischen Juden« ernannt worden. Wie alle Hofjuden war er auf Gedeih und Verderb an den Fürsten gebunden. Nach dem plötzlichen Tod Joachims II. im Jahr 1571 wurde er beschuldigt, seinen Herrn vergiftet zu haben. Schon vor seiner Verhaftung begann der Pogrom, wurden die Synagoge zerstört und die Häuser der Juden geplündert. Lippolds Hinrichtung 1573 wurde als öffentliches Schauspiel inszeniert und die gesamte Judenschaft wurde wiederum aus der Mark Brandenburg ausgewiesen.

Von der Wiederzulassung bis zur Emanzipation

Die Neugründung der Jüdischen Gemeinde

Nach 1573 durften keine Juden mehr in der Mark Brandenburg siedeln. Nur zum Besuch der Messen in Frankfurt an der Oder konnten jüdische Händler aus Polen zeitweise ins Land kommen. Der Hoffaktor Israel Aaron, der 1665 das Aufenthaltsrecht in Berlin erhielt, bildete eine Ausnahme.

Zum Wiederaufbau des Landes nach Ende des Dreißigjährigen Krieges wurde 1671 auch einigen aus Wien vertriebenen Juden die Niederlassung gestattet. Allerdings unter sehr ungünstigen Aufnahmebedingungen: nur maximal fünfzig und dazu »soviel möglich vermögende« Familien sollten es sein, die zum Zweck der »Beförderung des Handels und Wandels« im Land aufgenommen wurden. Auch war die Gültigkeitsdauer des Edikts beschränkt und den Juden untersagt, eine Synagoge zu bauen. Nach langwierigen Verhandlungen fanden schließlich sieben Familien – eigentlich nur ein einziger großer Verwandtenkreis – aus Wien den Weg nach Berlin. Dennoch war dies der Anfang der neuzeitlichen Jüdischen Gemeinde in

2
Der Grabstein Moses Mendelssohns auf dem Friedhof der Jüdischen Gemeinde an der Großen Hamburger Straße.
Zeichnung von Daniel Chodowiecki, 1788.

Berlin. Familien aus Österreich, Böhmen, Litauen, Polen und anderen Ländern Deutschlands folgten, sodass 1688 bereits vierzig jüdische Familien in Berlin lebten. Allmählich bildeten sich auch die ersten Institutionen des Gemeindelebens. Model Ries, der aus Schnaittach in Franken nach Wien und von dort nach Berlin gekommen war, erwarb 1672 außerhalb der Stadtmauer ein Grundstück für den Friedhof, heute eine Rasenfläche, an deren Rand einige der alten Grabsteine zusammengestellt sind. Allein das Grab Moses Mendelssohns ist ungefähr an seiner ursprünglichen Stelle wieder markiert. Der 1990 aufgestellte Grabstein entspricht der Form des historischen, wie Daniel Chodowiecki ihn gezeichnet hatte.

Da das Edikt von 1671 die Einrichtung einer Synagoge ausdrücklich verboten hatte, wurden die Gottesdienste zunächst in Privathäusern abgehalten. Erst 1712 konnte in der Heidereutergasse 4 der Grundstein zum Bau einer gemeinsamen Synagoge gelegt werden. Zwei Jahre später fand hier in Anwesenheit der Königin der erste Gottesdienst statt. 1943 wurde die Synagoge durch Bomben zerstört, doch erst in den sechziger Jahren trug man die Ruine, deren Wiederaufbau möglich gewesen wäre, ab. An ihrer Stelle finden wir heute, auf der Hinterseite der Fortschritt verheißenden Neubauten der Karl-Liebknecht-Straße, eine schäbige Sackgasse.

Die meisten Berliner Juden im 18. Jahrhundert waren als Händler mit Kleidern, Pferden, aber auch mit damals neuen Produkten wie Zucker, Tee und Kaffee sowie als Pfandleiher und Kreditmakler tätig und lebten vor allem in der Gegend des Spandauer Tors, das sich etwa dort befand, wo heute die Spandauer Straße unter der S-Bahn hindurchführt. Die ärmeren unter ihnen waren vor die inneren Stadttore verbannt, in die heutige Auguststraße, die Anfang des 18. Jahrhunderts den Namen »Armenstraße« trug. Um diese Wanderbettler wenigstens kurzfristig und notdürftig zu versorgen, hatte die Berliner Gemeinde 1743 außerhalb des Rosenthaler Tors, des einzigen Tors, durch das Juden die Stadt betreten durften, noch weit vor den eigentlichen Stadttoren, an der Accise- oder Zollmauer, eine Armenherberge eingerichtet.

3
Das Betteljudenhaus vor dem Rosenthaler Tor in der Brunnenstraße, 1807. – Für die Ärmsten der Armen, die häufig auch noch krank und nicht in der Lage waren, die Heim- oder Weiterreise anzutreten, unterhielt die Gemeinde vor dem Rosenthaler Tor ein Haus, in dem Bedürftige für kurze Zeit verpflegt und notfalls medizinisch versorgt wurden.

Abgesehen von der allgemeinen schlechten Wirtschaftslage aufgrund des Siebenjährigen Krieges – um 1760 war etwa ein Drittel aller Berliner auf Almosen und Armenspeisung angewiesen – führten aber auch die rechtlichen Verhältnisse der Juden dazu, dass die meisten von ihnen in Armut und Rechtlosigkeit lebten. Denn die »Schutzbriefe«, im heutigen Sinne etwa Aufenthaltsgenehmigungen, waren an den Nachweis von großem Vermögen gebunden; hinzu kamen hohe Steuern und zahlreiche Sonderabgaben, etwa bei Hochzeiten. Diese Rechtsverhältnisse wurden mehrfach modifiziert und schließlich unter Friedrich II. in dem »Revidierten General-Privilegium und Reglement« von 1750 neu zusammengefasst, blieben aber weiterhin diskriminierend. Die Judenschaft wurde in verschiedene Klassen von unterschiedlichem Rechtsstatus eingeteilt. Während eine kleine Oberschicht den christlichen Kaufleuten im Geschäftsleben gleichgestellt war, galten für die anderen scharfe Einschränkungen, was den Aufenthalt ihrer Familienmitglieder und Kinder oder die Heiratsgenehmigung anging. Um 1750 lebten unter insgesamt 113.000 Einwohnern 2.190 Juden in Berlin. Doch nur 203 von ihnen gehörten als ordentliche und weitere 63 als außerordentliche Schutzjuden den obersten Klassen an. Alle übrigen lebten in einem mehr oder weniger ungesicherten Rechtsstatus. Selbst Moses Mendelssohn war in der Stadt nur deshalb geduldet, weil er als Dienstbote des Seidenfabrikanten Isaak Bernhard galt, der den Status eines »ordentlichen« Schutzjuden hatte und für ihn bürgte.

In der Gesellschaft des 18. Jahrhunderts war die Jüdische Gemeinde eine Korporation, der alle Juden angehören mussten und von der sie nach außen hin vertreten wurden. Nach innen hatten die vom König ernannten Oberältesten die Aufgabe, die königlichen Steuerforderungen einzutreiben und die Einhaltung der zahlreichen Reglements durchzusetzen. Dabei waren nicht die Individuen dem König verpflichtet, sondern die Gemeinde haftete als Ganze nicht nur für die Schutzgelder, sondern auch für Vergehen oder Konkurse Einzelner. So wurde das Bleiberecht der weniger Wohlhabenden durch den Wohlstand einzelner Gemeindemitglieder mit gesichert.

Die Palais und Fabriken Veitel Heine Ephraims

Die besonders riskanten Geschäfte überließ der König mit Vorliebe wohlhabenden Juden: Isaak Daniel Itzig musste den Bau und die Finanzierung der Befestigung des Weges von Berlin nach Potsdam organisieren – die heutige Potsdamer-, Haupt-, Rhein- und Schlossstraße bis Unter den Eichen zur Potsdamer Chaussee. Sein Vater Daniel hatte, gemeinsam mit Veitel Heine Ephraim, die preußischen Münzen gepachtet und dabei geholfen, die Kriegszüge Friedrichs II. zu finanzieren. Außerdem betrieben beide etliche Manufakturen. Die größte unter ihnen war die Gold- und Silbermanufaktur Ephraim & Söhne. Eine ihrer Produktionsstätten befand sich im Militärwaisenhaus in Potsdam. Seit 1763 betrieb Ephraim hier eine Manufaktur für die Gold- und Silbergespinste, die für Tressen, Borten und Brokate verwendet wurden. Der eindrucksvolle Bau, dessen Errichtung und Unterhalt die Judenschaft durch hohe Zahlungen anlässlich ihrer Hochzeiten finanzieren mussten, ist heute noch dort an der Breiten Straße erhalten. Der Umsatz eines Jahres entsprach etwa dem Tausendfachen des Jahreseinkommens gutbürgerlicher Kreise. Es waren Angehörige der jüdischen Oberschicht wie die Ephraims, die gemeinsam mit anderen Zuwanderern

4
Die fiktive Begegnung zwischen Lavater, Lessing und Moses Mendelssohn in dessen Haus. *Lithographie nach einem Gemälde von Moritz Daniel Oppenheim aus dem Jahr 1856.*

das in Berlin nur unzureichend ausgebildete Bürgertum ersetzten. Ihr Selbstbewusstsein spiegelte sich in ihren Bauten, wie zum Beispiel im Stadtpalais von Veitel Heine Ephraim, das nach 1935 wegen Straßenerweiterungen im Westen der Stadt eingelagert wurde und den Krieg überdauerte. 1983 wurden die Spolien im Zuge der Annäherung zwischen Ost und West an den Ost-Berliner Magistrat übergeben, der das Palais als Teil des rekonstruierten Nikolaiviertels wieder herstellte.

Moses Mendelssohn und der Kreis der jüdischen Aufklärer

Die jüdische Oberschicht wurde am Ende des 18. Jahrhunderts zu einem wichtigen Motor der jüdischen Aufklärung, der Haskala, indem sie Gelehrte förderte, die meist aus Osteuropa und aus ungleich ärmeren Verhältnissen stammten. Moses Mendelssohn, 1743 aus Dessau nach Berlin gekommen, war die herausragende Gestalt dieser Bewegung. Er selbst und Gelehrte wie der Schriftsteller und Übersetzer Naphtali Herz Wessely, der Orientalist Abraham Euchel und der Philosoph Salomon Maimon setzten sich für die Verbreitung der deutschen Hochsprache und die Erneuerung des Hebräischen gleichermaßen ein. Andere, wie der Kant-Schüler Marcus Herz und der Biologe Marcus Elieser Bloch, widmeten sich den Naturwissenschaften. Mit ihren in deutscher Sprache verfassten Schriften richteten sie sich an das christliche Publikum und verteidigten die theologische Berechtigung des Judentums. Das bedeutendste Projekt der Berliner jüdischen

Aufklärung war 1778 die Gründung einer jüdischen Schule, an der auch weltliche Fächer gelehrt wurden: die jüdische Freischule. Sie hieß so, weil ihr Besuch frei war von Schulgeld. Ihr pädagogisches Konzept verband aufklärerischen Erziehungsoptimismus mit ganz praktischen Zielen, denn die Knaben sollten hier nicht zuletzt auf ihr Berufsleben als Kaufleute vorbereitet werden. Neben Hebräisch und den Grundlagen der jüdischen Tradition wurden hier auch Deutsch und Französisch, Geographie, Mathematik und Buchhaltung unterrichtet, und dies zum Teil von christlichen Lehrern. David Friedländer und Isaak Daniel Itzig finanzierten die Schule, Moses Mendelssohn und Friedländer verfassten 1779 das »Lesebuch für jüdische Kinder«. Heute noch erhalten ist das 1905/06 errichtete Gebäude der Knabenschule der Jüdischen Gemeinde, die die Tradition der Freischule fortführte. Der Bau in der Großen Hamburger Straße 27 beherbergt heute das jüdische Gymnasium.

Die Salons und ihre Besucher

In den Salons der Romantik traf sich eine jüngere Generation, der nun weniger das Raisonnement als eine neue Gefühlskultur half, die Grenzen der gesellschaftlichen Konvention zu überschreiten. Der Unterschied zu den Gelehrtenkreisen der Aufklärung war auch ein geographischer: In den Jahren nach 1790 wurde die Friedrichstadt, die barocke Stadterweiterung, immer mehr zur bevorzugten Wohngegend des wohlhabenden Bürgertums. Die Friedrichstadt wurde in der ersten Hälfte des 19. Jahrhunderts zum kulturellen Zentrum. Als Heinrich Heine 1821 in der Behrenstraße 71, Ecke Wilhelmstraße wohnte und bei Rachel Levin, der »geistreichsten Frau des Universums«, eingeführt wurde, war sie bereits verheiratete Frau Varnhagen von Ense und führte ihren Salon in der Französischen Straße 20, später in der Mauerstraße 36. Die reaktionäre, antijüdische Wendung mancher Salongäste, etwa Achim von Arnims, zeigt jedoch auch die Unverbindlichkeit des intellektuellen Egalitarismus. Und die Briefe der Protagonistinnen berichteten von der Problematik der Emanzipation des Individuums in einer nichtemanzipierten Gesellschaft und von der Schwierigkeit, für sich eine Lebensperspektive und einen Platz in der Gesellschaft zu finden. Der einzige Weg, in die »allgemeine« Kultur einzutreten, war die Taufe.

Jüdische Tradition und bürgerliche Kultur

Im 19. Jahrhundert stellte sich den Juden in Deutschland generell, so auch in Berlin, die große Frage nach einer Synthese von jüdischer Tradition und bürgerlicher Kultur. 1815 richteten der ehemalige westfälische Konsistorialpräsident Israel Jacobson und der Zuckerfabrikant Jakob Herz Beer in ihren Privathäusern deutschsprachige Gottesdienste mit Predigt, Chorgesang und Orgelspiel ein. Damit hatte eine Entwicklung begonnen, die weder vom Widerstand des preußischen Staates noch von den Traditionalisten aufzuhalten war.

Bezeichnenderweise war es die 1845 gegründete »Gesellschaft für Reform im Judentum«, die 1854, 140 Jahre nach der Einweihung der Synagoge in der Heidereutergasse, den ersten Neubau einer Synagoge errichtete. Der Gottesdienst fand hier vorwiegend in deutscher Sprache statt;

5

Im Seminar bei Prof. Ismar Elbogen an der Hochschule für die Wissenschaft des Judentums, Berlin, Artilleriestraße 14, um 1935.

6

Tucholskystraße 40 *(früher Artilleriestraße 31)*, Gemeindehaus Adass Jisroel.

Männer und Frauen saßen nicht getrennt; auch Mädchen wurden »konfirmiert«, wie es hieß, und für Männer war das Anlegen von Kopfbedeckung, Gebetsschal und Gebetsriemen nicht üblich. Der »Reformtempel« befand sich in der Johannisstraße, auf einem Teil der heutigen großen Brachfläche hinter der Ruine des Kunsthauses »Tacheles«.

Eine andere Reaktion auf die Herausforderungen der europäischen Kultur war die »Verwissenschaftlichung« des Judentums, die mit der Gründung des »Verein für Cultur und Wissenschaft der Juden« im Jahre 1819 begann; sie führte schließlich 1872 zur Eröffnung der Lehranstalt, später Hochschule für die Wissenschaft des Judentums genannt. Nach ihren Begründern Leopold Zunz und Abraham Geiger unterrichteten hier unter anderem Ismar Elbogen, Ismar Freund, Julius Guttmann, Hermann Cohen und Leo Baeck. In der Tucholskystraße 9 steht noch ihr vom Gemeindebaumeister Johann Hoeniger entworfenes Gebäude mit dem Kopf eines Löwen – Wappentier des biblischen Stammes Juda – über dem Portal und an den Seiten den Füllhörnern, aus denen Granatäpfel quellen – Symbol für den Reichtum der jüdischen Lehre.

Einige Häuser weiter nördlich in der Tucholskystraße 40 befindet sich das Zentrum der Gemeinde Adass Jisroel. Sie wurde 1869 als Reaktion auf die zunehmende Liberalisierung der Einheitsgemeinde gegründet. Esriel Hildesheimer gründete hier das Rabbinerseminar, das orthodoxe Gegenstück zur Hochschule, das gleichwohl Gesetzestreue mit Offenheit gegenüber der weltlichen Kultur verband.

Der lange Weg zur Rechtsgleichheit

Parallel zu diesen Bestrebungen einer Modernisierung des Judentums verliefen die Bemühungen um eine rechtliche Gleichstellung der Juden als Individuen und der jüdischen Gemeinde als Institution. Diese Geschichte ist eng verknüpft mit der Entstehung der bürgerlichen Gesellschaft. Seit 1808 konnten Juden wählen und gewählt werden, nach Aufhebung des Zunftzwanges und der Einführung der Gewerbefreiheit durften Juden ab 1811 Handwerksberufe ergreifen. Die preußischen Staatsbürgerrechte erhielten die Berliner Juden jedoch erst vier Jahre später: Mit dem Emanzipationsedikt von 1812 wurden das System der Schutzjuden sowie die Berufs- und Niederlassungsbeschränkungen aufgehoben. Allerdings blieb der Geltungsbereich des Edikts auch später nur auf das preußische Staatsgebiet von 1812 beschränkt.

Auch die Berufsfreiheit blieb eingeschränkt, weil die Zulassung zu Staatsämtern seit 1822 wieder explizit vom christlichen Bekenntnis abhängig gemacht wurde. Jüdische Minister oder Offiziere, wie in Baden oder Bayern, sollte es in Preußen nicht geben. Ausnahmen wie Major Meno Burg bestätigen diese Regel. Erst 1869 wurden die Beschränkungen durch das Gesetz des Norddeutschen Bundes aufgehoben, womit nun die Berliner Juden volle Rechtsgleichheit erhielten. Der Jüdischen Gemeinde als Institution war 1847 der Status einer Körperschaft des öffentlichen Rechts erteilt worden, was ihr Autonomie in Kultus- und Schulangelegenheiten zusprach und es ihr ermöglichte, Steuern zu erheben und staatliche Beihilfen zu erhalten. Den christlichen Kirchen auch de jure gleichgestellt wurde sie jedoch erst 1919 durch die Weimarer Verfassung.

Dieser lange Kampf um die rechtliche Gleichstellung prägte das politische Selbstverständnis der Juden, von denen viele liberal eingestellt waren. Die ständig vorhandene intrigante Frage der christlichen Mehrheit, ob denn die Juden ihrer Bürgerrechte »würdig« seien, wirkte sich auch in späteren Jahrzehnten noch auf das Seelenleben der Individuen aus. Ebenso boten die lang genährten Zweifel, ob Juden volle Rechtsgleichheit zustünde, einen idealen Nährboden für den Antisemitismus.

So erinnerte sich *Walther Rathenau* 1918: »In den Jugendjahren eines jeden deutschen Juden gibt es einen schmerzlichen Augenblick, an den er sich zeitlebens erinnert: wenn ihm zum ersten Male voll bewusst wird, dass er als Bürger zweiter Klasse in die Welt getreten ist, und dass keine Tüchtigkeit und kein Verdienst ihn aus dieser Lage befreien kann.«

Von der Industrialisierung bis zum Ende der Weimarer Republik

Die grossen Veränderungen Berlins und seiner jüdischen Gemeinschaft

Bereits in der ersten Hälfte des 19. Jahrhunderts, vollends aber nach der Jahrhundertmitte begann die Wandlung des beschaulichen Alt-Berlin in das brodelnde »Parvenuepolis« der Kaiserzeit. Die unbebauten Flächen verschwanden, bald drängten sich hier kleinere Produktionsbetriebe zwischen die immer dichter werdenden Wohnbauten, und um den alten Stadtkern legte sich ein Kranz von großen Industrien. Die alte Mitte hingegen wurde immer mehr zu einer reinen Geschäftsgegend mit wenig Wohnbevölkerung.

Die Bevölkerung Berlins wuchs zwischen 1857 und 1871 von 450.000 auf mehr als 800.000. 1877 war die erste und schon 1905 die zweite Million erreicht. Parallel dazu wuchs auch die jüdische Bevölkerung. Wie andere Neu-Berliner kam auch sie aus der ländlichen Umgebung und aus den östlichen Provinzen Preußens. Ihre absolute Zahl stieg seit den 1850er Jahren von etwa 12.000 auf 36.000 im Jahr 1871. 1905 lag sie bei 130.000, 1925 etwa 173.000. Ihr Anteil an der Gesamtbevölkerung Berlins bewegte sich in diesen Jahren stets zwischen 4,3 und 5,1 Prozent. Im Jahr 1925 hatten die Bezirke Spandau, Reinickendorf, Treptow, Köpenick, Lichtenberg und Neukölln mit weniger als ein Prozent den geringsten jüdischen Bevölkerungsanteil, den höchsten dagegen Wilmersdorf mit 12,98 Prozent, Mitte mit 10,47 Prozent, Charlottenburg mit 8,85 Prozent, Schöneberg mit 7,68 Prozent und Prenzlauer Berg mit 6,26 Prozent. Diese Zahlen zeigen die allmähliche Abwanderung der jüdischen Bevölkerung in die westlichen Vororte, was auf einen wachsenden Wohlstand hindeutet. Außerdem lässt sich daraus ablesen, dass es in Berlin anders als in manchen Städten der

7

Die Neue Synagoge, um 1875.

USA oder Osteuropas keinen Wohnbezirk mit einer fast ausschließlich jüdischen Bevölkerung gab. Selbst in den als »jüdisch« geltenden Vierteln lebten Juden stets mit nichtjüdischen Nachbarn zusammen.

Am Ende des 19. Jahrhunderts waren Juden zu einem Teil des städtischen Bürgertums geworden und hatten einen hohen Anteil an der Entstehung des modernen Berlin. Für viele war es eine Epoche des wirtschaftlichen Erfolges, der Teilhabe an Bildung, Kultur und Politik. Dem seit 1879 auch politisch artikulierten Antisemitismus gelang es nicht, diesen Prozess aufzuhalten und umzukehren. Die jüdische Gemeinschaft reagierte auf diese Herausforderung, indem sie in den 1890er Jahren begann, Organisationen zu bilden, mit dem Centralverein deutscher Staatsbürger jüdischen Glaubens auf der einen und der zionistischen Bewegung an der anderen Seite des politischen Spektrums. Allmählich entwickelte sich so auch ein neues, gleichsam säkulares, politisch und kulturell geprägtes Verständnis von Judentum.

Die Spandauer Vorstadt

Am eindrucksvollsten ist ohne Zweifel die Neue Synagoge, deren goldene Kuppel heute über den Dächern der Stadt glänzt und jeden begrüßt, der von Westen her in den Bahnhof Friedrichstraße einfährt. 1859 bis 1866 von

Eduard Knoblauch und August Stüler im maurischen Stil erbaut, war sie mit 3.000 Sitzplätzen die größte Synagoge Berlins und Deutschlands. Dem beherzten Eingreifen des Wachtmeisters Wilhelm Krützfeld war es zu danken, dass die Schäden in der Pogromnacht von 1938 verhältnismäßig gering blieben und auch danach dort wieder Gottesdienste stattfinden konnten. Bei einem Bombenangriff 1943 brannte die Hauptsynagoge jedoch völlig aus. Die Ruine des eigentlichen Synagogenraums wurde 1958 gesprengt. Den Eingangsbereich mit der Kuppel und den beiden Türmen ließ die DDR-Führung als Denkmal bestehen. Seit 1988 wurde er rekonstruiert; heute befindet sich hier das Centrum Judaicum mit einem Archiv und einer historischen Dauerausstellung.

Auch die Gebäude rechts und links der Synagoge wurden – und werden heute wieder – von der Jüdischen Gemeinde genutzt. In dem Haus Nummer 31 befand sich das erste Jüdische Museum Berlins. Zahlreiche weitere Einrichtungen der Gemeinde lagen im näheren Umkreis, wie die bereits erwähnte Knabenschule in der Großen Hamburger Straße und die Hochschule für die Wissenschaft des Judentums in der Tucholskystraße.

Auf eine lange Tradition an diesem Ort blickt auch das Jüdische Krankenhaus zurück. Sein vom Baumeister der Synagoge, Eduard Knoblauch, errichteter klassizistischer Bau befindet sich im Hinterhof des Hauses Auguststraße 14–16. Nachdem das Krankenhaus 1914 in einen Neubau in die Schulstraße in Wedding verlegt worden war, wurde hier ein Kinderheim eingerichtet. Nebenan, in der Auguststraße 11–13, steht die von Gemeindebaumeister Alexander Beer im Stil der Neuen Sachlichkeit erbaute ehemalige Mädchen-Volksschule.

In diesem Viertel, der »Spandauer Vorstadt«, befand sich nicht nur das alte Zentrum der Gemeinde, es war auch eine Gegend, in der viele Juden lebten, die hier Ladengeschäfte hatten oder in den Handwerksbetrieben und Kleinindustrien arbeiteten. Die kleinräumigen Altbauten dieser Gegend lassen diese Struktur heute noch erahnen.

Das Scheunenviertel

Geht man die Linienstraße bis kurz vor den Rosa-Luxemburg-Platz hinunter, so kreuzt man die Max-Beer-Straße, die frühere Dragonerstraße. Hier beginnt das Scheunenviertel. Das ist die Gegend zwischen Alexanderplatz im Osten und Rosenthaler Platz im Westen, von der Lothringer-, der heutigen Torstraße bis hinunter zur Stadtbahn. Der desolate Kern des Viertels wurde bereits 1906/07 im Zuge eines Sanierungsprogramms abgerissen. Daraus entstand der damalige Bülow- und heute Rosa-Luxemburg-Platz mit dem Bau der von Oskar Kaufmann entworfenen Volksbühne. Die umliegenden Gebäude entstanden Ende der zwanziger Jahre in einer weiteren Neugestaltung durch Hans Poelzig.

In dieser Gegend lebte ein großer Teil der rund 40.000 Juden aus Osteuropa, die seit der Jahrhundertwende vor Pogromen und bedrückenden Lebensverhältnissen nach Berlin geflohen waren. Ihre Lebensgewohnheiten nahmen sie mit in das enge und baulich stark vernachlässigte Stadtquartier. Sie eröffneten hier koschere Lebensmittelläden, hebräische Buchläden und Betstuben. Freilich, dies war keine »gute Gegend«. Jüdische Sozialisten verwirklichten in der heutigen Max-Beer-Straße 5 seit 1916 im Jüdischen Volksheim eine sozialistisch-zionistische Utopie.

Gustav Landauer, Martin Buber, Gerschom Scholem und Zalman Shazar zählten zu ihnen, auch Franz Kafka besuchte das Haus. Für diese jungen Intellektuellen verkörperten die Ostjuden ein ungebrochenes, authentisches Judentum. Für viele bürgerliche Berliner Juden hingegen waren die jüdischen Bewohner des Scheunenviertels eher Objekte der Wohlfahrtspflege, während die Staatsmacht und viele nichtjüdische Berliner diese Gegend vor allem als Ort der Kriminalität betrachteten.

Prenzlauer Berg

Wenden wir uns nach Norden, so überqueren wir an der Torstraße auch die alte Stadtgrenze. Die Schönhauser Allee entlang trifft man nach einigen Häuserblocks auf den jüdischen Friedhof. In der ersten Hälfte des 19. Jahrhunderts waren die Stadt und auch die jüdische Gemeinde bereits so weit angewachsen, dass ein neuer Friedhof nötig wurde. 1827 fand hier die erste Beerdigung statt. An den neogotischen oder klassizistischen Formen ihrer Grabdenkmale lässt sich noch heute der Wille zur Akkulturation ablesen, wie auch an dem Denkmal für die in den Kriegen 1866 und 1870/71 für Preußen gefallenen jüdischen Soldaten. Wir finden hier die Gräber vieler derer, ohne die Berlin nicht zu einer modernen Großstadt geworden wäre: Max Liebermann, Gerson Bleichröder, Leopold Ullstein, Rudolf Mosse, James Simon, Ludwig Loewe und Georg Haberland. Auch Bertha und Moritz Manheimer zählen hierzu. Sie betrieben eine Firma für Damenkonfektion und bedachten die Jüdische Gemeinde, aber nicht allein sie, mit zahlreichen wohltätigen Stiftungen. 1880, anlässlich ihrer Silberhochzeit, stifteten sie der Jüdischen Gemeinde ein zweites Altersheim. Dessen eindrucksvoller gelber Backsteinbau steht unmittelbar neben dem Eingang zum Friedhof und wird heute als Polizeiwache genutzt.

Weiter Richtung Nordosten, über den Kollwitzplatz hinweg, gelangt man zur Synagoge in der Rykestraße 53. Sie ist das eindrucksvollste heute noch erhaltene Beispiel der Berliner Synagogenarchitektur. 1903/04 wurde sie vom Gemeindebaumeister Johann Hoeninger erbaut. Er wählte neoromanische Formen, wie sie für viele Berliner Kirchenbauten dieser Zeit üblich waren, ebenso wie der Mosaikschmuck im Innern. Wie viele Berliner Synagogen liegt sie im Hinterhof, wobei das Vorderhaus als Schule genutzt wurde. Um die umstehenden Wohnhäuser nicht zu gefährden, wurde sie beim Pogrom 1938 nicht in Brand gesetzt. Bis 1940 fanden hier Gottesdienste statt, danach wurde das Gotteshaus als Lager und Pferdestall missbraucht. 1953 wurde es restauriert und diente seitdem der Ost-Berliner Gemeinde als Gotteshaus.

Die alte City

Vom Prenzlauer Berg zurück zum Alexanderplatz führt uns unser Weg hinein in die neue City der Gründerzeit und des Kaiserreiches – und damit ins Zentrum der wirtschaftlichen Entwicklung Berlins, an der die Juden beträchtlichen Anteil hatten. Ein Coupletvers aus dem Königsstädtischen Theater besang die wichtigsten Vertreter der Berliner Wirtschaftsgeschichte: »Lieb' ist gut für Jud' und Christ / Gerson oder Borsig / Wer ihr nicht entronnen ist / Der hat sie noch vor sich.« Mit den Namen Gerson und Borsig – hier stellvertretend für Juden und Christen überhaupt – sind auch die beiden Schlüsselindustrien der Stadt benannt: August Borsig hatte 1837 am Oranienburger Tor in der Chausseestraße 1 seine erste Eisengießerei und Maschinenbauanstalt eingerichtet, Hermann Gerson im Jahr darauf im Gebäude der Schinkelschen Bauakademie seinen ersten Laden für Seiden, Stickereien, Spitzen und Leinen eröffnet, der sich zum elegantesten Modesalon der Stadt entwickeln sollte.

Diese frühen Erfolgsgeschichten gründeten noch fest in alten beruflichen Traditionen: bei Borsig war es das Handwerk, bei Gerson der Textilhandel. Nicht zuletzt deshalb finden wir viele der frühen jüdischen Unternehmer vor allem im Handel und in konsumnahen Branchen wie Textilien oder Nahrungs- und Genussmittel. Die Pioniere der Maschinen-, Elektro- und Chemieindustrie treten erst später auf den Plan. Selbst deren Weg führte häufig vom traditionellen Handel mit landwirtschaftlichen Produkten hin zu Unternehmen wie der Engelhardt-Brauerei, der Chemischen Fabrik Kahlbaum, der Weinhandlung Kempinski oder der Likörfabrik Hermann Meyer & Co. Manche dieser Namen sind noch heute im Stadtbild präsent – wenn auch unter völlig anderen Besitzverhältnissen.

Freilich waren in jedem Wirtschaftszweig jüdische wie nichtjüdische Unternehmer gleichermaßen bedeutsam: Die Lebensmittelbranche wurde von der Molkerei Bolle und Kaiser's Kaffee-Geschäft ebenso revolutioniert wie durch die Filialen von Hermann Meyer & Co., in der Chemieindustrie war Schering nicht weniger wichtig als Kahlbaum, unter den Privatbanken Delbrück, Leo & Co. nicht weniger als Mendelssohn & Co. oder Bleichröder. Selbst in Branchen, in denen es so zahlreiche »jüdische« Unternehmen gab wie unter den Kaufhäusern, standen Wertheim, Israels, Tietz oder Jandorf neben Rudolf Herzog und Karstadt; unter den Verlagen Ullstein und Mosse neben Scherl.

Das Konfektionsviertel

Die Hauptstraße des biedermeierlichen Berlin war die Königsstraße, die heutige Rathausstraße. Hier ließ Georg Hermann sein Jettchen Gebert flanieren. An der Ecke Spandauer Straße befand sich seit 1815 das Textilkaufhaus N. Israel. Südlich des Werderschen Marktes, am Hausvogteiplatz und der Kronenstraße, entwickelte sich das Zentrum der Berliner Konfektion. Die Geschäftshäuser am Hausvogteiplatz wurden seit Mitte der 1880er Jahre von Bauunternehmern errichtet und dann an die Konfektionäre vermietet. Heute noch erhalten, wiewohl stark umgebaut, sind das von Alterthum & Zadek entworfene Haus Hausvogteiplatz 12 mit der Uhr am Giebel, wo die Firmen Rona Rosenfeld & Nathan, Gebrüder Levy und Ludwig Lesser ansässig waren, und das für die Gebrüder Berglas am Hausvogteiplatz 1 im Stil der Neuen Sachlichkeit errichtete Gebäude. Als eines der wenigen Originalzeugnisse sind heute noch an einer Tür des Gebäudes Oberwallstraße 6 – heute Sitz des Fernsehsenders SAT 1 – die Initialen Valentin Manheimers, des Inhabers der einst dort befindlichen Firma für Damenmäntel, erhalten.

Vor der Zerstörung dieser Tradition durch die Enteignung der Firmen im Nationalsozialismus arbeiteten rund um den Hausvogteiplatz etwa 100.000 Menschen in 2.400 meist jüdischen Firmen. Hier wurde ein Prinzip geboren, das die Textilbranche revolutioniert und bis heute geprägt hat: die vereinfachte und serienmäßige Herstellung von Modellen »von der Stange«. Sie ersetzte die teuren Einzelanfertigungen und konnte durch kostengünstigere Produktion neue Käuferschichten mit Konsumgütern versorgen. Produziert wurde über ein System von selbständig arbeitenden Zwischenmeistern und Heimarbeiterinnen. Mit der Entstehung des Konfektionsviertels verlagerte sich auch der Verkauf der Ware nach Süden an die Leipziger Straße, die vor allem für die großen Warenhäuser Tietz und Wertheim berühmt war. Anders als die Familie Tietz gehörte die Familie Wertheim dem Judentum nicht mehr an. Die Bauten an der Leipziger Straße – einst Ikonen des modernen Berlin – sind heute allesamt zerstört. Nur in der Sophienstraße 12–15, Ecke Rosenthaler Straße ist noch eine ehemalige Wertheim-Filiale erhalten, die von Alfred Messel entworfen wurde. Ein anderes von Louis Lachmann für Adolf Jandorf 1907 erbautes Warenhausgebäude steht noch an der Brunnenstraße, Ecke Veteranenstraße.

Das Bankenviertel

Auch die anderen Viertel der Friedrichstadt veränderten im Laufe des 19. Jahrhunderts ihren Charakter. Schon seit 1815 hatte die Gegend um die Französische, Behren- und Jägerstraße begonnen, sich zum Bankenviertel zu entwickeln. In Gänze erhalten ist der eindrucksvolle, auf dem Grundstück Jägerstraße 49–50 im Jahre 1892 errichtete Bau der Privatbank Mendelssohn & Co der Söhne Josef und Abraham Mendelssohn. Vielleicht einer der letzten Vertreter des Typus des quasifürstlichen Privatbankiers war Carl Fürstenberg, der Gründer und Inhaber der Berliner Handelsgesellschaft. Aus Danzig stammend, gründete er 1883 sein eigenes Bankhaus, die Berliner Handelsgesellschaft. Sie wurde zum führenden Emissionshaus für preußische und russische Staatsanleihen und bereitete mit den Weg für die zweite Welle der industriellen Revolution in Berlin, etwa durch seine Kredite an Emil Rathenau zur Gründung seiner Edison-Gesellschaft, der späteren AEG. Der 1899–1907 von Alfred Messel entworfene Bau steht noch in der Behrenstraße 32–33 und beherbergt heute die Kreditanstalt für Wiederaufbau. Anfang des Jahrhunderts entstanden die großen Aktienbanken, deren Schicksal nicht mehr von einzelnen Inhabern, sondern von Aktionären, Aufsichtsräten und Vorständen bestimmt wurde. Manche von ihnen, wie Oskar Wassermann, Vorstandsmitglied der Deutschen Bank und Discontogesellschaft, waren in jüdischen Organisationen engagiert, für die meisten jedoch spielte die Religionszugehörigkeit kaum eine Rolle, ob sie nun Mitglieder der Jüdischen Gemeinde blieben wie Hermann Wallich, Mitglied des Vorstands der Deutschen Bank und Discontogesellschaft, oder Max Steinthal, ihr Geschäftsführender Vorsitzender, oder ob sie die Jüdische Gemeinde verlassen hatten wie Eugen Gutmann, der Mitbegründer der Dresdner Bank. Von der Öffentlichkeit wurden sie häufig als Juden wahrgenommen und ihr Einfluss wurde weit überschätzt. Viele ihrer Wirkungsstätten sind noch erhalten, wie das 1887–1889 errichtete Gebäude der Dresdner Bank am Opernplatz, der große Komplex der Deutschen Bank an der Behren-, Glinka- und Mauerstraße, in dem heute verschiedene Bundesbehörden arbeiten, und das Haus der ehemaligen Disconto-Gesellschaft, heute Deutsche Bank, Unter den Linden, Ecke Charlottenstraße.

Das Zeitungsviertel

Südlich der Leipziger Straße begann das Zeitungsviertel. In dieser Gegend gab es bereits zahlreiche Druckereien, sodass sich hier bald auch Zeitungsredaktionen und Verlage ansiedelten. Mit Informationen versorgte sie das Wolffsche Telegrafenbüro Charlotten-, Ecke Zimmerstraße, das 1848 von Bernhard Wolff als die erste deutsche Presseagentur gegründet worden war. Im Zeitungsviertel war die Presse jeglicher politischen Couleur versammelt: die nationalen und konservativen Blätter meist christlicher Verleger ebenso wie die bürgerlichen, liberalen und sozialistischen Verlage. Rudolf Mosse vertrat mit dem Berliner Tageblatt und dem 8-Uhr-Abendblatt die liberale Presse. Seit 1874 arbeitete sein Verlag in dem heute noch erhaltenen Gebäude Jerusalemer Straße, Ecke Schützenstraße. Es war der Schwiegersohn des Gründers, Hans Lachman-Mosse, der Erich Mendelssohn mit der neuen Fassadengestaltung beauftragte, die uns heute mit ihrem eleganten Schwung wie ein Sinnbild für die Dynamik dieses Stadtteils und des Berlin der Weimarer Republik erscheint.

8

Rudolf Mosse (1843–1920). *Gemälde von Franz von Lenbach, 1898.*

In den 1870er Jahren zog auch Leopold Ullstein mit Redaktion und Druckerei der Morgenpost in die Nachbarschaft und belegte den Block zwischen Koch-, Markgrafen- und Charlottenstraße, gegenüber dem heutigen Axel-Springer-Verlag, der nach dem Zweiten Weltkrieg an die Ullstein-Tradition anknüpfte. Bis hinunter in die südliche Friedrichstadt reichte das Zeitungsviertel. Hier, genau an der Stelle, an der sich heute der Neubau des Jüdischen Museums befindet, hatte der Centralverein deutscher Staatsbürger jüdischen Glaubens seinen Sitz und die Redaktion seiner Zeitschrift »Im Deutschen Reich«.

9

Am Mosse-Haus werden Extrablätter verteilt, August 1914.

Das Regierungsviertel

Das Zeitungs- und das Bankenviertel lebten nicht zuletzt von ihrer Nähe zur großen Politik, die sich in den ehemaligen Adelspalais entlang der Wilhelmstraße eingerichtet hatte. So bezog der Reichskanzler das Palais des Grafen Raziwil und die Englische Botschaft an der Stelle ihres heutigen Neubaus in der Wilhelmstraße 70 das Palais des »Eisenbahnkönigs« Bethel Henry Strousberg. Vis-à-vis, in der Wilhelmstraße 67, befand sich das Palais seines Konkurrenten Rudolf Pringsheim, dessen Enkelin Katja später Thomas Mann heiratete. Schon früh musste das Haus in der Leipziger Straße 3, in dem Felix Mendelssohn-Bartholdy seine Jugend verbrachte, dem Neubau des Preußischen Herrenhauses, in dem heute der Bundesrat tagt, weichen.

Das Tiergartenviertel

An das Regierungsviertel schloss sich Richtung Westen das Tiergartenviertel an. Es erstreckte sich zwischen der heutigen Ebertstraße und dem Potsdamer Platz bis hin zum Lützowplatz. Schon in den 1920er Jahren siedelten sich in dieser vornehmen Villengegend Botschaften und Verwaltungen an. Die ursprüngliche stadträumliche Struktur ist heute nicht mehr erkennbar. Doch war in den verschwundenen Straßen das »Who is Who« der Berliner Kulturgeschichte versammelt.

Neue Industrien am Rand der Stadt

Die Jahrzehnte um die Wende zum 20. Jahrhundert waren die Boom-Jahre Berlins. Beispielhaft sind hierfür vor allem die Betriebe der zweiten Welle der Industrialisierung, der Elektro- und der chemischen Industrie. Die Entwicklung der Firma Ludwig Loewe & Co. und der AEG sind dafür typisch: Ludwig Loewe, geboren 1837 in Heiligenstadt im Eichsfeld, gründete 1869 eine Fabrik für Nähmaschinen und erweiterte sie bald zur Herstellung von Werkzeugmaschinen und Waffen. Ludwig Loewe engagierte sich in der Fortschrittspartei und war seit 1864 Stadtverordneter von Berlin, Mitglied des Preußischen Landtags und des Reichstags. Nicht zuletzt seine linksliberale politische Haltung und seine Freundschaft mit Ferdinand Lassalle waren wohl der Grund dafür, dass Hermann Ahlwardt 1892 unter dem Titel »Judenflinten« eine seiner zahlreichen antisemitischen Flugschriften gegen ihn publizierte. 1888 verlegte er die Waffenproduktion nach Moabit, auf ein Gelände südlich der Huttenstraße, das noch teilweise in der Wiebestraße 42–45 erhalten ist. Als eine der ersten Firmen in Deutschland setzte Loewe, beraten durch Georg Schlesinger, die Prinzipien wissenschaftlicher Betriebsführung um. Der östliche Teil des Geländes wurde von Loewes Tochterfirma, der Union-Elektrizitäts-Gesellschaft genutzt, die 1904 von der AEG übernommen wurde und dadurch die Patente zum Bau von Turbinen erhielt. Deren Produktion wurde nun in der Huttenstraße konzentriert und zu diesem Zweck 1908/09 wurde an der Ecke Berlichingenstraße die neue Halle nach dem Entwurf von Peter Behrens errichtet. Dieses Hauptwerk moderner Industriearchitektur ist nur eine der zahlreichen Produktionsanlagen der AEG, die heute noch erhalten sind. Sie vermitteln uns ein eindrucksvolles Bild von der Tatkraft jüdischer Unternehmer und ihrer Bedeutung für die Entwicklung Berlins.

Emil Rathenau, ein Jahr jünger als Ludwig Loewe, in Berlin geboren und als Ingenieur ausgebildet, gründete 1883 die »Edison-Gesellschaft«. Ihre erste Fabrikationsstätte befand sich noch im traditionellen Industriegebiet in der Nähe des Nordbahnhofes, später folgten weitere Anlagen in Oberschönweide und 1911/12 wurde auf dem Gelände des ehemaligen Viehhofes des »Eisenbahnkönigs« Strousberg zwischen Brunnen-, Hussitten-, Voltastraße und Gustav-Meyer-Allee ein zusätzlicher Komplex gebaut. Emil Rathenau selbst hat diese Entwicklung noch mit initiiert, sein Sohn Walther Rathenau hat sie, gemeinsam mit Felix Deutsch, Paul Mamroth, Oskar Hirschberg umgesetzt. Zusammen mit ihren zahlreichen Tochterfirmen beschäftigte die AEG in den Jahren um 1911/12 über 70.000 Menschen.

11 Bildnis des Walther Rathenau (1867–1922). *Gemälde von Edvard Munch, 1907.*

Die Einrichtungen der Jüdischen Gemeinde

Die Erschließung neuer Wohngebiete und die Steigerung der Grundstückspreise in der Stadtmitte führten dazu, dass auch die Jüdische Gemeinde ihre Einrichtungen immer weiter an den Stadtrand verlagerte. Den Anfang machte der neue Friedhof, der 1880 in Weißensee eingeweiht wurde. Seine 115.000 Grabstellen bilden heute ein eindrucksvolles historisches Panorama.

Viele prominente Vertreter des jüdischen Berlin liegen hier begraben: der Komponist und Chordirigent der Neuen Synagoge, Louis Lewandowski, die Gelehrten Moritz Steinschneider und Heymann Steinthal, die

12
Ansprache des Steglitzer Rabbiners Moritz Winter (1886–1971) anlässlich der Heldengedenkfeier des Reichsbundes jüdischer Frontsoldaten (RjF) auf dem Jüdischen Friedhof Weißensee im Februar 1937.

aus Russland stammenden Schriftsteller Micha Josef Bin-Gorion und David Frischmann, der Zigarettenfabrikant Josef Garbaty-Rosenthal, die Familien der Warenhausgründer Jandorf und Tietz, der Industrielle Benno Orenstein, die Eltern von Kurt Tucholsky, der Verleger Samuel Fischer und sein Lektor Moritz Heimann, die Verlegerfamilie Mosse, der Maler Lesser Ury, der Philosoph Hermann Cohen, der Theaterkritiker Oskar Blumenthal, der Chefredakteur des Berliner Tageblattes, Theodor Wolff, die langjährigen Vorsitzenden des Centralvereins Deutscher Staatsbürger jüdischen Glaubens, Eugen Fuchs und Ludwig Holländer.

Wie kaum ein anderer Ort spiegelt dieser Friedhof die Zeitgeschichte; das Gefallenendenkmal und das Ehrenfeld für die im Ersten Weltkrieg gefallenen Soldaten führt uns den Patriotismus der Berliner Juden vor Augen. 3.000 jüdische Männer aus Berlin hatten sich freiwillig an die Front gemeldet.1927 wurde der von Alexander Beer gestaltete Ehrenhain für die Gefallenen eingeweiht.

Die zahllosen leer gebliebenen Felder der Familiengräber und nachträglichen Inschriften für die Ermordeten zeugen von der Zerstörung dieser großen Tradition. Ein Gedenkstein im Eingangsbereich erinnert an die Widerstandsgruppe junger jüdischer Kommunisten um Herbert Baum, ein anderer an die zerstörten Tora-Rollen, die hier begraben wurden, wie es der Ritus verlangt. Es gibt sogar einige Grabinschriften aus den letzten Jahren der NS-Herrschaft. In der Tat wurde auf dem Friedhof – wie auch im jüdischen Krankenhaus – noch ein rudimentärer Gemeindebetrieb aufrechterhalten. Denn weiterhin lebten Juden in Berlin: Es waren die jüdischen Ehepartner der so genannten Mischehen oder diejenigen, die vor der Deportation geflohen waren. Einige dieser »Untergetauchten« überlebten auch auf dem Friedhof, unter anderem im Mausoleum des Kammersängers Joseph Schwarz. Der spätere Rabbiner der Ost-Berliner Jüdischen Gemeinde, Martin Riesenburger, hielt hier heimlich Gottesdienste ab. »Das große Zusammensinken des Gemeindekörpers der Berliner Jüdischen Gemeinde vollzog sich hier auf diesem Friedhof, aber unter der Asche ließen wir wenigen das Feuer weiterglühen«, schrieb er rückblickend über diese Jahre.

13
Das Innere der
Synagoge
Fasanenstraße 79–80.
Fotografie von 1912.

Nicht nur der Friedhof, auch andere Einrichtungen der Gemeinde wurden in den kommenden Jahrzehnten immer weiter an den Stadtrand verlegt: So wurde das jüdische Krankenhaus 1914 in die Iranische Straße 2–4, Ecke Schulstraße 79 im Bezirk Wedding verlegt. In Pankow befand sich seit 1912 das zweite Waisenhaus der Gemeinde in der Berliner Straße 120–121 und die Taubstummenanstalt in der Parkstraße 22. 1931 wurde das im Stil der Neuen Sachlichkeit erbaute Altersheim in der Berkaer Straße 22–35 in Schmargendorf eröffnet, um hier nur die Institutionen zu nennen, deren Gebäude noch erhalten sind.

Viele der politischen und kulturellen Organisationen richteten ihre Zentralen im »Neuen Westen« rund um den Kurfürstendamm ein, der sich dadurch zu einem zweiten Zentrum jüdischen Lebens entwickelte: Das Büro der Zionistischen Vereinigung für Deutschland befand sich zunächst in der Sächsischen Straße 8 und später in der Meineckestraße 10, zusammen mit den ihr verbundenen Organisationen, wie dem Makkabi Sportbund oder der Redaktion der Jüdischen Rundschau. In der Emser Straße 42 arbeitete der Centralverein deutscher Staatsbürger jüdischen Glaubens, die Redaktion der CV-Zeitung und das Büro des Kartell-Konvents deutscher Studenten jüdischen Glaubens. Die Zentrale des Reichsbundes jüdischer Frontsoldaten mit seiner Zeitung »Der Schild« befand sich am Kurfürstendamm 200.

Bei alldem blieb die Synagoge dennoch ein wichtiger Mittelpunkt jüdischen Lebens. Die eindrucksvollste unter ihnen war die monumentale, 1912 eingeweihte und 1938 zerstörte Synagoge in der Fasanenstraße, deren Bau neoromanische mit orientalisierenden Formen verband. Ganz anders dagegen die deutsch-nationalen, neoromanischen Backsteinfassaden, die man heute noch an den Bauten in der Rykestraße und der Pestalozzistraße 14–15 vorfindet. Auf lokale Traditionen beziehen sich die in Berlin beliebten klassizistischen Formen etwa der 1913–1916 erbauten Synagoge Fraenkelufer 10–16, von der die Wochentagssynagoge noch erhalten ist.

»Der Zug nach Westen« und der Kurfürstendamm

Der Umbau der Berliner Innenstadt zum Verwaltungs- und Geschäftszentrum und nicht zuletzt auch die wirtschaftliche Prosperität waren die Ursachen für den »Zug nach Westen« vieler Berliner Juden. Dennoch lebte die Mehrheit nicht am Kurfürstendamm, sondern in einer weitaus kleinbürgerlicheren, oft auch konservativeren Umgebung. Mit dem Ende des Kaiserreiches und durch die Inflation verloren gerade die Angehörigen des Mittelstandes – und dazu zählten viele jüdische Familien – einen großen Teil ihres Vermögens. Eine beliebte Wohngegend war das Hansaviertel, eine Gegend, von deren ursprünglichen behäbigen Gründerzeitbauten nur noch wenige erhalten sind. Nach ihrem Postbezirk »Berlin NW« erhielt sie bald den Spitznamen »Nebbich-Westen«. Viele Intellektuelle und Künstler wohnten hier. Dennoch war dieser Westen nur »nebbich«, denn der eigentliche, der »vornehme Westen«, »Berlin W«, lag südlich des Tiergartens, am Lützowplatz und am Kurfüstendamm.

Zuerst war der Kurfürstendamm eine bevorzugte Wohngegend von höheren Beamten und Militärs. Nach der Jahrhundertwende wurde sie

14

Wohnung
Alfred Flechtheims.

15

Familie Samuel
Fischer im »Benz«
vor der Villa
Erdener Straße 8.

vom jüdischen Bürgertum, von Künstlern und Intellektuellen geschätzt. Am Kurfürstendamm 186 wohnte der Komponist und Regisseur Rudolf Nelson, der unweit im Haus Nummer 217 sein erstes Revuetheater eröffnete. Die meisten Künstler und Intellektuellen jedoch zogen die ruhigeren und preisgünstigeren Seitenstraßen vor. Erhalten sind die Wohnorte von Alfred Flechtheim in der Bleibtreustraße 15, der Lyrikerin Mascha Kaléko in der Bleibtreustraße 10–11, von Walter Benjamin in der Carmerstraße 15, von Alfred Döblin in der Schlüterstraße 20 sowie der Malerin Charlotte Salomon in der Wielandstraße 15. Ihr gegenüber im Haus Nummer 14 lebte der Pianist Artur Schnabel, der Dirigent Leo Blech in der Mommsenstraße 6. Die Reihe ließe sich beliebig fortsetzen, und man könnte den Radius vor allem nach Süden hin vergrößern, nach Friedenau, wo Kurt Tucholsky in der Bundesallee 79 wohnte, nach Neu-Westend, wo Erich Mendelssohn am Rupenhorn 6 sein eigenes Wohnhaus entwarf, oder in die Villenkolonie Grunewald: Hier lebten in den 1920er Jahren Georg Hermann in der Trabener Straße 19, Alfred Kerr in der Höhmannstraße 6, Samuel Fischer in der Erdener Straße 8, Lion Feuchtwanger in der Regerstraße 8 und Walther Rathenau in der Königsallee 65.

Die Entwicklung des »Neuen Westens« zum »Industriegebiet der Intelligenz«, wie Erich Mühsam es nannte, basierte auf der Nähe der Treffpunkte zu den Wohnorten der Akteure. So waren vor 1914 das Café des Westens am Kurfürstendamm 18–19, Ecke Joachimsthaler Straße *(heute Kranzler-Eck)* und in den zwanziger Jahren das Romanische Café gegenüber der Gedächtniskirche *(heute Europa-Center)* – um nur einige zu nennen – wichtige Umschlagplätze für neue Ideen.

Während der zwanziger Jahre wurde der Kurfürstendamm immer mehr zu einer Vergnügungsmeile mit Restaurants, Tanz-Cafés, Varietés, Kinos und auch zur Einkaufsstraße. Geschäfte der Stadtmitte eröffneten Filialen »im Westen«; als Erstes wurde 1912 am Wittenbergplatz das KadeWe eröffnet, es folgten das Seidenhaus Michels im noch erhaltenen Rundbau Ecke Rankestraße gegenüber der Gedächtniskirche, das Wäschegeschäft F. V. Grünfeld an der Ecke Kurfürstendamm/Joachimsthaler Straße und viele andere. Während die »Mutterhäuser« in der Innenstadt sich an eine eher konservative Kundschaft wandten, waren die Filialen im Westen auf eine Kundschaft mit modernem Geschmack ausgerichtet. Mit Ladeneinrichtungen aus Neon und Glas entstand am Kurfürstendamm die Architektur der modernen Großstadt. Jüdische Architekten – die bekanntesten unter ihnen waren Erich Mendelssohn und Oskar Kaufmann – wirkten entscheidend daran mit. Oskar Kaufmanns Theaterbauten am Kurfürsten-

16
Egon Erwin Kisch vor dem Romanischen Café, *Gemälde von Rudolf Schlichter, 1928.*

damm sind zerstört, doch vermitteln das 1926/27 von ihm umgebaute Renaissancetheater mit seinen Intarsiendekorationen im Art-déco-Stil heute noch einen Eindruck dieses Zeitgeschmacks. Von Erich Mendelssohn für die Unternehmerfamilie Lachmann-Mosse entworfen, entstand in diesen Jahren auch der große Komplex aus Wohn- und Theaterbauten am Lehniner Platz.

Mythos Kurfürstendamm und politische Realität

Schon früh wurden der Kurfürstendamm und die Welt von »Berlin W« zum Mythos, an dessen Entstehung jüdische Autoren großen Anteil hatten. Edmund Edels »Berlin W«, Rose Austerlitz' »Café Größenwahn« – gemeint war damit das Café des Westens – lieferten die Stichworte. Die Bewohner des Neuen Westens reflektierten ihre urbane Lebenswelt in der Kunst, wie der Maler Lesser Ury, in der Literatur, wie Alfred Döblin und Walter Serner, oder in Theorie, Essay und Reportage, wie Walter Benjamin, Ernst Bloch, Siegfried Kracauer, Alfred Kerr, Kurt Tucholsky oder Egon Erwin Kisch.

In der Weimarer Republik verfestigte sich ein Klischee, das schon im Kaiserreich entstanden war: »Kurfürstendamm« wurde quasi zum soziologischen Begriff, zu einer Chiffre für Neureiche und Kriegsgewinnler, die stets mit antisemitischen Untertönen daherkam. Sie stand für »undeutsche« Lebenskultur der frechen Cabarets, freizügigen Revuen und der egalitären Vergnügungsindustrie, für »Asphaltliteraten« statt »Dichter«, für die moderne Kunst, ja die Moderne schlechthin. In der Wahrnehmung der konservativen, nationalistischen, erst recht aber der nationalsozialistischen Publizistik waren Kurfürstendamm und Juden häufig synonym.

Man mag eine gewisse Symbolik darin sehen, dass zwei der erschütterndsten politischen Morde der Weimarer Republik sich an den beiden Enden des Kurfürstendamms zutrugen: An seinem Anfang, in der heutigen Budapester Straße, gegenüber dem Aquarium, stand das Hotel Eden. Hier wurde Rosa Luxemburg am 15. Januar 1919 von Angehörigen der Freikorps gefoltert und dann halb tot nahe der heute nach ihr benannten Brücke in den Landwehrkanal geworfen. Das Ende des Kurfürstendamms markiert der Rathenauplatz, der so benannt ist, weil unweit von hier, an der Ecke Königsallee und Erdener Straße, der Außenminister Walther Rathenau am 22. Juni 1922 von Rechtsradikalen ermordet wurde.

In den Krisenjahren der Weimarer Republik kam es am Kurfürstendamm etliche Male zu Ausschreitungen, vor allem an politischen Jahrestagen, wie zu den Verfassungsfeiern 1920 und 1925. Die schlimmsten Gewalttätigkeiten veranstaltete die SA am jüdischen Neujahrsfest des Jahres 1931. Über 1.500 Nationalsozialisten mischten sich unter die Besucher des Neujahrsgottesdienstes in der Synagoge Fasanenstraße und drangsalierten sie. Danach stürmten sie in »jüdische« Lokale, misshandelten die Gäste und demolierten das Mobiliar.

17 Max Liebermann während der Wahl des Reichspräsidenten im Frühjahr 1932. Es kandidierten Paul von Hindenburg, Ernst Thälmann und Adolf Hitler.

Die nationalsozialistische Verfolgung

Erste Verfolgungen politischer Gegner, Boykott und Entlassungen

Mit dem Nationalsozialismus kam 1933 eine dezidiert antisemitische Bewegung an die Macht. Etwa ein Drittel der Berliner Wähler, 28,7 Prozent, hatte der NSDAP in den letzten freien Wahlen im Juli 1932 seine Stimme gegeben. Die Vernichtung der Juden war von Anbeginn Bestandteil ihres Denkens und ihrer Rhetorik. Von den 160.000 Juden, die 1933 in Berlin lebten, wurden 55.000 ermordet, 7.000 nahmen sich selbst das Leben, 90.000 konnten sich ins Ausland retten.

Seit Ende März – nachdem sich die Weimarer Republik durch das Ermächtigungsgesetz selbst aufgegeben und Hitler zum Diktator ernannt hatte – begann eine systematische Politik der Entrechtung und Ausgrenzung: Schon am 7. April 1933 erließen die neuen Machthaber das »Gesetz zur Wiederherstellung des Berufsbeamtentums«. Danach wurden Nichtjuden auf ihre politische Einstellung hin überprüft; Juden hingegen wurden ungeachtet ihrer politischen Einstellung entlassen. Nach ähnlichem Muster wurden Juden aus anderen Bereichen des öffentlichen Lebens ausgeschlossen: Musiker, Schriftsteller, Künstler oder Schauspieler mussten, um arbeiten zu dürfen, Mitglied in der »Reichskulturkammer« werden, in die Juden jedoch grundsätzlich nicht aufgenommen wurden. Auch der Boykott jüdischer Geschäfte am 1. April 1933 wurde bald in größerer und weniger augenfälliger Form fortgesetzt: Unternehmen jüdischer Besitzer erhielten von nun an keine öffentlichen Aufträge und von den Banken keine Kredite mehr. Nach und nach entließ auch die freie Wirtschaft ihre jüdischen Angestellten, Aufsichtsräte und Vorstände wurden ausgetauscht. Lange vor der 1938 gesetzlich verordneten »Ausschaltung aus dem Wirtschaftsleben« begann eine »kalte Arisierung«. Manche der traditionsreichen Firmennamen werden heute noch unter völlig anderen Eigentümerverhältnissen fortgeführt: wie Kempinski, KadeWe und Wertheim; andere sind verschwunden, wie das Leinenhaus Grünfeld oder der Modesalon Gerson, der von dem heute noch existierenden Modehaus Horn übernommen worden war.

Die Reaktion der Jüdischen Gemeinschaft

Die Jüdische Gemeinde versuchte im Rahmen ihrer von den Behörden beschränkten Möglichkeiten, ihre Mitglieder materiell und ideell zu unterstützen. Die jüdischen Schulen und Sportvereine boten den Kindern Schutz vor der alltäglichen Diskriminierung. Der jüdische Kulturbund veranstaltete Konzerte und Theateraufführungen, zunächst vor allem um den aus den Theatern und Orchestern entlassenen Künstlern wieder eine Arbeitsmöglichkeit zu bieten, später auch, um dem aus den öffentlichen Theatern ausgeschlossenen jüdischen Publikum den Besuch von Kulturveranstaltungen zu ermöglichen. Gelehrte und Rabbiner wie Leo Baeck, Joachim Prinz und Martin Buber versuchten, mit ihren Vorträgen Wissen über das Judentum zu vermitteln und das Selbstbewusstsein ihrer Zuhörer zu stärken. Zur Vorbereitung auf die Emigration wurden Sprachkurse und Berufslehrgänge organisiert. Jugendliche wurden in Umschulungslagern in der Umgebung Berlins, etwa in Ahrensdorf bei Trebbin oder in Rüdnitz und Schniebinchen, für die Arbeit in der Landwirtschaft in Palästina ausgebildet. Vor allem aber die Wohlfahrtseinrichtungen wurden zunehmend wichtiger, denn die Berliner Juden gerieten immer mehr auch in materielle Bedrängnis.

18 Kurt Singer (1885–1944), links, Arzt und Dirigent, und Josef Rosenstock (1895–1985), rechts, Dirigent, bei einem Konzert, 1933.

19
Die zerstörte Synagoge in der Fasanenstraße unmittelbar nach dem Novemberpogrom 1938.

Der Novemberpogrom

Das Jahr 1938 markiert eine Wende, auch für die Berliner Juden: den Wechsel von allmählich sich verstärkendem Druck und zunehmenden Einschränkungen hin zu offener Gewalt und einer Flut von diskriminierenden Verordnungen. Bis Ende 1938 hatten 48.000 der ursprünglich 160.000 Juden Berlin verlassen. Bereits Ende Mai wurden auf dem Kurfürstendamm etwa 100 Juden willkürlich verhaftet. Am 13. Juni wurde ein Boykott der noch verbliebenen jüdischen Geschäfte veranstaltet, tags darauf gab es Razzien, danach eine erneute Verhaftungswelle. Am 27. und 28. Oktober wurden alle polnischen Juden ausgewiesen – aus Berlin waren es schätzungsweise 6.000.

In der Pogromnacht vom 9. auf den 10. November 1938 brannten die Berliner Synagogen. Goebbels selbst gab den Befehl zur Zerstörung der Synagoge Fasanenstraße. Ernest Guenter Fontheim erinnert sich an seinen Heimweg von der Schule am Morgen des 10. November: »Als der Zug an der Synagoge vorbeifuhr, sah ich eine Rauchwolke, die wie eine Säule aus der Mittelkuppel aufstieg. Das gab mir einen dermaßenen Schock, dass ich bei dem nächsten Stopp aus dem Zug raste und, so schnell ich konnte, zurückrannte, um zu sehen, was da los war. Gegenüber der Synagoge auf dem Bürgersteig war eine Menschenmenge, die von der Polizei zurückgehalten wurde. Es wurden allerhand antisemitische Rufe, zum Beispiel ›raus mit den Juden‹ gerufen.« Fast 12.000 Berliner jüdische Männer wurden an diesem Tag in das Konzentrationslager Sachsenhausen verschleppt.

Die Pogromnacht markiert auch das Ende für das bereits eingeschränkte kulturelle Leben der Berliner Juden: CV-Zeitung, Israelitisches Familienblatt, Berliner Gemeindeblatt und Jüdische Rundschau, die – streng zensiert – bislang noch erscheinen konnten, mussten nun eingestellt werden. Stattdessen wurde das Jüdische Nachrichtenblatt eingerichtet, in dem bis Juli 1943 hauptsächlich die immer neuen Verordnungen publiziert wurden. Das Jüdische Museum – eine Woche vor Hitlers Machtübernahme eröffnet – wurde geschlossen und seine Sammlungen wurden von der Gestapo konfisziert. Der Jüdischen Gemeinde wurde der Status einer Körperschaft des öffentlichen Rechts aberkannt. Von Dezember an mußten Juden Zwangsarbeit leisten. Tatsächlich begann nach dem Pogrom eine weitere große Welle der Auswanderung. Viele Juden aus anderen Teilen Deutschlands zogen nach Berlin, nicht zuletzt, um in der Nähe der jüdischen Hilfsorganisationen und der ausländischen Botschaften zu sein. Doch waren immer weniger Staaten bereit, die Verfolgten aufzunehmen.

Die Vernichtungspolitik: Zwangsarbeit und Deportation

Berlin war der Ort, von dem aus der Völkermord an den europäischen Juden organisiert wurde: In der Prinz-Albrecht-Straße etablierten sich die zentralen Behörden des Verfolgungsapparates: Gestapo und der Sicherheitsdienst der SS – ein Areal, das heute zu Recht als »Topographie des Terrors« bezeichnet wird. Das berüchtigte, von Adolf Eichmann geleitete »Judenreferat« des Reichssicherheitshauptamtes wurde 1939 in einem ehemaligen Logenhaus in der Kurfürstenstraße 116 eingerichtet. Eine Gedenkinstallation an einer Bushaltestelle vor dem Hotel Sylter Hof erinnert heute daran. Die Gestapo-Zentrale für Berlin befand sich in der Grunerstraße, Ecke Dircksenstraße. In der Villa Minoux am Großen Wannsee wurde am 20. Januar 1942 die Organisation des Judenmordes besprochen. Neben dieser besonderen Rolle Berlins als Organisationszentrale der Vernichtungspolitik gab es einige Spezifika, die die Judenverfolgung in Berlin von der in anderen Städten unterscheidet: So tat sich der Berliner Polizeipräsident Wolf Graf von Helldorf, der bereits die pogromartigen Ausschreitungen vom September 1931 organisiert hatte, durch besonders schikanöse Anweisungen hervor; Joseph Goebbels setzte als Berliner Gauleiter der NSDAP alles daran, Berlin »judenrein« zu präsentieren; Albert Speers Pläne zur Umgestaltung Berlins vertrieben viele Juden aus ihren Wohnungen, und schließlich führte die Präsenz von Regierung und Verwaltung dazu, dass viele Stadtviertel besonders großräumig für Juden gesperrt wurden.

Am 18. Oktober 1941 wurden die ersten 1.013 Berliner Juden vom Bahnhof Grunewald aus in das Ghetto von Lodz deportiert. Tags darauf verließ ein letzter versiegelter Zug mit etwa 40 bis 50 Auswanderern den Anhalter Bahnhof in Richtung Marseille. Am 23. Oktober wurde die Auswanderung verboten und damit die Phase des systematischen Völkermords eingeleitet. Ab Januar 1942 verließen die meisten Deportationszüge Berlin am Güterbahnhof Putzlitzstraße. Die unweit gelegene Synagoge in der Levetzowstraße 7–8 diente als Sammellager. Heute steht dort ein Denkmal, ebenso wie an der Brücke über dem Güterbahnhof. Etwa 21.000 Juden mussten Zwangsarbeit in kriegswichtigen Firmen, wie etwa bei Siemens, der Elektrofirma Erich & Graetz oder der Gummifabrik Fromm leisten. Überall in der Stadt gab es bestimmte »Judenhäuser«, in denen Juden auf engstem Raum zusammengedrängt leben mussten, etwa in der Cuxhavener Straße 14 in Tiergarten. In einem anderen, in der Speyerer Straße 10 in Schöneberg, lebte die Lyrikerin Gertrud Kolmar, die am 27.

Februar 1943, im Zuge der so genannten »Fabrikaktion«, an ihrem Arbeitsplatz verhaftet und mit den anderen Zwangsarbeitern und -arbeiterinnen nach Auschwitz deportiert wurde. Viele der Einrichtungen der Jüdischen Gemeinde wurden nun als Sammellager missbraucht. Noch im März 1945 verließen die letzten Deportationszüge Berlin nach Ravensbrück und Sachsenhausen.

Trotz der aussichtslosen Lage gab es Versuche, sich der Verfolgung zu widersetzen, zu den bekanntesten zählt die Gruppe jüdischer Kommunisten um Herbert Baum. Drei- bis viertausend Menschen versuchten, den Deportationen zu entkommen, indem sie in den Untergrund gingen. Anders als in vielen anderen Städten bestand in Berlin eine – wenn auch geringe – Chance, versteckt zu überleben. Dass die Berliner kritischer gegenüber den Nazis eingestellt waren als Menschen anderswo, ist sicher eine Legende. Doch bestand in einer so großen Stadt eine höhere Wahrscheinlichkeit, Menschen zu treffen, die so viel Distanz zum Regime hatten, dass sie zu helfen bereit waren. Aber auch Kontakte, wie sie sich nur in einer Großstadt bieten, zu hohen Beamten, ausländischen Botschaftern, Passfälschern und Prostituierten, waren häufig lebenswichtig.

20
Jüdin mit Stern in Berlin.

Die Situation der Berliner Juden verschärfte sich, als im Oktober 1942 Wiener Gestapoleute unter Alois Brunner die Führung des »Judenreferats« der Staatspolizeileitstelle Berlin übernahmen. Wenig später wurden zahlreiche Mitarbeiter der Gemeinde, im Februar 1943 dann auch Leo Baeck und andere Vorstandsmitglieder, nach Theresienstadt deportiert. Am 28. Februar 1943 wurde die Jüdische Gemeinde zu Berlin, am 10. Juni 1943 auch die Dachorganisation, die »Reichsvereinigung der Juden in Deutschland«, aufgelöst.

Allerdings überdauerte in den Verwaltungsräumen des Jüdischen Krankenhauses in der Iranischen Straße eine so genannte »Rest-Reichsvereinigung«, die zur Versorgung der jüdischen Partner aus so genannten Mischehen und der von der Gestapo Festgenommenen noch gebraucht wurde. Auch dies war eine Berliner Besonderheit, die freilich nur als kurzfristige Übergangsregelung gedacht war. Für die in Berlin vergleichsweise zahlreichen so genannten Mischlinge sowie die in »Mischehen« Lebenden und deren Kinder galten viele Sonderbestimmungen. Der bekannteste Fall ist sicher die Freilassung der während der Fabrikaktion festgenommenen Männer aus der Rosenstraße. Dabei wurden die Auswirkungen der Zwangsmaßnahmen auf die Stimmung unter den nichtjüdischen Verwandten stets in Betracht gezogen. Dies zeigt auf paradoxe Weise, wie stark Juden doch in die Mehrheitsgesellschaft integriert gewesen waren.

Von der Befreiung bis zur Wiedervereinigung

Die ersten Nachkriegsjahre

21
Wiedersehen nach zehn Jahren. Nach Shanghai emigrierte Berliner Juden kehren zurück, 21. August 1947 *(Fotografie von Henry Ries).*

Am 2. Mai 1945 wurde Berlin durch die Rote Armee befreit. 8.000 Berliner Juden hatten die Massenvernichtung überlebt: etwa 1.900 kehrten aus den Lagern zurück; 1.400 waren im Versteck gerettet worden, die überwiegende Mehrzahl – 4.700 – aufgrund ihrer nichtjüdischen Ehepartner.

Die ersten Gottesdienste fanden an den Orten statt, die symbolisch geworden waren für die letzten Jahre der Berliner Jüdischen Gemeinde:

der Befreiungsgottesdienst am 6. Mai im Haus der Jüdischen Organisationen in der Kantstraße 158; am folgenden Schabbat im Eingangsgebäude des Friedhofs Weißensee und in der – kürzlich wieder hergestellten – Synagoge des Jüdischen Krankenhauses.

Von der Sowjetischen Militäradministration wurden die jüdischen Überlebenden als »Opfer des Faschismus« eingestuft. Sie bekamen Sonderrationen und andere Hilfe, waren damit aber dennoch schlechter gestellt als die »Kämpfer gegen den Faschismus«. Erst als im Juli 1945 auch amerikanische Truppen in der Stadt stationiert wurden, konnte das American Joint Distribution Committee tätig werden.

Außerdem befanden sich viele jüdische DPs *(displaced persons)* in Berlin, die in der Umgebung Berlins aus den Konzentrationslagern und auf den Todesmärschen befreit worden waren. Darüber hinaus kamen ab etwa November 1945 immer mehr jüdische Flüchtlinge aus Polen nach Berlin. Meist blieben sie nur wenige Tage in Berlin, um dann in die DP-Lager in den Westzonen weitergeschickt zu werden.

Die West-Berliner Gemeinde

Zusammen mit den etwa 500 *displaced persons*, die sich entschieden hatten, in der Stadt zu bleiben, wurde die mehrheitlich aus deutschen Juden bestehende Gemeinde zur einzigen jüdischen Interessenvertretung in der Stadt. Bereits wenige Monate nach der Befreiung hatte sie sich neu konstituiert und war im Februar 1946 wieder als Körperschaft des öffentlichen Rechts anerkannt worden. Ihr erster Vorsitzender Erich Nelhans, der im Versteck überlebt hatte, wurde im März 1948 von den sowjetischen Behörden verhaftet und gilt seitdem als verschollen. Bei den ersten Wahlen zur Repräsentantenversammlung im März 1948 wurde Hans-Erich Fabian als Vorsitzender gewählt. Er wanderte im April 1949 in die USA aus. Sein Nachfolger wurde Heinz Galinski, der diese Funktion in West-Berlin bis zu seinem Tod 1992 innehaben sollte.

Für den Westteil der Stadt wurde durch das Luxemburger Abkommen von 1952 auf internationaler politischer Ebene entschieden, dass die Claims Conference die Rechtsnachfolge der früheren Jüdischen Gemeinde antreten, der Nachkriegsgemeinde jedoch die zur Wahrnehmung ihrer Aufgaben notwendigen Liegenschaften überlassen sollte. Die übrigen Grundstücke wurden an den Senat von Berlin verkauft, wobei ein Teil des Erlöses der Jüdischen Gemeinde zukam.

Im Westteil der Stadt setzte in den fünfziger Jahren eine allmähliche Wandlung von der »Auflösungs-« zur »Aufbaugemeinde« ein, dessen sichtbares Zeichen das 1959 eingeweihte Gemeindehaus in der Fasanenstraße 79–80 ist: Es symbolisiert den Schritt in die Zukunft, der hier buchstäblich durch die Trümmer der Vergangenheit, durch die am Eingang eingebauten Architekturfragmente der alten Synagoge hindurchführt. Auch die drei Kuppeln des großen Saales nehmen ein Motiv des Vorgängerbaus auf, und als Architekten wählte man einen Nachfahren Eduard Knoblauchs, der die Neue Synagoge in der Oranienburger Straße entworfen hatte. Mit Restaurant, Gemeindesaal, Bibliothek und Jüdischer Volkshochschule wurde der Bau zum Zentrum des West-Berliner Gemeindelebens, wobei die Veranstaltungen der Jüdischen Volkshoch-

22
Heinz Galinski (1912–1992), Überlebender der Konzentrationslager Auschwitz, Dachau und Bergen-Belsen, von 1949 bis zu seinem Tode Vorsitzender der Jüdischen Gemeinde, bei der Grundsteinlegung für das jüdische Gemeindehaus Fasanenstraße, 1957. Rechts hinter ihm Willy Brandt, Regierender Bürgermeister, und Ernst Lemmer, Bundesminister für Gesamtdeutsche Fragen.

schule auch viele nichtjüdische Besucher anzogen. 1971 wurde zwischen dem Berliner Senat und der Gemeinde eine Vereinbarung getroffen, in welchem der Senat sich verpflichtete, die Gemeinde bei der Wahrnehmung ihrer Aufgaben zu unterstützen. 1993, nach dem Ende des Viermächtestatus der Stadt, wurde daraus ein förmlicher Staatsvertrag. Auch wenn die West-Berliner Gemeinde während der Nachkriegszeit mit 6.000 Mitgliedern die zahlenmäßig stärkste war, gewann die Stadt ihre alte Rolle als Zentrum des jüdischen Lebens in Deutschland nicht zurück. Dieses verlagerte sich, nicht zuletzt aufgrund der politischen Situation Berlins, nach Frankfurt am Main, wo der Zentralrat der Juden in Deutschland, die Zentralwohlfahrtsstelle und zahlreiche andere jüdische Organisationen bis vor wenigen Jahren ihren Hauptsitz hatten.

Die Ost-Berliner Gemeinde

Bis 1953 zählte die Jüdische Gemeinde zu den Institutionen, die alle vier Sektoren der Stadt umfassten. Unter dem Eindruck des Prager Slánsky-Prozesses und der antisemitischen Kampagne während des Moskauer Ärzteprozesses flohen über 500 Juden aus dem sowjetischen Sektor in den Westteil der Stadt, was zur Spaltung der Gemeinde führte. In den kommenden Jahrzehnten befand sich die Ost-Berliner Jüdische Gemeinde im Spannungsfeld zwischen atheistischem Staat und religiöser Tradition. Viele DDR-Bürger jüdischer Herkunft hatten sich aus politischer Überzeugung oder religiöser Indifferenz der Gemeinde nicht angeschlossen. Die meisten von ihnen, ob Gemeindemitglieder oder nicht, waren jedoch der Überzeugung, dass ein sozialistisches Deutschland eher in der antifaschistischen Tradition stehe als die Bundesrepublik und West-Berlin. Das religiöse und kulturelle Leben der Gemeinde war mit ihren wenigen Mitgliedern – in den sechziger und siebziger Jahren waren es um 350, 1989 nur noch 200 – nicht mit dem der West-Berliner Gemeinde zu vergleichen. Nach dem Tod ihres langjährigen Rabbiners Martin Riesenburger konnte kein dauerhafter

23
Demonstration der Opfer des Faschismus, 14. September 1946.

Nachfolger gewonnen werden. Dennoch fanden in den Räumen der Gemeinde in der Oranienburger Straße kulturelle Veranstaltungen statt; ein Nachrichtenblatt erschien regelmäßig und die Gemeinde unterhielt im Rahmen ihrer begrenzten Möglichkeiten die beiden großen Friedhöfe an der Schönhauser Allee und in Weißensee.

Erinnerungspolitik in Ost und West

Das, was man heute unter den Begriff »Erinnerungspolitik« fassen würde, hatte schon früh einen Platz im kulturellen Leben und den politischen Auseinandersetzungen in der Stadt. Seit der ersten Gedenkfeier für die jüdischen Opfer des Holocaust im September 1945 auf dem jüdischen Friedhof in Weißensee wurde in den späteren Jahren regelmäßig an die Opfer erinnert: in West-Berlin in der Gedenkstätte im Gemeindehaus in der Fasanenstraße, in Ost-Berlin vor der Gedenktafel an der Ruine der Neuen Synagoge.

Das Interesse an jüdischer Kultur und Geschichte, vor allem aber das Gedenken an die Opfer der Massenvernichtung, stand in den beiden Teilen der Stadt unter jeweils verschiedenen politischen Vorzeichen. Deutlich wird dies am Beispiel der Erinnerung an die jüdisch-kommunistische Widerstandsgruppe um Herbert Baum. Während in Ost-Berlin auf dem Friedhof in Weißensee und am Ort ihres Anschlags im Lustgarten Gedenksteine errichtet wurden, forderte in West-Berlin 1987 eine Gruppe Studenten vergeblich, das Hauptgebäude der Technischen Universität nach ihrem ehemaligen Chemiestudenten zu benennen. Während in Ost-Berlin erst allmählich diejenigen unter den jüdischen Opfern ins Blickfeld rückten, die keine Widerstandskämpfer gewesen waren, so mahnten auf dem Wittenbergplatz und dem Kaiser-Wilhelm-Platz in West-Berlin sehr allgemein gehaltene Schilder, die »Orte des Schreckens«, die Konzentrations- und Vernichtungslager, nicht zu vergessen. An die Stätten jüdischen Lebens und die Orte der Verfolgung in der unmittelbaren Nachbarschaft hingegen erinnerten, wenn überhaupt, nur unscheinbare Gedenktafeln und Steine. Erst seit den achtziger Jahren rückten sie wieder stärker in das historische Bewusstsein der Stadt.

So erinnert in Ost-Berlin beispielsweise seit 1985 ein Denkmal von Will Lammert an das jüdische Altersheim, das in den vierziger Jahren als Sammellager für Deportationen missbraucht wurde, und eine bereits 1988 geplante Skulptur auf dem Koppenplatz an die Ermordung der jüdischen Nachbarn. In West-Berlin wurden seit Ende der achtziger Jahre Mahnmale errichtet zum Gedenken an die als Sammellager missbrauchte Synagoge in der Levetzowstraße und an die Deportationszüge, die von den Bahnhöfen Putzlitzstraße und Grunewald in die Todeslager abfuhren. 1992, zum fünfzigsten Jahrestag der Wannsee-Konferenz, wurde in der Villa, in der sie stattfand, schließlich eine Gedenkstätte eingerichtet. Im Bayerischen Viertel erinnert seit 1993 eine Art »dezentraler Gedenkstätte« mit lapidaren Texten und Piktogrammen, die auf Tafeln an den Masten der Straßenschilder angebracht sind, an die alltägliche Ausgrenzung und Entwürdigung seiner jüdischen Bewohner.

Ein Interesse an jüdischer Geschichte und Kultur entstand in West-Berlin zuerst im Rahmen der Ausstellungen »Historica Hebraica« (1965) und »Leistung und Schicksal« (1971); Letztere stellte die Geschichte der Berliner Juden dar. Eine ähnliche Ausstellung wurde in Ost-Berlin 1988 gezeigt. Dort fanden bereits 1987 erstmals Tage der jiddischen Kultur in Prenzlauer Berg statt, während kurz danach auf der anderen Seite der Mauer die Jüdischen Kulturtage veranstaltet wurden. Im Zusammenhang mit dem 50-jährigen Gedenken an den Novemberpogrom wurde im Ostteil der Grundstein für die Rekonstruktion des Eingangsbereiches der Neuen Synagoge gelegt und im Westteil der Architekturwettbewerb für das heutige Jüdische Museum ausgeschrieben.

Das öffentliche Erscheinungsbild der West-Berliner jüdischen Gemeinde wurde vor allem von Heinz Galinski geprägt, der eine ganze Epoche hindurch ihre bestimmende Gestalt war. Er befürwortete die Integration der Juden in ein demokratisches Deutschland, dessen Defizite er mit Wachsamkeit und Mut benannte. Zu den prominenten Mitgliedern der Jüdischen Gemeinde zählten der Showmaster Hans Rosenthal, der in einer Lichtenberger Laubenkolonie versteckt worden war, und der Filmproduzent Arthur Brauner, der auf abenteuerliche Weise in Polen überlebt hatte. In seinen CCC-Studios an der Havel, gegenüber der Insel Eiswerder, entstanden Filme wie »Der Tiger von Eschnapur« und »Der brave Soldat Schweijk«. Mit ihnen prägte er das Kino der fünfziger Jahre ebenso wie später mit seinen Karl-May- und Edgar-Wallace-Verfilmungen die Fernsehunterhaltung der sechziger. Diese kommerziellen Erfolge ermöglichten es ihm, immer wieder auch anspruchsvolle Filme wie über den 20. Juli oder das Massaker von Babij Jar zu produzieren.

Von den aus Berlin Vertriebenen kehrten in den folgenden Jahren nur wenige in die Stadt zurück, darunter jedoch einige der prominentesten Vertreter des kulturellen Lebens der Weimarer Republik, die Schauspielerin Helene Weigel, die Komponisten Paul Dessau und Hanns Eisler und der Grafiker John Heartfield, die in den Ostteil Berlins gingen. Von den jüdischen Künstlern und Intellektuellen, die in der DDR an linke Traditionen anknüpften und den Antisemitismus durch den Sozialismus überwunden

24
Skulpturengruppe zum Gedenken an die Judendeportationen vor dem ehemaligen jüdischen Altersheim an der Großen Hamburger Straße, Berlin-Mitte.

glaubten, fanden sich viele bald im Dilemma zwischen Anpassung und mehr oder weniger offener Opposition: der Schriftsteller Arnold Zweig als Präsident der Akademie der Künste, der Wirtschaftshistoriker Jürgen Kuczynski, die Schriftsteller Stephan Hermlin und Stefan Heym. Ihre Kollegen Wolf Biermann, Thomas Brasch, Günter Kunert, Barbara Honigmann und Jurek Becker siedelten schließlich in den Westen über.

In West-Berlin war der Bruch mit dem Kulturbetrieb der NS-Zeit weniger deutlich. Dennoch kehrten manche prominente Vertreter der Weimarer Kultur in die Stadt zurück: der von seinem Pult an der Staatsoper vertriebene Leo Blech dirigierte in den fünfziger Jahren an der Charlottenburger Deutschen Oper, der Operettenkomponist Rudolf Nelson eröffnete hier wieder ein Revuetheater. Ernst Deutsch stand auf der Bühne des Schillertheaters, an dem Fritz Kortner häufig als Regisseur gastierte. Ferdinand Bruckner arbeitete am Schiller- und am Renaissancetheater als Dramaturg. Der Rückblick auf die Geschichte macht den Bruch erkennbar, den die Massenvernichtung markiert: Aus Berliner Juden machte sie Juden in Berlin. Vielleicht werden sie – vielleicht sind sie schon – Berliner Juden, doch auf eine ganz neue Weise, denn das Alte ist unwiederbringlich verloren. Welche Formen das hier neu entstehende jüdische Leben annehmen wird, ist derzeit noch offen.

ZWISCHEN »CHARLOTTENGRAD« UND »SCHEUNENVIERTEL« JÜDISCHES LEBEN IN BERLIN HEUTE

Judith Kessler

Als im Herbst 2002 die Jüdische Allgemeine zehn Berliner Prominente nach ihrem jüdischen Lieblingsort in Berlin fragte, nannten vier von ihnen einen Friedhof, zwei das Jüdische Museum, zwei eine bestimmte Villengegend und zwei die »Neue Synagoge« mit dem Centrum Judaicum. Niemandem fiel ein lebendiger Ort ein ... Unbestritten ist die jüdische »Hardware« Berlins gewaltig – Zeugnisse der 350-jährigen Stadt- und Emanzipationsgeschichte der Juden finden sich in jedem Winkel der Stadt. Aber wie ist es um die »Software« bestellt? Gibt es jenseits von Steinen, Gedenktafeln und Museen auch ein »wahres«, ein reales jüdisches Leben, gar eine jüdische Kultur?

Verglichen mit anderen deutschen Städten hat Berlin eine beneidenswerte jüdische Infrastruktur. Andererseits ist Berlin nicht Brooklyn. Juden leben hier in einer Umgebung, die zu 99 Prozent nichtjüdisch ist. Es gehört nicht zum Alltag, Kippa zu tragen oder sich als jüdisch zu etikettieren. Das, was explizit jüdisch ist, spielt sich eher im geschlossenen Raum, im Privaten ab.

Dennoch hat das »jüdische Berlin« in den Jahren nach dem Mauerfall einen gewaltigen Sprung gemacht. Zwar kamen schon in die geteilte Stadt Juden und Nichtjuden aus aller Welt, doch als neue Hauptstadt, als porös gewordene Nahtstelle zwischen Ost und West, zieht Berlin andere, neue Institutionen und Menschen an. 1990 tagt der Jüdische Weltkongress in Berlin, seit der Nazizeit zum ersten Mal auf deutschem Boden. In den folgenden Jahren zieht der Zentralrat der Juden in die Stadt, Israel lässt sich

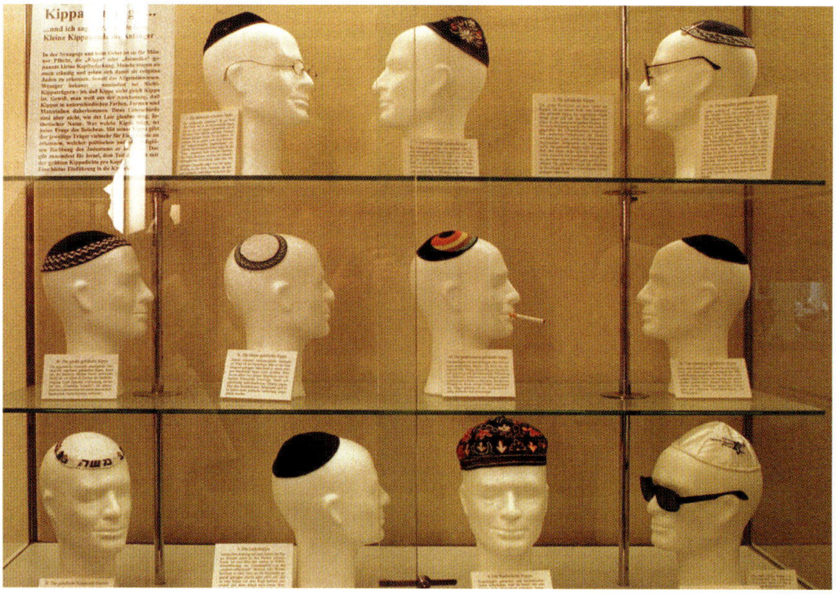

1
Kippa-Ausstellung im jüdischen Jugendzentrum in der Synagoge Joachimstaler Straße, 2001.

eine repräsentative Botschaft im Grunewald bauen, die Jüdische Grundschule von Zwi Hecker und das Jüdische Museum von Daniel Libeskind werden zu Meilensteinen neuer Architektur. Die exotische Mischung aus altbackener Westberliner Gediegenheit und Aufbruch- wie Abrissstimmung in Berlin-Ost tun ihr Übriges dazu, dass auch junge Israelis sich lieber ein billiges Quartier auf einem der morbiden Berliner Hinterhöfe suchen und an einer der hiesigen Musikhochschulen studieren, statt nach Paris zu gehen.

Die Topografie

Zu den Eigenarten der Stadt gehört es, dass sie nicht einen Mittelpunkt hat, sondern viele Zentren, Szenen und Subkulturen. Das gilt auch für ihre »jüdische Seite«. Es gibt eine Synagoge in Zehlendorf, das Jüdische Museum in Kreuzberg, ein Lehrhaus in Prenzlauer Berg. Dennoch lassen sich zwei Gegenden ausmachen, an denen sich »Jüdisches« konzentriert: Charlottenburg-Wilmersdorf im Westen und der Bezirk Mitte im Ostteil der Stadt. Das war schon einmal so. Vor 1933 lebten in diesen Bezirken die meisten der damals 173.000 Juden Berlins. Anfang des 20. Jahrhunderts war es in bürgerlichen Kreisen schick geworden, in die »Jüdische Schweiz«, also in die Gegend um den Bayrischen Platz, oder nach Charlottenburg und Wilmersdorf, in den neuen Westen zu ziehen. In der Fasanenstraße, wenige Meter vom Kurfürstendamm, wo sich jetzt das Jüdische Gemeindehaus befindet, stand die erste Synagoge außerhalb der alten Stadtgrenzen. In den 1920er Jahren kamen viele Künstler und jüdische wie nichtjüdische Exilrussen in diese Gegend, sodass sie im Volksmund bald »Charlottengrad« hieß. Auch heute leben in den »City-West«-Bezirken die meisten ehemals sowjetischen Juden und über die Hälfte aller Mitglieder der Jüdischen Gemeinde. Und hier ist noch immer der größte Teil ihrer Infrastruktur, vom Rabbinerbüro bis zum koscheren Lebensmittelladen.

2
Im Leo-Baeck-Haus residiert der Zentralrat der Juden in Deutschland.

Im Bezirk Mitte hingegen liegen die Anfänge des jüdischen Berlin. Dort befand sich der erste Friedhof, auf dem noch Moses Mendelssohn beerdigt wurde, und in der »Spandauer Vorstadt« wie im »Scheunenviertel« lebten arme Berliner Juden und Pogromflüchtlinge aus Osteuropa. Erst in den letzten Jahren haben sich hier wieder jüdische Institutionen angesiedelt – der Zentralrat der Juden, das Centrum Judaicum, einige Büros der Jüdischen Gemeinde, die Jüdische Oberschule … Doch eine bevorzugte Wohngegend ist der Bezirk nicht, auch wenn die Stadtführer unisono in dieser Gegend das »blühende jüdische Leben« ausmachen: Gerade sieben Prozent aller Berliner Juden leben im ehemaligen Ostteil der Stadt. Selbst die jüdischen Zuwanderer aus der früheren Sowjetunion fühlen sich dort noch immer zu sehr an die sozialistische Heimat erinnert und ziehen lieber in die Nähe der Konsumtempel zwischen Ku'damm, Olivaer Platz und Kantstraße, wo russische Import-Export-Läden das Straßenbild prägen und »alle Russen« wohnen.

Die jüdische Gemeinde

Berlin hat die größte Jüdische Gemeinde der Bundesrepublik. Zu ihren fast 12.000 Mitgliedern im Jahre 2002 kommen vermutlich noch mehrere tausend Juden hinzu, die nicht in der »Einheitsgemeinde« organisiert sind. Das noch in Preußen geborene Modell »Einheitsgemeinde« hat zwar den Anspruch, alle religiösen Strömungen unter einem Dach zu vereinen; faktisch aber gibt es Gruppen, die sich in diesem Konzept nicht wieder finden, sowie Leute, die ein institutionalisiertes Judentum ablehnen, oder andere, die nach jüdischem Gesetz nicht als Juden gelten. Wie in anderen Städten haben sich in Berlin Gruppen von der Gemeinde und ihrem Zentralrat abgespalten oder neu gebildet. Beispiele sind die kleine orthodoxe Gemeinde Adass Jisroel in Mitte oder der Jüdische Kulturverein, der aus einer Gruppe areligiöser DDR-Juden und »Personen mit jüdischem Familienhintergrund« (laut Statut) hervorgegangen ist und von manch alteingesessenem Gemeindemitglied noch immer skeptisch als »Rote-Socken-Verein« beäugt wird ...

Auch wenn dem Konstrukt »Jüdische Gemeinde« etwas Staub und Unbeweglichkeit anhaftet, bleibt sie als Interessenvertreterin und institutioneller Rahmen wichtig. Für Ältere ist sie oft Familienersatz; andere wollen ihre »Zugehörigkeit demonstrieren« oder nennen als Mitgliedsgrund, dass sie sich »sicherer« fühlen. Die Gemeinde unterhält ein ganzes Netzwerk an Einrichtungen »von der Wiege bis zur Bahre«: sechs Synagogen, einen Kindergarten, zwei Schulen, ein Jugend- und ein Seniorenzentrum, eine Sozialstation und ein Pflegeheim, drei Friedhöfe, eine Jobbörse, das Restaurant »Arche Noah« *(neben dem Beth-Café das einzig wirklich koschere in der Stadt)* und etliches andere mehr.

Besonders stolz sind die Gemeinderepräsentanten auf das Jüdische Gymnasium, das erste in Deutschland nach der NS-Zeit. Es befindet sich im Gebäude der alten Jüdischen Knabenschule in der Großen Hamburger Straße und führte im Jahr 2000 die ersten Schüler zum Abitur. Die jüdischen Schulen – die im Übrigen auch nichtjüdischen Schülern offen stehen – sind private Ganztagsschulen mit koscherem Mittagessen, Busdienst, Hebräisch- und Religionsunterricht.

Daneben stellt die Gemeinde zahlreichen Organisationen Räume und Mittel zur Verfügung. Denn auch die »Klassiker« des Spendensammelns wie Keren Kayemet (Jüdischer Nationalfonds) oder Magen David Adom (das jüdische Pendant zum Roten Kreuz) haben sich in Berlin eingerichtet. Die meisten haben ihre Büros im Verwaltungsgebäude Joachimstaler Straße neben der jüdischen »Literaturhandlung« oder in der Passauer Straße, neben dem koscheren Laden »Pläzl«. Die »Women's International Zionist Organization« residiert im Gemeindehaus in der Fasanenstraße. Dort veranstaltet sie alljährlich ihren großen WIZO-Basar, bei dem auch die lokale Politprominenz die neuesten Werke jüdischer Maler ersteigert, Nieten aus der Lostrommel fischt, »Heilschlamm vom Toten Meer« erwirbt und »frische Pelmeni & andere Köstlichkeiten« probiert – für den guten Zweck.

Im Gemeindehaus finden zudem alle Gedenkstunden, Preisverleihungen, der öffentliche Pessach-Seder und der Chanukkaball statt. Das Haus beherbergt daneben diverse Selbsthilfegruppen: den Singles-Klub »Pnujim we Pnujot« für einsame jüdische Herzen, den Traditionsklub »Massoret« für Russischsprachige und den Treff »Achva« für die Senioren. Böse Zungen behaupten, er sei das Lebendigste an der Jüdischen Gemeinde. In der Tat ist der Klubraum immer bis zum letzten Platz besetzt, wenn die »grauen Panther« tagen. Man lädt Referenten ein *(»Heute: Juden auf Malta«)*, diskutiert ausgiebig und laut *(»Wie viel Karotten gehören in den ›Gefillte Fisch‹?«)*, zeigt den Zuwanderern, wie ein »ordentlicher« Schabbat-Abend zelebriert wird, und im Übrigen kennt man sich: Moische, Rudi, Bertel, Lutz – »die letzten Mohikaner«, die Letzten, die noch wissen, wie das Scheunenviertel wirklich war …

Im selben Gebäude befinden sich zwei Einrichtungen, die allen Berlinern offen stehen: die Bibliothek mit über 70.000 Bänden zu Judaistik und Zeitgeschehen und die Jüdische Volkshochschule, die – in Orientierung an ihre 1919 gegründete Vorgängerin – 1962 als Erste ihrer Art die Arbeit wieder aufnahm und Lesungen, Vorträge und Kurse anbietet. Meist sind es Nichtjuden, die hier Jiddisch oder »Grundlagen des Talmud« lernen. Das gilt auch für die Besucher der beiden großen Veranstaltungsreihen der Gemeinde, die inzwischen fest in den Berliner Kulturkalender gehören: das »Jewish Film Festival« im Juni und die »Jüdischen Kulturtage« im November.

Die »Protagonisten«

So wie es »das« jüdische Viertel nicht gibt, gibt es auch »den« jüdischen Berliner nicht. Es gibt Orthodoxe und Säkulare, Individualisten und Vereinsmeier, Meschuggene und ganz Normale, Leute, die etwas bewegen, und andere, die nur ihre Gemeindesteuer zahlen (oder auch nicht). Die Gemeindemitglieder sind – wie in allen Diasporagemeinden – überaltert. Ihrer Herkunft nach könnte man sie grob in vier Gruppen teilen. Die mit Abstand größte Gruppe stammt aus der Sowjetunion, die zweite bilden die in Deutschland oder Mitteleuropa Geborenen, dann folgen Israelis und die vor allem aus den USA kommenden englischsprachigen Juden. Letztere haben nicht nur den Bagel der osteuropäischen Amerika-Auswanderer in die Berliner Bäckereien zurückgebracht, das American Jewish Committee installiert und das neue Jüdische Museum konzipiert (das größte seiner Art in Europa). Sie leben den deutschen Juden auch ein neues jüdisches Selbstverständnis vor – offensiv, gegenwartsbezogen und »positiv« denkend. Umgekehrt wird vielen Amerikanern oder Israelis an einem Ort wie Berlin ihr eigenes Jüdischsein wieder bewusster. Die Einteilung nach solchen Herkunftsgruppen bedeutet jedoch nicht viel. Die Berliner Juden sind ein zu heterogenes Völkchen, deren Rollen und Zugehörigkeiten sich überlappen und ändern. Heute gehen sie in diese Synagoge, morgen in jene, ständig gründen sie neue Gruppen, spalten sich irgendwo ab, vereinigen sich wieder mit irgendwem, treten aus, treten ein …

In Berlin blüht das Vereinswesen. Aber nicht nur – wie zu vermuten wäre – unter deutschen Juden (»Jüdische Herz-Sport-Gruppe«). Einige Amerikaner sitzen regelmäßig am (nichtöffentlichen) »Jüdischen Stammtisch«. Die Israelis haben ihren eigenen Verein, »Kesher« (»Kontakt«) – wer da mitmachen will, muss Hebräisch können. Ein anderer, sefardischer Verein mit unaussprechlichem Namen und eigenem Stempel nimmt nur Kaukasier auf. Die Bedeutung der jüdischen Logen, als Zusammenschluss der einzelnen »Landsmannschaften«, nimmt hingegen ab: Die »deutsche« Leo-Baeck-Loge musste sich wegen Mitgliederschwunds bereits mit der

»polnischen« Janusz-Korczak-Loge zusammentun, und die »russische« Simon-Dubnow-Loge hat gerade noch 25 Mitglieder. Mehr Zulauf haben Berufsvereinigungen wie »Alpha Omega« (das sind die jüdischen Zahnärzte) oder, weniger kryptisch, die »Jüdischen Ärzte und Psychologen in Berlin«. Beim jährlichen Christopher Street Day fährt ein Wagen von »Yachad«, dem »Verein lesbischer, schwuler und bisexueller Jüdinnen und Juden in Berlin« mit, von dem »Miss Tel Aviv« mit seinen angeklebten Wimpern klimpert und Israelfähnchen schwenkt.

»Die Russen«

Vor allem aber »die Russen« lieben Vereine (die sich oft untereinander spinnefeind sind). Sie gründen unermüdlich neue Zirkel und »Küchenklubs« (»Jüdische Jazzliebhaber«, »Jüdische Erfinder«), nennen jedes Vereinslokal auf dem dritten Hinterhof »Zentrum« (»Zentrum für Talmud Tora«, »Zentrum für die russische Sprache«) und haben für alles einen »Arbeitsplan«. Seit die Jüdische Gemeinde den ehemals sowjetischen Zuwanderern das Vorderhaus neben der »Neuen Synagoge« zur Verfügung gestellt hat, kann der Besucher im »Treffpunkt Hatikwa« auf vier Etagen tagtäglich erleben, wie es in einem Moskauer Kulturpalast zugehen mag: Im rot gestrichenen Treppenhaus hängen große Wandzeitungen mit allen möglichen Ankündigungen, auf Russisch, versteht sich: Die »Gesellschaft der Wissenschaftler« diskutiert am Montag »Zahlen 2. Ordnung«, der Keramikzirkel bastelt Chanukkaleuchter, der Veteranenchor sucht noch einen Bass … Vor allem sind es ältere Herrschaften, die hier der »Geschichte des Jüdischen Volkes, Teil 14« lauschen und dabei ein Stück Heimat oder ihre Jugend wieder finden – wenn sie auf den Gängen sitzen und auf ihre Enkel warten, die im Ballettsaal unterm Dach israelische Tänze üben, eine Etage tiefer das Klavier malträtieren oder sich im Schachklub die ersten Sporen verdienen. Denn dank der Zuwanderung gibt es nun auch erfahrene Trainer und Sportler in Berlin, die mit sowjetischen »Volkssportarten« wie Ballett, Boxen und vor allem Schach den jüdischen Sportverein »Makkabi« auf Trab bringen, der zuvor zwar mit glanzvollen Bällen, aber selten mit sportlichen Rekorden von sich reden gemacht hat.

Darüber hinaus verbindet »Russen« und »Nichtrussen« nicht allzu viel. Die unterschiedlichen Mentalitäten und Gewohnheiten lassen sich bis auf den Friedhof verfolgen: Während auf den Gräbern der einheimischen Juden traditionell die üblichen Steinchen liegen, erinnern die der »Russen« an die Bundesgartenschau: Da sprießt es in allen Farben aus Töpfen und Sträußen, und manch ein Hinterbliebener stellt, wie es in der Heimat Brauch war, Plastikbäumchen, Äpfel, Plüschtiere oder Fotos aufs Grab. Auch die Fest- und Gedenktage fallen unterschiedlich aus. Viele Zuwanderer feiern das russische Neujahrsfest, das die Einheimischen nicht kennen. Den ehemaligen Sowjetbürgern wiederum sagt der 9. November, die »Reichspogromnacht«, nichts. Sie begehen den 9. Mai, als Tag der Befreiung vom deutschen Hitlerfaschismus. Dann legen die Mitglieder des »Klubs der Veteranen des Großen Vaterländischen Krieges« ihre Orden an, pilgern zum Sowjetischen Ehrenmal nach Treptow, trinken Wodka und erzählen sich, wie sie Berlin, Wien oder Budapest befreit haben. In der Sowjetunion galten sie als »Helden«. Hier nun sitzen sie zwischen den »Besiegten« – und »zwischen allen Stühlen«, in einer fremden Welt und werden selbst von ihren eigenen jungen Landsleuten mit Argwohn betrachtet. Diese verbringen ihre Zeit lieber in russischen Schickimicki-Kneipen, im »Samowar« am Schloss Charlottenburg, im »Pasternak« am Kollwitzplatz oder – falls besser situiert – im »Astoria« am Halensee.

So wie alte und junge Ex-Sowjetniks jeweils unter sich bleiben, sind auch die Kontakte zwischen Zuwanderern und Langansässigen eher spärlich. Die Berliner Juden haben von »ihren Zuwanderern«, die seit den 1990er Jahren in der Mehrheit sind, lauter Bereicherungen des jüdischen Lebens in Igor-Oistrach-Gestalt erwartet und stattdessen den Bauingenieur aus Dnepropetrowsk bekommen. Und der will meist keinen Platz in der Synagoge, sondern Arbeit und eine Wohnung am Ku'damm ...

Jewish Disneyland

Aber auch die nichtjüdischen Deutschen sind enttäuscht, wenn »ihre Juden« nicht klesmernd wie »Tewje, der Milchmann« durch das Scheunenviertel geistern, sondern lieber Techno hören und eher unsichtbar bleiben. Der Durchschnittsberliner kennt keine Juden und war noch nie in einer »jüdischen Kirche«. Ähnlich wie die Stadt jedes Jahr eine »Lange Nacht der Museen« und einen »Tag des offenen Denkmals« ansetzt, hat die Jüdische Gemeinde im Rahmen ihrer Kulturtage 2002 zum ersten Mal eine »Lange Nacht der Synagogen« veranstaltet, mit Vorträgen, liturgischen Gesängen und »Rabbinern zum Anfassen«. Denn die Berührungsängste, Wissenslücken und Klischeevorstellungen sind enorm. Juden sind klug wie Nathan der Weise, haben eine Menora in der Schrankwand, hören den ganzen Tag Giora-Feidman-Platten und dürfen bei keiner Gedenkfeier fehlen ... Das ist in Berlin nicht anders als in Bochum. Aber in Berlin steht eine ganze Branche bereit, die einspringt, wenn – oder weil – die Juden »ihre Rollen« nicht erfüllen. Die Umgebung der Oranienburger Straße ist (neben dem einstigen jüdischen Viertel von Krakau) der Ort in Europa, wo »Jüdisches« am perfektesten inszeniert und vermarktet wird, und zwar von Nichtjuden. Juden nennen diese Gegend, in der sie eigentlich überflüssig sind, inzwischen »Jewish Disneyland« oder »Jewrassic Park«.

Richtig ist, dass hier, in der August- oder Linienstraße – wo tagein, tagaus Legionen von Touristen vorbeidefilieren – quasi jedes Haus eine jüdische Geschichte hat: das erste jüdische Krankenhaus, die Blindenanstalt, das Arbeiterfürsorgeamt ... Dort hat die Lyrikerin Mascha Kaléko sich zur Kontoristin ausbilden lassen, und hier hat Hannah Karminski gegen die Mädchenhändler gekämpft. Von diesen Lebenswelten ist nichts geblieben. Das jüdische Haus in der Neuen Schönhauser Straße, in dem sich einst eine Lesehalle und eine Volksküche befand, ist restauriert, inklusive der Aufschrift »Volks-, Kaffee- und Speise-Hallen-Gesellschaft«. Der soziale, offene Geist, der hier einst herrschte, ist mit den neuen Betreibern nicht zurückgekehrt. Die Kneipen und Klubs im Scheunenviertel heißen »Silberstein«, »Anderman«, »Tacheles«, »Mendelssohn«. Doch wo »jüdisch« draufsteht, ist selten »jüdisch« drin. Das einzige jüdische Restaurant, »Oren«, ist ein israelisches, und Koscheres sucht man hier ohnehin vergeblich. (Das untrüglichste Zeichen dafür, dass an einem Ort tatsächlich Juden zugange sind, ist leider noch immer die Bewachung vor der Tür. Keine Synagoge, keine Schule, kein Gemeindesaal in der Stadt, die nicht von Polizisten geschützt wären.)

4

Das »Tacheles« war im letzten Jahrzehnt zum Symbol einer blühenden Zerfallsästhetik geworden.

Daneben gibt es eine Grauzone, Veranstalter, die vom »historischen Ort« profitieren und hier und da auch »Authentisches« bieten, wie das Hackesche Hoftheater in der Rosenthaler Straße. Hier treten neben schwarz behuteten Pseudo-Juden auch jüdische Künstlerinnen auf, die sich mit deutsch-jüdischer Identität auseinander setzen oder jüdische Musik aus dem Mittelalter zum Leben erwecken. Doch ausverkauft ist das Theater meist dann, wenn Klesmer und Jiddisches auf dem Spielplan stehen. Der ungekrönte König der Berliner »jiddischen Szene« – ein Zuwanderer aus Moskau und dort als Schlagerstar bekannt – spielt hier mal den beschickerten Rebben und mal den mit Gott hadernden Greis, lässt die Zuschauer mitklatschen oder koscheren Wein probieren.

Natürlich bedienen neben den vielen »Goim«, die in Klubs und Trendkneipen ins Mikrofon schluchzen, auch Juden die Klischees. Was unlängst als erstes jüdisches Theater in Berlin nach dem Holocaust von einem Israeli unter großem Applaus eröffnet wurde, hat nichts mit Max Reinhardt oder Alexander Granach, aber viel mit Folklore und heiler Welt zu tun. »Bamah« (»Bühne«) heißt das Etablissement, »Schabbat Schalom« oder so ähnlich heißen die Stücke, und auf Anhieb sympathisch ist, dass seine Macher nicht auch noch auf den »Scheunenviertel-Zug« aufspringen, sondern am zugigen Hohenzollerndamm in Wilmersdorf ihr »jiddisches Glik« versuchen. Ohnehin beginnt der Trubel etwas nachzulassen, die Rezession greift auch nach der »neuen Mitte«. Der Berliner zieht beruhigt wieder nach Charlottenburg, und auf der Oranienburger Straße macht ein Billig-Inder nach dem anderen auf. »Tandoori-Chicken« löst »Huhn jüdischer Art« ab … Vielleicht ist das Normalität.

Die Stadt

Jenseits von Verkitschung und Vermarktung gibt es selbstverständlich eine seriöse Auseinandersetzung mit jüdischen Themen. Die Stadt gibt sich Mühe mit ihren »jüdischen Mitbürgern«. Die Jüdische Gemeinde wird durch einen Staatsvertrag gefördert, hat Sitz und Stimme im Rundfunkrat,

5

Das Denkmal für die ermordeten Juden Europas.

und ein spezielles Programm des Berliner Senats hat es seit 1970 bereits über 17.000 ehemaligen Berliner Juden, die vor den Nazis geflüchtet waren, möglich gemacht, ihre Heimatstadt zu besuchen. Und was die Wissenschaften betrifft, so hat die Freie Universität das Institut für Judaistik, die Humboldt-Uni das Institut Kirche und Judentum und die Technische Universität das Zentrum für Antisemitismusforschung. In Potsdam kann man den Magister in »Jüdischen Studien« erwerben, am Abraham-Geiger-Kolleg sich zum Rabbiner ausbilden lassen und am Moses-Mendelssohn-Zentrum die Doktorarbeit schreiben. Daneben bieten (fast) unzählige Forschungs- und Bildungseinrichtungen Veranstaltungen zu jüdischen Themen oder zur deutsch-jüdischen Geschichte an: die Evangelische Akademie, das Einstein-Forum, das Haus der Wannseekonferenz, die Stiftung Topographie des Terrors.

Aber auch Stiftungen mit jüdischer Thematik hat Berlin mehr als jede andere deutsche Stadt: Bereits in den 1960er Jahren richtete der Verleger Axel Springer die erste Stiftung zur Förderung der Verständigung zwischen Juden und Deutschen ein, der jüdische Textilfabrikant Harold Bob und der Filmproduzent Artur Brauner folgten ihm. Ursula Lachnit-Fixson und Ronald S. Lauder fördern Projekte zur Wiederbelebung jüdischer Tradition und Religion, und die Heinz-Galinski-Stiftung der Gemeinde zeichnet Personen aus, die sich um das deutsch-jüdische oder deutsch-israelische Verhältnis verdient gemacht haben – im Jahr 2002 etwa den deutschen Außenminister Joschka Fischer. Andere Stiftungen beziehen sich explizit auf die deutsche Verantwortung für die Geschichte: Drei nichtjüdische Frauen haben »Zurückgeben – Stiftung zur Förderung jüdischer Frauen in Kunst und Wissenschaft« gegründet, und die von der Journalistin Lea Rosh initiierte Stiftung »Denkmal für die ermordeten Juden Europas« hat dafür gesorgt, dass das umstrittene, jahrelang debattierte Projekt eines »Holocaust-Mahnmals« nach dem Entwurf des US-Architekten Peter Eisenman am Brandenburger Tor im Mai 2005 realisiert wurde.

Ein ebenso kostspieliges wie langwieriges Projekt, dessen sich der Senat angenommen hat, ist die Erhaltung der jüdischen Friedhöfe: Der älteste an der Großen Hamburger Straße ist von den Nazis zerstört worden. Der zweite, 1827 an der Schönhauser Allee angelegt, existiert noch. Hier ruhen unzählige Vertreter des jüdischen Lebens zwischen Tradition und Moderne, von Leopold Zunz, dem Begründer der Wissenschaft des Judentums, bis zum Maler Max Liebermann. Viele der 21.000 Gräber sind jedoch kaum noch auffindbar. Sie fielen Bomben, Metallsammlungen, Schändungen oder einfach der Erosion zum Opfer. Die Berliner Denkmalschützer, Freiwillige von der »Aktion Sühnezeichen« und sogar die Bundeswehr versuchen hier und auf dem jüdischen Friedhof in Weißensee zu retten, was zu retten ist. Dieser Friedhof, mit seinen vielen Zeichen der Assimilation und des Deutschtums (vom Marmormausoleum bis zum »Eisernen Kreuz«), ist mit einer Fläche von 43 Hektar und 115.000 Gräbern der größte noch genutzte jüdische Friedhof Europas. Für Restauratoren ein Fass ohne Boden. Während nichtjüdische Touristen Weißensee besuchen, um die ausgedehnte Pracht und die Grabstätten von Berühmtheiten anzusehen, kommen Juden aus aller Welt hierher, um die Gräber ihrer Vorfahren zu suchen oder Auskünfte über sie zu bekommen. Der Friedhof verfügt über ein aufwendig restauriertes Archiv aller Beisetzungen seit seiner Einweihung 1880, ein Schatz aus 900 Bänden nebst Urkunden, Briefen, Lageplänen usw.

Die Religion

Geistesgrößen der Religionslehre wie Abraham Geiger und Leo Baeck hat Berlin heute nicht mehr vorzuweisen, und die sechs Synagogen können dem Vergleich mit den 28 Gemeindesynagogen und über 100 Synagogenvereinen und Betstuben in den Jahren vor 1933 nicht standhalten. Ungeachtet dessen sind die Berliner Juden nicht nur ihrer Herkunft nach, sondern auch in ihrer religiösen Ausrichtung sehr verschieden »gestrickt«. Die größte Gruppe (29 Prozent) ordnet sich einer Gemeindeumfrage von 2002 zufolge dem »liberalen« Judentum zu, wie es etwa in der Synagoge Pestalozzistraße in Charlottenburg – mit Orgel und gemischtem Chor – praktiziert wird. Vor dem Krieg wäre dieser Ritus dort undenkbar gewesen; damals war diese Synagoge orthodox. Auch die anderen Gotteshäuser stehen nicht in ihrer Vorkriegstradition. Die »orthodoxe« Synagoge Joachimsthaler Straße – die einzige, in der täglich ein Morgen- und Abendgottesdienst stattfindet – wurde früher als Vortragssaal der B'nai B'rith-Loge und dann als Turnhalle genutzt. In der Synagoge Rykestraße in Prenzlauer Berg, einst eine Hochburg deutscher Juden, wird heute hauptsächlich Russisch gesprochen. Die »Neue Synagoge« in der Oranienburger Straße, 1866 im maurischen Stil für über 3.000 Beter gebaut, beherbergt hinter ihrer restaurierten Fassade neben einem Museum und einem der wichtigsten

5
Eingang der wiederaufgebauten Synagoge Rykestraße, Berlin-Prenzlauer Berg.

jüdischen Archive nur noch einen Synagogenraum für 100 Personen. Doch hat sich diese kleine Synagoge mit ihrem »egalitären Minjan«, bei dem Frauen und Männer den Kultus gleichberechtigt ausüben, über die Stadtgrenzen hinaus einen Namen gemacht. Hier haben auch etliche Ostberliner und Amerikaner ein religiöses Zuhause gefunden und Deutschlands erste Kantorinnen ihre Karriere begonnen. 16 Prozent der Mitglieder ordneten sich bei der Gemeindeumfrage dem Reformjudentum zu, wie es hier praktiziert wird; 14 Prozent verstehen sich als »konservativ«, nur 8 Prozent als »orthodox«. Während es in der Synagoge des Seniorenheims in der Herbartstraße bisher keine großen Diskussionen gibt, befinden sich die Synagogen Fraenkelufer in Kreuzberg (von ihr, die einmal 2.000 Betern Platz bot, steht heute nur noch ein Seitenflügel) und Rykestraße bereits mitten in der Debatte über ihre zukünftige Ausrichtung: ob eher orthodox oder liberal. Für einen »liberalen Ritus« – allerdings ohne Orgel – steht die im Jahr 2000 wieder in Betrieb genommene Militärkapelle am Hüttenweg in Zehlendorf, in der sich bis zum Abzug der Alliierten jahrzehntelang am Freitagabend die jüdischen Angehörigen der US-Streitkräfte trafen.

6
Auch in Berlin feiern Juden das Pessachfest, das »Fest der ungesäuerten Brote«, mit dem an den Auszug der Juden aus Ägypten vor über 3.000 Jahren erinnert wird. Eine der Feiern fand in der Synagoge der liberalen Gemeinde im Berliner Hüttenweg unter der Leitung von Rabbiner Andreas Nachama (Mitte), der Kantorin Avitall Gerstetter (r) und des Kantors Alexander Nachama (l) statt.

Auch die sefardischen Juden wollen nun eine eigene Synagoge. Anders als in Hamburg gab es in Berlin nach der Schoa nur wenige Sefarden. In den vergangenen Jahren sind jedoch Sefarden aus Israel, Iran, dem Kaukasus und Mittelasien nach Berlin gekommen, die sich bislang in den Wohnungen ihrer jeweiligen Landsleute zum Gottesdienst treffen.

Ende 2002 hat auch die »Masorti«-Bewegung, die irgendwo zwischen Orthodoxie und Liberalismus angesiedelt ist, mit einer Rabbinerin und natürlich auch als »e.V.« in Berlin Einzug gehalten. Und bereits seit 1999 engagiert sich Ronald S. Lauder mit einem orthodoxen Jüdischen Lehrhaus in der Stadt. Es befindet sich im Vorderhaus der Synagoge Rykestraße, wo bis 1941 schon einmal eine Religionsschule war, und bildet jüdische Lehrkräfte aus, an denen es noch immer mangelt.

Andererseits definiert sich ein recht erheblicher Teil der Berliner Juden gar nicht (mehr) religiös. Eine Gruppe »säkularer« Juden erwägt schon seit Jahren, einen »Schabbat für Atheisten« einzurichten. Und tatsächlich bezeichnen sich 12 Prozent der befragten Gemeindemitglieder als Atheisten, und weitere 21 Prozent wissen nicht so recht, ob oder welcher Richtung sie sich zuordnen sollen. 80 Prozent der Berliner Juden wollen jedoch immer noch unbedingt auf dem jüdischen Friedhof beerdigt werden, obwohl nur ein Viertel regelmäßig zur Synagoge geht, ein Drittel einen Sohn wahrscheinlich nicht mehr beschneiden lassen würde und zwei Drittel koschere Lebensmittel »unwichtig« finden.

Dieser Mehrheit »Jüdischkeit« beizubringen ist das Ziel von Chabad Lubawitsch, einer chassidischen Bewegung, die bereits seit Mitte der 1990er Jahre in Berlin aktiv ist. Ihr Gründer, Menachem Mendel Schneerson, hatte hier (und in Paris) studiert, bevor er sich vor den Nazis in die USA retten konnte. Seine Anhänger eilen schwarz gekleidet und in Grüppchen durch Berlin, um die Juden in Hebräisch und Tora zu unterrichten. Chabad ist vermutlich die rührigste »Sekte« in der Stadt. Ihr Rabbiner organisiert Gottesdienste für Anfänger und Eiscreme-Partys für Kinder. Ihre Studenten besuchen Juden in Krankenhäusern, Altersheimen und im

Knast. Und jedes Jahr zu Chanukka gelingt es Chabad, mindestens den Regierenden Bürgermeister zum Kommen zu bewegen, wenn vor dem Jüdischen Gemeindehaus gegenüber dem Hotel Kempinski das erste Licht am fünf Meter hohen Chabad-Leuchter entzündet wird.

Kunst und Kultur

So »übersichtlich« wie der Religionssektor ist das jüdische Kulturangebot nicht. Es gibt keine geschlossene »Szene«, eher einzelne Schlaglichter, Namen, Projekte. Am kontinuierlichsten zeigen sich die Medien. Recht auflagenstark, zugleich eine Art Heimatersatz, sind die russischsprachigen Zeitungen wie die »Ewrejskaja Gaseta« und »Ruskij Berlin«. Die deutschsprachigen heißen Jüdische Allgemeine, jüdisches berlin oder Golem und werden auch von Nichtjuden gelesen. Der Rundfunk (SFB Radio Kultur, MDR, DeutschlandRadio) bietet ebenfalls Sendungen mit jüdischer Thematik an. So tönt bereits seit 1946 (schon über 2.900 Mal) jeden Freitag die »Schabbat-Feier« aus dem Lautsprecher. Im Lokalfernsehen läuft dafür das russische Kulturprogramm »RKP« und das deutsch-jüdische »Babel-TV« – beides eher etwas für die Freunde des Skurrilen. Was die Berliner Juden in die Kulturlandschaft der Stadt einbringen, ist bei weitem nicht alles hohe Kunst. Zum einen sind wohl viele noch immer mit ihrer Selbstfindung beschäftigt, und es mangelt an innerjüdischer Konkurrenz; zum anderen »kauft« die nichtjüdische Mehrheit relativ unkritisch alles, was als »jüdisch« etikettiert ist. Mit dem Ergebnis, dass »Klasse« oft unmittelbar neben »Masse« oder »drittem Aufguss« steht.

Dennoch hat es Berlin geschafft, jüdische Künstler von Weltrang zeitweise oder auf Dauer anzulocken – einen Dirigenten wie Daniel Barenboim, einen Theatermann wie George Tabori, einen Daniel Libeskind, der nicht nur mit seiner Museumsarchitektur, sondern auch mit einem spektakulären Bühnenbild für die Deutsche Oper Aufsehen erregte, oder einen Mäzen wie Heinz Berggruen, der – in seine Heimatstadt zurückgekehrt – den Berlinern eine fantastische Sammlung moderner Malerei zum Geschenk machte. Aber ist das, was sie tun, jüdisch? Wir wissen nicht, in welcher Eigenschaft Barenboim 2002 das Bundesverdienstkreuz bekommen hat. Der Zauberer Igor Jedlin, der einst als Star des Moskauer Staatszirkus vor dem ersten Kosmonauten Juri Gagarin auftrat und seit 30 Jahren in Berlin ein Zaubertheater betreibt, hat es schon ein Jahr länger. Weil er Jude ist? Oder weil er jüdische Kaninchen aus jüdischen Zylindern zieht?

Es bleibt eine Definitionsfrage, was jüdische Kultur oder Kunst ist. Wird sie an jüdischen Themen festgemacht, ließen sich einige ambitionierte Produktionen – vor allem im Theaterbereich – aufzählen. Als Institution leistet das neue Jüdische Museum den wohl umfassendsten Beitrag für das »jüdische Berlin«. Besucherfreundlich, interaktiv, lebendig und aus unerwarteten Blickwinkeln vermittelt es in Symposien, Filmen, Workshops und Führungen deutsch-jüdische Geschichte und Gegenwart. Dazu gehört, dass Berliner bildende Künstler hier ausstellen, etwa der in Tadschikistan geborene Maler Pavel Feinstein, der mit seinen provokanten Figuren – schwindsüchtig wirkende, halb nackte Männer mit Tallit und Pelzkappen – dazu beiträgt, Stereotype zu »knacken«. Andere stellen ihre Arbeiten im Centrum Judaicum aus, in der »Jüdischen Galerie« oder bei »Achshav. now« in der Linienstraße. Ob sie eine spezifische, aus dieser Stadt geborene jüdische Kunst schaffen, müssen die Besucher selbst entscheiden. Ohnehin sind die meisten Berliner jüdischen Künstler zugewandert – aus London, Prag oder Odessa – und bringen ihre Heimatkontexte ein. Alim Rijinachvili beispielsweise ist 1990 aus Georgien gekommen. Ihm und seinen aggressiv-erotischen Bildern ist weder auf den ersten noch auf den zweiten Blick ein jüdischer Hintergrund anzumerken, wohl aber die Tatsache, dass er einer Gegend entstammt, die jahrtausendealter Schmelztiegel von Kulturen und Völkern war und dass er noch immer lieber bei Hammel am Spieß auf einer kaukasischen Bergwiese sitzen würde als in Berlin-Steglitz.

In der Musik ist vor allem Reproduktion angesagt. Neben den unvermeidlichen Klesmermusikern (die meist eine Ausbildung am Konservatorium in St. Petersburg genossen haben) gibt es vor allem vorzügliche Interpreten klassischer und moderner Musik, die als Solisten oder in ambitionierten Kammerorchestern vergessene traditionelle wie kontemporäre jüdische Musik bekannt machen.

Zu den jüdischen Literaten Berlins gehören wiederum recht etablierte Autoren wie der aus München zugezogene Rafael Seligmann (»Der Musterjude«) oder die in England geborene Österreicherin Erica Fischer (»Aimée & Jaguar«). Aus einer ganz anderen Ecke kommt André Herzberg. Der einst als »DDR-Mick-Jagger« gefeierte Frontmann der subversiven Rockband »Pankow« wohnt noch immer in Prenzlauer Berg und verarbeitet literarisch nun auch seine »ost-jüdische« Vergangenheit als Kind kommunistischer Eltern, die das neue Deutschland namens DDR aufbauen und mit dem Judentum nicht viel zu tun haben wollten. Herzbergs Annäherung ist entsprechend mühsam, und wirklich angekommen ist er weder im neuen Deutschland namens BRD (»Für die sind wir doch nur die Zone«) noch im Judentum (»Wieso ist der Mazzeteller rund, aber die Mazze eckig?«).

Anders der junge Kultrusse Wladimir Kaminer. Den scheinen keine schwarzen Gedanken über Identität und Deutschland zu quälen. Er studiert gut gelaunt (und wenigstens schwarz gekleidet) das Berliner Leben, seit ihn die jüdische Einwanderungswelle 1990 hier angeschwemmt hat. Oder vielmehr: er ist das Berliner Leben. Seine »Russendisko« im Kaffee Burger hat Kultstatus: Ekeltapete, »Plaste & Elaste«, stehlampenbeleuchtete Kleinkunst, dazu alte Sowjetschlager: Der Komsomol tanzt. »Russendisko« (eigentlich ein DDR-Wort für Tanzschuppen, in denen nur Ostmusik gespielt wurde) hat Kaminer auch seinen ersten Geschichtenband genannt. Der kam beim deutschen Leser so gut an, dass Kaminer nun als Seismograph für das neue Hauptstadtgefühl gilt und wie am Fließband komische Storys nachliefert von all den Orten, an denen der Schein das Sein abgelöst hat und wo es der Tourist oder Kaminer »trendy« findet: in russischen Sushi-Buden und Spielsalons, Schwulenbars, im Bahnhof Lichtenberg oder in Marzahner Plattenbauten. Juden gibt's bei Kaminer auch, aber nur am Rande oder als Lachnummer.

Etwas ernster nehmen die in Deutschland Aufgewachsenen ihr »Jüdischsein«. Eine Tochter polnischer Überlebender gibt beispielsweise Beiträge zur aktuellen Antisemitismusdebatte und jedes Jahr einen Jüdischen Wandkalender heraus. Ein Sohn jüdischer Eltern, die sich nach England retten konnten, sorgte dafür, dass die Touristen-Buslinie 100 an der Haltestelle Schillstraße ein »thematisches« Wartehäuschen mit Fotos und Texttafeln bekam: Denn hier war Adolf Eichmanns »Judenreferat«, von hier aus wurde die »Endlösung« organisiert.

Neben vielen solcher kleinen Einzelinitiativen hinterlassen Vereine und Projekte Spuren in der Stadt und zeugen von einem veränderten Selbstverständnis. Der Ostberliner Jüdische Kulturverein beispielsweise mischt sich in die lokale Ausländerpolitik ein und fördert den Austausch mit anderen Minderheiten. In seinen Räumen finden regelmäßig türkisch-jüdische Seniorentreffen oder Begegnungen mit Sinti und Roma statt.

»Bet Debora« ist eine Vereinigung junger jüdischer Frauen, die hier aufgewachsen sind, die hier bleiben wollen und sich sicher sind, dass trotz aller Unkenrufe auch in Deutschland und Berlin ein authentisches jüdisches Leben möglich ist. Die Frauen organisieren Tagungen, etwa zur Zukunft der Religion und der jüdischen Familie, und sehen sich in den Fußstapfen der ersten Rabbinerin der Welt, Regina Jonas, die in den 1930er Jahren in Berlin gepredigt hat.

Ähnlich vorwärts gewandt und auf der Suche nach einer modernen jüdischen Identität versteht sich die Berliner Künstlergruppe »Meshulash«. Ihre Mitglieder aus sieben Ländern sind alle in der zweiten oder dritten Generation nach der Schoa geboren. Sie versuchen in ihren Arbeiten die Frage zu beantworten, wie sie sich als Juden in Berlin definieren können, ohne sich permanent auf den Holocaust zu beziehen oder an Israel zu orientieren. Ihre Ausstellungen heißen »Re-Generation«, »Davka!« oder »paradiso@diaspora« – und vielleicht hat »Meshulash« die Antwort bereits gefunden, wenn Sie das nächste Mal in Berlin sind …

7 »Jüdenstraße«

Literatur

Thomas Lackmann, Jewrassic Park. Wie baut man (k)ein Jüdisches Museum, Berlin 2000.

Andrew Roth und Michael Frajman, Das jüdische Berlin heute, Berlin 1999.

Ulrike Steglich und Peter Kratz, Das falsche Scheunenviertel. Ein Vorstadtverführer, Berlin 1994.

Vincent von Wroblewsky (Hg.), Zwischen Thora und Trabant. Juden in der DDR, Berlin 1993.

DRESDEN

Simone Lässig :
Dresden

DRESDEN

Simone Lässig

Nur noch die Namen

Mit großer Wahrscheinlichkeit hat es seit der Entstehung Dresdens unter seinen Einwohnern auch Juden gegeben. Es sind besonders die Ortsnamen, die auf eine solche frühe Besiedlung hinweisen. Details kennen wir heute nur noch über die Nachbargemeinden. So schrieb der berühmte Wiener Rabbiner Isaak ben Mose ben Isaak ben Schalom (Or Sarua), er habe als Kind um das Jahr 1180 in der Meißner Synagoge eine Bemalung mit Blumen und Vögeln gesehen.

Das erste überlieferte Gebetshaus in Dresden befand sich an der Stadtmauer im Gebiet des heutigen Fürstenzugs und Johanneums. Der Platz vor dem Gebäude wurde bis zum Jahre 1936 Judenhoff, später Jüdenhof, genannt. In diesem Jahr verfügte der Oberbürgermeister Dresdens die Vereinigung des Platzes mit dem Neumarkt, da es unstatthaft sei, daran zu erinnern, dass hier eine Synagoge gestanden habe. Erst seit 1992 zeigt das Straßenschild wieder den traditionellen Namen.

In Meißen sind mittelalterliche Grabsteine mit hebräischen Inschriften später beim Hausbau verwendet worden und heute in der Elbstraße 4 und Görnischen Gasse 37 zu besichtigen.

Zum Aussehen dieser mittelalterlichen Synagoge fehlen alle Überlieferungen. Es muss sich um ein steinernes Haus von beträchtlicher Größe gehandelt haben, denn nachdem die Synagoge 1416 an den Rat zu Dresden gefallen war, wurde sie als Pulverlager, Gewandhaus und Brauhaus benutzt. Eine große Synagoge setzte eine leistungsfähige Jüdische Gemeinde voraus, die auch eine Mikwe und einen Friedhof besessen haben muss. Für beides konnte bisher noch kein archäologischer Nachweis erbracht werden.

1
Der Friedens- oder Türkenbrunnen auf dem Jüdenhof.

Es wird vermutet, dass die Mikwe in der Nähe der Synagoge lag. Einen Hinweis darauf, wo der Friedhof zu suchen wäre, gibt wiederum ein Ortsname: Am heutigen Georgplatz – damals vor der Mauer gelegen – befand sich bis 1849 der Jüdenteich, der bereits um 1400 als »Yodin tych« belegt ist.

Grundlage für dieses ausgeprägte jüdische Leben bildete die Judenordnung des Markgrafen Heinrich (des Erlauchten, geb. um 1216, reg. 1221/1230–1288) aus dem Jahre 1265. Die für das wirtschaftliche Leben der aufstrebenden Mark Meißen bedeutenden Juden wurden – bei weitgehender zivilrechtlicher Gleichheit mit den Christen – unter den besonderen Schutz des Markgrafen gestellt.

So gab es in Dresden auch kein Ghetto. Vom Jüdenhof nach Süden führten mit der Großen Judengasse *(1396 Yodingasse, 1563 Große Niclaßgasse, 1589 Schössergasse, parallel zwischen heutiger Schloß- und Galeriestraße)* und der Kleinen Judengasse *(1486 Kleyne Judengasse, sicher schon älter, 1576 auch Frauengasse, heutige Galeriestraße)* Gassen mit vorwiegend jüdischer Ansiedlung. Die Steuerregister und das älteste Stadtbuch von Dresden aus dem 15. Jahrhundert zeigen aber eine gemischte Einwohnerschaft.

Aus der Judenordnung von 1265: »Wenn ein Jude Urkunde ablegen will über einen Christen, von seiner Schuld oder einer anderen Sache, muss er mit zwei Christen und einem Juden Urkunde ablegen, die wahrheitsliebend und gut beleumundet sind, wobei die Christen auf ihre Weise und die Juden auf ihr Buch schwören. Wenn ein Christ Urkunde ablegen will über einen Juden, von seiner Schuld oder einer anderen Sache, muss er mit zwei Juden und einem Christen, die wahrheitsliebend und gut beleumundet sind, Urkunde ablegen. Kein Jude muss vor einem anderen als vor seinem Richter antworten, den wir ihm gegeben haben.«

In Meißen befand sich in unmittelbarer Nachbarschaft der Synagoge eine Nikolaikapelle, was ebenfalls auf eine gemeinsame Wohngegend von Juden und Christen um den Neumarkt hindeutet.

Ob Dresden während der Pestzeit 1349 ein Pogrom erlebt hat, wie es chronikalisch erwähnt wird, bleibt zweifelhaft, denn zumindest die Synagoge blieb noch weitere 60 Jahre Eigentum der Jüdischen Gemeinde, während beispielsweise der Meißner jüdische Friedhof 1349 der Stadt übereignet wurde.

Im Rahmen der 1411 von Landgraf Friedrich angeordneten Konfiskation jüdischen Eigentums verlor die Dresdner Gemeinde 1416 ihr Bethaus. Das Areal wurde 1586 bis 1591 mit dem Langen Gang und dem Johanneum überbaut. Nach 1430 war Juden eine Ansiedlung in Dresden nicht mehr gestattet, doch setzte sich dieser Befehl erst in der ersten Hälfte des 16. Jahrhunderts allmählich durch, als das lutherische Bekenntnis Staatsreligion wurde.

Neubeginn mit Staatsgeschäften

Nur wenige Schritte vom Jüdenhof entfernt, in der Inneren Pirnaischen Gasse *(heute Landhausstraße)*, begann die Geschichte der neuzeitlichen jüdischen Gemeinde in Dresden. Kurfürst Friedrich August I. (August der Starke, geb. 1670, reg. 1694–1733) strebte nach der polnischen Königskrone, die 1697 nur unter Aufwand immenser Summen an Bestechungsgeldern zu haben war. Die weit reichenden Verbindungen des aus Halberstadt stammenden jüdischen Bankiers Issachar Bermann Halevi, genannt Behrend Lehmann, boten eine einzigartige Chance, diese enormen Finanzmittel aus halb Europa zu beschaffen und die freigebig gemachten Versprechungen nach der Wahl auch einzulösen.

Beider Interessen, die des Bankiers und die des Königs, trafen sich in dem Wunsch, direkt in Dresden eine Filiale des Bankhauses zu errichten. Der Rat der Stadt bestand jedoch im Namen der ansässigen Händler aus Konkurrenzgründen auf dem Aufenthaltsverbot für Juden, das 1693 nochmals erneuert – aber oft umgangen – wurde. Erst 1708 gelang es Friedrich August, Behrend Lehmann zum Hofjuden zu erheben und unter seinem besonderen Schutz die Ansiedlung in Dresden zu gestatten. Für den Erwerb des alten Posthauses war eine besondere Genehmigung mit Widerrufsvorbehalt nötig. An der Stelle des auch als Judenhaus bezeichneten Gebäudes, dessen Vorderhaus im Siebenjährigen Krieg und dessen Hinterhaus 1945 vollständig zerstört wurde, stand seit 1983 ein Anbau des Polizeipräsidiums, nach dessen Abriss möglicherweise die alten Spuren wieder sichtbar werden.

Jede Familie musste im folgenden Jahrhundert um eine besondere Erlaubnis bitten, wenn sie sich in Dresden niederlassen wollte. In den Vorstädten war ihnen die Ansiedlung grundsätzlich verboten. Dennoch stieg die Zahl der Juden relativ schnell an. Zwar sollten nur vermögende Familien zugelassen werden. Diese aber zogen bald unzählige Dienstleute und ärmere Verwandte nach. Ein Gutachten des Rates, der die großzügige Ansiedlungspraxis des Hofes deshalb mit großer Skepsis beurteilte, stufte 1763 schon zwei Drittel der Dresdner Juden als arm oder sehr arm ein.

»Der Personalbestand Meyers war:
Jonas Meyer.
Sein Bruder Ruben, seine Frau und drei Schwestern,
1 Amme,
1 Kinderfrau,
1 Köchin,
3 Diener,
1 Buchhalter und Frau,
Diener, Magd,
1 Kassierer und Frau,
1 Informator,
1 Magd,
1 Rabbiner,
4 Comptoirdiener,
1 Hofmeister,
1 Kellermeister,
3 Diener,
3 Bedienungsmädchen,
2 Küchenmägde,
2 Aufwärter,
1 Wächter,
2 Eidame,
2 Töchter.«
(Emil Lehmann, Gesammelte Schriften, Berlin 1899, S. 145)

Ihre letzte Ruhestätte haben hier unter anderen gefunden:

Bernhard Beer (1801–1861): einer der bedeutendsten jüdischen Gelehrten Dresdens, Gründer des Moses-Mendelssohn-Vereins in Dresden; Grab 34/1 *(Abb. 3)*

Clara Bondi (1777–1837): zentrale Persönlichkeit des verzweigten Familienverbandes Beer-Bondi, sozial engagierte Stifterin; Grab 31/3

Jeremias David Alexander Fiorino (1797–1847): bedeutender Miniaturenmaler, Arbeiten in der Galerie Alte Meister Dresden; Grab 29/20

Dr. Wilhelm Wolfsohn (1820–1865): Literaturwissenschaftler, Übersetzer von Dostojewskis Werken, Freund Theodor Fontanes; Grab 35/03

2
Dr. Bernhard Beer

Der Alte Jüdische Friedhof

Zu einem immer größeren Problem wurde die Bestattung der Toten, die nicht in Dresden erfolgen durfte. Unter erheblichen Gefahren und Kosten musste der Leichnam über das Erzgebirge nach Teplitz (Teplice) oder Soborten transportiert werden. An ein Begräbnis noch am Todestag, wie es dem jüdischen Religionsgesetz entsprochen hätte, war unter diesen Umständen nicht zu denken.

Nach zahlreichen Gesuchen und mit der Unterstützung des Grafen Brühl gelang es schließlich 1751, ein Gelände »ohnweit des Prießnitz-Baches auf dem Sande vor der Neustadt bey Dresden« für 1.000 Thaler zu erwerben. Ein christlicher Hüter des Friedhofs musste eingestellt werden, um über die Einhaltung der komplizierten und kostspieligen bürokratischen Vorschriften für die Begräbnisse zu wachen.

Mit dem von 1751 bis 1869 ständig genutzten Friedhof – das letzte Begräbnis fand im Jahr 1900 statt – besteht bis heute auf dem Grundstück Pulsnitzer Straße 12 in der Dresdner Neustadt, die auch als bedeutendes Gründerzeit-Wohnviertel und abends als die beliebteste »Kneipenmeile« der Stadt viele Touristen anzieht, ein einzigartiges Zeugnis der jüdischen und auch der Dresdner Geschichte. Dieser älteste erhaltene jüdische Friedhof Sachsens, den man vom Bahnhof Dresden-Neustadt mit der Straßenbahnlinie 11 *(Haltestelle Pulsnitzer Straße)* in wenigen Minuten erreichen kann, umfasst nachweisbar 1.263 Grabstätten; 807 Grabsteine sind heute noch vorhanden. Die rituellen Vorschriften sind auf diesem Gelände weitgehend eingehalten worden, auch wenn neueste Forschungen eine gärtnerische Beeinflussung nachgewiesen haben. Dieser Friedhof, der auch zwischen 1933 und 1945 unzerstört blieb, ist eines der wertvollsten originalen Denkmale jüdischer Geschichte östlich von Elbe und Saale. *(Für eine Besichtigung kann man im Nebenhaus, Pulsnitzer Staße. 10, bei HATiKVA e. V., der Bildungs- und Begegnungsstätte für jüdische Geschichte und Kultur Sachsen e. V., den Schlüssel und manchen wissenswerten Hinweis sowie nach Anmeldung auch Führungen erhalten.)*

Im Verborgenen

Eine Gemeinde zu bilden oder gar eine Synagoge zu bauen war den Dresdner Juden im 18. Jahrhundert ausdrücklich verboten, sodass sie sich zum Gottesdienst in Privathäusern versammelten. Diese Privatsynagogen waren nach den Familienoberhäuptern der Hauseigentümer benannt, so zum Beispiel die Philipp Aronsche Synagoge in der Zahnsgasse, die Bondische in der Großen Kirchgasse, die Mendel-Schiesche Synagoge in der Webergasse, die Eibeschütz-Synagoge hinter der Kreuzkirche, die Kaskelsche in der Pfarrgasse und die Sekkelsche (auch Elleksche) Synagoge, die keine Privatstiftung war, sondern von der Synagogengemeinde finanziert wurde. Alle diese Häuser in der unmittelbaren Umgebung des Altmarktes sind heute modern überbaut. Die Teilung der Dresdner Juden in mehrere »Parochien«, wie sie der Chronist Emil Lehmann bezeichnet, war auf die Dauer ein unbefriedigender Zustand.

Ungeachtet mehrerer Petitionen seit dem Beginn des 19. Jahrhunderts veränderte sich diese rechtliche Beschränkung der Dresdner Juden nur wenig, bis schließlich mit dem »Gesetz die Religionsausübung der Juden und den für diesen Endzweck ihnen zu gestattenden Erwerb von Grundeigenthum betreffend« vom 18. Mai 1837 die Voraussetzungen für eine Gemeindesynagoge geschaffen waren.

Die Sempersynagoge

3 Synagoge von Gottfried Semper, erbaut 1838–40, zerstört 1938. *Lithografie von L. Thümling, um 1860.*

An der Ostseite der Brühlschen Terrasse wurde nach langwierigen Verhandlungen knapp außerhalb der alten Stadtmauer ein Privatgrundstück erworben und der damals auch in Dresden bereits etablierte Architekt Gottfried Semper (1803–1879) mit der »Anfertigung der Baurisse, Revidierung der Bauanschläge und immerwährenden speziellen Leitung und Aufsicht des ganzen Baues bis zu seiner völligen Beendigung« beauftragt. Bau und Innenausstattung wurden nach seinen Entwürfen verwirklicht.

Die 1838 bis 1840 erbaute Synagoge bot Platz für 300 Männer und 200 Frauen. Noch 1935 wurde ein Anbau mit weiteren 150 Plätzen fertig gestellt. In Anlehnung an orientalisch-byzantinische Kuppelbauten wählte Semper einen würfelförmigen Baukörper, zugleich auch als Gegenentwurf zum christlichen Kirchenbau. Ein zentrales Oktogon bildete den Dachabschluss, auf den beiden niedrigeren Westtürmen befanden sich vergoldete Davidsterne. Im Detail finden sich romanische Formen, wie bei den Rundbogenfenstern, den Friesen und den zwerggalerieartigen Öffnungen im Mittelpolygon. Die bedeutende eigenständige Leistung des Semperschen Entwurfs wird deutlich, wenn man ihn mit den gleichzeitigen, überaus angepassten Bauten anderer Städte, zum Beispiel München, vergleicht. Auch die Innenausstattung der Synagoge, die aus finanziellen Gründen in Holz ausgeführt war, geht auf einen Entwurf von Gottfried Semper zurück.

In der unmittelbaren Umgebung der Synagoge befanden sich die Gemeindehäuser Zeughausstraße 1 und 2 (später 3) mit Rabbinerwohnung, Gemeindeamt, Sitzungssaal und Bibliothek. Außerdem befanden sich dort die Büros der Ortskasse der jüdischen Wanderfürsorge, ab 1925 die Räume der Wohlfahrtsstelle der Israelitischen Religionsgemeinde mit

Berufsberatung und Lehrstellenvermittlung, des Mendelssohnvereins, des Frauenvereins und des Israelitischen Armenunterstützungsvereins sowie der Heinrich-Arnhold-Saal und der Kinderhort, der 1939 bis 1942 als jüdische Schule diente.

Die Synagoge sollte ihr 100-jähriges Jubiläum nicht erleben. In der Nacht vom 9. zum 10. November 1938 wurde sie zerstört. Die Feuerwehr hatte die Weisung, nur die anliegenden Gebäude zu schützen, sodass der hölzerne Innenraum völlig ausbrannte und die Kuppel einstürzte. Auf Anweisung des Sächsischen Innenministeriums veranlasste der Oberbürgermeister der Stadt den Abriss der Ruine unter Mitarbeit der Technischen Nothilfe und auf Kosten der Jüdischen Gemeinde. Über die Sprengung der Außenmauern wurde ein Dokumentarfilm gedreht, der heute noch als ein bedrückendes Zeugnis erhalten ist und den man beispielsweise in der Bildungs- und Begegnungsstätte HATiKVA nach Anmeldung sehen kann. Die Steine der Synagoge wurden teils verkauft, teils »Am Lehmberg« verkippt und später in der Meißner Landstraße verbaut.

Am 22. April 1975 wurde unmittelbar am Aufgang zur Brühlschen Terrasse eine steinerne sechsarmige Menora als Gedenkstätte eingeweiht. Die von Friedemann Döhner geschaffene Stele erinnert mit ihren sechs Armen, ähnlich wie in Yad Vashem, an sechs Millionen ermordeter Juden. Ihre Inschrift, die behauptet, an dieser Stelle habe die Synagoge gestanden, ist allerdings unrichtig.

4
Dr. Zacharias Frankel war von 1836 bis 1854 Oberrabbiner in Dresden. Er setzte sich für den Bau der Synagoge ein und bemühte sich um einen liberalen jüdischen Kultus. Gemeinsam mit Dr. Bernhard Beer bekämpfte er Gesetze, die Juden benachteiligten. Von 1854 bis 1875 leitete er das Rabbinerseminar in Breslau.

5

Die an die Judenverfolgung und die zerstörte Synagoge erinnernde Stele. *Von Friedemann Döhmer.*

6

Die Neue Synagoge wurde am 9. November 2001 geweiht.

7
Der von der Sempersynagoge gerettete Davidsterne befindet sich heute über der Tür der Neuen Synagoge.

Am 21. Juni 2000, exakt 162 Jahre nach der Weihe der Sempersynagoge, wurde an ihrer Stelle der Grundstein für die Neue Synagoge Dresden gelegt. Der Grundriss des zerstörten Bauwerks wurde als Denkmal im Hof gekennzeichnet. Im Ergebnis eines europaweiten baulichen Realisierungswettbewerbs entschied sich die Jüdische Gemeinde für den Entwurf der Saarbrücker Architekten Wandel, Hoefer, Lorch + Hirsch, der den dritten Preis erhalten hatte. Zwei Baukörper – die eigentliche Synagoge und das Gemeindezentrum – sind durch einen funktionalen Hof mit Platanenbepflanzung verbunden. Der Synagogenbau ist ein introvertierter, fast fensterloser Baukörper von 24 Meter Höhe mit städtebaulichem Bezug zur Elbe. Das architektonische Konzept zitiert Tempel und Zelt als Grunderfahrungen jüdischer Gebetsräume und jüdischer Geschichte in ihrer Dialektik von Dauerndem und Fragilem, Zentrum und Diaspora. Dem äußeren Baukörper aus Betonformsteinen, der durch seine Drehung nach Osten die Ausrichtung des Tora-Schreins nach Jerusalem ermöglicht, wird im Inneren ein zartes Metalltextil entgegengesetzt, das den eigentlichen Gottesdienstraum umschließt. Das Gemeindezentrum mit seiner nördlichen Glasfassade und im städtebaulichen Bezug auf die Altstadt bildet das Fenster der Gemeinde zur Öffentlichkeit. Die am 9. November 2001 geweihte Synagoge wurde mit dem Preis der Architekturzeitschrift »world architecture« als bestes europäisches Bauwerk des Jahres 2001 ausgezeichnet.

Außer dem Grundriss der Sempersynagoge erinnern an den zerstörten Bau noch Sandsteinquader im Umriss und in der Hofmauer sowie die Inschrift über dem Synagogeneingang »Mein Haus sei ein Haus der Andacht allen Völkern« (Jes. 56), die sich schon über dem Hoftor der Sempersynagoge befand.

Ein besonderes Denkmal ist der vergoldete Davidstern über der Synagogentür, der von der Sempersynagoge gerettet wurde und die Gemeinde über die Synagoge Fiedlerstraße bis in ihr neues Bethaus begleitete. Am 10. November 1938 waren zu Beginn des Abrisses der Brandruine durch die

Feuerwehr die beiden Davidsterne von den Westtürmen der Sempersynagoge abmontiert worden. Einer der Sterne wurde ins Polizeipräsidium verbracht und ist seitdem verschollen. Den anderen lagerte Baurat Wolf auf dem Boden der Feuerwache Annenstraße. Dabei wurde er von dem damals 24-jährigen Feuerwehrmann Alfred Neugebauer beobachtet. Als dieser seine Einberufung zur Wehrmacht erhielt, entwendete er den Stern, fuhr ihn mit dem Fahrrad, in eine Decke gewickelt, durch ganz Dresden in die Prießnitzstraße 22, wo er ihn auf dem Dachboden im Haus seines Schwiegervaters versteckte. Haus und Mann überstanden den Krieg, sodass der Stern 1949 an die Jüdische Gemeinde zurückgegeben werden konnte und nun wieder die Synagoge schmückt.

Spurensuche

Viele Plätze jüdischen Lebens sind nach der weitgehenden Zerstörung Dresdens heute im Stadtbild nicht mehr zu erkennen. In der Güntzstraße 28, früher Eliasstraße, erinnert eine kleine Gedenktafel an das Henriettenstift. Eine mildtätige Stiftung des Gemeindevorstehers Wilhelm Schie ermöglichte 1852 die Einrichtung von Wohnungen für bedürftige Gemeindemitglieder. Vom Fräuleinstift entwickelte sich die Einrichtung mehr und mehr zum Altersheim, bis 1942 mit der Deportation sämtlicher Bewohner seine Geschichte endete.

Ganz in der Nähe, am Straßburger Platz, befindet sich eine der in Dresden bekanntesten und noch immer gern genutzten jüdischen Stiftungen, das Georg-Arnhold-Bad, das von dem Bankier den Einwohnern der Stadt geschenkt, nach einem Entwurf von Paul Wolf gebaut und 1926 eröffnet wurde. Georg Arnhold (1859–1926), der Bruder von Max Arnhold, dem Gründer des Bankhauses, war besonders stark sozial für die Stadt Dresden engagiert. Die Badeanstalt wurde von den Nationalsozialisten in Güntz-Wiesen-Bad umbenannt. Juden war der Zutritt verboten. Die technische Wiederherstellung und Modernisierung des Bades 1997 ist wiederum durch die Unterstützung der Nachkommen der Familie Arnhold, die heute überwiegend in den USA und Brasilien leben, möglich geworden.

Am Wettiner Platz 10 druckte der Verlag Kaden & Co. bis 1933 das Israelitische Gemeindeblatt. Am 8. März 1933 überfielen SA-Stürme das Gebäude und verbrannten die vorgefundene Literatur – auch des im gleichen Haus befindlichen Verlages der SPD und der Buchhandlung – auf dem Vorplatz. Im November des gleichen Jahres wurde das Eigentum des Unternehmens zugunsten des Landes Sachsen eingezogen.

Ebenfalls noch erhalten ist das ehemalige »Judenhaus« Caspar-David-Friedrich-Straße 15 b. Hier war unter anderem der durch seine Tagebücher bekannt gewordene Romanist Victor Klemperer (1881–1960) wegen seiner jüdischen Herkunft zwangsweise einquartiert.

Der in Dresden-Neustadt befindliche unscheinbare Komplex Bautzner Straße 20 gehörte der Jüdischen Gemeinde. 1938 entstand hier eine Trainingsmöglichkeit für jüdische Sportvereine, später die Kleiderkammer. Das Haus wurde 1940 zusammen mit 31 anderen zum »Judenhaus« erklärt.

Von 1945 bis 2001 befand sich hier der Sitz der Jüdischen Gemeinde zu Dresden. In dem durch Umbau entstandenen Saal wurden von 1945 bis 1950 die Gottesdienste gefeiert, danach diente er als Unterrichtsraum und für kulturelle Veranstaltungen. Auf dem Gehweg vor diesem Haus erinnert eine Plakette des Projekts »Gravuren des Krieges« mit der Aufschrift ORT 8 an die Vergangenheit des Gebäudes als »Judenhaus«.

Gedenkstätten bezeichnen auch den Neustädter Bahnhof als Ausgangspunkt der Deportationstransporte sowie einige Unternehmen der Stadt, in denen während des Nationalsozialismus jüdische Zwangsarbeiter eingesetzt waren; so bei der damaligen Mühlen & Industrie AG Braunschweig in einem Außenlager des KZ Flossenbürg *(daran erinnert ein Gedenkstein in der Fritz-Schreiter-Straße 40 und auf dem Stephanus-Friedhof Neue Straße/Meußlitzer Straße)* und in einem Teilbetrieb der Universelle Maschinenfabrik J. G. & Co., einem Außenlager des KZ Ravensbrück, später Flossenbürg *(ein Gedenkstein befindet sich in der Florastraße/Ecke Rosenstraße)*. An das KZ-Außenlager »Fa. Bernsdorf & Co.«, einen Rüstungsbetrieb auf dem Gelände der ehemaligen Jasmatzi-Zigarettenfabrik, erinnert eine Gedenktafel in der Schandauer Straße 68.

An der Kreuzkirche am Altmarkt befindet sich eine Gedenktafel der evangelisch-lutherischen Landeskirche für die zwischen 1933 und 1945 ermordeten Juden.

Am Rande der Stadt, in der heutigen Radeburger Straße, etwas oberhalb der Weinbergstraße, ist als wüstes Gelände der Ort des Judenlagers Hellerberg bis heute erhalten. Hier, in der ehemaligen Dr.-Todt-Straße, wurden im November 1942 viele der nach sieben größeren Deportationen noch verbliebenen Dresdner Juden in Baracken interniert. Die Jugendlichen und Erwachsenen hatten im Goehle-Werk der Zeiss-Ikon AG auf der Heidestraße Zwangsarbeit zu leisten. Das Lager bestand bis zum 2./3. März 1943, als von hier aus insgesamt 293 Gefangene nach Auschwitz deportiert wurden.

Die Gruppe Kunstplan hat am 13. Februar 2001 an 56 Orten der Stadt – für jedes seitdem vergangene Jahr eine – Edelstahlhülsen von 6 cm Durchmesser und 10 cm Länge oberflächenbündig in den Boden eingelassen. In die Verschlusskappen ist die Nummer des Ortes für den Besucher sichtbar eingraviert. In den Hülsen befinden sich Aufzeichnungen über die Geschichte des jeweiligen Ortes und Fotos. Dieses Projekt wird jedes Jahr durch eine weitere Hülse ergänzt.

Der Neue Israelitische Friedhof

Die Anlage des Neuen Israelitischen Friedhofs war durch den absehbaren Platzmangel in der Pulsnitzer Straße notwendig und von der Stadt gefordert geworden. Am 2. Juni 1867 eröffnet, grenzt er unmittelbar an den evangelischen Trinitatisfriedhof und weist mit dessen gleichzeitig entstandenen Teilen viele Ähnlichkeiten in der Grabgestaltung auf. Es fehlt hier die Ostausrichtung der Grabreihen, man findet Blumenschmuck, Urnengräber und vereinzelt sogar christliche Symbolik auf den Steinen. Durch den dauernden Erhalt der Grabstätten bleibt der Friedhof ein Kulturdenkmal und geschichtliches Zeugnis ersten Ranges und gibt einen Eindruck von der Blütezeit der Dresdner Gemeinde zu Beginn des 20. Jahrhunderts. Besonders interessant sind die sich überschneidenden Tendenzen von Akkulturation und neuem jüdischen Selbstbewusstsein, wie sie sich in der Grabgestaltung widerspiegeln.

Auf dem Grabfeld rechts hinter der Trauerhalle befindet sich ein Gedenkstein für die Opfer des Nationalsozialismus. In unmittelbarer Nähe findet man ein Torarollengrab aus dem Jahre 1975.

Der Grabstein des Rudolf Aksen wirft an diesem Ort ein Schlaglicht auf die Widersprüchlichkeit jüdischen Lebens in der DDR. Aksen *(spätere Schreibweise Axen)* wurde 1912 in Tarnopol in einer orthodoxen jüdischen Familie geboren. Nachdem die Familie nach Leipzig verzogen war, wandte er sich von der Religion ab und schloss sich der KPD an, für die er 1933 illegale Parteiarbeit organisierte. Am 23. September 1933 von der Gestapo festgenommen, wurde er noch in der gleichen Nacht im Dresdner Polizei-

8
Grab des
Rudolf Aksen.

gefängnis zu Tode geprügelt. Sein Vater wünschte die Beisetzung auf dem Neuen Israelitischen Friedhof und ließ auch einen traditionellen Grabstein mit jüdischer Symbolik aufstellen. Als einziger Überlebender der Familie veranlasste in den achtziger Jahren Hermann Axen (1916–1992) – Mitglied des Politbüros und Sekretär des Zentralkomitees der SED – den Austausch dieses Steines durch einen, auf dem der Widerstandskampf seines Bruders gewürdigt wurde. Wie sollte man nach 1990 mit diesem Zeugnis der Geschichte umgehen? Auf dem Grab befinden sich seit 1994 beide Steine und fordern Fragen heraus.

Es ist unmöglich, alle für die Geschichte von Gemeinde und Stadt bedeutenden Namen aufzuzählen, die sich auf den über 3.000 Grabsteinen des Neuen Israelitischen Friedhofs finden lassen. Außer der Grabstätte der Familie Arnhold findet man das Grab Helmut Eschweges (1913–1992), der einer der Ersten war, die die jüdische Geschichte Dresdens in den Blickpunkt des Interesses rückten. Hier sind auch die Rabbiner Dr. Wolf Landau (1811–1886) und Prof. Dr. Jacob Winter (1857–1940) begraben, Julius Wahle (1861–1940), der langjährige leitende Archivar des Goethe-Schiller-Archivs in Weimar, der Graphiker Bruno Gimpel (1886– 1943) und Gustav von Klemperer (1850–1926), Generalkonsul und stellvertretender Vorsitzender des Aufsichtsrates der Dresdner Bank – um nur wenige Beispiele zu nennen.

Nicht zuletzt zeugen die Gedenkplatten für verschollene Familienmitglieder auf einigen Grabstellen, die Aufschriften »Gestorben in Auschwitz« oder »Gemeinsam gestorben« als Umschreibung für den Freitod ganzer Familien von der Vernichtung auch der Dresdner Jüdischen Gemeinde in den Jahren der nationalsozialistischen Herrschaft.

In den Jahren von 1950 bis 2001 diente der Jüdischen Gemeinde zu Dresden die Synagoge Fiedlerstraße als Bethaus. Das noch existierende Gebäude war 1866 aus den Mitteln der Marie-Ascher-Stiftung als Begräbnishalle des Neuen Israelitischen Friedhofs erbaut worden. Die Totenhalle wurde 1945 schwer beschädigt. Mit Mitteln der Gemeinde, der Stadt Dresden und des Landes Sachsen erfolgte 1950 der Umbau zur Synagoge. Etwa 100 Besucher der Gottesdienste konnten hier Platz finden. Da keine Frauenempore vorhanden war, saßen Männer und Frauen nur durch den Mittelgang getrennt. Diese Tradition hat sich in der Neuen Synagoge erhalten.

Die örtliche Situation der Synagoge auf dem Friedhofsgelände war nicht unproblematisch. Um der religiösen Vorschrift einer strikten Trennung von Lebendem und Totem sowie den Schabbatgeboten nachzukommen, wurde um das Gebäude eine Hecke aus Lebensbäumen gepflanzt, die das Synagogengelände von der Begräbnisstätte trennte. Auf der Kuppel befand sich bis 2001 das Original des von der Sempersynagoge geretteten Sternes, heute ist hier eine Kopie zu sehen. Das Gebäude wird nun wieder seiner ursprünglichen Bestimmung als Trauerhalle gerecht.

Vor der Synagoge befindet sich das Denkmal für die jüdischen Gefallenen des Ersten Weltkrieges, das bereits 1916 errichtet wurde und ursprünglich die Aufschrift trug: »Den Söhnen unserer Gemeinde, die im Weltkrieg 1914–1916 für ihr Vaterland starben, zum dankbaren Gedächtnis. Ihre Seele sei aufgenommen in dem Bund des ewigen Lebens.« Wann die Platte durch die heutige schlichte Vorderseite ersetzt wurde, ist nicht bekannt. Jährlich, und noch am 3. März 1938, fanden hier Gedenken und Kranzniederlegungen des Reichsbundes jüdischer Frontsoldaten statt.

Literatur

Spurensuche. Juden in Dresden. Ein Begleiter durch die Stadt mit sechs Karten von Matthias Lerm, hg. von der Bildungs- und Begegnungsstätte für jüdische Geschichte und Kultur Sachsen HATiKVA e.V., Hamburg 1996.

Dresdner Gedenkorte für die Opfer des NS-Regimes, Dresden 2002.

DÜSSELDORF

Marina Sassenberg :
Düsseldorf

DÜSSELDORF

Marina Sassenberg

»Die Düsseldorfer Heine-Furcht. [...] Es ist bekannt, dass die Stadtverordneten in Düsseldorf dem Denkmal für Heinrich Heine einen Platz verweigert haben. Am Sonntag Morgen nun bemerkten Spaziergänger im runden Weiher an der Jägerhofallee, in dessen Mitte sich eine Grotte mit einer Fontäne befindet, dass dort eine lebensgroße männliche Puppe aufgestellt war, die ein

Die Präsenz Heinrich Heines im Stadtbild ist unübersehbar. Straßen und Plätze wurden nach ihm benannt, im Gedenken an ihn Skulpturen geschaffen: Bert Gerresheims »Physiognomische Vexierlandschaft« auf dem Schwanenmarkt (1981), Aristide Maillols »Harmonie« (1953) im Hofgarten, Georg Kolbes »Aufstrebender Jüngling« (1932) im Ehrenhof, eine Nachbildung der Statuette von Hugo Lederers Hamburger Heine-Denkmal (1912) im Eingangsbereich der Universitäts- und Landesbibliothek.

Das Heinrich-Heine-Institut in der Bilker Allee ist seit 1970 zugleich Forschungseinrichtung, Literatur- und Bildarchiv, Veranstaltungs- und Ausstellungsort. Heines Geburtshaus in der Bolkerstraße 53 beherbergt die Geschäftsstelle der Heinrich-Heine-Gesellschaft und den Literaturtreff »Schnabelewopski«.

In offenkundigem Widerspruch zu Heines öffentlicher Präsenz steht das traditionell ambivalente Verhältnis der Stadt zu ihrem streitbaren Dichter, das bereits Ende des 19. Jahrhunderts als »Düsseldorfer Heine-Furcht« glossiert wurde und noch Ende des 20. Jahrhunderts wirksam war.

Zwanzig Jahre lang zog sich der international beachtetete Streit um die Benennung der Düsseldorfer Universität hin, die erst seit 1988 den Namen Heinrich Heines trägt.

Schild mit folgender Inschrift zu Füßen hatte: ›Dem großen Heinrich Heine das dankbare Düsseldorf‹! Über diesen Hohn auf die Düsseldorfer Heine-Furcht wurde viel gelacht« *(Die Welt Nr. 28 vom 15. 7. 1988).*

An der Heinrich-Heine-Universität können sich seit kurzem Studierende für die Fächer Jüdische Studien sowie Jiddistik, jüdische Kultur und Literatur einschreiben.

1
Kein Denkmal, sondern ein »Frage-mal« sieht Bert Gerresheim in seiner begehbaren Gesichtslandschaft. Die traditionelle Denkmalidee umkehrend, zeigt der Künstler kein Abbild des lebenden Heine, sondern dessen fragmentierte Totenmaske.

2
Heines Geburtshaus in der Bolkerstraße. »Die Stadt Düsseldorf ist sehr schön, und wenn man in der Ferne an sie denkt und zufällig dort geboren ist, wird einem wunderlich zu Mute. Ich bin dort geboren, und es ist mir, als müsste ich gleich nach Hause gehn.« *(Heinrich Heine)*

Nicht weniger kompliziert als das Verhältnis Düsseldorfs zu Heine war das vielfach beschriebene und zitierte Verhältnis des Dichters zu seiner Geburtsstadt. Seine Herkunft, die Gegebenheiten seiner Kindheit und Jugend, die er dort verbrachte, ordnete er ein als »auslösende Elemente für seine Schriftstellerexistenz« (Joseph Kruse). Mit freundlicher Distanz schreibt er in seinen »Reisebildern«: »Düsseldorf ist eine Stadt am Rhein, es leben da sechzehntausend Menschen, und viele hunderttausend Menschen liegen noch außerdem da begraben. Und darunter sind manche, von denen meine Mutter sagt, es wäre besser, sie lebten noch, zum Beispiel mein Großvater und mein Oheim, der alte Herr v. Geldern und der junge Herr v. Geldern, die beide so berühmte Doktoren waren und so viele Menschen vom Tode kuriert und doch selber sterben mußten.« Die Familie prägte seinen Gedächtnisort. In den Memoiren schildert er, wie er sich in der Dachkammer im Haus seines Onkels in die Gedankenwelt seines Großonkels Simon »hineinträumte«, des »Chevalier von Geldern«: »Eine rätselhafte Erscheinung, schwer zu begreifen, war dieser Großoheim. Er führte eine jener wunderlichen Existenzen, die nur im Anfang und in der Mitte des achtzehnten Jahrhunderts möglich gewesen; er war halb Schwärmer, der für kosmopolitische, weltbeglückende Utopien Propaganda machte, halb Glücksritter, der im Gefühl seiner individuellen Kraft die morschen Schranken einer morschen Gesellschaft durchbricht oder überspringt. Jedenfalls war er ganz ein Mensch.« Die Geschichte der Familie van Geldern führt auf die Anfänge der Jüdischen Gemeinde Düsseldorfs in der frühen Neuzeit zurück.

Vom Jahr 1241 datiert der erste Hinweis auf jüdische Existenz im heutigen Düsseldorfer Stadtgebiet; 1418 sprechen die Quellen von einer Gemeinde und einem Friedhof, der auch von anderen Jüdischen Gemeinden des Herzogtums Berg genutzt wurde. Über die folgenden drei Jahrhunderte ist wenig bekannt, von Vertreibungen und erfolglosen Wiederansiedlungsversuchen ist die Rede. Dauerhaft konnten sich Juden in Düsseldorf erst nach dem Dreißigjährigen Krieg niederlassen, begünstigt durch ein geistiges Klima religiöser Toleranz, vor allem aber durch ein wirtschaftliches Klima des Wiederaufbaus.

Es war die Zeit der jüdischen Hoffaktoren, das heißt jener Finanziers und Logistiker, politischen Berater und Diplomaten, auf die fast jeder europäische Herrscher im 17. und 18. Jahrhundert seine Macht stützte. Mit Schutzbriefen und Privilegien ausgestattet, wurden sie zu Wegbereitern der jüdischen Moderne; so auch Joseph Jacob (Juspa) von Geldern (1653–1727), Heines Ururgroßvater. Der Hoffaktor des Kurfürsten Johann Wilhelm (»Jan Wellem«) war einer der beiden so genannten Schutzjuden, die sich mit ihren Familien im Jahr 1677 in Düsseldorf niederlassen durften. Mit ihm begann ein neues Kapitel jüdischer Geschichte. Neben seiner Tätigkeit als Bankier fungierte Juspa von Geldern zugleich als oberster Repräsentant der Landjudenschaft Jülich-Bergs und als Förderer seiner Gemeinde. In seinem Haus an der heutigen Neusser Straße 25 richtete er 1712 die erste Gemeindesynagoge ein.

Typisch für einen Nachkommen aus einer Hofjudenfamilie, wählte sein Enkel Gottschalk einen akademischen Beruf. Er promovierte 1752 an der Duisburger Universität, die seit dem 17. Jahrhundert als eine der ersten in Deutschland Juden das Medizinstudium ermöglichte, und ließ sich als Arzt in Düsseldorf nieder. Seine Tochter Peira, genannt Betty, folgte der Netzwerkstrategie jüdischer Hoffaktorenfamilien und ehelichte 1797 das Mitglied einer anderen Hoffaktorendynastie, Samson Heine aus Schaumburg-Lippe. Ihr erstes Kind nannten sie Harry (1797–1856), aus dem nach seiner Konversion Heinrich wurde. Ihm folgten noch drei Geschwister, Charlotte, später verheiratete von Embden (1800–1899), Gustav (1805–1886) und Maximilian (1807–1879). Keines von ihnen wurde so berühmt wie der Bruder, doch nahmen alle Anteil am gesellschaftlichen Aufstieg der Juden ihres Jahrhunderts.

Die Emanzipationsdebatten des siebenten Rheinischen Provinziallandtags

»Hohe Stände! Durch das heute abgegebene Votum, bei seiner Majestät dem Könige die Emancipation der Juden zu beantragen, hat eine hohe Stände-Versammlung die Herzen vieler tausender mit der größten Freude und Begeisterung erfüllt. [...] Dieses votum wird widerhallen in ganz Deutschland, wir dürfen zuversichtlich behaupten, in ganz Europa; [...] Es war dem siebenten rheinischen Provinzial-Landtage vorbehalten, in wenigen Stunden die Schuld von Jahrhunderten abzutragen; es war ihm vorbehalten, in wenigen Stunden ein Werk zu vollenden [...], dessen sich, was Humanität und Gerechtigkeit betrifft, keine andere Stände-Versammlung rühmen darf. Ein Alp, der viele, viele Jahre die Brust preußischer Juden beklemmte, ist gewichen und hat einem Gefühle Platz gemacht, das

3
Juspas Sohn Lazarus ließ im Jahr 1723 von Moses Leib aus Trebitsch die heute berühmte »Von-Geldern-Haggadah« anfertigen. Die Abbildung zeigt das Sedermahl einer jüdischen Familie, die wohl eindrucksvollste Illustration der Handschrift: Der lichte Wohnraum im Rokoko-Stil, der Blick auf Park und Brunnen, Kleidung und Mobiliar sind Ausdruck von Wohlstand und höfischer Eleganz. Die literarische Umsetzung einer solchen Szenerie findet sich in Heinrich Heines literarischem Fragment *Der Rabbi von Bacherach* wieder. Nach langer Odyssee ist die Haggadah heute wieder im Privatbesitz der Familie. Emile Schrijver und Falk Wiesemann haben sie 1997 im Rahmen einer Publikation dokumentiert.

nur der begreifen dürfte, der Jahre lang Ketten getragen und plötzlich derselben entledigt wird.« Die emphatische Dankadresse von Düsseldorfer Juden an die Rheinischen Provinzialstände vom 13. Juli 1843 drückt die Symbolkraft jener Debatten aus, in deren Verlauf sich zum ersten Mal ein deutsches Parlament für die bürgerliche und politische Gleichstellung der Juden aussprechen sollte.

Seit seiner Einsetzung 1825 wurde im Rheinischen Provinziallandtag über die so genannte Judenfrage debattiert, anfangs auf königlich-preußischen Befehl hin, später auf Verlangen der Bevölkerung und gegen den Willen der Regierung. Ein beispielloser Petitionssturm zugunsten der Gleichberechtigung rheinischer Juden hatte 1843 zu den aufregenden Parlamentsdebatten von Mai bis Juli geführt. An deren Ende stimmten die 73 Abgeordneten mit überwältigender Mehrheit dafür, das die Juden diskriminierende »Infame Dekret« aus napoleonischen Zeiten abzuschaffen, und beschlossen mit einer Mehrheit von 54 Ja- gegen 19 Nein-Stimmen die staatsbürgerliche und politische Gleichberechtigung der Juden in der Rheinprovinz. Deren gesellschaftliche Wirksamkeit ließ bis zur Reichsgründung 1871 auf sich warten. Gleichwohl hatten die Debatten, die im ehemaligen Statthalterpalais *(heute Sitz des Amtsgerichts, Mühlenstraße 34)* geführt wurden, gezeigt, dass der Prozess der Emanzipation nicht mehr aufzuhalten war.

Mit dieser Hoffnung beteiligte sich eine Reihe von Juden an den revolutionären Geschehnissen, unter ihnen der junge Ferdinand Lassalle (1825–1864), der sich von 1846 bis 1859 regelmäßig in Düsseldorf aufhielt. Denkwürdig seine Rede im September 1848 vor 10.000 Demokraten auf der großen Volksversammlung in den Rheinwiesen, seine Auftritte im Volksverein. Er teilte die mehrheitliche Begeisterung deutscher Juden für Frankreich und die Errungenschaften der Französischen Revolution, doch engagierte sich der spätere Gründer des Allgemeinen Deutschen Arbeitervereins in erster Linie für die Interessen der Arbeiter, nicht der Juden. Den zeitgenössischen Antisemitismus, der sich des Stereotyps vom »revolutionären Juden« bediente, ignorierte er. Ebenso wirkungslos blieben die Vorwürfe aus den eigenen politischen Reihen. Weil er als deren »Spezialbevollmächtigter« die Interessen der Gräfin Hatzfeld in einem sich über Jahre hinziehenden Scheidungsprozess vertrat, hieß es, er sympathisiere mit dem Klassenfeind. An die Freundschaft des jugendlichen Revolutionärs mit der zwanzig Jahre älteren Sophie von Hatzfeld (1805–1881), der »roten Gräfin«, erinnert die Lassalle-Gedenkstätte im Park ihres ehemaligen Anwesens Schloss Kalkum, heute Teil des Hauptstaatsarchivs.

Typisch für eine aufstrebende Gemeinde im westlichen Industriegebiet

Die Revolution hatte die rechtliche Situation der Juden zwar nicht entscheidend verbessert, doch hatte sie ein politisches Klima geschaffen, das es erlaubte, für die Zukunft zu planen. Jüdisches Leben wurde zunehmend öffentlich, Gemeinden entstanden, Synagogen wurden gebaut. 1858 konstituierte sich die Düsseldorfer Synagogengemeinde. 1875 wurde die erste Synagoge an der Kasernenstraße eingeweiht, die aufgrund der rasch wachsenden Gemeinde schon bald einer neuen wich. In den Jahren 1900 bis 1904 entstand an gleicher Stelle die Synagoge des Architekten Josef Kleesattel im zeitgemäßen neoromanischen Stil, ein monumentaler Zentralbau mit quadratischem Grundriss, vier Giebeln und einem achteckigen Turm. Die öffentliche Berichterstattung feierte das Ereignis landesweit. Das Bauwerk sei »gediegen schön und von ruhiger Vornehmheit«, hieß es in der Berliner Illustrierten Zeitung vom 22. Dezember 1904. Der Meister des Kirchenbaus (gemeint war: Kleesattel) habe damit dem gewaltigen Rochusdome Düsseldorfs ein aus dem gleichen Stil erwachsenes Gegenstück gegeben. Unüberhörbar: Das akkulturierte deutsch-jüdische Selbstverständnis war in der jüdischen Sakralarchitektur der Jahrhundertwende angekommen. Dazu gehörte vielfach auch die Einführung einer Orgel in die Liturgie des Gottesdienstes – eine Neuerung, die zumeist von den traditionellen Gemeindemitgliedern nicht akzeptiert wurde und in der Regel zur Gründung einer orthodoxen Separatgemeinde führte. So gründete sich 1904 in Düsseldorf die »Israelitische Religionsgemeinschaft«, 1923 folgte die

»Adass Jisroel«, begünstigt durch die verstärkte jüdische Zuwanderung aus dem Osten. Der traditionelle Gottesdienst fand seit 1904 in der Bilker Straße 37 statt, dann in der Poststraße 4, die ostjüdischen Gemeindemitglieder hatten eigene Betsäle.

Die liberale Hauptgemeinde prägte in den Jahren 1907 bis 1912 ein junger Rabbiner, der aus einer kleinen Gemeinde aus Oppeln/Oberschlesien kam. Für Leo Baeck (1873–1956) bedeutete Düsseldorf einen wichtigen Schritt in seiner Karriere. Sein späteres Wirken in Berlin, als Dozent an der Hochschule für die Wissenschaft des Judentums, als Vorsitzender der Zentralwohlfahrtsstelle der deutschen Juden und nach 1933 sein Wirken als Präsident der Reichsvertretung der Juden in Deutschland für eine jüdische Gemeinschaft in Not machten ihn zum bedeutendsten Repräsentanten der deutschen Juden im 20. Jahrhundert.

Leo Baecks Nachfolger im Düsseldorfer Rabbineramt, Max Eschelbacher (1880–1964), übernahm eine lebendige Gemeinde, die sich seit Beginn des 19. Jahrhunderts kontinuierlich entwickelt hatte und noch weiter entwickeln sollte: von 303 Personen im Jahr 1816 auf 5.130 Personen im Jahr 1925. Dabei blieb ihr Verhältnis zur Gesamtbevölkerung bis 1933 nahezu konstant bei etwa einem Prozent. Um die Jahrhundertwende war sie in ihrer Mehrheit bürgerlich, akkulturiert und großstädtisch – und damit typisch für eine aufstrebende jüdische Gemeinde im westdeutschen Industriegebiet.

Symbole des Aufstiegs: Die Kaufhäuser Carsch und Tietz

Dem urbanen Lebensgefühl der Zeit entsprach die Architektur der Stadt: Eine beachtliche Anzahl spezifischer Großbauten entstand, darunter auch die von zwei der bedeutendsten deutschen Warenhausarchitekten entworfenen Kaufhäuser Tietz und Carsch. Das Unternehmen von Leonhard Tietz (1849–1914) stand spätestens seit der Jahrhundertwende für den Typus des modernen Kaufhauses schlechthin – nicht nur in deutschen Städten wie Köln oder Bonn, sondern auch im europäischen Ausland, wo Filialen in Brüssel und Lüttich existierten. Der 1909 vollendete Bau der Düsseldorfer Niederlassung, Königsallee 1 *(heute: Kaufhof)*, entstand nach den Plänen des renommierten Warenhausarchitekten Josef Maria Olbrich. Er gilt heute als der stilistisch einheitlichste und – nach Wertheim in Berlin *(Architekt: Alfred Messel)* – als der bedeutendste deutsche Kaufhausbau vor dem Ersten Weltkrieg.

Wenig später entstand ein zweites repräsentatives Warenhaus nach den Plänen des kaum minder renommierten Otto Engler in unmittelbarer Nähe, am Heinrich-Heine-Platz 1. Auftraggeber war der Düsseldorfer Unternehmer Paul Carsch (1876–1951), Sohn des Firmengründers Gustav Carsch, der seit den achtziger Jahren in Frankfurt am Main, Hanau, Höchst und Düsseldorf Geschäfte »für vornehme Herren- und Knabenkleidung« führte, seit 1888 auch in Düsseldorf. Mit der Übernahme der Geschäftsleitung durch Paul Carsch im Jahr 1898 setzte ein kontinuierlicher Aufstieg ein. War es im 19. Jahrhundert noch Tradition des Frankfurter Hauses, seine Öffnungszeiten am Schabbat und an den hohen jüdischen Feiertagen zu orientieren, so war dies im 20. Jahrhundert in Düsseldorf mit seiner höchst akkulturierten jüdischen Bevölkerung undenkbar.

4

Carsch-Haus. 1970 erwog die Stadt, das Gebäude abzureißen. Der Entscheidung kam jedoch die Aufnahme des Hauses in die Liste denkmalgeschützter Häuser zuvor. Das komplette Gebäude wurde nach einer kontroversen Debatte lediglich um 23 Meter nach Osten versetzt, die Kosten dafür übernahm die Horten AG, die 1984 einzog. Die Reliefs im Gebäudefries des Carsch-Hauses – Darstellungen von Hermes, Aphrodite und Herakles – schuf der Düsseldorfer Bildhauer *Leopold Fleischhacker* (1888–1946).

Die Unternehmen Tietz und Carsch fielen 1933 unter die so genannten Arisierungsmaßnahmen, wobei der Verkaufspreis in der Regel vierzig bis siebzig Prozent unter dem faktischen Verkehrswert lag. Carsch musste an seinen ehemaligen Prokuristen Fritz Seifert verkaufen, Tietz ging in die Kaufhof AG über. Die Düsseldorfer Historikerin Barbara Suchy hat die Geschichte beider Warenhäuser dokumentiert und mit einer biographischen Spurensuche verbunden: Der Direktor der Düsseldorfer Tietz-Filiale, Salo Pfeffer, und seine Frau Anna flohen 1939 in die Niederlande, wohin 1933 bereits ihre Söhne Heinz und Ernst emigriert waren; Anna Pfeffer und ihre beiden Söhne wurden von Westerbork aus deportiert und in deutschen Konzentrationslagern ermordet; Salo Pfeffers Spur verliert sich in Holland. Auch das Ehepaar Paul und Bella Carsch floh nach dem Novemberpogrom in die Niederlande. Beide überlebten versteckt 1942 bis zur Befreiung 1945.

»Das Junge Rheinland«

Nach dem Ersten Weltkrieg galt es, der zersplitterten rheinischen Kunstszene eine neue Richtung zu geben. Die Friedensidee der Künstlergruppe »Das Junge Rheinland« bot die Möglichkeit, Neues zu schaffen und zugleich »Düsseldorf und das Rheinland dem gesamtdeutschen Kunstwollen anzugliedern«, wie es im Vorwort des Kataloges der ersten Gruppenausstellung in der Düsseldorfer Kunsthalle 1919 hieß. Gefördert durch den Kunsthändler Alfred Flechtheim (1878–1937), der sich später vor allem in Köln, Berlin und Frankfurt am Main einen Namen machte, mehr noch aber durch die Galeristin Johanna Ey, bestimmte das »Junge Rheinland« über den Zeitraum von zehn Jahren die rheinische Kunstszene. Zum »Jungen Rheinland« zählten höchst unterschiedliche Künstler, unter ihnen auch solche jüdischer Herkunft wie Jankel Adler (1895–1949), Arthur Kaufmann (1888–1971), der neben Gert Wollheim (1894–1974) Gründungs-

5
Gert Wollheim, »Abschied von Düsseldorf« (1924). Über das Kunstverständnis des »Jungen Rheinland« schrieb Wollheim 1920 programmatisch in Heft 3 der Zeitschrift *Das Ey*: »Seht, ihr werdet unsere neue Kunst viel besser verstehen, wenn ihr bedenkt, dass wir mit aller Konsequenz auch so leben, wie wir denken.«

mitglied und treibende Kraft der Künstlergruppe war, und Julo Levin (1901–1943). Was sie einte, war die Vorstellung vom Menschen als Mittelpunkt der Kunst. Ihre Kunst war individuell und antimilitaristisch, »expressiv« in Motivik und Stil, die Nationalsozialisten nannten sie später »entartet«.

Früher als andere gingen bildende Künstler nach 1933 ins Exil, Adler nach Großbritannien, Kaufmann nach Brasilien, Wollheim in die USA. Im Gegensatz zu jenen Intellektuellen, deren Existenz von ihrer Muttersprache abhing, die im Exil niemand verstand, bereitete bildenden Künstlern die Vorstellung eines Neuanfangs keinen Schrecken: die Sprache ihrer Bilder war universell. Julo Levin wollte bleiben, wenngleich schon bald nach der Machtübernahme keinerlei berufliche Perspektiven mehr für Juden existierten. Mit einer Anstellung als Zeichenlehrer an der jüdischen Volksschule in Düsseldorf, später an jüdischen Schulen in Berlin verdiente er bis zu deren Schließung 1941/42 seinen Lebensunterhalt. Die Zeichnungen seiner Schüler aus dieser Zeit sammelte er und bewahrte sie auf. In beispielloser Weise zeigen sie die kindlichen Traumata des Nationalsozialismus. Julo Levin wurde am 7. Mai 1943 nach Auschwitz deportiert. Ein Großteil der Kinderzeichnungen, 1.400 insgesamt, konnte gerettet werden. Sie wurden 1988 in einer Ausstellung des Düsseldorfer Stadtmuseums unter dem Titel »Verjagt, ermordet« erstmals öffentlich präsentiert. Die Sammlung des Museums im ehemaligen Palais Spee, Berger Allee 2, zeigt auch Arbeiten des »Jungen Rheinlands«, darunter Gert Wollheims »Abschied von Düsseldorf« (1924) und Arthur Kaufmanns Hauptwerk der zwanziger Jahre, »Zeitgenossen« (1925).

Gewalt, Gedenken

In den Jahren 1933 bis 1945 folgt die jüdische Geschichte Düsseldorfs den stereotypen Stationen nationalsozialistischer Gewalt. Die Tatsache, dass der 1938 von Herschel Grynspan in Paris ermordete Diplomat Vom Rath aus Düsseldorf stammte, machte die Situation für die jüdische Bevölkerung der Stadt allerdings besonders prekär. Die Synagoge an der Kasernenstraße wurde in der Pogromnacht vom 9. auf den 10. November 1938 mitsamt Gemeindehaus, Volksschule und Rabbinerwohnung verwüstet und in Brand gesetzt. Rabbiner Max Eschelbacher hat seine Erinnerungen an das Trauma dieser Nacht niedergeschrieben.

»Die Juden blieben in ihren Häusern, sie konnten es nicht wagen, sich auf der Straße zu zeigen. Man sah sie nicht mehr auf der Königsallee oder im Hofgarten, nicht am Rhein oder in irgendeinem Lokal. Die einzige Stätte, wo sie einander treffen konnten, war die Synagoge [...]« *(Rabbiner Max Eschelbacher über die Auswirkungen der Pogromnacht).*

Schritt für Schritt beschreibt er darin die Zerstörung seiner bürgerlichen Existenz und die seiner Freunde, Nachbarn und Gemeindemitglieder. Der Text entstand vermutlich kurz nach seiner Emigration. Eschelbacher konnte sich und seine Familie retten und überlebte im Exil in London. Von den 1.831 Juden, die am 17. Mai 1939 noch in Düsseldorf lebten, wurden 985 deportiert.

Den Schlachthof am Bahnhof Derendorf hatten die nationalsozialistischen Behörden zur zentralen Sammelstelle für Deportationen erklärt. Von dort führten vom 27. Oktober 1941 an die Züge in die Konzentrations- und Vernichtungslager. Eine Tafel an der Schlachthofmauer erinnert daran.

Gedenktafeln, Mahnmale, Straßennamen oder auch so genannte »Stolpersteine« erinnern an Orte deutsch-jüdischer Geschichte in Düsseldorf, an Menschen, ihr Leben und Wirken, die Häuser ihres Glaubens. Die Erinnerung wachzuhalten ist nach eigenem Selbstverständnis auch die Aufgabe der 1987 eröffneten Mahn- und Gedenkstätte in der Mühlenstraße 29. Der Standort im Stadthaus ist von mehrfacher Symbolik: mitten in der Düsseldorfer Altstadt gelegen, in unmittelbarer Nähe zum ehemaligen Statthalterpalais, in dem einst für die Rechte der Juden gestritten wurde, waren dort während des Nationalsozialismus das Polizeipräsidium, das Amt für Statistik, das Liegenschaftsamt und das Zentralarbeiteramt untergebracht. Kleine und kleinste Verwaltungsakte bündelten sich dort zu Zwangsarbeit, Enteignung, Deportation.

Zur Gedenkstätte gehören, neben ihrer Dauerausstellung, eine Bibliothek, ein Archiv und ein Videoraum. Durch Publikationen und Wechselausstellungen, Stadtrundgänge, Projekt- und Studientage, eigene und Kooperationsveranstaltungen wird die lebendige Auseinandersetzung mit der Geschichte des Nationalsozialismus und des Genozids gesucht. Basierend auf der biographischen Sammlung der Mahn- und Gedenkstätte entstand vor kurzem die erste umfassende Publikation zur Geschichte der Juden in Düsseldorf und am Niederrhein.

Nachkriegsaufbau und heutige Gemeinde

Nach der Zerstörung der Gemeinde und der Ermordung von etwa 1.800 ihrer Mitglieder fanden sich im Sommer 1945 nur wenige Überlebende des Holocaust im großen Sitzungssaal des Oberlandesgerichts zusammen. Die gemeinsame Gottesdienstfeier aus Anlass des jüdischen Neujahrsfestes Rosch Haschana wurde zum Neubeginn der Nachkriegsgemeinde, die offiziell 1948 gegründet wurde.

6
Synagoge Zietenstraße. Guttmann mied in seinen Entwürfen sakrale Dämmereffekte und bevorzugte betont helle, übersichtliche Raumbilder. »Displaced persons sollten in Räumen, wie Guttmann sie schuf, ihren Ort finden, einen Ort, an dem sie keine DPs mehr sein mussten.« *(Holger Brülls über die ästhetischen Intentionen der Synagogenarchitektur Hermann Guttmanns).*

Der allenthalben in Deutschland beginnende Wiederaufbau jüdischer Gemeinden nach dem Holocaust verlangte nach einem demokratisch legitimierten jüdischen Gremium, das auch in der bundesdeutschen Öffentlichkeit gehört wurde. Mit der Gründung des »Zentralrats der Juden in Deutschland« am 19. Juli 1950 in Frankfurt am Main wurde ein neues Kapitel jüdischer Existenz in Deutschland aufgeschlagen. Als Sitz des Zentralrats wählte man Düsseldorf, den Wohnort seines heutigen Vorsitzenden Paul Spiegel (geb. 1937). Seit den achtziger Jahren Repräsentant der Jüdischen Gemeinde, übernahm Spiegel das Amt im Januar 2000, nach dem Tod seines Vorgängers Ignatz Bubis. In dem autobiographischen Band »Wieder zu Hause« erinnert sich der gebürtige Westfale an seine erste Zeit in Düsseldorf, seine ersten beruflichen Schritte als Volontär der »Allgemeinen Wochenzeitung der Juden in Deutschland« unter dem Zeitungsgründer Karl Marx (1897–1966). Schreiben durfte er anfänglich noch nicht, sonst hätte er sicherlich über das zentrale Ereignis für die Gemeinde im Jahr 1958 berichtet, den Bau der neuen Synagoge mit angrenzendem Gemeindezentrum in der Zietenstraße. Ihren Architekten Hermann Guttmann (1917–1977), neben Helmut Goldschmidt und Karl Gerle richtungsweisend in der Synagogenarchitektur der fünfziger und sechziger Jahre, gelang damit ein großer Wurf: Entstanden war ein moderner, experimenteller Bau, auf parabelförmigem Grundriss mit flacher Kuppel, innen wie außen von starkem dynamischen Ausdruck. Guttmanns modernes Verständnis von jüdischer Sakralbaukunst verbindet sich darin mit den liturgischen Anforderungen eines – orthodoxen wie reformierten – jüdischen Gottesdienstes. In diesen frühen Nachkriegssynagogen steckte ungewöhnliche Symbolkraft, für die jüdischen Gemeinden, möglicherweise aber noch mehr für die nichtjüdische Mehrheitsgesellschaft der Adenauer-Zeit: Gegenüber einer internationalen Öffentlichkeit fungierten sie als

»Monumente der ›Wiedergutmachung‹« (Holger Brülls) und als Beweise einer demokratisierten Bundesrepublik, deren Demokratiefähigkeit sich an ihrem Verhältnis zur jüdischen Bevölkerung bemaß.

Nach Jahrzehnten der Stagnation hat sich seit der deutschen Vereinigung die demographische Struktur der Düsseldorfer Gemeinde deutlich verändert. Die Zahl ihrer Mitglieder stieg von 1.500 im Jahr 1990 auf derzeit ca. 6.500 Personen (Stand: November 2003); mehr als 80 Prozent von ihnen sind Zuwanderer aus Osteuropa.

Aus Czernowitz in der Bukowina über New York kam 1966 auch Rose Ausländer (1901–1988) nach Düsseldorf, eine der bedeutendsten deutschsprachigen Lyrikerinnen des 20. Jahrhunderts. Im Nelly-Sachs-Haus, dem Elternheim der Jüdischen Gemeinde, verbrachte sie ihren Lebensabend. Ihr Zimmer Nummer 419 machte sie zu einer »regelrechten Fabrik der Dichtkunst« (Andrei Baleanu). Im ersten Jahr ihrer Übersiedlung erschien ihr Gedicht »Autobiographie in Flüssen«, in welchem sie ihren neuen Standort formuliert – in gedanklicher Nähe zu ihrem literarischen Vorbild: »Im Rhein / sucht' ich die ertrunkene Lorelei / unter Steinen / ›ein Märchen aus uralten Zeiten‹.«

Literatur

Joseph Kruse,
Heine und Düsseldorf, Düsseldorf 1984.

Mahn- und Gedenkstätte (Hg.),
Aspekte jüdischen Lebens in Düsseldorf und am Niederrhein (AK), bearbeitet von Angela Genger und Kerstin Griese, Düsseldorf 1997.

Elfi Pracht-Jörns,
Jüdisches Kulturerbe in Nordrhein-Westfalen, Bd. 2: Regierungsbezirk Düsseldorf, Köln 2000.

Julius H. Schoeps und Ludger Heid
in Verbindung mit Marina Sassenberg,
Wegweiser durch das jüdische Rheinland, Berlin 1993, S. 64–83.

FRANKEN

Monika Berthold-Hilpert :
Franken

FRANKEN

Monika Berthold-Hilpert

Nach den endgültigen Ausweisungen der Juden aus den Städten und einer Reihe geistlicher und weltlicher Territorien im 15. und 16. Jahrhundert wurde das Landjudentum in Süddeutschland zur vorherrschenden Form jüdischer Existenz. Nur wenige Spuren mittelalterlichen jüdischen Lebens lassen sich heute in Franken finden.

Miltenberg

In Miltenberg (Unterfranken) hat sich eine der wenigen, um 1290 errichteten, in ihrer Bausubstanz nahezu unveränderten mittelalterlichen Synagogen Deutschlands mit ursprünglicher Eingangstür, zwei Kreuzrippengewölben und originalen gotischen Fenstern erhalten. Sie wurde mit vertreibungsbedingten Unterbrechungen bis in die fünfziger Jahre des 19. Jahrhunderts genutzt und schließlich 1877 an eine Brauerei verkauft, die das Gebäude im Hinterhof des Anwesens Hauptstraße 199–221 noch immer nutzt. In dem 1999 mit dem bayerischen Museumspreis ausgezeichneten Museum der Stadt Miltenberg, das in einer Unterabteilung die Geschichte der Jüdischen Gemeinde darstellt, sind unter anderem der gotische Tora-Schrein-Giebel und drei Teile der ursprünglichen Tora-Giebelrosette ausgestellt.

Grabsteine der nach Pogromen eingeebneten Friedhöfe wurden als Baumaterial wieder verwendet und blieben so erhalten.

Rothenburg ob der Tauber

Das Reichsstadtmuseum in Rothenburg ob der Tauber (Mittelfranken), Klosterhof 5 – der Stadt, in der Meir ben Baruch (geb. um 1215 in Worms), einer der bedeutendsten Rechtsgelehrten des Spätmittelalters im deutschsprachigen Raum, vierzig Jahre lebte und wirkte – zeigt neben Judaica aus dem 19. Jahrhundert auch 32 Grabsteine, die 1914 bei Bauarbeiten auf dem Gelände des ehemaligen mittelalterlichen Friedhofs entdeckt wurden, und den Pogromstein aus dem Jahr 1298. Dieser Gedenkstein erinnert an die Opfer der so genannten »Rindfleischpogrome«, als nach einer angeblichen Hostienschändung im nahe gelegenen Röttingen unter der Führung eines Metzgers namens Rindfleisch mehr als 500 Juden in Rothenburg ermordet wurden. Dieser Verfolgungswelle fielen in ganz Franken etwa 5.000 Juden zum Opfer.

Würzburg

Die weltweit größte Hinterlassenschaft eines mittelalterlichen jüdischen Friedhofs befindet sich in Würzburg. Hier wurden 1987 in einem Haus im Stadtteil Pleich 1.496 Grabsteine geborgen. Das Dokumentationszentrum für jüdische Geschichte und Kultur, das sich zusammen mit der 1970 eingeweihten Synagoge im Gebäudekomplex der Israelitischen Kultusgemeinde Würzburg in der Valentin-Becker-Straße 11 befindet, betreut den Fund. Hier geben mehrere Ausstellungsräume einen Überblick über die jüdische Geschichte Unterfrankens. Zu sehen sind unter anderem Genisa-Funde *(eine Genisa ist ein Aufbewahrungsort für unbrauchbar gewordene Ritualgegenstände und Schriften)* sowie ein Modell der Synagoge Würzburg-Heidingsfeld. Nach dem Umzug in das neu errichtete Gemeinde- und Kulturzentrum »Shalom Europa« werden auch die Grabsteine gezeigt.

Der Judenschutz, im Mittelalter kaiserliches, dann landesherrliches Privileg, wurde schließlich auch von Domkapiteln, Klöstern und der vor allem in Franken und Schwaben stark vertretenen Reichsritterschaft beansprucht. Diese sahen in »ihren« Schutzjuden den lebendigen Beweis ihrer politischen Unabhängigkeit. Das Herzogtum Bayern hielt jedoch bis zum Beginn des 19. Jahrhunderts an seiner Ausschlusspolitik den Juden gegenüber fest: Noch um 1800 waren in den oberen Erblanden des Herzogtums Bayern nur etwa 360 Familien ansässig.

Ab dem 16. Jahrhundert stabilisierten sich die Verhältnisse der süddeutschen Landjuden. Die Beziehungen zu den Schutzherren verfestigten sich, die jüdischen Siedlungen wuchsen und konzentrierten sich in Franken und Schwaben. Innergemeindliche Einrichtungen wie Friedhöfe und Synagogen wurden gegründet, eigene jüdische Korporationen und Verwaltungsorgane entstanden.

Fürth

Ein gutes Beispiel für diese Entwicklung liefert Fürth (Mittelfranken). Die Geschichte dieser bedeutenden Gemeinde begann im Jahr 1528. Aus kleinen Anfängen entwickelte sie sich zum größten jüdischen Gemeinwesen Süddeutschlands mit städtischem Gepräge. Die Kompetenzstreitigkeiten, die sich aus der komplizierten politischen Struktur des Marktes ergaben – bis 1792 konkurrierten die Reichsstadt Nürnberg, das Markgrafentum Ansbach und die Domprobstei Bamberg um Herrschaftsrechte –, eröffneten Freiräume, die die Entwicklung der jüdischen Gemeinde begünstigten. Einen starken Aufschwung nahm das Jüdische Leben, als sich nach der Vertreibung der Juden aus Wien (1670) eine der vornehmsten Familien des Wiener Ghettos hier niederließ und mit der Stiftung einer Talmudschule (1707) den Ruf Fürths als eines der geistigen Zentren des europäischen Judentums begründete. Die 1691 eingerichtete hebräische Druckerei zog Gelehrte aus Mittel- und Osteuropa an. Die jüdische Bevölkerung Fürths wuchs und betrug 1806 zirka 22 Prozent der Gesamtbevölkerung. Im 19. Jahrhundert zählten Fürther Juden zu den Vorkämpfern der Gleichberechtigung. Das Stadtbild wird bis heute von jüdischen Einrichtungen und Stiftungen geprägt, wie zum Beispiel dem Centaurenbrunnen am Bahnhofsplatz oder dem Berolzheimerianum, einem 1906 gestifteten Volksbildungsheim. Auf dem alten jüdischen Friedhof von 1607 sind mehr als 8.000 Grabsteine erhalten, im Tahara-Haus des Neuen Friedhofs sind Gedenktafeln für die fast 900 Fürther Schoa-Opfer angebracht. Die Gebäude der ehemaligen Realschule, des ehemaligen Kranken- und des Waisenhauses, in dem sich die heutige Gemeindesynagoge befindet, werden von der Israelitischen Kultusgemeinde Fürth als Wohnhäuser genutzt. 1999 eröffnete in einem aus dem 17. Jahrhundert stammenden, von Hoffaktoren erbauten Haus mit prächtigen Stuckdecken, Mikwe und Laubhütte das Jüdische Museum Franken in Fürth, Königstraße 89. In teils chronologischer, teils thematischer Anordnung sind 17 Themenstationen zu sehen, die den Bogen vom Mittelalter bis zur Gegenwart jüdischen Lebens, von jüdischer Religiosität bis hin zum Alltagsleben mit seinen Licht- und Schattenseiten spannen.

1
Blick in die restaurierte Laubhütte des Jüdischen Museums Franken in Fürth.

Schnaittach

In Schnaittach (Mittelfranken) hat sich mit der 1570 erbauten und 1735 erweiterten Synagoge, einem Ritualbad sowie dem an die Synagoge angrenzenden Rabbiner- und Vorsängerhaus ein in dieser Art für Deutschland einmaliges Ensemble erhalten. Die Synagoge wurde 1938 geschändet, entging jedoch der Zerstörung, weil sie als Standort für das sich noch immer hier befindliche örtliche Heimatmuseum ausersehen war. Seit 1996 ist der Gebäudekomplex Museumsgasse 12–16 zusätzlich Sitz der Außenstelle Schnaittach des Jüdischen Museums Franken. Die Sammlung, die nicht nur Ritualobjekte, sondern auch zahlreiche Alltagsgegenstände beinhaltet, stellt den umfassendsten Bestand an Sachzeugnissen jüdischen Lebens auf dem Land in Süddeutschland dar. Hauptexponat ist der Synagogenraum, in dem die zerstörerischen Eingriffe nach 1938 auch nach der Renovierung sichtbar bleiben.

Am nordöstlichen Ortsrand von Schnaittach liegen drei jüdische Friedhöfe, von denen der älteste mit zirka 180 erhaltenen Grabsteinen im 16. Jahrhundert entstand. Von dem zweiten Friedhof aus der Mitte des 19. Jahrhunderts wurden während der NS-Zeit alle Grabsteine entfernt. Auf dem dritten, in den neunziger Jahren des 19. Jahrhunderts angelegten Friedhof mit Tahara-Haus fand 1952 die letzte Beerdigung statt.

Veitshöchheim

Im unterfränkischen Veitshöchheim eröffnete 1994 in einem aus ehemaliger Synagoge und jüdischem Wohnhaus bestehenden Gebäudekomplex das Jüdische Kulturmuseum in der Thüngersheimer Straße 17. Die 1727 erbaute Synagoge wurde im 19. Jahrhundert nach dem Geschmack der Zeit renoviert. Bereits vor dem Novemberpogrom zwangsverkauft, zerstörte erst die 1940 vorgenommene Umwandlung in ein Feuerwehrhaus den Innenraum. Die Synagoge mit zum Teil rekonstruierter Inneneinrichtung wird gelegentlich zu Gottesdiensten genutzt. Unterhalb der Synagoge befindet sich ein Ritualbad. Im angrenzenden Nebenhaus, das im Dach Reste einer Laubhütte aufweist, ist die bei der Renovierung entdeckte Genisa ausgestellt. Genisa-Funde aus ganz Franken werden hier zentral bearbeitet und ausgewertet.

Georgensgmünd

Die in Georgensgmünd (Mittelfranken) 1734 erbaute Synagoge Am Anger weist in ihrem Hauptraum freigelegte Malereien (unter anderem ein Gebet für den Landesfürsten) auf, die aus dem Umfeld des aus Polen stammenden Wandermalers Elieser Sussmann stammen dürften, der im 18. Jahrhundert in Süddeutschland eine Vielzahl so genannter Scheunensynagogen ausmalte, von denen keine mehr in situ vorhanden ist. Nach den Schändungen während des Novemberpogroms von 1938 wandelte man die Synagoge in eine Turnhalle um. Bei Renovierungsarbeiten konnten zwei Ritualbäder und eine Genisa entdeckt werden. Auf der Frauenempore und im angrenzenden Rabbinerhaus wird die lokale jüdische Geschichte anhand von Bild-Text-

2
Synagoge
Veitshöchheim.

Tafeln und Genisa-Funden beleuchtet. Am nordwestlichen Ortsrand an der »Judenbastei« liegt der 1550 als Verbandsfriedhof für Georgensgmünd, Hilpoltstein, Roth, Thalmässing, Schwabach und Windsbach angelegte Friedhof mit Tahara-Haus und 1.766 erhaltenen Grabsteinen.

Schwabach

Im nahe gelegenen Schwabach (Mittelfranken) entdeckten Bauarbeiter bei Renovierungsarbeiten an einem Haus in der ehemaligen Judengasse, heute: Synagogengasse 10, ein bedeutendes kulturhistorisches Baudenkmal: eine um 1795 eingerichtete Laubhütte. Eine den Raum überspannende Kassettendecke, deren einzelne Füllungen vom darüber liegenden Dachboden aus entfernt werden konnten, wurde freigelegt. Bei weiteren Untersuchungen kamen verschiedene Wandmalereien zum Vorschein, zum Beispiel Moses mit den Gesetzestafeln und König David mit der Harfe. Als Vorlagen für die Fresken dienten Titelblätter von hebräischen Drucken, unter anderem aus dem oberpfälzischen Sulzbach. Die 1799 gebaute, in ihrer Substanz

3

Wandmalereien aus dem 18. Jahrhundert in der Schwabacher Laubhütte.

erhaltene Synagoge *(Haus Nummer 6)*, die Judenschule mit Rabbinerwohnung von 1707 *(Haus Nummer 5)* und das Schächterhaus aus dem 19. Jahrhundert *(Haus Nummer 8)* komplettieren das Ensemble Synagogengasse.

Der Dreißigjährige Krieg (1618–1648) unterbrach diese Konsolidierungsphase, beendete sie aber nicht. Ortschaften wurden verwüstet, ganze Landstriche durch Seuchen und marodierende Soldaten entvölkert. In einer Vielzahl von fränkischen Dörfern blieben nicht mehr als vier oder sechs Einwohner übrig. Nach dem Westfälischen Frieden forcierte die fränkische Reichsritterschaft in ihren Herrschaftsbereichen die Ansiedlung von Juden. Durch finanzielle Zugeständnisse bei Schutzbriefen oder großzügige Vergabe von Privilegien versuchte man, die Handelstätigkeit der Juden und ihre weit verzweigten Verbindungen für den Wiederaufbau zu nutzen. Die Verdrängung aus ihrem ursprünglich urbanen Lebensraum hatte sich für die Juden als verheerend erwiesen. Armut blieb für das ganze 18. Jahrhundert ein prägendes Merkmal der süddeutschen Juden. Die Größe und Anzahl der Häuser, in denen Juden leben durften, war genau festgelegt, eine Ausdehnung des Wohnraums wurde auch bei einem Bevölkerungsanstieg in der Regel nicht geduldet.

In mehreren ritterschaftlichen Dörfern in der Fränkischen Schweiz erhielten Juden das Aufenthaltsrecht in nicht mehr genutzten Ansitzen. So zum Beispiel in Tüchersfeld, wo 1758 Karl Ludwig Groß von und zu Trocka in seinem verfallenden mittelalterlichen Burgkomplex Juden ansiedelte, die dort eine 1872 erloschene Gemeinde mit Synagoge gründeten. Der »Judenhof« in Pottenstein beherbergt seit 1985 das Fränkische-Schweiz-Museum, das in der ehemaligen Synagoge eine kleine Ausstellung zur Geschichte und Kultur der Juden zeigt. Eine Besonderheit stellt das in Illusionsmalerei gestaltete Misrach-Fenster an der Ostseite des Raumes dar.

In Süddeutschland verdienten Landjuden ihren Lebensunterhalt in der Regel als Vieh- und/oder Naturalienhändler oder fristeten ein karges Dasein als Hausierer. Besonders der Handel mit Vieh entwickelte sich zu einer von Juden wesentlich dominierten Berufssparte. In Franken und Schwaben hatten jüdische Viehhändler bis in die Zeit des Nationalsozialismus faktisch eine Monopolstellung erreicht. Diese beherrschende Stellung schlug sich auch sprachlich nieder. Das mundartlich eingefärbte und mit einer Vielzahl von Hebraismen und Jiddismen durchsetzte Deutsch der jüdischen Viehhändler entwickelte sich ab dem 18. Jahrhundert zur allgemein gebräuchlichen Handelssprache auf den süddeutschen Viehmärkten.

Schopfloch

Im mittelfränkischen Schopfloch lebten seit der zweiten Hälfte des 16. Jahrhunderts Juden, die im frühen 19. Jahrhundert ein Drittel der Gesamtbevölkerung ausmachten. Die 1877 erbaute Synagoge, die einen baufälligen Vorgängerbau aus dem 17. Jahrhundert ersetzte, wurde im Frühjahr 1939 mit dem kompletten Inventar zerstört und anschließend abgerissen. Die letzten jüdischen Bewohner mussten den Ort nach dem Novemberpogrom 1938 verlassen. Aber noch 65 Jahre später sind ihre Traditionen hier in Resten erfahrbar. Eine sprachliche Besonderheit stellt die Schopflocher Mundart, das »Lachoudisch«, dar, die stark von Jiddismen durchdrungen ist. Dieses Idiom, früher von allen Schopflochern gesprochen, drohte generationsbedingt auszusterben. Der Schopflocher Bürgermeister bemüht sich seit einigen Jahren um eine Wiederbelebung. So entstand ein Wörterbuch, und an einem regelmäßig stattfindenden Stammtisch treffen sich Einheimische zum Lachoudischlernen und -üben. Die Berches, ein zur häuslichen Zeremonie am Schabbat gehörendes, in Zöpfen geflochtenes und mit Mohn bestreutes Weißbrot, wird in den lokalen Bäckereien heute als Schopflocher Spezialität angeboten.

Die seit der Mitte des 18. Jahrhunderts in Gelehrtenzirkeln diskutierte Frage der Emanzipation der Juden erhielt in den süddeutschen Staaten erst durch die Französische Revolution eine unerwartete Dynamik. 1791 hatte das revolutionäre Frankreich den französischen Juden das uneingeschränkte Bürgerrecht verliehen. Für Bayern stellte sich die Frage der bürgerlichen Gleichstellung der Juden infolge der Revolutions- und Napoleonischen Kriege. Die territorialen Neuerwerbungen brachten dem Kurfürstentum und späteren Königreich einen massiven Zuwachs an jüdischer Bevölkerung. 96,5 Prozent der nunmehr bayerischen Juden lebten in Franken (81,3 Prozent) und Schwaben (15,2 Prozent). Das 1813 erlassene bayerische »Judenedikt«, das im Grundsatz eine Gleichstellung mit der übrigen Bevölkerung anstrebte, hatte einen höchst restriktiven Charakter, bedeutete aber für den Großteil der betroffenen Juden zum ersten Mal in ihrer Geschichte ein gewisses Maß an Rechtssicherheit. In der Folgezeit errichteten viele Gemeinden neue Synagogen, häufig als Ersatz für schon vorher vorhandene Beträume. Anders als diese, die sich äußerlich meist von profanen Gebäuden kaum unterschieden, waren die Neubauten des 19. Jahrhunderts auch nach außen hin deutlich als Sakralbauten erkennbar.

Ermreuth

Eine der bedeutendsten fränkischen Dorfsynagogen des 19. Jahrhunderts entstand 1822 im oberfränkischen Ermreuth. Nach der Schändung des zweistöckigen massiven Sandsteinbaus und der Zerstörung von Ritualien und Inneneinrichtung während des Novemberpogroms von 1938 nutzte die Raiffeisenbank das Gebäude in der Wagnergasse 8 jahrzehntelang als Maschinenhalle, ehe es die Marktgemeinde Neunkirchen erwarb. 1994 fand die Wiedereinweihung durch die Israelitische Kultusgemeinde Nürnberg statt. Seither dient der Hauptraum der Synagoge als Begegnungsstätte. Auf der Frauenempore und im Treppenhaus dokumentiert eine Dauerausstellung mit Objekten aus der hier geborgenen Genisa jüdisches Leben auf dem Land am Beispiel Ermreuth. Etwa zwei Kilometer nördlich von Ermreuth, versteckt zwischen Obstgärten und Waldungen an einem steilen Hang, liegt der 1711 angelegte Friedhof mit 215 erhaltenen Grabsteinen.

Gaukönigshofen

Auch im unterfränkischen Gaukönigshofen ersetzte die Gemeinde die aus dem 18. Jahrhundert stammende Synagoge 1842 durch einen Neubau. Dieser wurde während des Novemberpogroms 1938 geschändet, die Inneneinrichtung zerstört und vor dem Gebäude verbrannt. Die politische Gemeinde Gaukönigshofen, seit 1939 im Besitz der Synagoge sowie des nahe gelegenen Gemeindehauses mit Schule und Lehrerwohnung, richtete hier Am Königshof 22 im Jahr 1988 eine Gedenkstätte ein. Neben dem restaurierten Synagogenraum ist auf der Frauenempore eine Ausstellung zu den Schicksalen jüdischer Bürger aus den ehemaligen jüdischen Gemeinden des Landkreises Würzburg während des Nationalsozialimus zu sehen, und eine Einführung informiert über das jüdische Leben in Unterfranken vor 1933. Wenige hundert Meter von der Synagoge entfernt kann die 1819 eingerichtete Mikwe besichtigt werden.

Höchberg

Im ebenfalls zum Landkreis Würzburg gehörenden Höchberg gründete Rabbiner Lazarus Ottensooser 1861 in der Sonnemannstraße 15 die Israelitische Präparandenschule, die aus seiner seit 1840 bestehenden Talmud-Tora-Schule hervorging. Hier wurden Jugendliche auf die »Israelitische Lehrerbildungsanstalt« in Würzburg vorbereitet, die als einzige Einrichtung ihrer Art in Deutschland jüdische Religionslehrer und Kantoren ausbildete. 1931 wurde die Schule aus Kostengründen nach Würzburg verlegt und das Schulgebäude als Wohnhaus genutzt. Heute beherbergt das Gebäude unter anderem zwei Ausstellungsräume, in denen anhand von Fotos und Texten die Geschichte der Schule vorgestellt wird. Die 1938 geschändete, in ihrer Bausubstanz insgesamt erhaltene Synagoge mit originalem Chuppa-Stein – für Hochzeitszeremonien – sowie einer Gedenktafel ist seit 1951 evangelische Kirche. Auf dem jüdischen Friedhof am südlichen Ortsende von Höchberg ist der »Würzburger Rav« Rabbiner Seligmann Bär Bamberger (1807–1878), Begründer der »Würzburger Orthodoxie«, mit seiner Frau bestattet.

4

Das Levi-Strauss-Museum in Buttenheim.

Buttenheim

Die bis 1861 in Kraft bleibende Einschränkung der Niederlassungsfreiheit hatte eine große Auswanderungswelle zur Folge. Schätzungsweise 11.000 vornehmlich junge Juden verließen bis 1861 Bayern mit dem Ziel Amerika. Der bayerische Anteil an der jüdischen Gesamtbevölkerung Deutschlands sank zwischen 1813 und 1871 von 20 auf 10 Prozent.

Der berühmteste fränkische Auswanderer Levi Strauss (geb. 1829), der spätere Erfinder der Blue Jeans, verließ 1846 mit seiner Familie Buttenheim (Ofr.) in Richtung USA. In seinem Geburtshaus, einem typisch fränkischen Fachwerkhaus aus dem 17. Jahrhundert, richtete die Gemeinde Buttenheim vor drei Jahren in der Marktstraße 33 das Levi-Strauss-Museum ein, das 2002 mit dem Europäischen Museumspreis ausgezeichnet wurde. Die mit Hilfe von Audio-Guides erschlossene Ausstellung zeigt im Erdgeschoss Jugendjahre, Auswanderung und die ersten Jahre von Levi Strauss in Amerika. Im Obergeschoss stehen Stoff, blaue Farbe und die Erfolgsgeschichte der Blue Jeans im Mittelpunkt.

Die Einführung der Freizügigkeit leitete das Ende der Epoche der süddeutschen Landjuden ein. Bis in die Emanzipationszeit hinein hatten 80 Prozent der jüdischen Bevölkerung auf dem Land gelebt. Nach 1871 begannen sich viele der jüdischen Landgemeinden aufzulösen. Die jüngere Generation und die vermögende Oberschicht zog von den häufig abgelegenen Dörfern, die schlechte Verdienstmöglichkeiten boten, in die lokalen Oberzentren und Großstädte. Die Gemeinden schrumpften, überalterten und verarmten. Synagogen und andere Gebäude wurden verkauft. Bis 1900 verringerte sich die Zahl der bayerischen Landgemeinden um ein Drittel. 1932 waren in Franken noch 167 Synagogen und Betstuben in Verwendung, bis 1938 wurden 22 von ihnen zwangsweise verkauft, die restlichen fast ausnahmslos während des Novemberpogroms geschändet. Bis heute haben sich in den unterschiedlichsten Nutzungen 106 Synagogengebäude und eine Vielzahl von Friedhöfen erhalten. Der nationalsozialistischen Verfolgung fielen mehr als 8.000 bayerische Juden zum Opfer, die von den Sammelpunkten München, Würzburg, Nürnberg, Augsburg, Regensburg und Bamberg in die Vernichtungslager des Ostens deportiert wurden. Von den 170 fränkisch-jüdischen Gemeinden der Vorkriegszeit entstanden nach der Schoa nur diejenigen in Bamberg, Bayreuth, Fürth, Hof, Nürnberg und Würzburg neu. Die verstärkte Einwanderung von Juden aus den Nachfolgestaaten der UdSSR führte 1999 zur Neugründung der Gemeinde Erlangen.

FRANKFURT

Fritz Backhaus :
Juden in Frankfurt am Main 1150–1945

Susanne Urban :
»Untervegs« und angekommen
Juden in Frankfurt am Main nach 1945

JUDEN IN FRANKFURT AM MAIN

1150–1945

Fritz Backhaus

Wer heute durch Frankfurt geht, wird in dieser Stadt nur noch wenige Spuren der über 800-jährigen Geschichte der Juden finden. Naziverfolgung, Kriegszerstörung und Wiederaufbau haben das Bild Frankfurts so gründlich verändert, dass aus der Zeit vor 1933 kaum eine jüdische »Sehenswürdigkeit« erhalten blieb. Die Westend-Synagoge, die beiden Jüdischen Museen im Rothschildpalais und am Börneplatz sowie die drei Friedhöfe sind fast die letzten unmittelbaren Zeugnisse einer Gemeinde, die zumindest zwischen dem 16. und dem 18. Jahrhundert die größte jüdische Gemeinschaft in Deutschland bildete. Besuchte ein Reisender in dieser Zeit die freie Reichsstadt Frankfurt, führte ihn die Neugier nicht nur wie heute zum mittelalterlichen Rathaus und zur Wahl- und Krönungskirche der deutschen Kaiser. Ein ebenso berühmter Ort war die Judengasse – das Ghetto, in dem die Juden der Stadt seit 1462 leben mussten.

So berichtet Picarde Blainville, der von 1705 bis 1709 die Söhne des englischen Kriegsministers Blathwait auf ihrer Europatour begleitete: »Wir brachten einen ganzen Tag unter den Nachkommen Isachars, Zablons und Naphtalis zu. [...] sie haben ein recht bettelhaftes Aussehen. Die Straße, worin sie wohnen, ist sehr enge, aber über eine Viertelstunde lang und ausnehmend kothig. An jedem Ende ist ein Thor, welches alle Abend sorgfältig geschlossen wird, und die Schlüssel werden der Obrigkeit ausgehändigt. [...] Dieser enge Raum enthält dennoch, wie man uns berichtete, über drey bis vier tausend Seelen, und wie die Juden selbst vorgeben, noch einige tausend mehr.

Picarde Blainville war ein gebildeter Beobachter, der die Juden auch als Produkt ihrer bedrückenden Situation sah: Täglich gedemütigt durch die Darstellung der so genannten »Judensau« auf einem öffentlichen, prominent angebrachten Wandgemälde, eingesperrt in eine schmutzige und übervölkerte Gasse, wirkten die Bewohner auf ihn arm, abgerissen und elend. Viele Reisende des 18. Jahrhunderts bestätigen diesen Eindruck, wobei die meisten dieser Beschreibungen allerdings mit Skepsis zu lesen sind, da fast allen Autoren unübersehbar die traditionelle Judenfeindschaft die Feder führte. Es fehlen vor allem wichtige Mosaiksteine, die den

[…] Das vornehmste Gewerbe, das diese Juden treiben, bestehet in Kaufen und Verkaufen alter Waaren, und in herumlaufen von einem Wirtshause zum anderen, um den fremden ihre Kleinigkeiten und Trödeleien zu zeigen, und das Geld, was hier nicht gangbar ist, zu verwechseln. Es ist ihnen nur fünf Tage in der Woche erlaubet, dieses elende Geschäft zu betreiben, denn am Sonnabend ist, wie bekant, ihr eigener Sabbath, und am Sonntage dürfen sich diese armen Geschöpfe nicht auf der Straße blicken lassen, denn sie werden in Deutschland so sehr gehasset, dass ihnen der Pöbel in diesem Falle sehr übel mitspielen würde […]«

1
Die Judengasse.
Gemälde von Anton Burger, 1860.

Ruhm Frankfurts in der jüdischen Welt begründeten und der Stadt den Ehrentitel »Muttergemeinde in Israel« verschafften. Gewiss dominierten die vielen Hausierer, Bettler und Dienstboten das Straßenbild der Gasse, doch ebenso prägten Rabbiner und Gelehrte, Großkaufleute und Hoffinanziers die Judengasse des 17. und 18. Jahrhunderts.

Zurück ins Mittelalter

Die Judengasse als in ganz Europa bekannte schauerliche Sehenswürdigkeit ist jedoch erst ein Produkt der Neuzeit. Ursprünglich wohnten die Frankfurter Juden im Zentrum der Stadt. Die älteste Synagoge befand sich in unmittelbarer Nachbarschaft des Domes. Hier konzentrierten sich auch die meisten jüdischen Wohnhäuser, jedoch nicht in einem abgeschlossenen Wohnbezirk, sondern unmittelbar neben christlichen Handwerkern und Patriziern. Eine Jüdische Gemeinde entstand in Frankfurt seit der Mitte des 12. Jahrhunderts, als sich der Ort um die Königspfalz zu einer Stadt

2
Das Gebiet des ältesten Frankfurter Judenviertels südlich des Doms. *Ausschnitt aus dem Stadtplan Matthäus Merians von 1628.*

entwickelte. Es ist bezeichnend für den Anteil der jüdischen Fernhandelskaufleute und Geldhändler an dieser Entwicklung, dass die älteste Erwähnung der berühmten Frankfurter Messe sich in einer hebräischen Quelle findet. Über die erste Gemeinde ist wenig bekannt. Erst als sie 1241 einer Verfolgung zum Opfer fiel, werden ihre Größe und Bedeutung für uns heute sichtbar. Anlass des Pogroms war der geplante Übertritt eines jungen Juden zum Christentum, den seine Eltern zu verhindern suchten. Als sich am Beginn des Schabbats die Juden in der Synagoge versammelten, stürmten die christlichen Bürger das Gebäude. Es kam zu einem erbitterten Kampf, bei dem über 180 Juden getötet wurden. Vor die Alternative Tod oder Taufe gestellt, wählten 24 den Übertritt zum Christentum. Unter den Ermordeten befanden sich auch drei Rabbiner, die Lehrhäusern vorstanden – ein Indiz für die Bedeutung der ersten Frankfurter Gemeinde. Eine 1996 aufgestellte Gedenktafel unmittelbar südwestlich des Domes erinnert an die Ermordung der Juden und bildet heute das einzige sichtbare Zeugnis der ältesten Jüdischen Gemeinde Frankfurts.

Knapp 20 Jahre nach der Verfolgung siedelten sich erneut Juden in Frankfurt an, die auch die alte Synagoge im Zentrum der Stadt wieder in Benutzung nehmen konnten bzw. eine neue am alten Standort errichteten. Aus der Zeit der Rückkehr sind die ältesten Grabsteine des mittelalterlichen jüdischen Friedhofes erhalten, der sich heute an der Battonnstraße befindet und immer noch über 2.500 Grabsteine aus dem 13. bis 19. Jahrhundert umfasst. Der größere Teil des Friedhofs wurde in der NS-Zeit zerstört. Zwei der ältesten Steine aus dem 13. Jahrhundert wurden erst 1952 bei Restaurierungsarbeiten im Dom als Unterbau des St. Anna-Altars gefunden und wieder auf den Friedhof zurückgebracht. Sie erinnern an die zweite große Verfolgung im Jahr 1349, als nach der Ermordung der Juden offensichtlich auch der Friedhof geplündert und ein Teil der Grabsteine für Bauarbeiten im Dom verwendet wurde.

Das Pogrom von 1349 ereignete sich im Zusammenhang mit der großen Pestepidemie, die seit 1347 von Italien ausgehend Tod und Schrecken in ungeahntem Ausmaß verbreitete. Den Juden wurde vorgeworfen, sie seien schuld am »Schwarzen Tod« und hätten die Brunnen vergiftet. Die Verfolgungen waren jedoch keine tumultarischen Aktionen, sondern an den meisten Orten von langer Hand vorbereitet und eingebettet in die politischen Konflikte der Zeit. So überließ Kaiser Karl IV. 1349 dem Rat der Stadt gegen die gewaltige Summe von 15.200 Pfund Heller die Schutzrechte über die Frankfurter Juden. In der Urkunde sichert der Kaiser der Stadt Straffreiheit zu, falls »die Juden demnächst von Todes wegen abgingen, verderbet oder erschlagen werden würden«, und erlaubt ihr, sich in diesem Fall zur Sicherung der Pfandsumme jüdischen Besitz anzueignen. Tatsächlich kam es einen Monat später zur Ermordung der Juden. Ob die Täter aus der Stadt stammten oder, wie auch vermutet wurde, von Adligen der Umgebung gesteuert wurden, lässt sich nicht mit letzter Sicherheit klären. Aber der Gedanke liegt nahe, dass auch hier »Geld das Gift war, das die Juden tötete«, wie ein zeitgenössischer Chronist zu der gleichzeitigen Straßburger Verfolgung festhielt.

Nur wenige Jahre nach dem Pogrom siedelten sich erneut Juden in Frankfurt an ihren alten Wohnplätzen in der Nähe des Doms an, jedoch unter deutlich verschlechterten Rechtsbedingungen. In der Regel erhielten die einzelnen Familien nur ein auf wenige Jahre befristetes Aufenthaltsrecht; viele zogen aber auch von selbst nach kurzem Aufenthalt weiter. Hohe Mobilität kennzeichnet somit die Existenz der Frankfurter Juden im Spätmittelalter. Ihre berufliche Tätigkeit beschränkte sich weitgehend auf den Geldverleih, der mit hohen Risiken, aber auch großen Gewinnchancen verbunden war. Für die städtische Wirtschaft und die des Umlandes nahmen die jüdischen Kreditgeber eine wichtige Funktion ein. Insbesondere die Pfandleihe, der Risikokredit und die kurzzeitige Anleihe waren über Jahrhunderte die Domäne der jüdischen Kredithändler.

Die Einrichtung des Ghettos

Seit Ende des 14. Jahrhunderts wurden die Juden, wie zuvor schon aus England und Frankreich und 1492 aus Spanien, aus den meisten Territorien und Städten des deutschen Reiches vertrieben. Auch der Rat der Stadt Frankfurt versuchte dem Trend der Zeit folgend seine Juden loszuwerden, scheiterte aber mehrfach am Einspruch des Kaisers. Der oberste Schutz-

3
Reste der ältesten, 1462 gebauten und einer nach 1711 errichteten Mikwe sind 1987 freigelegt worden und heute im Museum Judengasse zu besichtigen.

herr aller Juden des Reiches hatte seine Herrschaftsrechte über die Frankfurter Juden zwar an die Stadt abgetreten, besaß aber in seiner Wahl- und Krönungsstadt noch einen größeren Einfluss als in anderen Reichsstädten und konnte eine gewisse Schutzfunktion für die Juden wahrnehmen, die ihm auch weiterhin Abgaben zahlen mussten.

Als Alternative zur Vertreibung fasste der Rat – auf Drängen König Friedrichs III. – 1460 den Beschluss, die Juden der Stadt in eine neu eingerichtete Gasse in dem nur locker besiedelten Gebiet zwischen erster und zweiter Stadtmauer umzusiedeln. Die Juden mussten gegen ihren erbitterten Widerstand ihre alte Synagoge und ihre Wohnhäuser verkaufen und in die Judengasse umziehen, wo bereits eine neue Synagoge, ein Ritualbad und mehrere Wohnhäuser errichtet worden waren. Im Unterschied zu früher blieben die Häuser im Besitz des Rates, auch als die Juden seit 1465 den Bau ihrer Häuser selbst bezahlen mussten. Die neue Gasse, 1462 spöttisch als »Neu-Ägypten« bezeichnet, wurde vom Rat mit einer Mauer umgeben und mit drei Toren versehen, die über Nacht und an den christlichen Feiertagen verschlossen werden mussten. Schlüssel besaß die christliche Obrigkeit und ein Vertreter der Jüdischen Gemeinde. Frankfurt erhielt damit wohl das erste Ghetto in Europa. Die Bezeichnung Ghetto selbst ist jünger und hat ihren Ursprung in Venedig, wo erst 1516 ein entsprechender abgeschlossener Wohnbezirk auf dem Gelände einer ehemaligen Gießerei, dem »getto nuovo«, eingerichtet wurde. Geht man heute vom Museum Judengasse aus über die Kurt-Schumacher-Straße, gelangt man zu der kleinen, versteckt gelegenen Straße »An der Staufermauer«. Eine Gedenktafel erinnert an die 1938 zerstörte Hauptsynagoge, die sich seit 1462 hier befand. Die Straße folgt bis zur Konstablerwache dem alten Verlauf der Judengasse. Der Rest der im 12. Jahrhundert erbauten Stadtmauer, der durch die Bombardierung im Zweiten Weltkrieg hier wieder sichtbar wurde, diente gleichzeitig der Absperrung der Judengasse zur Altstadt hin.

Der Frankfurter Rat beschränkte sich nicht auf die Umsiedlung, sondern ergänzte sie um eine ganze Reihe von Verordnungen, deren Ziel es war, die Juden von den Christen möglichst fern zu halten. So mussten Juden zur Unterscheidung von den Christen besondere Kennzeichen auf ihrer Kleidung tragen. Ihnen wurde verboten, an christlichen Festen und Feiern teilzunehmen; jüdische Studenten, die von auswärts kamen, durften die Gasse nicht verlassen. Insgesamt wuchs die Zahl der Vorschriften von 14 im Jahre 1427 auf über 100 am Ende des 16. Jahrhunderts, die in der so genannten »Stättigkeit« gesammelt und den Juden einmal im Jahr in der Synagoge verlesen wurden. Die häufige Wiederholung der Kontaktverbote legt im Umkehrschluss die Vermutung nahe, dass es im Alltag sehr viel mehr Begegnungen gab, als uns überliefert ist, und dass die Verbote daher immer wieder eingeschärft werden mussten.

Leben in der Judengasse

Die neu erbaute Judengasse bot im 15. Jahrhundert noch genug Raum für ihre Bewohner. Die Gemeinde zählte in der Regel nicht mehr als 200 Personen, damals etwa ein bis zwei Prozent der Frankfurter Stadtbevölkerung. Seit Beginn des 16. Jahrhunderts stieg die Einwohnerzahl jedoch dramatisch an. Innerhalb von nur 100 Jahren vervielfachte sich die Bevölkerung auf über 2.500 Personen, um dann nach den Rückgängen des Dreißigjährigen Krieges im 18. Jahrhundert noch einmal auf 3.000 bis 4.000 anzusteigen. Der Anteil der Juden an der Gesamtbevölkerung der Stadt stieg von zwei auf über zehn Prozent. Statt der ursprünglich ca. 20 Häuser bestand die Judengasse nun aus 195 Wohnhäusern. Da sich jedoch der Rat der Stadt weigerte, das Gelände der knapp 300 Meter langen Gasse zu erweitern, musste jedes freie Grundstück bebaut werden, es wurden Hinterhäuser errichtet und die bestehenden Wohnhäuser in zwei, drei oder gar fünf Teile geteilt. Bei den Häusern, die nach den Vorschriften des Rates nur drei Stockwerke hoch sein sollten, wurden die Dächer in mehreren Stockwerken ausgebaut, um zusätzlichen Wohnraum zu schaffen. Die Häuser selbst waren kaum mehr als drei Meter breit und durch die Enge der Gasse und die fast bis an die Häuser reichenden Ghettomauern kaum mit Licht und Luft versorgt. In den kleinen, nicht selten von mehreren Familien mit ihren Dienstboten bewohnten Häusern befanden sich nicht nur Wohnräume, sondern ebenso auch Lager- und Verkaufsräume.

4 Ludwig Börne (1786–1837). *Gemälde von Moritz Daniel Oppenheim.*

Fragt man nach den Gründen für die erstaunliche Bevölkerungsexplosion im 16. Jahrhundert, lassen sich vor allem drei Faktoren bestimmen. Neben den Vertreibungen der Zeit, durch die Frankfurt fast die einzige größere Stadt im Reichsgebiet mit einer Jüdischen Gemeinde wurde, spielte die wirtschaftliche Entwicklung im 16. Jahrhundert eine zentrale Rolle. Die jeweils im Frühjahr und Herbst abgehaltenen Messen wurden in dieser Zeit zu einem der zentralen Geld- und Kreditmärkte Europas. Nicht zuletzt die Einwanderung kapitalkräftiger Glaubensflüchtlinge aus den spanischen Niederlanden führte zur Einführung neuer Produktions- und Vertriebstechniken im Textilgewerbe; Frankfurt löste Antwerpen als euro-

Die verschachtelte Bauweise dieser Häuser erlebte Ludwig Börne noch zu Beginn des 19. Jahrhunderts: »Von oben, unweit den Sternen, schaute

päisches Bankenzentrum ab. Jüdische Kaufleute spielten dabei vor allem im Messegeschäft eine wichtige Rolle, so wenn sie am Ende der Messen die nicht verkauften Waren als Pfänder übernahmen. Der dritte Faktor, der die Zuwanderung begünstigte, war die gigantische Verschuldung des Frankfurter Rates, die seit Mitte des 16. Jahrhunderts katastrophale Ausmaße angenommen hatte. Er duldete daher die Einwanderung von Juden, die als Steuerzahler und Kreditgeber dringend benötigt wurden.

Vertreibung während des Fettmilch-Aufstands

Das starke Wachstum der Jüdischen Gemeinde und ihr wirtschaftlicher Erfolg, der sich auch in einer Verlagerung auf den Handel widerspiegelte, sowie die enge Zusammenarbeit mit dem Patriziat der Stadt führten seit dem Ende des 16. Jahrhunderts zu wachsenden Konflikten mit der Bürgerschaft. Im Juni und Juli 1612 wandten sich die Zunftmeister und Vertreter der Bürgerschaft anlässlich der bevorstehenden Wahl des Königs mit einer Reihe von Petitionen an den vom Patriziat beherrschten Rat und den neu erwählten Monarchen. Damit leiteten sie revolutionäre Unruhen ein, die Frankfurt über zwei Jahre heftig erschüttern sollten. Eine der Hauptforderungen der Opposition war die Vertreibung der Juden aus der Stadt.

Die nach einem der Anführer als Fettmilch-Aufstand bezeichneten revolutionären Unruhen konnten zu Anfang große Erfolge verbuchen. Die Macht des bis dahin selbstherrlich regierenden Patriziats wurde eingeschränkt, die Bürgerschaft stärker am Rat beteiligt. Diese ersten Erfolge beruhigten die Situation jedoch nicht, sondern führten zu einer weiteren Radikalisierung. Insbesondere gegenüber den Juden wurde mit Gewalt und Drohungen erreicht, dass die ärmeren Familien ausgewiesen wurden und viele andere aus Furcht vor einem drohenden Pogrom die Stadt verließen. Am 1. September 1614 kam es schließlich zu dem lange angekündigten Sturm auf die Judengasse. Handwerksgesellen und Bürger versuchten in die Gasse einzudringen, deren Tore jedoch verschlossen waren und die von ihren Bewohnern mit Waffengewalt verteidigt wurde. Nach mehrstündigem Kampf gelang es den Angreifern, eine Bresche in eines der Häuser zu schlagen und so in das Ghetto einzudringen. Die Häuser wurden geplündert, die Juden selbst zogen sich auf ihren benachbarten Friedhof zurück, wo sie die Nacht in Furcht und Schrecken verbrachten. Am nächsten Morgen verkündete ihnen Vinzenz Fettmilch, dass sie die Stadt verlassen müssten. Etwa 1.400 Juden, die sich zu diesem Zeitpunkt noch in der Stadt befanden, bestiegen Schiffe, um in benachbarten Orten Zuflucht zu suchen.

Der Angriff auf die Judengasse führte jedoch zum endgültigen Zusammenbruch des Aufstands. Der Kaiser drohte jedem Frankfurter Bürger, der seinen Befehlen nicht folgte, die Reichsacht an. Die Anführer des Aufstands wurden verhaftet, die Macht des Patriziats wieder hergestellt. Am Tag der Hinrichtung von Vinzenz Fettmilch und anderer Führer des Aufstands wurden die Juden unter dem Schutz kaiserlicher Truppen feierlich zurück in ihre Gasse geführt, an deren Toren der kaiserliche Adler als Zeichen des Schutzes befestigt wurde. Die »Stättigkeit« mit den für die Juden erlassenen Rechtsvorschriften wurde wieder in Kraft gesetzt, jedoch mit einigen wesentlichen Veränderungen. Die Zahl der Familien in der Judengasse wurde auf 500 begrenzt, die der jährlichen Eheschließungen auf sechs. Der

ein schönes Mädchen herab: unsere Cousine ist's, kommt, wir wollen ihr ein Sträußchen bringen. Aber, liebe Leute, unser Onkel liebt die strengste Etikette, ihr müsst euch bücken, ehe ihr ins Haus tretet. Wir bückten uns und traten hinein. Kaum waren wir einige Schritte fortgegangen, so erlosch das Tageslicht hinter uns; grause Finsternis breitete sich aus; wir bebten. O Pharao, Pharao wie konntest du zehn Tage lang solche Plage ertragen und doch die Juden nicht ziehen lassen! Wir wollten umkehren, aber zu spät. Der Weltgegend unkundig, kamen wir statt zurück immer weiter vor. Der Gang war eng, und der Kopf wurde derb gezeichnet, wenn er seiner Phantasie folgend, nach rechts oder links ausweichen wollte. Endlich gelangten wir an einer Treppe. Wir stiegen unzählige Stufen hinauf, bis endlich einige Lichtstrahlen uns die Hoffnung gaben, dass die Visitenstube unserer Kusine nicht fern sein dürfte. Wir machten wirklich ein Stübchen ausfindig, das von einer Lampe erhellt war, mit dessen Licht einige kümmerliche Sonnenstrahlen in einem lächerlichen Kampf begriffen waren. Das Zimmer nämlich ward vom Schornstein des gegenüberstehenden Hauses zugleich beräuchert und verfinstert. Ein altes Mütterchen belehrte uns, dass wir falsch gegangen wären und dass unsere Kusine gar nicht hier wohnte. Wir beteuerten die Mamsell hätte oben aus dem Fenster herausgesehen. Es war auch wirklich so; aber die Türe, die unter diesem Fenster lag, führte in ein ganz anderes Haus. So sehr sind die Häuser wegen Mangel an Raum ineinandergefügt und -geschoben, dass Fenster und Türe, die vertikal übereinanderstehen, zu zwei verschiedenen Häusern gehören, die zwanzig Schritte weit auseinander liegen.«

5
Plünderung der Judengasse 1614 während des so genannten Fettmilch-Aufstands. *Stich von Matthäus Merian 1642.*

Kaiser kam damit den Forderungen der Bürgerschaft entgegen, auch wenn die Anzahl von 500 Familien tatsächlich erst im 18. Jahrhundert erreicht und überschritten wurde. Wichtigste Veränderung zugunsten der Juden war, dass ihr bis dahin jeweils nur für drei Jahre gültiges Aufenthaltsrecht in ein unbefristetes umgewandelt wurde. Insgesamt war mit dem Ende des Fettmilch-Aufstands die über den Frankfurter Juden schwebende Drohung der Vertreibung beseitigt. Trotz aller Konflikte zwischen Juden und Bürgerschaft im 17. und 18. Jahrhundert konnte die Existenz der Gemeinde nicht mehr grundsätzlich in Frage gestellt werden. Die große Bedeutung der Ereignisse für die Jüdische Gemeinde zeigte die Einrichtung eines eigenen Feiertags, des »Vinz-Purim«, der von nun an jährlich an die Errettung im Fettmilch-Aufstand erinnern sollte. In über 100 Strophen schildert das dabei aufgeführte »Vinz-Hans-Lied« die Verfolgung und Errettung der Frankfurter Juden.

Die Judengasse hatte sich mit ihren über 3.000 Bewohnern zu einer Stadt in der Stadt entwickelt. Einen Eindruck vermittelt heute das Museum Judengasse, in dem die Kellermauern von fünf Häusern und zwei Ritualbädern erhalten sind. Sie zeigen den baulichen Zustand aus der Zeit nach 1711, als alle Häuser der Gasse während eines verheerenden Großfeuers abbrannten, das im Haus des angesehenen Rabbiners Naphtali Cohen ausgebrochen war, angeblich wegen kabbalistischer Experimente des Rabbiners. Der tatsächliche Grund war aber das sehr hohe Brandrisiko in der Judengasse, verursacht durch die enge Fachwerkbebauung und die Übervölkerung. Dem Feuer von 1711 folgten im 18. Jahrhundert noch weitere Großbrände. Die großen materiellen Verluste waren einer der Gründe für die starke Verarmung weiter Teile des jüdischen Mittelstands, die Mitte des 18. Jahrhunderts die Jüdische Gemeinde in eine tiefe Krise stürzte. Zwei Parteien unter der Führung der angesehenen Hoffaktorenfamilien Kann und Kulp kämpften um die Macht im Ghetto. Um Gewalttätigkeiten zu unterbinden, legte der Rat mehrere Jahre lang sogar Militär in die Gasse.

6
Rabbiner Naphtali Cohen (1641–1719) und zwei seiner Schüler. *Gemälde von Johann Andreas Benjamin Nothnagel, 1772.*

Der Kampf um die Emanzipation

In der Epoche der Aufklärung kamen auch die Zustände im Frankfurter Ghetto in die öffentliche Diskussion. Die Gemeinde begann sich auf ihre Menschenrechte zu berufen und bat in diesen »hellen und aufgeklärteren« Zeiten darum, dass die Bewohner der Judengasse an Sonntagen zumindest vor der Stadtbefestigung spazieren gehen durften, um Licht und Luft zu genießen. Wie am Ende des 18. Jahrhunderts ein aufgeklärter Reisender die Judengasse wahrnahm, zeigt eindringlich der Bericht des Dänen Jens Immanuel Baggessen, der 1789 Frankfurt bereiste und das Ghetto nur noch mit tiefer Empörung wahrnehmen konnte:

»Der Gang durch die Judengasse und der Anblick ihrer Elendsbilder hatten mich zur tiefsten Melancholie herabgestimmt. [...] Neben der allgemeinen Bedrückung der Bauern, dem unmenschlichen Sklavenhandel und der abscheulichen Soldatenwerberei im Frieden hat Europas neuere, mehr als barbarische Politik keine so infernalische Missgeburt ausgebrütet wie die rechtliche Stellung der Juden in der bürgerlichen Gesellschaft. [...] Dreifachen Fluch über jede geistliche Macht und jedes weltliche Regime, die sich dieses finsteren, der Hölle entstiegenen Unrechts in unseren schon helleren Tagen noch immer schuldig machen.«

Das Ende des Ghettos kam, als 1796 die französische Armee Frankfurt beschoss und dabei auch den Nordteil der Judengasse in Brand setzte. Viele jüdische Familien mussten außerhalb der Judengasse Unterkunft suchen. Trotz aller Versuche gelang es der christlichen Majorität danach nicht mehr, das Ghetto wiederherzustellen.

1806 verlor die Stadt ihre Selbständigkeit und wurde Regierungssitz Carl von Dalbergs, der von Napoleon als Fürstprimas des Rheinbundes eingesetzt worden war. 1810 wurde sein Territorium zum Großherzogtum Frankfurt erhoben. Die Frankfurter Juden hofften, dass sie mit dem Eintritt in den französischen Machtbereich die in Frankreich bereits 1791 vollzogene rechtliche Gleichstellung erlangen würden. Dies stieß jedoch auf den erbitterten Widerstand der Frankfurter Bürgerschaft und konnte erst nach mehrjährigen Verhandlungen mit Carl von Dalberg durchgesetzt werden. Die jüdische Gemeinde musste dafür die horrende Summe von 440.000 Gulden aufbringen. Zu Beginn des Jahres 1812 leisteten 645 Familienoberhäupter erstmals den Bürgereid und wurden in das Bürgerbuch der Stadt eingetragen. Der junge Ludwig Börne konnte als erster Jude Beamter werden und als »Polizeiaktuar« in den Dienst der Stadt treten. Welche Euphorie dieser mühsam errungene Erfolg auslöste, lässt das Memorbuch der Beerdigungsbruderschaft erkennen, in dem für den 1812 verstorbenen Mayer Amschel Rothschild, den Begründer des weltberühmten Bankhauses, der bei den Verhandlungen die zentrale Rolle gespielt hatte, vermerkt wurde: »Unvergleichlich sind seine Leistungen und Erfolge zum Heile unserer Gemeinschaft und deren Freiheitsbegründung, sowohl für die gegenwärtige Generation als auch für die künftigen Geschlechter [...]«

Nur wenige Jahre später wurde die mit großer Anstrengung finanzierte Gleichberechtigung wieder aufgehoben. Nach der Niederlage Napoleons wurde Frankfurt 1813 wieder zur freien Reichsstadt und nahm als eine der ersten Maßnahmen das Bürgerrecht der Juden zurück. Nachdem auf dem Wiener Kongress die Frankfurter Juden ihre Rechte nicht sichern konnten, dauerten die Verhandlungen zwischen der Gemeinde und dem Magistrat der Stadt um den künftigen Status der Juden fast acht Jahre. Die Stadtregierung versuchte dabei sogar wieder die Einrichtung eines erweiterten Ghettos durchzusetzen. Nur den guten politischen Verbindungen der Rothschilds, die 1817 vom österreichischen Kaiser geadelt und 1822 zu Freiherrn ernannt wurden, war es zu danken, dass die Stadt sich zu einem Kompromiss bereitfand. Den Juden wurde der Status »israelitischer Bürger« zugestanden, der privatrechtlich eine weitgehende Gleichstellung mit den christlichen Bürgern einschloss, ihnen aber politische Rechte verwehrte und auch die alten Heiratsbeschränkungen wieder einführte. Pro Jahr waren nur 15 Eheschließungen innerhalb der Jüdischen Gemeinde erlaubt, davon nur zwei unter Beteiligung auswärtiger Juden. Erst 1864 – zwei Jahre vor der Annexion Frankfurts durch Preußen – erhielten die Juden die vollständige bürgerliche Gleichstellung.

Das 19. Jahrhundert: Zwischen Reform und Orthodoxie

Zu Beginn des 19. Jahrhunderts setzte innerhalb der Frankfurter Gemeinde, die bis dahin als sehr konservativ und statisch galt, ein rascher Modernisierungsprozess ein. Eine wichtige Rolle bei den Reformbemühungen spielte das 1804 gegründete Philanthropin. Beschränkte sich die traditionelle jüdische Bildung bis dahin auf das Studium von Bibel und Talmud, war es Ziel dieser zuerst für arme Knaben gegründeten Reformschule, jüdischen Kindern eine moderne Bildung zu vermitteln. Die Gründung wurde von Siegmund Geisenheimer initiiert, der als Prokurist im Rothschildschen Bankhaus wirkte und als ersten Direktor Michael Hess gewann. Die Schule hatte großen Erfolg. Neben Michael Hess wirkten bald führende Vertreter der jüdischen Reformbewegung als Lehrer am Philanthropin, das zur offiziellen Volks- und Realschule der Jüdischen Gemeinde wurde. 1846 bezog die Schule einen Neubau am Rande des alten jüdischen Friedhofs in der heutigen Rechneigrabenstrasse. 1908 folgte der Umzug in ein neues repräsentatives Gebäude in der Hebelstrasse im Frankfurter Nordend.

Im Andachtsaal des Philanthropins richteten die Reformkreise um Michael Hess den ersten Gottesdienst in deutscher Sprache ein und suchten energisch Veränderungen im Ritus und in der Einhaltung der Gebote durchzusetzen. Frankfurt wurde zu Beginn des 19. Jahrhunderts zu einem Zentrum der radikalen Reformbewegung, der es nicht nur um eine zeitgemäße Gestaltung des Gottesdienstes ging, sondern die auch grundsätzlich die Autorität des Talmuds in Frage stellte und Gebote wie die Beschneidung, die Schabbatruhe, die rituelle Reinigung und die Speisevorschriften als historisch überholt oder gar als Auswuchs »mittelalterlichen Aberglaubens« in Frage stellte. Gegen diese radikalen Vorstellungen suchten orthodoxe Kreise um den Oberrabbiner Trier das Judentum unverändert zu bewahren. Der Streit eskalierte, als 1844 mit Leopold Stein erstmals ein Reformer zum Rabbiner berufen wurde. Der Oberrabbiner trat aus Protest zurück, in der Gemeindeführung selbst hatten die gemäßigten Reformer seit 1839 deutlich die Mehrheit gewonnen.

Da die orthodoxen Gemeindemitglieder ihre Vorstellungen innerhalb der Gemeinde nicht mehr gewahrt sahen, gründeten sie 1850 die »Israelitische Religionsgesellschaft« und konnten als Rabbiner den angesehenen Gelehrten Samson Raphael Hirsch gewinnen. Da die IRG hauptsächlich von alteingesessenen Frankfurter Familien getragen wurde, unter ihnen eine Reihe bekannter Bankiers, war die finanzielle Ausstattung so gut, dass sie 1853 ihre erste Synagoge in der Schützenstraße und in Konkur-

7
Samson Raphael Hirsch und Familie, um 1860.

renz zum Philanthropin eine eigene Volks- und Realschule eröffnen konnte. Samson Raphael Hirsch wurde zum Begründer der Neo-Orthodoxie, die ein Leben nach den Geboten der Tora und moderne Bildung miteinander zu verbinden suchte. Nachdem dies gesetzlich möglich wurde, traten Samson Raphael Hirsch und ein Teil der Mitglieder der IRG auch formell aus der alten Gemeinde aus und begründeten eine zweite Jüdische Gemeinde. Frankfurt mit seinen heftigen Auseinandersetzungen zwischen der Tradition, den verschiedenen Spielarten der Reform und der Neo-Orthodoxie wurde in dieser Zeit zu einem Laboratorium für die Entwicklung des modernen Judentums.

Abriss der Judengasse

Mit dem sozialen und wirtschaftlichen Aufstieg der Frankfurter Juden im 19. Jahrhundert konnte die Judengasse schließlich zu einem Ort der Nostalgie werden. Viele Maler entdeckten sie als eine pittoreske Szenerie, deren Bild sie kurz vor ihrem Abriss noch einmal in ein mildes Licht tauchten.

Die Entdeckung der Judengasse als Ort einer nostalgisch verbrämten Vergangenheit spiegelt besonders die sehr populäre Serie von Drucken, die Moritz Daniel Oppenheim zum »Altjüdischen Familienleben« veröffentlichte. Sie bot zwar kein genaues Abbild der Frankfurter Judengasse, zeigte aber, dass am Ende des 19. Jahrhunderts viele jüdische Familien, die Teil des Bürgertums geworden worden, sich noch einen nostalgischen Blick auf die Welt ihrer Großeltern bewahrten, die – zumindest aus der Rückschau – noch von alltäglicher Frömmigkeit und vom Zusammenhalt der Familie geprägt war. Die Erhaltung der Häuser in der Gasse selbst fand dagegen kaum Freunde. Als die Diskussion um ihren Abriss in den sech-

8
Judengasse, Hauptsynagoge, *Aquarell von Th. Reifenstein 1845.*

ziger Jahren des 19. Jahrhunderts begann, fanden sich nur wenige Verteidiger der alten Bauten. Zu sehr verband sich mit der bedrückenden Architektur Ausgrenzung und Unterdrückung. So wurde der übrig gebliebene südliche Teil der Gasse zwischen 1874 und 1887 komplett abgerissen. Nur die Familie Rothschild sorgte dafür, dass das Stammhaus ihrer Familie, das Haus »Grünes Schild«, als ein kleines Museum erhalten blieb. Es wurde 1943 im Bombenkrieg zerstört. Die Judengasse und der Judenmarkt am Südende der Gasse wurden nach Ludwig Börne benannt, um ihn als publizistischen Vorkämpfer der Emanzipation zu ehren.

Neue Synagogen

Auf dem neuen Börneplatz ließ die Gemeinde 1882 eine große Synagoge für den konservativen Teil der Gemeinde errichten und berief als ersten Rabbiner Markus Horowitz. 22 Jahre zuvor war bereits die neue Hauptsynagoge auf dem Grundstück der abgerissenen alten Synagoge eingeweiht worden. 1905 folgte die IRG mit einer neuen großen Synagoge an der Friedberger Anlage und 1911 die Westendsynagoge, die für einen liberalen Gottesdienst bestimmt war. Frankfurt besaß somit vier große repräsentative Synagogenbauten, jeweils mit über 1.000 Plätzen, die stilistisch zwar zwischen Neo-Gotik und Jugendstil unterschiedliche Wege gingen, aber sehr deutlich das gewachsene Selbstbewusstsein der jüdischen Gemeinschaft in Frankfurt demonstrierten. Die großen Synagogenbauten stehen am Ende einer Entwicklung, die mit der Zerstörung des Ghettos 1796 begonnen hatte. Als Einzige hat sich die Synagoge in der Freiherr-vom-Stein-Straße erhalten.

Wirtschaftliche Erfolge

Trotz aller politischen Hemmnisse und des gesellschaftlichen Widerstands war das 19. Jahrhundert für die große Mehrheit der Juden eine Zeit erstaunlicher Erfolge. Nicht nur den lange in Frankfurt ansässigen Familien, sondern vor allem auch zahlreichen Zuwanderern aus den kleinen Städten und Dörfern der weiteren Umgebung gelang der Aufstieg ins Bürgertum. Dass die alten Hoffaktorenfamilien wie die Rothschilds, die Speyers und Goldschmidts aus Handelsfirmen prosperierende Privatbanken entwickeln konnten, die einen wichtigen Beitrag zur Entwicklung des Finanzplatzes Frankfurt leisteten, war dabei weniger erstaunlich als die große Zahl armer jüdischer Familien, die zu Beginn des 19. Jahrhunderts noch als Hausierer ihr Leben fristen mussten und denen es innerhalb von ein oder zwei Generationen gelang, die Chancen der beginnenden Industrialisierung zu nutzen. Die Mehrzahl der Frankfurter Juden war dabei auch noch am Ende des 19. Jahrhunderts als Kaufleute tätig. Nicht wenige Handelsfirmen wagten aber auch den Schritt in die industrielle Produktion, häufig in dem Bereich, in dem sie im Handel Erfahrungen gewonnen hatten. Die berühmtesten dieser Firmen, die Frankfurts Weg in die Industrialisierung mitgestalten konnten, waren sicherlich die von Wilhelm Merton gegründete Metallgesellschaft, die später in die IG Farben aufgegangene Cassella oder die von Harry Fuld gegründete Deutsche Privat-Telefongesellschaft, aus der nach der »Arisierung« die Telefonbau und Normalzeit GmbH wurde. Handel, Industrie, Banken und die Börse waren die Bereiche, in

9
Leopold Sonnemann (1831–1909), Journalist, Verleger und Politiker.

denen die Frankfurter Juden, alteingesessene Familien ebenso wie die zahlreichen Zuwanderer, überwiegend tätig waren und in denen sie wichtige Grundlagen zur Entwicklung Frankfurts zu einem modernen Banken- und Dienstleistungszentrum legten. Heute zeugt vor allem das in wilhelminischer Pracht 1876 bis 1879 neu errichtete und erhaltene Börsengebäude vom Boom der Gründerzeit. Drei Viertel der hier arbeitenden Börsenmakler waren Ende des 19. Jahrhunderts Juden. Spektakulär war auch der Lebensweg von Leopold Sonnemann, der als Sohn eines Tuchhändlers seine Karriere begann, das Geschäft in eine Bank umwandelte und seit 1856 eine Zeitung betrieb, aus der sich die berühmte Frankfurter Zeitung entwickelte. 1871 als Abgeordneter Frankfurts in den Reichstag gewählt, spielte er eine wichtige Rolle als Vertreter des linken Liberalismus im Reich ebenso wie in Frankfurt.

Neue Wohngebiete

Insgesamt wuchs die Zahl der Juden im 19. Jahrhundert wie die der gesamten Einwohnerschaft stark an. Anfang des 20. Jahrhunderts lebten hier ca. 26.000 Juden. Frankfurt war damit zwar nicht mehr die größte Gemeinde im Deutschen Reich, die Stadt hatte aber mit über sechs Prozent den höchsten jüdischen Bevölkerungsanteil unter den deutschen Großstädten.

Der gesellschaftliche Aufstieg der jüdischen Familien war auch mit einer Veränderung der bevorzugten Wohngebiete in Frankfurt verbunden. Sie verließen die alten Häuser in der Judengasse und zogen vor allem in die neu und großzügig angelegten Wohnbezirke am Rande der Altstadt. Insbesondere das seit Ende des 18. Jahrhunderts erschlossene Fischerfeld mit seinen klassizistischen Wohnbauten und das neu entstandene Ostend zwischen Börneplatz und Tiergarten wurden zu den am stärksten jüdisch geprägten Vierteln Frankfurts mit Synagogen und Betstuben, Schulen, Krankenhäusern, sozialen Einrichtungen aller Art, Geschäften und Cafés.

Gegen Ende des 19. Jahrhunderts kam das großbürgerlich geprägte Westend als ein weiteres bevorzugtes Wohnviertel hinzu. Allein der hohe Anteil jüdischer Schüler an den höheren Schulen dieses Viertels mit bis zu 30 Prozent illustriert eindringlich die Erfolgsgeschichte der Frankfurter Juden. Ihre Bauten bildeten einen wesentlichen Teil des im 19. Jahrhundert neu entstehenden Frankfurter Stadtbildes. Als Beispiele seien nur die zahlreichen Rothschildschen Häuser und Einrichtungen erwähnt, von denen heute nur noch das Gebäude des heutigen Jüdischen Museums am Untermainkai erhalten ist – ein für das Frankfurt des 19. Jahrhunderts typischer klassizistischer Bau, der von Stadtbaumeister Johann Georg Hess 1824 errichtet wurde. Die Grüneburg, die Günthersburg und das Palais an der Bockenheimer Landstraße wurden ebenso wie das Bankgebäude der Rothschilds an der Börnestraße im Krieg zerstört. Heute noch zeugen jedoch drei große Parks im Innenstadtbereich, der Grüneburg-, der Günthersburg- und der Rothschildpark, von der Bedeutung und dem Mäzenatentum dieser berühmtesten jüdischen Familie Frankfurts. Die Bank selbst wurde bereits 1901 geschlossen, als mit Wilhelm Carl von Rothschild der letzte männliche Frankfurter Rothschild starb. Sein Schwiegersohn Maximilian von Goldschmidt-Rothschild blieb jedoch bis zu seinem Tode 1940 in einem Zimmer des Palais an der Bockenheimer Landstraße wohnen, von den Nazis dort geduldet, nachdem er das Gebäude und seine bedeutende Kunstsammlung bereits 1938 zwangsweise der Stadt verkaufen musste.

Mäzene

Die bürgerliche Integration der Frankfurter Juden spiegelte sich seit dem 19. Jahrhundert in einer umfangreichen mäzenatischen Tätigkeit wider. Nach zähem Widerstand konnten Juden auch Mitglieder in den wichtigsten bürgerlichen Gesellschaften und Vereinen der Stadt wie dem Städelschen Kunstverein, dem Freien Deutschen Hochstift oder der Senckenbergischen Naturforschenden Gesellschaft werden. So finden sich unter den bekannten Gemälden des Städels heute ebenso wie zum Beispiel unter den Kaiserporträts im Kaisersaal des Römers Beispiele jüdischen Mäzenatentums. Besondere Bedeutung für die Entwicklung der Stadt hatte aber die Initiative zur Gründung einer Universität. Wichtigster Initiator war Wilhelm Merton, der Begründer der Metallgesellschaft, der 1901 in Kooperation mit der Stadt die »Akademie für Sozial- und Handelswissenschaften« gründete, eine der wichtigsten Grundlagen der späteren Universität. Fast alle bedeutenden jüdischen Familien der Stadt beteiligten sich mit umfangreichen Stiftungen an der Vorbereitung der von Bürgermeister Adickes vorangetriebenen Pläne. 1914 wurde die neue Universität feierlich eröffnet, die in ihrer Satzung ausdrücklich festhielt, dass für die Berufung zu einer Professur die »religiöse oder konfessionelle Stellung« kein Ausschließungsgrund sein dürfe. Das starke Engagement des jüdischen Bürgertums hatte seine Ursache sicher auch in der systematischen Zurücksetzung der Juden an den Universitäten. Ähnlich wie in der Justiz, beim Militär und im Staatsdienst hatten insbesondere an den preußischen Universitäten Juden kaum eine berufliche Chance. Die Frankfurter Neugründung eröffnete daher auch eine Möglichkeit, diese Bastion eines staatlichen Antisemitismus in Frage zu stellen.

10
Unter den Professoren der Universität Frankfurt am Main, 1914: Paul Ehrlich (Nr. 3).

Ein Gang durch das 19. Jahrhundert

Die einzige Möglichkeit, den erstaunlichen Aufstieg und die bürgerliche Lebensform der Frankfurter Juden im 19. und beginnenden 20. Jahrhundert heute im Stadtbild nachzuempfinden, bietet ein Gang über den Jüdischen Friedhof an der Rat-Beil-Straße. 1828 eröffnet und 1928/29 abgelöst durch den neuen Friedhof an der Eckenheimer Landstraße, ist er ein Abbild der Blütezeit des Frankfurter Judentums zwischen Emanzipation und nationalsozialistischer Machtergreifung. Schon ein flüchtiger Blick zeigt die eklatanten Unterschiede zu seinem Vorgänger, dem mittelalterlichen Friedhof an der Battonnstraße, der für über 500 Jahre die Begräbnisstätte der Gemeinde gewesen war. Statt der relativ einheitlich und schlicht gestalteten Grabsteine des alten Friedhofs, der von außen kaum erkennbar durch eine Mauer und eine einfache Eingangspforte abgetrennt war, prägen den neuen Friedhof ein eindrucksvolles klassizistisches Eingangsportal und Grabanlagen, die das ganze Spektrum historisierenden Grabschmucks des 19. Jahrhunderts aufweisen. Gebrochene Säulen, Amphoren, Lorbeerkränze und große Grabdenkmäler verkünden den gesellschaftlichen Rang und den bürgerlichen Geschmack der dort Bestatteten. Viele berühmte Bankiers und Industrielle, Rabbiner, Wissenschaftler und Künstler sind auf dem weitläufigen Gelände zu finden. Ungefähr in der Mitte teilt eine Mauer den Friedhof, auf dessen Rückseite schlichte und gleichförmigere Gräber sich deutlich vom Rest des Friedhofs unterscheiden. Es handelt sich um die Begräbnisstätte der Israelitischen Religionsgesellschaft, die auch im Tode die Spaltung der Jüdischen Gemeinde im 19. Jahrhundert demonstriert.

11
Friedhof
Battonnstraße,
Fotografie von 2002.

Ein Ehrenfriedhof erinnert an die 467 jüdischen Gefallenen des Ersten Weltkriegs aus Frankfurt und bildet auf dem Friedhof ein Monument deutsch-jüdischen Patriotismus.

Das »Neue Frankfurt«

1930 beschimpfte Adolf Hitler Frankfurt als die »Stadt der Juden und Demokraten«. Ein linksliberaler Magistrat, die in einigen Bereichen sehr fortschrittliche Universität und die liberal-demokratische Frankfurter Zeitung prägten tatsächlich in den »goldenen zwanziger Jahren« ein intellektuelles und politisches Klima, das die Stadt zum Hassobjekt der Rechten machte. Dass jüdische Intellektuelle, Künstler und Politiker dabei eine zentrale Rolle spielten, war sicher kein Zufall. Frei von den sozialen Hemmnissen der wilhelminischen Zeit konnten Juden in Bereichen ihre Fähigkeiten entfalten, die ihnen bis dahin verwehrt wurden. So verbinden sich in den zwanziger Jahren mit dem Projekt des »Neuen Frankfurt« vor allem drei Persönlichkeiten, die jüdischen Familien entstammten: Oberbürgermeister Ludwig Landmann, Stadtkämmerer Bruno Asch und Stadtbaurat Ernst May setzten seit 1924 ein umfassendes Konzept städtebaulicher und verkehrspolitischer Erneuerung durch, das Frankfurt bis heute prägt. Sichtbares Zeugnis ist der Kranz von Siedlungen, der in nur wenigen Jahren rund um das alte Stadtgebiet angelegt wurde. Architektonisch geprägt von

Bauhaus-Konzepten und der modernen Fertigbauweise entstanden unter anderem in Praunheim, der Römerstadt oder am Bornheimer Hang noch heute existierende moderne Wohnsiedlungen, die Arbeitern und Angestellten angemessenen Wohnraum zur Verfügung stellen sollten. Im Kontrast zu der engen und verbauten Altstadt bestimmten »Licht und Luft« die Anlage dieser Siedlungen ebenso wie die funktionale und raumsparende Gestaltung der Innenräume. Zu den zukunftweisenden Entscheidungen Ludwig Landmanns gehört auch die frühe Förderung des Luftverkehrs, ohne die Frankfurts Entwicklung zum europäischen Verkehrsknotenpunkt nicht denkbar gewesen wäre. Landmanns Modernisierungskonzept wurde von den rechten Parteien hasserfüllt mit antisemitischen Schlagworten bekämpft. Bereits 1930 folgte Ernst May mit seinen engsten Mitarbeitern einem Angebot, in der Sowjetunion zu arbeiten; Bruno Asch wurde 1931 Stadtkämmerer von Berlin. Ludwig Landmann jagten die Nationalsozialisten 1933 aus dem Amt, und sie zwangen ihn, Deutschland zu verlassen.

Unmittelbar nach der Machtübernahme schlossen die Nationalsozialisten auch das 1923 von dem Getreidegroßhändler Georg Weil begründete und mit einer Stiftungsprofessur ausgestattete »Institut für Sozialforschung«, das Frankfurt und seine Universität in der Weimarer Zeit zum Zentrum der modernen Soziologie machte. Dass fast alle Mitarbeiter jüdischer Herkunft waren, hatte sicherlich nicht zuletzt damit zu tun, dass Juden auch in der Weimarer Zeit noch sehr viel geringere berufliche Chancen in den etablierten Wissenschaftsdisziplinen hatten.

»Jüdische Renaissance«

Während für Landmann, Asch und May ihre jüdische Herkunft kaum noch eine Rolle spielte, entwickelten sich gleichzeitig in Frankfurt Ansätze einer Renaissance jüdisch-religiösen Denkens. Insbesondere um den charismatischen und für seine Predigten berühmten Rabbiner der Börneplatz-Synagoge, Nehemias Anton Nobel, sammelte sich ein Kreis junger jüdischer Intellektueller, unter ihnen Franz Rosenzweig, Siegfried Kracauer, Ernst Simon, Leo Löwenthal und Erich Fromm, die einen Weg zu den religiösen Wurzeln jüdischen Lebens suchten. Georg Salzberger, einer der liberalen Gemeinderabbiner, hatte aus ähnlichen Motiven bereits Anfang 1919 die »Gesellschaft für Volksbildung« begründet, deren Ziel die Einrichtung einer jüdischen Volkshochschule war. Als Leiter wurde auf Empfehlung Rabbiner Nobels der junge Religionsphilosoph Franz Rosenzweig aus Kassel gewonnen, der als Name des neuen Instituts »Freies jüdisches Lehrhaus« vorschlug. Ende 1920 nahm das Lehrhaus seinen Veranstaltungsbetrieb auf. Jeweils trimesterweise wurden Seminare und Arbeitsgruppen zu Tora und Talmud, jüdischer Geschichte und Literatur angeboten. Zu den Dozenten gehörten neben Franz Rosenzweig Martin Buber, die drei Gemeinderabbiner Georg Salzberger, Caesar Seligmann und Nehemias Anton Nobel sowie zahlreiche andere bekannte Persönlichkeiten. Das Lehrhaus fand jedoch im jüdischen Bürgertum Frankfurts nicht den erhofften Erfolg. Bereits ab 1926 schlief mit der schweren Erkrankung Rosenzweigs der Lehrbetrieb ein. Die meisten der jungen Intellektuellen um Rabbiner Nobel wandten sich wieder vom orthodoxen Judentum ab. Erich Fromm und Leo Löwenthal wurden Mitarbeiter des Instituts für Sozialforschung.

Ähnlich wie der Zionismus blieb die »jüdische Renaissance« im arrivierten Frankfurter Bürgertum auf eine Minorität beschränkt. Erst 1933 nach der Wiedereinrichtung des Lehrhauses unter der Leitung Martin Bubers fanden die Veranstaltungen den Zuspruch, den sich die Gründer in den zwanziger Jahren erhofft hatten. Unter der nationalsozialistischen Bedrohung wuchs das Bedürfnis, sich mit den Grundlagen des Judentums und der eigenen Identität auseinander zu setzen. An der Unterlindau 23, einem Neubau der achtziger Jahre, erinnert heute eine Gedenktafel an das »Jüdische Lehrhaus«, das hier seine Geschäftsstelle hatte, während die Veranstaltungen in unterschiedlichen Privatwohnungen stattfanden.

Einwanderer aus Osteuropa

Das jüdische Frankfurt der zwanziger Jahre bestand jedoch nicht nur aus Intellektuellen oder dem arrivierten jüdischen Bürgertum, das sein Judentum meist nur noch als Konfession ansah. Unter den fast 30.000 Juden Frankfurts galten Ende der zwanziger Jahre immerhin 15 Prozent als Ausländer. Hinter dieser Zahl verbergen sich vor allem Einwanderer aus dem zaristischen Russland, die seit Ende des 19. Jahrhundert auf der Flucht vor Pogromen, vor wirtschaftlicher Not und politischer Unterdrückung nach Frankfurt gelangt waren. Im Ersten Weltkrieg kamen diejenigen hinzu, die als Fabrikarbeiter angeworben worden waren und nach 1918 nicht mehr in das wieder begründete Polen oder in die Sowjetunion zurückkehren konnten oder wollten. In Frankfurt siedelten sich die »Ostjuden« vor allem im Frankfurter Ostend an, sodass zwischen Börneplatz und Tiergarten ein eigenes »ostjüdisches« Quartier mit Betstuben, koscheren Geschäften und zahlreichen anderen Einrichtungen entstand. Es bildete jedoch nie ein geschlossenes Viertel – wie das berühmte Berliner Scheunenviertel –, sondern Ost und West, Juden und Christen lebten hier nebeneinander. Dennoch ist nicht zu übersehen, dass zwischen den Juden aus Osteuropa, im Durchschnitt eher arm und oftmals chassidisch-orthodox orientiert, und dem alteingesessenen jüdischen Bürgertum sich erhebliche soziale und mentale Unterschiede eröffneten. Die »jüdische Renaissance« der zwanziger Jahre war auf der anderen Seite mit einer Entdeckung des »Ostjudentums« verbunden. Die Begegnung mit einer scheinbar intakten und ursprünglichen jüdischen Welt während des Ersten Weltkrieges und romantisierende Darstellungen wie das populäre »Ostjüdische Antlitz« von Arnold Zweig und Herrmann Struck schufen vor allem unter jüngeren deutschen Juden eine Art schwärmerischer Bewunderung für das osteuropäische Judentum, das als Quell geistiger Erneuerung gesehen wurde. Dass man das »ostjüdische Antlitz« auch im Frankfurter Ostend finden konnte, zeigt Franz Rosenzweigs ironisches Bonmot, er lerne vormittags im Osten und lehre nachmittags im Westen. Trotz aller Ressentiments der deutschen Juden entstand aber auch eine Vielzahl sozialer Einrichtungen, die sich um die ostjüdischen Einwanderer in Frankfurt kümmerten und deren wirtschaftliche Not zu lindern suchten.

12

Brennende Synagoge am Börneplatz, 10. November 1938.

Verfolgung und Selbstbehauptung

In Frankfurt erzielten die Nationalsozialisten erste Erfolge bei den Wahlen von 1930. Der Stimmenanteil wuchs bis 1933 auf 47 Prozent. Trotz der demokratisch-liberalen Tradition und der großen Bedeutung der jüdischen Bevölkerung fand die NSDAP nicht weniger Zustimmung als in anderen Großstädten. Oberbürgermeister Landmann wurde aus seinem Amt gejagt, Friedrich Krebs, ein »alter Kämpfer« der NSDAP, als neuer Oberbürgermeister eingesetzt. Den jüdischen Mitarbeitern der Stadt kündigte er bereits am 28. März 1933 – noch bevor das »Gesetz zur Wiederherstellung des Berufsbeamtentums« vom 7. April dies gesetzlich vorschrieb.

Appell des Gemeindevorstands vom 30. März 1933: »... Wenn keine Stimme sich für uns erhebt, so mögen die Steine dieser Stadt für uns zeugen, die ihren Aufschwung zu einem guten Teil jüdischer Leistung verdankt, in der so viele Einrichtungen vom Gemeinsinn der Juden künden, in der aber auch das Verhältnis zwischen jüdischen und nichtjüdischen Bürgern stets besonders eng gewesen ist.«

Der reichsweite Boykott der jüdischen Geschäfte vom 1. April 1933 leitete auch in Frankfurt für jeden sichtbar die Verfolgung der Juden ein. Geschäfte wurden von SA-Posten blockiert, Schaufenster beschmiert und Kunden jüdischer Geschäfte bedroht. Zwei Tage zuvor war ein Treffen jüdischer Geschäftsinhaber, die über Gegenmaßnahmen beraten wollten, von der SA mit Gewalt aufgelöst worden; die Anwesenden wurden verhaftet.

Ein Appell des Gemeindevorstands vom 30. März 1933 fand bei den christlichen Bürgern kaum Widerhall. Die jüdischen Angestellten und Beamten des öffentlichen Dienstes wurden entlassen, die jüdischen Geschäfte, Arzt- und Rechtsanwaltspraxen am 1. April 1933 boykottiert. In der Weihnachtszeit 1933 wurde die Aktion in Frankfurt noch einmal wiederholt. Bis zum Ende dieses ersten Jahres nationalsozialistischer Herrschaft mussten über 500 Geschäfte in jüdischem Besitz schließen. Nach der Verabschiedung der »Nürnberger Gesetze« 1935 verbot der Magistrat Juden in Frankfurt zum Beispiel auch den Besuch der städtischen Schwimmbäder. In der Pogromnacht vom 9./10. November 1938 wurden alle großen Synagogen der Stadt geplündert und mit Ausnahme der Westend-Synagoge auch angezündet. Viele Geschäfte und Einrichtungen wurden verwüstet und über 3.000 Männer noch in den Morgenstunden des 10. November verhaftet. Sie wurden in die Frankfurter Festhalle an der Messe geschafft, von dort quer durch die Stadt zum Südbahnhof transportiert und in die Konzentrationslager Buchenwald und Dachau gebracht. Vor allem in Buchenwald trafen die Verhafteten auf brutalen Terror und unerträgliche hygienische Zustände. Insgesamt 61 Frankfurter kamen dort zu Tode, die anderen wurden in den darauf folgenden Wochen wieder entlassen. Wer bis dahin noch nicht die Auswanderung beantragt hatte, versuchte nach den erschütternden Erfahrungen des 10. November und des Terrors in Buchenwald oder Dachau so schnell wie möglich aus Deutschland herauszukommen.

Am 10. November 1938 wurde auch das »Museum Jüdischer Altertümer«, das 1922 im ehemaligen Bankhaus der Rothschilds eröffnet worden war, geplündert. Nur wenige Reste dieser bedeutenden Sammlung können heute im Jüdischen Museum besichtigt werden.

Die Jüdische Gemeinde wurde vom Magistrat gezwungen, die Kosten für den Abriss der Synagogen-Ruinen zu übernehmen. Ein Teil der roten Sandsteine der Synagoge am Börneplatz diente dem Bau der Begrenzungsmauer des Hauptfriedhofs an der Eckenheimer Landstraße und befindet sich noch heute dort.

Nach dem Pogrom wurden die Jüdische Gemeinde und die Selbsthilfeorganisationen der Aufsicht der Gestapo unterstellt und zwangsweise der von der Gestapo neu gebildeten Reichsvereinigung der Juden in Deutschland einverleibt. Bis dahin war in Frankfurt ein dichtes Netz jüdischer Selbsthilfeorganisationen entstanden, die die materielle Not zu lindern suchten, die Auswanderung unterstützten sowie Schul- und Berufsausbildung sicherten. Im Rahmen des 1934 gegründeten Jüdischen Kulturbundes wurde auch in Frankfurt ein bemerkenswertes Programm mit Theatervorstellungen, Konzerten, Lesungen und Vorträgen organisiert. Aus dem weiten Umland zogen in den dreißiger Jahren viele Juden nach Frankfurt in der Hoffnung, in der Anonymität der Großstadt nicht so unmittelbar der Verfolgung ausgesetzt zu sein wie in den Dörfern und Kleinstädten, aus denen sie kamen. Viele hofften auch, dadurch ihre Chancen auf Auswanderung zu verbessern, da alle Hilfsorganisationen Niederlassungen in Frankfurt hatten. Insgesamt gelang es ca. 20.000 Frankfurter Juden bis 1941, Deutschland zu verlassen. Viele entkamen jedoch nur zeitweise und wurden nach der deutschen Besetzung ihrer Zufluchtsländer von dort deportiert. Das bekannteste Schicksal ist das der Familie Anne Franks, die 1933 aus Frankfurt nach Amsterdam emigrierte und 1944 in ihrem Versteck entdeckt und deportiert wurde.

Nachdem in den öffentlichen Schulen im näheren oder weiteren Umland die Situation für die jüdischen Kinder immer belastender wurde, schickten viele Familien ihre Kinder nach Frankfurt, damit sie dort eine der jüdischen Schulen aufsuchen konnten. Die Kinder wurden in Familien, in Internatsunterkünften oder auch im Jüdischen Waisenhaus am Röderbergweg untergebracht. Das Philanthropin wurde als letzte jüdische Schule am 1. Juli 1942 geschlossen, als bereits der größte Teil der Frankfurter Juden deportiert war.

Ein Teil der Kinder konnte noch zwischen November 1938 und Mai 1940 gerettet werden. Im Rahmen der so genannten Kindertransporte durften sie – ohne ihre Eltern – nach England, Frankreich, die Niederlande oder auch in die Schweiz einreisen; unter dem Eindruck des Novemberpogroms hatten sich diese Länder bereit erklärt, zumindest einen Teil der jüdischen Kinder aus Deutschland, Österreich und der Tschechoslowakei aufzunehmen. In Zusammenarbeit zwischen den Rettungskomitees, die sich in den Zufluchtsländern gebildet hatten, und den jüdischen Hilfsorganisationen wurden ca. 20.000 Kinder noch vor Kriegsbeginn aus Deutschland herausgebracht, darunter viele aus Frankfurt.

Deportationen

Am 19. Oktober 1941 fand die erste Deportation aus Frankfurt statt. In den frühen Morgenstunden wurden über 1.100 Personen überraschend von SA-Leuten aus ihren Wohnungen abgeholt und mit Pappschildern um den Hals und ihrem Gepäck zu Fuß durch die Stadt zur Großmarkthalle im Frankfurter Ostend geführt. In den Kellern der heute noch existierenden Halle mussten sie ihren Verzicht auf ihren übrig gebliebenen Besitz und ihre Wohnungseinrichtung zugunsten des Deutschen Reiches erklären und ihre Papiere abgeben. Nach einer Nacht in qualvoller Enge wurden sie von der Großmarkthalle aus in einen bereitstehenden Zug gebracht. Das Ziel dieser ersten Deportation war das Ghetto in Lodz, wo zu diesem Zeitpunkt bereits über 160.000 Menschen auf engstem Raum zusammenleben mussten. Nur zwei Betroffene dieser ersten Deportation erlebten 1945 die Befreiung. Insgesamt wurden über 10.000 Juden aus Frankfurt nach Minsk, Kaunas, Maidanek, Izibica, Raasiku in Estland, Auschwitz und Theresienstadt verschleppt. Nur 600 Juden erlebten ihre Befreiung durch die Truppen der Alliierten, über 10.000 Menschen wurden ermordet. Über 900 Menschen hatten sich nach 1933 der Verfolgung und nach 1941 der drohenden Deportation durch den Freitod entzogen. Ihre Gräber finden sich in dem neuen jüdischen Friedhof an der Eckenheimer Landstraße. Nur zwölf Tage bevor amerikanische Truppen am 27. März 1945 die Stadt Frankfurt erreichten, verließ der letzte Transport nach Theresienstadt mit fünf Personen die zerstörte Stadt. Auch die »Steine dieser Stadt« konnten kaum noch von der Geschichte der Frankfurter Juden zeugen.

Literatur

Paul Arnsberg,
Die Geschichte der Frankfurter Juden seit der Französischen Revolution, 3 Bde, Darmstadt 1983.

Die Frankfurer Judengasse. Jüdisches Leben in der Frühen Neuzeit,
hg. von Fritz Backhaus, Gisela Engel, Robert Liberles, Margarete Schlüter. (Schriftenreihe des Jüdischen Museums Frankfurt am Main 9),
Frankfurt am Main 2006.

Rachel Heuberger und Helga Krohn,
Hinaus aus dem Ghetto ... Juden in Frankfurt am Main 1800–1950, Frankfurt am Main 1988.

Jüdisches Städtebild: Frankfurt am Main,
hg. von Siegbert Wolf, Frankfurt am Main 1996.

Isidor Kracauer,
Geschichte der Juden in Frankfurt am Main (1150–1824), 2 Bde, 1925–1927.

Ostend. Blick in ein jüdisches Viertel,
hg. vom Jüdischen Museum Frankfurt am Main, Frankfurt am Main 2000.

»Und keiner hat für uns Kaddisch gesagt ...« Deportationen aus Frankfurt am Main 1941 bis 1945,
hg. vom Jüdischen Museum Frankfurt am Main, Frankfurt am Main 2005.

»UNTERVEGS« UND ANGEKOMMEN JUDEN IN FRANKFURT AM MAIN NACH 1945

Susanne Urban

Der seit 2000 amtierende Vorsitzende der Jüdischen Gemeinde, Salomon Korn, betont: »Ich betrachte Frankfurt als mein Zuhause, weil hier die Menschen leben, die ich liebe und die mir etwas bedeuten. Mein Lieblingsplatz ist das Foyer des Gemeindezentrums in der Savignystraße. Wenn jemand nach Orten jüdischen Lebens sucht, dann würde ich ihm diesen Ort als Symbol der Gegenwart und Zukunft sowie die Gedenkstätte am Börneplatz als Mahnzeichen einer noch immer lebenden Vergangenheit empfehlen.«

Ein Gang durch das nach 1945 neu entstandene jüdische Frankfurt ist ein stetiger Szenenwechsel zwischen Vergangenheit und Gegenwart – Besucher machen binnen kurzem Bekanntschaft mit den Rothschilds oder stoßen auf die Erinnerung an die ermordeten Frankfurter Juden, um sich dann plötzlich inmitten russisch sprechender jüdischer Einwanderer im 21. Jahrhundert in einem jüdischen Supermarkt wiederzufinden. Mit der Etablierung neuen jüdischen Lebens hatte nach der Befreiung 1945 niemand gerechnet. Doch heute ist sie fester Bestandteil der Stadt: die vierte Jüdische Gemeinde in der Geschichte der Mainmetropole.

1
Die Überlebenden der Jüdischen Gemeinde Frankfurt am Börneplatz bei einer Gedenkfeier für die zerstörten Synagogen, 20. März 1946.

Die Anfänge: Frankfurter Juden, befreite Juden und DPs

Am 29. März 1945 befreite die US-Armee Frankfurt. Es lebten nur noch etwas mehr als 140 Juden in dieser Stadt – ein kläglicher Rest der vor dem Holocaust knapp 30.000 Menschen zählenden jüdischen Gemeinschaft.

Im Sommer 1945 wurden in den drei Westzonen Lager für jüdische Displaced Persons (DPs) eingerichtet – für die meisten Juden Wartesäle auf dem Weg ins spätere Israel, in die USA oder andere Staaten. Bei Frankfurt entstand das DP-Camp Zeilsheim. Die Bewohner stammten überwiegend aus Osteuropa. Wie überall wurde auch in Zeilsheim – dem UNRRA-Camp Nr. 557 – eine umfangreiche jüdische Infrastruktur aufgebaut. Es gab eine Rabbinerschule, eine Synagoge, eine Berufsschule, ein vielfältiges Angebot berufsbildender Kurse, eine Volksuniversität und sogar einen Trainingskibbuz – auf einem Stück Ackerland lernte man pflügen, säen, Kühe melken. Ebenso wurden eine Krankenstation, ein Kindergarten und eine vom hessischen Kultusministerium anerkannte Volks- und Mittelschule eingerichtet. Die Lagerzeitung »Untervegs« informierte in Jiddisch und Hebräisch. Eine Theatergruppe, ein Sportverein und andere Vereinigungen sorgten für kulturelle und Freizeitangebote. Nach Pogromen in Polen und anderen osteuropäischen Ländern kamen 1946 weitere Überlebende nach Zeilsheim, sodass das Lager schließlich ständig zwischen 3.500 und 4.000 Bewohnern beherbergte. Zwischen September und Dezember 1948 wurde das Camp geschlossen. Eine Tafel hinter der Stadthalle erinnert an das ehemalige Lager. Ursprünglich hatten die jüdischen DPs selbst ein steinernes Mahnmal mit dem Text »In memory of our dead people who were murdered by the naziregime« errichtet. Es wurde im Mai 1946 anlässlich des Besuchs der Gattin des damals bereits verstorbenen US-Präsidenten Roosevelt eingeweiht. Ungeklärt ist, wann und durch wen das mit einen Davidstern verzierte Denkmal entfernt wurde.

2
Rabbiner Leon Thorn weiht am 15. Mai 1946 im DP-Lager Zeilsheim ein Denkmal für die Opfer der Judenvernichtung ein.

Parallel dazu war in Frankfurt eine »Jüdische Betreuungsstelle« eingerichtet worden. Der Schriftsteller August Adelsberger, der durch seine Ehe mit einer Nichtjüdin hatte überleben können, wurde von den Amerikanern für einige Monate zum »Beauftragten der Militärregierung für jüdische Angelegenheiten« ernannt. Er kümmerte sich um die Versorgung der Überlebenden und um die Rückführung von rund 400 Überlebenden aus den Konzentrationslagern. Allein aus Theresienstadt holte er 334 Frankfurter Juden zurück. Unter diesen war auch der letzte Rabbiner der Gemeinde in der NS-Zeit, Dr. Leopold Neuhaus. Neuhaus wurde zugleich der erste Rabbiner der Nachkriegszeit und übernahm gleich nach seiner Rückkehr die Leitung der Betreuungsstelle, in der sich die überlebenden deutschen Juden zusammenfanden. Bereits im Juni 1946 verließ er Deutschland. Daraufhin bildete sich ein provisorischer Gemeindeausschuss, der die Wahl eines ordentlichen Vorstandes der Jüdischen Gemeinde der deutschen Juden vorbereiten sollte. Im Januar 1947 wurde erstmals gewählt. Die »Jüdische Gemeinde Frankfurt« gab sich am 1. Februar 1948 ihre erste Satzung.

Nicht alle osteuropäischen Juden zogen in das DP-Lager in Zeilsheim; manche blieben in Frankfurt. So lebten im Winter 1945/1946 etwa 550 vorwiegend polnische Juden im Stadtgebiet, die sich zum »Komitee der befreiten Juden in Frankfurt am Main« zusammenschlossen, da Rabbiner Neuhaus ausländischen Juden den Eintritt in die Gemeinde verweigerte. Die Mitglieder des Komitees wurden vom »Zentralkomitee der befreiten Juden in der US-Besatzungszone in Deutschland« (mit Sitz in München) und der Hilfsorganisation JOINT versorgt und finanziell unterstützt. Das Komitee hatte ständig zwischen 700 und 900 Menschen zu betreuen und kümmerte sich um Zuzugsgenehmigungen, Wohnbescheinigungen, Lebensmittelkarten sowie um die religiöse Betreuung. Ihr Zentrum war die orthodoxe Synagoge im Baumweg.

Auf die Dauer war die Existenz zweier jüdischer Gemeinschaften, welche die gleichen Aufgaben erfüllten, finanziell und ideologisch nicht zu rechtfertigen. Die Abwanderung der osteuropäischen Juden nach Israel und die Überalterung der deutschen Juden innerhalb der Gemeinde zwangen zu einer Kooperation und führten letztlich zum Zusammenschluss. Die Vereinigung erfolgte durch den Beitritt der 1.073 Mitglieder des Komitees zur Jüdischen Gemeinde mit ihren 835 Mitgliedern.

Besiegelt wurde der Zusammenschluss mit der Wahl eines neuen gemeinsamen Vorstands. Am 24. April 1949 wurde gewählt und die heutige Jüdische Gemeinde ins Leben gerufen.

»Es war richtig, wieder anzufangen«

– betonte Ignatz Bubis anlässlich der Eröffnung des jüdischen Gemeindezentrums 1986. Bis dahin war es ein langer Weg. In den ersten Jahren nach der Befreiung hatte es kaum Kontinuität gegeben: Rabbiner kamen und gingen. 1954 begann jedoch die »Ära Lichtigfeld«. Rabbiner Dr. Isaak Emil Lichtigfeld blieb dreizehn Jahre im Amt. Im Juni 1963 wurde ihm zur Unterstützung Rabbiner Dr. Sigmund Szobel an die Seite gestellt. Lichtigfeld verstarb im Dezember 1967. »Originär« deutsch-jüdische Rabbiner gab es nach Lichtigfeld nicht mehr. Mit Lichtigfeld begann 1955 die Neustrukturierung der Frankfurter Gemeinde. Es wurden kulturelle und soziale Einrichtungen ausgebaut und 1966 die erste jüdische Grundschule einer deutschen Nachkriegsgemeinde eröffnet. Die Gemeinde hatte sich verändert: Aus dem Provisorium war eine Institution geworden. Im September 1986 wurde das Gemeindezentrum in der Savignystraße im Westend eingeweiht. »Wer ein Haus baut, will bleiben, und wer bleiben will, erhofft sich Sicherheit«, unterstrich der Architekt Salomon Korn anlässlich der Einweihung.

Seit Mitte der achtziger Jahre mischten sich die Gemeindemitglieder immer mehr in Gesellschaft und Politik ein, beispielsweise in die »Fassbinder-Kontroverse«, in die Auseinandersetzung um die Funde des mittelalterlichen Ghettos am Börneplatz oder in die »Bubis-Walser-Debatte«, die 1998 in der Frankfurter Paulskirche losgetreten worden war. Flankiert wurde dies von der zunehmenden Auseinandersetzung der Stadt Frankfurt mit ihrer jüdischen Geschichte – eine Auseinandersetzung, die sich unter anderem im Jüdischen Museum und im Museum Judengasse manifestiert. Die Jüdische Gemeinde, 1990 noch stark überaltert, verjüngte sich durch die Immigration von Juden aus den Staaten der ehemaligen Sowjetunion zusehends und wuchs von etwa 6.500 Mitgliedern (1990) auf rund 8.500 (2002). Juden in Frankfurt heute: das ist ein Leben zwischen Rothschildpalais und Römer, Max-Willner-Haus und Maintower, Bubis-Brücke und Buchmesse. So ist auch der Weg durch das heutige jüdische Leben in Frankfurt stets eine Wanderung zwischen Geschichte und Gegenwart.

Klassizistische Strenge am Untermainkai

Das Jüdische Museum im ehemaligen Rothschildpalais strahlt kühle Erhabenheit aus. Erbaut wurde es 1820/21. 1846 erwarb es Baron Mayer Carl von Rothschild als repräsentative Sommerresidenz und ließ es umbauen. Seit 1988 beherbergt das Gebäude das Jüdische Museum. Bereits im Foyer dominiert – wie im ganzen Haus, mit Ausnahme der noch existierenden historischen Räume – eine klare und offene Architektur. Metall als dominierendes Material teilt scharfkantig Epochen voneinander ab, durchtrennt Abteilungen und dient auch als unvergänglicher Erinnerungsträger an die im Holocaust ermordeten Frankfurter Juden. Installationen und Farben sind angenehm sparsam eingesetzt.

3
Jüdisches Museum, Frankfurt am Main.

Der Rundgang durch die Dauerausstellung beginnt im ersten Stock mit dem 12. Jahrhundert. Ein Höhepunkt dieser Abteilung ist das hölzerne Modell der mittelalterlichen Judengasse im Maßstab 1 : 50. Im zweiten Stock bietet sich ein Abstecher in den Filmraum zu dem ständig laufenden Film »Zur Geschichte der Juden in Frankfurt« an. Danach geht es ins »Jüdische Leben«: Man gelangt in einen Raum, der einer Synagoge nachempfunden ist. Anschließend werden das jüdische Jahr – vom Schabbat über Pessach bis zu Chanukka – sowie ein jüdischer Lebenslauf – von der Beschneidung des Knaben über die Hochzeit bis zum Tod – präsentiert.

Über das historische Treppenhaus gelangt man wieder in den ersten Stock. Dort wird die Geschichte der Frankfurter Juden vom 18. Jahrhundert bis 1945 erzählt. In einem Raum wird auch kurz auf die Zeit unmittelbar nach der Befreiung 1945 eingegangen. In einem schmalen Gang vor dem Treppenhaus ist die »Wand der Namen« installiert, eine Metallwand, auf der (Stand: 1988) die Namen ermordeter Frankfurter Juden eingraviert sind.

Nun geht es weiter hinunter in die drei historischen Räume. Im so genannten »Rauchsalon« erzählt eine Ausstellung von der Familie Rothschild. Die anderen Salons sind in der Regel mit Wechselausstellungen belegt.

Neugierig geworden? Die Bibliothek mit mehr als 15.000 Bänden und die Dokumentationsabteilung bieten weitere Informationen an. Nach dem Rundgang lohnt sich eine Pause im Buchcafé, dessen Inhaberin Hannah Salomon nicht nur Postkarten, einige ausgewählte Judaica und CDs, sondern vielfältige Literatur zu, über und von Juden anbietet. Und natürlich Getränke – unter anderem Tee mit frischer Minze – sowie kleine vegetarische Gerichte und Kuchen.

Gratwanderungen zwischen Mittelalter und »Stolpersteinen«

Die Zeitreise in die Geschichte kann im 1992 eröffneten Museum Judengasse am Börneplatz fortgesetzt werden. Dort sind die Fundamente von fünf Häusern und einer Mikwe des mittelalterlichen Ghettos zu besichtigen, außerdem eine vertiefende Ausstellung zur Geschichte und der Archäologie der Judengasse. Ein Modell der östlichen Innenstadt zeigt den Zustand dieses Viertels um 1860. Überreste der 1938 zerstörten Börneplatzsynagoge sind in einem Gang bei der Börnegalerie zu betrachten. In der Galerie werden Wechselausstellungen gezeigt. Hinzu kommt das am 9. November 2003 eröffnete pädagogische Zentrum, das nach Oskar Schindler benannt wurde – dem Mann, der mehr als 1.200 Juden rettete und die letzten Jahre seines Lebens in einem Appartement in der Nähe des Hauptbahnhofs verbrachte.

Das Museum selbst ist Ergebnis einer 1987 bundesweit geführten historischen Debatte. Damals wurde bei den Bauarbeiten für das Zentrum der Stadtwerke das südliche Ende der Judengasse freigelegt. Fundamente wie Alltagsgegenstände tauchten aus der Erde auf. Der Vorschlag, die Funde zu dokumentieren und dann abzuräumen, rief Protest hervor. Der Bauherr wollte weitermachen, doch nach einer zeitweiligen Bauplatzbesetzung und monatelangen erbitterten Kontroversen, in die sich auch Mitglieder der Jüdischen Gemeinde mehr oder minder lautstark einmischten, kam es endlich zu einem Kompromiss, und das Museum Judengasse entstand.

4
Gedenkstätte Börneplatz.

Unmittelbar angrenzend an das Museum existiert seit 1996 eine Gedenkstätte für die zwischen 1933 und 1945 zerstörte Jüdische Gemeinde. Doch zuerst sollte man, gegen Vorlage von Ausweis oder Führerschein, den Schlüssel für den jüdischen Friedhof an der Battonnstraße an der Kasse des Museums erbitten. Der um 1270 angelegte Friedhof ist einer der ältesten und bedeutendsten in Europa. Bereits auf dem Weg zum Tor des Friedhofs fällt dessen Außenmauer auf, in die Metallblöcke mit den Namen von mehr als 11.000 deportierten und ermordeten Juden eingelassen wurden. Name, Geburtsdatum, Todesdatum und Todesort sind, soweit bekannt, verzeichnet. Auf jedem Block findet sich außerdem ein kleiner eingravierter Davidstern. Auf dem Gelände zwischen dem Friedhof und dem Gebäude der Stadtwerke steht ein Kubus aus Sandsteinquadern, errichtet aus Steinen des mittelalterlichen Ghettos. Drei Schichten, jeweils getrennt von Betonplatten, stehen für die drei seit dem Mittelalter zerstörten jüdischen Gemeinden. Auf dem Boden sind die Umrisse der im November 1938 zerstörten Börneplatzsynagoge markiert. An sie wird auch mit einer bereits 1946 von den amerikanischen Alliierten angebrachten Gedenktafel erinnert. Der Schotter innerhalb der Markierung ist in Asphalt eingegossen – und steht damit in auffallendem Kontrast zu den ansonsten lose liegenden Steinen. Diese hindern am hastigen Schritt; man kann nicht über diesen Platz hetzen, es ist nicht einfach, die Geschichte zu »übergehen«, sie bleibt kantig und unbequem. Der Platz selbst heißt »Neuer Börneplatz« – nachdem erst 1978 die von den Nazis 1933 angeordnete Umbenennung in »Dominikanerplatz« rückgängig gemacht worden war. Daran erinnern Straßenschilder mit allen bisherigen Namen des Ortes.

5
Betsaal im Haus der Gemeinde, Baumweg 5–7, 1949. Innenraum nach Osten, 1988.

Ostend – versteckte Synagogen und Brückenschläge

Das Ostend, bis 1945 ein Frankfurter Viertel mit hohem jüdischem Bevölkerungsanteil, bietet viele Erinnerungstafeln, -orte und auch wieder jüdisches Leben. Im Baumweg 5–7 befand sich von 1906 bis zu der erzwungenen Schließung 1938 der Moritz und Johanna Oppenheimsche Kindergarten für Israeliten sowie eine Synagoge. Im Betraum fand bereits im März 1945 der erste Gottesdienst nach der Befreiung statt. Eine Synagoge wurde jedoch erst am 10. März 1949 offiziell wieder eingeweiht. 120 Sitzplätze sind vorhanden, und das Gebäude dient den heute im Osten der Stadt lebenden Juden als zentrale Betstätte. 1992 wurde das Gebäude renoviert.

Von dort ist es nicht weit zu einem Neubau der Jüdischen Gemeinde mit Sozialwohnungen und zu dem Israelitischen Altersheim mit Pflege- und Altenwohnungen *(Bornheimer Landwehr 79 B)*, das in den während des Krieges nicht zerstörten Räumen des ehemaligen Israelitischen Krankenhauses *(damals: Gagernstraße 34–36)* eingerichtet wurde. Nach 1945 wurde das Gebäude zu einer ersten Zufluchtsstätte für zurückgekehrte Juden. In dem Altenzentrum wurde 1978 die Synagoge »Ateret-Zwi« eingeweiht. Dies war der letzte Sakralbau des Architekten Hermann Guttmann. Der Bau ist lichtdurchflutet und in der für Guttmann typischen Parabelform errichtet. Guttmann hat die Vollendung seiner letzten Synagoge nicht mehr erlebt; so wurde sie ihm gewidmet (Zwi war der hebräische Vorname Guttmanns; »Ateret Zwi« – Zu Ehren von Zwi).

Die insgesamt 150 Sozialwohnungen an der Ecke zur Saalburgallee konnten 1994 bezogen werden. Sie stehen unter anderem Immigranten aus den Ländern der ehemaligen Sowjetunion zur Verfügung.

Im Nordosten Frankfurts, in Seckbach *(Wilhelmshöher Straße 279)*, steht ein weiteres Altenheim, das 1960 errichtete und 2002 mit einem Neubau

6

Betstube im Wohnhochhaus Röderbergweg 29, eingerichtet 1969. Innenraum nach Osten, 1988.

ausgestattete Henry-und-Emma-Budge-Altersheim. Das frühere Gebäude im Edingerweg *(Frankfurt-Ginnheim)*, ebenfalls nach seinen Stiftern benannt, war 1930 eröffnet worden und existiert noch. Das neue Heim, im Sinne seiner Stifter paritätisch mit christlichen und jüdischen Bewohnern belegt, zeichnet sich durch Toleranz und gegenseitige Achtung aus. Es wird zusammen gelebt und gefeiert – Schabbat und Ostern, Weihnachten und Chanukka.

Ein weiteres jüdisches Haus, wiederum im Ostend, befindet sich im Röderbergweg 29. Auf diesem Gelände hatte einst eine Volksschule der »Israelitischen Religionsgesellschaft« gestanden. Das Gebäude war im Krieg beschädigt und nach 1945 nur notdürftig wieder hergerichtet worden. Vor allem Juden aus Osteuropa nutzten den im Erdgeschoss gelegenen Betsaal, der aus zwei hintereinanderliegenden Klassenzimmern bestand. In einem beteten die Männer, im anderen die Frauen. 1964 wurde das Haus abgerissen und 1969 durch ein von dem Architekten Hermann Guttmann geplantes Wohnhochhaus ersetzt. Im ersten Obergeschoss befindet sich in einer Dreizimmerwohnung eine Betstube, die zu einer dauerhaften Einrichtung geworden ist *(Bet Hamidrasch Röderbergweg)*. Außerdem beherbergt das Gebäude einen jüdischen Kindergarten, der 55 bis 60 Kindern Platz bietet.

Im Ostend finden sich noch weitere Mahnmale, zum Beispiel eines an der Friedberger Anlage 5–6 zum Gedenken an die 1938 zerstörte Synagoge der streng orthodoxen Israelitischen Religionsgesellschaft. Im Zweiten Weltkrieg wurde an der Stelle der zerstörten Synagoge ein Bunker errichtet; 1998 wurde davor eine kleine Gedenkstätte eingeweiht. Nicht weit davon entfernt, am Eingang des Heinrich-von-Gagern-Gymnasiums *(Am Tiergarten 6–8)*, erinnert eine Tafel an die ehemalige Samson-Raphael-Hirsch-Realschule der Israelitischen Religionsgesellschaft, die in einem im Krieg zerstörten Nebengebäude untergebracht war.

Nicht weit davon entfernt findet sich der erste jüdische Supermarkt Frankfurts *(Aviv GmbH, Hanauer Landstraße 50)*. Dort ist alles zu kaufen, was in Israel oder den USA selbstverständlich ist: von der Kippa über Carmel-Wein bis hin zu koscheren Gummibärchen.

Eine Brücke, die, je nach Standpunkt, vom Ostend weg- oder dorthin führt, heißt seit Dezember 2000 Ignatz-Bubis-Brücke, benannt nach dem in Breslau geborenen Ignatz Bubis, der aus Deutschland nach Polen floh und dann, nach dem Zweiten Weltkrieg, wieder in Deutschland landete. Sein Vater und seine Geschwister waren ermordet worden. Bubis kam 1967 nach Frankfurt. Er war viele Jahre Vorsitzender der Frankfurter Jüdischen Gemeinde sowie von 1992 bis 1998 Präsident des Zentralrats der Juden in Deutschland. Bis zu seinem Tod 1999 hatte er in Frankfurt ein neues Zuhause gefunden. Die Stadt gefiel ihm. Trotzdem musste er so manchen Kampf gegen alte und neue Antisemiten ausfechten. Im Oktober 1985 war er einer der Ersten aus der Jüdischen Gemeinde, die sich aus Protest gegen die Aufführung des Stücks »Die Stadt, der Müll und der Tod« von Rainer Werner Fassbinder an der Besetzung der Bühne des Schauspiels beteiligt hatten. Das Stück wurde vom Spielplan gestrichen. Bubis versuchte sein Leben lang, Brücken zwischen den Menschen – Juden und Nichtjuden – zu bauen; es lag daher nahe, ihm zu Ehren eine Brücke zu benennen. Dagegen gab es in Frankfurt heftigen Widerstand, der sich vorgeblich nur dagegen richtete, dass der historische Name »Obermainbrücke« verschwinden sollte. Die Feier anlässlich der Umbenennung wurde von Pfiffen und Buh-Rufen einzelner Demonstranten begleitet.

Westend und City: Glas ist Transparenz, und Erinnerungen sind nicht immer genau

Oskar Schindler, der Retter von mehr als 1.200 Juden während der Schoa, hatte nach dem Ende des Zweiten Weltkrieges kein Glück mehr mit seinen Geschäften. In den sechziger Jahren kam er nach Frankfurt. Dort wurde er nach einer Reportage, die seine Rettungsaktion erstmals bekannt machte, auf offener Straße als »Judenknecht« beschimpft und tätlich angegriffen. Er kam dann zur Ruhe, wenn er nach Israel flog. Im Kreis der ehemaligen »Schindler-Juden« fühlte er sich aufgehoben. In Frankfurt gab es nur wenige Freunde, unter anderem die Familie Trautwein. Auch die Eltern Michel Friedmans waren von Schindler gerettet worden. Schindler lebte zwischen 1965 und seinem Tod 1974 in einer kleinen Wohnung Am Hauptbahnhof 4. Dort findet sich folgende Tafel: »Oskar Schindler, geb. 28. April 1908 in Zwittau, Mähren, gest. 9. Oktober 1974 in Hildesheim. In diesem Haus lebte von 1965 bis 1974 Oskar Schindler. Während der Zeit des Nationalsozialismus rettete er über 1.200 Juden vor dem Tod in Auschwitz und anderen Lagern. ›Es wächst ein Baum in Israel, der sagt, was Mut vermag. Es wächst ein Baum in Yad Vashem, der Trägheit tief beschämt. Es wächst ein Baum in Israel, der fragt, wer heute hilft.‹ Dieter Trautwein«.

Vom Hauptbahnhof sind es nur ein paar Schritte in die Frankenallee. Vor dem Haus Gallus fällt eine Skulptur auf. Diese nach oben offene Säule sowie eine Tafel erinnern an den ersten Auschwitz-Prozess, der 1963 begann. Es ist unter anderem Folgendes zu lesen: »In diesem Haus Gallus fand die Schwurgerichtsverhandlung in der ›Strafsache gegen Mulka und andere‹ – der ›Frankfurter Auschwitzprozess‹ – vom 3. April 1964 bis zur

Urteilsverkündung am 19. und 20. August 1965 statt. Der Prozess war im Dezember 1963 im Plenarsaal der Frankfurter Stadtverordnetenversammlung eröffnet worden. Dieser Prozess konfrontierte die deutsche und die Weltöffentlichkeit nicht nur mit der Schuld der Täter, sondern auch dem unermeßlichen Leid der Opfer.«

Dieses Leid begann noch vor Auschwitz – in der Frankfurter Festhalle. Dieses 1909 errichtete Gebäude ist mit seiner frei tragenden Kuppelkonstruktion aus Stahl und Glas ein architektonisches Juwel. Für die Frankfurter Juden wurde sie im November 1938 zum Ort ihres Leidens. An der Rotunde der Festhalle erinnert eine Tafel daran: »In der Festhalle wurden in der Nacht vom 8. zum 9. November 1938 Hunderte von Frankfurter Juden zusammengetrieben und schwer misshandelt. Von hier gingen die ersten Massentransporte in die Konzentrationslager.« Zu bemerken ist, dass die Ereignisse falsch datiert wurden. Die richtigen Daten – der 10. und 11. November 1938 – konnten nicht mehr eingearbeitet werden.

An der auch von jüdischen Mäzenen errichteten Johann-Wolfgang-Goethe-Universität vorbei geht es weiter in die Savignystraße 66. Bereits von weitem wird deutlich, dass sich dort ein besonderes Gebäude befinden muss. Betonpoller auf der Straße, Polizeiwagen und Streifenpolizisten schützen das Ignatz-Bubis-Gemeindezentrum. Drohungen und versuchte Anschläge gegen die Einrichtung gab es genug. Das 1986 errichtete jüdische Gemeindezentrum trägt seit Sommer 2000 den Namen des 1999 verstorbenen Ignatz Bubis.

Als der Gebäudekomplex 1986 eröffnet wurde, bekannte sich die Gemeinde zu ihrer Existenz in Frankfurt. Das Provisorium war beendet. Die Spannung zwischen »Bleiben oder gehen?« hatte sich verringert, Frankfurt war zu einem neuen Zuhause geworden.

In dem Doppelbau Savignystraße 66/Westendstraße 65 befinden sich ein Hort für die Kleinsten, ein Kindergarten, die Isaak-Emil-Lichtigfeld-Schule mit einer Grundschule und der Förderstufe, das Jugendzentrum, die Sozialabteilung, ein Seniorenclub und das koschere Restaurant »Sohar«. Die Schule, benannt nach Rabbiner Lichtigfeld, war 1966 in aller Stille eröffnet worden. Sie war die erste jüdische Grundschule einer Nachkriegsgemeinde in Deutschland. Von Anfang an wurden jüdische Inhalte – Religion, Hebräisch, israelische Tänze – in Unterricht und Schulalltag einbezogen. Die Zahl der Anmeldungen nichtjüdischer Kinder steigt, die Einrichtung ist ein Musterbeispiel kultureller Offenheit. Mit der Immigration von Juden aus Ländern der ehemaligen Sowjetunion stieg die Schülerzahl zudem von rund 200 auf knapp 350 Schüler. Russischsprachige Lehrer, die unter anderem Deutsch unterrichten – in Crashkursen und Nachmittagsangeboten – beschleunigen mit viel Engagement die Integration der Kinder.

Der Kindergarten, in dem Knirpse, die selbst oder deren Eltern aus Deutschland, Russland, Amerika, Polen, Ungarn und Rumänien stammen, miteinander aufwachsen, ist so zu einem bunten, lauten und quirligen »melting pot« geworden. Das jüdische Jugendzentrum ist Anlaufstelle für ältere Schüler. Bei aller Freude über die junge Generation – für die jüdischen Kinder sind Bewachung, die israelischen Sicherheitsleute am Eingang sowie die Polizeiwagen vor der Tür normal. Sie wissen, dass sie gefährdet sind. »Normalität« gibt es nicht.

In Frankfurt zu Hause sind auch die »Bundeszentrale der zionistischen Jugend« sowie die »Zentrale des Verbandes jüdischer Heimatvertriebener und Flüchtlinge«, ein Ableger der zionistischen Frauenorganisation »WIZO«, eine jüdische Studentengruppe und der Sportverein »Makkabi«. Informationen sind im Gemeindezentrum zu erhalten. Das Gemeindezentrum, geplant von Salomon Korn und Alfred Jacoby, sollte den Neuanfang sichtbar machen und zugleich Offenheit nach außen symbolisieren. So entstanden drei Häuser, von denen zwei durch ein gläsernes Foyer verbunden sind. Von dieser Eingangshalle gelangt man auch in den Festsaal im ersten Stock, Schauplatz von Lesungen über Basare bis hin zu Preisverleihungen und Veranstaltungen im Rahmen der seit 1986 alljährlich im Herbst stattfindenden »Jüdischen Kulturwochen«. Kindergarten und Verwaltung befinden sich im dritten Gebäude. Der mit Granit verkleidete Komplex greift verhalten Elemente des Davidsterns auf, drei runde Metallbogen an der Frontseite symbolisieren die Menora, den siebenarmigen Leuchter. Am Haupteingang ragt ein Turm in den Himmel, der in der Andeutung der Gesetzestafeln ausläuft. Risse durchziehen die Tafeln und verweisen damit auch auf die Bruchstellen in der jüdischen Geschichte, die nicht zu kittenden Brüche nach der Schoa.

8
Ignatz-Bubis-Gemeindezentrum.

Weiter geht es nun zur Westendsynagoge *(Freiherr-vom-Stein-Straße 30)*, der einzig erhaltenen Synagoge aus der Vorkriegszeit. Das 1910 errichtete Gebäude diente nach dem Novemberpogrom 1938, bei dem »nur« das Innere zerstört wurde, als Kulissenlager für das Opernhaus, später auch als Möbellager für »fliegergeschädigte Volksgenossen«. Ähnlich wie in der Nachbarstadt Offenbach sollte die Synagoge in einen Kino-, Konzert- oder Vortragssaal umgewandelt werden. Doch dazu kam es nicht mehr: Am 20. März 1944 fielen bei einem Fliegerangriff auf Frankfurt am Main mehr als dreißig Brandbomben in die Synagoge. Anfang September 1945, am Vorabend des jüdischen Neujahrsfestes, konnte in der notdürftig hergerichteten Synagoge wieder ein Gottesdienst gefeiert werden. Ein paar Überlebende und etliche amerikanische GIs lauschten den Worten von Rabbiner Neuhaus, der in seiner Ansprache vor allem an die 2.400 Frankfurter Kinder erinnerte, die im Herbst 1944 in Auschwitz und Majdanek ermordet worden waren. Im Juni 1948 begannen erneut Renovierungsarbeiten, und im September 1950 fand die (erneute) Einweihung statt. Die Synagoge weist ägyptisch-assyrische Stilformen und Jugendstilelemente auf. Die Ornamentik war bis zur Zerstörung äußerst üppig. Es gibt 800 Sitzplätze für Männer und 400 für Frauen. 1950 war die Synagoge von außen nahezu unverändert geblieben, doch das Innere wurde grundlegend verändert, um die für die Reformbewegung errichtete Synagoge dem orthodoxen Ritual anzupassen. Die noch vorhandenen Originalsäulen wurden ummantelt, die Kassettendecke verputzt, die Sängerempore aus der Ostnische entfernt und die Orgel auf die rückwärtige Empore verlegt. Das Lesepult, der Almemor, wurde in die Raummitte verlegt. Zwischen 1980 und 1984 wurde die Westendsynagoge von außen renoviert. Daran schloss sich zwischen 1988 und 1994 der Umbau des Innenraums an, der die Atmosphäre aus dem Jahr 1910 wiederherzustellen suchte. Doch zugleich sollte der 1950 erfolgte Umbau nicht einfach übertüncht werden, im Gegenteil: Das Innere der Synagoge ist nunmehr Abbild der jüdischen Geschichte des 20. Jahrhunderts in Frankfurt und in Deutschland – der Hoffnungen, Zerstörungen und Brüche. Im Gebäudekomplex neben der Synagoge befinden sich die Räumlichkeiten der 1986 gegründeten Jüdischen Volkshochschule und der Religionsschule. In der Altkönigstraße 26 wird ein zusätzlicher Gottesdienst in der Betstube »Bet-Hamidrasch Westend« abgehalten.

Weiter in Richtung Norden: Im ehemaligen IG-Farben-Haus am Grüneburgplatz, der heutigen Johann Wolfgang Goethe-Universität, hat das Fritz-Bauer-Institut seinen Sitz. Staatsanwalt Bauer war an der Vorbereitung und Durchführung der »Auschwitz-Prozesse« maßgeblich beteiligt. Das Institut arbeitet, forscht und lehrt seit 1992 über die Entstehung und den Verlauf des Holocaust. Auch wurde auf die Initiative des Instituts an der Frankfurter Universität der erste Lehrstuhl zum Thema in der Bundesrepublik eingerichtet.

In der Hebelstraße 6 steht das Max-Willner-Haus. Willner, Jude aus Gelsenkirchen, hatte die Konzentrationslager Sachsenhausen, Auschwitz, Flossenbürg und Dachau überlebt. Er ließ sich nach der Befreiung in Offenbach am Main nieder und engagierte sich bis zu seinem Tod 1994 in der Offenbacher Gemeinde. Er war außerdem Geschäftsführer und schließlich Vorsitzender des »Landesverbandes der Jüdischen Gemeinden in Hessen«. Das Willner-Haus im Nordend, von einem freundlichen Pförtner gesichert, bietet verschiedenen jüdischen Institutionen ein Zuhause; so dem bereits erwähnten Landesverband, aber auch der »Zentralwohlfahrtsstelle der Juden in Deutschland«, der »Kinder- und Jugendalija«, der Zweigstelle der »Jewish Agency for Israel«, der »Zionistischen Organisation in Deutschland« und anderen Institutionen, die sich zum Beispiel um die Ausbildung und Hilfe für Jugendliche kümmern oder Sammlungen für Israel veranstalten.

Direkt daneben, in der Hebelstraße 15–19, befand sich von 1908 bis 1942 das Philanthropin, die Schule der Israelitischen Gemeinde. Von 1945 an war es Sitz verschiedener jüdischer Organisationen und der Verwaltung der Jüdischen Gemeinde. Seit 1986 dient es als Bürgertreff. Das Gebäude wurde von der Gemeinde zurückerworben und wird ab September 2006 die jüdische Ganztagsschule beherbergen.

Der neue jüdische Friedhof an der Eckenheimer Landstraße 238 wurde 1928 eingeweiht. Die im Stil der Neuen Sachlichkeit errichtete Trauerhalle ist ebenso sehenswert wie das Eingangsportal. Auf dem Friedhof befinden sich Gräber von knapp 800 Frankfurter Juden, die vor der Deportation Selbstmord begingen. Ihre Gräber sind vor einigen Jahren mit neuen Steinen versehen worden. Im Eingangsbereich ist 1959 ein Ehrenhof für die ermordeten Juden errichtet worden. Dieser Friedhof dient gegenwärtig der Bestattung der Gemeindemitglieder.

Ebenfalls sehenswert ist der jüdische Friedhof Rat-Beil-Straße, der von 1828 bis 1929 belegt wurde. Dort finden sich zwischen dreißig- und vierzigtausend Grabstätten, darunter die Familiengräber der Rothschild-Dynastie, die Gräber des Malers Moritz Daniel Oppenheim (1799–1882), der Frauenrechtlerin Bertha Pappenheim (1859–1936), der Rabbiner Samson Raphael Hirsch (1808–1888), Markus Horowitz (1844–1910), Nehemias Anton Nobel (1871–1922) und zahlreicher anderer bedeutender Persönlichkeiten.

9
Westend-Synagoge, erbaut 1910 *(Architekt: Franz Roeckle),* wieder eingeweiht 1950. West- und Südseite, 1986.

LITERATUR

Michael Best (Hg.),
Der Frankfurter Börneplatz. Zur Archäologie eines politischen Konflikts, Frankfurt am Main 1988.

Roberto Fabian,
»Ein Erbe als Herausforderung«, in: Otto R. Romberg und Susanne Urban-Fahr (Hg.), Juden in Deutschland nach 1945. Bürger oder »Mit«-Bürger?, Frankfurt am Main 1999, S. 134–146.

Georg Heuberger (Hg.),
Wer ein Haus baut, will bleiben. 50 Jahre Jüdische Gemeinde Frankfurt am Main. Geschichte und Gegenwart, Frankfurt am Main 1998.

Petra Kunik,
Der geschenkte Großvater. Eine jüdische Kindheit im Nachkriegsdeutschland, Frankfurt am Main 1994.

Stefanie Zweig,
Irgendwo in Deutschland, München 1998.

HALBERSTADT

Jutta Dick :
Halberstadt

HALBERSTADT

Jutta Dick

Das nach der Wiedervereinigung entstandene neue Bundesland Sachsen-Anhalt ist historisch betrachtet ein Konstrukt, das aus der ehemals preußischen Provinz Sachsen, dem Fürstentum Anhalt und einigen vormals braunschweigischen und thüringischen Gebieten zusammengefügt ist. Diese Region hatte sich trotz der Aufteilung in verschiedene Herrschaftsgebiete jedoch schon seit dem Mittelalter zu einem eigenständigen Kulturraum entwickelt und ist zudem eines der ältesten jüdischen Siedlungsgebiete im deutschen Raum.

Die Silhouette der Stadt im sanft gewellten Vorland des Harzes ist geprägt von den ungleichen Türmen der Martinikirche, den »Bischofsmützen« des Doms und den vier Türmen der Liebfrauenkirche. Sie erzählen von Halberstadts Tradition als mächtiger Bischofs- und Handelsstadt seit dem 9. Jahrhundert. Damit eng verknüpft ist die Geschichte der Juden. Denn die Halberstädter Bischöfe hatten das Judenregal inne, das ihnen erlaubte, an Juden Schutzbriefe zu vergeben, die deren Niederlassung erlaubten, und dafür eine Sondersteuer einzunehmen. Der Domplatz als Zentrum kirchlicher Macht ist erhalten, das historische Stadtzentrum um die Martinikirche an den Märkten wurde jedoch bei einem Bombenangriff noch im April 1945 vollständig zerstört. Das herausragende Symbol der blühenden Jüdischen Gemeinde in Halberstadt existierte zu diesem Zeitpunkt schon fünf Jahre nicht mehr. Die barocke Gemeindesynagoge, die als die schönste Barocksynagoge des norddeutschen Raumes galt, hatte auf Anordnung

Leo Baeck reflektierte die Entwicklung der Region als eigenständigen Kulturraum in Verknüpfung mit der Geschichte der Juden im Schocken-Almanach für das Jahr 1933:
»In den östlichen Gemeinden haben die deutschen Juden ihr jüngeres Dasein, eine bereits mitgegebene Geschichte. Die alte Heimat hatte viele vertrieben, und das Kolonisationsland jenseits der Elbe, nach dem hin schon die Unternehmungslust des Kaufmanns aus dem alten Bezirk

geführt worden war, hatte ihnen eine bleibende Stätte gewährt, von der sie sich dann auch bisweilen wieder nach dem Westen zurückwandten. Der Raum ihrer Jahre, in dem sich jetzt mit festgehaltenem Alten ein Neues seelisch verweben sollte, war die Ebene. Diese Landschaft, wo Traum und Dialektik, Mystik und Scharfsinn wohnen konnten, hat auch ihnen das ihre verliehen, hat ihrem Empfinden, ihrem Denken und auch ihrer Wissenschaft Linien eingezeichnet. Nicht das Meer, wie für die Juden des europäischen Südens, nicht die Flüsse wie für die Juden West- und Süddeutschlands, sondern die Landwege, die oft endlosen, waren die Bahn, auf der Menschen, Stimmungen und Gedanken wanderten.«

des städtischen Bauordnungsamtes vom 18. November 1938 abgerissen werden müssen. Die Kosten hatte die Jüdische Gemeinde zu tragen. Trotz dieses Verlustes zeugen noch heute zahlreiche Bauwerke von der jüdischen Tradition Halberstadts. Die Situierung der Gebäude in der Topographie der Stadt erlaubt, Jahrhunderte der Koexistenz von Juden und Nicht-Juden zu rekonstruieren. Die drei jüdischen Friedhöfe der Stadt aus dem 17./18., dem 19. und dem 20. Jahrhundert sind erhalten und können besucht werden. Die ehemalige Klaussynagoge sowie das Kantorhaus und das Mikwenhaus, die zum Komplex der zerstörten Barocksynagoge gehörten, werden heute von der Moses Mendelssohn Akademie mit dem Behrend-Lehmann-Museum für jüdische Geschichte und Kultur genutzt.

Seit 1261 sind in Halberstadt Juden nachgewiesen. Eine Urkunde aus dem 14. Jahrhundert dokumentiert die Eigentumskonflikte zwischen Bischof Albrecht II. von Braunschweig (1325–1358) und den in der Stadt lebenden Juden. Die Überlieferung bleibt über Jahrhunderte sporadisch, sodass sich nicht bestimmen lässt, ab wann eine Jüdische Gemeinde in Halberstadt existierte.

Für die 1866 erschienene »Geschichte der Israelitischen Gemeinde Halberstadt« trug der damalige Gemeinderabbiner Benjamin Hirsch Auerbach Quellen und Überlieferungen zusammen. Seine Arbeit bildet heute vor dem Hintergrund der durch den Nationalsozialismus entstandenen Lücken in der Überlieferung eine Informationsquelle von unschätzbarem Wert. Auerbach berichtet von einer Synagoge, die 1621 gestiftet wurde und sich in der Nähe der Martinikirche und der städtischen Märkte, Holzmarkt und Fischmarkt, befand. Dort hatten Juden auch Handelsgewölbe. 1669 wuchsen sich Konflikte zwischen den an den Märkten ansässigen Juden und den Vertretern der Stände zu einem Pogrom aus. Die Synagoge an der heutigen Schuhstraße wurde zerstört und die Juden von den städtischen Märkten in die Unterstadt unterhalb der Liebfrauenkirche mit dem Petershof als ehemaligem Bischofspalast vertrieben. Im Behrend-Lehmann-Museum ist ein Zimmermannshammer erhalten, dessen Gravur das Datum des Pogroms vermerkt und die Namen derer, die mit diesem Hammer die ersten Schläge gegen die Synagoge ausgeführt haben sollen. Dieser Pogrom fand in der brandenburgisch-preußischen Zeit statt, als Halberstadt – bedingt durch den 1648 geschlossenen Westfälischen Frieden – kein eigenständiges Herrschaftsgebiet mehr war. Das Judenregal hatte nun der Große Kurfürst inne, der an den wirtschaftlichen Aktivitäten der Juden reges Interesse besaß. Deshalb förderte er deren Ansiedlung und gewährte ihnen neben dem Recht der Niederlassung auch das Recht, »nach ihrer Art die Nahrung und das Schlachten« zu halten. Als Landesherr wurde der Große Kurfürst in die Auseinandersetzungen zwischen den Halberstädter Ständen und den ortsansässigen Juden hineingezogen. Die Jüdische Gemeinde verklagte die Stände wegen der Zerstörung der Synagoge, und nach einer Ermittlung über die Umstände stellte der Große Kurfürst klar, er allein habe über »seine« Juden zu verfügen, und schrieb eine Entschädigung für die zerstörte Synagoge fest. Laut Auerbach blieben Reste der zu dieser Synagoge gehörigen Mikwe im Keller einer später dort errichteten Brauerei erhalten; sie wurden erst mit dem großen Bombardement Halberstadts im April 1945 vernichtet.

1
Ehemaliges Rabbinerseminar/ Klaussynagoge im Rosenwinkel 18.

Trotz dieser Auseinandersetzungen und der Vertreibung von den Städtischen Märkten in die Unterstadt wuchs die Gemeinde. Die Juden waren im Wesentlichen um den westlichen Teil des Domplatzes und unterhalb der Peterstreppe ansässig. Dies sollte so bleiben, auch wenn mit dem Entstehen neuer Wohnviertel in der Stadt Ende des 19. Jahrhunderts gut situierte Familien sich dort niederlassen sollten.

Zum religiösen Zentrum der Halberstädter Jüdischen Gemeinde wurde die Unterstadt durch das Mäzenatentum des seit 1687 in Halberstadt ansässigen Hofjuden Behrend Lehmann (1661–1730). Issachaar Jehuda ben-Halevy, wie sein hebräischer Name lautete, war von Halberstadt aus für die Höfe von Preußen, Hannover und vor allem Sachsen tätig. Er war wesentlich daran beteiligt, dass der Kurfürst Friedrich August von Sachsen die polnische Königskrone erlangte, und erwarb sich großes Vertrauen und Ansehen. Jedoch konnte August der Starke gegen die Widerstände der sächsischen Landstände und der Dresdner Räte die Realisierung des schon 1697 von ihm für Lehmann erlassenen Generalgeleits nicht durchsetzen. Für Halberstadt existierte hingegen ein vom brandenburgisch-preußischen Kurfürsten ausgestellter Schutzbrief, der es Behrend Lehmann möglich machte, seine Pläne für eine Stärkung des religiösen Lebens in die Tat umzusetzen. 1696 genehmigte Friedrich III. den Druck des babylonischen Talmud, der von Behrend Lehmann als Herausgeber und Finanzier betrieben wurde. Um 1700 konnten in der Klaussynagoge im Rosenwinkel 18 die ersten drei durch die Behrend-Lehmann-Stiftung finanzierten Gelehrten ihre Studien beginnen und dort ihren Wohnsitz nehmen. Das heute vorhandene Gebäude stammt jedoch aus dem Jahr 1857. Das erste Gebäude war wegen Baufälligkeit abgerissen worden. Das neue, aufwändigere Haus wurde an genau der gleichen Stelle errichtet, und es erfüllte die gleichen Funktionen, indem es Wohnungen – mit separaten Eingängen – für drei Rabbiner und ihre Familien bot, Zimmer für reisende Gelehrte und eine hauseigene Synagoge. Die erste Klaussynagoge lag im Hof, versteckt hinter einem Vorderhaus, da den Juden eine öffentliche Synagoge

2
Ehemalige jüdische Schule Westendorf.

nicht gestattet war. Für den Neubau wurde das Vorderhaus abgerissen, und es entstand, wie Rabbiner Auerbach 1866 stolz schreibt, »ein stattliches Gebäude, eine würdige Stätte für Thora und Aboda« (Gottesdienst). Diese besaß »als vorzüglichste Zierde den thurmartig sich erhebenden [...] Flügel, welcher die Synagoge bildet, die ein integrierender Theil des früheren Gebäudes gewesen war, und auch jetzt, vielfach verschönert, als ein freundliches Gotteshaus einem Theile unserer Gemeinde zur Andachtsstätte dient«. Die Klaussynagoge ist im Unterschied zu allen Bauten der Umgebung giebelständig und setzt so in der Unterstadt mit ihren Fachwerkhäusern einen eigenwilligen Akzent.

1711 wandte sich der Vorsteher der Halberstädter Gemeinde mit der Bittschrift an den preußischen Herrscher, es möge die Erlaubnis erteilt werden, »daß unsere von Ew. Kgl. Maj. privilegierte und hinter unseren Häusern gelegene Synagoge uns etwas zu enge gebaut ist, und da selbige ohn

3
Schulausflug um 1932 in die Halberstädter Berge.

jemandes Praejudiz mit einigen Fachen von unsren Höfen gar wohl erweitert werden kann [...] als bitten wir alleruntertänigst, solches allergnädigst zu vergönnen«. Ob es sich tatsächlich um die Erweiterung einer existierenden Synagoge handelte oder ob vielmehr ein Neuantrag umgangen werden sollte, ist beim derzeitigen Kenntnisstand nicht zu klären. Die Beschreibung des Ortes weist jedoch darauf hin, dass der elliptische Platz gemeint war, der von den Häusern der Baken- und der Judenstraße umfasst und verdeckt wird. 1712 wurde dort die prächtige Synagoge eingeweiht, die ebenfalls wesentlich von Behrend Lehmann finanziert wurde. Er ließ die Synagoge mit der barocken Pracht ausstatten, die er vom Dresdner Hof kannte, für den Lehmann selbst wertvolle Ausstattungsstücke aus ganz Europa beschaffte. Heute erinnern der Mauerrest einer Ende des 19. Jahrhunderts im Zuge einer Modernisierung errichteten Eingangshalle und Relikte des Treppenhauses zur Frauenempore an die mit einem mächtigen Walmdach versehene Synagoge, das die sie verbergenden Häuser überragte. Derzeit werden die Reste der Synagoge freigelegt. Aufgrund der Befunde wird eine langfristige Gestaltung der Fläche entwickelt, die ein Ort der Ruhe und des Gedenkens werden soll.

Der Zugang zur Synagoge erfolgte über den Torweg des Kantorhauses Bakenstraße 56, in dessen Keller eine aus Sandsteinen gefügte Mikwe aus dem 18. Jahrhundert erhalten ist, die für Besucher nur auf Anfrage zugänglich ist. Die Gemeindemikwe befand sich im Haus Judenstraße 26, auf der Ostseite der Barocksynagoge mit dem nach außen als Erker ausgeführten Tora-Schrein. Vermutlich wurde diese Mikwe schon während der Erbauung des Reihenfachwerkhauses im 16. Jahrhundert angelegt. Erhalten sind Überreste der Mikwe, die auf eine Modernisierung und einen Ausbau Ende des 19. Jahrhunderts zurückgehen. Das gekachelte Tauchbecken wird der Halacha entsprechend noch heute mit »lebendigem Wasser« gespeist. Grundwasser füllt das Becken mit der notwendigen Menge Wasser. Die Mikwe ist Kern des Behrend-Lehmann-Museums für jüdische Geschichte und Kultur, das 2001 als integraler Bestandteil der Moses-Mendelssohn-Akademie eröffnet wurde. Das Behrend-Lehmann-Museum präsentiert in den kleinteiligen Räumen des Mikwenhauses die Geschichte der Juden in Preußen am Beispiel der Halberstädter Gemeinde. Eine hohe Giebelwand des Neubaus, der das historische Gebäude ergänzt, versammelt historische und aktuelle Fotografien von aus Halberstadt stammenden Juden. Sie sind so als individuelle Persönlichkeiten wieder präsent.

Das Behrend-Lehmann-Museum versteht sich als ein »Museum zum Spazierengehen«. Nicht nur das Mikwenhaus mit der Ausstellung ist »museal«, sondern Rundgänge in der Unterstadt erschließen anhand der Topographie und baulicher Zeugnisse die gemeinsame Geschichte von Juden und Nicht-Juden in Halberstadt. Die Situierung des jüdischen Viertels unterhalb des Domplatzes mit seinen Kirchen, Domherrenresidenzen und nicht zuletzt dem mächtigen Petershof, dem ehemaligen Bischofspalast, erzählt über die Stellung der Juden in der Gesellschaft. Wie eine Klammer umschließen die Straßen des ehemaligen jüdischen Viertels – Westendorf, Grudenberg, Düsterngraben, Bakenstraße und Seidenbeutel – die westliche Hälfte des Domplatzes. Die Gebäude der ehemaligen jüdischen Schule Westendorf 15, des jüdischen Altersheimes, Straße der Opfer des Faschismus *(früher Wilhelmstraße)*, in dem auch ein Hachschara-Heim (Ausbildungsstätte) für Gartenbau untergebracht war, sind Ende des 19. Jahrhunderts in diesem Areal um die Parkanlage Plantage gebaut worden. Die Rabbinerfamilien Auerbach und Hildesheimer bewohnten seit dieser Zeit Villen in der Nähe der Gemeindeinrichtungen an der Plantage. Alle genannten Gebäude sind erhalten. Den Giebel der jüdischen Schule ziert zum Hof hin noch heute ein Davidstern; an den anderen Gebäuden sind, soweit sie noch nicht renoviert sind, an den Türpfosten die Nagelungen der Mesusot zu erkennen.

Die Gewölbe in der Peterstreppe, die Domplatz und Unterstadt miteinander verbindet, aber auch trennt, wurden von der Jüdischen Gemeinde an Altwarenhändler vermietet. Sie bildeten den Kern des jüdischen Viertels, das Marie Körthe, eine Nachfahrin des Halberstädter Domherrn und Dichters Johann Wilhelm Ludwig Gleim, in der ersten Hälfte des 19. Jahrhunderts vom Familiensitz über der Peterstreppe aus beobachtete: »zahllose Läden [...] lagen an der linken Seite [...]: die alten Kleidungsstücke wurden untersucht, an die Sonne gehalten, ob Mottenfraß drin wäre, geschüttelt, ob aus den verschiedenen Taschen nichts herausfiel, geflickt, ja, es war eine Art Börse [...] an jeder Tür, jeder Haus-, Laden- oder Stubenthür war eine Blechkapsel angenagelt [...].« Das große Gebäude direkt unterhalb der Peterstreppe gehörte Behrend Lehmann. Da die Holtemme mit zahlreichen Seitenarmen die Unterstadt durchfloss und einer davon direkt durch den Innenhof des Gebäudes führte, wird es noch heute »Klein Venedig« genannt. Ein Antrag auf Errichtung einer Mühle, die Lehmann um 1700 dort bauen wollte, verzeichnet dort auch die »Scharren«, die Verkaufsbuden der jüdischen Schlächter. Um 1720 ließ Berend Lehmann in der Judenstraße ein Palais bauen, das im Volksmund bis zu seinem Abriss 1986 »das Judenhaus« genannt wurde, obwohl die Familie Lehmann es schon im 19. Jahrhundert verkauft hatte und später eine katholische Schule dort eingezogen war. 1997 wurde das steinerne Portal des Palais wieder errichtet und eine umfasste Fläche zitiert den Grundriss des Gebäudes.

Das Unterstadtviertel mit seiner engen Fachwerkbebauung blieb bis zum Nationalsozialismus das Kernwohngebiet insbesondere für die im 19./20. Jahrhundert aus dem Osten zuwandernden armen Juden. Zu großen Teilen fiel das Quartier den Flächenabrissen in den achtziger Jahren des 20. Jahrhunderts zum Opfer.

Anfang des 19. Jahrhunderts hatte Aron Hirsch (1783– 1842), für den eigentlich eine Rabbinerlaufbahn vorgesehen war, in einem der Gewölbe der Peterstreppe mit Altmetallhandel begonnen. Schlacken aus den Erzhütten im Harz wurden in einer im Waschhaus des Hauses Grudenberg 11 eingerichteten Scheideanstalt separiert und weiterverkauft. Im Laufe eines Jahrhunderts stieg die Firma Aron Hirsch & Sohn zu einem marktführenden Unternehmen im Metallhandel auf. Es war auch eines der ersten jüdischen Unternehmen, das neben dem Metallhandel in die Produktion ging. Der erste Schritt war der Ankauf des Kupferhammers in Ilsenburg/Harz 1829, und 1863 kam das »Messingwerk« bei Eberswalde hinzu.

Aber auch in religiösen Belangen war die Familie Hirsch engagiert. Als im Zuge der Akkulturation der Reformprozess innerhalb des Judentums einsetzte und immer dominanter wurde, versuchte die Familie Hirsch, trotz enger Verknüpfungen mit Wirtschaft, Politik und gesellschaftlichem Leben der nichtjüdischen Umgebungsgesellschaft die Voraussetzungen für ein gesetzestreues Leben zu schaffen. Es war am Schabbat und den jüdischen Feiertagen arbeitsfrei, es wurden koschere Mahlzeiten angeboten, und als Gemeindevorstände holte die Familie Hirsch die entsprechenden gesetzestreuen Rabbiner nach Halberstadt. Die Familien Auerbach und Hildesheimer stellten über mehrere Generationen die Gemeinderabbiner, und es gab zahlreiche eheliche Verbindungen zwischen der Unterfamilie Hirsch und den Rabbinerfamilien. Diese Konstellation ließ den Schriftsteller Sammy Gronemann in seinen Memoiren äußern, »in Halberstadt [sei] das Rabbineramt erblich«. Das Verwaltungsgebäude von Aron Hirsch & Sohn, in dem sich bis ins 20. Jahrhundert auch die Privatwohnung des Firmenchefs befand, blieb bis zur Auflösung der Halberstädter Niederlassung des Unternehmens 1927 – trotz des Erfolges in der Unterstadt – in der Nähe der Synagoge. Über den Hof war sie mit wenigen Schritten zu erreichen. Die Anfang der zwanziger Jahre von dem bekannten Berliner Architekten Paul Mebes (1872–1934) neu gestaltete Fassade des Verwaltungsgebäudes im Abtshof, in dem heute die AOK ihre Geschäftsräume hat, erscheint noch heute wie der Eingangsbereich eines Synagogenbaus. Hervorgerufen wird dieser Eindruck durch Stilelemente wie orientalisierende Rundbogenfenster, Occuli etc. und in dem steinernen Portal befindet sich noch die Vertiefung für die Mesusa. Über einem Seiteneingang ist ein Basrelief erhalten geblieben, das einen Korb mit den Früchten Israels zeigt und auf den Bibelvers verweist: »der Ewige, dein Gott bringt dich in ein vortreffliches Land, ein Land [...], welches Weizen, Gerste, Wein, Feigen, Granatäpfel, ein Land, welches Oliven und Dattelhonig hervorbringt, [...] ein Land, dessen Steine Eisen sind und aus dessen Bergen du Erz hauen wirst [...]« (Dtn. 8, 7–9).

Wenige Minuten zu Fuß von der Klaussynagoge entfernt liegen außerhalb der ehemaligen Stadtmauer die beiden ältesten jüdischen Friedhöfe Halberstadts. Der Friedhof Am Roten Strumpf war seit Mitte des 17. Jahrhunderts Eigentum der Jüdischen Gemeinde, wurde jedoch vermutlich schon früher belegt. Es sind rund 200 aufwendig gearbeitete Barocksteine erhalten. Der größte Teil der Steine wurde im Zweiten Weltkrieg zur Befestigung von Splittergräben verwendet. Gegenüber, nur durch einen Weg und Einfassungsmauern getrennt, ist der Friedhof Am Berge. Er wurde im Wesentlichen im 19. Jahrhundert belegt und ist komplett erhalten. Auf ihm befinden sich die Grabmale von Behrend Lehmann und seinem Hausrabbiner Charif Hirsch. Sie wurden während der genannten Verwendung der Grabsteine des Friedhofs Am Roten Strumpf dorthin verbracht, um sie vor der Zerstörung zu bewahren. Der dritte Friedhof ist an den Städtischen Friedhof an der Klein-Quenstedter Chaussee angegliedert. Die Trauerhalle wurde 1938 niedergebrannt. Erhalten sind ein aufwendig gearbeitetes schmiedeeisernenes Tor, das als schmückende Elemente Granatäpfel und Davidsterne zeigt, sowie alle Grabsteine. Der Friedhof repräsentiert in seiner Gestaltung die neoorthodoxe Ausrichtung der Halberstädter Gemeinde: Einer noch in den dreißiger Jahren erneuerten Friedhofsordnung zufolge war hier das Prinzip der Einzelgrabbestattung entgegen der Zeitströmung weiterhin vorgeschrieben.

Literatur

Benjamin Hirsch Auerbach (sen.), Geschichte der israelitischen Gemeinde Halberstadt, 1866.

Benjamin Hirsch Auerbach (jun.), Geschichte der jüdischen Gemeinde Halberstadt von 1844 bis zu ihrem Ende, 1968.

HAMBURG

Frank Scheerer :
Die Freie und Hansestadt Hamburg – Jerusalem des Nordens

Michael Studemund-Halevy :
Sefardische Juden in Hamburg

DIE FREIE UND HANSESTADT HAMBURG – JERUSALEM DES NORDENS

Frank Scheerer

Mit der Wiederaufnahme des Lehrbetriebes im jüdischen Jahr 5763 (2002/03) erwachte die Talmud-Tora-Schule im Grindelviertel aus einem sechzigjährigen Dornröschenschlaf. Immer mehr jüdische Orte und Räume im einstigen »Jerusalem des Nordens« – Synagogen, Schulen, Spitäler, Wohnstifte und Friedhöfe – treten aus dem Bannkreis des Vergessens hervor. Wie die einst blühenden Gemeinden waren sie von den Nationalsozialisten zerstört, im Krieg zerbombt oder nach dem Krieg, weil es ein Gemeindeleben nicht gab, von der britischen Jewish Trust Corporation veräußert und der Zerstörungswut des Wiederaufbaus preisgegeben worden. Im hanseatischen Asphaltdschungel sind topographische Hinweise auf die 1933 mit über 24.000 Mitgliedern viertgrößte Jüdische Gemeinde Deutschlands nicht leicht zu finden. In seinem Buch »Der Stern der Erlösung« verwies Franz Rosenzweig lange vor der Schoa auf einen »Rest Israels« und erkannte in »Israels Selbstabscheidung zum Rest ein Wohnungwerden für den verbannten Gott«. Eine Rest-Gemeinde gründete sich 1945 wieder neu, konsolidierte sich in den sechziger Jahren durch orthodoxe Juden aus dem Iran und ist durch Zuzug russischer Juden in den neunziger Jahren auf über 4.000 Mitglieder gewachsen. Jüdisches Leben an der Elbe hat eine fast fünf Jahrhunderte währende Geschichte. Hamburg war Heimat sefardischer Schiffskaufleute und aschkenasischer Gelehrter.

1
Nach 60 Jahren wurde die Talmud-Tora-Schule in Hamburg wieder eröffnet.
Eine kleine Klasse jüdischer Kinder soll von vier Lehrerinnen unterrichtet werden.
In der Aula inszeniert Hamburgs jüdisches Theater Schachar.

Die Anfänge und die Hochdeutsche-Israelitische Gemeinde (AHU)

Infolge der Ausweisung der Juden aus Spanien 1492 und der Flucht der zwangskonvertierten Juden aus Portugal im Laufe des 16. Jahrhunderts erlebte Hamburg im 17. Jahrhundert eine hohe Zeit der großen Strömungen des europäischen Judentums. Der Historiker Heinrich Graetz erwähnt, dass 1619 zwölf Sefarden an der Gründung einer Bank von Hamburg beteiligt waren, der die Stadt nach dem Zerfall der Hanse »ihre auf fester Basis beruhende Handelsblüte« verdanke. Durch Kosakenaufstände und Pogrome von 1648, angeführt von Bogdan Chmielniki, sowie Vertreibungen aus Wilna strömten aschkenasische Juden aus Osteuropa an die Elbe. Sie bekamen nur aufgrund eines »Dienstverhältnisses« bei den eleganten Sefarden, die Adelstitel der spanischen Könige führten, in Hamburg ein Bleiberecht. Für die in Hamburg heimischen Sefarden waren die »Polaccos« unerwünschte Fremde. Aschkenasim sprachen Jiddisch mit slawischen Versatzstücken und besaßen keine Hochkultur. Zudem richteten sie sich rituell nach Moses Isserles »Mappa«, dem Religionskompendium »Schulchan Aruch« des sefardischen Josef Karo, das den aschkenasischen Bräuchen angepasst war. Aufgrund unterschiedlicher Liturgie, Sprache, Wesensart und Lebensauffassung kam es zu Abgrenzungen zwischen deutschen und sefardischen Juden. Dies führte zur Gründung der Hochdeutschen Israelitischen Dreier-Gemeinde mit ihren Filialen im dänischen Altona, in Hamburg und auf dem Gebiet des holsteinischen Gutsbesitzes Wandsbek im Jahr 1671. Das Recht, sich innerhalb der Grenzen Hamburgs niederzulassen, verlieh die Hamburger Bürgerschaft den aschkenasischen Juden nicht vor 1697.

Liberales dänisches Altona – dat wer all too nah bi Hamborg

Obwohl das Schutzgeld für Juden in Wandsbek geringer war, siedelte man sich lieber in Altona an. Auf Plattdeutsch sagte man: »dat wer all too nah«. Manchem gestrengen Hamburger Bürger schien das Elbmekka der Juden »allzu nah bei Hamburg« zu sein. Wo heute die Reeperbahn zur Königstraße wird, lag das von 1640 bis 1864 zu Dänemark gehörende Städtchen (erst 1937 ging es in Groß-Hamburg auf, heute ist es ein multikultureller Stadtteil). Nach Kopenhagen wurde Altona zur wichtigsten Handelsmetropole des dänischen Königreichs, die in Konkurrenz zur kaiserlich Freien Reichsstadt treten sollte; diesem Ziel diente auch eine liberale Ansiedlungspolitik für Juden, Katholiken und Mennoniten. Im Gegensatz zu der im Mai 1529 lutherisch gewordenen Bürgerschaft Hamburgs erkannten die dänischen Gesetzgeber die wirtschaftliche Nützlichkeit der aschkenasischen Juden und gestatteten ihnen den Bau von Synagogen und freie Religionsausübung. Die jüdischen Kultstätten samt dem Gerichtshof, an dem unter Vorsitz des Oberrabbiners jüdisches Recht gesprochen wurde, und die imposante Aschkenasensynagoge von 1680 in der Kleinen Papagoyenstraße befanden sich mitten in Altona. Hier segnete der Rabbiner 1914 die jüdischen Weltkriegssoldaten. Das Gotteshaus wurde 1943 durch Bomben zerstört. In Hamburg hielten Sefarden zunächst in Privathäusern Gottesdienste ab, die im Kleinhandel tätigen Aschkenasim trafen sich illegal in Hinterzimmern zum Gebet.

Aus den Memoiren der Kauffrau Glikl von Hameln:

»Des Morgens in aller Frühe, wenn sie aus dem Bethaus kamen, sind die Männer nach Hamburg gegangen, und abends, bevor das Stadttor geschlossen wurde, nach Altona zurückgekehrt. Dabei waren sie oft ihres Lebens nicht sicher, weil bei den Bootsleuten, den Soldaten und anderem einfachen Volk so ein Judenhass geherrscht hat. Und jede Frau hat abends Gott gedankt, wenn sie ihren Mann wieder bei sich daheim gehabt hat.«

Geschäftsfrau Glikl und der falsche Messias

Schon die Hamburger Kauffrau Glikl von Hameln berichtet in ihren Memoiren, dass die deutschen Juden nach dem Westfälischen Frieden 1648 aus dem von uneinnehmbaren Wallanlagen geschützen Hamburg nach Altona vertrieben wurden. Für den Tagesaufenthalt in der Elbmetropole brauchte man einen Laufpass. Der kurze Fußweg von Altona bis zum Millerntor, dem einzigen Stadttor, durch das Juden Hamburg betreten konnten, war riskant.

Der Vater der Glikl von Hameln, der Edelsteinhändler Loeb Pinkerle, durfte sich, nachdem die Schweden 1657 in Altona einfielen, als einer der ersten jüdischen Kaufleute wieder in Hamburg niederlassen. Trotz der schwierigen Bedingungen hatte Glikl zwölf Kinder, die sie erfolgreich verheiratete. Ihre älteste Tochter Zippora ehelichte den Amsterdamer Juden Kossmann Gomperz, der als Bankier die Höfe brandenburgischer Fürsten und preußischer Könige finanzierte. Glikl führte ein großes Haus und versah nach dreißig Jahren Ehe und dem Tode ihres Mannes Chaim als erfolgreiche Kauffrau die Geschäfte, bevor sie erneut heiratete und ins elsässische Metz zog. Infolge der Apokalypse des Dreißigjährigen Krieges und der Pest von 1664 wurden die Gemeinden von jener messianischen Sehnsucht erfasst, die Sabbtai Zwi ausgelöst hatte. Viele hielten 1666 für das Jahr des Heils, verkauften Hab und Gut, um auszuwandern und in Jerusalem dem vermeintlichen Messias zu dienen. Glikls frommster Wunsch ging nie in Erfüllung: sie erträumte sich ein Grab am Ölberg. Ihre Großmutter Mate Mehlreich fand auf dem Friedhof Königstraße (Grabplatz 1089) ihre letzte Ruhe, auch Chaim Hameln wurde hier beerdigt.

Hamburger Judenmord, französische Besatzung und Emanzipation

Immer wieder kam es zu Übergriffen und Bürgerunruhen und in den Jahren 1684 und 1687 wurden zwei jüdische Geldwechsler von einem Hamburger Gastwirt ermordet, der dafür mit dem Tode bestraft wurde. Ein Ghetto besaß Hamburg nie; die Ansiedlungen jüdischer Familien konzentrierten sich hauptsächlich auf den Alten Wall sowie ärmliche Gängeviertel am Großneumarkt, Hütten, Kohlhöfe, dem Neuen Steinweg und dem Zeughausmarkt. Die klösterlichen Besitzungen St. Pauli und St. Georg waren tabu. Eine kaiserliche Kommission erließ im Jahr 1710 das Judenreglement, mit dem das Wohnrecht, die Besteuerung, das Erwerbsleben und die Religionsausübung rechtlich geregelt wurden. Synagogenbau, der Kauf von Immobilien und Wucherhandel wird Juden verboten. Auch ein Friedhof am Dammtor vor der Stadt wird den Hamburger Juden 1711 zugestanden. Aufgestachelt durch Seeleute und Hamburger Geistliche, die Ritualmordbeschuldigungen gegen die Juden erhoben, allen voran der Hauptpastor Erdman Neumeister von St. Jacobi, kam es im August 1730 am Großneumarkt zu Ausschreitungen eines tausendköpfigen Mobs. Trotz der antijüdischen Bestrebungen des Senats, der Bürgerschaft und Geistlichkeit entwickelte sich in Hamburg auch ein Zentrum der Aufklärung, unter anderem mit der Gründung der Patriotischen Gesellschaft im Jahr 1765, von der das jüdische Vereins- und Logenwesen profitierte. Weiterhin musste die Gemeinde ihre Existenzberechtigung mit hohen Steuerabgaben erkaufen. Erst nach der Besetzung Hamburgs durch französische Truppen und der Eingliederung in das französische Kaiserreich im Jahr 1810 erlangten die Juden in Hamburg die volle bürgerliche und politische Gleichberechtigung. Im Jahr 1811 machten die knapp über 6.400 in Hamburg lebenden Juden 4,87 Prozent der Bevölkerung aus und stellten eine durchaus wahrnehmbare Minderheit dar.

Die von England auferlegte Kontinentalsperre führte zu einer erheblichen Verschlechterung ihrer wirtschaftlichen Lage. Der Versuch des französischen Generals Loison, im Dezember 1812 von den Hamburger Juden eine Sonderkontribution einzutreiben, konnte jedoch abgewehrt werden. Im Winter 1813/14 befanden sich rund 3.000 Juden unter den Hamburger Einwohnern, die von der französischen Besatzung aus Hamburg ausgetrieben wurden. Das Bankhaus Salomon Heine überstand die französische Herrschaft. Mit großzügigen Krediten half der in Ottensen wohnhafte Bankier dem Handel wieder auf die Beine und verzichtete nach dem Großen Brand von 1842, bei dem Löschtruppen sein Bankhaus am Jungfernstieg zum Bahnen einer Feuerschneise sprengten, auf Schadenersatz. Eigentlich sollte der jüdische Kaufmann nun die Ehrenbürgerschaft Hamburgs bekommen, doch man fand heraus, dass Heine das Bürgerrecht gar nicht besaß. Die Patriotische Gesellschaft trug Salomon Heine 1843, ein Jahr vor seinem Tod, die Ehrenmitgliedschaft an.

Auf dem Wiener Kongress von 1815 wurde die Gleichstellung der Juden in Hamburg zurückgenommen und das alte Judenreglement von 1710 wieder eingeführt. Die 1819 von Würzburg ausgehenden »Hep-Hep-Krawalle« fanden auch in Hamburg statt, und in den dreißiger Jahren kam es zu antijüdischen Ausschreitungen, so unter anderem als 1830 junge Juden aus dem Alsterpavillon, einem Kaffeehaus am Jungfernstieg, vertrieben wurden. Gleichzeitig setzten sich seit den dreißiger Jahren einige Hamburger Juden unter Führung von Dr. Gabriel Riesser erneut vehement für die bürgerliche Gleichstellung der Juden ein. 1848 wurde Riesser in die konstituierende deutsche Nationalversammlung in der Frankfurter Paulskirche gewählt und übernahm die Funktion eines Vizepräsidenten. Es gelang ihm, in der Paulskirchen-Verfassung die bürgerliche und staatsbürgerliche Gleichstellung der Juden durchzusetzen. Am 21. Februar 1849 wurden diese Grundrechte, wenn auch mit Einschränkungen, vom Senat als Hamburgisches Recht übernommen, und sie blieben auch nach der Auflösung des Frankfurter Parlaments in Kraft. Mit der Verfassung von 1860, welche die Ausübung aller bürgerlichen und staatsbürgerlichen Rechte von der Religion unabhängig machte, erlangten die Hamburger Juden die uneingeschränkte Gleichstellung.

2
Porträt des jüdischen Juristen und Vorkämpfers der jüdischen Emanzipation, Gabriel Riesser, mit seinem Unterschriftszug. Dargestellt von Moritz Daniel Oppenheim.

Der Zwang zur Assimilation und Akkulturation um der Gleichberechtigung willen rief die Reformer Eduard Kley und Anton Rée auf den Plan. Beim Aufbau der Israelitischen Freischule von 1815 am Zeughausmarkt legten sie Wert auf »die Auslöschung aller Eigentümlichkeiten in Sitten, Sprache und Verhalten« bei den Zöglingen aus armen Familien. Auch der synagogale Gottesdienst wurde reformiert; deutsche Gebetsbücher, Predigten und das Orgelspiel wurden eingeführt. Mit der Gründung des Neuen Israelitischen Tempelvereins und der Errichtung des Tempels 1844 in der Poolstraße brach eine neue Ära an. Gegen den Willen der orthodoxen Mehrheit verfügte der Senat die Tolerierung der gut situierten Tempelanhänger innerhalb der Gemeinde. 1821 hatten die Orthodoxen den talmudisch und universitär gebildeten Isaac Bernays zum Oberrabbiner berufen, der hohes Ansehen genoss. Im Jahr 1867 wurde die traditionsreiche Deutsch-Israelitische Gemeinde in Hamburg in einen fakultativen Religionsverband transformiert, in dem die liberalen und orthodoxen Kultusverbände Autonomie erhielten und die Mitgliedschaft des Einzelnen auf freiwilliger Basis beruhte. Das »Hamburger System« vereinigte die verschiedenen religiösen Richtungen und trennte zwischen Gemeindezugehörigkeit und Kultusverband.

Im Zuge der Verbürgerlichung und Anpassung an den Protestantismus erreichte man in Hamburg scheinbar große Freiheiten. Durch die Aufhebung der Torsperre 1860 durften sich jüdische Hamburger offiziell vor dem Dammtor ansiedeln. Die Flucht aus beengten Behausungen entsprach dem sozialen Aufstieg einer sich entwickelnden Mittelschicht. Bis zum Ende des Jahrhunderts zog man an den Grindel in Rotherbaum und ins feinere Villenviertel Harvestehude. Mit der Reichsgründung 1871 erhielten die Juden Hamburgs die deutschen Bürgerrechte. Neben dem schon erwähnten Logen- und Vereinswesen, der philantropischen Tätigkeit, die zur Gründung von Wohnstiften führte, entstanden auch soziale Bewegungen. Die Frauenrechtlerin Bertha Pappenheim, eine Nachfahrin der Glikl von Hameln, wandte sich sehr zum Ärger der Mitglieder der Henry-Jones-Loge, die stets auf einen guten Ruf bedacht war, gegen jüdische Mädchenhändler und setzte sich für die zur Prostitution gezwungenen Frauen ein. Im Jahre 1904 gründete sie den Jüdischen Frauenbund. Zum Beginn des neuen Jahrhunderts trug auch die zionistische Bewegung Frucht im Auswandererhafen Hamburg, wo im Jahr 1909 der Neunte Zionistische Kongress stattfand, der zugleich der erste in Deutschland war. Ernst Tuch gründete einen »Bodenkulturverein« und 1917 schließlich einen Dachverband für alle jüdischen Jugendvereine. Für deutschnational begeisterte Hamburger Juden wurde der Erste Weltkrieg zur Bewährung. Lehrer und viele Schüler der Talmud-Tora-Schule meldeten sich zu Dutzenden an die Front.

»Mein Feld ist die Welt« – Albert Ballin, der Moses von Hamburg

Die nach dem Tod Zar Alexanders II. 1882 in Russland ausgelösten Pogrome führten zu massiven Auswanderungswellen der osteuropäischen Juden. Bis zum Ersten Weltkrieg verließen über 2,5 Millionen Juden Europa via Hamburg. Mit der kleinen Agentur des Vaters Morris & Co expedierte Albert Ballin die Juden des Ostens vornehmlich nach Süd- und Nordamerika. Nachdem er 1886 zunächst zum Abteilungsleiter der HAPAG (Hamburg-Amerikanische Packetfahrt-Actien-Gesellschaft) ernannt worden war, begann die sagenhafte Karriere des Auswanderermanagers. Ballin stieg zum Reeder des Kaisers auf und erfüllte Kindheitsträume des deutschen Monarchen. Die leistungsstarken Spielzeuge hießen »Vaterland« und »Imperator« und waren Ozeanriesen der Extraklasse. Der wilhelminische Leitspruch »Am deutschen Wesen soll die Welt genesen« hieß bei Albert Ballin schlicht: »Mein Feld ist die Welt«. Mit Umsicht und Finesse gelang es dem »Deutschen mosaischer Religion«, wie sich der Monarchist bezeichnete, seine Geschäfte voranzutreiben, und so wurde die HAPAG mit einer Flotte von 200 Schiffen die größte Reederei der Welt. Zeit seines Lebens stand der Unternehmer mit der Arbeiterbewegung auf Kriegsfuß. Mit dem Zusammenbruch des Kaiserreiches, der Abdankung Wilhelms II. und dessen Flucht ins Exil ging die Ära Ballin zu Ende. In seiner Villa in Harvestehude starb der »Moses von Hamburg« am 9. November 1918, dem Tag der Ausrufung der Republik, an einer Überdosis Tabletten.

3
Albert Ballin, 1914.

Akzeptanz und Ausgrenzung – von Weimar zum Massenmord

Erst in der Weimarer Republik konnte die Gleichberechtigung voll verwirklicht werden. In den aufblühenden Gemeinden entschied man sich nach der Verfassung des Hamburger Stadtstaates für eine Selbstverwaltung, die ganz der republikanischen Tradition entsprach. Orthodoxe, Liberale und die konservative Dammtorgemeinde tolerierten sich. Zeitgleich mit dem Einsetzen antijüdischer Bestrebungen durch die nach politischer Herrschaft strebenden Nationalsozialisten im oft apostrophierten »roten Hamburg« – ganze Straßenzüge hissten bereits die Hakenkreuzfahne – gelang es einigen prominenten jüdischen Bürgern der Stadt, Spitzenpositionen zu erreichen. Stellvertretend für das Bankwesen und die Philantrophie ist die Familie von Max und Aby Warburg zu sehen. Für die selbstbewusste Entfaltung der religiösen Sphäre steht der Rektor der Talmud-Tora-Schule und spätere Oberrabbiner der orthodoxen Bornplatzsynagoge Dr. Joseph Carlebach. Im Bildungswesen erreichte Ernst Cassirer als Professor für Philosophie und Präsident der Universität Hamburg höchste Ämter. Doch nach der Wahl Adolf Hitlers zum Reichskanzler am 30. Januar 1933 und dem Einzug der NSDAP in den Hamburger Senat im März wurde der Posten des Bürgermeisters mit Carl Vincent Krogmann besetzt, der mit den Traditionen des liberalen Hanseatentums brach. Gauleiter Karl Kaufmann und Krogmann setzten die Prämissen einer rassistischen Politik, die eine Einheit von Deutschsein und Judentum verleugneten, in Hamburg mit der Unterstützung breiter Schichten um. Für Juden setzte sofort die berufliche und soziale Ausgrenzung ein; im Zuge des »Gesetzes zur Wiederherstellung des deutschen Berufsbeamtentums« vom 7. April 1933 verloren jüdische Beamte und Richter ihre Stellung, so auch der angesehene Staatsrat Leo Lippmann. Die Gewerkschaften, SPD und KPD wurden verboten, die bürgerlichen Parteien lösten sich auf. Jüdische Hamburger wurden in die Illegalität getrieben. Wie Überleben in Hamburg möglich war, ist durch Ralph Giordanos autobiografischen Roman »Die Bertinis« überliefert. Die schrittweise Ausgrenzung begann 1933 mit dem »Aprilboykott« jüdischer Geschäfte und umfasste nach den »Nürnberger Rassegesetzen« von 1935 alle Lebensbereiche. Ingeborg Hecht schildert in ihrem Lebensbericht »Als unsichtbare Mauern wuchsen« die Drangsalierung. Noch vor der Pogromnacht des 9. November 1938, als Paramilitärs Synagogen in Brand setzten und mordeten, erfolgte am 28. Oktober die Verhaftung und Deportation von Juden mit polnischen Papieren. Juristisch blieb die Gemeinde nach 1938 als »Jüdischer Religionsverband Hamburg« zunächst erhalten, für die »Abwicklung« war der geschäftsführende Jurist Dr. Max Plaut als Ansprechpartner der Gestapo zuständig. Ab Herbst 1941 erfolgten die ersten vier Deportationen nach Lodz, Minsk und Riga. Auf öffentlichen Plätzen, etwa an der Moorweidenstraße am Dammtor, mussten sich jüdische Bürger zum Abtransport einfinden. Der letzte Oberrabiner Dr. Joseph Carlebach wurde am 6. Dezember 1941 mit seiner Familie nach Riga deportiert und dort im März 1942 ermordet. Ein Sohn überlebte, die Tochter Miriam war 1939 nach Palästina gegangen, vier Kinder gelangten nach England, Sohn Julius wurde in den achtziger Jahren Rektor der Hochschule für Jüdische Studien in Heidelberg. Durch staatliche Anord-

4
Ernst Cassirer
(1874–1845)

nungen kam es ab 1942 zu einer Ghettoisierung in Hamburg. Wohnungen von »Sternträgern« wurden mit aufgemalten weißen Davidsternen versehen, und gemeindliche Einrichtungen wurden zu so genannten »Judenhäusern«, in denen Juden bis zur Deportation völlig isoliert lebten. Zwangsumsiedlungen betrafen über 2.100 Personen und konzentrierten sich auf den Grindel: Beneckestraße 2 und 4 *(heute Allendeplatz)*, Bornstraße 22, Dillstraße 15, das Wohnstift Rutschbahn 25 a, Heinrich-Barth-Straße 8 und Grindelallee 21. Arbeitseinsätze in der Industrie oder Sklavenarbeit im KZ Neuengamme, die Internierung im berüchtigten Konzentrationslager Fuhlsbüttel (Kola-Fu) sowie Folterungen in der Gestapozentrale Stadthaus *(Stadthausbrücke 8)* betrafen Juden und Oppositionelle in Hamburg. Während der berüchtigten Phosphornächte, der massiven Bombardements ab 1943, durften die in »privilegierter Mischehe« lebenden jüdischen Ehepartner nicht in den Schutzbunker, sondern mussten in den Wohnungen zurückbleiben. Auch die Großkirchen versagten den Pastoren und Kirchenmitgliedern, die als gebürtige Juden zum Christentum konvertiert waren, den Schutz und vertraten offiziell ein »völkisches Christentum«. In Rothenburgsort am Bullenhuser Damm wurden 1944 an zwanzig jüdischen Jungen und Mädchen medizinische Experimente von einem SS-Arzt durchgeführt. Um die Gräueltaten zu kaschieren, wurden die mit Tuberkulose infizierten Kinder und ihre Betreuer von der SS in den letzten Kriegstagen erdrosselt. Insgesamt wurden über 8.000 Hamburger Juden deportiert und ermordet. Die nationalsozialistische Politik der Entrechtung, Enteignung, Vertreibung und Ermordung bedeutete für Hamburg faktisch das Ende der langen Tradition des klassischen aschkenasischen Judentums.

Die Geschichte geht weiter

Heute umfasst die Gemeinde durch den Zuzug 300 iranischer Juden in den sechziger Jahren und russischer Juden in den neunziger Jahren zusammen mit den Juden in Schleswig-Holstein weit über 5.000 Mitglieder. Die Geschichte geht weiter, wie man an der Wiedereinrichtung der Talmud-Tora-Schule und an dem wieder entdeckten Jüdischen Friedhof in Ottensen an der Ottensener Hauptstraße sieht. Eine Investorengruppe wollte 1992 auf dem 10.000 Quadratmeter großen Gelände der ewigen Ruhe ein Einkaufszentrum bauen. Über hundert traditionell gekleidete Chassiden mit Schläfenlocken und Kaftan kamen nach Hamburg und protestierten mit Sitzblockaden gegen die Entweihung. Polizisten trugen Demonstranten weg, es gab Rangeleien. Schließlich verfügte ein rabbinisches Gutachten von Oberrabiner Kolitz aus Jerusalem in salomonischer Weisheit und nach gut Hamburger Tradition, dass auf Pfählen über den intakt zu erhaltenden Grabplätzen gebaut werden dürfe. Auch wenn der Friedhof Ottensen mit einer Zementdecke überzogen wurde, lassen sich heute noch Überreste der einst vielfältigen Äußerungen aschkenasischen Lebens im Hamburger Stadtbild finden.

Hamburg aktuell: Grindelviertel, ein Klein-Jerusalem am Dammtor

Am Dammtor im »angesagten« Grindelviertel mit seinen Bistros, Boutiquen, Kopierläden, Buchhandlungen und Edelkiosken rings um das Universitätsgelände stößt man auf Schritt und Tritt auf Spuren des jüdischen Mikrokosmos. Selbst Bagel werden, aus dem Exil zurückgekehrt, an der Grindelallee verkauft, einige Schritte weiter befindet sich das Juweliergeschäft »Shalom«. Wie alte Adressbücher zeigen, wohnte 1925 am Grindel in Rotherbaum und Harvestehude auf einem Quadratkilometer etwa die Hälfte der in Hamburg lebenden Juden. In koscheren Läden, Bäckereien, Konditoreien, Fleischereien, Synagogen, Schulen und Jeschiwas, bei Treffen ostjüdischer Kulturvereine und transatlantischer Logenbruderschaften brodelte das Leben. Schon 1811 zogen jüdische Familien aus der Neustadt in die Gartenhäuser, und Ende des 19. Jahrhunderts kam es zur freiwilligen Alija nach »Klein-Jerusalem«. Die am Quartier vom Dammtor bis zur Hoheluftchaussee fahrenden Trambahnen wurden in Hamburg ironisch »Jerusalem-Express« genannt.

Nach 1945 setzte die Universität die städtebauliche Auslöschung jüdischer Orte fort. Mit den Resten von Synagogen wurden auch die Erinnerungen planiert und verschüttet. Auf dem Campus am Von-Melle-Park fällt am Gebäude der Hamburger Universität für Wirtschaft und Politik ein monumentales Wandgemälde der Argentinierin Cecilia Herrero im Stil des sozialistischen Realismus ins Auge, das wie ein Kaleidoskop Splitter jüdischen Straßenlebens zeigt. Vor dem Abatonkino, den Schlüterschen Pferdeställen am Allendeplatz, verlief die Beneckestraße. In dem viergeschossigen Doppelwohnhaus Nr. 2 befanden sich bis 1943 Räume der Deutsch-Israelitischen Gemeinde mit zahlreichen Vereinen. Die Architekten Schlepps und Rzekonski bauten ein Hinterhaus Nr. 4 und 1895 die Neue Dammtor-Synagoge, die von Rabbiner Max Grunwald geleitet wurde. Im schattigen Hof des Mineralogischen Instituts erinnert daran ein einsamer Gedenkstein. Das Wohnhaus Beneckestraße 6 mit Bibliothek samt Nachbarhaus war ein Sammelort für Deportierte.

Unweit des Dammtorbahnhofs an der Kleinen Moorweide am Platz der Deportierten, vor dem Haus der Provinzialloge von Niedersachsen, steht ein Mahnmal zum Gedenken an 8.877 ermordete Juden Hamburgs. Logenhaus und Moorweidenstraße waren 1941 Ausgangsorte von vier Deportationen. An der Grindelallee 1 lebte Carl von Ossietzky, und vor dem Neubau der nach ihm benannten Staatsbibliothek befand sich das Café Timpe, ein Bohemetreff jüdischer Literaten und Weltbühne-Leser. Von der zunächst von Rabbiner Markus Hirsch und ab 1910 von Dr. Samuel Spitzer geführten Bornplatzsynagoge blieben nach der Zerstörung im November 1938 und der erzwungenen Abtragung 1939/40 nur Reste einer Außenmauer. In den siebziger Jahren war das Areal am Joseph-Carlebach-Platz vor der Talmud-Tora-Schule ein wilder Parkplatz; nun erinnert ein Fußbodenmosaik im Originalgrundriss der Künstlerin Margit Kahl an den sakralen Bau.

Talmud-Tora-Schule, Kammerspiele und Klein-Potsdam

»Werdet tüchtige Juden, tüchtige Deutsche, tüchtige Hamburger! Das walte Gott«, so patriotisch gab sich Direktor Dr. Joseph Goldschmidt an der 1911 eingeweihten Talmud-Tora-Realschule am Grindelhof 38. Architekt Ernst Friedmann baute im Reformstil auf dem von der Warburg-Stiftung erworbenen Grundstück. Die engagierten Eltern brachten viel Geld für Kriegsanleihen auf, 122 Schüler und Lehrer starben als willige Soldaten für das Deutsche Reich im Ersten Weltkrieg.

In den zwanziger Jahren brachte Dr. Joseph Carlebach die Realschule und Oberrealschule mit reformpädagogischen Ansätzen nach vorn, ohne dass die Religionserziehung litt. Nach den Pogromen 1938 ging die Schülerzahl von 1.200 auf 600 im Mai 1939 zurück. Dem befohlenen Umzug an die Israelitische Töchterschule in der Karolinenstraße 35 – bis Mai 1942 wurde dort eine jüdische Schule geführt – folgte 1940 der Zwangsverkauf. Seit 2002 unterrichten vier Lehrerinnen wieder eine kleine Klasse jüdischer Kinder, das Gebäude wird mit Stiftungsgeldern und aus Senatsmitteln renoviert. In der Aula soll Hamburgs jüdisches Theater Schachar proben und inszenieren.

Am Grindelhof 46 wurde 1921 eine Toraschule für junge Männer in einem Gartenhaus eingerichtet. Rechts davon befand sich im noch erhaltenen Gebäude Bieberstraße 2 die Jeschiwa mit mehr als 60 Schülern (1924) und die Synagoge des ostjüdischen Vereins »Adas Jeschorim«, später Kielortallee 13. Das zerstörte Haus 4 beherbergte zeitweise die Israelitische Höhere Mädchenschule, später Realschule mit 190 Schülerinnen, sowie eine Religionsschule, diverse Vereine, die Synagoge Vor dem Dammtor und eine Bibliothek. Heute ist hier in der Bieberstraße 6 ein Studentenwohnheim. Gegenüber dem Grindelhof duftete es in der Rapp- und Dillstraße nach Lattkes, Gefilte Fisch, Mazzenbrot und Gänseleberpastete. Schließlich wollten die hier lebenden Familien auch »glatt koscher« satt werden.

6

Hamburger Kammerspiele *(heutige Ansicht)*. Lange Jahre wurden die Kammerspiele von Ida Ehre geleitet. Besucher können sich im Café Jerusalem treffen und dort bei einem Glas Wein über neueste Inszenierungen oder längst vergangene Zeiten reden.

Die Hamburger Kammerspiele in der Hartungstraße 9–11 mit ihrer modischen Glasfassade waren Anfang der vierziger Jahre Treffpunkt des Jüdischen Kulturbundes. Als jüdisches Gemeinschaftshaus beherbergte das ehemalige Logenhaus der B'nai-B'rith-Gesellschaft und der Henry-Jones-Loge religiöse Feiern und kulturelle Veranstaltungen samt Theater. Unter Mitwirkung des Universitätspräsidenten Prof. Dr. Ernst Cassirer, des Bankiers Max M. Warburg und Oberrabiners Dr. Joseph Carlebach organisierte man nach dem Vorbild eines jüdischen Lehrhauses auch Zusammenkünfte der 1930 ins Leben gerufenen Franz-Rosenzweig-Gedächtnis-Stiftung. Die ehemals Pfennigsche Villa war Zentrum des kulturellen jüdischen Lebens und letztes Refugium, als bereits Deportationszüge den Hannoverschen Bahnhof am Lohseplatz hinter den Deichtorhallen verließen. Ab Juli 1942 war hier die jüdische Volksküche untergebracht; die Räume wurden von den Behörden als Sammelpunkt für Transporte nach Auschwitz missbraucht. Die Kammerspiele leitete lange Jahre die Grande Dame des Nachkriegstheaters Ida Ehre. Jenseits der Rothenbaumchaussee an der Feldbrunnenstraße 58 liegt »Klein-Potsdam«. Die Villa des kaisertreuen Großreeders Ballin wurde 1908 von Kallmorgen & Lundt errichtet und wegen der klassizistischen Säulen und häufigen Besuche des Kaisers so genannt. Die Feldbrunnenstraße war später Sitz vieler Nazieinrichtungen.

»Mein Haus soll ein Bethaus genannt werden für alle Völker«

Nachdem weiße Tünche abgekratzt wurde, fand sich dieser Segensspruch in dem ehemaligen Tempel der Reformgemeinde Oberstraße 120, wo heute das Sinfonieorchester des Norddeutschen Rundfunks Musik erklingen lässt. Erst am 30. August 1931 nach Plänen von Felix Ascher und Robert Friedmann eingeweiht, sollte dieser 1.200 Plätze aufnehmende »neusachliche« Avantgardebau den Reform-Tempel in der Poolstraße ersetzen. Der Bau war ein Sinnbild für den Willen zur Integration.

In der Verlängerung der Hartungstraße über den Grindelhof verstekken sich auf einem Hinterhof, Rutschbahn 9–11, die gewerblich genutzten Gebäude der Alten und Neuen Klaus. Die Synagoge erbaute Semmy Engel 1905 im Stil eines schlichten Klassizismus. Ein Betsaal mit 120 Plätzen für Männer und die Empore mit 40 Frauenplätzen sowie Lehrsäle im Anbau der traditionellen Gemeinde unter Rabbiner Dr. Selig Pinchas Bamberger luden zum Talmudstudium ein. Im Vorderhaus an der Tür neben dem Durchgang befindet sich dezent ein schmiedeeiserner Hinweis auf sechs Weltreligionen. Im dritten Stock wohnte 1891 der Komponist Gustav Mahler, und im Parterre dampfte es aus einer koscheren Wurstküche. In den dreißiger Jahren logierte dort die hebräische Buchhandlung B. Lambig. Ebenfalls in dieser Straße, noch schwieriger zu finden, befand sich das Salomon-Kalker-Wohnstift in den attraktiven Gartenhäusern 1–4, heute Rutschbahn 25 a. Die jüdische Wohlfahrt hatte die Freiwohnungen für in Not geratene Familien bestimmt. Ab Frühjahr 1941 richtete die Gestapo in den Kalker-Wohnungen »Judenhäuser« ein. Etwas weiter nördlich, in der Rutschbahn 37, wurde in der Gaststätte Ehrlich koscher gekocht. Justin Steinfeld lebte bis 1933 in der Rutschbahn 40, sein Roman »Ein Mann liest Zeitung« bietet Hamburger Lokalkolorit.

7
Ehemaliger Tempel der jüdischen Reformgemeinde, heute Großer Sendesaal des NDR.

Gemeindeverwaltung, Synagoge und koschere Lebensmittel

Weitere acht Freiwohnungen wurden 1908 in der Dillstraße 15, die in die Rutschbahn mündet, von der Zacharias-und-Ranette-Hesse- und Mathilde-und-Simon-Hesse-Stiftung bereitgestellt. Ein Beamter der Beerdigungsbrüderschaft Chewra Kadischa wohnte 1930–32 dort. Ab Frühjahr 1942 war das Hessestift ebenfalls ein Judenhaus. Heute nutzt es die Jüdische Gemeinde zur Kinderbetreuung. Westlich der Grindelallee am Durchschnitt 1 lagen Freiwohnungen des Louis-Levy-Stifts. Das bedeutende Warburg-Stift war in der Bundesstraße 43. Weiter nördlich errichtete die Gemeinde in den sechziger Jahren an der Hohen Weide 34 einen Flachbau als Synagoge. Unweit der U-Bahn-Station Schlump pflegte man im 1898 eröffneten Siechen- und Pflegeheim in der Schäferkampsallee 29 die Kranken. Es wurde die letzte jüdische Krankenstation, nachdem 1943 das Israelitische Krankenhaus auf St. Pauli zur Aufgabe gezwungen wurde. Im vierten Stock befindet sich der koschere Laden von Shlomo Almagor. Neben angebotenen Weinen, Delikatessen und Leckereien wie Hummus und Tahina organisieren die Inhaber auch Reisen. In unmittelbarer Nachbarschaft, nämlich Schäferkampsallee 27, logiert die Verwaltung der Jüdischen Gemeinde. Parallel zur Bahnstrecke An der Verbindungsbahn durften die Hamburger Juden nach der Belagerung Altonas durch Schweden und angesichts der ausbrechenden Pest ab 1711 ihre Toten beerdigen. Im 19. Jahrhundert fanden hier Betty Heine und Dr. Gabriel Riesser, Obergerichtsrat und Vizepräsident der Nationalversammlung in der Frankfurter Paulskirche, ihre letzte Ruhe. Ab 1909 wurde dort nicht mehr bestattet; im Mai 1937 bettete man die Gebeine zur Ilandkoppel auf den jüdischen Friedhof Ohlsdorf um. Dort beerdigt die Gemeinde auch heute ihre Toten.

Gedenk- und Bildungsstätte Israelitische Töchterschule

Über die Schienen hinweg, vorbei am Schröderstift und dem endlos grauen Fernsehturm, der dem Physiker Heinrich Hertz gewidmet ist, befand sich in dem 1884 eröffneten Backsteingebäude Karolinenstraße 35 die Bildungsstätte Israelitische Töchterschule. Die Leitung der Schule mit fast 500 Schülerinnen in 15 Klassenräumen übernahm Mathilde Lippmann und nach deren Tod ab 1899 Mary Marcus. Die im Dr. Alberto-Jonas-Haus befindliche Einrichtung im Karolinenviertel, dem mit Szeneshops übersäten Viertel der Hamburger »Alternativen«, wurde nach dem letzten Rektor der Mädchenschule benannt. Nach der Deportation der Schülerinnen wurde sie im Mai 1942 geschlossen; eine Sprachheilschule zog hier ein. Heute bietet die Hamburger Volkshochschule als Träger der Bildungsstätte Sprachkurse in Jiddisch und Hebräisch sowie Seminare zur Geschichte und Literatur zu jüdischen Themen an. Termine für Stadtrundgänge und Friedhofsbesichtigungen sowie Angebote zum Bildungsurlaub können bei der Leiterin Dr. Erika Hirsch erfragt oder den Stadtmagazinen entnommen werden. Eine Dauerausstellung im Obergeschoss informiert über die Geschichte der jüdischen Schulen Hamburgs. Sehenswert ist der Chemiesaal aus dem Jahre 1930!

Zwischen Reform und Cholera – Leben in der Neustadt

Auf den Spuren jüdischen Lebens in Hamburg führt der Weg am Justizgebäude mit dem Mahnmal für die Opfer der NS-Justiz vorbei zur Poolstraße 11–14. Am 11. Dezember 1817 wurde der »Neue Israelitische Tempelverein« als Kultusverband gegründet. Ziel war die Reform des jüdischen Gottesdienstes und die Angleichung an die Protestanten. Ein Tempel mit 380 Männer- und 260 Frauenplätzen, Kanzel und Orgel wurde 1842–44 von Johannes Hinrich Klees-Wülbern erbaut. Bis zur Aufhebung der Torsperre 1860 war die Neustadt zum Zentrum jüdischer Ansiedlung geworden. Die Apsis und der Rundbogen des Eingangs sind am Parkhof einer Autowerkstatt begrabene Reste der aufklärerischen Bewegung um Gotthold Salomon und Eduard Kley. Letzterer prägte das Gebetbuch mit deutschen Texten und die Reformliturgie. In den Kohlhöfen 17 und 18 lag die von Albert Rosengarten 1857 erbaute und von Rabbiner Anschel Stern geführte Hauptsynagoge, die sich als Erste nicht auf einem Hinterhof verstecken musste. Vom byzantinischen Grundriss und der oberitalienischen Architektur blieb nach dem Abbruch 1934 nichts erhalten.

Angesichts der schicken Gastroszene lässt die Inschrift am Großneumarkt 54–57 nur erahnen, dass in der Nähe zur St. Michaeliskirche bis zum Krayenkamp arme jüdische Familien wohnten. Selbst das Geburtshaus Felix Mendelssohn-Bartholdys an der Ost-West-Straße 110 liegt hier.

8
Synagoge in der Poolstraße, Apsis und Rundbogen *(heutige Ansicht).*

Während im Gängeviertel Cholera-Epidemien tobten, wurde 1854 das Hertz-Joseph-Levy-Stift mit 19 Armenwohnungen eingerichtet. Spekulanten wie die Gebrüder Wex nutzten die Not aus, doch jüdische Philantropen realisierten bis 1930 über 28 Wohnstifte für unterprivilegierte Familien, zum Beispiel das Lazarus-Gumpel-Stift und das Marcus-Nordheim-Stift in der Schlachterstraße. In der ehemaligen Elbstraße, der heutigen Neanderstraße, befand sich die Israelitische Armenschule Talmud Tora, und bis zum Enckeplatz erstreckte sich die Judenbörse. Hier boten Hausierer und Händler ihre Ware auf Karren an. Bereits 1730 war es am Großneumarkt zu Ausschreitungen gegen Juden gekommen. Hamburger Kaufleute und Geistliche behaupteten, die Juden hätten durch ihre Geschäfte die Kramer Amtsstuben ruiniert. Am Zeughausmarkt 32 in der Anton-Reé-Schule baute der gleichnamige Vorkämpfer der Emanzipation und Pädagoge die Israelitische Schule zu einem Lehrinstitut mit 750 Schülern für alle Konfessionen aus.

9
Ehemaliges Israelitisches Krankenhaus, Simon-von-Utrecht-Straße *(heutige Ansicht).*

»Ein Hospital für arme, kranke Juden, Für Menschenkinder, welche dreifach elend, Behaftet mit den bösen drei Gebresten: Mit Armut, Körperschmerz und Judentum!« *(Heinrich Heine zur Grundsteinlegung des Israelitischen Krankenhauses 16. Juni 1841)*

St. Paulis Grosse Freiheit und dreierlei Gebrechen

Hinter dem Millerntor am Holstenwall 24 befindet sich das Museum für Hamburgische Geschichte mit einer ständig aktualisierten Ausstellung »Juden in Hamburg«. Im zweiten Obergeschoss erfährt man von der Einwanderung im 16. Jahrhundert bis in die Gegenwart Wissenswertes über Stadtgeschichte, herausragende Persönlichkeiten und jüdische Feste. Unter Obhut des Rabbiners Dov Levy Barsilay feierte man hier auch schon Hochzeiten. In der Simon-von-Utrecht-Straße 2, unweit der von Hans Albers besungenen Großen Freiheit im Amüsierviertel St. Pauli, liegt das von einer Behörde genutzte ehemalige Israelitische Krankenhaus. Im Obergeschoss befinden sich Räume der einzig existenten Synagoge des 19. Jahrhunderts. Am 19. August 1939 fand der letzte Gottesdienst statt. Der Bankier Salomon Heine, Onkel und zeitweilig Gönner Heinrich Heines, ließ dieses Hospital für stolze 80.000 Mark banco seiner verstorbenen Ehefrau Betty Heine widmen. Es wurde 1841–43 unter Leitung des Architekten Johann Hinrich Klees-Wülbern errichtet und steht unter Denkmalschutz. Heinrich Heine verfasste ein Gedicht zur Eröffnung des 80-Betten-Hauses für Kranke aller Konfessionen.

Friedhof Königstrasse – ein Who is Who in Stein gemeisselt

Der aschkenasische Teil des Altonaer Friedhofs wurde etwa 1612 neben der sefardischen Grabstätte erworben. Der dänische König Christian IV. bestätigte den Erwerb eines Judenkirchhofes erst 1641 in einem Privileg. Im südlichen Teil befinden sich die ältesten Gräber der deutschen Juden mit den Grabstelen, die sich von den sefardischen Zeltgräbern mit prächtigen Ornamenten und Grabplatten mit lateinischen Lettern deutlich unterscheiden. Auch heute kommen nach jüdischem Brauch Gläubige dorthin, um an den Gräbern des Rabbinerhügels zu beten. Hier ruht bis zum Erscheinen des Messias Jecheskel Katzenellenbogen, der als Rabbiner aus Litauen 1713 nach Altona kam und in religionsgesetzliche Auseinandersetzungen mit Jakob Emden verwickelt war. Nach dem Tod von Katzenellenbogen, dessen hebräische Grabinschrift jüngst von einem christlichen Steinmetz restauriert wurde, ging der Streit weiter. Der heftige Disput zwischen Emden und dem aus Prag und Metz geholten Nachfolger Jonathan Eibeschütz wurde sehr persönlich und beschäftigte halb Europa. Emden behauptete, sein Konkurrent sei Anhänger des falschen Messias Sabbtai Zwi, und musste schließlich nach Amsterdam fliehen. Die Gräber beider liegen nebeneinander und keiner weiß, was sie miteinander gerade vor Gott verhandeln. Der Friedhof ist das wichtigste Kulturdenkmal seiner Art in Nordeuropa und liest sich wie ein Who is Who aus Stein. Neben den Warburgs und den Heines ist hier die Ruhestätte des in Vergessenheit geratenen Armenarztes und Philosophen Salomon Ludwig Steinheim zu entdecken. Der Friedhof, der im Judentum als »Haus des Lebens« oder »Guter Ort« bezeichnet wird und auf dem bis 1877 Bestattungen vorgenommen wurden, soll mit einem Infohäuschen versehen und der Öffentlichkeit zugänglich gemacht werden.

Wer jüdische Zeitzeugnisse nicht allein auf dem Friedhof sucht, sollte sich die Wechselausstellungen zur deutsch-jüdischen Kultur im gelb getünchten Heine-Haus an der noblen Elbchaussee 31 ansehen. Dieses von einem Verein renovierte und vom Altonaer Museum verwaltete Baujuwel war Anhängsel des Heineschen Landsitzes mit Sommerhaus und Park, der so genannten Affrontenburg. Bankier Salomon Heine führte mit seinem Neffen Heinrich Heine hier manches Gespräch. Mit seinen Denkmälern hatte es der ungeliebte Sohn der Stadt schwer. Schon in der Nazizeit wurden sie demontiert, und eines verschwand, ganz wie der Dichter hundert Jahre zuvor, im französischen Exil. Erst in den achtziger Jahren gelang es dem Schriftsteller und Maler Arie Goral, der in Hamburg als Walter Sternheim geboren und in den fünfziger Jahren aus Israel zurückgekehrt war, nach langem Tauziehen, ein zeitgemäßes Heinedenkmal auf dem zentralen Rathausmarkt vor dem nunmehr sandstrahlentzauberten Hamburger Rathaus zu installieren. In Altona erinnert ein schwarzer Block, genannt »Black Form«, von Sol LeWitt vor dem verschnörkelten weißen Rathaus an die zerstörte Gemeinde. Rechts davon lässt die Betty-Levy-Passage an eine bekannte jüdische Rabbinerfamilie denken.

LITERATUR

Ariel Goral, *Jeckepotz. Eine jüdisch-deutsche Jugend*, Hamburg 1989.

Arno Herzig (Hg.), *Die Juden in Hamburg 1590–1991* (Wissenschaftliche Beiträge der Universität Hamburg zur Ausstellung 400 Jahre Juden in Hamburg), Hamburg 1991.

Irmgard Stein, *Jüdische Baudenkmäler in Hamburg* (Hamburger Beiträge zur Geschichte der deutschen Juden, Bd. XI), Hamburg 1984.

Ursula Wamser und Wilfried Weinke (Hg.), *Ehemals in Hamburg zu Hause. Jüdisches Leben am Grindel*, Hamburg 1991.

10
Jüdischer Friedhof an der Königstraße in Altona.

SEFARDISCHE JUDEN IN HAMBURG

Michael Studemund-Halevy

Im letzten Drittel des 16. Jahrhunderts wurde Hamburg zu einem begehrten Handelsplatz für englische Merchant Adventurers und Niederländer sowie Zufluchtstätte für Glaubensflüchtlinge wie Calvinisten und Mennoniten, vor allem aber für Juden von der Iberischen Halbinsel, die nach der hebräischen Bezeichnung für ihr Heimatland Spanien (Sefarad) Sefarden genannt werden. Die einzeln oder in Familienverbänden eingewanderten Konvertiten durften in der Handelsstadt an der Elbe offen als Juden leben. Dieser ersten jüdischen Population in Hamburg schlossen sich wenig später zahlreiche Juden an, die nach 1492 die Iberische Halbinsel in Richtung Nordafrika, Levante und Italien verlassen hatten und denen so die Zwangstaufe und das Leben als Katholiken erspart geblieben waren. Dem kontinuierlichen Zuzug stand eine nicht minder kontinuierliche Abwanderung gegenüber, vor allem nach Italien und in die Karibik, aber auch zurück nach Spanien und Portugal. Kleinere sefardische Niederlassungen entstanden wenig später in Glückstadt, Emden, Stade, Lübeck, Bremen und Oldenburg. Mit ihrem außerordentlichen wirtschaftlichen Aufstieg und dem erfolgreichen Aufbau eines funktionierenden jüdischen Gemeindelebens schufen sie die Voraussetzungen für eine kontinuierliche Ansiedlung von Juden in Hamburg und bahnten so letztlich auch der Gründung einer aschkenasischen Gemeinde den Weg, als deren Muttergemeinde sie sich selbstbewusst immer verstanden. Es waren vor allem die erfolgreichen portugiesischen Bankiers, Großkaufleute, Überseehändler, Seeversicherer, Handelsmakler und Juwelenhändler, die Hamburg zum »Jerusalem des Nordens« machten.

Um die Mitte des 17. Jahrhunderts wuchs die Gemeinde auf über 1.200 Mitglieder an, das waren mehr als drei Prozent der Stadtbevölkerung. Die Portugiesen wohnten um den Alten Wall (Dreckwall), auf dem Burstah, bei der Börse, auf dem Heiligen Geist, vor dem Dammtor und in der Nähe des Friedhofs Maria-Magdalenen. Sie wohnten in Privat- und Mietshäusern oder in Gemeindehäusern, die häufig von den reichen Großkaufleuten zugunsten der Gemeinde erworben worden waren. Da in Hamburg Juden keinen Grund und Boden besitzen durften, mussten die Portugiesen die Häuser von einem Christen pachten bzw. über einen Strohmann kaufen. Den kosmopolitischen und polyglotten portugiesischen Residenten, den im internationalen Handel erfahrenen Bankiers und geschätzten Ärzten gehörten die prunkvollsten Häuser an Alster und Elbe, in denen Könige und Fürsten bei ihren Aufenthalten in Hamburg zum Missvergnügen der Lutheraner gerne logierten. Fremde, die Hamburg besuchten, berichteten von dem unerhörten Luxus der Portugiesen, die in Häusern mit Springbrunnen wohnten, aus denen angeblich Wein floss. So wohnte Manoel Teixeira (1631–1705), der wie sein Vater Abraham immer nur »der reiche Jude« genannt wurde und als Resident Königin Christines von Schweden Schutz vor den Angriffen der Stadt genoss, in einem prächtigen Palast, der eindrucksvoll auf einen aristokratischen und auf Repräsentation hin angelegten großzügigen Lebensstil verweist.

1
Der Eingang der sefardischen Synagoge in der Altoner Bäckerstraße.

Die Hamburger Lutheraner lernten in dem Portugiesen einen Juden kennen, der mit der antiken Literatur häufig besser vertraut war als mit der jüdischen. Der die Anordnungen der Rabbiner mit der Begründung ablehnte, dass er jetzt in einem freien und reichen Land lebe, und der das jüdische Gesetz häufig als eine unbequeme Last empfand. Von der Hamburger Portugiesengemeinde, deren Zahl vor allem durch Abwanderung nach Amsterdam und Jamaica, Curaçao, Barbados, St. Thomas und Nevis erheblich abnahm, spaltete sich Anfang des 18. Jahrhunderts die Altonaer Gemeinde ab. Diese (erste) Gemeindegründung hatte jedoch keinen Bestand, denn schon wenig später kehrten einige der Dissidenten reumütig nach Hamburg zurück.

1704 erteilte der dänische König für dreizehn portugiesische Familien aus Hamburg eine Niederlassungskonzession, die später unter dem Namen »Newe Schalom« eine eigene Gemeinde gründeten. Im März 1771 wurde der Grundstein für ein kleines Gebäude auf dem Hofgrundstück hinter den Häusern Bäckerstraße 12 und 14 gelegt, und schon am 6. September 1771 konnte die Synagoge eingeweiht werden. Im 19. Jahrhundert wurde der Gebetssaal renoviert, und das Gebäude erhielt eine repräsentative Fassade mit Pilastergliederung. Nach einer weiteren Restaurierung und neuen Ausmalung 1859 diente sie der portugiesischen Gemeinde nur noch gut zwanzig Jahre, bevor sie 1882 wegen schwindender Mitgliederzahl geschlossen wurde. 1887 wurde sie an die Altonaer aschkenasische Gemeinde verkauft.

Ab 1850 ließen sich sefardische Juden aus dem Osmanischen Reich, von den Azoren, aus Nordafrika, Brasilien, St. Thomas, Curaçao, Venezuela und Puerto Rico, aus Kopenhagen, London und Amsterdam verstärkt in Hamburg und Altona nieder. Nach dem Großen Brand von 1842, bei dem die Synagoge der Portugiesen am Alten Wall in Flammen aufging und das umfangreiche Gemeindearchiv zerstört wurde, konnte mit Hilfe befreundeter Portugiesengemeinden in Holland und England in der Marcusstraße zwischen 1854 und 1855 ein Neubau errichtet werden. Zu Beginn der NS-Herrschaft lebten in Hamburg etwa 250 Portugiesen. Nach dem Judenboykott vom 1. April 1933 emigrierten die wirtschaftlich besser gestellten Familien aus der Hansestadt nach Portugal, Palästina oder in die USA. Mehr als 80 Portugiesen wurden Opfer der nationalsozialistischen Vernichtungspolitik.

2
Synagoge in der Marcusstraße.

Vom märchenhaften Glanz der Hamburger und Altonaer Portugiesen berichten heute allein die Reiseberichte des 17. Jahrhunderts und die Schilderungen aschkenasischer Juden aus dem 20. Jahrhundert, die an den hohen Feiertagen die Esnoga, die Synagoge der Portugiesen, aufsuchten und darüber begeistert berichteten, sowie der kostbar illustrierte Heiratsvertrag (ketuba) des Manoel Teixeira, der heute im Museum für Hamburgische Geschichte zu bestaunen ist. »Portugiesischen Spuren« sind heute allein noch auf drei jüdischen Friedhöfen sowie in der ehemaligen Synagoge in der Innocentiastraße nachzugehen.

Nach Schließung der Altonaer Synagoge in der Bäckerstraße (1882) war die 1855 im orientalischen Stil errichtete, längsrechteckige und dreistöckige Hinterhof-Synagoge in der Zweiten Marktstraße *(später Marcusstraße 36–38)* die einzige sefardische Synagoge in Deutschland *(Architekt: A. Rosengarten)*, ein Backsteinbau mit abgetreppter Fassade und geradem Giebelschluss. Das bekannte bipolare sefardische Raumschema erhielt

3

Synagoge in der Innocentiastraße.

hier erstmals eine architektonische Ausformung durch zwei in der Größe geringfügig unterschiedliche quadratische Raumteile, die zu einer Einheit verschmolzen. Im westlichen, etwas kleineren Geviert stand entlang der Seitenwände das Männergestühl. In diesem Teil befanden sich auch die mit einem niedrigen, weitmaschigen Gitter versehenen Frauenemporen. Im östlichen, mit einer hellweiß und farbig verglasten Kuppel überdeckten Geviert wurde das seitlich stehende Gestühl durch zwei Reihen Rücken an Rücken auf der Längsachse des Raums stehendes Gestühl ergänzt. Bei einer späteren Renovierung und Ausmalung wurde der Innenraum »orientalisiert«: Zackenkränze zierten die Bogen, stilisierte floreale Motive auf den Pilastern, Schuppenmuster um die Hechal-Nische, in der der Tora-Schrein stand, eine ornamentale Durchmusterung im unteren Bereich der Wandfelder bestimmten den Raumeindruck, an den sich vor allem die deutschen Juden gerne erinnerten: »Ein Besuch in der portugiesischen Synagoge war für uns immer gleichbedeutend wie ein Ausflug ins Exotische. Die Bräuche, die Kleidung, die Ordnung im Gottesdienst – alles dies war grundverschieden von allem, was wir in den sogen. aschkenasischen Gottesdiensten gewohnt waren.« Nach der Verlagerung jüdischer Wohngebiete aus der Altstadt in die Neustadt und wegen großer finanzieller Probleme der Gemeinde entschlossen sich die Portugiesen, ihre Synagoge an die Deutsch-Israelitische Gemeinde zu verkaufen. Sie mieteten eine Villa in der Innocentiastraße *(U-Bahn: Hoheluft/Eppendorfer Baum)* von einem privaten Besitzer und bauten sie zu einer Synagoge mit 90 Plätzen um, die am 14. März 1935 feierlich eingeweiht wurde, der letzte Synagogenbau in Deutschland in der NS-Zeit. Über dem Hauseingang befand sich eine Inschrift in hebräischer Sprache: »Heilige Gemeinde der Sefardim Bet Israel. Nahe ist Gott allen, die ihn rufen.« Vorlesepult, Tora-Schrein und Teile des Gestühls nahm die nur noch knapp 150 Erwachsene zählende Gemeinde aus der Marcusstraße mit, um den Eindruck der farbenfrohen Dekoration der Marcusstraßen-Esnoga in verkleinertem Maßstab wieder herzustellen. Mit dem Ende des Mietvertrages am 31. Dezember 1939 wurde das »Gemeindezentrum« aufgelöst und die Villa in der Innocentiastraße in ein Wohnhaus zurückgebaut,

4
Friedhof an der Altonaer Königstraße, portugiesischer Teil, Grabstein.

das später zu einem der so genannten Judenhäuser wurde, aus denen man die jüdischen Bewohner in die Konzentrationslager verschleppte. Das Gebäude wird heute privat genutzt. Die Synagoge Marcusstraße wurde im Krieg abgebrochen; die Altonaer Synagoge in der Altonaer Bäckerstraße musste 1940 wegen angeblicher Baufälligkeit abgerissen werden.

Der Friedhof Königstraße in Altona *(S-Bahn Reeperbahn/Königstraße, Schlüssel bei der Jüdischen Gemeinde)* ist die älteste und bedeutendste jüdische Begräbnisstätte Hamburgs, die wegen der großen historischen und kunstgeschichtlichen Bedeutung ihrer Grabsteine als ein wesentliches Zeugnis der Steinmetzkunst in Norddeutschland gilt. Sie wurde 1960 unter Denkmalschutz gestellt und soll in das Weltkulturerbe der UNESCO aufgenommen werden. Am 31. Mai 1611 erwarben die portugiesischen Juden Andre Falero, Ruy Fernandes Cardoso und Álvaro Dinis für die Hamburger Portugiesen in dem bei Hamburg gelegenen Altona ein Stück Land am Heuberg *(heute Königstraße)*, um dort ihre Toten begraben zu können. Tatsächlich handelt es sich bei dem jüdischen Friedhof an der Königstraße um zwei in der Zeit ihrer aktiven Nutzung eigenständige, räumlich zwar benachbarte, aber doch voneinander getrennte Einzelfriedhöfe: den 1611 eingerichteten Friedhof der portugiesischen bzw. sefardischen Juden und den 1616 in Nutzung genommenen Friedhof der aschkenasischen Juden. Beide wuchsen in der Folgezeit immer stärker zusammen.

Auf dem portugiesischen Friedhofsteil, auf dem im Kaufjahr drei Beerdigungen stattfanden, befinden sich heute noch 1.652 mehr oder weniger gut erhaltene Grabmonumente, darunter 29 kunstvoll verzierte Tumben oder Zeltgräber (hebr. Ohalim). Diese lang gezogenen, abgestumpften, pyramiden- oder zeltähnlichen Grabmonumente aus weißem Marmor laufen nach oben spitz zu und besitzen zwei Langseiten und zwei dreieckige Schmalseiten. Die gesamte Fläche der Langseiten bedecken hebräische bzw. portugiesische Textfelder, die Schmalseiten schmücken Baum, Sonne, allgemeine Todessymbole wie Totenschädel, Lebensbäume, ein aufgeschlagenes Buch, vor allem aber biblische Szenen (Daniel in der Löwengrube, Jacobs Traum von der Himmelsleiter, Rachel mit den Schafen, Joseph im Brunnen, König David mit der Harfe). Hier ruhen die bedeutenden Rabbiner und Philologen Mose Abudiente (gest. 1688), Isaac Jessurun (gest. 1665), Semuel Abas (gest. 1691), Abraham Cohen Pimentel (gest. 1697) und David Cohen de Lara (gest. 1674); die Kantoren Jacob Bassan (gest. 1769) und Jacob Cohen Belinfante (gest. 1761); die einflussreichen Großkaufleute und Gemeindeführer Abraham Senior Teixeira (gest. 1666) und Jacob Curiel (gest. 1664); die bedeutenden Ärzte Rodrigo de Castro (gest. 1627), Baruch de Castro (gest. 1684) und Semuel da Silva (gest. 1631) sowie die Schriftsteller Reuel Jessurun (gest. 1634), David Abenatar Melo (gest. 1632) und Joseph Francês (gest. 1681). Nur wenige deutsche Juden fanden auf dem Portugiesenfriedhof ihre letzte Ruhe, darunter der bekannte Erziehungspädagoge Naftali Hirz Wessely (gest. 1805).

Auf dem mit über 6.000 Gräbern dreimal größeren aschkenasischen Friedhofsareal, dessen Grabsteinbestand zurzeit wissenschaftlich erforscht wird, liegen die Gräber der weit über Hamburg-Altona hinaus bekannten Rabbiner sowie die Grabstätten von Fromet Mendelssohn, der Frau Moses Mendelssohns (gest. 1812), und von Samson Heine, dem Vater Heinrich Heines (gest. 1828). Nach der Schließung des Friedhofs im Jahre 1869 befanden sich auf dem portugiesischen Teil über 1.800, auf dem Altonaer Teil des aschkenasischen Friedhofs rund 6.000 und auf dem Hamburger Teil 668 Grabsteine.

5
Friedhof an der Altonaer Königstraße, portugiesischer Teil.

Der jüdische Friedhof Ohlsdorf *(S-Bahn: Ohlsdorf, geöffnet So–Fr 8–16 Uhr)* wird als einzige jüdische Begräbnisstätte Hamburgs noch heute benutzt. Abgetrennt vom Hauptfriedhof liegt an der Südwestecke das knapp 100.000 Quadratmeter große Gräberfeld, das nur durch einen gesonderten Zugang von der Ilandkoppel aus zu erreichen ist. Auf dem am 30. September 1883 seiner Bestimmung übergebenen Friedhof haben bis heute über 15.000 Beisetzungen stattgefunden, der erste Grabstein wurde der am 29. September 1883 gestorbenen Friederike Rosenberg gesetzt. Der Eröffnung gingen jahrelange Streitigkeiten innerhalb der Gemeinde und langwierige Verhandlungen zwischen dem Gemeindevorstand und dem Senat der Stadt voraus, weil die Stadt das Gelände nicht auf ewige Zeiten verkaufen wollte. Eine orthodoxe Minderheit errichtete daraufhin 1887 im preußischen Langenfelde einen eigenen Friedhof. Da ständig neue Friedhofsteile benötig wurden, stellte die Gemeinde 1904 und 1913 Anträge auf Erweiterung. 1919 erwarb die Gemeinde ein benachbartes Grundstück in der Gemarkung Steilshoop, das auf preußischem Gebiet lag und Eigentum der Gemeinde wurde, dem staatlichen Reglement also nicht unterlag. Der vor allem von den orthodoxen Gemeindemitgliedern favorisierte Friedhof wurde am 17. September 1922 von Oberrabbiner Samuel Spitzer geweiht, 1923 fand die erste Beisetzung statt. An der heute aufgehobenen Grenze zwischen dem Ohlsdorfer und dem Steilshooper Teil wurden die in Hamburg tätigen Rabbiner beigesetzt. In der NS-Zeit fanden die meisten Beerdigungen auf dem Steilshooper Friedhofsteil statt. Zwischen 1941 und 1943 kam es zu zahlreichen Urnenbeisetzungen von Juden, die in den Vernichtungslagern der Nazis ermordet worden waren. Am 30. Mai 1943 fand die letzte Beerdigung vor dem Ende des Zweiten Weltkriegs statt, danach wurde der Friedhof geschlossen. Im März 1944 wurden auf dem Friedhof Baracken für Juden, die in Mischehe lebten, errichtet. Die erste Beerdigung nach dem Kriege fand am 2. Juli 1945 statt.

Der jüdische Friedhof Ohlsdorf besteht aus zehn historisch gewachsenen Begräbnisstätten: (1) Mahnmal für die Opfer der Schoa; (2) Ehrenfriedhof für die im Ersten Weltkrieg gefallenen jüdischen Soldaten; (3) Neuer Portugiesenfriedhof; (4) Historischer Grindelfriedhof (Portugiesischer Teil); (5) Historischer Friedhof Neuer Steinweg; (6) Historischer Friedhof Ottensen; (7) Historischer Grindelfriedhof (Deutsch-Israelitische Gemeinde); (8) Ehrenfriedhof der Deutsch-Israelitischen Gemeinde; (9) Neuer Jüdischer Friedhof; (10) Urnengräber.

Gleich hinter dem Eingangstor liegt die am 4. September 1884 geweihte, im neogotischen Rundbogenstil errichtete und mit einer Kuppel gekrönte Trauerhalle *(Architekt: August Piper; Büro-Öffnungszeiten: Mo–Fr 11–13 Uhr, dort Einsicht in Lageplan und in die Belegungskartei des Friedhofs)*, dort befindet sich das Tahara-Haus sowie Wohn- und Büroräume. Früher stand das Tahara-Haus, die Leichenhalle für die rituelle Waschung der Toten, gegenüber. An ihrer Stelle befindet sich seit 1951 linker Hand das Mahnmal für die Opfer des Nationalsozialismus (1), das an die über 190.000 deutschen Juden und an die über fünf Millionen europäischen Juden erinnert, die von den Deutschen umgebracht wurden. Zwei Stufen führen zu einer halbhohen, leicht nach innen geschwungenen Mauer. Unter dem Davidstern und den Jahreszahlen 1933–1945 stehen in deutscher und hebräischer Sprache die Bibelworte »Ungestillt rinnt die Träne um die Erschlagenen unseres Volkes« (Jeremias 8, 23). Über 8.000 Hamburger Juden wurden Opfer der deutschen Vernichtungspolitik. Die 1957 aufgestellte freistehende Urne enthält Asche und Erde aus dem Vernichtungslager Auschwitz.

Rechts von der Friedhofskapelle liegt im Planquadrat B 12–13 der 1922 fertig gestellte Ehrenfriedhof für die Kriegsgefallenen der Deutsch-Israelitischen Gemeinde zu Hamburg (2). Auf diesem Platz fanden schon während des Krieges Beisetzungen von Kriegsteilnehmern statt, erst 1918 entstanden Überlegungen zu einer würdigen Gesamtanlage *(Architekten: Block und Hochfeld).* Für die 80 Gräber wurde ein schlichter Stein aus Muschelkalk mit einem Blattornament gewählt. In der freien Mitte steht ein mit einem bronzenen Lorbeerkranz gekrönter Obelisk. Zu beiden Seiten des mittleren Platzes sind neun einfache, strenge Gedenksteine aufgestellt, auf denen die Namen von über 400 in fremder Erde ruhenden jüdischen Soldaten aus Hamburg eingegraben sind.

Ein Weg links an der Friedhofskapelle vorbei führt auf das von dichten Baumreihen verdeckte, parkartige Gräberfeld des Neuen Portugiesischen Friedhofs (3). Das Gräberfeld liegt im Planquadrat ZY–ZZ 12–13 und wird von einem schräg zum Weg im Osten aufgestellten Stein als portugiesischer Friedhof gekennzeichnet. Diese 1,80 Meter hohe Steintafel besteht aus einem Rustikasockel und einer Stele aus Sandstein, deren Vorderseite eine hebräische und eine spanische Inschrift trägt. Oberhalb der Schrift ist im Relief ein Totenkopf mit zwei gekreuzten Knochen als Vanitasdarstellung abgebildet. In den ersten beiden Reihen im Osten stehen prächtige Gittergräber mit zwei oder mehr Grabstellen. Ehepaare haben entweder einen gemeinsamen Grabstein oder auch einzelne Grabsteine, die in Form von zwei Sarkophagen oder Tumben aufgestellt wurden. Die Grabmale aus weißem glatt poliertem Marmor schmücken Blüten- und Blattelemente, Palmen, Lorbeergirlanden, Rosen sowie Voluten, Säulen, Sanduhr. Die Inschriften in portugiesischer, spanischer, englischer und deutscher Sprache zeigen, dass viele der hier Bestatteten in Curaçao, St. Thomas und Caracas geboren wurden. Hier fanden ihre letzte Ruhe der bedeutende Jurist Dr. Salomon Abendana Belmonte (1843–1888) sowie zahlreiche Mitglieder der Kaufmannsfamilien Luria, de Lima und Senior. Viele Gräber erinnern an den Zuzug sefardischer Juden aus dem Osmanischen Reich, die ab der zweiten Hälfte des 19. Jahrhunderts nach Hamburg kamen.

Links vom Neuen Portugiesenfriedhof liegen 45 Grabplatten bzw. gemauerte Pseudogrüfte (von vormals 78) vom Historischen Grindelfriedhof, portugiesischer Teil (4) mit dem Grab des bedeutenden, aus Amsterdam stammenden Kantors Jehuda de Mordechai Cassuto (1819–1893). Zwei Grabplatten vom Grindelfriedhof liegen fälschlicherweise heute auf dem Neuen Portugiesenfriedhof. Hinter den Portugiesenfriedhöfen stehen die Pforte des Friedhofs Am Neuen Steinweg (5) sowie eine Gedächtnistafel für die Verstorbenen. Dieser Friedhof entstand als Notfriedhof während der französischen Besetzung 1813–1814, die Steine der 57 überführten Toten wurden im Zweiten Weltkrieg vollständig zerstört.

An den 1934 geschlossenen und zwischen 1939 und 1941 geräumten Friedhof Ottensen an der Ottenser Hauptstraße und Großen Rainstraße (6), der mit seinen über 4.000 Grabsteinen (ca. 3.700 auf dem Hauptteil, 343 auf dem Altonaer Teil) zu den ältesten jüdischen Friedhöfen im Hamburger Raum gehörte, erinnert eine schlichte Gedenktafel auf dem Gelände, das heute von einem Einkaufszentrum genutzt wird. 175 wertvolle Grabsteine wurden zwischen 1939 und 1941 nach Ohlsdorf verbracht, 100 weitere Grabsteine, die bereits 1897/98 wegen einer Straßenverbreiterung in Kasematten gelegt worden waren, kamen 1953 nach Ohlsdorf (Planquadrat ZY 12–13). Nach der Räumung errichtete man auf dem Gelände Luftschutzbauten.

Hinter diesem historischen Friedhof erstreckt sich im Planquadrat ZX 12–13 der Historische Grindelfriedhof der Deutsch-Israelitischen Gemeinde (7) sowie ihr Ehrenfriedhof (8). Über 400 der handwerklich oder kunstgeschichtlich bedeutendsten Grabsteine (von über 8.000) des 1711 vor dem Dammtor angelegten und 1937 auf Druck der Nazis geräumten Grindelfriedhofs wurden nach Ohlsdorf überführt. An der Stirnseite des Ehrenfriedhofs (Planquadrat ZX 12) steht das Denkmal für Dr. Gabriel Riesser, den engagierten Vorkämpfer für die rechtliche Gleichstellung der Juden und Abgeordneten in der Frankfurter Paulskirche *(Architekt: Engelbert Pfeiffer)*, daneben Gedenksteine für bedeutende Rabbiner und Kantoren wie Dr. Eduard Kley oder Dr. Salomon Gotthold. Der mächtige Stein in der Mitte der Anlage, dessen aufgesetzte Bronzeinschrift abgesprungen ist, verweist auf die hier beigesetzten Gebeine der Toten vom Grindelfriedhof.

Hinter dem Historischen Grindelfriedhof erstreckt sich das Gräberfeld des Neuen Jüdischen Friedhofs (9). Die zahlreichen russischen und persischen Namen zeigen dem Besucher, dass sich die heutige Jüdische Gemeinde Hamburgs mehrheitlich aus nichtdeutschen Gemeindemitgliedern zusammensetzt. – In den Planquadraten C 8, B–A 11, am Rondeel in A–B 10–11 und entlang des Weges in C 8–11 befinden sich die Flächen für Urnengräber (10), die für strenggläubige Juden eigentlich nicht zulässig sind. 1897 fand die erste Urnenbeisetzung statt. Da eine offene Zurschaustellung von Urnengräbern nicht gestattet war, wurden die steinernen Urnendarstellungen häufig mit Nachbildungen von Tüchern drapiert und halb verhüllt. Die tatsächlichen Aschenurnen befinden sich stets in der Erde. Auf dem christlichen Teil des Ohlsdorfer Friedhofs befindet sich in der Nähe der Kapelle 13 ein kleiner jüdischer Friedhof für Juden, die der Jüdischen Gemeinde nicht (mehr) angehörten. Ein kleiner quadratischer Gedenkstein erinnert an die jüdischen Opfer des NS-Regimes.

Die Geschichte der Hamburger Juden ist zugleich die Geschichte ihrer Friedhöfe. Vier der kleineren, heute geschlossenen Gräberfelder *(Wandsbek-Königsreihe, Wandsbek-Jenfelder Straße, Harburg, Langenfelde)* liegen seit dem Inkrafttreten des Groß-Hamburg-Gesetzes am 1. April 1937 auf Hamburger Stadtgebiet. Der 1637 erworbene und 1886 geschlossene, fast 5.000 Quadratmeter große Friedhof an der Königsreihe in Wandsbek zählt mit seinen 1.006 Steinen zu den kleineren jüdischen Friedhöfen im Hamburger Raum *(S-Bahn Wandsbeker Chaussee, U-Bahn Wandsbek-Markt)*. Der älteste erhaltene Grabstein stammt aus dem Jahr 1675. Mitte der 1880er Jahre verfügte die Regierung von Schleswig-Holstein die Schließung des nahezu vollständig belegten Friedhofs, der nach Zerstörungen in der NS-Zeit 1960 unter Denkmalschutz gestellt wurde. Neben dem Friedhof erinnert ein Gedenkstein an Dr. Simon Bamberger, den letzten Rabbiner der Gemeinde. Der Friedhof am Försterweg *(S-Bahn Langenfelde)* geht auf die Weigerung der Stadt Hamburg zurück, den orthodoxen Mitgliedern ein Friedhofsgelände »auf Ewigkeit« zu verkaufen. Diese Minderheit erwarb daher im damals preußischen Langenfelde ein Stück Land auf »ewige Zeiten«, um dort ihre Toten zu begraben. Hinter einer neuen massiven Gittermauer liegen die Gräber des Rabbiners Anselm Stern (1820–1888), des bedeutenden Talmudisten Isaak Halevy (gest. 1914) sowie der Pädagogen Dr. Joseph Goldschmidt (1842–1925) und Daniel Wormser (1840–1900). Zwei liegende Grabplatten erinnern an die Portugiesen Benjamin und Helene Sealtiel, Eltern des »Verteidigers von Jerusalem« David Shaltiel (1903–1969), denen der Portugiesenfriedhof in Ohlsdorf nicht orthodox genug war. In der südöstlichen Ecke befinden sich die Kinderreihen, hinter dem kleinen Pavillon liegen in einer Extrareihe die Gräber der Kohanim, der Mitglieder der Priesterkaste. Die Nummern B 129 bis B 154 bezeichnen eine so genannte Ehren- und Rabbinerreihe, dahinter liegen die prächtigen Grabstätten der Bankiersfamilie Warburg. Nach der Aufhebung des Grindelfriedhofes wurden auch nach Langefelde die Gebeine jener Verstorbenen verbracht, die nicht in Ohlsdorf begraben werden sollten. Friedhofskapelle und Leichenhalle wurden in den 70er Jahren wegen Baufälligkeit abgebrochen. An der Außenmauer des kleinen Pavillons befindet sich ein altes Waschbecken von der abgerissenen Kapelle.

Nach der Schließung des Friedhofs Königstraße begruben die Altonaer Hochdeutsche Israelitengemeinde sowie die Altonaer Portugiesengemeinde nach 1873 ihre Toten auf dem ca. einen Hektar großen Friedhof am Bornkampsweg *(S-Bahn Holstenstraße)*, auf dem noch nach dem Krieg einige wenige Bestattungen vorgenommen wurden; zum Beispiel wurde dort die Theaterwissenschaftlerin Dr. Käthe Starke-Goldschmidt begraben, die 1943 nach Theresienstadt deportiert wurde und 1990 in Hamburg starb. Neben den Gräbern der portugiesisch-jüdischen Familien de Castro, Piza und Abensur liegt hier auch das Grab von Charlotte Embden (1803–1899), der Schwester Heinrich Heines.

6 Rabbiner Benjamin Cohen. Sein Grab befindet sich auf dem jüdischen Friedhof Bornkampsweg.

Südlich der Elbe liegt in Harburg am Rande der Parkanlage Schwarzenberg der Friedhof Schwarzenbergstraße *(S-Bahn Harburg)*. Der erste Harburger Jude starb 1614, ein Vorgängerfriedhof stammt vom Ende des 17. Jahrhunderts. Die erste jüdische Beerdigung auf dem heutigen Friedhof fand 1812 bzw. 1814 statt, die letzte 1937. Die Jüdische Gemeinde musste 1943 den gänzlich belegten Friedhof an die Stadt verkaufen. Von den vermutlich 244 Grabsteinen haben sich trotz Krieg und Vandalismus 239 erhalten. Neben dem Eingang befindet sich eine Gedenktafel für die 1938 zerstörte Friedhofshalle sowie ein Ehrenmal für die im Ersten Weltkrieg gefallenen Gemeindemitglieder.

Literatur

Jürgen Faust und Michael Studemund-Halévy, Sefardische Gräber in Schleswig-Holstein, Glückstadt 1997.

Michael Studemund-Halévy, Bibliographie zur Geschichte der Juden in Hamburg, München–New York 1994.

Michael Studemund-Halévy (Hg.), Die Sefarden in Hamburg. Zur Geschichte einer Minderheit, 2 Bde, Hamburg 1994–1997.

Michael Studemund-Halévy, Biographisches Lexikon der Hamburger Sefarden, Hamburg 2000

Michael Studemund-Halévy und Gaby Zürn, Zerstört die Erinnerung nicht. Der jüdische Friedhof Königstraße in Hamburg, Hamburg 2002.

HESSEN

Monika Kingreen :
Hessen

HESSEN

Monika Kingreen

»Im Vordergrund steht immer das Sichtbare« war bereits der Leitsatz des 1938 erschienenen Buches »Jüdische Wanderungen durch Hessen« von Saul Lilienthal, Kantor der Jüdischen Gemeinde Wiesbaden, der – wie er nicht ohne Stolz vermerkte – »das erste jüdische Wanderbuch in Deutschland« verfasst hatte. Viele Jahrzehnte nach der gewaltsamen Vernichtung des hessischen Landjudentums während der NS-Zeit wird nun hier für Hessen dieser Fokus mit historisch bedingter veränderter Akzentsetzung aufgegriffen. Heute noch sichtbare bzw. »wieder hergestellte« Zeugnisse des jahrhundertealten jüdischen Landlebens in Hessen, die öffentlich als Stätte der Information über seine Existenz in der Vergangenheit genutzt werden, sollen hier vorgestellt werden. Diese steinernen Zeugnisse in Verbindung mit den zahlreichen Lokalstudien zur Geschichte einzelner Jüdischer Gemeinden ermöglichen es, sich von diesem Teil der Geschichte ein Bild zu machen.

Hessen war ein Kernland des Landjudentums, ein Gebiet mit besonders vielen jüdischen Landgemeinden vor allem in der Wetterau, im Odenwald, in Rheinhessen, im Fuldaer Gebiet und in nordhessischen Regionen. Weit mehr als dreihundert Jüdische Gemeinden und Friedhöfe gab es Ende 1932 im Gebiet des heutigen Hessen sowie genau 363 Synagogen und Beträume.

Die hessischen Landjuden waren sehr bodenständig, seit Generationen in der Gegend ansässig und eng in ihre Umwelt integriert, sozusagen »ein Bestandteil« der hessischen Landschaften. Bereits seit dem 12. oder 13.

Jahrhundert waren Juden in der Wetterau ansässig. Im Vogelsberggebiet stammen die ersten Hinweise auf Juden aus dem 14., in anderen Regionen aus dem 17. Jahrhundert. Hessen hatte immer einen besonders hohen Anteil an jüdischer Bevölkerung; bis zur NS-Zeit lag er weit über dem Reichsdurchschnitt. Zentrum des städtischen jüdischen Lebens war natürlich Frankfurt am Main, doch das Besondere des hessischen Judentums war das jüdische Landleben in den Dörfern und Kleinstädten.

»Die hessischen Juden waren eng verbunden mit der Landschaft der hessischen Berge und Wälder und mit den hart um ihr Brot ringenden hessischen Bauern, deren Einfachheit der Lebensführung, zähen Fleiß, Sparsamkeit und Abneigung gegen Neuerungen sie übernommen hatten. [...] Es war wohl eher Neid und ein unbegründetes Überlegenheitsgefühl, das die mehr ›fortgeschrittenen‹ Juden aus anderen, wohlhabenderen Teilen Deutschlands mit einer gewissen Herablassung auf die hessischen ›Landsjuden‹ herabblicken ließ. Gewiss war auch der Ruf der ›Rückständigkeit‹ nicht ganz und gar unverdient. [...] Der dauernde persönliche Kontakt mit den Bauern und ihren Nöten und Sorgen verlangte Verständnis für den Landmann, man verstand sein Denken und sprach seinen Dialekt und wurde gern zur Beratung seiner persönlichen und juristischen Probleme herangezogen. Das Vertrauen in den jüdischen Geschäftsmann war groß, trotz der antisemitischen Propaganda und später der Hetze der Nazis.«
Max Spangenthal, ein Jude aus Nordhessen, im Rückblick

Das Landleben in Hessen war bis zu seiner Vernichtung während des Nationalsozialismus mit geprägt von den jüdischen Familien, die in den Dörfern und Kleinstädten lebten und vorwiegend im Handel, besonders im Viehhandel, tätig waren. Die jüdischen Händler vermarkteten die von den Bauern produzierten Produkte, beschafften Saat- und Futtermittel und deckten auch den täglichen Bedarf an Gebrauchsgegenständen, die sie aus der Stadt mitbrachten. Auch der Geldverleih spielte eine Rolle. In sehr ländlich geprägten Gegenden betrieben Juden im Nebenerwerb auch selbst Landwirtschaft. Zwischen der christlichen und der jüdischen Bevölkerung war eine lange gewachsene Symbiose im Sinne eines »dauernden Zusammenlebens zum gegenseitigen Nutzen« (Monika Richarz) entstanden. In den Dörfern und kleinen Städten waren die Juden Teil der ländlichen Gesellschaft, wobei sie ihre religiöse Identität bewahrten. Heiraten zwischen Christen und Juden waren aus religiösen traditionellen Gründen auf dem Lande ebenso wenig möglich wie Heiraten zwischen Katholiken und Protestanten.

Um 1900 war es wegen besserer wirtschaftlicher Möglichkeiten zu einer stärkeren Abwanderung der oberen Schicht und auch aufstrebender junger Menschen in die größeren Städte, aber auch nach Amerika gekommen. Die Mitgliederzahl vieler Jüdischer Gemeinden verringerte sich so. Einige kleine Gemeinden weitab der Verkehrswege lösten sich auf. Das synagogale Leben war oft nicht mehr so ausgeprägt wie früher. Nicht in allen kleinen Orten wurden täglich Gottesdienste abgehalten, konnte sich die Jüdische Gemeinde noch einen eigenen Vorbeter und Schächter halten, nutzte man die Mikwe. Nur in einigen Orten gab es noch eigene jüdische Volksschulen.

Im öffentlichen Leben spielten die jüdischen Bewohner immer auch eine deutliche Rolle. In den örtlichen Vereinen waren sie wie in politischen Gremien aktiv vertreten. Die jüdische Bevölkerung war keinesfalls homogen, sondern verschiedenen Schichten zuzuordnen. Neben bürgerlich gut situierten gab es auch eine Gruppe armer jüdischer Menschen, die am Rande des Existenzminimums lebten, es waren oft alleinstehende Ältere. Im nichtreligiösen Alltag waren Christen und Juden eher durch ihre soziale Stellung als durch ihre religiöse Identität aufeinander bezogen. Das Dorf oder das Landstädtchen war als Lebensmittelpunkt gemeinsamer Bezugsrahmen für alle Bewohner. Die Lokalidentität besaß in der überschaubaren Lebenswelt höchste Priorität im Selbstverständnis der Landbewohner. Im engen alltäglichen Miteinander waren tradierte antijüdische Einstellungen oder antisemitische Beurteilungen damit durchaus vereinbar.

Ländliches Alltagsleben war so von christlichen und jüdischen Bürgern gemeinsam geprägt. Ausgenommen war dabei der religiöse Bereich. Juden waren immer die größte religiöse Minderheit im Ort, dann erst kam die andere christliche Konfession. Die christliche Bevölkerung befolgte traditionell intensiv ihre religiösen Gesetze und Bräuche und war genauso gewohnt, dass die jüdischen Bürger die ihrigen befolgten. Für Aufsehen im Ort sorgte lediglich der Jude, der sie nicht befolgte. Die jüdische Identität der Landjuden war aber für sie selbst und ihre direkte Umwelt immer klar und selbstbewusst unumstößlich: sie waren jüdische Deutsche.

Der nationalsozialistischen antisemitischen Agitation gelang es, diese dörflich-kleinstädtischen Gemeinschaften allmählich aufzubrechen. Zuerst waren es Einzelne, die sich ihr aus ideologischen Gründen entzogen, bis sie dann systematisch und gewaltsam zertrümmert wurde. Der Erfolg der Böckel-Bewegung Ende des 19. Jahrhunderts in Teilen von Hessen hatte entgegen den Behauptungen späterer nationalsozialistischer Autoren, die ein Kontinuum zum Nationalsozialismus konstruierten, keine primär antisemitische, sondern – bedingt durch die bäuerliche Verarmung – eine wirtschaftliche Triebfeder.

Ab Herbst 1935 – nach den so genannten Nürnberger Gesetzen – suchten viele jüdische Familien Zuflucht in den hessischen Großstädten. Bereits im Jahre 1937 waren die hessischen Landgemeinden im Vergleich zu 1933 um mehr als die Hälfte ihrer Mitglieder geschrumpft. In einem Zeitraum von nur wenigen Jahren hatte sich die Situation der jüdischen Landgemeinden dramatisch verändert; das Ende des jahrhundertealten jüdischen Landlebens in Hessen stand unmittelbar bevor. Entsprechend schloss 1936 ein Bericht zur Lage der Juden auf dem Lande: »Mitunter denkt man beim Überfliegen unserer Zahlen [...] an alte Geschichten, wo es am Schluss heißt: ›Heute sind nur noch einige alte Leute zurückgeblieben.‹ Es ist traurig zu wissen, dass viele Gemeinden unseres jahrhundertelang von Juden besiedelten Bezirkes in kurzer Zeit verödet sein werden. Gemeinden, von deren einstiger Bedeutung Synagogen, Friedhöfe, Urkunden und Familienbilder zeugen.«

Während des Novemberpogroms 1938 wurden 145 Synagogen, das sind 40 Prozent der hessischen Synagogen, vernichtet sowie ein Großteil der Friedhöfe geschändet und teilzerstört.

Aus mehr als 100 ländlichen Gemeinden Hessens deportierte die Gestapo von Dezember 1941 bis September 1942 mehre tausend jüdische Menschen; aus ganz Hessen waren es fast 15.000. Mit ihrer Ermordung wurde dem Land ein wesentlicher Bestandteil – das jüdische Leben – genommen. Das hessische Landjudentum in seiner jahrhundertealten symbiotischen Beziehung zur christlichen Bevölkerung war vernichtet. Die hessischen Landschaften wurden zu einer Landschaft ermordeter jüdischer Menschen, zerstörter Synagogen und verwitternder Steine auf alten Friedhöfen.

In den Jahren nach dem Krieg wurde – wie Thea Altaras 1987 dokumentiert hat – mehr als die Hälfte der Synagogen, die die NS-Zeit überstanden hatten und als Bau erhalten geblieben waren, entweder abgerissen (59 = 16 Prozent) oder anderweitig – zumeist als Wohnhäuser – genutzt (164 = 44 Prozent), nachdem alle Hinweise auf das frühere Gotteshaus schnellstens und gründlich beseitigt worden waren. Manche Synagogengebäude dienten allerdings als Lagerräume und blieben in ihrer Grundstruktur relativ unverändert. Diese sind es, die heute und auch in Zukunft wieder saniert werden und zumeist von interessierten Bürgern als Gedenkorte früheren jüdischen Landlebens aktiviert werden. Zahlreiche jüdische Friedhöfe, die während der »Kristallnacht« 1938 geschändet worden waren, konnten wieder in einen würdigen Zustand versetzt werden. Heute existieren in Hessen 344 jüdische Friedhöfe.

Für die verschiedenen hessischen Regionen sind im Folgenden Hinweise zu ausgewählten – auch in ihrer Unterschiedlichkeit interessanten – sichtbaren und historisch erschlossenen steinernen Zeugnissen des jahrhundertealten jüdischen Landlebens zusammengestellt worden. Aufgenommen wurden aber auch Hinweise auf andere Stätten, wie den Sommersitz der Frankfurter Rothschilds, das Schicksal verschleppter jüdischer Ungarinnen von Auschwitz nach Hessen oder das Leben der 35.000 jüdischen Displaced Persons, die die NS-Lager im Osten überlebt hatten und nach Kriegsende vor antisemitischen Ausschreitungen in Polen in die amerikanisch besetzte Zone nach Hessen geflohen waren, um hier in DP-Lagern auf ihre Einwanderung in die USA und nach Israel zu warten.

Südliches Hessen

Ausgewählte Stationen in Südhessen sind Bensheim-Auerbach, Bensheim, Michelstadt, Alsbach-Hähnlein, Pfungstadt, Erfelden, Neu-Isenburg und Mörfelden-Walldorf.

Die spätbarocke Landsynagoge in der Ortsmitte von Bensheim-Auerbach ist sehenswert. In Auerbach, das seit 1907 zu Bensheim gehört, sind Juden bereits im Jahre 1680 erwähnt. Die Juden des Dorfes Auerbach gingen bis 1778 in die Bensheimer Synagoge, bevor sie eine eigene Gemeinde gründeten. In der Bachgasse erbauten sie 1779 eine neue Synagoge. Nach dem Ersten Weltkrieg konnte die Synagoge wegen der geringen Zahl männlicher Gemeindemitglieder nur noch selten zum Gottesdienst benutzt werden, man ging in die Synagoge von Zwingenberg. 1928 wurde in Auerbach noch eine Hochzeit zelebriert.

1934 verkaufte die Jüdische Gemeinde Auerbach ihren Besitz. Der neue Besitzer baute das Synagogengebäude um und reparierte dort bis 1972 seine Landmaschinen. Der Abriss der Synagoge konnte buchstäblich in letzter Minute verhindert werden. Heute steht das 1986 renovierte und rückgebaute Gebäude prachtvoll frei sichtbar. Es ist ein auch im Inneren reizvoller Bau. Auf der ehemaligen Frauenempore wird eine kleine Dokumentation zur Geschichte der Jüdischen Gemeinde Auerbach gezeigt. Sie enthält auch Teile einer Genisa. Am Ort des Tora-Schreins sind noch – eine Besonderheit – Reste der aufgemalten Säulen sichtbar. Die Synagoge von Auerbach wurde in den vergangenen Jahren auch hin und wieder für religiöse Feiern jüdischer Familien aus Frankfurt genutzt.

Ein beeindruckendes Denkmal erinnert in Bensheim an der Bundesstraße nach Michelstadt seit dem Jahr 2000 an die Synagoge von Bensheim, die im November 1938 an diesem Platz geschändet und zerstört wurde. Ein mehr als zwei Meter hoher und fünf Meter langer Kubus aus rostfarbenem Stahl, der von zwei Seiten aus zugänglich ist, zeigt im Innern auf der einen Seite ein Foto des 1892 erbauten Gotteshauses (1932: 160 Personen) und auf der anderen Seite ein Foto der geschändeten Synagoge vom 11. November 1938: vier Arbeiter mit Spitzhacke und Säge posieren beim Abbruch auf dem zerstörten Synagogendach. Abends sind die Bilder beleuchtet und sind so für die vorbeifahrenden Autofahrer gut sichtbar.

1
Denkmal zur Erinnerung an die Synagoge von Bensheim.

Die Synagoge von Michelstadt wurde 1791 an der Stadtmauer neben dem Wehrturm auf den Fundamenten einer älteren Synagoge gebaut. Der spätbarocke Bau steht in der Mauerstraße, der ehemaligen Judenschulgasse in der Altstadt. Während des Novemberpogroms 1938 wurde sie geschändet und die Inneneinrichtung vollständig zertrümmert. Während des Krieges wurde das Gebäude als Lager für Eisenwaren genutzt. Um 1960 plante man den Abbruch, um an dieser Stelle eine Gedenkstätte für die Opfer des Nationalsozialismus einzurichten. Durch gemeinsame Anstrengung des Landesverbandes der Jüdischen Gemeinden in Hessen, der Stadt Michelbach und des Landes Hessen konnte das Synagogengebäude 1970 grundlegend renoviert werden. Im Inneren wurde eine dreiseitige Galerie mit Wendeltreppe und auch erneut ein Tora-Schrein eingebaut. Über dem Eingang befindet sich der hebräische Portalstein mit dem Spruch aus dem vierten Buch Mose: »Wie schön sind deine Hütten, Jakob, und deine Wohnungen, Israel.« Im Türstoß ist die hebräische Jahreszahl der Erbauung zu lesen, die dem Jahr 1779 entspricht. Ein jüdisches Museum wurde 1978 eingerichtet und nach dem langjährigen hessischen Landesrabbiner Dr. Lichtigfeld (1954–1967) benannt. »Die Stätte, die einstmals ein Zentrum für die Juden von Michelstadt und darüber hinaus aller Juden im Odenwaldgebiet war, wird nunmehr, so hoffen wir, neues Leben erhalten. Sie soll durch Unterbringung von geeignetem Material, wie Urkunden, Bücher und Kultgegenstände zur Erforschung der religiösen, politischen und sozialen Vergangenheit der Juden im Odenwald dienen«, so lautete die Hoffnung des Landesverbandes der Jüdischen Gemeinden in Hessen bei der Einweihung. Nach mehr als 25 Jahren scheint allerdings eine Neubearbeitung der musealen Präsentation der zahlreichen Exponate im Sinne der obigen Zielsetzung unbedingt wünschenswert. Eine Gedenktafel nennt die Namen der ermordeten jüdischen Michelstädter. Seit einiger Zeit finden in der Synagoge wieder Gottesdienste jüdischer Zuwanderer aus der ehemaligen Sowjetunion statt.

2
Die Synagoge von Michelstadt.

Besondere Bedeutung erlangte Michelstadt vor allem durch den berühmten Ba'al Schem von Michelstadt, Löb Seckel Wormser, der 1768 in Michelstadt geboren war und dort mehrere Jahrzehnte bis zu seinem Tode 1847 wirkte. Er war ein Wunderrabbi mit weltweitem Ruf, der Bittstellern aus ganz Deutschland, aber auch aus französischen Städten und aus Amerika mit seinen verschiedenen Heilmitteln in Notsituationen half. Er nutzte auch kabbalistische Mittel, war aber gleichzeitig der Moderne des 19. Jahrhunderts verbunden. Als er 1847 starb, folgten mehr als 800 Trauernde – darunter der Graf zu Erbach und Fürstenau – seinem Leichnam auf dem Weg zum Friedhof am Judenberg, zwei evangelische Priester hielten Reden an seinem Grab. »Weithin über die Grenzen Deutschlands, Europas, ja selbst über den Ozean wird sein Hingang von gläubigen Herzen beklagt und betrauert«, hieß es in der Lokalzeitung anlässlich seines Todes. So waren Michelstädter Soldaten des Ersten Weltkrieges erstaunt, als sie in Häusern jüdischer Familien in Polen das Bild des Ba'al Schem von Michelstadt an den Wänden sahen und erlebten, dass er dort wie ein Heiliger verehrt wurde. Bevor sie in den Krieg gezogen waren, so wird kolportiert, waren christliche und jüdische Männer Michelstadts zum Grab des Wunderrabbis gegangen, um seinen Segen zu erbitten.

3
Der Ba'al Schem von Michelstadt (1768–1847).

1909 gründete sich ein städtisches »Committee zur Ehrung Rabbis Seckel Löb Wormser«, um mit Hilfe einer öffentlichen Sammlung eine Gedenktafel »gewidmet von seiner Vaterstadt« an seinem Wohnhaus in der Erbacher Straße 12 anzubringen, wo er von 1826 bis 1847 gelebt und eine Jeschiwa unterhalten hatte. Diese Tafel wurde 1938 entfernt und zerstört, zu seinem 100. Todestag von der Stadt aber erneuert.

Noch immer hat der Name des Ba'al Schem einen großen Klang in der jüdischen Welt. Bis heute ist sein Grab ein großer Anziehungspunkt für orthodoxe Juden aus der ganzen Welt, sie beten dort, legen Steine und Zettel – so genannte Quittel – mit ihren Wünschen und Nöten auf sein Grab. Der Originalgrabstein fiel genau wie die Begräbnishalle den Schändungen von 1938 zum Opfer. Der Urenkel ließ zum 100. Todestag 1947 einen neuen Grabstein errichten.

4

Teil des Himmels-gewölbes der Pfungstädter Synagoge vor der Restaurierung.

Der Gang über den Friedhof »am Judenberg« zeigt auf den ersten Blick nicht mehr die Spuren der Verwüstungen von 1938, auch nicht die der Baracken, die die Wehrmacht während des Krieges dort errichtet hatte. Heute sieht man außerhalb der Friedhofsmauer die Vorbereitungen zur Anlage eines neuen Bereiches – ein eher hoffnungsfrohes Zeichen.

Der größte erhaltene jüdische Landfriedhof liegt in Alsbach an der Bergstraße. Seit seiner Gründung im Jahre 1616 sind auf diesem Sammelfriedhof Juden aus 32 Ortschaften der Umgebung der Bergstraße und des südlichen hessischen Rieds beerdigt. Mehr als 2.000 Grabsteine sind auf den gut 20.000 Quadratmetern vorhanden. Trotz massiver Zerstörungen in der NS-Zeit ist der Friedhof in seiner wesentlichen Struktur erhalten. Er liegt von einer Mauer umgeben abseits vom Ortskern Alsbach an der Bundesstraße 3 zwischen Zwingenberg und Bickenbach auf der linken Seite. Als Begründer des Friedhofes ist der berühmte Wormser Rabbiner Samuel Bacharach anzusehen, der 1615 in Gernsheim starb. An markanter Stelle steht ein Gedenkstein für ihn. Der älteste erhaltene Grabstein stammt von 1682. An der Innenseite des Friedhofs, an der Stelle des früheren Eingangs von der Ostseite *(an der Bundesstraße)*, wurde 1988 eine Gedenktafel eingeweiht, die auch an die Schändung und die Zerstörung des in der »Kristallnacht« 1938 gesprengten Totenhauses »im morgenländischen Stil« erinnert. Es handelt sich um einen streng orthodoxen

Friedhof, der bis ins 20. Jahrhundert hinein fast ausschließlich hebräische Inschriften aufweist.

In Pfungstadt ist die um 1820 erbaute spätklassizistische ehemalige Synagoge seit 2001 als Kulturhaus der Öffentlichkeit zugänglich. Mit ihrem ultramarinblauen strahlenden Sternenhimmel und der dreiseitigen Frauenempore wirkt sie eindrucksvoll. Die Spuren der Nutzung nach der »Arisierung« als Lagerraum mit Wohnungen wurden sichtbar gelassen. Eine Dokumentation zum Leben der jüdischen Familien von Pfungstadt ist leider bisher nicht vorgesehen. Im benachbarten ehemaligen Gemeindehaus mit Schulraum, Lehrerwohnung und Mikwe, die 1993 freigelegt wurde, befindet sich heute das Stadtarchiv.

Die ehemalige Synagoge von Erfelden mit ihrem markanten spitzen Dachreiter auf dem Treppengiebel liegt als typische Dorfsynagoge inmitten einer lang gestreckten Häuserzeile der Neugasse Erfeldens. Sie wurde 1877 eingeweiht und konnte 1927 ihr 25-jähriges Jubiläum feiern. Ein Verein aktiver Bürger erwarb 1989 das Gebäude und restaurierte es in fünfjähriger Arbeit nach historischen Vorlagen. Heute werden dort Dokumente und Objekte des jüdischen Lebens im gesamten Kreis Groß-Gerau, die bis in das 13. Jahrhundert zurückreichen, gesammelt und dokumentiert. Der Tora-Vorhang der benachbarten Jüdischen Gemeinde Biebesheim kam beispielsweise über Südafrika in den schönen Innenraum der Landsynagoge von Erfelden.

1907 richtete Bertha Pappenheim (1859–1936), die Gründerin des Jüdischen Frauenbundes, in Neu-Isenburg ein Heim für junge Jüdinnen in schwierigen Lebenssituationen ein. Das Heim, das durch Spenden jüdischer Frankfurter Bürger in den folgenden Jahren ausgebaut werden konnte, entwickelte sich zum wichtigsten erzieherischen Projekt der jüdischen Frauenbewegung. 1942 wurde es zwangsweise aufgelöst, die Bewohner in Ghettos und Vernichtungslager deportiert und ermordet. Über das Leben und Wirken dieser bedeutendsten Frau der jüdischen Frauenbewegung in Deutschland ist in der Gedenkstätte Bertha Pappenheim am historischen Ort eine umfangreiche interessante Ausstellung zu sehen.

5
Religionsunterricht im Heim des Jüdischen Frauenbundes in Neu-Isenburg in den zwanziger Jahren.

Durch ein schönes Waldgebiet führt seit 2000 der Historische Waldlehrpfad in Mörfelden-Walldorf. Er erinnert am historischen Ort an 1.700 jüdische Ungarinnen, die im Sommer 1944 aus Auschwitz in Baracken im Walldorfer Wald gebracht wurden, um beim Ausbau der Rollbahn für den Frankfurter Flughafen einige Monate Zwangsarbeit zu leisten. Auf dem zugewachsenen Lagergelände konnten Fundamente freigelegt werden. Die zahlreichen Tafeln des Historischen Lehrpfades geben anschauliche historische und biographische Erklärungen zu diesem Außenlager des KZ Natzweiler-Struthof im Elsass und zu den jüdischen jungen Frauen.

Westliches Hessen

Ausgewählte Stationen in Hadamar, Neu-Anspach, Nentershausen, Groß-Umstadt und Königstein.

Die neue Synagoge von Hadamar wurde 1842 gemeinsam mit kirchlichen und städtischen Honoratioren festlich eingeweiht. Der im Ortskern gelegene Bau hatte neogotische Stilelemente und bot 120 Personen Platz. Die Jüdische Gemeinde Hadamar hatte zu dieser Zeit 100 Mitglieder. Im Dachgeschoss befand sich ein Gemeinde-Versammlungszimmer. Während der »Kristallnacht« 1938 wurde die Synagoge entweiht, geschändet und die Inneneinrichtung zertrümmert. Nach dem Krieg hatte ein Kunstmaler hier sein Atelier. 1982 wurde sie Gedenk- und Erinnerungsstätte mit einer ausführlichen interessanten Dokumentation über die Geschichte der Jüdischen Gemeinde Hadamar, erarbeitet vom Hessischen Hauptstaatsarchiv. Hadamar hat auch einen jüdischen Friedhof, der in der NS-Zeit geschändet und teilweise zerstört wurde. Außerdem sei auf die Gedenkstätte in der ehemaligen Euthanasie-Mordanstalt hingewiesen, wo auch jüdische Kranke ermordet worden sind.

Die Synagogengebäude im Hessenpark in Neu-Anspach im Taunus verweisen exemplarisch auf die zahlreichen hessischen Landsynagogen, die jahrhundertelang wichtige Teile der hessischen Dörfer und Kleinstädte waren. Dort sind die ehemalige Synagoge von Nentershausen im Kreis Hersfeld-Rotenburg und die ehemalige Synagoge von Groß-Umstadt im Kreis Darmstadt-Dieburg wieder aufgebaut. Eingelagert bis auf weiteres ist seit 1980 das Gebäude der Synagoge mit Schulhaus von Aßlar-Werdorf.

Die Synagoge von Nentershausen entstand um 1800 durch den Umbau einer Fachwerkscheune oder eines Schafstalls. Der Synagogeninnenraum mit Rundbogenfenstern und seinen 46 Männerplätzen und 24 Sitzplätzen auf der Frauenempore ist 1996 entsprechend dem Zustand von 1925 mit eindrucksvoller Deckenbemalung von golden-blauen Davidsternen und dem hölzernen Tora-Schrein rekonstruiert worden. Das Original wurde durch Axthiebe beschädigt und ist heute im Holocaust Museum in Washington zu sehen. In der tragenden Säule der Synagoge weist noch ein abgebrochenes Sägeblatt auf das Zerstörungswerk vom November 1938 hin. Die hebräische Jahreszahl außen am Eingang verweist auf das Jahr 1925, dem Jahr einer umfangreichen Renovierung der Synagoge. In dem Anbau, ursprünglich ein einstöckiges Hirtenhaus, waren der Schulraum, die Lehrerwohnung und die Mikwe untergebracht. Das leere Tauchbecken, in das sieben Stufen hinunterführen, ist mit den Einrichtungen für ein Reinigungsbad durch eine Glaswand zu betrachten. Im Vorraum der Synagoge

6
Im Freilichtmuseum Hessenpark wieder aufgebaute Synagoge von Nentershausen.

gibt es eine Dokumentation über die Renovierung des Gebäudes, allerdings keine Hinweise auf das Leben der Menschen, deren Gotteshaus hier zu sehen ist. Der Synagogen-Innenraum kann über einen verglasten Gang eingesehen werden. Die Frauenempore ist über einen 1841 errichteten außen liegenden überdachten Treppenaufgang zu erreichen, ist aber wie der Synagogenraum selbst und auch die Mikwe nur nach Vereinbarung zugänglich.

Das Gebäude der ehemaligen Synagoge von Groß-Umstadt mit seinen hohen Rundbogenfenstern gibt äußerlich einen schönen Eindruck einer kleinstädtischen steinernen Synagoge. In Groß-Umstadt wurde die neue Synagoge, die auch zwei Gemeinderäume enthielt, 1874 feierlich eingeweiht. Während des Novemberpogroms 1938 wurde sie entweiht, geschändet und im Inneren völlig zertrümmert. Beim Aufbau im Hessenpark änderte man leider die Proportionen des Gebäudes durch einen versehentlich zwei Meter zu hoch geratenen Giebel. Im Inneren soll – so eine bereits fast zwanzigjährige Absichtserklärung des Hessenparks – eine Ausstellung zum Leben der hessischen Landjuden gezeigt werden. Momentan wird das Gebäude als Lager genutzt und ist nur nach Vereinbarung zugänglich. Eine Beendigung dieses unwürdigen Zustandes scheint geboten.

Oberhalb von Königstein ist die schlossähnliche frühere Villa Rothschild, heute als Hotel Sonnenhof mit gehobener Gastronomie, in einem neun Hektar großen Naturpark, der allerdings nur noch ein Teil des ursprünglichen Rothschildschen Geländes ist, öffentlich zugänglich. Die große Terrasse dieses Anwesens bietet einen traumhaften Ausblick. Die Villa wurde Ende des 19. Jahrhunderts als Sommersitz des Frankfurter Bankiers Wilhelm Carl von Rothschild (1828–1901) und seiner Frau Mathilde (1832–1924) – der bedeutendsten Frankfurter Mäzenin – erbaut. Sie wurde zu einem Treffpunkt der internationalen Gesellschaft und blieb bis zur »Arisierung« während der NS-Zeit in Familienbesitz. Zahlreiche jüdische und nichtjüdische wohlhabende Frankfurter Familien hatten in Königstein ihren Sommersitz.

Ausgewählte Stationen sind in Roth bei Marburg, in Marburg, Gießen, im Vogelsberg: Kestrich, Romrod, Angenrod, Alsfeld, weiter Lich, Nidda, Friedberg, Bad Nauheim und Assenheim.

Mitten im Ortskern des Dorfes Roth nahe Marburg liegt das Kleinod der Synagoge, die um 1835 als Fachwerkbau, teilweise mit Schiefer verkleidet, errichtet wurde. Der kleine, fast quadratische Raum mit der Frauenempore und seiner Ausmalung gibt heute einen guten Eindruck des ländlich intimen einstigen Gotteshauses. Bis Mitte des 17. Jahrhunderts reichen die Hinweise auf Juden in Roth zurück. Bei der Restaurierung des viele Jahre als Kornlager genutzten Raumes wurden einerseits hebräische Inschriften und synagogale Wandbemalungen, zum anderen aber auch die Spuren der Zerstörung durch Axthiebe an einer die Frauenempore tragenden Holzsäule sowie Hinweise auf das Kornlager sichtbar gemacht. Im Außenbereich sind die Baureste der Mikwe freigelegt. 1998 wurde das Gebäude als Gedenkstätte für die Opfer des Holocaust im Landkreis Marburg der Öffentlichkeit übergeben. Eine Ausstellung gibt Auskunft über die Geschichte des Gebäudes. Über die jüdischen Familien informiert eine Ausstellung in der benachbarten Gesamtschule Niederwalgern. Der jüdische Friedhof befindet sich weit außerhalb des Dorfes auf dem »Geiersberg« mit weitem Blick über das Lahntal.

Auch wenn Marburg nicht zu den hessischen Kleinstädten zu zählen ist, sei hier auf den sensationellen Fund der Reste einer mittelalterlichen Synagoge aus dem 13. Jahrhundert hingewiesen. Eigentlich hatte man nur eine Baugrube für eine Trafostation ausheben wollen. Dabei stieß man auf diesen bis Mitte des 15. Jahrhunderts genutzten Gottesdienstraum, der 30 bis 40 Menschen Platz bot. Heute ist er überbaut mit einem mehrere Meter hohen Glaskubus und überaus sehenswert. Daneben befinden sich Informationstafeln.

Die kleine Fachwerksynagoge von Wohra im Kreis Marburg-Biedenkopf, die seit Mitte des 19. Jahrhunderts bis zu ihrer Schändung 1938 genutzt wurde, ist 1992 dort abgebaut und als Synagoge im jüdischen Gemeindezentrum in Gießen nach Restaurierung wieder aufgebaut und 1995 feierlich eingeweiht worden. Sie ist das eindrucksvolle Prunkstück der heutigen Jüdischen Gemeinde. Diese kleine Dorfsynagoge mit 45 Plätzen mit beidseitiger Frauenempore ist somit heute die einzige hessische Landsynagoge, die wieder ausschließlich ihrem ursprünglichen Zweck dient, wenn auch an einem anderen Ort. Sie ist – wie Thea Altaras formulierte – »lebendiges Denkmal für das Landjudentum und eine Brücke von der Vergangenheit in die Gegenwart«. Im angrenzenden Gemeindezentrum befinden sich Gedenktafeln für die vertriebenen und ermordeten Juden aus Wohra und aus Gießen. Außerdem gibt es dort eine moderne Mikwe.

Im landschaftlich besonders reizvollen Vogelsberg sind einige Orte sehenswert. Die Synagoge der einst recht großen Jüdischen Gemeinde in dem kleinen Dorf Kestrich war, neben der Fachwerkkirche gelegen, Teil eines lang gestreckten Bauernhauses, das auch den Schulraum, die Lehrerwohnung, den Gemeinderaum und in einem Anbau die Mikwe umfasste. Heute steht nur noch ein Teil des Fachwerkhauses mit der Synagoge, die einst ein typisches Beispiel einer hessischen Landsynagoge war. Der kompakt wirkende recht hohe Synagogenraum der L-förmigen, original erhaltenen Frauenempore wird nach Abschluss der umfassenden Sanierung auch eine Ausstellung zum jüdischen Leben in Kestrich enthalten. Am Judenberg liegt der jüdische Friedhof aus der Mitte des 18. Jahrhunderts.

In idyllischer Lage in Romrod liegt zwischen Jagdschloss und Ochersbach die in einem 1722 erbauten Vogelsberger Bauernhaus und gut 100 Jahre später für die Zwecke der Jüdischen Gemeinde umgebaute Synagoge mit Gemeindezentrum. Die sehr ästhetisierend renovierte Synagoge mit ihren klassizistischen Säulen und den Umrissen des ehemaligen Tora-Schreins hat eine Frauenempore, die durch 5 Fenster vom Hauptraum getrennt ist. Die Jüdische Gemeinde verkaufte 1935 das Gebäude; durch die Nutzung als Scheune und Wohnraum blieb es ohne bauliche Eingriffe erhalten. Die Präsentation des mit Kies gefüllten Tauchbeckens der ehemaligen Mikwe ist allerdings gewöhnungsbedürftig. Eine kleine Ausstellung zur Geschichte der Synagoge wird erarbeitet.

Sehenswert ist der Friedhof in Angenrod, einem Stadtteil von Alsfeld, direkt an der Bundesstraße. Dieses Dorf hatte 1905 mehr als 20 Prozent jüdischer Einwohner und wurde auch »Klein-Jerusalem« genannt. Heute noch weist die Straßenbezeichnung Judengasse auf die jüdischen Bewohner hin, von denen die letzten 8 im September 1942 verschleppt und ermordet wurden. In dem prächtigen, aus dem 17. Jahrhundert stammenden ehemaligen Wohnhaus der jüdischen Familie Wallach, die bedeutenden Anteil am wirtschaftlichen Aufschwung von Alsfeld gehabt hatte und dort mehr als hundert Jahre ansässig war, befindet sich heute das Regionalmuseum der alten Fachwerkstadt Alsfeld. Dort ist der ToraSchrein der stattlichen, im November 1938 zerstörten Synagoge zu sehen, des Weiteren der große Davidstern, der sie einst zierte, eine der geretteten Tora-Rollen, der große Uhrenschrank aus der Synagoge und einige weitere Exponate zum jüdischen Leben in Alsfeld. Hinweise auf die früheren jüdischen Bewohner dieses Hauses und ihre Bedeutung für die Stadt sind allerdings nicht zu finden. Nach 1872 legte die Jüdische Gemeinde Alsfeld einen eigenen Friedhof in der Stadt an, und zwar neben dem städtischen Friedhof. Heute liegt der jüdische Friedhof umgeben von den christlichen Grabstätten. Mit finanzieller Unterstützung eines jüdischen Alsfelders konnte 1911 nach längeren Diskussionen eine jugendstilinspirierte Leichenhalle ohne jegliche konfessionelle Zeichen gebaut werden, die neben einer Trauerhalle für christliche und jüdische Nutzung auch eigene Räume der Beerdigungsbruderschaft, der Chewra Kadischa, für die rituell notwendigen Waschungen und die Totenwache enthielt. Ein Vertrag zwischen der Stadt Alsfeld und der Jüdischen Gemeinde Alsfeld legte »das alleinige und ausschließliche Benutzungsrecht für alle Zeiten und alle Fälle« fest. Doch diese jüdisch-christliche Koexistenz unter klarer Trennung und Achtung der religiösen Unterschiedlichkeiten dauerte nur bis 1938. In diesen beiden Räumen ist eine Ausstellung zum Thema »Tod und Beerdigung im Judentum« geplant sowie ein würdiges öffentliches Gedenken an die 48 ermordeten jüdischen Alsfelder und weiterer 25 Ermordeter, die vor 1933 beispielsweise wegen Heirat aus ihrem Heimatort verzogen waren.

Die 1922 eingeweihte neue Bezalel-Synagoge der Jüdischen Gemeinde Lich, die bis ins 17. Jahrhundert zurückreicht, wurde 2004 saniert. Alle nach dem Krieg eingezogenen Wände und Zwischendecken sind entfernt, sodass der ehemalige hohe Synagogenraum mit Säulen und seiner gewölb-

7
Blick in die Tiefe der monumentalen Friedberger Mikwe aus dem Jahr 1260.

ten bemalten Kuppel zur Geltung kommen kann. Die Frauenempore wird allerdings nicht rekonstruiert. Ausstellungen sollen Aspekte jüdischen Lebens in Oberhessen zeigen, sobald das Gebäude als Kulturzentrum zur Verfügung steht. In Lich gibt es einen jüdischen Friedhof am Hardtberg.

Im ehemaligen Wohnhaus der jüdischen Familie Stern im alten Ortskern von Nidda, einem Fachwerkhaus aus dem 17. Jahrhundert, wurde 2002 das Zimmermann-Strauß-Museum eröffnet. Zahlreiche lokale Exponate erläutern Leben und Verfolgung der Niddaer Juden, die bereits für das Jahr 1277 erwähnt sind. Bemerkenswert ist, dass dieses informative Museum in Privatinitiative errichtet wurde.

Die Friedberger Judengasse ist ein Ensemble der Erinnerung an das mehr als 700-jährige jüdische Leben in Friedberg. Seit Beginn des 13. Jahrhunderts lebten die Friedberger Juden bis zur Emanzipation zu Beginn des 19. Jahrhunderts in einem jüdischen Viertel – zeitweise ein Ghetto – zwischen Burg und Stadt als eigenem Bezirk rund um die 150 Meter lange rechtwinklige Judengasse. In ihrem Scheitelpunkt »am Judenplacken« lag als Zentrum des religiösen Lebens die Synagoge. Es muss eine blühende selbstbewusste Gemeinde gewesen sein, die 1260 in der Lage war, diese überaus prachtvolle Mikwe in der Judengasse zu bauen. Dieses einzigartige gotische rituelle Tauchbad der Friedberger Juden ist wegen seiner Monumentalität überaus eindrucksvoll. Seit der öffentlichen Präsentation um 1900 gehört »das Judenbad«, das bis 1820 in Benutzung war, zu den Hauptsehenswürdigkeiten Friedbergs. Im Haus »Judenbad« befinden sich Fotos und Dokumente zur Geschichte der Jüdischen Gemeinde Friedberg sowie die gerettete Marmortafel aus der Synagoge zum Gedenken an die gefallenen jüdischen Friedberger des Ersten Weltkrieges. Die Synagoge, einst Zentrum des religiösen Lebens, wurde im November 1938 entweiht, geschändet, geplündert und wenige Monate später abgerissen. Auf dem Platz der ehemaligen Synagoge befindet sich heute ein dreidimensionaler Ort der Erinnerung. Obwohl hier leider Tora-Schrein und die Bima an der falschen Stelle nachempfunden sind, nämlich kirchenähnlich gegenüber dem Eingang und nicht nach Osten, ist dieser Ort auch mit den Namen der ermordeten jüdischen Friedberger und den informativen Gedenktafeln zum Novemberpogrom durchaus eindrucksvoll.

Die Synagoge von Bad Nauheim, im Bauhausstil von Richard Kaufmann mit 250 Plätzen erbaut, wurde 1929 feierlich eingeweiht. Es ist ein dreistöckiges Gebäude mit hoher dreiseitiger Frauenempore, das heute Unterrichtsräume, eine Wohnung, ein koscheres Restaurant sowie eine Mikwe enthält. In der »Kristallnacht« wurde das Gebäude entweiht und geschändet, die Inneneinrichtung vollkommen zertrümmert. 1945 wurde es im Inneren notdürftig instand gesetzt, ein erster Gottesdienst für amerikanische jüdische Soldaten fand statt. Jüdische Displaced Persons gründeten wieder eine Jüdische Gemeinde mit etwa dreihundert Personen. 1960 baute man das Gebäude innen neu aus. Heute hat die Gemeinde zahlreiche aus der früheren Sowjetunion zugewanderte Mitglieder. Die Bad Nauheimer Synagoge ist heute die wohl einzige städtische Synagoge im hessischen ländlichen Raum, die mit Unterbrechung während der NS-Zeit noch immer als Synagoge fungiert. Der jüdische Friedhof an der Homburger Straße weist zahlreiche Gräber ausländischer Kurgäste und von Displaced Persons auf.

8
Amerikanische jüdische Soldaten im Sommer 1945 vor der Synagoge Bad Nauheim nach einem ersten Gottesdienst dort nach dem Ende des Krieges.

Steinernes Zeugnis der seit dem 13. Jahrhundert existierenden Jüdischen Gemeinde in Assenheim ist die am 21. November 1862 mit einem Festzug durch das Landstädtchen feierlich eingeweihte Neue Synagoge mit den hohen Rundbogenfenstern in der ehemaligen Synagogengasse, die heute Brunnenstraße heißt. Die Juden von Bruchenbrücken und später die von Bönstadt gehörten auch zur Jüdischen Gemeinde Assenheim. Während der »Kristallnacht« wurde die Synagoge entweiht, geschändet, im Inneren zertrümmert. Die steinernen Gesetzestafeln auf dem Giebel brachen Assenheimer Nationalsozialisten gewaltsam herunter. Anschließend war die Synagoge Lagerraum, später Feuerwehrgerätehaus. Im Rahmen eines Sanierungsprogramms wurde das Synagogengebäude 1990 einschließlich der Rekonstruktion der Empore renoviert, der Einbau einer Heizung aber unterblieb ebenso wie jegliche Dokumentation zur Geschichte des Gebäudes und der jahrhundertealten Assenheimer Jüdischen Gemeinde. Der jüdische Friedhof am Speckberg stammt aus der Zeit um 1800.

Östliches Hessen

Ausgewählte Stationen im östlichen Hessen: Klein-Krotzenburg, Großkrotzenburg, Gelnhausen, Salmünster, Steinau, Schlüchtern und Altengronau.

Im Jahre 1913 konnte die seit 1871 selbständige Jüdische Gemeinde von Klein-Krotzenburg eine neue jugendstilinspirierte Synagoge, einen zweigeschossigen Massivbau, mit einem »staatlichen Festzug durch die reichbeflaggten Ortsstraßen« einweihen. »An der Feier hatten sich auch die Angehörigen der anderen Konfessionen sehr zahlreich beteiligt«, heißt es in einem Zeitungsbericht. Der Bürgermeister verlieh seiner Hoffnung Ausdruck, »dass allzeit das friedliche und einmütige Nebeneinanderleben der hier vertretenen Konfessionen bestehen möge«. Im November 1938 wurde die Synagoge entweiht, geschändet und die Inneneinrichtung zertrümmert. Das Gebäude wurde als Holzlager, später als Werkstatt und Materiallager des Bauhofes genutzt und baulich verändert. Durch die Renovierung von 1995–97erhielt es sein ursprüngliches Aussehen weitgehend zurück. Die einst dreiseitige Frauenempore wurde nur im westlichen Teil rekonstruiert. Die ehemalige Synagoge ist auch Gedenkstätte für die vernichteten Jüdischen Gemeinden im ehemaligen Landkreis Offenbach und zeigt eine Dokumentation über sie. Der jüdische Friedhof existiert seit 1871.

Auf der anderen Mainseite liegt in idyllischer dörflicher Lage, umgeben von alten Wohnhäusern, die ehemalige Synagoge der Juden von Großkrotzenburg, deren Geschichte bis vor 1630 zurückgeht. Das massive Gebäude aus Naturbruchsteinen wurde 1826 erbaut und hat einen großen Vorplatz mit einem ästhetisch gelungenen Denkmal. Linker Hand vom Eingang befand sich das bis 1933 für die jüdische Elementarschule genutzte Schulhaus mit Lehrerwohnung und Mikwe, das heute als Privathaus bewohnt wird. Im November 1938 wurde die Synagoge entweiht, geschändet und ebenso wie das Schulhaus im Inneren vollkommen zertrümmert. Die Synagoge wurde gewerblich genutzt, bis sie als Immanuel-Kapelle von 1952 bis 1974 evangelisches Gotteshaus war. Danach war sie Heimstätte des Aquarien- und Terrarienvereins. Nach grundlegender Renovierung ist sie seit 1992 der Öffentlichkeit zugänglich. Beeindruckend ist die Gedenkinstallation mit den Namen der ermordeten jüdischen Krotzenburger. Auf der Empore befindet sich eine kleine Ausstellung zum Leben der Jüdischen Gemeinde Großkrotzenburg, die zu Beginn der NS-Zeit noch 110 Personen umfasste, sowie zu Ritualgegenständen. Seit 2002 wird die ehemalige Synagoge hin und wieder für jüdische Gottesdienste genutzt. Außerhalb des Ortes am Waldrand befindet sich ebenfalls in idyllischer Lage der im 18. Jahrhundert angelegte große jüdische Friedhof.

Die stattliche ehemalige Synagoge von Gelnhausen liegt heute nach Abbruch des benachbarten Schulhauses mit Lehrerwohnung und Mikwe freistehend in der Brentanostraße, die bis 1900 Judengasse hieß. Sie wurde 1736 anstelle einer 1601 erbauten Synagoge erbaut. Da sie bereits im Sommer 1938 verkauft war, blieb das Gebäude, das nun Warenlager war, während des Novemberpogroms 1938 verschont. Bereits im Juni 1938 waren im Rahmen einer antisemitischen »Aktion« die Eingänge der Synagoge zugemauert worden. Die Bemühungen der nach dem Krieg in Gelnhausen von Überlebenden aus Osteuropa neu gegründeten Gemeinde, das Synagogengebäude wieder als religiöse Stätte zu nutzen, scheiterten. 1969 wurde die Synagoge unter Denkmalschutz gestellt, nach langwierigen Auseinandersetzungen saniert und als Begegnungsstätte der Öffentlichkeit zur Verfügung gestellt. Prachtstück ist der vollständig erhaltene barocke Tora-Schrein, der die verschiedenen Nutzungen und den Verfall des Gebäudes unbeschadet überstand. Auf der Empore befindet sich eine informative Ausstellung zur Geschichte der Jüdischen Gemeinde, im Vorraum sind Ritualgegenstände und ein Gedenkbuch mit den Namen der ermordeten jüdischen Gelnhäuser ausgestellt. Erstmals nach mehr als 65 Jahren feierten Juden kürzlich das Chanukkafest wieder in der Gelnhäuser Synagoge. Auf dem Vorplatz befindet sich eine eindrucksvolle künstlerische Installation zur Ringparabel von Lessing. Von besonderer Bedeutung ist der große alte jüdische Friedhof, dessen ältester Grabstein aus dem Jahre 1616 datiert, auf dem »Escher« im Innenstadtbereich gelegen.

Im alten Ortskern von Salmünster, gegenüber der alten Stadtmühle, liegt die ehemalige Synagoge direkt am Mühlbach. 1865 hatte die Jüdische Gemeinde diesen Schafstall zur Synagoge umgebaut. Das holzverschindelte Fachwerkhaus ist im Äußeren völlig erhalten. Der Synagogenraum befand sich im ersten Stock mit einer einseitigen Frauenempore; ein doppeltes Tonnengewölbe mit blauem Sternenhimmel überwölbt auch noch heute den Saal. Im Herbst 1937 verkaufte die Jüdische Gemeinde ihr Gotteshaus. 1996 wurde das Gebäude saniert, das städtische Sozialamt befindet sich heute dort. Im Obergeschoss sind einige Schautafeln zum Umbau der ehemaligen Synagoge zu sehen. Die Mikwe wurde bisher nicht gefunden.

Das markante Klinkergebäude im Stil der Neuen Sachlichkeit des Fabrikgebäudes der Firma Dreiturm in Steinau wurde 1928 von Max Wolf erbaut, dessen Familie bereits seit 1825 in Schlüchtern mit der Herstellung von Seifen beschäftigt war. Max Wolf war sozialpolitisch überaus aktiv und einer der größten Arbeitgeber im Bergwinkel. 1933 beschlagnahmten die Nationalsozialisten seinen Besitz auf besonders perfide Weise und »arisierten« ihn später. Nach der Rückerstattung blieb die Firma bis heute noch – teilweise – im Besitz der Familie Wolf. Am Firmeneingang befindet sich eine schlichte Gedenktafel mit dem Profil Max Wolfs und seinen Lebensdaten 1887–1948.

9
Die Synagoge von Schlüchtern im Stil der Neoromantik wurde 1898 erbaut.

Die ehemalige Synagoge von Schlüchtern steht an markanter Stelle im Ortskern und wurde – sehr großstädtisch wirkend – 1898 im Stil der Neoromanik erbaut. Sie spiegelte damit auch die gesellschaftliche Bedeutung der jüdischen Bürger, die fast 10 Prozent der städtischen Bevölkerung ausmachten. Zum Synagogenkomplex gehörte *(links vom Eingang gelegen und heute privat genutzt)* das Gemeindehaus mit Schulräumen und eine Mikwe. Im November 1938 wurde die Synagoge entweiht, geschändet und die Inneneinrichtung vollständig zertrümmert. Im benachbarten Schulhaus kam es wie auch in zahlreichen anderen Häusern jüdischer Familien zu brutalen Überfällen und Misshandlungen. Während des Krieges war in der Synagoge ein Warenlager. Auf Befehl der amerikanischen Militärregierung erfolgte die so genannte Wiederherstellung im Inneren, allerdings eher im Stil einer Kirche. Ein Kleiderfabrikant ließ zur weiteren Nutzung ab 1950 eine Zwischendecke einziehen, um die Synagoge fabrikmäßig zu nutzen. Diese wurde auch bei der Umwidmung als »Kulturhaus Synagoge« leider nicht entfernt. So sind im unteren Bereich nur noch einige Säulen zu sehen. Im Vorraum befindet sich eine Gedenktafel mit den Namen der mehr als 100 ermordeten Schlüchterner Bürger. Ein großes Foto gibt eine Vorstellung von der Pracht des früheren Synagogeninnenraumes. Auf dem jüdischen Friedhof an der Breitenbacherstraße befindet sich ein seltenes Denkmal aus dem Jahre 1948, das auf Initiative jüdischer Überlebender für die jüdischen Ermordeten aus den Orten des Kreises Schlüchtern errichtet wurde. Im Jahre 2000 kam auf Initiative von ehemaligen jüdischen Schlüchternern noch ein weiteres Denkmal hinzu. Das heutige Friedhofsgelände umfasst nur noch einen Bruchteil seiner eigentlichen Größe. Im Lauterschen Schlösschen unterhält das Heimatmuseum auch eine schon vor dem Ersten Weltkrieg begonnene kleine lokal orientierte Judaica-Abteilung.

In malerischer bergiger Lage liegt der eindrucksvolle jüdische Friedhof von Altengronau. Er ist der zweitgrößte jüdische Landfriedhof in Hessen und hat auf fast 9.000 Quadratmetern fast 1.500 Grabsteine aus den Jahren 1691 bis 1937. Er war ein Sammelfriedhof für 13 hessische und bayrische Ortschaften. Der Friedhof wird liebevoll gepflegt, ist nicht verschlossen und macht fast den Eindruck eines Parks. Nach einer oft mehr als 20 Kilometer langen Anfahrt mit dem Pferdegespann führte der Trauerzug über die Sinnbrücke in Altengronau durch den Ortsteil Hütte und den Roten Grund steil hinauf über ein 250 Meter langes Pflaster zum Eingangstor des Friedhofes. Auf der steinernen Eingangspforte findet sich das Zeichen »SLMZ 1838, ISRT«. Die Inschrift weist auf Samuel Münz aus Altengronau als Vorsteher des Israelitischen Totenhofverbandes hin. Im Inneren links neben dem Eingang liegt das steinerne Totenhaus von 1838. Dort befanden sich ein Betraum und eine Leichenkammer mit einem kniehohen Steintisch für die rituelle Waschung des Leichnams durch die Beerdigungsbruderschaft Chewra Kadischa. Im Jahre 2004 weihte die Gemeinde Sinntal an der Außenmauer des Friedhofes eine Tafel zum Gedenken an die jüdischen Bürger der Orte Sterbfritz, Altengronau, Züntersbach und Oberzell ein. Zur gleichen Zeit weihte im Inneren der frühere Sterbfritzer Henry Schuster eine Gedenktafel mit den Namen der ermordeten jüdischen Sterbfritzer ein. Bei diesem Anlass wies Henry Schuster auch auf den inzwischen völlig zugewachsenen früheren sehr steilen Zufahrtsweg hin, der von Nichtjuden auch »Judenpflaster« genannt wurde. Städtische Arbeiter legten ihn wieder frei.

Hingewiesen sei noch auf die in Restaurierung befindliche ehemalige Synagoge in Heubach mit Lehrerwohnung, Schulräumen und Mikwe, in der auch das jüdische Landleben der Region dokumentiert werden soll.

Nördliches Hessen

Ausgewählte Stationen in Nordhessen sind Schenklengsfeld, Harmuthsachsen, Spangenberg, Gudensberg, Hofgeismar, Volkmarsen, Vöhl und Trutzhain.

Das stattliche ehemalige Lehrerhaus der Jüdischen Gemeinde in Schenklengsfeld beherbergt seit 1999 ein kleines recht informatives Judaica-Museum – Begegnungsstätte für Geschichte und Kultur – zur Erinnerung an die Jüdische Gemeinde Schenklengsfeld, deren Geschichte bis ins 15. Jahrhundert zurückreicht. In dem 1912/13 erbauten Lehrerhaus lebte drei Jahrzehnte der Lehrer Jakob Grünewald, der auch als Kantor und Schächter der Jüdischen Gemeinde tätig war. Seit 1850 besaß die Jüdische Gemeinde eine eigene Volksschule für bis zu 50 Kinder. Sie wurde im Mai 1933 für die 14 Schüler zwangsweise geschlossen. Zu dieser Zeit umfasste die Jüdische Gemeinde 170 Personen bei insgesamt 1.250 Ortseinwohnern. Im Judaica-Museum hängt eine Gedenktafel, die die Namen von 23 ermordeten Schenklengsfeldern nennt. Einen eigenen jüdischen Friedhof besaß die Gemeinde seit 1870. Er befindet sich in schöner Lage südlich des Ortes.

Kürzlich wurde in Rotenburg an der Fulda in einem aus dem Jahre 1835 stammenden Haus eine Mikwe ausgegraben. Weitere Grabungsarbeiten führten bis in fast 4 Meter Tiefe, wo sich Reste einer weiteren Mikwe fanden. 2005 wird dieses Haus mit der Mikwe als Informations- und

Gedenkstätte zum jüdischen Leben in der Region Rotenberg eröffnet. Außerdem sind die umfangreichen Arbeitsergebnisse der Judaica-Geschichtswerkstatt des Gymnasiums auf einem großen Dachboden der Schule zugänglich. Der jüdische Friedhof am »Katzenkopf« mit Grabsteinen ab 1743, auf dem auch Juden der Nachbargemeinden bestattet worden sind, ist sehenswert.

Die kleine fast quadratische Fachwerksynagoge in der Dorfmitte von Hartmuthsachsen entstand durch Umbau einer Hofscheune. An der Ostwand fügte man an dem eingeschossigen Bau einen apsisartigen Fachwerkerker für den Tora-Schrein ein und baute im Inneren eine dreiseitige Frauenempore. 1833 weihte die Gemeinde, die zu dieser Zeit 118 Personen umfasste, ihre neue Synagoge ein. Die Inschrift auf dem Bogen über dem Tora-Schrein lautet: »Und ich will unter den Kindern Israels wohnen«. Die Festpredigt hielt Rabbiner Goldmann aus Eschwege. Quer zur Synagoge stehend befand sich das ehemalige Gemeindehaus mit der Mikwe im Untergeschoss; Lehrerwohnung und Gemeinderäume lagen im Obergeschoss. Auch die jüdische Elementarschule war dort von etwa 1869 bis zur Auflösung der Schule 1925. Schon im 17. Jahrhundert waren Juden in Harmuthsachsen ansässig. 1937 war die Synagoge aufgrund der nationalsozialistischen Verfolgung verkauft worden und wurde jahrzehntelang als Scheune genutzt; der farbige Tora-Schrein war von einer Tenne überdeckt. 1996 pachtete eine Privatperson das Gebäude, damit es grundlegend saniert werden konnte. Mit den hohen Sprossenfenstern, dem rekonstruierten großen Dachreiter und dem Fachwerkerker strahlt es, umgeben von einem Obstgarten, in seiner Hoflage einen intimen Charme aus. Der Innenraum zeigt sich durch die Nichtrekonstruktion der Emporen im Vergleich zu früher verändert. Zwei jüdische Friedhöfe gibt es: Auf dem Rauschenberg, sehr reizvoll mitten im Hochwald ohne jegliche Umgrenzung gelegen, befindet sich der alte jüdische Friedhof von 1710, im heutigen Neubaugebiet der kleine 1906 angelegte neue Friedhof.

Ein Kleinod der hessischen Dorfmikwen ist die von Spangenberg. Das kleine würfelförmige Häuschen mit einer quadratischen Grundfläche von 2,70 x 2,70 Metern liegt am Wäscheborn, dem früheren Dorfwaschplatz, unmittelbar am Bach und nur etwa 50 Meter von der früheren Synagoge entfernt. So war die Zuleitung frischen Quellenwassers ebenso wie die Ableitung in den Bach gewährleistet. Die Mikwe mit einer meterhohen Bruchsteinmauer stammt wohl aus dem frühen 18. Jahrhundert, während die aufgemauerten Wände und das Dach später um 1830 hinzukamen. Wandbemalungen im Innenraum, von denen noch Reste vorhanden sind, sind der Zeit um 1900 zuzuordnen. Im Volksmund hieß es »Judenbad«. Kürzlich konnten Spangenberger Schüler im Rahmen einer Projektwoche das bis dahin jahrzehntelang mit Erde zugeschüttete Tauchbecken mit den hinunterführenden Steinstufen freilegen. Sie stießen auf eine quadratische Grundfläche in etwa 1,20 Meter Tiefe. Zu ihrem Erstaunen floss sofort Wasser ein. Nach Abpumpen zur Beseitigung aller Erdreste füllte sich das Tauchbecken mit frischem Quellwasser, sodass es nach jüdisch-religiösem Gesetz für die rituelle Reinigung genutzt werden könnte. 1869 richtete die Jüdische Gemeinde einen eigenen Friedhof ein; zuvor hatten sie ihre Toten auf dem Sammelfriedhof in Binswörth beerdigt.

In Gudensberg waren Juden seit Mitte des 17. Jahrhunderts ansässig. Ihre neue Synagoge im Ortskern weihten sie 1843 ein, ein schöner Steinbau mit großen Rundbogenfenstern. Beim Eingang liegt das heute privat genutzte ehemalige Schulhaus mit Lehrerwohnung. In der »Kristallnacht« wurde die Synagoge entweiht, geschändet und die Inneneinrichtung zertrümmert. Sie diente nach der Zerstörung als Lagerraum. Nach mehrjähriger Renovierung wurde sie mit ihrem markanten doppelbögigen steinernen Eingangsportal, auf dem die hebräische Inschrift noch sichtbar ist, 1995 als »Kulturhaus Synagoge« der Öffentlichkeit übergeben. Leider wurden aus Kostengründen die Zwischendecke nicht entfernt und der synagogale Innenraum nicht wieder hergestellt. Auf der neu installierten Empore befindet sich eine informative Ausstellung über die jüdischen Familien von Gudensberg und die Synagoge. Die Namen von 61 ermordeten jüdischen Gudensbergern sind zu lesen. Im Eingangshof befindet sich eine interessante Gedenkinstallation. Seit 2001 hat Gudensberg wieder eine Jüdische Gemeinde. Zu den hohen jüdischen Feiertagen nutzt sie die Synagoge für ihre Gottesdienste. Die Juden von Gudensberg wurden auf dem jüdischen Friedhof von Obervorschütz, heute ein Ortsteil, beerdigt, einem großen Sammelfriedhof für Juden von 14 umliegenden Ortschaften. Die ältesten Grabsteine sind von 1736. Auf mehr als 13.000 Quadratmetern sind 450 Gräber zu finden.

10
Eingang der Synagoge von Gudensberg von 1843 mit einer Gedenkinstallation. Links das ehemalige Schulhaus der Jüdischen Gemeinde.

Das Stadtmuseum in Hofgeismar besitzt eine eigene Abteilung »Jüdische Kultur in Nordhessen«, wo auf mehr als hundert Quadratmetern jüdisches Leben in der Region Hofgeismar im privaten, öffentlichen, beruflichen und religiösen Bereich thematisiert wird. Besonders gelungen sind die Rauminstallationen zum Schabbat, zur Synagoge und zum häuslichen religiösen Studium. Auch über die Verfolgung und Vernichtung jüdischer Bürger der Region wird informiert. Auf einer leuchtenden Wand sind die Namen von 450 jüdischen Ermordeten aus 25 Ortschaften der Altkreise Hofgeismar, Kassel und Wolfhagen zusammengetragen. *(Die Namen sind auf der Homepage zu finden.)* Hofgeismar hat einen jüdischen Friedhof.

Über das Leben der jüdischen Familien in dem schönen alten Städtchen Volkmarsen und seiner Umgebung informiert die recht umfangreiche Ausstellung eines engagierten Vereins, der seit vielen Jahren die Begegnung mit früheren jüdischen Bürgern der Region sucht. Besonders beachtenswert ist die Installation eines in der »Kristallnacht« 1938 verwüsteten Zimmers, das nach einem bewegenden zeitgenössischen Brief arrangiert wurde. Es gibt in Volkmarsen einen jüdischen Friedhof.

Auf den ersten Blick ist das hellgrüne zweigeschossige lange Fachwerkgebäude in der ehemaligen Judengasse von Vöhl nicht als Synagoge zu erkennen. Steht man davor, so verweist erst die Balkeninschrift auf die Synagoge: »Im Jar 1827 den 17. Juli wurde diese Sinego durch Gottes Hülf und Macht durch den Schreinermeister [...] Glücklich in Stant gebracht. Gott segne diesen Bau und alle, die gehen ein und aus.« Berührend zu lesen auch auf einer Art Grundstein im Sockel: »Zur Ehre Gottes und ewigen Andenken.« Im rechten Teil bietet der völlig erhaltene Synagogenraum mit einer vierseitigen hölzernen Kuppel mit Sternenhimmel ebenso wie die große umlaufende Frauenempore, die lediglich den Tora-Schrein aussparte, einen besonders schönen Raumeindruck. Die Nutzung als Baustofflager und Wäschetrockenboden erfolgte fast ohne bauliche Eingriffe. Die jüdische Bevölkerung machte Mitte des 19. Jahrhunderts 20 Prozent der Dorfbevölkerung aus. Nach Abschluss der Renovierungsarbeiten im

11
Szene in der Synagoge um 1900. Rauminstallation in der Judaica-Abteilung des Stadtmuseums Hofgeismar – in Anlehnung an den Zyklus von Wilhelm Thielmann »Bilder aus der Synagoge. Gottesdienstliche Vorgänge nach dem Leben gezeichnet« aus dem Jahr 1900.

Inneren wird in den ehemaligen Schul- und Lehrerwohnungsräumen eine Ausstellung zum jüdischen Leben in und um Vöhl installiert. »Mit der Erhaltung dieses Gebäudes halten wir die Erinnerung wach an Menschen, die über Generationen hier lebten.« Das Gebäude der Vöhler Synagoge ist übrigens die einzige Synagoge Deutschlands, deren Instandsetzung auch vom Jewish Heritage Grant des World Monuments Fund mitfinanziert wird. In Vöhl gibt es einen jüdischen Friedhof.

Eines der nordhessischen Lager für etwa 2.000 jüdische DPs befand sich von Sommer 1946 bis Ende 1947 im ehemaligen Kriegsgefangenenlager Stalag IX b Ziegenhain. In einer der Baracken war eine Synagoge eingerichtet, deren Ausmalung noch erhalten ist. Das Museum der Gedenkstätte Trutzhain dokumentiert auch diese für jüdisches Leben im Nachkriegshessen wichtige Zeit. Der ehemalige Synagogenraum mit seinen Bemalungen ist allerdings bisher nicht zugänglich.

Literatur

Paul Arnsberg, Die jüdischen Gemeinden in Hessen. Anfang. Untergang. Neubeginn. 2 Bde, Frankfurt am Main 1971 (enthält Basisinformationen zu jeder einzelnen Jüdischen Gemeinde).

Die jüdischen Gemeinden in Hessen. Bilder und Dokumente, Darmstadt 1973 (enthält Fotos und Dokumente zu vielen Jüdischen Gemeinden).

Thea Altaras, Synagogen in Hessen – Was geschah seit 1945? Eine Dokumentation und Analyse aus allen 221 hessischen Orten, deren Synagogenbauten die Pogromnacht 1938 überstanden. 223 architektonische Beschreibungen und Bauhistorien. Königstein im Taunus 1988.

Thea Altaras, Das jüdische rituelle Tauchbad. Königstein im Taunus 1994.

KÖLN

Marina Sassenberg :
Köln

KÖLN

Marina Sassenberg

Die Geschichte der ältesten Jüdischen Gemeinde nördlich der Alpen beginnt in der Spätantike. In einem Dekret Kaiser Konstantins aus dem Jahr 321 an die Ratsherren von Köln heißt es: »Allen Behörden gestatten wir durch allgemeines Gesetz, die Juden in den Stadtrat zu berufen. Damit ihnen aber eine gewisse Entschädigung für die frühere Regelung verbleibe, lassen wir es zu, dass immer zwei oder drei das Vorrecht genießen sollen, durch keinerlei Berufung in Anspruch genommen zu werden.« Der Text, aufbewahrt in der Vatikanischen Bibliothek zu Rom, gilt als frühester Nachweis über die Existenz einer Jüdischen Gemeinde im deutschen Sprachraum. Erste archäologische Befunde sind hingegen deutlich jüngeren Datums.

Das mittelalterliche Judenviertel

Ausgrabungen am Platz vor dem Alten Rathaus zeugen von einem jüdischen Viertel zwischen Kleiner Budengasse, Unter Goldschmied, Obenmarspforten und Judengasse/Rathaus, dessen Ursprünge im 11. Jahrhundert liegen. Die Mauerreste sind für Nichtfachleute schwer zu entziffern, doch hilft eine bronzene Grundrissplatte sowie eine markierende Bodenpflasterung die Gebäudeabmessungen sichtbar zu machen. Die zeitweilig etwa 800 Einwohner des Viertels lebten in guter Wohnlage, neben den Häuserzeilen der Geistlichkeit und christlichen Familien der Oberschicht. Das Gemeindezentrum umfasste eine Synagoge, eine Talmudschule, ein

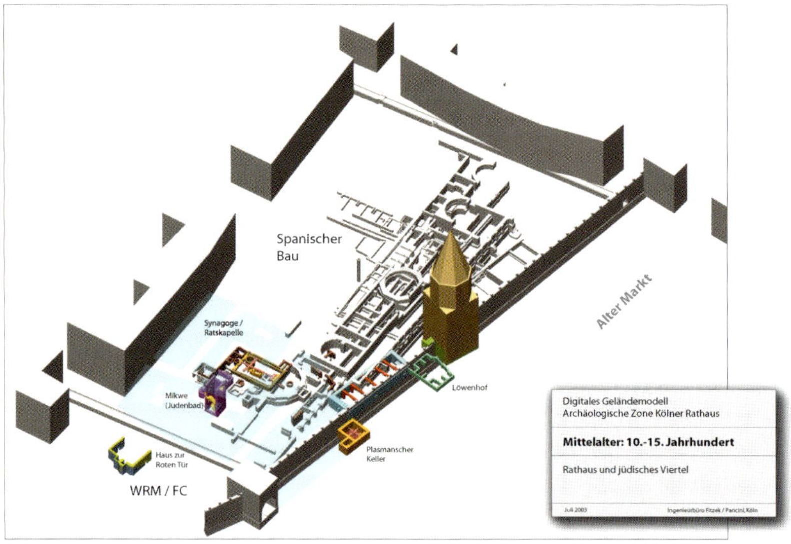

1
Mittelalterliches
Judenviertel.

Warmbad, ein Back-, Tanz- und Hochzeitshaus, ein Hospiz für Durchreisende und eine Mikwe. Die Grabungen legten Ende der fünfziger Jahre des 20. Jahrhunderts Fundamente von insgesamt vier Synagogen frei, mit vier verschiedenen Genisa-Funden in den Kellern. Ursprünglich nach allen Seiten hin offen, wurde das Viertel seit Beginn des 14. Jahrhunderts durch Mauern und Pforten abgeschlossen, was Rückschlüsse auf ein verändertes Verhältnis zwischen jüdischer Gemeinde und christlicher Mehrheitsgesellschaft zulässt.

Eine Glaspyramide auf dem Platz vor dem Rathaus überdacht den besterhaltenen Teil des mittelalterlichen Gebäudekomplexes: die Mikwe, ein Tauchbad zur rituellen Reinigung. Man blickt in einen 16 Meter tiefen, aus Sandsteinquadern gemauerten Brunnenschacht; 5 Treppen führen vorbei an Umkleidenischen und Abstellräumen. Das Bad wird vorschriftsmäßig von fließendem Wasser gespeist und erreicht bei mittlerem Wasserstand des Rheins eine Tiefe von ca. 70 Zentimetern. Um 1170 erbaut, zählt die Kölner Mikwe zu den ältesten Einrichtungen ihrer Art in Deutschland.

Umrisse einer langen Geschichte

Im Zuge der Pestverfolgungen im Rheinland wurde 1349 auch die mittelalterliche Gemeinde Kölns weitgehend zerstört; dauerhaftes Wiederanknüpfen an die eigene Geschichte gelang nicht mehr. 1423/24 beschloss der Rat der Stadt die endgültige Vertreibung der Juden. Gezwungenermaßen wich man ins nahe gelegene Deutz aus und in die entstehenden Landgemeinden entlang des Rheins. Die Rechtsgrundlange änderte sich erst mehr als dreihundert Jahre später mit der Besetzung des Rheinlands durch napoleonische Truppen; die Wiederzulassung erfolgte 1798. 17 jüdische Familien schlossen sich 1801 zur ersten neuzeitlichen Gemeinde zusammen. Die revolutionäre Gesetzgebung versprach ihnen Religionsfreiheit und erstmals in der Geschichte auch bürgerliche Gleichheit. Trotz des von

2
Große Synagoge Glockengasse 7, Innenansicht. Der überkuppelte Zentralbau stand exemplarisch für die Großstadtsynagoge im 19. Jahrhundert, deren Baustil islamische und europäisch-byzantinische Elemente vereinigte. Damit verwies man einerseits auf die geographischen Urspünge der jüdischen Kultur und unterschied sich andererseits vom christlichen Kirchenbau. Der unübersehbare Kontrast zwischen der gotisch geprägten Außenfassade und dem maurischen Inneren lässt sich als politisches Statement eines staatsbürgerlichen deutsch-jüdischen Selbstverständnisses lesen. Eine Gedenktafel an der Oper, die heute an der Stelle der Synagoge steht, erinnert an die Zerstörung der Synagoge in der Pogromnacht 1938.

Napoleon erlassenen »Schändlichen Dekrets« von 1808, das die neuen Rechte gleich wieder einschränkte, erlebte die Jüdische Gemeinde in der ersten Hälfte des 19. Jahrhunderts einen kontinuierlichen Aufstieg.

Ihre Erfolgsgeschichte spiegelte sich in der 1857 bis 1861 nach Plänen des renommierten Dombaumeisters Ernst Friedrich Zwirner erbauten Großen Synagoge Glockengasse. Die erste, »kleine« Synagoge, 1804 auf einem Teil desselben Geländes errichtet, war 1854 wegen Baufälligkeit abgerissen worden. 6 weitere Synagogen entstanden im Verlauf des 19. Jahrhunderts im heutigen Stadtgebiet in der St.-Apern-Straße (Synagoge der orthodoxen Separatgemeinde Adass Jeschurun), in Deutz, Mülheim, Ehrenfeld und Zündorf sowie in der Roonstraße 50. Letztere, ein kolossaler neoromanischer Bau, 1895 bis 1899 von den Architekten Bernhard Below und Wilhelm Emil Schreiterer errichtet, fungierte als zweite Hauptsynagoge. Für die osteuropäischen Einwanderer, die sich seit der Jahrhundertwende in Köln niederließen, wurden insgesamt 9 Betsäle eingerichtet. Zu Beginn des 20. Jahrhunderts verfügte die Gemeinde über

3
Synagoge
Roonstraße.

zwei Krankenhäuser, zwei Grundschulen, seit 1916 über das einzige jüdische Gymnasium im Rheinland (»Jawne«), ein Waisenhaus, ein Lehrlingsheim und eine Reihe von Institutionen der Sozial- und Wohlfahrtspflege. Das Bankhaus Oppenheim & Cie. stand seit der Emanzipation für erfolgreiches Unternehmertum; 1895 nahm das Warenhaus Tietz seinen Hauptsitz in Köln *(Hohe Straße, Ecke Schildergasse, heute: Galeria Kaufhof)*. Von 1808 bis 1925 stieg die Zahl der jüdischen Bevölkerung in Köln von 133 auf etwa 16.000 Einwohner, was stets leicht über dem Reichsdurchschnitt von einem Prozent lag.

Seit Beginn der zwanziger Jahre des 20. Jahrhunderts schrieben sich große Namen in die Stadtgeschichte ein: An der Universität lehrten neben anderen der Staats- und Völkerrechtler Hans Kelsen (1881–1973), der Philosoph Max Scheler (1874–1928) und der Kardiologe Bruno Kisch (1890–1966); Otto Klemperer (1885–1973) und Eugen Szenkar (1891–1977) wurden nacheinander Generalmusikdirektoren in Köln; der Komponist Walter Braunfels (1882–1954) leitete die Hochschule für Musik; Einflüsse in der bildenden Kunst kamen von Otto Freundlich (1878–1943), Ludwig Meidner (1884–1956) und Olga Oppenheimer (1886–1941), einer frühen Repräsentantin des Rheinischen Expressionismus, Mitglied der Kölner Sezession; Lou Straus-Ernst (1893–1944) trat als Journalistin und Kritikerin der rheinischen Kunstszene hervor, Friedl Münzer (1892–1967) reüssierte am Kölner Schauspielhaus. Ihrer jüdischen Herkunft wegen wurden sie während des Nationalsozialismus verfolgt, nicht allen gelang die Flucht ins sichere Exil.

In der Pogromnacht 1938 wurden alle 7 Synagogen Kölns teilweise oder vollständig zerstört. Bis September 1940 hatte sich die jüdische Bevölkerung der Stadt nahezu halbiert. Am 12. Mai 1941 verfügte die Kölner

Gestapo die Einrichtung so genannter Judenhäuser. Dazu missbrauchte sie Einrichtungen, die ehemals sozialen Zwecken dienten, wie das Lehrlingsheim in der Utrechterstraße 6 und die Rheinlandloge in der Cäcilienstraße 18–22. Auf die Ghettoisierung erfolgten am 21. Oktober 1941 vom Bahnhof Deutz aus die ersten Deportationen, am 1. Oktober 1944 die letzten. Insgesamt wurden von Köln aus etwa 11.000 Menschen in Konzentrations- und Vernichtungslagern interniert und ermordet. Nur etwa 40 überlebten versteckt bei Nachbarn und Freunden.

Noch bevor die Befreiung durch amerikanische Truppen offiziell war, versammelten sich Überlebende und Befreier am 29. April 1945 in den Trümmern der Synagoge Roonstraße zum Gottesdienst und beschlossen einen Neuanfang. Von großer Symbolkraft für die Jüdische Gemeinde wie für die bundesdeutsche Nachkriegsgesellschaft war 1959 der Neubau der Synagoge Roonstraße. Nach den Zerstörungen der Pogromnacht waren von der zweiten Hauptsynagoge lediglich Teile der Außenfassade erhalten geblieben. Es sei, so heißt es, der ausdrückliche Wunsch des damaligen Bundeskanzlers und früheren Kölner Oberbürgermeisters Konrad Adenauer gewesen, die Synagoge Stein für Stein zu rekonstruieren. Der Architekt Helmut Goldschmidt fand einen Kompromiss zwischen Vergangenheit und Zukunft, indem er die Fassade nach der alten Vorlage, den Innenraum dagegen neu und multifunktional gestaltete. Der heutigen Gemeinde, mit fast 5.000 Mitgliedern die fünftgrößte im gesamten Bundesgebiet, dient die Synagoge Roonstraße mit Bibliothek, Theaterraum und einem koscheren Restaurant als religiöser und kultureller Begegnungsort.

Die Oppenheims

Die Familie Oppenheim schrieb sich in die rheinische Wirtschaftsgeschichte ein, in die Geschichte Kölns und ihrer Jüdischen Gemeinde, die Geschichte deutsch-jüdischen Mäzenatentums, der deutschen Wissenschaft und des Sports sowie in die europäische Politik der Nachkriegszeit. Salomon Oppenheim (1772–1828), Hoffaktor in Diensten des Bonner Kurfürsten, kam Ende des 18. Jahrhunderts im Gefolge seines Dienstherrn nach Köln und begründete dort das Bankhaus Sal. Oppenheim Jr. & Cie. Das heute in siebter Generation geführte Unternehmen hat seinen Sitz Unter Sachsenhausen 4. Im 19. Jahrhundert spielte es eine bedeutende Rolle in der Industrialisierung der Rhein-Ruhr-Region durch die Förderung der Eisenbahn- und Schifffahrtswege sowie der Kohle- und Stahlindustrie. Unternehmerisches Geschick vermischte sich mit sozialem und kulturellem Engagement, auch bei Salomons Söhnen Abraham, Simon und David.

4
Die Oppenheims auf Gut Schlenderhan.

David bzw. Dagobert von Oppenheim, wie er sich nach seiner Konversion nannte, rief nach seinem Jurastudium in Bonn 1840 die radikalliberale »Rheinische Zeitung« ins Leben. Abraham von Oppenheim (1804–1878) schuf zusammen mit seinem Bruder Simon 1838 die erste Kölner Versicherungsgesellschaft »Colonia«, wurde 1846 erstes jüdisches Mitglied im Kölner Stadtrat und Mitbegründer der Rheinischen Eisenbahngesellschaft. 1856 finanzierte er im Wesentlichen den Bau der Synagoge Glockengasse. Simons Sohn Eduard gründete 1869 das erste deutsche Privatgestüt auf dem von seinem Vater erworbenen Schloss Schlenderhan; Charlotte von Oppenheim, die Gattin Abrahams, stiftete 1880 das Kinderhospital in der Buschgasse 2. Die Rolle der Familienmitglieder als Stifter und Mäzene wurde in der Literatur ausführlich gewürdigt, sie reicht bis in die Gegenwart.

Max von Oppenheim (1860–1946), Diplomat, Forschungsreisender, Archäologe und Kunstsammler, entdeckte während einer seiner Forschungsreisen 1899 die aramäisch-assyrische Residenz Tell Halaf. In Berlin gründete er 1929/30 ein archäologisches Museum und ein Orientforschungsinstitut, das über eine bedeutende Bibliothek, Kunst- und Handschriftensammlung verfügte. Der Orientforscher hinterließ ein umfangreiches Œuvre. Die Bestände der im Krieg großenteils zerstörten Sammlung befinden sich heute im Orientalischen Seminar der Universität.

Der 1900 in Köln geborene Friedrich Carl von Oppenheim, ein Urenkel des Firmengründers, leitete das Unternehmen während des Nationalsozialismus. Seit 1938 wurde es unter anderem Namen weitergeführt, der Familienbesitz teilweise konfisziert. Dennoch konnte es weitgehend seine Geschäfte fortführen. Friedrich Carl von Oppenheim nutzte seine privilegierte Position, um jüdischen Geschäftsfreunden und deren Familien zur Emigration zu verhelfen, bei NS-Behörden zu intervenieren und so vielen Menschen das Leben zu retten. Die Gedenkstätte Yad Vashem in Jerusalem bewahrt sein Andenken als das eines Gerechten unter den Völkern. Das europapolitische Wirken Friedrich Carl von Oppenheims, insbesondere in den fünfziger und sechziger Jahren des 20. Jahrhunderts, wird derzeit vom Berliner Institut für Europäische Politik erforscht.

Steinerne Archive: Die Friedhöfe in Deutz und Bocklemünd

Insgesamt 6 jüdische Friedhöfe liegen im heutigen Kölner Stadtgebiet: in Deutz und Bocklemünd, Ehrenfeld, Deckstein, Mülheim und Zündorf. Der siebte und zugleich erste Friedhof aus dem 12. Jahrhundert vor dem Severinstor existiert nicht mehr. Obwohl das im Chor des Kölner Doms eingemauerte steinerne Privileg des Erzbischofs Engelbert aus dem Jahr 1266 den Juden die Nutzung und Unantastbarkeit ihres Friedhofs garantierte, hatte man die Gräber während der Pestpogrome geschändet, ihre Grabsteine gestohlen und als Baumaterial für christliche oder säkulare Gebäude verwendet. Steine des Friedhofs am Severinstor finden sich im Mauerwerk der nahe Köln gelegenen Burg Lechenich, dem einstigen Landessitz des Erzbischofs Wilhelm von Gennep, sowie im Turm der Burg Hülchrath bei Grevenbroich. Die lange, wechselvolle Geschichte des Begräbnisorts am Severinstor endete erst 1937 mit der Bestattung der Gebeine vor der neuen Gedächtnishalle des Friedhofs Bocklemünd.

Der heute älteste Friedhof im Kölner Stadtgebiet mit mehreren tausend Grabstätten liegt im rechtsrheinischen Stadtteil Deutz, am Judenkirchhofsweg. Er wurde 1698 oder 1699 angelegt. Auffallend ist eine größere Zahl liegender Grabsteine, was sich aus der preußischen Militärgeschichte erklärt: Auf Anweisung der preußischen Behörden durften zwischen 1859 und 1882 keine Grabsteine aufrecht aufgestellt werden, da sich der Friedhof in unmittelbarer Nähe zu einer Festungsanlage befand – man benötigte freies Schussfeld.

Mitglieder der Familie Oppenheim wurden in Deutz begraben, auch Isaak Offenbach, der Vater des berühmten Komponisten. Eine der vielen Geschichten hinter den Steinen ist die des Metzgermeisters Adolf Buschhoff aus Xanten *(Grabstein Flur E, Nr. 5)*. In seinem Heimatort hatte man ihn 1891 des Mordes an einem christlichen Knaben bezichtigt. Gerüchte sprachen von einem jüdischen Ritualmord. Obwohl die Haltlosigkeit der Anklage in zwei international beachteten Prozessen ermittelt und Buschhoff rehabilitiert wurde, sah sich Buschhoff in Xanten öffentlicher Verfolgung ausgesetzt. Er floh nach Köln, wo ein Teil seiner Familie lebte, und verbrachte dort den Rest seines Lebens. Der wahre Mörder wurde nie gefunden.

Der mit seinen ca. 45.000 Quadratmetern und 5.000 Grabstellen größte jüdische Friedhof Kölns an der Venloer Straße 1152 in Bocklemünd wurde 1918 angelegt und ist als einziger noch in Benutzung. Wie auf dem Deutzer Friedhof, so finden sich auch hier zahlreiche historisch und künstlerisch bemerkenswerte Grabstätten. Der neoklassizistische Eingangsbau mit Trauerhalle, Büro- und Wohnräumen für die Friedhofsmitarbeiter wurde 1929/1930 nach Plänen des Architekten Robert Stern errichtet.

Über die moderne ästhetische Gestaltung von Gartenanlage und Trauerhalle des Friedhofs in Bocklemünd schrieb das Kölner Jüdische Wochenblatt am 13. Dezember 1929: »Die gesamte Anlage [...] wirkt sehr eindrucksvoll. Da steckt etwas von einer ernsten Würde, von einer andächtigen Feierlichkeit in dieser Linienführung, besonders beim Hauptbau, der dreimal sich abstuft mit seinen seitlichen Vorbauten. Auf allen vier Seiten sind drei schmale, hohe Fenster, die in Bleiverglasung ausgeführt sind. Eine Farbsymphonie ist in diesen kunstvollen und komplizierten Fenstern, ganz auf moll gestimmt. [...] Tausendfach bricht sich das Licht in diesen Fenstern, es kommt gedämpft, abgeschirmt in lila herein.«

Das Israelitische Asyl für Kranke und Altersschwache

Eine der wichtigsten Einrichtungen des lokalen und regionalen Gesundheitswesens war seit ihrer Gründung 1869 das jüdische Krankenhaus in der Silvanstraße. Im Sinne seiner Stifter, der Kölner Bankiers Eltzbacher, wurde das Haus interkonfessionell geführt und von jüdischen wie nichtjüdischen Patienten belegt.

Bereits um die Jahrhundertwende erreichte das Asyl die Grenzen seiner räumlichen Kapazität. 1905 bis 1908 entstand deshalb nach Plänen des Berliner Architekten Wilhelm Winkler ein Neubau an der Ottostraße 85 in Neuehrenfeld. Das schlossartige Gebäude aus rotem Mauerwerk in neobarocker Formgebung war, dem architektonischen Zeitgeist der Jahrhundertwende folgend, eingebettet in eine großzügige Parkanlage. Es umfasste auf 21.500 Quadratmetern ein Alten- und Pflegeheim, ein Krankenhaus mit Schwesternheim sowie die dazugehörigen Funktionsräume.

Dr. Benjamin Auerbach (1855–1940), 1885 bis 1935 medizinischer Leiter des Hauses, prägte entscheidend dessen Profil. Auerbach war fachlich kompetent, politisch initiativ und menschlich integrativ. Der Schriftsteller Hans Mayer sah als Kind in ihm den »mystisch verehrten Zauberer«. Auf Auerbachs Anregung hin wurde 1899 das jüdische Lehrlingsheim gegründet sowie ein Verein für jüdische Krankenpflegerinnen. Aus einem Bericht dieses Vereins spricht der Stolz auf das Geleistete, insbesondere in der Zeit des Ersten Weltkriegs, in dem das Krankenhaus deutschen Soldaten als

5
Dischhaus. Der Name des Hauses geht auf das im 19. Jahrhundert renommierte Hotel Disch zurück, das zuvor an gleicher Stelle stand. 1929/30 nach einem Entwurf des Architekten Bruno Paul erbaut und heute denkmalgeschützt, ragt der in eleganter Kurve geschwungene Bau wie ein Schiffsbug in den Straßenraum hinein. Die Fenster sind zwischen der glatten Natursteinverkleidung zu schmalen Bändern zusammengefasst, berühmt ist das geschwungene Treppenhaus.

Lazarett diente. Nach 1933 wurde es zum Asyl im eigentlichen Wortsinn, für Patienten und Personal, das einzige jüdische Krankenhaus in der Region. Am 1. Juli 1942 ließen NS-Behörden das Asyl zwangsräumen, Ärzte und Pflegepersonal wurden in Konzentrationslager deportiert. In die Gebäude zog das städtische Bürgerhospital ein. Das Buch der Kölner Historikerin Barbara Becker-Jákli »Das jüdische Krankenhaus in Köln. Die Geschichte des Israelitischen Asyls für Kranke und Altersschwache 1869 bis 1945« dokumentiert die Entwicklung des Hauses bis zu seiner gewaltsamen Auflösung.

Trotz erheblicher Kriegszerstörung begann man 1945 mit dem Wiederaufbau. Der Einrichtung eines Betsaals im Hauptgebäude folgte 1949 der Bau einer Synagoge nach Plänen Helmut Goldschmidts. 1951 bis 1996 diente das ehemalige „Asyl« als belgisches Militärhospital. Nach Abzug der Streitkräfte entging es danach nur knapp dem Abriss. 1997 erwarb die Synagogengemeinde einen Teil des Geländes zum Zweck der Errichtung eines jüdischen Wohlfahrtszentrums mit Elternheim, Kindergarten, Schule und Synagoge. Seit Dezember 2003 sind die restaurierten Gebäude in Nutzung, seit Sommer 2004 mit allen Einrichtungen.

Der Jüdische Kulturbund Rhein-Ruhr im Dischhaus

Gleich nach der Machtübernahme der Nationalsozialisten waren Tausende jüdischer Kulturschaffender erwerbslos geworden. Kurt Singer, bis 1933 Intendant der Städtischen Oper Berlin, reagierte sofort darauf und gründete den »Kulturbund deutscher Juden«, der sich auf nationalsozialistischen Druck hin in »Jüdischer Kulturbund« umbenennen musste. Von Berlin aus zog die Kulturbund-Idee rasch Kreise. Bereits im Oktober 1933 etablierte die Zentralstelle für jüdische Wirtschaftshilfe in Köln den Jüdischen Kulturbund Rhein-Ruhr (JKRR) als Arbeitsbeschaffungsprogramm und jüdische Künstlerhilfe. Von 1933 bis 1938 hatte der JKRR seinen Sitz im Dischhaus an der Brückenstraße 19, danach Ehrenstraße 80–82. Erster

Vorsitzender war Paul Moses, ihm folgte 1934 der erfahrene Theatermann Heinrich Levinger. Kölner Aufführungen fanden an verschiedenen Spielorten statt: in der Synagoge Roonstraße, der Bürgergesellschaft am Appellhofplatz, im Reichshallentheater Gertrudenstraße und in der Rheinlandloge. Von Köln aus ging das einzige jüdische Wandertheater in Deutschland auf Tournee, in insgesamt 14 rheinische und westfälische Städte. Das in einer Auflage von 5.000 Exemplaren erscheinende Mitteilungsblatt des JKRR informierte über das Programm. Der Spielplan umfasste ein breit gefächertes Angebot: klassische Konzerte, Boulevardstücke, Vorträge bis hin zum Bunten Abend. Das Programm der Kulturbünde unterlag einer scharfen Zensur durch das Reichspropagandaministerium. Am Ende durften nur noch jüdische Künstler jüdische Stücke für ein jüdisches Publikum spielen. Seit 1936 nahm die Mitgliederzahl des JKRR ab, viele waren bereits emigriert oder standen kurz davor. Bis zu seiner Auflösung im Jahr 1941 war der JKRR eine der zentralen Institutionen jüdischer Selbsthilfe, die den Künstlern Lohn und Brot gab und dem Publikum die Möglichkeit, für kurze Zeit den Alltag zu vergessen.

Das NS-Dokumentationszentrum der Stadt Köln

Die Einrichtung zur Erforschung der Geschichte des Nationalsozialismus am Appellhofplatz 23–25 wurde im Jahr 1988 von der Stadt Köln gegründet. 1935 bis 1945 Sitz der Gestapo-Zentrale des Regierungsbezirks, sind die Zellen des Häftlingstrakts im Keller heute der Öffentlichkeit zugänglich. Einzigartige historische Dokumente sind die darin befindlichen Wandinschriften ehemaliger Gestapo-Häftlinge. Nach dem Krieg wurde das Gebäude unter anderem von städtischen Dienststellen genutzt. Die öffentliche Auseinandersetzung mit der Geschichte des Hauses erfolgte erst in den siebziger Jahren durch das anhaltende Engagement von Bürgerinitiativen.

6
Claire Feldern
Aus dem Presseecho des Kulturbundes im Mai 1936:
»Claire Feldern am Flügel, das ist ein Klasseprogramm für sich. In wenigen Minuten schon gewann sie alle Herzen im Sturm, tanzend und steppend, singend und rezitierend und dabei gleichzeitig am Flügel Meisterin ihres Fachs mit Couplets und Jazz, Opernarien und Sinfonien nach ihrer eigenen Art.« *(Kölnischer Stadtanzeiger)*

Seit seinem Umbau Mitte der neunziger Jahre sind sämtliche Funktionen des NS-Dokumentationszentrums unter einem Dach vereinigt. Als Ausstellungs-, Veranstaltungs- und Erinnerungsort, Forschungs- und Bildungseinrichtung verfügt das Haus über eine Spezialbibliothek, Medien- und Arbeitsräume sowie ein Archiv. Zentrale Aufgabe der Institution ist es, die weitgehend zerstörte Überlieferung der Stadtgeschichte zu rekonstruieren und verfügbar zu machen. Diesen Ansatz reflektieren die zahlreichen wissenschaftlichen Veröffentlichungen des NS-Dokumentationszentrums wie auch dessen »Gedenkbuch für die ermordeten Juden Kölns«. Der Sammlungsbestand umfasst Originaldokumente, vielfach aus Privatbesitz, etwa 40.000 Photographien, Korrespondenzen, Tagebücher, autobiographische Aufzeichnungen sowie ca. 1.200 Tonkassetten mit Zeitzeugen-Befragungen.

Im Jahr 1992 rief der *Kölner Künstler Gunter Demnig* die Aktion »Stolpersteine« ins Leben. Stolpersteine erinnern an Menschen, die in der Zeit von 1933 bis 1945 von Nationalsozialisten verfolgt und ermordet wurden. Ihre biographischen Daten werden in ein ca. 10x10 cm großes Messingblech geschlagen, in Beton gegossen und wie ein Pflasterstein vor dem ehemaligen Wohnort der betreffenden Person verlegt. Die ersten durch Patenschaften finanzierten Steine wurden in Köln noch »illegal« in die Bürgersteige eingelassen, doch sprach sich das Projekt innerhalb kürzester Zeit herum. Nach Recherchen des WDR existierten Mitte des Jahres 2003 etwa 1.300 Stolpersteine in Köln und rund 1500 in anderen Städten der Bundesrepublik.

Ein Haus und Museum der Jüdischen Kultur?

Seit Gründung eines Fördervereins im Jahr 1997 verstärken sich die Bestrebungen der Stadt zur Errichtung eines »Hauses und Museums der Jüdischen Kultur«. Ein Expertenhearing befasste sich im Oktober 2001 mit der Frage des Standorts und der Integration des Hauses in das kulturelle städtische Gefüge. Marc Scheps, langjähriger Direktor des Museums Tel Aviv, nachfolgend des Kölner Museums Ludwig, benannte im Rahmen eines im Jahr 2002 veranstalteten Symposiums den Zweck des Hauses so: Es solle ein Ort der Erinnerung, des Lernens und der Begegnung sein, ein Ort, an dem die Grundlagen einer gemeinsamen Zukunft erörtert werden, ein Ort des Zusammenseins und der Hoffnung. Dem ist von dieser Stelle aus uneingeschränkt zuzustimmen. Städtebaulich, historisch und kulturell gesehen, liegt in der Realisierung des Projekts eine einzigartige Chance für Köln, jüdische Geschichte, Gegenwart und Zukunft der Stadt miteinander zu verbinden.

Literatur

Kirsten Serup-Bilfeldt,
Zwischen Dom und Davidstern. Jüdisches Leben in Köln von den Anfängen bis heute, Köln 2001.

Monika Grübel,
Seit 321: Juden in Köln. Kurzführer, hg. von der Synagogengemeinde Köln, Köln 1999 (63 Seiten, illustriert).

Günther B. Ginzel und Sonja Güntner (Hg.),
»Zuhause in Köln ...« Jüdisches Leben 1945 bis heute (AK), Köln/Weimar/Wien 1998.

Elfi Pracht,
Jüdisches Kulturerbe in Nordrhein-Westfalen, Regierungsbezirk Köln, Köln 1997.

LEIPZIG

Solvejg Höppner :
Juden in Leipzig – Ein Stadtporträt

JUDEN IN LEIPZIG – EIN STADTPORTRÄT

Solvejg Höppner

Die Existenz einer Jüdischen Gemeinde, die über eine eigene Synagoge verfügte, ist erstmals für das zweite Viertel des 13. Jahrhunderts belegt. Etwa 100 Jahre später wurden, als die Pest in Europa wütete, wahrscheinlich auch in Leipzig die Juden verfolgt beziehungsweise aus der Stadt vertrieben. Ab 1359 gab es wieder Juden in Leipzig; außerhalb der Stadtmauer, am so genannten Naundörfchen, existierte eine Judengasse.

Ab der zweiten Hälfte des 15. Jahrhunderts existieren keine Nachrichten mehr über Juden in Leipzig. Für das gesamte albertinische Sachsen galt spätestens seit der zweiten Hälfte des 16. Jahrhunderts unter der Regierung des Kurfürsten August (1553–1586) ein Ansiedlungsverbot für Juden, das im Zusammenhang mit der Einführung der Reformation stand. Spuren des mittelalterlichen jüdischen Lebens in Leipzig sind nicht erhalten.

Wenngleich sich Juden in Leipzig nicht mehr dauerhaft ansiedeln konnten, waren sie aus dem Stadtbild nie völlig verschwunden. Jüdische Händler, insbesondere aus Berlin, Schlesien, Hamburg und Frankfurt am Main, ab Mitte des 18. Jahrhunderts in größerer Zahl auch aus Böhmen und Mähren trugen erheblich dazu bei, dass die Leipziger Messe zu einer der bedeutendsten Europas erblühte. Seit den siebziger Jahren des 18. Jahrhunderts stellten jüdische Kaufleute aus Polen mit großem Abstand die Mehrheit der jüdischen Messebesucher und 10 Prozent der Leipziger »Messfremden« insgesamt. Sie waren als Einkäufer sächsischer und westeuropäischer Manufaktur- und Luxuswaren sowie als Verkäufer von Rauchwaren unentbehrliche Handelspartner in den Warengeschäften zwischen

1
Jüdischer Messebesuch in Leipzig. »Die Polacken«, *kolorierter Kupferstich von G. E. Opitz, 1825.*

Ost und West. Mit ihnen entwickelte sich Leipzig zu einem der wichtigsten Zentren des Pelzhandels und der Rauchwarenveredelung der Welt.

Dabei unterlagen die Juden während ihres Aufenthaltes zu den jährlich dreimal stattfindenden Messen besonderen Bestimmungen, die die Leipziger Judenordnung von 1682 festlegte. Demnach hatten sie unter anderem besondere Steuern und Zölle zu zahlen, durften keine offenen Gewölbe zum Handel anmieten und mussten ein »gelbes Flecklein« tragen. Trotz dieser Diskriminierungen, die sich zum Teil bis ins 19. Jahrhundert hielten, zog der Handelsplatz Leipzig alljährlich zu den Messen viele jüdische Kaufleute an.

Der Prozess der Wiederansiedlung von Juden in Leipzig begann 1710 mit dem aus Hamburg stammenden Münzjuden Gerd Levi. Unter dem Schutz Friedrich August I. (August der Starke, 1697–1733) ließ sich dieser gegen den Willen der Leipziger Bürgerschaft in Leipzig nieder. Levi kaufte Silber für die Dresdner Münze auf. Im Gegensatz zu Dresden, wo sich im Verlaufe des 18. Jahrhunderts im Schutze des Hofes eine Jüdische Gemeinde entwickelte, der ca. 800 Mitglieder angehörten, wehrte sich Leipzig lange Zeit unter Berufung auf die Judenordnung von 1682 recht erfolgreich gegen die dauerhafte Ansiedlung von Juden.

Erst als während des Siebenjährigen Krieges Sachsen von preußischen Truppen besetzt war, gelang es einigen jüdischen Familien, sich in Leipzig niederzulassen. Weiteren spürbaren Zuwachs erhielt die Jüdische Gemeinde in den beiden ersten Jahrzehnten des 19. Jahrhunderts in Folge der veränderten politischen Lage. Die meisten Juden wohnten im nördlichen Teil der Innenstadt, bevorzugt am Brühl und seinen Nebenstraßen – der Ritterstraße, Nikolaistraße und der Reichsstraße. Aus dem Messequartier der Juden entwickelte sich das jüdische Wohnquartier. Das jahrhundertelang geltende Ansiedlungsverbot für Juden in der Stadt hatte das Entstehen eines Ghettos in der Stadt verhindert; auch nach ihrer Wiederansiedlung lebten Juden stets mit der nichtjüdischen Bevölkerung in den Wohnquartieren zusammen.

Während ihres Aufenthaltes in Leipzig schlossen sich die auswärtigen Juden zu Landsmannschaften zusammen, die eine besondere Rolle bei der Herausbildung des jüdischen religiösen Lebens in der Stadt spielten. Es war den Juden in Sachsen zwar bis 1837 untersagt, sich zu Gemeinden zusammenzuschließen und Synagogen zu errichten, doch bereits während der Regierungszeit Friedrich Augusts I. durften die während der Messen in Leipzig anwesenden Juden in ihren Privatquartieren Gottesdienste durchführen und ihre Feste feiern. Auf diese Weise entwickelten sich in privat angemieteten Räumen Synagogen und Betstuben. Von diesen erlangten die Berliner-Hamburger und die Brodyer Synagoge besondere Bedeutung. In Erstgenannter fanden von Anfang an Gottesdienste nach reformiertem Ritus statt. Diese Synagoge nutzten seit Ende des 18. Jahrhunderts die dauerhaft in Leipzig lebenden Juden für ihre Gottesdienste. Bis zum Ende des 19. Jahrhunderts sollte das Reformjudentum das religiöse Leben der Leipziger Jüdischen Gemeinde bestimmen, was Konflikte und Spannungen innerhalb der Gemeinde nach sich zog.

Die Brodyer als größte aller Landsmannschaften stellte 1798 erstmals einen Antrag an den Leipziger Rat zur Einrichtung eines eigenen Friedhofes und erhielt im Jahre 1814 eine Konzession zur Anlegung eines Begräbnisplatzes im Johannistal. Nach 1850 ging der Friedhof in die Verwaltung der nunmehr gegründeten Israelitischen Religionsgemeinde zu Leipzig (IRG L) über. Im Februar 1864 wurde der Friedhof geschlossen. Er enthielt 334 Gräber, doch nur 77 der Toten stammten aus Leipzig. Im Februar 1937 kündigte das Leipziger Grundstücksamt den Erbpachtvertrag mit der IRG L und forderte sie auf, den Begräbnisplatz zu räumen. Im Sommer 1937 erfolgte die Umbettung der Gebeine auf den Neuen Israelitischen Friedhof. 17 Grabsteine, die als kulturhistorisch wertvoll erschienen, wurden ebenfalls dorthin überführt. Die übrigen wurden in kleine Teile zerlegt und als Grabfundamente verwendet. Heute befindet sich auf dem Gelände des einstigen Friedhofes ein Teil der Kleingartenanlage im Johannistal. Vom einstigen Friedhof sind lediglich Mauerreste der ehemaligen Eingangspforte übrig geblieben. Bis heute fehlt eine Gedenktafel, die an diesen ältesten der neuzeitlichen jüdischen Friedhöfe in Leipzig sowie dessen Einebnung auf Anordnung der NS-Behörden erinnert.

Die Juden, die im Laufe des 19. Jahrhunderts nach Leipzig kamen, stammten vor allem aus den benachbarten deutschen Ländern sowie aus Galizien, Kongresspolen und Russland. Bis in die sechziger Jahre dominierten Inhaber von größeren Handelsunternehmen die Einwanderung. Hinzu kamen Messmakler und Inhaber von Wechselunternehmen, die gleichzeitig während der Messen als Dolmetscher fungierten. Diese selbständigen Unternehmer konnten seit 1838 ein eingeschränktes Bürgerrecht – von den politischen Rechten blieben sie ausgeschlossen – erwerben, ohne das sie ein Unternehmen in Leipzig gar nicht hätten betreiben können. Die sächsischen Juden erhielten im Zuge der Revolution von 1848/49 die vollen Bürgerrechte. Für die Niederlassung ausländischer Juden galten bis 1869 – als im Zusammenhang mit dem bevorstehenden Beitritt zum Norddeutschen Bund alle Sondergesetze für Juden als Personen fielen – besondere Regelungen, die das weitere Anwachsen der jüdischen Bevölkerung verhindern sollten.

Mit der Zunahme der jüdischen Population in der Stadt entwickelten sich erste Bestrebungen zur Gründung einer Gemeinde. Im Jahr 1837 erhielten die in Leipzig und Dresden ansässigen Juden das Recht, sich in Gemeinden zusammenzuschließen und eine Synagoge zu errichten, 1847 wurden diese Gemeinden staatlich anerkannt. Der Dresdner Oberrabbiner Zacharias Frankel und der in religiösen Fragen mit ihm konform gehende Prediger der Leipziger Gemeinde Adolph Jellinek prägten ein gemäßigt reformiertes jüdisches Gemeindeleben. Gegen die osteuropäischen Juden und die häufig von ihnen vertretene orthodoxe Richtung grenzte man sich von Anfang an deutlich ab.

Auf dieser Basis ging die junge Gemeinde an den Bau einer großzügig dimensionierten Synagoge, die auch den jüdischen Messebesuchern offen stehen sollte. Im April 1853 erwarb die Gemeinde ein Grundstück in der Zentralstraße *(später Ecke Gottsched-/Zentralstraße)* am Rande der Altstadt, nur ca. 200 Meter von der imposanten Thomaskirche entfernt. Mit dem Bau wurde der jüdische Baumeister und Semperschüler Otto Simonson beauftragt. Sein erstmals angewandter maurischer Stil setzte landesweit Maßstäbe, sodass in den folgenden zwei Jahrzehnten die Wahl maurischer Formen den Synagogenbau in Deutschland prägte. Nach nur einem Jahr Bauzeit, am 10. September 1855, fand die Einweihung der Synagoge unter Teilnahme von zahlreichen Vertretern der Stadt und der Kirchen statt.

2 Synagoge Gottschedstraße, um 1860.

3 Gedenkstein von 1966, im Hintergrund Einhundertvierzig Stühle – das jüdische Denkmal in der Gottschedstraße.

Während des Novemberpogroms 1938 brannte die Synagoge bis auf die Grundmauern nieder. Die Überreste wurden auf Kosten der IRG L abgebrochen, die Steine in Leipziger Tageszeitungen billig zum Kaufangeboten. Seit dem 10. November 1966 erinnerte ein schlichter, fast unscheinbarer, von Hans-Joachim Förster gestalteter Gedenkstein an die ehemals größte Synagoge der Stadt und das Schicksal der Leipziger Juden während der NS-Diktatur. Nach einem längeren und schwierigen Diskussionsprozess in den neunziger Jahren wurde 2001 eine neue Gedenkstätte geschaffen, die den Grundriss der ehemaligen Synagoge aufgreift. Auf dem Platz stehen Stuhlreihen, von denen aus der Besucher in Richtung des früheren Aron ha-Kodesch, jedoch eigentlich ins Nichts blickt. Die Einweihung des Denkmals am 24. Juni 2001 bildete den Höhepunkt der 4. Jüdischen Woche in Leipzig.

Knapp 10 Jahre nach der Einweihung der Gemeindesynagoge wurde im März 1864 ein neuer Friedhof, der heute als der Alte Jüdische Friedhof bezeichnet wird, in der Berliner Straße 123, nördlich vom heutigen Hauptbahnhof, eröffnet. Die Belegung des Friedhofs sollte mit dem Jahre 1928 abgeschlossen sein. Nachdem die Trauerhalle auf dem Neuen Jüdischen Friedhof in der Pogromnacht im November 1938 ein Opfer der Flammen geworden war, wurden rituelle Bestattungen wieder auf dem Alten Jüdischen Friedhof durchgeführt. Zwischen Juli 1940 und April 1945 wurden der Gemeinde Beerdigungen nur noch auf dem Alten Jüdischen Friedhof gestattet. Von den über 5.000 Gräbern existieren noch etwa 2.700 der Grabsteine. Der Friedhof wurde zur letzten Ruhestätte vieler bekannter jüdischer Persönlichkeiten der Stadt, die sowohl für die Entwicklung der Gemeinde als auch der Kommune Großes leisteten. So wird ein Gang über den Friedhof ein Gang durch die Geschichte der Leipziger Juden von der Mitte des 19. bis zur Mitte des 20. Jahrhunderts.

Im Eingangsbereich stand die Leichenhalle, die durch einen Bombenangriff zerstört wurde. Auf der Wiese im Eingangsbereich steht seit dem 6. November 1996 eine Stele, die an die NS-Zeit erinnert.

An der rechten Mauerwand befindet sich eine Ehrenreihe, in der verdienstvolle Persönlichkeiten wie Vorsteher und Repräsentanten der Jüdischen Gemeinde bestattet wurden. Das vom Reichsbund jüdischer Frontsoldaten initiierte und von dem Leipziger Architekten Wilhelm Haller entworfene und ausgeführte Denkmal erinnert an die Gefallenen des Ersten Weltkriegs. Es wurde am 26. Juni 1926 unter großer Anteilnahme der Leipziger Öffentlichkeit eingeweiht. Auf einem gesonderten Gräberfeld sind die Urnen von polnischen Juden beigesetzt, die der reichsweiten Ausweisung polnischer Juden aus Deutschland vom 28. Oktober 1938 entgangen waren. Mit Kriegsausbruch wurden sie verhaftet und in das KZ Sachsenhausen verbracht. Die Urnen mit der Asche der Ermordeten wurden noch in Leipzig lebenden Verwandten zugestellt und von diesen dann hier beigesetzt. Heute ist das Areal des Friedhofs ein Flächendenkmal. In den neunziger Jahren begannen Instandsetzungsarbeiten an den Außenmauern. Finanziert von Vereinen oder Privatpersonen, wurden in den letzten 10 Jahren auch Grabsteine bzw. Grabdenkmale saniert.

Nach der Gleichstellung der Juden in Sachsen 1868 nahm die Entwicklung der IRG L einen spürbaren Aufschwung. Während des Kaiserreichs und der Weimarer Republik kam es zu einer starken Einwanderung von Juden aus den anderen deutschen Ländern, aber auch aus Osteuropa. Auf dem Höhepunkt ihrer Entwicklung, 1925, zählte die Gemeinde etwa 13.000 Mitglieder und war damit nach Berlin, Frankfurt am Main, Breslau, Hamburg und Köln die sechstgrößte Gemeinde in Deutschland. Der Anteil ausländischer Juden war deutschlandweit einmalig hoch, er betrug zwischen 70 Prozent im Jahr 1910 und schätzungsweise 80 Prozent in den zwanziger Jahren. Dies lag daran, dass es für osteuropäische Juden außerordentlich schwierig war, sich einbürgern zu lassen, weshalb Juden, die in der zweiten oder gar dritten Generation in der Stadt lebten, oft immer noch eine ausländische Staatsangehörigkeit besaßen.

Industrialisierung und rasantes Bevölkerungswachstum führten in der zweiten Hälfte des 19. Jahrhunderts zu einer raschen Ausbreitung der Stadt. Der Brühl und seine Nebenstraßen verloren ihre Bedeutung als Wohnzentrum und entwickelten sich zunehmend zum Geschäftszentrum mit dem Schwerpunkt Rauchwarenhandel (Pelzhandel) und Rauchwarenveredlung. Berühmte Firmen jüdischer Rauchwarenhändler hatten hier ihren Sitz. Genannt seien die »Könige des Brühls« Eitingon und Ariowitsch, zwei ursprünglich aus Russland stammende Familien. Auch die Familie Harmelin steht für eine Dynastie Leipziger Rauchwarenhändler, die 120 Jahre, von 1818 bis zur Liquidierung der Firma durch die Nazis 1939, mit dem Brühl verbunden war. Die meisten Gebäude wurden während des Zweiten Weltkrieges zerstört. Hier und da erinnern noch Schriftzüge an einzelnen Gebäuden an die alte Geschichte.

Jüdische Familien ließen sich im gesamten Bereich der Stadt nieder. Zwei Quartiere erlangten jedoch eine besondere Bedeutung: die Nord- und die Innere Westvorstadt. Von Letzterer ist der nördliche Teil, das Waldstraßenviertel, vielen Leipzigern ein Begriff als Zentrum jüdischen Lebens.

Während in der Nordvorstadt eher die unteren und mittleren Schichten – unter ihnen viele osteuropäische Einwanderer – lebten, fanden in der Westvorstadt die besser situierten Familien ihre Bleibe. In beiden Vierteln mischte sich Privat- und Geschäftsleben. Jüdische Vereine hatten hier ebenso wie zahlreiche Betstuben ihren Sitz.

4

Jüdisches Geschäftsleben in der Inneren Nordvorstadt.

Bei einem Rundgang durch diese beiden Viertel lassen sich zumeist nur noch steinerne Spuren des einst hier blühenden jüdischen Lebens finden. Vom Goerdelerring zweigt nach Norden neben Gerber- und Nordstraße die Löhrstraße ab. Auf der rechten Seite befindet sich das 1897 gebaute Haus Nummer 10, seit der Wende vom 19. zum 20. Jahrhundert der Sitz der IRG L. 1920 erwarb die Gemeinde das Gebäude. In der NS-Zeit fungierte es wie einige andere Häuser vor allem in der Inneren Nordvorstadt, aber auch im Waldstraßenviertel als so genanntes »Judenhaus«. Ab Frühjahr 1939 wurden die Juden aus ihren Wohnungen vertrieben und in bestimmten Häusern zusammengepfercht. Von hier aus traten viele ihren letzten Weg in die Ghettos und Vernichtungslager des Ostens an.

Nach der Befreiung Leipzigs durch die US-amerikanischen Truppen fanden sich die wenigen jüdischen Menschen, die in Leipzig oder in Lagern überlebt hatten, in der Löhrstraße 10 zusammen und riefen die IRG L wieder ins Leben. Die Entwicklung der wiedererstandenen Religionsgemeinde erlebte während der stalinistischen Verfolgung von Juden in der DDR zu Beginn der fünfziger Jahre einen jähen Bruch. In den folgenden Jahren bis 1988 führte sie ein Schattendasein. 1989 gehörten ihr noch 36 meist sehr alte Mitglieder an. Bis heute behielt die Gemeinde, die seit 1990 durch den Zuzug neuer Mitglieder aus den Ländern der ehemaligen Sowjetunion wieder stark im Wachstum begriffen ist, als einzige in Sachsen den historischen, aus dem 19. Jahrhundert stammenden Namen bei. In dem Gebäude haben neben der Gemeindeverwaltung der sächsische Landesrabbiner und die Ephraim Carlebach Stiftung, eine nichtreligiöse Organisation, die sich mit der Geschichte der Juden in Leipzig befasst, ihren Sitz. Da die Räume in dem Gebäude vor allem für Veranstaltungen der Religionsgemeinde zu klein geworden sind, wird derzeit durch den Umbau des ehemaligen Altenheimes der Ariowitsch-Stiftung ein neues Gemeindezentrum errichtet.

5
Synagoge in der Keilstraße, 1988.

Unweit des Verwaltungssitzes der Gemeinde, in der nächsten Querstraße rechter Hand, der Keilstraße 5, befindet sich die Gemeindesynagoge. Bereits seit 1904 wurden die beiden umgebauten unteren Etagen des Hauses vom Talmud-Tora-Verein als Betstube nach orthodoxem Ritus genutzt. Mit der Unterstützung der Talmud-Tora-Synagoge erkannte die Gemeinde, die sich offiziell als religiös-liberal verstand, den orthodoxen Kultus nach langem Ringen offiziell an. Die Ausgestaltung des Innenraumes der Synagoge orientierte sich an orientalischen Stilelementen und bot ca. 250 Personen Platz. Während des Novemberpogroms 1938 wurde die Synagoge geschändet, konnte jedoch, nachdem sie auf Kosten der IRG L wieder hergestellt war, von der Gemeinde bis Sommer 1942 wieder für Gottesdienste genutzt werden. Danach wurde die Synagoge bis 1945 von verschiedenen Firmen als Lagerhalle, unter anderem für Farben und Lacke, missbraucht. Nach der Neuformierung der Gemeinde richteten die Leipziger Juden hier ihre neue Gemeindesynagoge ein. Der erste Gottesdienst fand am 8. September 1945 zu Rosch Haschana statt. In den Jahren 1962 und 1993 wurde die Synagoge jeweils umfassend rekonstruiert, 2001 wurde durch den Ausbau der ehemaligen Frauenempore die Anzahl der Sitzplätze in der Synagoge auf insgesamt 300 vergrößert.

In der parallel zur Keilstraße verlaufenden Humboldtstraße befanden sich während der NS-Zeit in den Nummern 4, 6, 10, 12, 15 so genannte »Judenhäuser«. Zum Teil stehen die Gebäude noch und ihr schön rekonstruiertes Äußeres lässt nichts von den tragischen Schicksalen ihrer damaligen jüdischen Bewohner erahnen. Geht man die Löhrstraße in Richtung Norden weiter, so kommt man auf dem Weg zum Zoo linker Hand direkt am steinernen Ufer der Parthe an einem schlichten Gedenkstein vorbei. Dieses auf Initiative des Ökumenischen Arbeitskreises von dem Bildhauer Peter Makolies geschaffene Denkmal erinnert an die Reichspogromnacht. Es wurde 50 Jahre später, am 16. November 1988, eingeweiht. An dieser Stelle hatten SA-Angehörige in den Morgenstunden des 10. November 1938 jüdische Menschen, die man aus ihren Wohnungen in den umliegenden Häusern geholt hatte, in das ausgemauerte Flussbett getrieben und aufs Bösartigste schikaniert. Leipziger auf dem Weg zur Arbeit, Kinder auf dem Weg zur Schule wurden Zeugen des Geschehens. In der Nacht vom 9. zum 10. November kam es auch in Leipzig wie in ganz Deutschland zu organisierten Ausschreitungen, bei denen Geschäfte und Privatwohnungen geplündert, Synagogen und Betstuben verwüstet und in Brand gesetzt wurden. Der Arzt Felix Cohn erlag am 10. November seinen Verletzungen. 553 jüdische Männer, vom Jugendlichen bis zum Greis, wurden verhaftet und in die Konzentrationslager Buchenwald und Sachsenhausen verschleppt.

Über die Pfaffendorfer Straße und Humboldtstraße gelangt man westwärts in das Waldstraßenviertel. Die Bebauung erscheint repräsentativer. In der Gustav-Adolf-Straße 7 befand sich seit seiner Einweihung am 25. Juni 1913 das Israelitische Realprogymnasium mit einer höheren Töchterschule, später auch die Israelitische Volksschule. Gegründet 1912 auf Initiative Ephraim Carlebachs, der ab 1924 orthodoxer Gemeinderabbiner war, ist das Schulzentrum heute unter dem Namen Carlebach-Schule bekannt. 1938 diente die Schule als Sammellager für die im Zuge der so genannten »Polenaktion« ausgewiesenen polnischen Juden. Während des Novemberpogroms wurde das Gebäude teilweise zerstört, jedoch wieder aufgebaut und erneut als Schule genutzt. Von 1940 bis Anfang 1943 fungierte es als größtes »Judenhaus« der Stadt. Mindestens 206 Menschen wurden von hier aus deportiert. Im Erdgeschoss befand sich eine Konsumfiliale – nur für jüdische Käufer. Im Dezember 1943 wurde das Schulgebäude bei einem Luftangriff stark zerstört. Seit dem Ausbau der Ruine 1953/54 hat die Deutsche Zentralbücherei für Blinde hier ihren Sitz. Auf Initiative des Rates des Stadt Leipzig wurde im November 1988 eine Tafel zum Gedenken an die Geschichte des Hauses und das Schicksal seiner Schüler, Lehrer und Bewohner angebracht.

6
Gedenktafel an der Deutschen Zentralbücherei für Blinde.

Rechter Hand zweigt von der Gustav-Adolf-Straße die Färberstraße ab. Im Haus Nr. 11 befand sich die Bet Jehuda- oder auch Ariowitsch-Synagoge. Die Familie Ariowitsch war nicht nur eine der bekanntesten Leipziger Pelzhändlerfamilien, sondern zeigte auch großes Engagement im Wohlfahrtswesen der Gemeinde. Sie stiftete der Gemeinde unter anderem ein Altersheim und beteiligte sich an der Finanzierung des jüdischen Krankenhauses. Das Grundstück in der Färberstraße 11 erwarb die Familie 1915. Das Vorderhaus wurde als Wohnung, das Hinterhaus für religiöse Zwecke genutzt und 1921 zu einer Privatsynagoge umgebaut. Nach der Verwüstung der Synagoge während des Novemberpogroms beseitigten die meist polnischen Juden, die hier beteten, die Schäden und nutzten die Synagoge noch bis 1939. Im Vorderhaus befand sich seit 1939 ein jüdisches Altenheim, von 1940 bis 1943 ein Obdachlosen- bzw. Pflegeheim. Danach fungierten beide Gebäude als »Judenhäuser«.

Im Jahr 1946 fand hier wahrscheinlich die erste Seder-Feier der wiederbelebten IRG L statt. In den Jahren der DDR befand sich in dem Gebäude eine Produktionsstätte des VEB Bettenwaren. Heute sind in dem sanierten Vorder- und Hinterhaus Wohnungen.

Die Färberstraße mündet im Norden in die frühere Auenstraße, die seit 2001 den Namen Hinrichsenstraße trägt. Henri Hinrichsen war Mitglied der IRG L, verstand sich jedoch vor allem als Leipziger Bürger. Er widmete sich der Armenpflege der Stadt, war Handelsrichter und Stadtverordneter. Er trat in mehrfacher Hinsicht als Stifter und Förderer auf: die Musikbibliothek Peters, das Musikinstrumentenmuseum der Universität Leipzig, die Hochschule für Frauen (später Henriette-Goldschmidt-Stiftung), Stipendien für junge Musiker und Komponisten verbinden sich mit seinem Namen. Henri Hinrichsen und seiner Frau gelang 1940 noch die Flucht nach Belgien, doch wurde er dort 1942 verhaftet, nach Auschwitz deportiert und sofort nach seiner Ankunft im Lager Birkenau selektiert und vergast. Seine Frau war bereits ein Jahr zuvor an Diabetes verstorben, da man ihr als Jüdin die lebensnotwendigen Medikamente verweigerte.

Um die Ecke Hinrichsenstraße, in der Leibnizstraße 24, befand sich in den zwanziger Jahren die Residenz des Rebben Israel Friedmann und seiner kleinen Gemeinde von Boyaner und Ruszyner Chassidim, die an Festtagen zum Anziehungspunkt für viele Nicht-Chassidim wurde. In dem Haus hat heute der Bürgerverein des Waldstraßenviertels seinen Sitz. Diesem Verein ist unter anderem eine AG Jüdisches Leben angeschlossen, die sich darum bemüht, die Erinnerung an das einst reiche jüdische Leben im Wohnquartier wachzuhalten.

Im Haus Nummer 14 der Hinrichsenstraße befand sich die Stiftung Sächsisches Israelitisches Altersheim zu Leipzig – das so genannte Ariowitsch-Heim, das von Louise Ariowitsch, Ehefrau des berühmten Pelzhändlers vom Brühl, ihrem Sohn Max und Hermann Halberstam gestiftet und am 17. Mai 1931 eröffnet wurde. Die Gestaltung greift mit einer halbrunden Apsis an jeder Gebäudeecke das Motiv einer Tora-Rolle auf. Bei seiner Einweihung bot das streng nach den rituellen Geboten geführte Heim 40 Bewohnern Platz. Noch im Jahr 1938 erfolgte die Einweihung eines Erweiterungsbaus im Garten, 1940 der Ausbau des Dachgeschosses. Zwei Jahre später, am 19. September 1942, wurden alle Bewohner des Altersheimes deportiert. Keiner von ihnen überlebte das Grauen.

Von 1948 bis in die jüngste Vergangenheit wurde es, von der Gemeinde an die Stadt Leipzig verpachtet, seiner Bestimmung gemäß wieder als Altenheim genutzt. Über den gesamten Zeitraum hinweg blieb die Inschrift Ariowitsch-Stiftung über dem Eingangsportal erhalten. In der Eingangszone des ehemaligen Altenheimes ist seit dem 6. Juni 1993 auf Initiative der Ephraim Carlebach Stiftung eine Gedenktafel angebracht, die an das Schicksal der letzten Bewohner des Heimes 1942 erinnert. Derzeit werden die Gebäude zu einem neuen Gemeindezentrum für die Mitglieder der wieder stark angewachsenen IRG L umgebaut. Vorgesehen sind ein Saal, in dem sich 300 bis 400 Menschen versammeln können, eine Bibliothek, Unterrichtsräume, eine Mikwe sowie ein Restaurant mit koscherer Küche.

Folgt man der Auenstraße nach Westen, bis sie in die Friedrich-Ebert-Straße mündet, biegt dann nach rechts ab und folgt der Straße in nördlicher Richtung, stößt man auf die Eitingonstraße und die gleichnamige Klinik. Die Familie Eitingon gehörte zu den bedeutendsten Pelzhändlern am Brühl und engagierte sich im religiösen und wohltätigen Sinne in der IRG L und in der Stadt Leipzig. Das neue Krankenhaus wurde am 17. Mai 1928 feierlich eingeweiht, und die an dem Krankenhaus entlangführende Straße erhielt den Namen der Eitingons. Das Krankenhaus richtete sich zwar vornehmlich an jüdische Bürger und wurde streng rituell geführt, es stand jedoch allen bedürftigen Menschen unabhängig von ihrer Konfession offen. Das so genannte Stubenkrankenhaus – in keinem Zimmer standen mehr als sieben Krankenbetten –, entsprach den damals höchsten medizinischen Ansprüchen. Nach 1933 wurde dem jüdischen Personal die Arbeit am Israelitischen Krankenhaus zunehmend erschwert, ab Oktober 1939 durften nur noch so genannte »arische« Patienten in das Krankenhaus eingewiesen werden. Am 14. Dezember 1939 wurde das Krankenhaus in das Eigentum der Stadt überführt. Innerhalb von 4 Stunden mussten 21 jüdische Kranke in ein provisorisches Krankenhaus verlegt werden, das unter schwierigsten Umständen bis zum August 1943 existierte und nach der Deportation der letzten noch verbliebenen jüdischen Ärzte und Patienten aufgelöst wurde. Bereits im April 1941 war die Auflösung der Stiftung ausgesprochen worden.

Das Gebäude in der Eitingonstraße blieb von Kriegseinwirkungen verschont, wurde in das Klinikum St. Georg eingegliedert und beherbergte bis 2002 die Frauenklinik, heute die Tagesklinik des Verbundes gemeindenaher Psychiatrie. Im Jahr 1992 fanden sich im Keller des Hauses Löhrstraße 10 zufällig die Stiftertafeln. Nach sorgfältiger Restaurierung wurden diese am 14. August 1992 erneut im Eingangsbereich der Klinik angebracht, die seither wieder offiziell Eitingon-Krankenhaus heißt.

Kehrt man dem Eitingon-Krankenhaus den Rücken und läuft nach Süden zur Jahnallee, so kommt man in den südlichen Teil der Inneren Westvorstadt. Von hier gelangt man über die Thomasiusstraße zum Standort der ehemaligen Gemeindesynagoge. Unweit dieses Platzes an der Ecke Otto-Schill-Straße/Apels Garten stand bis zum Novemberpogrom 1938 die von Chaim Eitingon dem Talmud-Tora-Verein gestiftete Ez-Chaim-Synagoge. Mit 1.200 Plätzen war sie die größte orthodoxe Synagoge Sachsens und die einzige, die als eigenständiger Bau errichtet wurde. Ebenso wie die Gemeindesynagoge in der Gottschedstraße fiel die Ez-Chaim-Synago-

7
Ehemalige Villa Ury, heute Gästehaus der Stadt Leipzig, Wächterstraße 32.

ge während des Novemberpogroms 1938 der Brandschatzung zum Opfer, die Reste wurden abgerissen. Auf dem Grundstück befinden sich gegenwärtig Garagen. Nichts erinnert an den einstigen Standort einer Synagoge.

An die Innere Westvorstadt schließt sich im Süden das so genannte Musikerviertel an. Markantester Bau ist das Gebäude des ehemaligen Reichsgerichts, das nach sorgfältiger Rekonstruktion seit 2002 das Bundesverwaltungsgericht beherbergt. Das Gebäude grenzt an mit der Nordseite an die Wächterstraße. Hier steht auf dem Grundstück Nummer 32 die Villa Ury, heute ein Gästehaus der Stadt. In den dreißiger Jahren hatte das Polnische Generalkonsulat in dieser Villa seinen Sitz. Als es am 27./28. Oktober des Jahres 1938 in Gesamtdeutschland zur Abschiebung von Juden polnischer Staatsangehörigkeit kam, ereignete sich an diesem Ort eine beispiellose Rettungsaktion. Felix Chiczewski, damaliger Generalkonsul, ermöglichte den bedrohten Menschen den Zugang zum Grundstück und zur Villa. 1.296 Menschen harrten hier zwei Tage aus, bis sie wieder nach Hause zurückkehren konnten. Sie blieben auf diese Weise vorerst von der Abschiebung verschont.

Folgt man vom Platz vor dem Reichgericht aus dem Martin-Luther-Ring nordwärts, zweigt kurz vor dem Augustusplatz rechter Hand die Goldschmidtstraße, früher Königstraße, ab. Hier befindet sich im Haus Nummer 20 die Henriette-Goldschmidt-Schule, ein berufliches Schulzentrum, in dem unter anderem Erzieherinnen und Fachkräfte für soziale Arbeit ausgebildet werden. Die Schule wurde 1911, damals noch in der Königstraße 18, als erste Hochschule für Frauen in Deutschland auf der Basis einer Stiftung von Henri Hinrichsen gegründet. Initiiert wurde sie jedoch von Henriette Goldschmidt. Drei Jahre später zog die Hochschule in den Neubau Königstraße 20 um. 1921 wurde die Stiftung von der Stadt Leipzig übernommen; sie ist seit 1991 die Fachschule für Sozialpädagogik. Henriette Goldschmidt, Ehefrau des Gemeinderabbiners Abraham Meyer Goldschmidt, gehörte neben Louise Otto-Peters und Auguste Schmidt zu den Begründerinnen der deutschen Frauenrechtsbewegung im 19. Jahrhundert.

8
Gedenktafel für den ehemaligen polnischen Generalkonsul Feliks Chiczewski am Gästehaus der Stadt Leipzig, Wächterstraße 32.

Von der Goldschmidtstraße sind es nur ein paar Schritte bis zum Augustusplatz. Mehrfache Umbauten und Neubauten haben sein Gesicht im 20. Jahrhundert grundlegend verändert. Vis-à-vis der Universität stehen zwei Gebäude, die eng mit der jüdischen Geschichte der Stadt Leipzig verbunden sind: das ehemalige Kaufhaus Bamberger & Hertz und direkt daneben das Kroch-Hochhaus. Das Gebäude des Kaufhauses Bamberger & Hertz an der Ecke Augustusplatz, Ecke Grimmaischer Steinweg wurde in den Jahren 1910/11 erbaut. Die Inhaber, die Familie Bamberger, stammte ursprünglich aus Worms. Sie verfügte über ein breit gefächertes Kaufhausunternehmen mit Filialen in Worms, Frankfurt am Main und Stuttgart, später kamen weitere in Köln und Saarbrücken hinzu. Der Name Hertz stammt vom früheren Teilhaber Karl Hertz, Schwager des Firmengründers Jacob Bamberger in Worms. Das Leipziger Kaufhaus führte im Sortiment Knaben- und Herrenbekleidung der gehobenen Preisklasse. Es lebte von einer starken Stammkundschaft. Ab 1933 begann die schrittweise Verdrängung der Firma aus dem Wirtschaftsleben. Das Gebäude wurde während des Novemberpogroms 1938 gebrandschatzt, die Brüder Gustav und Ludwig Bamberger verhaftet und ins KZ gebracht. Beide überlebten den Holocaust nicht. Anders der Sohn von Ludwig Bamberger, Henry, der heute in Los Angeles zu Hause ist. Die Firma wurde nach dem Pogrom noch 1938 in Abwesenheit der Eigentümer abgewickelt. Nach 1945 übernahm die Versicherungsanstalt des Landes Sachsen das Gebäude. Erst 1990 erfolgte die Rückübertragung an Henry Bamberger. Dieser verkaufte es und spendete den Erlös ganz in der Tradition einst bedeutender Bürger der Stadt an verschiedene gemeinnützige Einrichtungen, unter anderem an die Ephraim Carlebach Stiftung und die Universität Leipzig. Nach einer umfassenden Sanierung ist das ehemalige Kaufhaus heute ein modernes Büro- und Geschäftshaus. Seit November 2003 erinnert eine Gedenktafel an das Schicksal der Familie Bamberger.

Direkt neben dem Kaufhaus steht das als Bankhaus Kroch jr. 1927/28 gebaute Kroch-Hochhaus. Neben der Höhe sind die beiden Glockenmänner, die alle 15 Minuten sowie zu jeder vollen Stunde die Glocken schlagen, markantes Zeichen. Geschaffen wurde der Bau, der wegen seiner Höhe kontroverse Diskussionen auslöste, von dem Münchener Architekten German Bestelmeyer.

9
Die erste deutsche Frauenhochschule in Leipzig, begründet von Henriette Goldschmidt, eröffnete im Oktober 1911.

Da in der Leipziger Innenstadt keine Bauten erlaubt waren, die die Firsthöhen der anderen Innenstadthäuser überragten, entschloss man sich damals zu einem wohl einzigartigen Experiment: Der Bau wurde bis zum siebten Geschoss ausgeführt, die restlichen 4 Etagen jedoch nur als Attrappe aufgesetzt. In einem langen Diskussionsprozess setzten sich mit Unterstützung der Sächsischen Staatsregierung die Befürworter des Hochhauses durch. Am 14. November 1928 wurde der Bau eingeweiht. Heute beherbergt das Hochhaus die Kustodie und das Ausstellungsgebäude der Universität. Im November 1988 fand hier nach dem Zweiten Weltkrieg die erste umfassende Ausstellung zur Geschichte der Leipziger Juden statt. Bis dahin blieb dieses Thema in der Öffentlichkeit unberührt.

Vom Augustusplatz gelangt man mit der Straßenbahnlinie 16 Richtung Neue Messe direkt zum Neuen Jüdischen Friedhof in der Delitzscher Straße 224. Bereits im Jahre 1925 hatten auf dem 1901 von der IRG L erworbenen, am nördlichen Stadtrand gegenüber dem Krankenhaus St. Georg gelegenen Gelände die Pflanzungen für einen parkähnlichen dritten Friedhof begonnen. Seit Mai 1928 wird der heute noch von der Gemeinde genutzte Friedhof belegt. Den Blickfang bildete der von Wilhelm Haller konzipierte und ausgeführte Friedhofsbau mit einer zentralen Eingangshalle. Das Gebäude wurde während des Novemberpogroms stark beschädigt, die Reste mit der Kuppelhalle im Sommer 1939 gesprengt. An der Stelle entstand ein Mahnmal für die Leipziger Opfer der Schoa, das am 8. Mai 1951 eingeweiht wurde. Als Ende 1953 die Arbeiten für eine neue Trauerhalle begannen, versetzte man das Mahnmal in das Friedhofsinnere. Am 9. November 1955 erfolgte die Einweihung der neuen Trauerhalle. Von 1997 bis 2001 wurde das Gebäude saniert und ausgebaut.

Heute leben wieder fast 1.000 jüdische Menschen in der Stadt. Mit ihnen entwickelt sich eine neue jüdische Kultur. Seit 1991 besuchen alljährlich ehemalige jüdische Bürger Leipzigs auf Einladung der Stadt ihre alte Heimat. Der Leipziger Synagogalchor pflegt traditionelle jüdische Musik. Alle zwei Jahre findet seit 1995 getragen von der Stadt, der Israelitischen Religionsgemeinde und vielen Vereinen die Jüdische Woche – Schalom statt. Der Bruch, verursacht durch den Holocaust, ist jedoch nach wie vor deutlich spürbar. Mit der Vertreibung und Ermordung der jüdischen Menschen verschwand damals ein Stück Alltagsleben und Kultur, das in der Form unwiederbringlich ist.

Literatur
Judaica Lipsiensia. Zur Geschichte der Juden in Leipzig, 1994.

MÜNCHEN

Heike Specht :
Jüdisches Leben in München

Richard Chaim Schneider :
Jüdische Gemeinde in München

JÜDISCHES LEBEN IN MÜNCHEN

Heike Specht

Mittelalter

Als erster Münchener Jude ist »Abraham de Municha« in die Geschichte eingegangen. Dieser wird 1229 in Regensburg als Zeuge bei einem Vertragsabschluss genannt. In der zweiten Hälfte des 13. Jahrhunderts scheint sich in München bereits eine größere Jüdische Gemeinde mit einer Synagoge, einem Ritualbad und einem Hospital angesiedelt zu haben. Während eines Pogroms im Jahre 1285 wurden in München 180 Juden ermordet; die Namen von 67 der Opfer sind im Nürnberger Memorbuch verzeichnet. Nach dieser Katastrophe konnte sich in München nur eine relativ kleine Gemeinde halten, die unter zahlreichen Einschränkungen und periodischen Vertreibungen zu leiden hatte. Sie lebte überwiegend vom Geld- und Warenhandel, aber auch ein Bäcker, ein Metzger sowie ein »Judenmaler« und ein »Judenschreiber« werden in den Quellen erwähnt. Während der Zeit des Schwarzen Todes zwischen 1348 und 1349 wurden die Juden aus München vertrieben und drei Jahre später von Markgraf Ludwig V. wieder in die Stadt zurückgeholt. Von ihrer neuerlichen Ansiedlung versprach er sich einen wirtschaftlichen Aufschwung für die von der Pest zerstörte Region. Als Anreiz erhielten die Juden das Privileg, nicht mehr Steuern als die christlichen Bürger zahlen zu müssen. Wie sehr die Juden jedoch von der Willkür des jeweiligen Herrschers abhängig waren, zeigte sich knapp 40 Jahre später, als König Wenzel zwischen 1390 und 1397 die Aufhebung aller »Judenschulden« erklärte, wodurch die jüdischen Kreditgeber ihr gesamtes Vermögen verloren.

Bis in die Mitte des 14. Jahrhunderts konnten die jüdischen Familien ihren Wohnort in der Stadt selbst bestimmen. Eine konzentrierte Ansiedlung in einer Judengasse wurde erst nach der Stadterweiterung im Jahre 1337 eingeführt. Dort befand sich auch die erste Münchner Synagoge, die aus einem Privathaus hervorgegangen war, das an die Stadtmauer grenzte. Ab 1416 wurden der kleinen Jüdischen Gemeinde einige Privilegien zugebilligt, die den Erwerb eines Friedhofsgrundstücks außerhalb der Stadt einschlossen. Dieser Friedhof befand sich zwischen der heutigen Schleißheimer- und Lerchenauerstraße. Der letzte Quellenbeleg für eine Jüdische Gemeinde in München stammt aus dem Jahre 1439. Herzog Albrecht III. bestätigte den Erhalt von 2.000 rheinischen Gulden, einer außerordentlichen Steuer, die der Jüdischen Gemeinde auferlegt worden war. Offenbar erschien dem Fürsten die Summe zu gering; weitere Repressionen und die Auflösung der Jüdischen Gemeinde waren die Folge. 1442 gelang es dem Klerus, die Juden zunächst aus München und Oberbayern zu vertreiben, acht Jahre später auch aus Niederbayern, wo viele Juden Zuflucht gefunden hatten. Herzog Albrecht machte seinem Leibarzt Johann Gottlieb die Synagoge zum Geschenk, die sich in der heutigen Gruftgasse befand. In den folgenden Jahren wurde sie in eine Marienkapelle umgewandelt. Dieses Vertreibungsdatum bedeutete für fast drei Jahrhunderte das Ende einer Jüdischen Gemeinde in München. Einige der Vertriebenen versuchten in Dörfern und Kleinstädten der Umgebung Aufnahme zu finden, etwa in Fürth, Kriegshaber, Schnaittach und Ottensoos, Orte, in denen in der frühen Neuzeit bedeutende Jüdische Gemeinden entstanden.

Emanzipation

Bis weit ins 18. Jahrhundert hinein lebten und wirkten nur einzelne Juden in der Residenzstadt der bayerischen Herzöge. Sie tätigten als Hoffaktoren, Kaufleute und Bankiers die Geschäfte mit dem Hof, gewährten ihm Kredite und lieferten Luxusgüter. Für das Jahr 1728 sind einzelne jüdische Hoffaktoren als Bewohner Münchens belegt. 1750 wurden alle »Hofjuden«, die das Privileg der Freizügigkeit genossen, vom Zuzugsverbot nach München befreit. Unter den 20 nachgewiesenen Juden befand sich eine einzige Frau und ein Kind. Alle anderen Juden, die in der Stadt Handel treiben wollten, erhielten lediglich eine zeitlich begrenzte Zuzugsgenehmigung und hatten dieses Recht mit beträchtlichen Summen als »Leibzoll« zu bezahlen. Diese Situation setzte sich bis zum Ende des 18. Jahrhunderts fort; im Jahre 1798 befanden sich wieder 143 Juden in der Stadt, darunter 27 Familienvorstände, 28 Frauen und 70 Kinder. Das Beerdigungsrecht wurde hingegen erst ab 1816 wieder gewährt. Eine 1805 formulierte »Vorschrift für Münchner Juden« führte schließlich 1813 zu dem »Edikt die Verhältnisse der jüdischen Glaubensgenossen im Königreich Bayern betreffend«, das Juden unter anderem das Vorrecht zusprach, ihr Aufenthaltsrecht zu vererben und sich in allen Bereichen der Stadt ansiedeln zu dürfen. Dieses von König Max I. erlassene Gesetz sollte das Leben der bayerischen Juden im gesamten 19. Jahrhundert bestimmen. Wie in anderen deutschen Staaten führte die bayerische Staatsregierung die Emanzipation der Juden nicht durch einen einmaligen legislativen Akt ein, sondern gestaltete ihn vielmehr als erzieherischen Prozess mit zahlreichen Auflagen. Mit der endgültigen Gleichstellung der Juden ließen sich die Bayern mehr Zeit als alle anderen deutschen Staaten: Sie wurde erst mit der Gründung des ersten deutschen Reiches 1871 erreicht.

Die Juden der Landeshauptstadt spielten eine führende Rolle im Kampf um ihre Bürgerrechte. Delegierte der Jüdischen Gemeinden trafen sich regelmäßig in München, um entsprechende Eingaben an die Regierung zu machen. Bis dieser Kampf gewonnen war, erhielten die bayerischen Juden infolge des Edikts von 1813 den Status als Staatsangehörige mit eingeschränkter räumlicher Mobilität. Der neue Status ermöglichte ihnen jedoch die Ausübung vormals verweigerter Berufe in Handwerk und Landwirtschaft und förderte die Gründung neuer Schulen mit modernisierten Lehrplänen. 1815 erhielten die Münchner Juden die staatliche Genehmigung, eine Kultusgemeinde zu gründen. Am 21. April 1826 konnten sie eine im klassizistischen Stil erbaute Synagoge in der Theaterstraße, der heutigen Westriederstraße, im Beisein König Ludwigs I. mit einem festlichen Gottesdienst einweihen. Die Anwesenheit des Königspaares und zahlreicher Staatsbeamter bei diesem Festakt bezeugen die Anerkennung, die die Jüdische Gemeinde nun offenbar genoss.

In der zweiten Hälfte des 19. Jahrhunderts wuchs die Jüdische Gemeinde stetig an und entwickelte sich von einer Gruppe von 842 Mitgliedern im Jahre 1848 zu einer Gemeinschaft von 4.144 Personen im Jahre 1880. Um die Wende zum 20. Jahrhundert zählte die Gemeinde bereits 8.739 Mitglieder, ein Zuwachs, der durch die Migration von Juden aus kleineren ländlichen Gemeinden Frankens und Schwabens in die Hauptstadt zustande gekommen war. Aufgrund von Zuwanderungen aus Osteuropa, meist aus Galizien, wuchs die Kultusgemeinde zu Beginn des Ersten Weltkrieges auf 11.000 Mitglieder an, was einen Anteil von 20 Prozent aller Juden in Bayern ausmachte.

Eine historische Begebenheit veranschaulicht den rasanten wirtschaftlichen und sozialen Aufstieg, der zumindest einzelnen Juden in der bayerischen Residenzstadt bereits in der ersten Hälfte des 19. Jahrhunderts möglich geworden war. Der jüdische Großhändler Raphael Kaula, in Hechingen geboren, stammte aus einer berühmten Familie von Hoffaktoren. Seit 1796 lebte er in München und war seit 1801 als kurfürstlicher Hofagent tätig. Kaula war maßgeblich an Lebensmittel- und Waffenlieferungen an das bayerische Heer beteiligt. 1806 wurde er zum königlich-bayerischen Hoffaktor ernannt. Seine Tochter Nanette, 1812 in München geboren, wurde bekannt durch ihr Porträt in der Schönheitsgalerie Ludwigs I., einer Sammlung der schönsten Frauen Münchens, die heute im südlichen Pavillon des Schlosses Nymphenburg zu sehen ist. Es ist nicht bekannt, ob Raphael Kaula vom Angebot des Königs, Nanette porträtieren zu lassen, unangenehm berührt war oder sich geschmeichelt fühlte. Tatsächlich schlug man aber die große Ehre nicht aus. 1829 malte Joseph Stieler die gerade Siebzehnjährige.

Zahlreiche Anekdoten ranken sich um Nanettes atemberaubende Schönheit: »Das schönste an ihr war die edle Art, wie der Kopf auf dem schlanken Hals saß. Wenn Nanette ausging, wurden häufig Fremde auf die ›schönste Jüdin Münchens‹ aufmerksam gemacht, und sie wusste das und freute sich dessen, wie sie überhaupt an ihrer Schönheit ein harmloses Vergnügen hatte.«

1

Nanette Kaula, *Bildnis von Joseph Stieler in der Schönheitsgalerie Ludwigs I.*

1838 heiratete Nanette den Hamburger Bankier Salomon Joseph Heine, einen Verwandten von Heinrich Heine. Viele Jahre nach ihrer Aufnahme in die Schönheitsgalerie traf Nanette Kaula, nun eine Frau mittleren Alters, nochmals mit König Ludwig zusammen. Der Legende nach soll dieser sie gefragt haben, wer sie sei. Nanette erwiderte: »Majestät hatten die Gnade, mich malen zu lassen!« Darauf soll der ebenfalls gealterte Monarch gesagt haben: »Tät's jetzt nimmer! Tät's jetzt nimmer!«

Religionsdebatten: Zwischen Tradition und Reform

Im Laufe des 19. Jahrhunderts wuchs die jüdische Bevölkerung Münchens und gleichzeitig mehrten sich die Spannungen verschiedener Fraktionen innerhalb der Israelitischen Kultusgemeinde. Immer wieder kam es zu Auseinandersetzungen zwischen Anhängern des traditionellen jüdischen Ritus und reformerischen Kreisen. Die Einführung einer neuen Synagogenordnung und eines Chores hatten bereits in den zwanziger Jahren des 19. Jahrhunderts für heftige Debatten gesorgt. In den siebziger Jahren brachen die Gegensätze innerhalb der Jüdischen Gemeinde in München

2
Synagoge an der Herzog-Max-Straße, *Ansicht vom Lenbachplatz, 1889.*

wieder auf, und diesmal schienen sie unüberwindbarer als jemals zuvor. Der Streit zwischen den Vertretern des traditionellen und des reformerischen Lagers kristallisierte sich in der Auseinandersetzung um die Installierung einer Synagogenorgel. Die Gemeindewahlen in den siebziger Jahren wurden zum Schauplatz dieser gegensätzlichen Auffassungen. Aus den Wahlen zum Gemeindevorstand im Dezember 1871 gingen die gemäßigten Liberalen als klare Sieger hervor. Die Orthodoxen mussten in München nun erstmals eine Niederlage einstecken. Verlierer waren aber auch die radikalen Reformer. Dieses Ergebnis war symptomatisch und programmatisch für die Verhältnisse in München. Die Jüdische Gemeinde als Ganzes war nie für allzu radikale Modernisierungstendenzen zu gewinnen, denn die Mehrheit vertrat wohl stets eine gemäßigte liberale bis konservative Richtung. Außerdem wirkten die führenden Persönlichkeiten sowohl der Orthodoxie als auch der Mehrheitsgemeinde in einem versöhnenden Sinne. Gemeinderabbiner Perles wurde auch in orthodoxen Kreisen respektiert. Sein Nachfolger Cossmann Werner, seinerseits ein Vertreter der konservativen Richtung, und Heinrich Ehrentreu, der Rabbiner des orthodoxen Synagogenvereins »Ohel Jakob«, pflegten einen respektvollen, fast freundschaftlichen Umgang.

In den folgenden Jahren zogen sich die Traditionalisten mehr und mehr von den Angelegenheiten der Jüdischen Gemeinde zurück und überließen weitgehend den Reformern das Feld. Sie gingen nun daran, eigene kleine Betsäle einzurichten, in denen man den Gottesdienst dem alten Ritus gemäß begehen konnte.

Die liberale Mehrheitsgemeinde beschloss schließlich, sich in der Herzog-Max-Straße eine repräsentativere, größere Synagoge zu bauen. Die Einweihungsfeierlichkeiten im September 1887 waren ein wichtiges Ereignis für die Jüdische Gemeinde wie auch in der Stadt München.

Auch die Münchner Orthodoxie, vermutlich unter dem Eindruck des prachtvollen neuen Synagogenbaus der Liberalen, machten sich nun daran, eine eigene Synagoge zu errichten. Im März 1892 wurde die »Ohel-Jakob«-Synagoge in der Kanalstraße, der heutigen Herzog-Rudolf-Straße, eingeweiht.

Ein »bajuwarisches« Judentum

Eine der tragenden Säulen der »Ohel-Jakob«-Gemeinde war die Familie Feuchtwanger, die in den 1840er Jahren aus der traditionsreichen Jüdischen Gemeinde Fürth nach München gekommen war. Es gelang den Feuchtwangers, sich innerhalb weniger Jahre sowohl gesellschaftlich als auch geschäftlich in München zu etablieren.

3

Ohel-Jakob-Synagoge, 1891.

Die Mitglieder der Familie gehörten einer strengen jüdischen Orthodoxie an. Ihre Geschäfte blieben am Schabbat geschlossen, sie hielten die Feiertage und beachteten die rituellen Speisegesetze. Nichtsdestotrotz betrachteten sie sich wie wohl die Mehrheit der Münchner Juden als ausgesprochene Bajuwaren. Das Beispiel der Familie Feuchtwanger macht deutlich, in welch hohem Maße sich die bayerischen Juden mit der sie umgebenden Kultur, Mentalität und Landschaft identifizierten. Die Feuchtwangers liebten die Theater, Museen und Galerien der Stadt, pflegten hingebungsvoll die bayerische Mundart, besuchten die Biergärten, machten ausgedehnte Wanderungen im Voralpenland und rundeten den Gottesdienst in der Synagoge am Samstagnachmittag mit einem Besuch im nahe gelegenen Hofbräuhaus bei Kaffee und Kuchen ab. Dabei legte man großen Wert darauf, dass der Kaffee nicht extra gemacht werden musste, da das Kochen von Tee und Kaffee am Schabbat nach orthodoxer Auslegung der Religionsgesetze nicht zulässig ist. War der Kaffee aber schon mal da, so trank man ihn gern und offenbar ohne größere Gewissensbisse. Da auch der Umgang mit Geld am Schabbat verboten ist, ließ man regelmäßig anschreiben und beglich die Rechnung an einem Werktag.

Die Münchner Juden insgesamt pflegten, wie die Feuchtwangers, einen lebhaften Lokalpatriotismus, eine ausgesprochen bayerisch-barocke Liebe zu Festlichkeiten und Bällen sowie eine tiefe Verehrung für das Wittelsbachische Königshaus. Man teilte außerdem, wie sehr viele süddeutsche Juden, mit der nichtjüdischen Mehrheitsbevölkerung der Region eine äußerst ambivalente Beziehung zum preußischen Herrscherhaus und dem 1871 gegründeten Kaiserreich. Gerade im süddeutschen Judentum lebte auch lange nach der Reichsgründung ein gewisses Maß an Partikularismus und preußenfeindlicher Stimmung weiter. Im Reich betrachtete man das Königreich Bayern im Hinblick auf seine Alltagskultur, Bildung und Wirtschaft als zurückgeblieben und unterentwickelt. Diese Vorurteile bestärkten die Bayern aber nur in ihrer Abneigung und ihrem Argwohn gegenüber Preußen. Die Münchner Juden rangen zusammen mit der restlichen bayerischen Gesellschaft innerhalb des Kaiserreichs um die Bewahrung ihrer Tradition und Kultur und hielten bewusst Distanz gegenüber dem Hohenzollern'schen Obrigkeitsstaat. Das Misstrauen der bayerischen Juden gegenüber Berlin und Preußen erstreckte sich übrigens auch auf ihre dort lebenden Glaubensbrüder und -schwestern. Nicht zuletzt aufgrund des Widerstands der Juden in Bayern ist es während der gesamten Zeit des Kaiserreiches und der Weimarer Republik niemals gelungen, eine zentrale Vertretung für die deutschen Juden ins Leben zu rufen.

In den Jahren kurz vor dem Ersten Weltkrieg galt München als eine Stadt mit besonderer Hingabe und Verehrung für die Kunst. In der bayerischen Hauptstadt versammelten sich Künstler und solche, die es werden wollten. Die Schwabinger Boheme war berühmt und berüchtigt. Schriftsteller, Dichter, Maler und Schauspieler aus dem ganzen Kaiserreich trafen sich hier. In den »Torggelstuben« gegenüber dem Hofbräuhaus am Platzl kam der Stammtisch des Schriftstellers Frank Wedekind zusammen. Regelmäßig trafen sich hier »echte Münchner« wie Lion Feuchtwanger und so genannte »Zug'roaste«, Zugereiste wie Max Reinhardt, Egon Friedell, Alfred Polgar und Bruno Frank. Auch das »Café Stephanie« in Schwabing war ein beliebter Szenetreff.

Nach München zog es ferner junge jüdische Künstler aus Osteuropa, wie zum Beispiel Ephraim Moses Lilien und Maurycy Gottlieb. Nicht wenige von ihnen studierten hier an der bekannten Kunstakademie. Gottlieb besuchte die Klasse des Münchner Malers Karl von Piloty an der Akademie und ließ sich von dessen Historienmalerei inspirieren. Seine in München angefertigten Werke, allesamt mit jüdischen Motiven und Inhalten, wurden in der Kunstszene als große Erfolge gefeiert. Der Jugendstilmaler Lilien kam zu Beginn des 20. Jahrhunderts von Krakau nach München und prägte den Ausspruch, München sei eine so genannte Kunststadt ersten und eine Weltstadt letzten Ranges. Das Malen sei dort wie das Biertrinken: Tradition.

München wurde um die Jahrhundertwende aber nicht nur zu einem Sammelpunkt für Schriftsteller, Dichter und Maler. Auch der Kunsthandel blühte in der bayerischen Residenzstadt. Den berühmtesten Handel mit Gemälden, Antiquitäten und Tapisserie unterhielt wohl die Familie Bernheimer. Die Bernheimers betrieben zunächst um die Mitte des 19. Jahrhunderts einen Textilhandel auf der Münchner Dult, einer Mischung aus Markt und Volksfest. Innerhalb von nur zwei Generationen entwickelte sich aus dem bescheidenen Geschäft ein Ausstattungsgeschäft von internationalem Ruf. Man bezog Luxusartikel aus Paris und London und importierte Perserteppiche direkt aus dem Orient. Im Jahre 1889 wurde das neue Geschäftsgebäude des expandierenden Unternehmens, das so genannte Bernheimer Palais am Lenbachplatz, in Anwesenheit des Prinzregenten Luitpold feierlich eingeweiht. Überhaupt pflegte die Familie Bernheimer einen geradezu freundschaftlichen Kontakt zum bayerischen Herrscherhaus. Der Prinzregent war ein eifriger Förderer und Kunde Bernheimers. Das Bernheimer Palais am Lenbachplatz ist heute noch zu besichtigen.

Zahlreiche Galerien Münchens stellten moderne nationale und internationale Künstler aus. So zeigte Heinrich Thannhauser in seiner Galerie im Arcopalais unter anderem Bilder Gauguins, Cézannes und van Goghs, ermöglichte aber auch den jungen Malern des »Blauen Reiter« ihre Bilder bekannt zu machen. Franz Marc stellte im Jahre 1910 seine Bilder auch in der Modernen Kunsthandlung »Brakl's Kunsthaus« in der Goethestraße aus.

Auch Antiquariate von Rang und Ansehen waren in München ansässig. Die Rosenthals kamen in den 1860er Jahren aus der schwäbischen Kleinstadt Fellheim nach München. Verschiedene Zweige der Familie handelten hier seit dem ausgehenden 19. Jahrhundert mit wertvollen alten Büchern, Landkarten und Kunstdrucken und machten sich im internationalen Antiquariatswesen einen Namen.

Der Erste Weltkrieg und die Revolution im Herbst 1918 brachten enorme Veränderungen für die Stadt München und für die Juden, die hier lebten. Der bayerische König Ludwig III. dankte als erster deutscher Monarch ab. Ministerpräsident des neu gegründeten Freistaates Bayern wurde Kurt Eisner von der Partei der Unabhängigen Sozialdemokratie (USPD). Eisner stammte aus einer jüdischen Familie und war Berliner. Im Februar 1919 wurde er von einem Rechtsradikalen auf offener Straße erschossen. Die Monate zwischen November 1918 und Mai 1919 erwiesen sich für die Zukunft Münchens und Bayerns als ungemein prägend. Hatte München vor dem Ersten Weltkrieg den Ruf einer vielleicht etwas provinziellen, aber doch außerordentlich kunstliebenden und aufgeschlossenen Stadt genossen, so wurde sie in den Nachkriegsjahren, im Gefolge der Revolution und der Etablierung und Niederwerfung zweier Räterepubliken, zu einer Art Sammelbecken für chauvinistische und reaktionäre Kräfte. Die Juden Münchens nahmen diese Veränderungen in ihrer Stadt mit Beunruhigung wahr. Die Beteiligung einiger sozialistischer Literaten und Politiker jüdischer Abstammung, wie Ernst Toller, Gustav Landauer und Erich Mühsam, an der Revolution und den Regierungen der Räterepubliken stieß in weiten Teilen der jüdischen Bevölkerung auf Kritik und war Anlass zu großer Sorge. Während die Münchner Juden im bayerischen Königreich das Ringen der Süddeutschen um die Bewahrung eines gewissen Maßes an kultureller Eigenständigkeit und Lokalkolorits geteilt hatten, waren sie nun zunehmend beißendem Antisemitismus und sozialer Ausgrenzung ausgesetzt.

4 Bierkrug mit dem Porträt Kurt Eisners als bayerischer Ministerpräsident, 1918.

Die Ersten, die den neuen antijüdisch-reaktionären Geist, der in Bayern wehte, schmerzhaft zu spüren bekamen, waren die im Lande lebenden so genannten »Ostjuden«. Viele von ihnen wohnten und arbeiteten bereits seit Jahrzehnten in München, waren zum Teil sogar hier geboren. Die bayerische Staatsregierung unter Gustav von Kahr ordnete im Jahr 1920 die Ausweisung von rund 1.500 in München lebenden Juden aus Osteuropa an. Dank des Engagements der Israelitischen Kultusgemeinde und der sozialistischen und sozialdemokratischen Presse konnte diese Abschiebung allerdings verhindert werden. Die antisemitische Stimmung in München nahm in den folgenden Jahren dennoch merklich zu.

Das Jahr 1923 kann zweifellos als vorläufig trauriger Höhepunkt der antisemitischen und nationalsozialistischen Agitation betrachtet werden. Im Juni wurde der langjährige Vorsitzende von »Ohel Jakob« und prominente Sprecher der bayerischen Orthodoxie, der damals 63-jährige Sigmund Fraenkel, von einer Gruppe junger Nationalsozialisten auf der Straße überfallen und schwer misshandelt. Während des jüdischen Laubhüttenfestes kam es im Herbst 1923 zu antijüdischen Ausschreitungen. Die Fenster der großen Synagoge wurden eingeschlagen, die Laubhütte eines Juden angezündet, in einer anderen Münchner Synagoge wurden die Gottesdienstbesucher beleidigt und belästigt.

Schließlich kam es am 9. November 1923 zum Putschversuch der NSDAP, im Zuge dessen einige Mitglieder der Jüdischen Gemeinde verhaftet und misshandelt wurden. Im selben Herbst wurde in Bayern erneut von staatlicher Seite ein »Ostjudenproblem« heraufbeschworen. Abermals erließ der inzwischen zum Staatskommissar ernannte Gustav von Kahr, ausgestattet mit diktatorischen Vollmachten, Ausweisungsbefehle gegen in München ansässige »ostjüdische« Familien. Die Betroffenen sollten Bayern innerhalb von 14 Tagen verlassen. Ihr gesamter Besitz, ihre Wohnungen und ihr Bargeld wurden beschlagnahmt. Einige Familien wurden ins »Fort Prinz Carl« bei Ingolstadt gebracht und blieben dort einige Zeit interniert.

Die Juden in München bekamen vielleicht früher als ihre Glaubensbrüder und -schwestern im übrigen Deutschland einen Eindruck von dem, was nach 1933 auf sie zukommen sollte. Auch im Alltag, im Geschäftsleben, in den Vereinen, in den Schulen und Universitäten machte sich ein spürbarer, immer aggressiver werdender Antisemitismus breit. So legte der Nobelpreisträger Richard Willstätter 1925 seine Professur an der Ludwig-Maximilians-Universität nieder, nachdem man den von ihm vorgeschlagenen Nachfolger deshalb abgelehnt hatte, weil dieser, wie Willstätter selbst, Jude war. Und so beschloss die Alpenvereinssektion München auf ihrer Jahreshauptversammlung im Jahre 1924 einen Numerus Clausus für jüdische Neumitglieder. Dies führte zu großer Empörung bei den jüdischen Bergsteigern und Alpenvereinsmitgliedern, die schließlich freiwillig aus dem Verein austraten.

München – »Hauptstadt der Bewegung«

Das Jahr 1933 bedeutet in der Geschichte der Münchner Juden, wie in der Geschichte aller Juden in Deutschland, eine Zäsur. Nach der »Machtergreifung« der Nationalsozialisten wurde in München, der »Hauptstadt der Bewegung«, Heinrich Himmler der neue Chef der Polizeidirektion. Bereits wenige Monate später beförderte man ihn zum Politischen Polizeikommandeur für ganz Bayern. Im März 1933 wurde der glühende Nationalsozialist Karl Fiehler zum Oberbürgermeister von München ernannt. Noch bevor aus Berlin der Aufruf an alle NS-Parteiorganisationen erging, jüdische Geschäfte in einer groß angelegten Aktion zu boykottieren, gab der Münchner Oberbürgermeister allen städtischen Einrichtungen und Referaten neue Richtlinien für die künftige Verteilung von Aufträgen. Juden wurden als »nicht deutsch« klassifiziert und die Vergabe an »nichtdeutsche« Unternehmen untersagt. Diese erste große diskriminierende Maßnahme der städtischen Verwaltung war ein harter Schlag gegen die jüdischen Kaufleute Münchens sowohl auf menschlicher als auch auf wirtschaftlicher Ebene. Am 1. April 1933 folgte der »Boykott«-Tag. In München und in Städten und Dörfern im ganzen Reich postierten sich SA-Männer vor jüdischen Geschäften, Kanzleien und Praxen und riefen zum Boykott jüdischer Kaufleute, Rechtsanwälte und Ärzte auf.

Bereits im Jahr 1933 verließen über 660 Münchner Juden ihre Heimatstadt. In den folgenden Jahren nahm die Anzahl der Exilsuchenden wieder leicht ab. Möglicherweise gaben sich einige Juden in München, wie im ganzen Reich, der Hoffnung hin, dass man sich irgendwie mit dem Regime arrangieren könne. Die Ereignisse des Jahres 1938 sollten sie auf schreckliche Weise eines Besseren belehren. Jüdische Beamte, Rechtsanwälte, Richter und Ärzte waren bereits in den ersten Jahren der nationalsozialistischen Herrschaft schrittweise aus dem Berufsleben gedrängt worden. Auch die Bedingungen für jüdische Kaufleute hatten sich sukzessive verschlechtert. Ab 1938 allerdings enteignete und »arisierte« die nationalsozialistische Regierung in großem Stil Geschäfte und Unternehmungen jüdischer Inhaber. Den Münchner Juden wurde so mehr und mehr die Lebensgrundlage entzogen.

5 Synagoge an der Herzog-Max-Straße.

Die große Münchner Hauptsynagoge in der Herzog-Max-Straße befand sich in unmittelbarer Nachbarschaft zum so genannten »Künstlerhaus«, das bereits seit den zwanziger Jahren zu den Lieblingsetablissements des ehemaligen Kunstmalers Hitler zählte. Der Blick vom »Künstlerhaus« auf die Synagoge, so erinnerte sich der damalige Präsident der Israelitischen Kultusgemeinde Dr. Alfred Neumeyer, sei Hitler von jeher zuwider gewesen. Am 8. Juni 1938 wurde auf Erlass Hitlers der Abriss der Synagoge aufgrund »städtebaulicher Maßnahmen« und »verkehrspolitischer Gründe« angeordnet. Bereits einen Tag später begann man mit dem Abbruch des Gotteshauses. Zufälligerweise fand am selben Tag die Jahrestagung des Allgemeinen Deutschen Rabbinerverbandes in München statt. Der junge Werner Cahnmann erinnert sich: »Ich sehe heute noch vor mir Rabbiner Baerwald aus München, urban und gefasst, Rabbiner Grünewald aus Mannheim, stahlhart und entschlossen, Rabbiner Eschelbacher aus Düsseldorf, mit dem Rächerblick des assyrischen Herrschers, Rabbiner Baeck aus Berlin, mit dem Ansehen des Heiligen, dem das Schicksal nichts anhaben kann. Ich habe nie ein eindrucksvolleres Schauspiel erlebt.« So fiel die Münchner Hauptsynagoge schon im Juni 1938, noch vor der so genannten »Kristallnacht«, dem nationalsozialistischen Terror zum Opfer.

Eine Erinnerung des ehemaligen Kantors der Jüdischen Gemeinde Münchens, Emanuel Kirschner, veranschaulicht deutlich, wie schmerzhaft der Abbruch der Synagoge den Münchner Juden ihre ausweglose Situation bewusst machte. Über Jahrzehnte hatte Kirschner in der Hauptsynagoge an der Herzog-Max-Straße gewirkt. Als Gemeinderabbiner Baerwald am 8. Juni 1938 erfuhr, dass die Hauptsynagoge am nächsten Tage abgerissen werden sollte, bat er Kirschner am Ende des rasch improvisierten Abschiedsgottesdienstes, der am Abend stattfinden sollte, den 102. Psalm zu singen. So trat der 81-jährige Kirschner am Abend des 8. Juni ein letztes Mal vor die versammelte Gemeinde und rezitierte mit »gebrochenem Herzen«, wie er sich selbst erinnerte, den Psalm. Greise und Jünglinge hätten sich im Anschluss unter Schluchzen um die Tora-Rollen gedrängt, um die »vertriebene Tora« zu küssen. Am Morgen des 9. Juni um 6 Uhr begannen die Abbrucharbeiten an der Synagoge. Emanuel Kirschner starb nur drei Monate später im September 1938.

Während des Novemberpogroms im selben Jahr plünderten, schändeten und zerstörten die Nationalsozialisten die jüdischen Gotteshäuser im ganzen Reich. Der Aufruf zur »Kristallnacht« aber erschallte aus München. Hier hatten sich am Abend des 9. November 1938 altgediente Nationalsozialisten im »Alten Rathaussaal« zusammengefunden, um an die Ereignisse des Hitlerputsches am 9. November 1923 zu erinnern. Bei dieser Veranstaltung hielt Reichspropagandaminister Goebbels eine flammende antisemitische Hetzrede. Münchens Gauleiter Wagner verstand die Botschaft und gab den als Zivilisten getarnten Einsatzgruppen den Befehl, gegen die Münchner Juden und ihr Eigentum loszuschlagen. Die orthodoxe »Ohel-Jakob«-Synagoge in der Herzog-Rudolf-Straße wurde in dieser Nacht von SA-Männern verwüstet und in Brand gesetzt. Das Feuer in der erst 1931 eingeweihten Synagoge in der Reichenbachstraße, die von den

6
Das zerstörte Kaufhaus Uhlfelder in München nach dem Novemberpogrom 1938.

Münchner Juden osteuropäischer Herkunft genutzt wurde, löschten die Feuerwehrleute nur deshalb, weil sie befürchteten, der Brand könne sich auf die benachbarten Wohnhäuser ausdehnen. In der Nacht vom 9. auf den 10. November und in den folgenden Tagen wurden etwa 900 Münchner Juden verhaftet und in das Konzentrationslager Dachau gebracht. Die meisten Inhaftierten wurden, nachdem sie sich dazu verpflichtet hatten, Deutschland innerhalb kürzester Zeit zu verlassen, nach einigen Tagen und Wochen wieder entlassen. In den kommenden Monaten verließen zahlreiche Münchner Juden ihre Heimatstadt. Insgesamt suchten in den Jahren 1933 bis 1938 3.574 jüdische Männer, Frauen und Kinder Zuflucht im Ausland. Der größte Teil ließ sich in Palästina nieder.

Für die in München verbliebenen Juden wurde das Leben durch immer neue demütigende Diskriminierungsmaßnahmen von Tag zu Tag unerträglicher. Ab 1941 mussten sie in der Öffentlichkeit einen gelben Stern auf der Kleidung tragen, Wohnungen wurden enteignet, ihre jüdischen Bewohner zwangsweise in eigens für sie eingerichteten Baracken in Milbertshofen untergebracht. Von Milbertshofen aus deportierte man die Münchner Juden, insgesamt zwischen 3.500 und 4.000 Personen, schließlich ab November 1941 in den Osten. 2.991 Männer, Frauen und Kinder wurden in Kowno von einem SS-Einsatzkommando erschossen. Eine weitere Gruppe Münchner Juden brachte man in die Konzentrations- bzw. Vernichtungslager Theresienstadt und Auschwitz, wo die meisten von ihnen auf grausame Weise umkamen.

An der Stelle in der Herzog-Max-Straße, wo einst die Münchner Hauptsynagoge gestanden hatte, findet man heute einen Gedenkstein. Auch für die während des Novemberpogroms 1938 zerstörte »Ohel-Jakob«-Synagoge wurde in der Herzog-Rudolf-Straße eine Erinnerungstafel angebracht. Die Synagoge in der Reichenbachstraße fungiert heute als Synagoge und ist offen für Besucher.

Nach 1945

Nach dem Ende des Zweiten Weltkrieges und der systematischen Zerstörung und Vernichtung allen jüdischen Lebens in der Stadt kehrten einige wenige Münchner Juden, die die Konzentrations- und Vernichtungslager überlebt hatten, in ihre Heimatstadt zurück. Daneben fanden sich aber auch jene osteuropäischen Juden in München wieder, die von der amerikanischen Armee aus den Konzentrationslagern Dachau und Flossenbürg sowie deren Außenlagern befreit worden waren oder im Zuge der nationalsozialistischen Verfolgung und der Wirren der Kriegs- und Nachkriegszeit ihre Heimat verlassen hatten. Diese so genannten Displaced Persons (DPs) wurden zunächst in Camps untergebracht. Die größten dieser DP-Lager in der Nähe Münchens befanden sich in Feldafing, Landsberg und Föhrenwald. Die jüdischen DPs, die sich auch »Sche'erit Hapletah«, der Rest der Geretteten, nannten, riefen das »Zentralkomitee der befreiten Juden in der amerikanischen Zone« als ihre offizielle Vertretung ins Leben.

In München selbst ließen sich zahlreiche jüdische Hilfsorganisationen nieder. Diese Organisationen versorgten die DPs mit Kleidung und Nahrung. Sie stellten medizinische Versorgung, halfen bei der Familienzusammenführung und bei der Auswanderung. Die meisten Büros dieser Hilfsorganisationen, der UNRRA, des JOINT oder des »Zentralkomitee der befreiten Juden in der amerikanischen Zone«, befanden sich in der Möhlstraße im Münchner Stadtteil Bogenhausen. Die Möhlstraße wurde auf diesem Wege für einige Jahre kurz nach dem Krieg das Zentrum jüdischen Lebens in München.

Die Israelitische Kultusgemeinde wurde bereits im Juli 1945 erneut gegründet. Viele der DPs verließen München und Deutschland in den kommenden Jahren und wanderten nach Israel oder in die USA aus. Zurück blieb eine relativ kleine Jüdische Gemeinde, die sich zum Teil aus »alten« Münchner Juden, zum überwiegenden Teil aber aus ehemaligen und in München verbliebenen DPs zusammensetzte. Die Synagoge in der Reichenbachstraße wurde aufgebaut, renoviert und 1947 wieder eingeweiht.

Im Jahre 1972 richtete die bayerische Landeshauptstadt die XX. Olympischen Sommerspiele aus. Am 11. Tag der Spiele drang eine Gruppe palästinensischer Terroristen in die Unterkunft der israelischen Delegation im Olympischen Dorf ein. Zwei Israelis wurden sofort erschossen, neun weitere als Geiseln genommen. Während der missglückten Befreiungsaktion auf dem Flughafen Fürstenfeldbruck starben alle neun israelischen Geiseln und ein Polizist. Zur Erinnerung an die ermordeten israelischen Sportler wurde auf dem Olympiagelände an der Conolly-Straße ein Gedenkstein errichtet.

Literatur

Schalom Ben-Chorin,
Jugend an der Isar,
München 1984.

Beth ha-Knesset.
Ort der Zusammenkunft.
Zur Geschichte der Münchner Synagogen, ihrer Rabbiner und Kantoren. Eine Veröffentlichung des Stadtarchivs München,
München 1999.

Douglas Bokovoy und Stefan Meining (Hg.),
Versagte Heimat. Jüdisches Leben in der Isarvorstadt 1914–1945, München 1994.

Peter Hanke,
Zur Geschichte der Juden in München zwischen 1933–1945. Neue Schriftenreihe des Stadtarchivs München, München 1967.

Hendrikje Kilian
Die jüdische Gemeinde in München 1813–1971. Eine Großstadtgemeinde im Zeitalter der Emanzipation.
Neue Schriftenreihe des Stadtarchivs München, München 1989.

Hans Lamm (Hg.),
Von Juden in München, Ein Gedenkbuch,
München 1958.

JÜDISCHE GEMEINDE IN MÜNCHEN

Richard Chaim Schneider

Die Jüdische Gemeinde in München oder, wie sie offiziell heißt, die »Israelitische Kultusgemeinde München« (IKG) gilt bis heute als die orthodoxeste Gemeinde in Deutschland, ganz gewiss ist sie die politisch konservativste. Trotz einer im Laufe der letzten 20 Jahre allmählich gewachsenen Bereitschaft, sich gegenüber der nichtjüdischen Umwelt zu öffnen, zeichnet sie sich immer noch durch einen gewissen »Ghetto«-Charakter aus. Nirgendwo in Deutschland ist eine jüdische Gemeinschaft noch so verschlossen, nirgendwo findet man aber auch noch so viele Menschen, die des Jiddischen mächtig sind und damit einen letzten Abglanz des einstigen osteuropäischen Schtetls bewahrt haben, wie in München.

Die Gründe hierfür sind in den Jahren des Neuanfangs nach dem Krieg zu suchen. Noch im Juni 1945 setzte sich der jüdische Rechtsanwalt Siegfried Neuland, der den Krieg in einer Munitionsfabrik in München überlebt hatte, mit dem Kultusministerium in Verbindung und bat um die Genehmigung einer Neugründung der Israelitischen Kultusgemeinde, obwohl nur 400 Juden in München registriert waren. Natürlich erhielt er die Genehmigung von der Militärregierung, und noch im selben Jahr kam es zur offiziellen Gründung der Kultusgemeinde, deren Verwaltung zunächst in einem Gebäude in der Herzog-Max-Straße 7 untergebracht war, einem Haus, das schon vor 1938 der IKG gehört hatte. Im selben Gebäude wurde auch der erste Betsaal für die Gläubigen eingerichtet.

Vor dem Krieg gab es in München drei große Synagogen. Da war zunächst einmal die drittgrößte Synagoge Deutschlands, direkt hinter dem »Künstlerhaus« am Lenbachplatz. Dort wurde nach dem Reformritus gebetet. Die Synagoge erhielt in der Geschichte des Dritten Reiches einen traurigen »Ehrenplatz«, war sie doch die erste Synagoge, die im Reich auf Geheiß Hitlers zerstört wurde. Hitler, der sich gern und häufig im »Künstlerhaus« aufhielt, ertrug den Anblick des jüdischen Gotteshauses nicht und gab Befehl, es abzureißen. Dies geschah im Juni 1938. Die NS-Führung sah den Abriss auch als »Test« für die so genannte »Reichskristallnacht« an: Wie würde die Bevölkerung auf den Abriss des Gotteshauses reagieren? Sie reagierte überwiegend mit Gleichgültigkeit, was den Ereignissen vom 9. November 1938 natürlich Vorschub leistete. Erst in den sechziger Jahren wurde am Platz der einstigen Hauptsynagoge ein Gedenkstein errichtet, über den noch zu sprechen sein wird.

Die zweite große Synagoge gehörte der orthodoxen Gemeinschaft »Ohel Jakob« und stand in der Herzog-Rudolf-Straße 3; sie wurde ein Opfer der Flammen in der »Kristallnacht«. Heute erinnert lediglich eine kleine, für den Fußgänger viel zu hoch hängende, lieblos angebrachte Tafel an der Fassade eines Bürogebäudes an selber Stelle daran, dass hier, gleich um die Ecke der noblen Maximilianstraße, einstmals eine Synagoge stand. Und schließlich gab es noch die erst 1931 eingeweihte Synagoge in der Reichenbachstraße 27, die zwar ebenfalls in der »Kristallnacht« geschändet wurde, jedoch nicht vollständig abbrannte, da sie in einen Innenhof hineingebaut war. Die Feuerwehr löschte also rechtzeitig, um die umliegenden Wohnhäuser der »Arier« nicht zu gefährden.

Diese Synagoge war nach 1945 als einzige noch existent, das heißt, die Außenmauern waren noch vorhanden. Die IKG beschloss daher, anknüpfend an die Tradition der Vorkriegsgemeinde, die Synagoge in der Reichenbachstraße zu ihrer Hauptsynagoge zu machen. Im Mai 1947 konnte sie in Anwesenheit General Lucius D. Clays, des Militärgouverneurs der US-Zone, einiger Mitglieder der amerikanischen Militärregierung sowie des bayerischen Ministerpräsidenten Dr. Hans Ehard und weiterer Ehrengäste feierlich eröffnet werden.

Im Laufe der Jahre verlegte die IKG ihre Amtsräume ebenfalls in die Reichenbachstraße 27. Das Vordergebäude beherbergte die Verwaltung, ein koscheres Restaurant, einen Fest- und Versammlungssaal sowie einen Teil des Altersheimes, ehe es 1970 bei einem Brandanschlag, der bis heute nicht aufgeklärt werden konnte, den Flammen zum Opfer fiel. Bei diesem Attentat starben 7 Bewohner des Altersheimes. Außer einem Benzinkanister konnte die Polizei am Tatort keine weiteren Spuren finden. Man vermutet bis heute einen nazistischen Hintergrund der Tat.

Während in München 1947 die kleine Israelitische Kultusgemeinde mit einigen wenigen 100 Mitgliedern – ausnahmslos deutschen Juden – ihre neue Hauptsynagoge einweihte, lebten in München und Umgebung rund 250.000 so genannte »Ostjuden« in Lagern, die Displaced-Person-Camps genannt wurden. Diese DP-Camps waren vom US-Militär eingerichtet worden und beherbergten zunächst diejenigen Juden, die von der US-Army auf deutschem Boden aus den Konzentrationslagern befreit wurden, dann allerdings auch die große Zahl von Juden, die vor allem 1946 aus Osteuropa nach Bayern geflohen waren, nachdem es in Polen, Ungarn und anderswo zu antisemitischen Pogromen gekommen war. Die

1
Ausstellung der Erzeugnisse der ORT-Schulen in München, 1947.
ORT ist eine vor über 120 Jahren in Russland gegründete jüdische Organisation, die sich um die berufliche Eingliederung kümmert. ORT wurde unter dem jiddischen Motto »Sorg für dein Zukunft, lern sich a Fach« in den DP-Lagern aktiv. Bis zur Auflösung der Lager unterhielt die Organisation 597 Kurse in 78 Ausbildungszentren mit 934 Lehrern.

Überlebenden der Konzentrations- und Vernichtungslager in Osteuropa waren nach Kriegsende in ihre alten Heimatorte zurückgekehrt, dort aber keineswegs mit offenen Armen aufgenommen worden. Im polnischen Kielce etwa wurden 1946 43 Juden auf offener Straße ermordet. Mit Hilfe der zionistischen Untergrundorganisation »Bricha« wurden die ostjüdischen Flüchtlinge nach Bayern in die bereits existierenden DP-Camps geschleust. Die Zionisten hofften auf diese Weise für die US-Verwaltung ein »Massenproblem« zu schaffen, das Washington schließlich nötigen würde, Druck auf die Briten auszuüben, damit diese die jüdischen Massen in das britische Mandatsgebiet Palästina einwandern ließen.

In Bayern angekommen, verbanden sich diese Flüchtlinge mit den Juden, die bereits in den DP-Lagern waren – auch sie in der Mehrzahl Juden aus Osteuropa. Anders als die deutschen Juden vor dem Krieg, von denen die meisten eher den Reformgemeinden angehörten oder gar völlig assimiliert lebten, stammten die ostjüdischen DPs aus orthodoxen Gemeinschaften und waren häufig eher religiös als weltlich gebildet. Ihre Muttersprache war das Jiddische und die jeweiligen Landessprachen ihrer alten Heimatländer Polen, Ungarn usw.

Die Gründerväter der IKG, alles deutsche Juden, mochten diese Juden nicht und führten so eine alte Animosität fort, die bereits vor dem Holocaust in Deutschland bestanden hatte. Dr. Spanier, Gründungspräsident der Gemeinde, entschied mit Siegfried Neuland und David Holzer, den beiden Vizepräsidenten, dass in der Kultusgemeinde nur diejenigen wahlberechtigt sein dürften, »die 1938 bereits in Deutschland einer jüdischen Gemeinde angehört haben«. Eine klare Ablehnung des ostjüdischen »Elements«!

Diese hatten bereits unabhängig von der IKG ein »Zentralkomitee der befreiten Juden in Bayern« gegründet und versuchten, sich kulturell und religiös zu organisieren. Die DPs, die sich selbst »Sche'erit Hapletah« nannten – der »Rest der Geretteten«, ein Begriff aus der Tora –, hatten Dr. Zalman Grinberg, einen Arzt aus dem Ghetto in Kovno, zu ihrem Vorsitzenden gewählt.

Das Zentralkomitee begann, das jüdische Leben in den DP-Camps zu organisieren. In Camps wie Feldafing, St. Ottilien, Landsberg, Deggendorf oder Föhrenwald entwickelte sich rasch ein lebhaftes kulturelles Leben.

2
Kinderparade zum 5. Unabhängigkeitstag des Staates Israel in dem DP-Lager Föhrenwald, 1953.

Konzerte, Theateraufführungen und Vorträge wurden viel besucht. Dabei handelte es sich vor allem um jiddische und osteuropäische Kultur oder um Veranstaltungen, die zionistisch geprägt waren. Denn anders als die deutschen Juden der IKG hatten diese ostjüdischen Überlebenden nicht das geringste Bedürfnis, in dem ihnen völlig fremden Land der Mörder zu bleiben. Die meisten von ihnen wollten weg, nach Palästina oder zumindest in die USA.

Doch bis dahin mussten auch sie religiös »versorgt« sein. In jedem DP-Camp wurden Betstuben eingerichtet. Zusätzlich setzte sich Dr. Samuel Snieg als orthodoxer Oberrabbiner des Zentralkomitees für die Schaffung einer Synagoge in München ein, da auch in der bayerischen Landeshauptstadt viele DPs untergebracht waren. Bereits 1946, also ein Jahr vor der Einweihung der Synagoge in der Reichenbachstraße, bezogen die DPs die Räume eines einstigen Schwesternheimes in der Möhlstraße, die bis in die siebziger Jahre als so genannte »Möhlstraßen-Schul« fungierte. Diese Synagoge war noch in den fünfziger Jahren Bestandteil der IKG geworden. Denn in den Nachkriegsjahren konnte die IKG nicht umhin, zunehmend diejenigen DPs, die in Deutschland blieben, aufzunehmen.

Von den rund 250.000 Ostjuden, die 1946 in Bayern lebten, war ein kleiner, kleinster Rest geblieben. Es waren überwiegend Überlebende, die aus psychischen oder physischen Gründen eine Auswanderung nicht mehr schafften. Manche hatten sich lange gewehrt, ihr DP-Camp zu verlassen und damit sozusagen in Deutschland »anzukommen«. Als das letzte DP-Camp Föhrenwald geschlossen wurde, schrieb man immerhin schon das Jahr 1956.

Die in Deutschland verbliebenen DPs wurden schließlich Mitglieder der IKG und verdrängten ganz schnell das »deutsche« Element. So war die IKG bereits in den fünfziger Jahren eine Gemeinde mit ostjüdisch-orthodoxem Ritus; in den Synagogen und Veranstaltungen der Gemeinde hörte man nun überwiegend Jiddisch und nicht Deutsch. Das war anders im Vorstand der IKG. Dort dominierten die deutschen Juden, denn sie hatten weniger Berührungsängste mit den deutschen Behörden als die Ostjuden, und vor allem sprachen sie einwandfreies Deutsch und konnten sich entsprechend ausdrücken. Obwohl im Laufe der Jahre immer mehr

»Ostjuden« in den Vorstand gewählt wurden – die Präsidentschaft und damit die Vertretung nach außen überließ man auch weiterhin lieber einem deutschen Juden. Diese Tradition hält sich bis heute, wenngleich natürlich die Kinder der Ostjuden längst Deutsch zur Muttersprache haben und beim nächsten Generationswechsel im Vorstand auch die Präsidentschaft übernehmen werden.

Da die Münchner Jüdische Gemeinde – anders als in Frankfurt, Düsseldorf, Berlin oder Hamburg – überwiegend aus Ostjuden bestand, war auch der Ghetto-Charakter in der IKG ausgeprägter als irgendwo sonst. Die Abschottung war total. So kam es, dass nach dem Abgang der »ersten Garde« der Gründungsmitglieder der Münchner Remigrant Hans Lamm die Geschicke der Gemeinde als Präsident bis zu seinem Tode 1985 leitete. Das war kurios, denn Hans Lamm hatte so gar nichts mit der Mehrheit der Gemeindemitglieder gemein: Waren die DPs überwiegend Kleinhandwerker und Kaufleute, so war Lamm ein promovierter Germanist und Intellektueller. Neigten die orthodox geprägten Ostjuden politisch eher der konservativen CSU zu (alles Sozialdemokratische klang für sie nach Kommunismus, der ihnen nach der Schoa schließlich auch noch die Heimat geraubt hatte), so war Hans Lamm aktives SPD-Mitglied. Und schließlich war seine sexuelle Orientierung ein Tabu, an das damals keiner zu rühren wagte. Man sah geflissentlich darüber hinweg, auch wenn sie von orthodoxen Juden natürlich nicht gutgeheißen werden konnte. Trotzdem wählte man Dr. Hans Lamm immer wieder zum Präsidenten. Er war ein »Jecke«, ein deutscher Jude, er wusste, wie man mit den Deutschen spricht, er hatte keine Probleme, mit den »Mördern« Kontakt zu halten. Nach seinem Tod wurde Charlotte Knobloch zur bis heute amtierenden Präsidentin gewählt. Sie ist die Tochter Siegfried Neulands und somit ebenfalls ein »Münchner Kindl«, eine deutsche Jüdin.

Durch ihre abgeschottete Lebenshaltung stagnierte über Jahrzehnte die Entwicklung der Gemeinde, zumindest nach außen. In den sechziger Jahren gab es zwei Jugendclubs, »Maon Hanoar«, der in einer alten Villa in der Möhlstraße untergebracht war, sowie den von der religiösen Jugendbewegung Bnei Akiva geleiteten Club »Moriah«, der in einem Hinterhofschuppen der Synagoge in der Reichenbachstraße seine Räume hatte.

3
Chanukka-Ball im Hotel Bayerischer Hof in München 1965.

In beiden Clubs bemühte man sich, den Kindern und Jugendlichen eine jüdische Erziehung mitzugeben, doch wichtiger als die Religion war das Gemeinschaftsgefühl und das Bedürfnis der meisten Eltern, ihre Kinder von der »feindlichen« deutschen Umwelt fern zu halten. Das gelang nur teilweise, denn erst in den siebziger Jahren kam es zur Gründung eines jüdischen Kindergartens und einer jüdischen Grundschule, die heute ihre Räumlichkeiten in derselben Villa haben, die vordem den »Maon Hanoar« beherbergte. Die älteren Kinder der Überlebenden besuchten also von Anfang an deutsche Schulen.

1982 entstand das neue »Jugend- und Kulturzentrum der IKG« in der Prinzregentenstraße 90, das nun für alle jüdischen Jugendorganisationen, darunter auch für einige zionistische Gruppierungen, Platz bot. Es war ein modernes, damals noch geräumiges, inzwischen aus allen Nähten platzendes Gebäude – in einem Hinterhof versteckt. Selbst wenn diese architektonische Situation ein Zufall sein mag, ist sie doch typisch für das jahrzehntelang herrschende Lebensgefühl der Gemeinde und für die versteckte Existenz der Juden Münchens.

Dazu passt, dass die in einem Hinterhof befindliche Synagoge in der Reichenbachstraße nach dem Brandanschlag 1970 auch kein prunkvolles, auffälliges neues Vordergebäude bekam, sondern einen grauen, hässlichen, kaum als »Gemeindezentrum« auffallenden Zweckbau. Die politischen Notwendigkeiten machten ihn überdies zu einem Hochsicherheitstrakt. Auf dem schwarzen Stein, aus dem die Vorderfront gestaltet ist, ist die eingemeißelte Gravur, die erkennen lassen könnte, dass es sich hier um die Jüdische Gemeinde handelt, nur zu finden, wenn man unmittelbar davor steht.

Ähnlich »verborgen« sind die anderen Gemeindeeinrichtungen. Als die »Möhlstraßen-Schul« aus Platzgründen geschlossen wurde, errichtete die Gemeinde in den siebziger Jahren in der nahe gelegenen Possartstraße eine neue Synagoge, die von außen als solche nicht zu erkennen ist. Sie ist eine moderne Villa in der für die siebziger Jahre so typischen hässlich-funktionalen Architektur. Nur die Polizeistreife vor dem Eingang lässt ahnen, dass es sich hier um eine jüdische Einrichtung handelt.

Ebenso fremd, versteckt und trist ist die »Scharei-Zion«-Synagoge in der Schwabinger Georgenstraße. Sie wurde in den sechziger Jahren eingerichtet, da in Schwabing viele Juden leben, die an den Feiertagen den weiten Fußweg in die beiden bereits erwähnten Synagogen vermeiden wollen. Eigentlich eher ein »Schtibl«, eine Betstube, befindet sich die Synagoge im ersten Stock eines Hauses, das der IKG gehört. Im Parterre sind die schmucklosen Geschäfts- und Gesellschaftsräume der Bnei-Brith-Loge untergebracht. Auch für Schtibl und Loge gilt: von außen äußerste Unauffälligkeit. Keine Tafel, kein Davidstern schmücken das Haus, nicht einmal am Klingelschild findet sich irgendein Hinweis, dass in diesem Gebäude die dritte Synagoge Münchens untergebracht ist.

Last, but not least: In der Schulstraße in Neuhausen gibt es noch ein ganz kleines Schtibl, das jedoch bald aus »biologischen Gründen« geschlossen werden wird, da dort nur noch wenige betagte DPs am Schabbat zum Gebet zusammenkommen.

Angesichts dieses Versteckspiels der Münchner Juden war die Gründung der »Literaturhandlung« in der Schwabinger Fürstenstraße im Jahre 1982 eine kleine Revolution. Rachel Salamander, promovierte Germanistin, im DP-Lager Deggendorf geboren, im DP-Camp Föhrenwald mit Jiddisch als Muttersprache aufgewachsen, hatte sich entschlossen, die doppelte Identität, die typisch für die zweite Generation ist, zu einem sinnvollen Ganzen zu gestalten. Ihre jüdische Buchhandlung hatte ein völlig anderes Konzept als alle anderen jüdischen Buchhandlungen bis dato im deutschsprachigen Raum. Das Angebot umfasste nicht nur Gebetsbücher, Tora-Ausgaben und Talmud-Folianten, sondern bot alles zum Thema Judentum an, was in der deutschen und internationalen Literatur hierzu existierte. Von Stefan Zweig bis Philip Roth, von Amos Oz bis Hans Jonas, aber auch von Ibn Gvirol bis Maimonides, von Gerschom Scholem bis Raschi – wer in die Welt des Judentums eintauchen will, findet in der Literatur reichlich Gelegenheit dazu. Doch wichtiger als das reine Buchgeschäft waren und sind die regelmäßigen Veranstaltungen der »Literaturhandlung«. Rachel Salamander hat im Laufe der vergangenen 20 Jahre jüdische Intellektuelle, Wissenschaftler und Künstler aus der ganzen Welt in ihre Buchhandlung nach München geholt und somit Juden wie Nichtjuden zugleich ein Forum eröffnet, in dem das Brückenschlagen zwischen der Vorkriegszeit und dem Heute, zwischen Schoa und Neuanfang zunächst ängstlich, inzwischen jedoch ganz selbstverständlich möglich wurde.

4

Rachel Salamander, die Gründerin der »Literaturhandlung«, in ihrem Geschäft in der Fürstenstraße in München, 2000.

Anfang der achtziger Jahre war diese Idee provokant, ungewohnt und neu. Zumindest in München. Zum ersten Mal in der Nachkriegsgeschichte gab es eine jüdische Einrichtung, die die Öffentlichkeit suchte, die bis heute auf jegliche Sicherheitsmaßnahmen verzichtet und deren Veranstaltungen längst nicht mehr nur in den eigenen Räumen, sondern über die ganze Stadt verteilt stattfinden. Ob im Münchner Stadtmuseum oder im Literaturhaus, im Gasteig oder im Prinzregententheater, die »Literaturhandlung« ist zu einer der wichtigsten kulturellen Institutionen Münchens geworden.

Die private Initiative Rachel Salamanders hatte Signalwirkung für das gesamte jüdische Leben in München. Denn noch während der Olympischen Spiele in München 1972, bei der palästinensische Terroristen die israelischen Sportler gefangen nahmen, wagte es die IKG München zunächst nicht, sich irgendwie öffentlich dazu zu äußern. Der damalige Gemeinderabbiner Hans Grünewald hatte zu einem Abendgottesdienst in die Reichenbachstraße gerufen, um für die Rettung der israelischen Geiseln zu beten. Während des Gebets regte sich plötzlich ein Holocaust-Überlebender darüber auf, dass man wieder nur bete – so wie einst, als Hitler an die Macht gekommen war. Er sei es leid, man müsse endlich etwas tun, Solidarität zeigen, Farbe bekennen, kämpfen! Er organisierte in wenigen Minuten eine improvisierte Demonstration mit Hilfe begeisterter Jugendlicher. Eine israelische Flagge wurde geholt, Polizei und Presse verständigt, und während sich der Vorstand zu einer Sitzung zurückzog, um darüber nachzudenken, ob man das machen könne, setzte sich eine Gruppe von einigen 100 jüdischen Demonstranten von der Reichenbachstraße aus in Richtung Odeonsplatz in Bewegung, dorthin, wo einst Hitler zu putschen versuchte. Als der Vorstand sah, dass im Nu die gesamte Münchner Presse anwesend war, konnte sie nicht umhin, sich an die Spitze der Demo zu setzen. Am Odeonsplatz hielt dann Dr. Hans Lamm eine Rede, in der er die Solidarität der IKG mit der israelischen Mannschaft betonte.

Heute erinnert im Olympiadorf nur noch ein kleines Denkmal an die getöteten Israelis und den deutschen Polizisten, der bei dem Befreiungsversuch in Fürstenfeldbruck ums Leben kam.

Jener »Ausbruch« der IKG in die Öffentlichkeit im Jahre 1972 blieb ohne große Folgen. Das Kulturzentrum in der Prinzregentenstraße unter der Leitung von Ellen Presser bot erst ab den achtziger Jahren öffentliche Veranstaltungen an – und das Münchner Publikum nahm diese ebenso dankbar an wie die aus der Fürstenstraße. In den achtziger Jahren gründete auch Simon Snopkowski, ein ehemaliger DP und Arzt, der lange Jahre Präsident des Landesverbandes der Israelitischen Kultusgemeinden in Bayern war, einen Verein, der jährlich Jüdische Kulturwochen in München organisierte. Seine Frau Ruth Snopkowski setzt dieses Unternehmen auch heute, nach dem Tod Simon Snopkowskis, fort.

Zu Beginn des 21. Jahrhunderts scheint das offizielle jüdische Kulturleben in München also zu blühen. Doch dies ist trotz aller Bereitschaft zur Offenheit, trotz der vielen glanzvollen Events bloßer Schein. Denn zumeist ist die jüdische Kultur »importiert«, aus dem Ausland oder aus anderen deutschsprachigen Städten. Die jüdische Gemeinschaft, die in München bis Ende der achtziger Jahre rund 4.000 Menschen zählte, brachte nur wenige Intellektuelle und Künstler hervor, das geistige Leben der Stadt mit prägten. Jüdische Publikationen sind äußerst rar. Gab es in den DP-Lagern nach dem Krieg Dutzende jüdischer Zeitungen, die zumeist in Jiddisch geschrieben – mit lateinischen Buchstaben, aus Mangel an hebräischen Drucksätzen – und deren Namen häufig Programm waren – wie etwa »Unzer Weg«, die »Cijonistisze Sztime«, »Ibergang«, »DP-Express« oder »Dos Jiddische Wort«, so hat die IKG das Erscheinen der eigenen Zeitung, der »Münchner jüdischen Nachrichten«, längst eingestellt und publiziert stattdessen in der mittlerweile wöchentlich erscheinenden, überregionalen »Allgemeinen« eine eigene Münchner Seite, die ausschließlich Lobeshymnen auf die eigenen Veranstaltungen anstimmt. Nur der Landesverband der Israelitischen Kultusgemeinden in Bayern publiziert noch zu den Hohen Feiertagen ein eigenes Magazin, dessen besonderes Merkmal ein jiddischer Teil mit (inzwischen natürlich) hebräischen Lettern ist und das der einstigen demographischen Zusammensetzung der Jüdischen Gemeinden in Bayern Rechnung trägt.

Waren die achtziger Jahre das Jahrzehnt der Öffnung der Gemeinde, die nun auch immer häufiger in Kooperation mit verschiedenen städtischen und staatlichen Organisationen Veranstaltungen organisierte, so wurde das letzte Jahrzehnt des 20. Jahrhunderts die Dekade eines tiefgreifenden Wandels, dessen Folgen für die Zukunft noch nicht abzusehen ist.

Im Zuge von Glasnost und Perestroika und nach einem Abkommen zwischen dem Zentralrat der Juden und der Bundesregierung unter dem damaligen Bundeskanzler Helmut Kohl war es Juden aus der ehemaligen Sowjetunion erlaubt, als so genannte »Kontingentflüchtlinge« nach Deutschland einzuwandern. Das hatte natürlich Folgen auch für München. Gab es in München neben einigen 100 Israelis, die in der Stadt lebten, bis 1989 nicht mehr als etwa 4.000 Juden, die in der IKG gemeldet waren, so wuchs nun die Gemeinde um inzwischen 5.000 »sowjetische« Juden auf mittlerweile 9.000 Mitglieder. Sie ist damit nach Berlin inzwischen die zweitgrößte Jüdische Gemeinde Deutschlands und überrundete damit die Frankfurter Gemeinde.

Dieser Zuwachs brachte die IKG in arge Bedrängnis, sowohl finanziell als auch logistisch. Denn die neuen Mitglieder mussten betreut werden, nicht nur religiös, sondern vor allem sozial, war doch diese Aufgabe in

5
Grundsteinlegung für das neue jüdische Gemeindezentrum am St. Jakobsplatz in München am 9. November 2003.
V.l.n.r. Friedrich Kardinal Wetter (Erzbistum München-Freising), Edmund Stoiber (Bayerischer Ministerpräsident), Paul Spiegel (Vorsitzender des Zentralrats der Juden in Deutschland), Johannes Rau (Bundespräsident 1999–2004), Christian Ude (Oberbürgermeister München), Charlotte Knobloch (Präsidentin der Kultusgemeinde München).

dem Abkommen zwischen Regierung und Zentralrat ausdrücklich den Gemeinden zugeteilt worden. Natürlich, die staatlichen Institutionen unterstützten die Gemeinden, dennoch waren und sind sie häufig völlig überfordert. Sprachkurse mussten ebenso organisiert werden wie die Hilfe bei der Wohnungs- und Arbeitssuche. Die orthodoxen Rabbiner der Gemeinde sahen sich plötzlich einer Gruppe von Juden – häufig Akademiker oder Künstler – gegenüber, die in den langen Jahren des Kommunismus niemals die Möglichkeit gehabt hatten, Kenntnisse des jüdischen Glaubens zu erwerben, und denen die Notwendigkeit, einen Glauben zu praktizieren, auch nicht einleuchtete. So bemühte man sich vor allem um die Kinder; diese sollten von Anfang an eine jüdische Erziehung erhalten und somit indirekt Einfluss auf die Eltern nehmen. Bei der älteren Generation hatte man leichteres Spiel. Viele waren noch in frommen Elternhäusern groß geworden, viele von ihnen sprachen sogar noch Jiddisch.

Die »Alteingesessenen«, in diesem Falle also die einstigen DPs und deren Kinder, sahen sich plötzlich innerhalb der Gemeinde zahlenmäßig in der Minderheit. Aber sie haben weiterhin das Sagen, denn nun sind sie es, die der deutschen Sprache mächtig sind und den Kontakt nach draußen pflegen können, wohingegen die »Russen«, wie sie innerhalb der Gemeinde genannt werden, zunächst einmal ihren Platz in der deutschen Gesellschaft suchen müssen. Einige haben sich – bislang vergeblich – für die Vorstandswahlen als Kandidaten präsentiert, doch es ist nur eine Frage der Zeit, bis sie irgendwann das Ruder übernehmen und die Geschicke der IKG bestimmen werden. Man darf gespannt sein, wie sich dadurch der Charakter der Gemeinde auf Dauer verändern wird. Denn anders als die DPs nach dem Krieg haben diese Juden keine Berührungsängste mit den Deutschen, im Gegenteil. Für sie ist Deutschland nicht mehr das Land der Schoa, sondern ein demokratischer Staat, der ihnen einen neuen Anfang ermöglicht. Die ältere Generation dieser Neuzuwanderer hatte entweder aktiv in der Roten Armee gegen die Wehrmacht und die SS gekämpft oder im sowjetischen Hinterland weit weg von der Front gelebt.

Der Zuwachs an Neumitgliedern, aber auch das gewachsene Selbstbewusstsein und die Öffnung gegenüber der deutschen Umwelt führten dazu, dass vor allem die aktuelle Präsidentin der IKG, Charlotte Knobloch, ihr Lieblingsprojekt mit aller Energie verfolgte und vorantrieb: ein neues Gemeindezentrum, das in der Mitte der Stadt und der Gesellschaft verankert sein müsste. Während in ganz Deutschland der Neubau jüdischer Gemeindezentren bereits in den achtziger Jahren eingeleitet wurde, ist München tatsächlich das Schlusslicht unter den deutschen Großstädten. Erst 2003 konnte der Grundstein für das neue Gemeindezentrum am St. Jakobsplatz im Stadtzentrum gelegt werden. Nach dem Staatsvertrag, den der Freistaat Bayern 1998 mit den Jüdischen Gemeinden schloss, war damit symbolisch nun endgültig dokumentiert, dass die Juden in Bayern und in München »angekommen« sind, dass sie »bleiben«.

Schon Hans Lamm wollte ein neues Gemeindezentrum, doch es blieb Charlotte Knobloch vorbehalten, diese Idee in langen, zähen Verhandlungen mit der Stadt durchzusetzen. Die Stadt München in ihrer äußerst konservativen Struktur verhinderte dieses Projekt zwar nicht direkt, zeigte jedoch auch keinen besonderen Eifer dabei, den Juden ein neues Zuhause zu schaffen. Erst Oberbürgermeister Christian Ude machte das neue Gemeindezentrum zur Chefsache und bahnte der Realisierung den Weg, indem er in Übereinstimmung mit dem Münchner Stadtrat der IKG den St. Jakobsplatz als Grundstück überließ, auf dem das Gemeindezentrum entstehen sollte. Doch die Finanzierung des Neubaus war damit noch nicht gewährleistet. Zwar sprang der Freistaat der Gemeinde finanziell zur Seite, aber die Gemeinde musste einen zweistelligen Millionenbetrag aufbringen. Dies schien lange Zeit kaum möglich, bis Charlotte Knobloch und Christian Ude in einer schnellen Entscheidung einen problematischen Coup landeten.

Der Platz hinter dem »Künstlerhaus«, wo einst die große Synagoge von München stand, war zu einer kleinen Wiese mit einem Gedenkstein verkommen, auf der Obdachlose übernachteten und Hunde ihr Geschäft verrichteten. Die Stadt kümmerte das wenig; lediglich einmal im Jahr, am Abend des 9. November, wenn es darum ging, der »Kristallnacht« zu gedenken, rückte der Platz in das Gedächtnis und Bewusstsein der Öffentlichkeit. Dann kamen Vertreter der Stadt, des Freistaates und der IKG zu einer kleinen Feier zusammen.

Bereits in den fünfziger Jahren hatte die IKG diesen Platz der Stadt München verkauft, da sie damals dringend Geld benötigte, um ihren Aufbau voranzutreiben. Es gab nur eine Auflage: Der Platz der einstigen Hauptsynagoge durfte nicht bebaut werden. Eine kleine Grünanlage entstand, in die man in den sechziger Jahren noch einen klobigen Gedenkstein stellte. Eigentlich wollte die Stadt auf dem Gelände einen Parkplatz errichten, der aber wurde wegen der Auflage der Jüdischen Gemeinde unterirdisch gebaut. Dieser Status quo blieb bis zum Jahre 2002 erhalten, als Charlotte Knobloch und Christian Ude beschlossen, den Platz nun doch bebauen zu lassen. Die IKG verzichtete auf ihre einstige Auflage, wofür sich die Stadt München bereit erklärte, der Jüdischen Gemeinde die Einnahmen aus dem Verkauf des attraktiven Geländes im Zentrum der Stadt zu überlassen, immerhin rund 20 Millionen Euro.

Dort, wo also einst Juden zusammenkamen und beteten, wird nun Karstadt ein neues Warenhaus errichten und von der Unterwäsche bis zum Toilettenpapier alles verkaufen, was der Mensch so braucht, natürlich unter Erhaltung des Gedenksteins an die 1938 abgerissene Synagoge. Karstadt hat sich verpflichtet, ihn in die architektonische Gestaltung mit einzubeziehen.

Die IKG handelte pragmatisch und akzeptierte somit die Tatsache, dass ein Ort der Erinnerung verloren geht, um die eigene Zukunft an einem neuen Ort, in einem neuen Gemeindezentrum zu garantieren. Ob dies moralisch und ethisch der richtige Weg war in eine neue Zukunft? Die Gemeinde zieht sich auf den Standpunkt zurück, dass nach der Halacha, nach dem Religionsgesetz, lediglich Friedhöfe nicht aufgegeben werden dürfen. Und die Stadt verweist auf leere Haushaltskassen und freut sich, wenigstens auf diesem Weg der Gemeinde helfen zu können.

6
Modell für das Jüdische Gemeindezentrum der Architekten Wandel, Hoefer und Lorch, 2001.

Gewiss, es wird nun ein neues Gemeindezentrum geben, das obendrein am St. Jakobsplatz eine neue Synagoge erhalten wird; direkt daneben entsteht ein Jüdisches Museum. Die Kultusgemeinde hat sich entschieden, alle ihre Einrichtungen am Jakobsplatz zu bündeln, Jugendzentrum, Kindergarten, Schule, Altersheim – alles wird sich in einigen Jahren in der Stadtmitte unter einem Dach finden, ein Bereich, der angesichts der aktuellen Situation natürlich wieder ein Hochsicherheitstrakt sein wird. Bleibt abzuwarten, ob diese Bündelung jüdischer Einrichtungen an einem Ort nicht ein neues »Ghetto« schaffen wird, ein freiwilliges sozusagen.

Viele Juden halten das neue Gemeindezentrum für überflüssig. Sie wollen kein Ghetto, sie wollen ihre Kinder nicht auf einem »Präsentierteller« in die Schule schicken, der St. Jakobsplatz ist ihnen verkehrstechnisch viel zu abgelegen, und in die neue Synagoge werden sie ebenso wenig gehen wie in die anderen, bestehenden Synagogen. Die Säkularisierung schreitet im Judentum genauso voran wie in der christlichen Welt.

Viele suchen sich schon jetzt neue »Zentren«, wie etwa das »Cohen's«, ein jüdisches Restaurant in der Schwabinger Theresienstraße. Dieses Lokal liegt – wen überrascht dies noch – in einem Hinterhof, doch längst hat es sich zum Anziehungspunkt für viele entwickelt, die ein jüdisches Lebensgefühl bewahren möchten, das sie innerhalb der Gemeinde nicht mehr finden. Das »Cohen's«, ein Familienbetrieb, gibt diesen Menschen ein Zuhause. Hier wird zwar nicht koscher gekocht, aber die Küche garantiert jüdisches »Soul-Food«. Längst ist das »Cohen's« auch für Nichtjuden ein Begriff geworden. Medienleute und Uniprofessoren sitzen in diesem Lokal ebenso gerne wie Philosemiten oder schlicht Menschen, die »Gefilte Fisch« und »Tschulent« lieben.

Hier trifft man gelegentlich auch Mitglieder einer zweiten jüdischen Gemeinde, die seit 1990 in München existiert und sich »Bet Schalom«, »Haus des Friedens«, nennt. Bet Schalom ist für etwa 300 Familien das spirituelle Heim. Viele sind gleichzeitig auch Mitglieder der IKG, fühlen sich aber dort in religiöser Hinsicht nicht mehr wohl. Entstanden ist »Bet Schalom« als Initiative amerikanisch-jüdischer Familien, die in München lebten, weil sie entweder zur damals noch in der McGraw-Kaserne stationierten US-Army gehörten oder aber aus beruflichen Gründen in die bayerische Landeshauptstadt gekommen waren. Sie wollten ihr Judentum so leben, wie sie es von daheim kannten, fern der orthodoxen Praxis. Ursprünglich hatten sie in der IKG angefragt, ob sie im Kulturzentrum sonntags für ihre Kinder einen Religionsunterricht veranstalten könnten, doch die Verantwortlichen lehnten das damals strikt ab. Wo kämen wir da hin, wenn »liberale« Juden sich in einer orthodoxen Gemeinschaft tummeln würden! Dass die IKG ebenso wie alle anderen eine Einheitsgemeinde ist und somit auch solchen Juden ein Dach geben könnte und sollte, auf die Idee kam damals niemand.

Die »Liberalen« also organisierten sich allein und gründeten schließlich 1995 offiziell die »Liberale jüdische Gemeinde München Bet Schalom e.V.«. Das heißt, sie gründeten einen Verein, denn nach dem deutschen Gesetz konnten sie keine »Körperschaft des öffentlichen Rechts« werden, die gab es ja bereits in Form der IKG.

»Bet Schalom« blieb der IKG ein Dorn im Auge, denn die rührige kleine Gemeinde hatte obendrein bei der Politik viel Sympathie und konnte sich immer besser etablieren. Im christlichen Waldfriedhof wurde ihr ein Teil überlassen, der nun als Neuer Jüdischer Friedhof firmiert. Am 15. November 2003 konnten die Liberalen mit einem Festgottesdienst die Eröffnung ihrer Synagoge in der Isarstadt feiern. Hier schließt sich ein Kreis. Nach 65 Jahren gibt es in München wieder eine liberale Synagoge. Die letzte war die 1887 errichtete Hauptsynagoge in der Herzog-Max-Straße, also die hinter dem Künstlerhaus, deren Grund die IKG jetzt zum Verkauf freigab, um so ihr neues Gemeindezentrum am St. Jakobsplatz zu finanzieren. Ende gut, alles gut? Noch nicht. Obwohl es inzwischen erste zaghafte Annäherungen zwischen der IKG und dem ungeliebten »Bet Schalom« gibt, noch kann sich die größere Gemeinde nicht wirklich damit abfinden, dass sich so manches in München ändert. Zumindest in dieser Hinsicht sind die Juden von München richtige »Bayern« geworden. Tradition ist alles, Veränderungen stören, denn wie heißt es doch auf Bayrisch: »Mir san mir«!

RUHRGEBIET

Yvonne Rieker / Michael Zimmermann :
Ruhrgebiet

RUHRGEBIET

Yvonne Rieker / Michael Zimmermann

Spurensuche

Eine Geschichte, die auf ihre Art nicht ungewöhnlich ist: Eine alte Dame erkrankt schwer und wird zum Pflegefall. Die Ausgaben können aus ihrer Rente nicht gedeckt werden. Sie ist aber Hausbesitzerin. Um die Pflege zu gewährleisten, müssen Möbel und Hausrat versteigert werden. So geschehen Anfang 1989 in der Kirchhellener Straße 46 in der Ruhrgebietsstadt Bottrop.

In der hintersten Ecke des Dachbodens findet der Auktionator Eric Wilbois, der mit dieser Versteigerung betraut ist, einen Korb: »Als ich ihn aber ein bisschen bewegte, brach der Boden heraus. Vollkommen morsch. Nirgends ein Schloss, der Korb war unverschlossen.« Eric Wilbois öffnet ihn, findet eine sorgfältig aufgebrachte Packpapierschicht und darunter, in altem Zeitungspapier, etwa 150 Bücher und einige Zeitschriften: zionistische Literatur, belletristische und historische Bände, Kaufmännisches, Ausgaben des Jüdischen Blindenhandbuchs, Sprachbücher für Neuhebräisch und Spanisch, ein Fremdwörterbuch, Kinderbücher und religiöse Literatur. In den Büchern Lesezeichen und Zufallsfunde: Geschäftsrechnungen, zwei Fotos, Postkarten, eine Kinderzeichnung, ein Kinderbackenzahn in einem Tütchen. Eric Wilbois erinnert sich außerdem an zwei Holzkisten mit Hausrat, die er zuvor auf dem Dachboden gefunden hatte. Auch diese Gegenstände seien sorgfältig in Zeitungspapier aus den dreißiger und vierziger Jahren eingewickelt gewesen. Er habe die Kisten fortgeworfen und den Inhalt dem übrigen Versteigerungsgut zugeordnet. Später habe er sich gefragt, ob diese Kisten von den gleichen jüdischen Besitzern stammten wie die Bücher. Eine Rücksortierung des Hausrats sei da aber nicht mehr möglich gewesen.

Am 14. Januar 1989 findet die Versteigerung statt. Der Bücherfund hat die Nummer 418 im Katalog. Ersteigert wird er von der Alten Synagoge Essen, die 1990 eine Wechselausstellung zur Geschichte dieses Fundes konzipiert. Nach dem Ende dieser Ausstellung übernimmt das Dorstener Dokumentationszentrum für jüdische Geschichte und Religion den Bücherfund in seine Judaica-Sammlung. Heute ist er in der Dauerausstellung des Jüdischen Museums Westfalen in Dorsten, des Nachfolgers des Dokumentationszentrums, zu sehen.

Die Sichtung der Bücher gab erste Hinweise für die Spurensuche. Teils mit, teils ohne Adressenangabe fanden sich dort die Namen Josef Beermann; Isaak Blau; Emil, Josef, Julius und Klara Dortort; S. Feuerbach; A., Jos., Heinz, M. und Walter Krauthammer; Kurt Loeser; Martin Meyer; Abraham Robinsohn; Ed. Rosenfeld; Betti Rosenmann; Alex Rosenthal; Sara Taubeles. Die Stempel verwiesen auf die jüdische Bethausverwaltung in Bottrop, auf die benachbarte Essener Synagogengemeinde, auf ein Möbellager Isaak Blau und ein Möbelhaus Krauthammer, außerdem auf Buchhandlungen in Frankfurt am Main, Pforzheim, Stanislau (Galizien) und Essen.

Unterlagen aus dem Bottroper Einwohnermeldeamt und alte Adressbücher besagen, dass Julius Dortort und seine Frau Chaja mit den Kindern Martha, Emil und Josef seit 1930 in der Kirchhellener Straße 46 wohnten. Chaja Dortort starb 1938 mit 46 Jahren. Emil und Josef Dortort gingen im Alter von 14 und 10 Jahren nach Belgien. Emil ist in Majdanek verschollen, von Josef fehlt jede weitere Spur. Julius Dortort wurde 50-jährig am 24. Januar 1942 nach Riga deportiert, mit ihm seine 19-jährige Tochter Martha. Sie zählten zu den 9 Juden, die als letzte aus Bottrop »evakuiert« wurden. Die entsprechende städtische Akte endet mit dem Satz »Die Akte Juden 138,00 sowie die Terminsakte ›Judenkartei‹ haben somit ihre Erledigung gefunden und können weggelegt werden.« Der Leiter des Bottroper Polizeiamtes setzte per Hand hinzu: »Mit dem Abtransport der vorstehend genannten Juden sind im hiesigen Polizeiamtsbezirk keine Juden mehr wohnhaft.« – Julius Dortort starb am 18. Januar 1945 im KZ Dachau, Martha ist in Stutthof verschollen.

Die Kirchhellener Straße 46 in Bottrop war keines jener »Judenhäuser«, in die Juden zwangsweise einquartiert wurden und in denen nur Juden wohnen durften. Denn die nichtjüdische Vermieterfamilie blieb durchweg im Haus. Gleichwohl wohnten nach dem November 1938 neben der Familie Dortort kurzzeitig auch andere Juden dort: Alfred und Erna Cohn; Mina und Osias Häusler; Levi und Erich Humberg; Karl und Regina Redisch; Laura und Meier Reichenstein. Ob die Vermieter sie freiwillig aufnahmen oder ob sie von der Bottroper Stadtverwaltung dazu verpflichtet wurden, wissen wir nicht. Wir wissen auch nicht, warum die Bücher, die 1989 gefunden wurden, gerade in diesem Haus gelagert wurden. Wurden vielleicht die Gottesdienste der zusammengeschrumpften Jüdischen Gemeinde nach der »Reichskristallnacht« in der Kirchhellener Straße abgehalten? Das könnte die große Anzahl der gefundenen Gebetbücher erklären. Traf man sich auch zur Lektüre und zu Sprachkursen, mit denen man sich in letzter Sekunde auf eine Auswanderung hatte vorbereiten wollen? Das könnte die Menge der nichtreligiösen Bücher erklären. Wollte man der Nachwelt angesichts der Deportationen ein Zeichen hinterlassen? Das ist unwahrscheinlich, denn der Bücherkorb enthält keinerlei Nachricht oder Vermächtnis.

Vielleicht verpackten Julius und Martha Dortort die Bücher vor ihrer Deportation in dem Wunsch, sie nach einer erhofften Rückkehr wieder zu benutzen. Vielleicht waren die Bücher aber schon vor dem Januar 1942 auf dem Dachboden deponiert worden. Wir wissen es nicht. Wir wissen auch nicht, ob die Dortorts die Bücher allein auf den Speicher gebracht haben. Wir wissen ebenso wenig, ob die Bücher das einzige Gut aus jüdischem Besitz waren, das auf dem Dachboden lagerte und 1989 versteigert wurde. Mehr offene als beantwortete Fragen. Die sie beantworten könnten, sind ermordet.

Verfolgung

Meist angeregt durch die Erinnerung an die »Reichskristallnacht« vom 9. November 1938, wurde die nationalsozialistische Verfolgung der Juden auch im Ruhrgebiet zu einem Schwerpunkt der lokalen Geschichtsdarstellung. Gedenktafeln, Denkmäler, die Dokumentation und Pflege jüdischer Friedhöfe, Straßennamen, Archivaliensammlungen, Abteilungen in den stadthistorischen Museen, Wanderausstellungen, eine Vielzahl von Publikationen und die lokalen Gedenkstätten in Dortmund, Essen, Gelsenkirchen und Oberhausen zeichnen in dieser Region die nationalsozialistische Ausgrenzung, Enteignung, Vertreibung und Deportation der Juden nach.

Das Bild, das sich dabei ergibt, ist ebenso aufschlussreich wie erschreckend. Es waren nicht nur Staat, Gemeinden und NS-Formationen an der Entrechtung und Vertreibung der Juden beteiligt. Allein zur Ruinierung der jüdischen Unternehmen trug, wie für das Ruhrgebiet detailliert nachgewiesen, eine Vielzahl von Institutionen und Personen bei: Wirtschaftsverbände, die ihre Branche zu einem »arischen« Sektor umgestalten wollten; die Deutsche Arbeitsfront, die jüdische Firmeninhaber innerbetrieblich unter Druck setzte; die Gauwirtschaftsberater der NSDAP, die seit 1935/36 die Aufkäufer jüdischer Unternehmen darauf prüften, ob sie politisch genehm seien; Antisemiten, die aus ideologischen Motiven eingriffen; Handwerks-, Industrie- und Handelskammern, die sich zu Maklern der Objekte aus jüdischer Hand aufschwangen; Kommunalverwaltungen, die schikanöse Betriebskontrollen vornahmen; Finanzämter, die jüdische Gewerbetreibende steuerlich benachteiligten; Banken, die Kredite stornierten; Geschäftspartner, Großhändler und Veranstalter, die Verträge kündigten oder brachen, Lieferungen verzögerten und Juden von Messen und Ausstellungen ausschlossen; Kunden, die ihre Rechnungen nicht beglichen; eine Justiz, die jüdischen Kaufleuten in ihren Urteilen »unlauteren Wettbewerb«, »kriminelle Geschäftsmethoden«, »Devisenvergehen« oder eine »Schädigung der Volksgesundheit« unterstellte; schließlich in entscheidender Weise die Gestapo, die jüdische Unternehmer und Kaufleute durch Drohungen und »Schutzhaft« zur Geschäftsaufgabe nötigte. Als Abwickler jüdischer Unternehmen traten Treuhandgesellschaften und Großbanken hervor. Die »Reflektanten« auf jüdischen Besitz begaben sich seit 1937 nachgerade in einen Wettlauf um die im Preis fallenden Kaufobjekte.

Die Jüdischen Gemeinden mussten sich nach 1933 in bislang ungewohntem Maße um Wohlfahrt, Kultur und Freizeit, um Ausbildung, Arbeitsbeschaffung und Auswanderung kümmern. Parallel schrumpften ihr Umfang und ihre finanzielle Basis durch Berufsverbote und »Arisierungen«. Hatten 1933 14.900 Juden in den Großstädten des Ruhrgebiets gelebt, so waren es 1939 nur noch 5.300. Die Emigration, die durch die Einwanderungsbeschränkungen der in Frage kommenden Fluchtländer ohnehin begrenzt war, wurde im Oktober 1941 vollends untersagt. Zeitgleich begannen die Deportationen.

An einer solchen Deportation waren in einer Ruhrgebietsstadt wie Essen aktiv beteiligt: die Gestapo, das Polizeipräsidium, die Ordnungspolizei, das Arbeitsamt, das Einwohnermeldeamt, das Finanzamt, das Wohnungsamt, die Sparkasse und andere Banken, bei denen die Deportierten Konten unterhalten hatten, seitens der Reichsbahn die Generalbetriebsleitung West, die Reichsbahndirektion Essen und das Bahnhofspersonal. Informiert waren die Firmen, bei denen die Deportationsopfer Zwangsarbeit hatten leisten müssen. In Düsseldorf, dem Deportationssammelpunkt für weite Teile des Ruhrgebietes, beteiligten sich die federführende Gestapoleitstelle, die Ordnungs- und die Kriminalpolizei, das Amtsgericht, das Regierungspräsidium, das Personal des Güterbahnhofs, an dem der Deportationszug hielt, die Bahnpolizei, die Waffen-SS und die »Abteilung für die Einziehung jüdischer Vermögenswerte« im Oberfinanzpräsidium. Zu erwähnen ist auch die Deutsche Bank, die ein Sonderkonto der Reichsvereinigung der Juden und ihrer Bezirksstellen führte. Über dieses Konto mussten die jüdischen Opfer ihre Deportation letztlich selbst bezahlen. Dann dürfen das Zugpersonal und die Kommandos der Ordnungspolizei nicht außer Acht bleiben, welche die Transporte bewachten. Die Angehörigen solcher Begleitkommandos konnten leicht erkennen, dass die Opfer im Osten nicht »angesiedelt«, sondern zu Tode gebracht wurden. Für das Ruhrgebiet ist auch nachgewiesen, dass Bombengeschädigte, NSDAP-Parteigenossen und Familien mit Beziehungen Möbel von Deportierten erhielten und deren Wohnungen belegten. In das vom Bombenkrieg stark zerstörte Ruhrrevier kamen durch die »Aktion M« (Möbelaktion) außerdem große Mengen geraubten jüdischen Eigentums aus Westeuropa.

Einwanderer aus Osteuropa

Die Schwierigkeit, den nationalsozialistischen Genozid zu begreifen, hat Folgen für das Bild, das die deutsche Öffentlichkeit von den Juden entwickelt hat. Die Juden wurden und werden vielfach als eine homogene Gruppe betrachtet, gekennzeichnet vor allem durch die nationalsozialistische Verfolgung. Dieser enge Blick, der die Betroffenen auch nur als Opfer und nicht als handelnde Menschen wahrnimmt, wird der Geschichte der Jüdischen Gemeinden jedoch nicht gerecht. Das macht nicht zuletzt der Bottroper Bücherfund deutlich. Er verweist nicht nur auf die nationalsozialistische Mordpolitik, sondern auch auf die Zusammensetzung der jüdischen Vorkriegsgemeinde in dieser Stadt. Die biographischen Angaben über die Juden, die bis zur Auslöschung der jüdischen Gemeinschaft in Bottrop und insgesamt im Ruhrgebiet lebten, zeigen dabei etwas Unerwartetes: Eine große Gruppe von ihnen stammte nicht aus Deutschland, sondern aus Osteuropa.

Erste osteuropäische Juden waren vor 1914 aus dem österreichischen Galizien und aus dem russischen Zarenreich immigriert, in dem es wiederholt zu Pogromen gekommen war. Während des Ersten Weltkrieges wurden dann zahlreiche Juden aus Russisch-Polen als Kriegsgefangene oder Rüstungsarbeiter in der Schwerindustrie des Ruhrgebiets eingesetzt. Wieder andere wanderten nach 1918 als Flüchtlinge aus Polen und den Bürgerkriegsgebieten der UdSSR ein. Diese osteuropäischen Juden wurden kurz als »Ostjuden« bezeichnet – ein schillernder Begriff, der zum einen reale kulturelle und soziale Unterschiede zu den »Westjuden« kennzeichnen sollte, zum anderen oft eine Geringschätzung Osteuropas und der dortigen Juden zum Ausdruck brachte. Nach Berlin und neben dem mitteldeutschen Industriegebiet war das Ruhrrevier das regionale Zentrum der jüdischen Immigration aus Osteuropa. Im Durchschnitt der preußischen Großstädte bildeten die Ostjuden 1925 23 Prozent der jüdischen Bevölkerung; in den Industriegemeinden an der Ruhr lag ihr Anteil oft höher – in Essen bei 27,9, in Dortmund bei 31,4, in Duisburg bei 38,8 und in Hamborn sogar bei 58,2 Prozent.

Es war nicht nur die Hoffnung auf gesellschaftlichen Aufstieg und rechtliche Gleichstellung, die die Ostjuden zur Auswanderung nach Deutschland veranlasste. Es war auch die Anziehungskraft einer Kultur, die durch Lessing, Kant und Schiller repräsentiert schien. Gleichwohl sahen sich die ostjüdischen Migranten nicht als Deutsche oder gar als Polen, sondern eben als Juden. Auch der Zionismus mit seiner Akzentuierung einer jüdischen Nationalität war unter ihnen weniger umstritten als unter den deutschen Juden. Eine sozialistische Orientierung brachten vor allem jene Immigranten mit, die den Ersten Weltkrieg in Osteuropa erlebt und erlitten hatten und unter dem Eindruck der Oktoberrevolution standen. Viele ostjüdische Familien folgten aber auch in Deutschland ihren religiösen Traditionen.

Während die einheimischen Juden meist auf eine jahrzehntelange konsolidierte Berufstätigkeit zurückblicken konnten, erstreckte sich die Beschäftigung der Ostjuden in der Regel auf Bergbau, Industrie und Kleinhandel. Die Armut der Arbeiterfamilien und der geringe Grad der Urbanisierung des Ruhrgebiets boten ökonomische Nischen, die es ihnen ermöglichten, als reisende Händler Waren auf Ratenzahlungsbasis zu verkaufen. Und während die Mehrheit der eingesessenen Juden in wohlangesehenen Stadtvierteln wohnte, zogen die Einwanderer meist in ärmere Quartiere. Manchmal kam es dort zu Ehen zwischen Ostjuden und Nichtjuden. Aus Essen-Borbeck sind etwa die Lebensgeschichten der ostjüdischen Bergleute Karl Ayon und Abraham Hirschsohn überliefert, die beide eine Tochter aus jener Familie heirateten, bei der sie in Kost und Logis waren.

In der Weimarer Republik wurden die ostjüdischen Immigranten zur Hauptzielscheibe antisemitischer Agitation. Selbst in den Parteien der Mitte und der Linken sah man die Ostjuden als kulturell rückständige Repräsentanten des Ghettos an, bei denen nicht die gleichen Maßstäbe anzulegen seien wie bei den jüdischen Deutschen. Deutschnationale und Antisemiten ihrerseits verlangten die Ausweisung der in Deutschland lebenden Ostjuden. In den Stellungnahmen der deutschjüdischen Organisationen verteidigte man die Einwanderer unzweideutig gegen derartige Angriffe. Das war eine Frage der Selbstachtung, aber auch eine präventive Sicherung des eigenen Rechtsstatus. Denn man wusste, dass die Antisemi-

1 Die ostjüdische Buchhandlung Jordan in der Essener Altstadt vor 1938. Vorn links der Inhaber Samuel Braner.

ten mit ihren Angriffen auf die osteuropäischen Juden die Gesamtheit der Juden in Deutschland zu treffen suchten.

Innerhalb der jüdischen Gemeinden selbst machte man die Ostjuden wegen ihres realen oder imaginären »Andersseins« aber nicht selten für den virulenten Antisemitismus verantwortlich. Dieser Abgrenzung des deutschjüdischen Bürgertums von den Ostjuden lag die Furcht zugrunde, die Errungenschaften der rechtlichen Gleichstellung könnten zurückgenommen werden. Auffälliges Verhalten, wie es den Ostjuden unterstellt wurde, schien dies wahrscheinlicher zu machen. Zudem bestand die eigene, im Bild des »Ghettos« zusammengefasste Vergangenheit im kollektiven Gedächtnis fort und wurde als beängstigend und beschämend empfunden.

Nicht wenige Ostjuden definierten ihre Zusammengehörigkeit in Abgrenzung zur religiösen Formensprache der Westjuden. Die Orgel, die Verwendung der deutschen statt der hebräischen Sprache und die feierliche Form des Gottesdienstes erschienen ihnen als steif und gegen die Tradition gerichtet. In einem ostjüdischen »Schtibl« wurde nicht nur durchweg hebräisch gebetet, es ging dort auch lebhafter zu als in den deutschjüdischen Synagogen. Diese Form des Gottesdienstes war in ostjüdischen Familien jedoch nicht unumstritten. So gingen ostjüdische Mütter mit ihren Kindern häufig in den deutschjüdischen Gottesdienst, da sie den Stolz auf ihre Kinder vor der gesamten Gemeinde zum Ausdruck bringen und wohl auch den Lebensweg der Kinder durch Integrationsleistungen erleichtern wollten.

Unter ostjüdischen Jugendlichen gewannen bald zionistisch-sozialistische oder auch kommunistische Ansichten an Einfluss. Der 1913 in Essen geborene Jakob Margalioth erzählt über seine Altersgenossen, die wie er selbst aus ostjüdischen Familien stammten: »Der Wahlspruch, den wir unseren Freunden stellten, hieß: Moskau oder Jerusalem.« Der unter diesem Motto ausgetragene politische Streit unterschied diese Jugendlichen von den deutschjüdischen Angehörigen ihrer Altersgruppe. Jene waren vor 1933 eher anti- oder doch nichtzionistisch eingestellt, und wenn sozialistisch, dann in der gemäßigten Variante der Sozialdemokratie. In vielen Städten des Ruhrgebietes bestanden bis in die Zeit der nationalsozialistischen Herrschaft ostjüdische Gemeinschaften mit eigenen Betsälen, gesondertem Religionsunterricht, koscheren Metzgereien und Speiserestaurants. Andererseits verarmten ostjüdische Kleinkaufleute unter nationalsozialistischer Herrschaft besonders schnell, da sie, durch mangelnden Absatz in der Weltwirtschaftskrise geschwächt, oft keine Kapitalreserven besaßen. Im Oktober 1938 traf die vom NS-Staat verfügte Deportation Tausender in Deutschland lebender Ostjuden in das Niemandsland an der deutsch-polnischen Grenze die Jüdischen Gemeinden des Ruhrgebiets in besonderer Härte.

Die Villa Merländer

Juden lebten in der Region, die heute als Ruhrgebiet bezeichnet wird, seit dem Mittelalter; die Judenpogrome von 1349/50 markierten allerdings einen sehr tiefen Einschnitt. Erst die Industrialisierung dieser Region im 19. Jahrhundert hatte zur Folge, dass sich dort von neuem eine größere jüdische Bevölkerung niederließ.

Die Mehrheit der Juden im Ruhrgebiet zählte fortan zum städtischen Bürgertum und zum Mittelstand. Beruflich konzentrierten sie sich im 19. und frühen 20. Jahrhundert zu über 60 Prozent im Sektor Handel und Verkehr. Zu den jüdischen Unternehmen, die sich als besonders krisenfest erwiesen, zählten Textilfachgeschäfte und Warenhäuser. Sie kamen mit ihren niedrigen Festpreisen, moderner Werbung und flexiblen Angeboten, die von der Manufakturware über Stoffe bis zum Kleidungssortiment reichten, den Konsummöglichkeiten der Arbeiterbevölkerung der schwerindustriell geprägten Ruhrstädte entgegen.

Ein wichtiges Merkmal der jüdischen Minderheit im Ruhrgebiet war der Aufstieg in das – in dieser Industrieregion wenig ausgeprägte – Bildungsbürgertum. Angesichts der diskriminierenden Einschränkungen, denen die Juden im Staatsdienst ausgesetzt waren, erstreckte er sich vor allem auf die freien akademischen Professionen. Ein anderer Grund für die Wahl dieser Berufe lag in deren Ansehen. Der Vorwurf des »Schachers« oder »Wuchers«, der seit jeher in der Judenfeindschaft eine bedeutende Rolle spielte, ging durchaus in das Selbstbild des jüdischen Wirtschaftsbürgertums ein. Jüdische Eltern legten deshalb vielfach ihren Söhnen und bald auch den Töchtern ein Studium nahe. Die der Gesundheit der Menschen, dem Recht oder der Mehrung des Wissens zugeeigneten Tätigkeiten des Arztes, Anwalts und Gelehrten verknüpften beruflichen Erfolg mit ethischen Erwägungen. Hinter dieser Berufswahl stand oft die letztlich vergebliche Hoffnung, auf diese Weise den Weg zur vollständigen gesellschaftlichen Akzeptanz zu ebnen.

Einen ähnlichen Hintergrund hatte die Förderung von Kunst und Kultur, der sich nicht wenige jüdische Privatbankiers, Kaufleute und Anwälte widmeten. So hielt Hans Luther, in den zwanziger Jahren Oberbürgermeister in Essen, in seinen Erinnerungen fest, dass es – mit dem Bankier Dr. Georg Hirschland, der privat vor allem Bilder der deutschen

Romantik sammelte, und dem Justizrat Dr. Salomon Heinemann – zwei Juden waren, die ihn damals auf die Möglichkeit hinwiesen, die Hagener Folkwang-Kunstsammlung für die Stadt Essen zu erwerben.

Solchen Beispielen von Mäzenatentum lag neben hohem Kunstsinn die Spannung zwischen dem ökonomischen Erfolg jüdischer Unternehmer und Kaufleute und ihrem geringeren gesellschaftlichen Prestige zugrunde. Hinter dieser Kluft stand das im nichtjüdischen Bürgertum – zumal in der Schwerindustrie des Ruhrgebiets – gängige Ressentiment gegen die vermeintlich von Juden getragene »zersetzende« Moderne. Bei den Betroffenen erzeugte dieser Außendruck ein Legitimationsbedürfnis, das sich vielfach in kulturellem Engagement niederschlug.

In Krefeld, einer Stadt in direkter Nachbarschaft zum Ruhrgebiet, findet sich mit der Villa Merländer ein beeindruckendes Zeugnis der Verbindung von jüdischer Bürgerlichkeit und Kunstsinn. Das stilistisch eigenwillige Haus an der Friedrich-Ebert-Straße 42 wurde 1924 für den Seidenhändler Richard Merländer konzipiert. Maßgeblich beteiligt war der Maler Heinrich Campendonk, der sich 1911 dem »Blauen Reiter« angeschlossen hatte. In seiner Geburtsstadt Krefeld schuf Campendonk eine Anzahl von Hinterglasbildern, darunter eines – eine Paradieslandschaft mit einem Papageien – für die Villa Merländer. Im Esszimmer, in dem dieses Bild hing, gestaltete er außerdem das Deckengewölbe und im Herrenzimmer zwei Schränke, einen Tisch und einen Schreibtisch mit Bildmotiven.

Im Mittelpunkt der Arbeit Campendonks für Richard Merländer standen zwei Wandgemälde für einen als Spielzimmer gedachten Raum im Erdgeschoss. Dort finden sich neben gängigen Campendonk-Genres – Wildkatzen, ein Harlekin, eine Zirkusreiterin, eine Vase mit Sonnenblumen – Motive, die auf das Thema »Spiel« rekurrieren: ein Billardtisch mit Kugeln und Queues, eine Taube mit Glücksklee, ein Schachspiel, Karten, ein Würfelbecher und eine Kiste mit Zigarren.

Campendonk wurde 1926 an die Kunstakademie in Düsseldorf berufen, wo man ihn 1933/34 als »entarteten Künstler« entließ. Zunächst nach Belgien emigriert, erhielt er später eine Professur in Amsterdam, wo er 1957 auch starb. Richard Merländer bereitete 1935 seine Emigration vor, blieb jedoch letztlich in Krefeld. Während der »Reichskristallnacht« 1938 wurde er misshandelt. In der Villa selbst wurde neben anderem das Hinterglasbild Campendonks demoliert. Es blieb bei dem Schreiner, der es reparierte, und wurde dort 1943 bei einem Bombenangriff zerstört. Campendonks Wandgemälde ließ Richard Merländer hinter einer Schutzschicht verstecken. 1942 wurde er nach Theresienstadt, dann nach Treblinka deportiert und dort ermordet.

Infolge der »Arisierung« wurde die Villa Merländer zum Hotel. Nach 1945 wechselte sie mehrfach Besitzer und Zweckbestimmung. Als 1989 eine Ausstellung über Heinrich Campendonk konzipiert wurde, entdeckte man in seinem Nachlass Fotografien, welche die verschollenen Wandgemälde dokumentierten und den Namen »Merländer« trugen. Man machte die Villa ausfindig und vermochte dort die Wandmalereien zu entdecken. Zeitgleich erörterte die Stadt Krefeld die Errichtung eines lokalen NS-Dokumentationszentrums; der Rat der Stadt wählte hierfür die Villa Merländer. Im November 1991 wurde das Haus mit einer Dauerausstellung eröffnet, die sich auch mit dem Schicksal Richard Merländers befasst. Der Grundriss der Villa wurde, wo dies möglich war, behutsam rekonstruiert; die Spuren der Einrichtung vermitteln eine fernen Eindruck von Richard Merländers Leben.

Die Essener Synagoge

Auf dem Lande waren die Synagogen der Jüdischen Gemeinden bis weit in das 19. Jahrhundert schlichte, oft in einem Hinterhof gelegene Gebäude. In der näheren Umgebung des Ruhrgebiets sind zwei dieser Bauten weitgehend restauriert worden – das jüdische Bethaus im niederrheinischen Issum und die Landsynagoge im münsterländischen Selm-Bork.

Der in der Folgezeit durch die Kirchenarchitektur bestimmte urbane Synagogenbaustil erhielt zu Beginn des 20. Jahrhunderts aus Essen einen wichtigen Impuls. Der dortige Rabbiner Salomon Samuel grenzte sich gegen die bis dahin primär neoromanische und bisweilen auch neogotische Synagogenbauweise ab, die sich seines Erachtens von einer Kirche nur durch das Davidszeichen »statt des vom Auge gesuchten Kreuzes« unterschied. Er verlangte hingegen einen »Charakterbau«, der »nur an sich selbst gemessen« werden solle.

Zukunftsoptimismus drückte sich in dem Kostentilgungsplan aus, den der jüdische Gemeindevorstand für das 1905 erworbene Synagogengrundstück verabschiedet hatte: Die Laufzeit reichte bis 1960. Vertrauen in die Zukunft sprach auch aus der Votivtafel, welche die Jüdische Gemeinde zur Einweihung des Gebäudes anbrachte: »Mitten hinein in das emsige Schaffen und Treiben der Stadt stellen wir das Heiligtum als ein ragendes Denkmal der Ehrfurcht und als einen ewigen Beweis, dass nicht vom Brote allein der Mensch lebt, sondern von allem, was hervorsprießt aus dem Schöpferruf Gottes.«

2
Die Essener Synagoge im Jahr 1913.

3
Innenansicht der Gedenkstätte »Alte Synagoge Essen« – heute.

Die kompakte, von dem nichtjüdischen Architekten Edmund Körner konzipierte Synagoge wirkte wegen des verwendeten Muschelkalksteins und der vier flankierenden Türme wie eine Festung. Im Urteil der Zeitgenossen fand dieser wuchtige Gesamteindruck hohe Anerkennung. Die Abfolge von Vorhof, Vorhalle, Synagogenhauptraum und Tora-Schrein wies auf die Reihung von Hof, Vorhalle, eigentlichem Tempelraum und Allerheiligstem im salomonischen Tempel hin. Diese Parallelisierung veranschaulichte die Einbettung der Synagoge in die jüdische Tradition. Andererseits wies sie auf ein deutschjüdisches Selbstverständnis hin, nach dem ein dem Tempel nachempfundener Bau in Deutschland nun statthaft erschien.

Die Essener Synagoge in der Steeler Straße 29 kombinierte ein trutzburgartiges Äußeres mit dem eher mystisch wirkenden Inneren, die inzwischen übliche Frauenempore mit der Orgel und antike Mosaikmotive mit einer Anordnung von Tora-Schrein, vereinigtem Lese- und Vorbeterpult, Orgel und Sängerempore, die – wie überhaupt in den zeitgenössischen liberalen Synagogen – der Gliederung von Altar, Kanzel, Orgel und Chorraum einer christlichen Kirche entsprach. Gleichwohl war die eigenwillige Mischung der Stile, welche die Essener Synagoge charakterisierte, wohl eine der ersten ganz selbstbewussten Prägungen auf dem Gebiet des Synagogenbaus nach der rechtlichen Gleichstellung der deutschen Juden.

In der Nacht vom 9. auf den 10. November 1938 wurde die Essener Synagoge von Angehörigen der SS, SA und NSDAP unter tatkräftiger Mithilfe der Feuerwehr in Brand gesetzt. Das Äußere des Gebäudes blieb allerdings erhalten. Zur Sprengung des kompakten Synagogenbaus, welche die nationalsozialistische Stadtverwaltung in Erwägung zog, hätte es beträchtlicher Dynamitladungen bedurft. Das Risiko, diese zu zünden, wollte man nicht eingehen.

Die jüdische Nachkriegsgemeinde schlug in den fünfziger Jahren vor, die Synagoge für kulturelle Zwecke zu nutzen. Aus Israel kam die Anregung, der Bau solle zur Erinnerungsstätte an die nationalsozialistischen Verbrechen werden. Die Stadt Essen, die das Gebäude 1959 erwarb, entschloss sich dann mit dem Einverständnis der Jüdischen Gemeinde und mit Zustimmung aus Israel, das Gebäude unter Denkmalschutz zu stellen, den Innenraum jedoch zu entkernen, den Tora-Schrein abzureißen, die Reste der Mosaiken und Ornamente überstreichen zu lassen und die Kuppel mit einer tief hängenden Decke zu verbergen.

Während die Jüdische Gemeinde 1959 auf dem Grundstück des im November 1938 von den Nationalsozialisten niedergebrannten Jüdischen Jugendheims eine kleinere »Neue Synagoge« in der Sedanstraße 46 Ecke Ruhrallee einweihte, diente das Gebäude der »Alten Synagoge« seit 1961 unter dem Namen »Haus Industrieform« als Ausstellungsstätte für Industriedesign, seit 1970 zusätzlich als »Deutsches Plakatmuseum«. Als diese Ausstellungen 1979 infolge eines Kurzschlusses ausbrannten, gab der Rat der Stadt dem Gebäude eine neue Zweckbestimmung. Seit dem 9. November 1980 ist es Gedenkstätte und historisch-politisches Dokumentationsforum.

Auf Beschluss des Stadtrates und mit finanzieller Unterstützung des Landes Nordrhein-Westfalen konnte die Alte Synagoge zwischen 1986 und 1988 umgestaltet werden. Dabei sollte die vormalige Gestalt des Synagogeninneren nachvollziehbar werden. Deshalb wurde die Kuppel freigelegt. Es sollten aber auch die Verluste markiert werden. Die Stelle der ursprünglichen Mosaiken und Einlegearbeiten nehmen deshalb weiße, leere Rotunden ein.

Die Alte Synagoge setzt sich zum Ziel, über die Geschichte des Judentums sowie über Verfolgung und Widerstand unter nationalsozialistischer Herrschaft aufzuklären, das Andenken an die Opfer zu bewahren sowie Antisemitismus, Rassismus und der Diskriminierung Andersdenkender und -lebender entgegenzuwirken. Die Alte Synagoge zeigt die Dauerausstellungen: »Stationen jüdischen Lebens. Von der Emanzipation bis zur Gegenwart« und »Verfolgung und Widerstand in Essen 1933–1945«. Sie führt Wechselausstellungen, Vortrags- und Diskussionsveranstaltungen, ein Lehrhaus Judentum sowie Besuchsprogramme für jüdische Bürgerinnen und Bürger durch, die vor dem NS-Regime aus Essen hatten fliehen müssen. Außerdem begleitet sie den Schüleraustausch zwischen Essen und Tel Aviv. Derzeit wird die Konzeption der Alten Synagoge neu diskutiert. Vorgesehen ist die Umwandlung in ein Haus der jüdischen Kultur.

Das Jüdische Museum Westfalen

Der jüdischen Lebenswelt in Deutschland waren bis ins 19. Jahrhundert kulturelle Regeln eigen, welche die Juden deutlich von der nichtjüdischen Bevölkerung schieden. Der jüdische Kalender und der Schabbat begründeten einen eigenen Jahres- und Wochenzyklus, die Speisegebote eine gesonderte Vorbereitung und Einnahme der Mahlzeiten. Der Rückbezug auf eine gemeinsame Geschichte, das Hervorheben eigener Symbole, Speisen und Gegenstände konstituierten eine Abfolge dauerhafter und allgemein gültiger Riten. Das Hebräische fungierte als Gebets-, das Judendeutsche als Umgangssprache.

Die im Ruhrgebiet im Gefolge der Schwerindustrie zunehmende Urbanisierung führte allenthalben zu einer Öffnung bisher abgeschlossener Lebenswelten. Das galt auch für die jüdischen Gemeinschaften. Das Judentum als Bezugspunkt des Alltagslebens verblasste, das nichtjüdische Umfeld gewann für die eigene Orientierung an Bedeutung. Es kam aber weder zu einer Assimilation im Sinne der vollständigen Anpassung an die ihrerseits nicht homogene nichtjüdische Gesellschaftsmehrheit noch zu einer Verschmelzung von Juden und Nichtjuden in einer deutsch-jüdischen Symbiose. Will man die Geschichte der Juden im Ruhrgebiet im 19. Jahrhundert und frühen 20. Jahrhundert deuten, scheint der Begriff der Akkulturation angemessener zu sein. Er meint die Aneignung einer Mehrheitskultur durch eine Minderheit, die eine eigene Kultur mitbringt. Das Ergebnis war weder die Auflösung des Judentums noch dessen Schrumpfung zu einer Konfession, sondern eine facettenreiche Kombination aus Angleichung und Bewahrung.

Unter den Juden im Ruhrgebiet gab es Religiöse und Areligiöse, Wohlhabende und Ärmere, Kaufleute und Akademiker, deutsche Staatsbürger jüdischen Glaubens und Zionisten, bürgerliche Demokraten, Sozialisten und Kommunisten. Die Identitätsmuster ließen sich zudem nicht nur auf Jüdisches reduzieren, da auch die Zugehörigkeit zu verschiedenen Klassen und Schichten, die Geschlechtszugehörigkeit sowie der regionale, kulturelle und politische Kontext, in dem sich die Einzelnen bewegten, Einfluss auf das Selbstverständnis hatten. Wesentlich für das dennoch fortexistierende jüdische Gemeinschaftsbewusstsein war zunächst der Antisemitismus, der die Juden zu gemeinsamen oder doch gleichgerichteten Abwehranstrengungen zwang. Darüber hinaus waren es gerade die unterschiedlichen, bisweilen sogar gegensätzlichen Identitätsentwürfe, die in ihrem facettenreichen Bezug auf Jüdisches Chancen für ein plurales jüdisches Selbstverständnis boten.

Solchen Fragen jüdischer Identität widmet sich das Jüdische Museum Westfalen in Dorsten, einer Stadt am Nordrand des Ruhrgebiets. Gegründet wurde das Museum, das sich in der Julius-Ambrunn-Straße 1 befindet, im Jahr 1992. Initiator und Träger ist der »Verein für jüdische Geschichte und Religion«. Das Museum dokumentiert in einer Jugendstilvilla und seit 2001 zusätzlich in einem Erweiterungsbau aus 4 mit handgearbeiteten Ziegeln verblendeten Quadern jüdische Kultur und Geschichte. Es umfasst Räume für Dauer- und Wechselausstellungen, einen Vortragssaal, eine Bibliothek und eine Dependance von Rachel Salamanders renommierter jüdischer »Literaturhandlung«. Schwerpunkt der musealen Sammlung sind Exponate aus dem Bereich der jüdischen Feste im Lebenslauf und Jahreszyklus. Darüber hinaus finden sich aufschlussreiche Objekte zum Themenfeld »Judenfeindschaft und Antisemitismus« sowie eine Vielzahl bemerkenswerter Archivalien und Graphiken.

Das Jüdische Museum Westfalen versteht sich jedoch nicht nur als Ort der Dokumentation, sondern als lebendiges Lehrhaus mit Vorträgen, Filmvorführungen, Kursen und Workshops. Inhaltlich geht es dabei um Religion und Geschichte, um die Vorstellung jüdischer Schriftsteller und Künstler sowie um aktuelle gesellschaftspolitische Fragen.

Im eigentlich musealen Bereich rückt das Ausstellungskompartment zur jüdischen Kultur die Schrift, die Tora und ihre Auslegung, in den Mittelpunkt. Es zeigt die Wandlungen des jüdischen Selbstverständnisses und die komplexen Wechselwirkungen zwischen jüdischer Tradition und gesellschaftlicher Veränderung – und dokumentiert den anfangs erwähnten Bottroper Bücherfund. Mit ihm endet die Ausstellung jedoch nicht; das Judentum wird vielmehr als lebendige Gemeinschaft dargestellt. Dies wird durch einen Fotofries mit Impressionen aus dem Alltag jüdischer Familien markiert, die heute in Deutschland leben. Der regionalspezifische Teil der

Ausstellung zeigt anhand exemplarischer Biographien die Geschichte der Juden in Westfalen von ihren Anfängen über die nationalsozialistische Verfolgung und die Neubildung der Gemeinden nach 1945 bis zur Integration jüdischer Einwanderer aus den GUS-Staaten seit den neunziger Jahren.

Synagoge und »Garten der Erinnerung«

In einer vor wenigen Jahren erschienenen Geschichte der Juden im Rheinland und in Westfalen hat Micha Guttmann die Nachkriegsentwicklung der Jüdischen Gemeinden Nordrhein-Westfalens mit überzeugenden Argumenten in 4 Etappen gegliedert und diese Abschnitte mit zeittypischen Zitaten charakterisiert:

- 1945 bis 1950: »Die Epoche der Juden in Deutschland ist ein für allemal vorbei.« (Leo Baeck, 1945);
- 1951 bis 1967: »Wir sitzen auf gepackten Koffern.« (Norbert Wollheim, Zentralrat der Juden in Deutschland, 1952);
- 1968 bis 1990: »Juden in Deutschland sind Teil der weltweiten jüdischen Gemeinschaft.« (Edgar Bronfmann, Präsident des Jüdischen Weltkongresses);
- 1991 bis 1998: »Ich bin deutscher Staatsbürger jüdischen Glaubens.« (Ignatz Bubis, Präsident des Zentralrats der Juden in Deutschland).

Vielleicht lassen sich die Jahre danach als Beginn einer fünften Etappe kennzeichnen. Sie wäre zum einen durch eine Enttabuisierung des Antisemitismus und eine entschiedene jüdische Gegenwehr, zum anderen durch das Heimischwerden jener jüdischen Einwanderer zu kennzeichnen, die seit 1991 aus der ehemaligen Sowjetunion nach Deutschland gekommen sind. Letzteres hat auch im Ruhrgebiet hohe Anforderungen an die Integrationsfähigkeit der Jüdischen Gemeinden gestellt – von Dortmund und Bochum-Herne über Recklinghausen, Gelsenkirchen, Hagen und Essen bis Mülheim-Duisburg-Oberhausen.

So unterstreicht Jacques Marx, der Vorsitzende der Jüdischen Kultusgemeinde Mülheim-Duisburg-Oberhausen, dass die neuen Mitglieder aus den GUS-Staaten oft nichtjüdische Ehepartner mitbrächten und dass sie ihre Religion in der früheren UdSSR kaum offen hätten ausüben können. Für diese neuen, mit der russischen Sprache aufgewachsenen Mitglieder sei aber nicht nur die Integration in die hiesigen Jüdischen Gemeinden wichtig. Es gehe auch um die berufliche, sprachliche und kulturelle Einbindung in die deutsche Gesellschaft, was allerdings nicht mit Assimilation gleichzusetzen sei. Aus all diesen Gründen war es, betont Jacques Marx, für seine Gemeinde entscheidend, einen Rabbiner zu finden, der die weit auseinander gehenden religiösen Kenntnisse und Traditionen der Gemeindemitglieder verstehe und sich um die Überbrückung von Gegensätzen bemühe.

Darüber hinaus bietet die Jüdische Kultusgemeinde Mülheim-Duisburg-Oberhausen in ihrem Gemeindezentrum im Springwall 16 in Duisburg in auch jenseits des religiösen Bereichs zahlreiche Veranstaltungen an. Das Spektrum reicht vom Seniorenclub und vom Frauenverein über Schach- und Sportangebote bis zu Deutsch- und Religionskursen, vom monatlichen

4

Synagoge am Innenhafen in Duisburg, eingeweiht 1999.

Disco-Abend für Jugendliche bis zur Krabbelgruppe für Kleinkinder, die bald durch einen gemeindeeigenen Kindergarten ergänzt werden soll. Außerdem werden Konzerte veranstaltet, bei denen auch Nichtjuden die jüdische Kultusgemeinde kennen lernen können.

Die Immigration der Juden aus den GUS-Staaten war mit einem exponentiellen Wachstum der jüdischen Kultusgemeinden verbunden. Allein in Mülheim, Duisburg und Oberhausen stieg die Zahl der Mitglieder von 150 gegen Ende der achtziger Jahre auf 2.500 im Jahre 2002. Das einstige Wohnhaus des Rabbiners in Mülheim genügte deshalb schon in den frühen neunziger Jahren nicht mehr als Synagoge. Die Jüdische Gemeinde brauchte neue Räumlichkeiten. Als größte beteiligte Stadt stellte Duisburg einen Bauplatz zur Verfügung. 1996 wurde ein internationaler Architekturwettbewerb ausgeschrieben. Die Entscheidung fiel auf einen Entwurf Zwi Heckers.

Das Projekt konnte in kürzester Zeit realisiert werden – nicht zuletzt weil es vom Schwung der Internationalen Bauausstellung »Emscher Park« profitierte, die zu dieser Zeit neue Ideen und Konzepte für das Ruhrgebiet entwickelte. 1997 wurde mit dem Bau begonnen, im Frühjahr 1999 konnte das neue Gemeindezentrum eingeweiht werden. Die Finanzierung wurde je zu einem Drittel vom Land Nordrhein-Westfalen, von den Städten Mülheim, Duisburg, Oberhausen und von der jüdischen Gemeinde getragen, die ihrerseits von Sponsoren unterstützt wurde. Mit der Duisburger Anlage gehen weitere architektonisch überzeugende Synagogenneubauten einher – so in Recklinghausen am Steintor in der Innenstadt oder im an das Ruhrgebiet angrenzenden Wuppertal. Insofern bildet die jetzige Zeit für das Ruhrgebiet eine neue Phase von Synagogenbauten nach den fünfziger und frühen sechziger Jahren, während deren Synagogen in Dortmund, Essen und Hagen sowie Bethäuser in Recklinghausen, Gelsenkirchen und eben Mülheim/Ruhr eingerichtet worden waren.

Das neue Zentrum der Jüdischen Kultusgemeinde Mülheim-Duisburg-Oberhausen befindet sich wenige 100 Meter vom Standort der in der »Reichskristallnacht« zerstörten Duisburger Synagoge in der Junkernstraße. Außerdem bezog Zwi Hecker seinen Entwurf auf drei weitere historisch-topographische Blickachsen: auf die im Zweiten Weltkrieg zerstörte Duisburger Altstadt, auf den Duisburger Innenhafen und auf den Rhein. Mit ihren fünf ausgreifenden Elementen erinnert Heckers Anlage an ein aufgeschlagenes Buch. Sie verweist damit symbolisch auf die Tora. In Beton, Glas und Stahl gehalten, gliedern die fünf Bauelemente das Gemeindezentrum aber auch in funktionaler Hinsicht. Sie enthalten die Synagoge, eine Schule, einen Verwaltungstrakt, einen Mehrzwecksaal mit Küche und eine Rabbinerwohnung.

Äußerst beeindruckend und zugleich ungewöhnlich für eine Synagoge in Deutschland ist die architektonische Offenheit des Gebäudes. Große, bis zum Boden reichende Fensterflächen, die aus Sicherheitsgründen allerdings aus Panzerglas sein müssen, lassen das Gemeindezentrum sowohl in sich ruhend als auch transparent erscheinen. Jacques Marx betont, dass man diese Konzeption bewusst gewählt habe: »Jeder kann zu uns kommen, der guten Glaubens ist. Wir wollen uns nicht verschanzen, wir wollen uns offen zeigen.«

In Richtung auf den ehemaligen Duisburger Innenhafen weitet sich das Ensemble des jüdischen Gemeindezentrums zu einem »Garten der Erinnerung«, den der Künstler Dani Karavan gestaltet hat, indem er die Überreste alter Büro- und Lagerhäuser in eine bizarre Skulpturenlandschaft verwandelte. Im Rahmen der Internationalen Bauausstellung »Emscher Park« hatte man in den neunziger Jahren die Idee, den als Getreideumschlagplatz überflüssig gewordenen Hafen in ein gemischtes Quartier mit Wohnungen, Büros und Museen umzuwandeln, dabei die Spuren der Industriegeschichte aber nicht zu verwischen. In diesem Sinne finden sich in Dani Karavans »Gartens der Erinnerung« nicht nur Grünflächen und Bäume, sondern auch die zu »künstlichen Ruinen« umgestalteten Reste einstiger Lagerhallen.

Der Künstler selbst hatte sein Bild dieses »Gartens der Erinnerung« im Vorfeld so charakterisiert: »Das Hauptkonzept des Vorhabens besteht darin, einen Teil der alten Lagerhallen zu erhalten, die völlig abgerissen werden, und den Grundriss der Gebäude zu behalten. Das Gelände, auf dem die abgerissenen Gebäude standen, wird zu in weiße Linien eingerahmten Grünflächen werden. Vegetation wird die Fläche bedecken und die Gebäude ersetzen. Zwischen den Weißbetonlinien werden wir verschiedene Grasarten integrieren. Weizen soll als landwirtschaftliches Element angebaut und an den Namen des Viertels ›Brotkorb des Ruhrgebiets‹ erinnern. Aus den Resten der abgebrochenen Gebäude werden wir eine Art Steingarten machen. Er wird die Form eines dreieckigen Hügels mit einer Vielfalt an Pflanzenwuchs annehmen. Bäume werden in einer natürlichen Komposition gepflanzt. Wir möchten gerne große Bäume haben, und wir werden sie nach ihren Formen und ihren Farben im Frühling, Sommer, Herbst und Winter aussuchen.«

In Karavans »Garten der Erinnerung« fallen ein Steingarten aus Betonbrocken und Armierungseisen, eine in weißem Beton gefasste »Rasenwelle« und eine groß dimensionierte Industriewaage ins Auge, die

5
»Garten der Erinnerung«
von Dani Karavan.

man nicht nur als Relikt eines vergangenen Zeitalters, sondern allgemeiner auch als Forderung nach Gerechtigkeit und Maß deuten kann. So bilden jüdisches Gemeindezentrum und »Garten der Erinnerung« ein Gesamtensemble aus Kunst und lebendiger Gemeinde, aus Erinnerung und Sich-Öffnen für Gegenwart und Zukunft.

Literatur

Alte Synagoge Essen (Hg.), Stationen jüdischen Lebens. Von der Emanzipation bis zur Gegenwart. Katalogbuch zur Ausstellung »Stationen jüdischen Lebens« in der Alten Synagoge Essen, Bonn 1990.

Arbeitskreis NS-Gedenkstätten NW e.V. (Hg.), Den Opfern gewidmet. Auf Zukunft gerichtet. Gedenkstätten für die Opfer des Nationalsozialismus in Nordrhein-Westfalen, Düsseldorf, 4. Auflage 1998.

Jan-Pieter Barbian, Michael Brocke und Ludger Heid (Hg.), Juden im Ruhrgebiet. Vom Zeitalter der Aufklärung bis in die Gegenwart, Essen 1999.

Michael Zimmermann (Hg.), Die Geschichte der Juden im Rheinland und in Westfalen, Köln 1998 (= Schriften zur politischen Landeskunde Nordrhein-Westfalens, Bd. 11).

SCHLESWIG-HOLSTEIN

Michael Studemund-Halévy : Juden in Schleswig-Holstein

JUDEN IN SCHLESWIG-HOLSTEIN

Michael Studemund-Halévy

1
König Christian IV. bietet den portugiesischen Kaufleuten freie Religionsausübung, Befreiung von Abgaben sowie uneingeschränkte Handelsfreiheit im dänischen Königreich an.

Schleswig-Holstein war bis vor kurzem das einzige Bundesland ohne einen eigenen jüdischen Landesverband. Obwohl es in Lübeck eine Synagoge, zahlreiche kleinere und größere jüdische Friedhöfe in Glückstadt, Elmshorn, Lübeck, Moisling und Ahrensburg, ein Jüdisches Museum in Rendsburg sowie Gedenkstätten und Gedenksteine gibt, wurden das historisch gewachsene jüdische Leben und die Erinnerung daran durch die die NS-Gewaltherrschaft zwischen 1933 und 1945 nahezu ausgelöscht. Mit ca. 1.800 Neuzuwanderern gibt es jetzt wieder eine Hoffnung auf ein lebendiges jüdisches Leben im nördlichsten Bundesland.

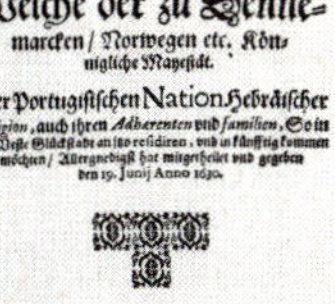
PRIVILEGIA
Oder Freyheiten.
Welche der zu Dennemarcken / Norwegen etc. Königliche Mayestät.
Der Portugisischen Nation Hebräischer Religion, auch ihren Adhærenten und familien, So in der Veste Glückstadt an itzo residiren, und in künfftig kommen möchten / Allergnedigst hat mitgetheilet und gegeben den 19. Junij Anno 1630.
Gedruckt in der Veste Glückstadt / Im Jahr 1633.

In dem agrarisch geprägten Land zwischen Nord- und Ostsee, das lange Zeit unter dänischer Verwaltung stand und dessen Städte Altona und Wandsbek heute zu Hamburg gehören, lebten immer nur wenige Juden. 1584 räumte ihnen Graf Adolf XII. von Holstein-Schauenburg das Recht ein, in Altona und Ottensen zu wohnen, fast gleichzeitig mit der Niederlassung von Juden in Wandsbek. 1617/18 erhielten »portugiesische« Juden vom dänischen König Christian IV. das Recht, sich in Glückstadt niederzulassen. In Friedrichstadt waren Juden seit 1650 und seit 1668 in Lübeck ansässig. 1685 wurde dem Schutzjuden Berend Levi der Schutzbrief für Elmshorn erteilt. Ein Jahr darauf gewährte ihnen der dänische König das Recht, in Moisling zu wohnen und eine eigene Synagoge zu bauen. 1729 bzw. 1736 bestimmte der dänische König Friedrich IV., dass alle Juden, die sich in den Herzogtümern niederlassen wollten, in die Städte Altona, Glückstadt, Elmshorn und Friedrichstadt ziehen müssten. Drei Jahre später wurde die Gemeinde in Moisling dem Oberrabbiner von Altona unterstellt, und in den vierziger Jahren ließen sich dann vereinzelt Juden in Kiel, Burg auf Fehmarn, Segeberg, Schleswig und Ahrensburg nieder. Während die Juden in Altona und in den religiösen Freistätten Glückstad und Friedrichstadt günstige Niederlassungs- und Handelsrechte innehatten, waren sie anderswo nur als »Schutzjuden« geduldet, deren Schutzbrief jeweils nur für ein Jahr galt und kostenpflichtig verlängert werden musste. Die Blütezeit der schleswig-holsteinischen Juden begann mit dem Emanzipationsgesetz, das ihnen 1863 im Landesteil Holstein und ein Jahr später auch im Landesteil Schleswig gleiche Rechte gab und die Aussicht auf bürgerliche und wirtschaftliche Integration bot. Juden waren jetzt deutsche Staatsbürger mit (fast) allen bürgerlichen und politischen Rechten und konnten ihren Wohnort frei bestimmen. Das führte zu einer starken Abwanderung in Gebiete, die ihnen bis dahin verboten waren. 1925 lebten in den 47 Städten, 1.345 Landgemeinden und 4 Gutsbezirken der nunmehr preußischen Provinz nur 4.125 Juden. Das entsprach einem Anteil von 0,27 Prozent der Gesamtbevölkerung. Allein 2.409 oder 58 Prozent hatten ihren Wohnsitz in Altona, das damit die eigentliche »Großgemeinde« der schleswig-holsteinischen Juden mit einem traditionellen Oberrabbinat war und sich zudem dem Einfluss der starken Hamburger Gemeinde ausgesetzt sah. Neben Altona waren Kiel mit 522 und Lübeck mit 497 Juden weitere Zentren jüdischen Lebens. In den Landgemeinden betrug der Anteil der Juden im Gesamtdurchschnitt lediglich 0,005 Prozent. Selbständige kleinere Gemeinden gab es noch in Wandsbek, Elmshorn, Friedrichstadt, Bad Segeberg, Rendsburg und Ahrensburg. Am 9./10. November 1938 wurden alle 6 Synagogen in Schleswig-Holstein *(Bad Segeberg, Elmshorn, Friedrichstadt, Kiel, Lübeck, Rendsburg)* verwüstet bzw. zerstört. Nach der Befreiung lebten bis 1947 ca. 800 jüdische DPs (displaced persons), überwiegend alleinstehende junge Männer, in Schleswig-Holstein.

In den für Juden zugelassenen Orten wurden bereits früh jüdische Friedhöfe angelegt, so zum Beispiel 1622 in Glückstadt, 1650 in Moisling, in Rendsburg 1695 und in Segeberg 1792. Die Kieler Juden mussten noch bis 1852 ihre Toten auf dem Rendsburger Friedhof in Westerrönfeld bestatten. Die Errichtung von Synagogen unterlag immer wieder kleinlichen Beschränkungen. Aus voremanzipatorischer Zeit stammen die stattliche Synagoge der Hochdeutschen Israeliten-Gemeinde Altona, deren Anfänge auf das Jahr 1684 zurückgehen, die 1768 errichtete und bereits 1895 abgerissene Synagoge in Glückstadt, die 1822 erbaute Ahrensburger Synagoge, die 1840 geweihte Wandsbeker Synagoge und außerdem die in den 1840er Jahren errichteten Synagogen von Segeberg, Rendsburg, Elmshorn und Friedrichstadt. Neben diesen aschkenasischen Synagogen gab es noch zwei kleinere »portugiesische« Synagogen in Schleswig-Holstein; die eine stand von der Mitte des 17. Jahrhunderts bis 1785 in Glückstadt, die zweite von 1771 bis 1882 in Altona. Ein Merkmal fast aller bereits vor der Emanzipation errichteten Synagogen bestand darin, dass sie sich hinter Vordergebäuden verstecken und durch ihre Fassaden den Eindruck von Wohnhäusern vermitteln mussten. Als Sakralbauten im Straßenbild deutlich erkennbar war neben der 1827 eingeweihten Moislinger allein die Friedrichstädter Synagoge. Ganz anders nahmen sich nach der Emanzipation die neuen Synagogen von Lübeck und Kiel aus, zwei imposante, als jüdische Gotteshäuser weithin sichtbare Kuppelbauten.

2
Die 1822 erbaute Ahrensburger Synagoge in der Kastanienallee, 1935.

Ahrensburg

Mit den Familien Meyer und Lemmel (Lehmann) kamen 1788 erstmals Juden auf das Gut Ahrensburg. Ab 1805 unterrichtete der aus Amsterdam stammende und von der Hamburger und Altonaer Gemeinde bezahlte Daniel Abraham die jüdischen Kinder. 1811 lebten in dem Dorf Woldenhorn und den angrenzenden Dörfern Ahrensfelde, Bünningstedt und Meilsdorf 37 Juden in 6 Familien, die aus Hamburg, Amsterdam, Posen, Bamberg, Tremsbüttel und Bad Oldeslohe sich auf dem Gut niedergelassen hatten und im Kleiderhandel tätig waren. 1822 durften sie ein Zimmer zu gottesdienstlichen Zwecken einrichten und einen eigenen Begräbnisplatz anlegen. 1850 hatte die Gemeinde 50 Mitglieder, im 20. Jahrhundert nicht einmal die Hälfte.

Das 1822 in der Kastanienallee errichtete Bethaus befand sich in einer kleinen strohgedeckten Kate; der Kultraum war durch eine Trennwand aus Holzlatten in einen Männer- und Frauenbereich getrennt. Das Haus wurde 1938 verkauft, um jüdischen Bürgern die Auswanderung nach Südamerika und in die USA zu ermöglichen.

Am Wulfsdorfer Weg/Bredenbeker Teich führt ein großes Steintor auf den 1822 angelegten und von einer hohen Mauer umgrenzten jüdischen Friedhof, der zunächst nur den Juden des Gutes vorbehalten war. Drei Gräberreihen mit 32 Grabsteinen erinnern an die Begräbnisplätze der einst in Ahrensburg ansässigen Familie Lehmann. Die erste Bestattung fand 1823 statt, die letzte 1923. Gleich nach der Machtergreifung wurden zahlreiche Grabsteine umgestürzt, und auch das schlichte Leichenhaus aus dem Jahre 1876 soll dabei zerstört worden sein. Nach dem Krieg wurde der Friedhof einmal geschändet.

Burg auf Fehmarn

In der Averndorfer Straße erinnert ein schlichter Gedenkstein an den ehemaligen, in der NS-Zeit zerstörten jüdischen Friedhof, der seit dem frühen 18. Jahrhundert der auf Fehmarn ansässigen kleinen jüdischen Gemeinde zur Verfügung stand. 1879 fand mit dem Tod des Meyer Heymann Spanier die letzte jüdische Beerdigung statt.

Eckernförde

Am Mühlenberg erinnert ein großer Gedenkstein aus Granit an die 22 jüdischen Opfer des Vernichtungslagers Stutthof bei Danzig.

Elmshorn

Seit 1685 sind Juden nachgewiesen, als Reichsgraf Christian Detlev zu Rantzau einen Schutzbrief für Behrend Levi und dessen Angehörige ausstellte. Schon drei Jahre später wurden gottesdienstliche Versammlungen abgehalten und der erste Lehrer eingestellt. 1727 erhielt die Gemeinde das Bleiberecht mit stark eingeschränkter Handelsfreiheit. 1836 machte die jüdische Bevölkerung mit 204 zahlenden Mitgliedern mehr als 8 Prozent der Stadtbevölkerung aus. Nach der Emanzipation der Juden in den Herzogtümern ging die Mitgliederzahl stark zurück. 1933 zählte die Gemeinde nur noch 56 Mitglieder, von denen der größte Teil rechtzeitig ins Ausland fliehen konnte, 21 jüdische Elmshorner kamen in den Vernichtungslagern um.

Die 1749 errichtete zweistöckige Synagoge am Flamweg musste 1845 zusammen mit der Mikwe, dem rituellen Bad, einem Neubau weichen, der in der Pogromnacht 1938 in Brand gesetzt und zerstört wurde. Am Flamweg 45 erinnert ein 1982 aufgestellter schlichter Gedenkstein an diese Synagoge.

Auf dem 1.740 Quadratmeter großen Friedhofsgelände an der Feldstraße, das erst 1828 in den Besitz der Gemeinde überging, befinden sich heute noch ca. 130 Grabsteine. Die 1906 eingeweihte Friedhofshalle wurde 1983–1985 für Ausstellungen zur jüdischen Geschichte der Stadt wiederhergestellt.

Eutin

In Eutin sind zwei jüdische Familien nachgewiesen, die aus Lübeck-Moisling stammen: die Familien Würzburg und Nathan. 1936 lebten in Eutin nur zwei jüdische Frauen, Jenny und Alice Nathan.

Der Arzt, Philanthrop und oldenburgische Landtagsabgeordnete Dr. N. N. Nathan (1813–1894) erwarb 1850 für sich und seine Glaubensgenossen einen heute noch bestehenden Begräbnisplatz am Kleinen Eutiner See *(Zugang von der Plöner Straße)*. Bis Anfang Mai 1945 befanden sich hier nur zwei Familiengräber, wenig später wurden 5 jüdische ungarische und rumänische Frauen, die bei Tieffliegerangriffen in der Nähe von Eutin getötet worden waren, beigesetzt.

3
Die 1847 eingeweihte Synagoge in Friedrichstadt, um 1910.

Friedrichstadt

Im Gebiet des heutigen Kreises Nordfriesland waren bis zum Ende des 18. Jahrhunderts mit Ausnahme von Friedrichstadt keine Juden ansässig. In der nach Glückstadt zweiten Stadtgründung in Schleswig-Holstein zu Beginn der Neuzeit ließen sich um 1640 die ersten Juden nieder, und schon 1675 bildete sich eine Jüdische Gemeinde, die dem Oberrabbinat in Altona unterstand. 1734 konnte der erste Rabbiner bzw. Vorbeter seinen Dienst antreten. 1803 lebten 47 jüdische Familien in der Stadt; mit 373 Mitgliedern wurde die Gemeinde 1835 nach Altona zur zweitgrößten Kultusvereinigung der Herzogtümer Schleswig und Holstein und erreichte mit 16,6 Prozent sogar den höchsten jüdischen Bevölkerungsanteil. Lebten 1845 noch 421 Juden in der Stadt, so nahm zu Beginn des 20. Jahrhunderts ihre Zahl erheblich ab; die meisten Mitglieder ließen sich in Hamburg und Altona nieder.

Die um 1677 errichtete Betstube lag in einem Hinterhaus in der Prinzenstraße. Erst um 1730 konnte die Gemeinde ein neues Gebäude im Südwesten der Stadt *(Ecke Am Binnenhafen/Am Fürstenburgwall)* beziehen. 1845 errichtete sie in der Westermarktstraße/Am Binnenhafen Nr. 17 eine ziegelgedeckte, zweistöckige Synagoge, die am 28. Dezember 1847 eingeweiht wurde und der Gemeinde bis 1938 als Bethaus diente. In der Pogromnacht wurden die Synagoge und das Rabbinatsgebäude von Husumer SA-Leuten geplündert, geschändet und demoliert, Kronleuchter und Tora-Schrein wurden einem Altmaterialhändler verkauft, die Synagoge wurde zum Getreidelager. In der ehemaligen Synagoge befindet sich heute eine Kultur- und Gedenkstätte für die religiösen Gemeinschaften Friedrichstadts. Ein Gedenkstein an der Straße Am Binnenhafen gegenüber der ehemaligen Synagoge erinnert an das Gotteshaus, die jüdische Schule sowie an das Rabbinat.

1677 erwarb Moses Markus Levy ein schmales Grundstück an der Treene *(Ecke Am Treenefeld/Am Westersielzug)*, auf dem man bis zur Anlage eines neuen Friedhofs (1890) die Toten bestattete. 1939 musste sich die Gemeinde vertraglich verpflichten, die Grabsteine flach zu legen und mit Erde zu bedecken. Trotzdem wurden zahlreiche Grabsteine zerschlagen und in die Treene geworfen, das Friedhofsgelände diente als Kleingartengelände. Anfang der sechziger Jahre zäunte man die Fläche ein, legte die noch vorhandenen Grabsteine frei und stellte sie zusammen mit anderen Steinen wieder auf. Seit 1985 erinnert eine Stele aus schwarzem Marmor an die jüdischen Opfer der Stadt. Außerhalb des historischen Stadtkerns wurde 1887 neben dem lutherischen Friedhof in der Schleswiger Straße ein neuer jüdischer Friedhof angelegt, auf dem 1940 die letzte Bestattung vorgenommen wurde und auf dem sich 65 Grabsteine erhalten haben.

Glückstadt

Die Jüdische Gemeinde verdankt ihre Entstehung dem dänischen König Christian IV., der 1618 und in späteren Jahren den »portugiesischen« Juden Religionsfreiheit und die Erlaubnis zur Errichtung einer Synagoge zusicherte. Der Hamburger Portugiese Álvaro Dinis war der erste Jude, der 1619 einen Schutzbrief zur Niederlassung in Glückstadt erhielt und in der Gründungsphase zum führenden Vertreter der jüdischen Ansiedlung wurde. Als bei einer Epidemie 1783 zahlreiche Gemeindemitglieder ums Leben kamen, verließen die letzten Portugiesen die Stadt. Um 1800 lebten nur noch 120 ausschließlich deutsche Juden in Glückstadt (100 Jahre später waren es noch 6), aber erst 1860 wurde die Gemeinde dem (aschkenasischen) Altonaer Oberrabbinat unterstellt. Der letzte Portugiese, der auf dem Glückstädter Friedhof begraben wurde, war der Hamburger Elias Meldola – Sohn des Kantors David Meldola –, der 1861 in der Elbe ertrank.

Bis 1785 gab es ein sefardisches Gotteshaus, das vor 1650 entstanden sein muss und den Blicken der Allgemeinheit entzogen war. Der 1711 zusammen mit dem Schulmeisterhaus an die deutschen Juden vermietete Gebäudekomplex wurde 1785 auf Abbruch verkauft. Die 1768 mit Geldern aus Hamburg, Altona, Wandsbek und Amsterdam in der Judenstraße errichtete aschkenasische Synagoge, von der nur eine Skizze erhalten blieb, wurde 1895 ebenfalls wegen Baufälligkeit abgebrochen.

Der um 1622 angelegte Friedhof ist das Einzige, was heute noch von den religiösen Einrichtungen der ehemaligen Jüdischen Gemeinde Glückstadt existiert. 1772 mussten die Glückstädter Juden den Hamburger Portugiesen das Eigentumsrecht an Synagoge und Friedhof zugestehen, durften aber beide zur Miete behalten. 1895 kaufte die Stadt der Gemeinde die Synagoge ab. Den Kaufpreis verwandte die Jüdische Gemeinde zur Restaurierung des Friedhofs, die Stadt verpflichtete sich im Gegenzug, den Friedhof instand zu halten. 1940 musste der Friedhof einem Gemüsemarkt weichen, die Grabplatten wurden abgetragen und überdauerten gestapelt den Krieg. Nach 1945 wurde der Friedhof wieder hergerichtet. Die 89 portugiesischen Grabstellen aus dem 17. und 18. Jahrhundert wurden im vorderen Teil näher aneinander gerückt, die 11 aschkenasischen Grabsteine aus dem 19. und 20. Jahrhundert am Rande aufgestellt. 1952 verpflichtete sich die Stadt, für alle Zeiten die Begräbnisstätte zu erhalten, zu pflegen und zu sichern. In den letzten Jahren wurde der Friedhof mehrfach geschändet.

4
Jüdischer Friedhof Glückstadt, Frauengrab.

Kiel

Mit dem Ausbau Kiels im 19. Jahrhundert entstand eine jüdische Großgemeinde, die 1844 mit 62 Mitgliedern nach den Katholiken und vor den Reformierten die zweitgrößte religiöse Minderheit der Stadt bildete. 1930 erreichte sie mit 655 Mitgliedern (darunter über 50 Prozent Ostjuden) und mit 17 religiösen und kulturellen Vereinen ihren Höhepunkt. Erst 1891 konnte mit Rabbiner Dr. Moritz Stern der erste eigene Geistliche angestellt werden.

1782 entstand die erste Synagoge in der Kehdenerstraße, die bis 1869 existierte. Von 1869 bis 1908 fanden die Gottesdienste in der Hassstraße statt, 1910 konnte ein Neubau an der Ecke Goethestraße/Humboldtstraße eingeweiht werden. Die Synagoge, auf die schon 1932 ein Sprengstoffanschlag verübt worden war, wurde während der Pogromnacht 1938 in Brand gesetzt, die Inneneinrichtung teils zerstört, teils geplündert. 1939/40 ordnete die Stadt den Abriss an. Auf dem Grundstück wurde 1968 ein Wohnhaus errichtet und dort eine Gedenktafel angebracht. Da dieser Gedenkstein vielen Kielern zu beliebig schien, entstand 1989 ein Mahnmal der Hamburger Bildhauerin Doris Waschk-Balz: Die Bronzeskulptur besteht aus einer aufrecht stehenden rechteckigen Tafel, von der durch einen schräg nach unten verlaufenden Riss eine Ecke abgebrochen ist. Auf der Vorderseite ist, nischenartig in die Fläche eingelassen, der Innenraum der Synagoge dargestellt. Im Zentrum steht der Tora-Schrein.

In der Michelsenstraße liegt hinter einer Friedhofsmauer ein 1852 angelegtes, über 2.000 Quadratmeter großes Gräberfeld. Vorher mussten die Kieler Juden ihre Toten auf dem Friedhof Westerrönfeld bei Rendsburg begraben. Die erste Bestattung fand am 2. August 1852 statt. Als Letzter wurde hier 1969 Heinz Salomon beigesetzt, der von 1945 bis zu seinem Tod die »Jüdische Wohlfahrtspflege Schleswig-Holsteins« leitete.

1656 ließen sich polnische und russische Juden in Moisling auf der Flucht vor den Kosaken auf dem Gut Moisling nieder, von dem sie 10 Jahre später von Lübecker Bürgern wieder vertrieben wurden. Erst Ende des 17. Jahrhunderts erhielten sie Niederlassungs- und Handelsfreiheit sowie das Recht auf freie Religionsausübung. Am Moislinger Teich nutzten sie ein kleines Fachwerkhaus als Synagoge. 1821 mussten alle seit 1810 zugezogenen Juden (45 Familien) Lübeck verlassen und nach Moisling ziehen, wo schon am 10. August 1827 eine neue, repräsentative Synagoge feierlich eingeweiht werden konnte. Während 1824 knapp 500 Juden auf Gut Moisling lebten, durften nur 8 eingesessene Familien und die akkreditierten Juden in der Stadt Lübeck bleiben, die ihren Gottesdienst in einem Privathaus abhielten, bevor sie 1851 in der Wahmstraße 433 eine neue Synagoge errichten konnten. Nach 1848 kehrten 33 jüdische Familien aus Moisling nach Lübeck zurück, wo sie mit den Lübecker Juden eine Gemeinde bildeten. 1858 wurde der Rabbinatssitz von Moisling nach Lübeck verlegt. Die Moislinger Synagoge wurde 1872 geschlossen, an die Stadt verkauft und später abgebrochen. Die Lübecker Gemeinde erreichte 1890 mit 694 Mitgliedern ihren Höhepunkt. Bis 1933 lebten 497 Juden in der Hansestadt. Mit der Machtübernahme der Nationalsozialisten begann auch für die Lübecker Juden die Zeit der Ausgrenzung und der Verfolgung. Viele von ihnen fanden später den Tod in den Vernichtungslagern.

1812 kaufte die Gemeinde das Grundstück St. Annen-Straße 13 *(damals Ritterstraße 691)*, um dort eine Synagoge zu errichten. Der Baubeginn verzögerte sich wegen der judenfeindlichen Politik der Stadt um mehr als 60 Jahre. Die am 2. Juni 1880 von Rabbiner Dr. Salomon Carlebach eingeweihte und im »maurischen« Stil errichtete, frei einsehbare Backsteinsynagoge in der St. Annenstr. 13 wurde in der Pogromnacht 1938 geschändet und verwüstet, aber nicht in Brand gesetzt. Kurz darauf wurde die durch einen Tambour erhöhte Kuppel abgerissen und das Gebäude umfunktioniert. Nach Kriegsende erhielt die Jüdische Gemeinde ihre Synagoge zurück, und bereits am 1. Juni 1945 konnte der erste Gottesdienst gefeiert werden. Eine Gedenktafel von 1989 erinnert an die zerstörten Synagogen in Schleswig-Holstein und an die jüdischen Opfer der NS-Gewaltherrschaft.

1814 konnte vor dem Holstentor an der Schönböckener Straße ein Friedhof eingerichtet werden, der jedoch nur bis 1894 belegt und wahrscheinlich während der NS-Zeit geräumt wurde. Einige Steine wurden später auf den Moislinger Friedhof verbracht.

Eine hohe Backsteinmauer schirmt das fast 8.000 Quadratmeter große und mehrfach erweiterte Gräberfeld an der Niendorferstraße von der Straße ab. Am Ende der Mauer liegen die kleine, mittlerweile renovierte Trauerkapelle und das Wächterhäuschen. Mit seinen mehr als 1.000 Grabsteinen ist der von den Juden aus Lübeck, Moisling und weiteren benachbarten Ortschaften genutzte Friedhof heute die größte jüdische Grabstätte in Schleswig-Holstein. Die erste Beerdigung fand schon im 17. Jahrhundert statt, der erste vorhandene Grabstein eines Haim Spanier stammt aus dem Jahr 1724, die letzte Beerdigung eines Moislinger Juden fand 1961 (Michael Goldenberg) statt. Der Friedhof wurde in den letzten Jahren mehrfach geschändet. Ihre letzte Ruhe fanden hier der Rabbiner Dr. Salomon Carlebach (gest. 1919) und seine Frau Ester (gest. 1920), der Halberstadter Rabbiner Dr. David Carlebach (gest. 1913), der Bankier Alexander Carlebach (gest. 1925) sowie Rosalie und Siegfried Mühsam (gest. 1899 und 1915), die Eltern des 1934 im KZ Oranienburg ermordeten Schriftstellers und Anarchisten Erich Mühsam. Ein besonderes Feld ist für die Opfer des Konzentrationslagers Bergen-Belsen angelegt, die nach der Befreiung in Lübeck starben. In unmittelbarer Nähe dieses Feldes erinnert das 1960 aufgestellte Ehrenmal der Lübecker Jüdischen Gemeinde an die Opfer des Nationalsozialismus. Ein weiteres Mahnmal erinnert an die 38 namenlosen jüdischen Häftlinge des KZ Neuengamme bei Hamburg, die sich auf einem Bahntransport befanden, der von den Engländern bombardiert wurde. In der 1910 errichteten Friedhofskapelle *(Architekten: Carl Hahn und Alfred Runge)* erinnert eine Gedenktafel aus der Synagoge an die im Ersten Weltkrieg gefallenen Mitglieder der Jüdischen Gemeinde.

Neustadt in Holstein

Auf dem jüdischen Friedhof *(Zugang vom Grasweg)* befindet sich die zentrale Gedenkstätte für die ca. 100 als jüdische KZ-Häftlinge identifizierten Opfer der »Cap-Arcona«-Tragödie, die am 3. Mai 1945 bei einem britischen Bombenangriff auf das mit 4.200 Häftlingen des KZ Neuengamme voll gepferchten Schiffes in der Neustädter Bucht ihr Leben verloren. Entlang der Strecke von Lübeck nach Neustadt (Lübeck), bei Bad Schwartau, Neustadt, Stockelsdorf, Ahrensbök, Glasau und Süsel erinnern insgesamt 14 Stelen an den Todesmarsch der KZ-Häftlinge von Auschwitz-Fürstengrube nach Neustadt.

Rendsburg

Die ersten Juden ließen sich Ende des 17. Jahrhunderts als Seifensieder, Branntweinbrenner und Bierbrauer in Rendsburg nieder. Das 1692 ausgestellte Privileg enthielt die Zusage der freien Religionsausübung, aber nicht das Recht, öffentliche Gottesdienste abzuhalten. Schon drei Jahre später wurde der Friedhof in Westerrönfeld angelegt, für 1712 ist ein kleines Bethaus in der Prinzessinstraße urkundlich belegt. 1733 wurde eine erste kleine Synagoge mit Kultsaal und Frauenraum eingeweiht, die 1812 renoviert wurde. Lebten 1835 noch 292 Juden in der Stadt, so war die Gemeinde im Jahr 1900 auf 57 Mitglieder geschrumpft. Von den ca. 33 Gemeindemitgliedern, die 1933 in der Stadt lebten, und etwa 30 weiteren als Juden verfolgten Rendsburgern konnten die meisten emigrieren; mindestens 15 wurden deportiert und später ermordet. Nach der Pogromnacht 1938 wurde die Gemeinde aufgelöst.

Die Stadt bewahrt mit der zwischen 1843 und 1845 errichteten Synagoge mit Mikwe sowie der um 1830 erbauten Talmud-Tora-Schule ein vollständiges jüdisches Gemeindezentrum aus der Zeit vor der rechtlichen Gleichstellung der Juden. Die am 12. November 1845 durch den Altonaer Oberrabbiner Ettlinger eingeweihte neue Synagoge in der Prinzessinstraße zeigt sich in ihren Formen mit rund- oder segmentbogig abgeschlossenen, profilierten Fenstern und Türen sowie einer sparsamen Dekoration vom klassizistischen Rundbogenstil beeinflusst. Der Bau musste nach einem Sprengstoffanschlag in der Pogromnacht 1938 verkauft werden; in den Vorderräumen wurden Wohnungen eingerichtet, im Betsaal befand sich bis 1983 eine Fischräucherei. 1981 wurde das Bauwerk als Kulturdenkmal von besonderer Bedeutung in das Denkmalbuch des Landes Schleswig-Holstein eingetragen. Im Zuge der Stadtteilsanierung wurde die »wiederentdeckte« Synagoge 1985 der Hamburger Gemeinde angeboten. Als diese ablehnte, entstand die Idee eines Museums und Kulturzentrums.

Das 1988 eröffnete und nach dem Arzt Dr. Ernst Karl Bamberger benannte Museum zeigt im Keller neben der Mikwe eine Dokumentation zur jüdischen Geschichte Schleswig-Holsteins. Der ehemalige Betsaal dient als Vortragssaal, die Frauengalerie ist eine Stätte der Begegnungen, im Nachbarraum ist eine Bibliothek eingerichtet.

Das in der ehemaligen Talmud-Tora-Schule eingerichtete Jüdische Museum zeigt unter dem Thema »Jüdische Künstler – Jüdische Themen« Bilder, Plastiken und Keramik jüdischer Künstler.

Der 1695 angelegte und noch bis 1942 genutzte, ursprünglich ca. 22.000 Quadratmeter große Friedhof mit Grabsteinen aus dem 18. und 19. Jahrhundert musste 1939 an den Schützenverein Rendsburg abgetreten werden. Der Gemeinde blieben nur noch 5.000 Quadratmeter.

Bad Segeberg

Levin Heydelbrunn und Bendix Simon waren die ersten Juden, die sich 1739 bzw. 1743 in Elmshorn niederlassen konnten. Doch erst um 1792 scheint sich mit der Gründung einer Beerdigungsbruderschaft eine Gemeinde gebildet zu haben, die 1927 ihren 135. Stiftungstag feiern konnte. Im Februar 2002 wurde in Bad Segeberg eine Liberale Jüdische Gemeinde gegründet, die aus der im Herbst 2000 gegründeten »Segeberger Vereinigung für jüdische Kultur« hervorging. Zurzeit gehören der Gemeinde 41 Erwachsene und 13 Kinder aus Bad Segeberg, Stormarn, Neumünster und Ostholstein an.

Die 1841 errichtete und am 14. Juni 1842 durch den Altonaer Oberrabbiner Jakob Ettlinger eingeweihte Synagoge wurde rasch zum Zentrum jüdischen Lebens der Stadt. In der Pogromnacht 1938 wurde der Bau beschädigt und geschändet, die kostbaren Kultgegenstände verschwanden oder wurden zerstört. Das bis 1945 von NS-Dienststellen genutzte Gebäude musste 1962 wegen Baufälligkeit abgebrochen werden. Seit 1988 erinnert eine kleine Plastiktafel auf dem Grundstück an die Synagoge.

Auf dem Friedhof an der Eutiner Straße befinden sich heute nur noch rund 50 Grabsteine; 60 bis 80 Steine des ursprünglichen Bestandes wurden schon 1933 zerschlagen und zum größten Teil abgetragen. Das letzte Begräbnis erfolgte im Jahre 1936. 2002 fand auf dem Neuen Jüdischen Friedhof am Ihlwald die erste jüdische Bestattung seit 66 Jahren statt.

Literatur

Ursula Dinse,
Das vergessene Erbe. Jüdische Baudenkmale in Schleswig-Holstein, Kiel 1995.

Gerhard Paul, Miriam Gillis-Carlebach (Hg.),
Menora und Hakenkreuz. Zur Geschichte der Juden in und aus Schleswig-Holstein, Lübeck und Altona, Neumünster 1998.

Gerhard Paul, Bettina Goldberg,
Matrosenanzug – Davidstern. Bilder jüdischen Lebens aus der Provinz, Neumünster 2002.

Gerd Stolz,
Wegweiser zu den Jüdischen Stätten in Schleswig-Holstein, Heide 1992.

SPEYER

Jutta Strauss :
Speyer, worms, Mainz

SPEYER, WORMS, MAINZ

Jutta Strauß

Speyer, Worms und Mainz – diese drei am Mittellauf des Rheins gelegenen Städte beherbergten im Mittelalter blühende jüdische Gemeinden. In den jüdischen Quellen wird Speyer als Spira, Worms als Warmaisa und Mainz als Magenza bezeichnet.

Die Alltagssprache der auf dem Boden des späteren Deutschland lebenden Juden war das Jiddische, die Sprache der Gelehrsamkeit und der Religion das Hebräische. Beide Sprachen werden in hebräischen Lettern von rechts nach links geschrieben. Nimmt man die Anfangsbuchstaben der drei Gemeinden (SCH-W-M), so können diese drei hebräischen Buchstaben auch als SCH-U-M gelesen werden, und »Schum« bedeutet im Hebräischen »Knoblauch«. So kam es dazu, dass diese drei Gemeinden sowohl einzeln als auch gemeinsam oft durch die Darstellung eines Knoblauchs charakterisiert wurden.

Aber auch in Kultur, Ritus und Lebensstil waren diese drei Jüdischen Gemeinden einander sehr ähnlich, und in der gesamten damaligen jüdischen Welt wurden sie als kulturelle Einheit begriffen. »Schum« markierte also große Gelehrsamkeit, eine gewisse Art des Ritus und eine bestimmte Schule der Auslegung der hebräischen Bibel und des Talmud (einer Sammlung von verbindlichen Rechtsdebatten und -entscheidungen aus dem 6. Jahrhundert u.Z.). Das jüdische Religionsgesetz und seine Auslegung bestimmten die Aktivitäten der in den Schum-Gemeinden ansässigen Gelehrten; ihre Entscheidungen waren über lange Zeit für das ganze aschkenasische Judentum verbindlich.

1

Jude aus Worms mit Knoblauchknolle.

Die drei Gemeinden standen nicht nur zu ihrer unmittelbaren Umgebung in wirtschaftlicher und intellektueller Beziehung; es lassen sich auch Verbindungen etwa mit Frankreich und Österreich nachweisen. Mittelpunkt der mittelalterlichen Gemeinden (Kahal) waren unter anderem die Synagoge, das Lehrhaus (Jeschiwa) und das Badehaus. Die Gemeinden waren in hohem Maße autonom. Die rechtliche Stellung sowohl der Gemeinden als auch der Einzelpersonen verschlechterte sich im Verlauf des Mittelalters, bis hin zu Vertreibungen aus den Städten im 15. und 16. Jahrhundert. Über diese Region wird im 13. Jahrhundert von einem jüdischen Reisenden berichtet: »Alle jüdischen Gemeinden finden sich entlang des großen Stromes, des Rheins: In den Städten leben Gelehrte und Gemeinden, die ihre Nächsten lieben und friedlich mit allen in Nah und Fern verkehren.«

1220 schlossen sich die drei Gemeinden auch offiziell zusammen und erließen gemeinsame religionsgesetzliche Vorschriften, die so genannten »Takkanot Schum«, die überregional anerkannt wurden. Nach den Verfolgungen des Spätmittelalters schwand die Bedeutung dieser drei Gemeinden als beispielgebendes Zentrum aschkenasischer Kultur und Gelehrsamkeit. Obwohl weiterhin enge Kontakte zwischen den einzelnen Gemeinden bestanden, nahm das kulturelle Gefüge von Schum als Einheit durch die Jahrhunderte immer mehr ab.

2
Fenster aus der
Westwand der
Speyrer Synagoge.

Speyer

In der zweiten Hälfte des 11. Jahrhunderts ist die Ansiedlung von Mainzer Juden in Speyer nachweisbar. 1084 wurden die Speyrer Juden vom Bischof mit einem Privileg ausgestattet, das sie gegenüber allen Juden im Reich begünstigte. Es wurde ihnen ein Siedlungsgebiet außerhalb der befestigten Stadt zugewiesen und dort ein Leben nach dem jüdischen Gesetz garantiert. Der Bischof hoffte damit den Aufschwung der Stadt Speyer zu fördern und verlieh der ansässigen jüdischen Gemeinde weitgehende Handels- und Geldwechselrechte.

Schon ein paar Jahre später, 1090, wurden diese Rechte durch ein kaiserliches Schutzprivileg Heinrichs IV. (1056–1105) noch erweitert. Das Privileg garantierte den Speyrer Juden unbeschränkte Handels-, Steuer- und Zollfreiheit im ganzen Reich, ebenso wie Sicherheiten für Hab und Gut und Leben. Aber schon 1096 kam es im Zuge des ersten Kreuzzuges zu Ausschreitungen, wenn diese auch – im Gegensatz zu anderen rheinischen Gemeinden – relativ glimpflich verliefen.

Inzwischen siedelten einige jüdische Familien auch innerhalb der Stadtmauern, es wurde eine Synagoge, ein Badehaus gebaut – der Speyrer »Judenhof« entstand. Am Bau waren wohl die gleichen Steinmetze beteiligt, die auch am Umbau des Speyrer Doms mitgearbeitet haben, da sich bauliche Ähnlichkeiten nachweisen lassen. Am 21. September 1104 wurde die Synagoge geweiht. Überreste des »Judenhofes« sowie das Badehaus lassen sich heute noch besichtigen.

Mit dem Auftreten der Pest kam es auch in Speyer zu Übergriffen auf die Jüdische Gemeinde; manche konnten fliehen, andere wurden ermordet. In diesem Zusammenhang steht wohl auch ein Schatzfund aus dem Jahre 1969, als in Lingenfeld Silbergefäße, Silbermünzen und Schmuckstücke entdeckt wurden. Man nimmt an, dass ein jüdischer Geldverleiher diese Stücke als Sicherheit von einem Gläubiger erhalten hatte und diese nun – auf der Flucht vor seinen Verfolgern – vergrub.

1534 kam es in Speyer, wie in vielen anderen Städten des Reiches, zur Vertreibung der Jüdischen Gemeinde, und während der folgenden Jahre hielten sich nur wenige Juden in der Stadt auf. Die Handels- und Geldgeschäfte wurden immer weiter eingeschränkt; so wurde beispielsweise das »Hantieren in der Stadt mit Silbergeschirr, goldenen Ringen, Kleinodien, Samt- und Seidentuch« für Juden verboten. Aber der Druck wurde noch stärker: Auswärtige Juden durften sich ab 1583 nicht länger als einen Tag und eine Nacht in der Stadt aufhalten und mussten zur Kenntlichmachung einen gelben Ring auf der Kleidung tragen. Die einstmals blühende Speyrer Jüdische Gemeinde hatte nun keinen eigenen Rabbiner mehr, seine Pflichten wurden vom Wormser Rabbiner übernommen, der aber für jedes Betreten der Stadt die Zustimmung des Speyrer Rats benötigte.

Aber diese beschränkenden Maßnahmen wurden als noch nicht weitreichend genug angesehen. 1688 wies die Stadt die jüdischen Bewohner aus. Im Gefolge der politischen Veränderungen, die der Französischen Revolution von 1789 folgten, wurde das linksrheinische Speyer Teil der französischen Republik, und die Juden erhielten erst jetzt wieder die Freizügigkeit des Wohnrechts. Es kam zu einem verstärkten Zuzug aus den umliegenden dörflichen Gemeinden – aber schon 1808 hob Napoleon (1769–1821) diese Freizügigkeit wieder auf und erließ Gewerbebeschränkungen.

1833 lebten 30 jüdische Familien in Speyer; die Gemeinde prosperierte wieder. Eine neue Schule entstand ebenso wie eine Synagoge und ein Badehaus. Im Laufe der nächsten Jahre wurde die Synagoge vergrößert und verschönert, an ihrer Bauentwicklung lässt sich das wachsende Selbstbewusstsein der Gemeinde ablesen. Die Speyrer Gemeinde war recht fortschrittlich und befand sich deswegen immer wieder in Auseinandersetzungen mit dem konservativeren zuständigen Bezirksrabbiner in Bad Dürkheim, so etwa in der Frage der Bat Mizwa, der Feier zur Erreichung der religiösen Volljährigkeit der Mädchen – eine Zeremonie, der konservativere Kreise eher kritisch gegenüberstanden.

In der zweiten Hälfte des 19. Jahrhunderts wurden die Juden Speyers endgültig den anderen Staatsbürgern gleichgestellt; sie konnten nun wählen und auch öffentliche Ämter bekleiden. In der Gründerzeit lebten etwa 540 Juden in Speyer, in den folgenden Jahren wurde die Gemeinde aber immer kleiner. 1933 hatte sich die Zahl etwa halbiert.

Wie an anderen Orten, so wurde auch die Speyrer Synagoge am 9. November 1938 in Brand gesteckt und später abgebrochen. Am 22. Oktober 1940 wurden die 51 verbleibenden Speyrer Juden in das Lager von Gurs in Südfrankreich deportiert, 15 von ihnen überlebten die Schoa. Erst 1996 gründete sich eine neue Jüdische Gemeinde in Speyer.

3
Ostwand der ehemaligen Männersynagoge (Außenseite), erbaut um 1100.

Wann genau die ersten Juden nach Worms kamen, um dort zu bleiben, ist nicht belegt. Die jüdische Überlieferung kennt Legenden, die die Ansiedlung in die Zeit nach der Zerstörung des ersten Tempels (587 v. u. Z.) legen. Diese Datierung ist wohl objektiv viel zu früh, zeigt jedoch, dass die Zeit der Ansiedlung im kollektiven Gedächtnis als ein sehr langer Zeitraum verankert war.

Die ersten Juden reisten wahrscheinlich im Gefolge der Römer an den Rhein, als Händler folgten sie den Soldaten entlang der etablierten Handelswege. Der früheste Beleg für eine Ansiedlung in Worms findet sich bei dem Mainzer Gelehrten Gerschom ben Jehuda (um 960 bis 1028 oder 1040). Er erwähnt in einer seiner Schriften Geldgeschäfte, die auf der Kölner Messe von Juden aus Worms und Mainz getätigt wurden.

Die jüdische Bevölkerung siedelte in der nordöstlichen Ecke von Worms, an der Stadtmauer, in der Nähe des Rheinhafens. Über die Jahre wuchs das jüdische Viertel, und nach und nach wurden die wichtigsten Einrichtungen einer Jüdischen Gemeinde errichtet: 1034 wurde die Synagoge geweiht.

Unter Juden war Worms in dieser Zeit als eines der führenden geistigen Zentren bekannt; sein berühmtester Gelehrter war Salomo ben Isaak, genannt Raschi. Er wurde 1040 in Troyes (Frankreich) geboren und studierte in Worms und Mainz, bevor er später eine Talmud-Hochschule in Troyes gründete, die großes Ansehen genoss. Alle seine Kommentare, so auch die zum Pentateuch und zum Talmud, zeichnen sich durch knappe Formulierungen aus, die den Text verständlich machen und komplizierte Sachverhalte einfach und bildhaft erläutern. Seine Kommentare galten als höchste Autorität und integraler Bestandteil der traditionellen Talmudausgaben; sie sind bis heute beliebt und geachtet und werden weiterhin von Studenten gelernt und diskutiert.

Der älteste Grabstein auf dem Wormser jüdischen Friedhof stammt aus dem Jahr 1076/77. Berühmt sind auf dem alten jüdischen Friedhof von Worms die Gräber des Rabbi Meir und Alexander von Wimpfen. Rabbi Meir wurde 1220 geboren. Als sich die Lage für die Juden verschlechterte, beschloss er, ins Heilige Land auszuwandern. Unterwegs wurde er von Soldaten des Königs gefangen genommen, um Lösegeld zu erpressen. Da Rabbi Meir weitere derartige Gefangennahmen verhindern wollte, untersagte er die Zahlung von Lösegeld; so starb er in Gefangenschaft. Aber selbst seinen Leichnam wollte der König nur gegen Lösegeld herausgeben. Der Kaufmann Alexander von Wimpfen aus Frankfurt am Main verkaufte seine ganze Habe, um den Leichnam auszulösen. Zum Gedenken an diese gute Tat wurde Alexander von Wimpfen nach seinem Tod direkt neben Rabbi Meir begraben. Die beiden nebeneinander stehenden Grabsteine sind heute noch auf dem alten jüdischen Wormser Friedhof zu sehen.

Nach den Verfolgungen, die auf den Ausbruch der Pest in der Mitte des 14. Jahrhunderts folgten, wurden die Juden aus Worms und anderen Städten ausgewiesen. Einige Juden kehrten 1353 zurück, und es gab in späteren Jahren wieder eine Gemeinde, doch sie erreichte nie mehr die Bedeutung eines geistigen Zentrums, die sie im Mittelalter besaß.

4
Grabsteine des Rabbi Meir und des Alexander von Wimpfen auf dem alten jüdischen Wormser Friedhof.

Seit dem späten 16. Jahrhundert lebten etwa 700 Juden in Worms, 1615 wurden sie aber aus der Stadt vertrieben, und ihre Häuser wurden geplündert. Auch die Synagoge wurde zum Teil eingerissen. 1689 zerstörten französische Truppen die Stadt, auch die Häuser des jüdischen Wohngebietes. Um die Jahrhundertwende entstand das jüdische Viertel erneut. Ein etwas später verfasstes Verzeichnis nennt 99 Häuser.

Auch den Wormser Juden brachten die französischen Truppen kurzzeitig 1798 die vollständige rechtliche Gleichstellung. In den nächsten Jahren zogen Juden aus dem alten jüdischen Viertel in andere Stadtteile. Aber die Verbundenheit zum alten Wohngebiet hielt an: 1875 wurde die Levysche Synagoge geweiht, sie liegt ganz in der Nähe der alten Synagoge. Die Gemeindemitglieder besannen sich der Geschichte der »heiligen Gemeinde Worms«; 1924 wurde ein jüdisches Museum gegründet.

1934 wurde noch des 900-jährigen Bestehens der Synagoge gedacht; 4 Jahre später war sie zerstört. Heute gibt es keine Jüdische Gemeinde mehr in Worms; die Synagoge wurde in den Jahren 1959–1961 jedoch wieder originalgetreu aufgebaut. Dies ist ein Unikum in der deutschen Nachkriegsgeschichte und zugleich ein Anzugspunkt für Touristen.

5
Wormser Synagoge, vollendet 1174/75, zerstört 1938, wiederhergestellt 1959–1961.

Auch die Anfänge der Mainzer Jüdischen Gemeinde lassen sich nicht genau datieren. Im 10. Jahrhundert ist sie jedenfalls schon in ganz Europa als wichtiges Handelszentrum bekannt. Dies bezeugt beispielsweise ein Bericht des Ibrahim Ibn Jakub aus Tortosa in Spanien, der in den sechziger Jahren des 10. Jahrhunderts – wahrscheinlich im Auftrag des Kalifen von Cordoba – Europa bereiste. In seinem Bericht schildert er voller Staunen, dass es in Mainz nicht nur Münzen aus Samarkand, sondern auch Gewürze aus Indien gibt. Eine wichtige Mainzer jüdische Familie war die Familie Kalonymus, eine Gelehrten- und Kaufmannsfamilie, die aus Italien nach Deutschland kam.

Herausragende Persönlichkeit dieser Zeit war der schon oben erwähnte Rabbiner Gerschom ben Jehuda, auch unter dem Ehrentitel »Leuchte des Exils« in der ganzen jüdischen Welt bekannt. Er stammte ursprünglich aus Metz und gründete in Mainz ein Lehrhaus, an dem unter anderem Jüdisches Recht und die Auslegung des jüdischen Schrifttums gelehrt wurden. Dieses Lehrhaus zog bald aus ganz Europa Studenten an, und die Absolventen seines Unterrichts trugen nach Abschluss ihrer Studien Gerschom ben Jehudas Lehren und Methoden in ihre Gemeinden nach ganz Europa. Insbesondere seine gesetzlichen Entscheidungen trugen zu der fortdauernden Bekanntheit dieses Mainzer Rabbiners bei. Gerschom ben Jehuda verbot die Vielehe im Judentum, die, obwohl zu dieser Zeit kaum praktiziert, doch den Gesetzen der hebräischen Bibel nach durchaus noch erlaubt war. Ebenfalls bestimmte er, dass eine Ehe nur unter Zustimmung der Ehefrau geschieden werden darf, und postulierte das Briefgeheimnis.

1096 war diese Blütezeit vorbei. 1095 hatte Papst Urban II. zum Kreuzzug aufgerufen: das Heilige Land sollte von den »Ungläubigen«, den dort herrschenden Moslems, befreit werden. Die fanatisierten christlichen Horden beschlossen erst einmal, die »Ungläubigen« im eigenen Land, das heißt die Juden, zu vernichten. Der Mainzer Bischof Ruthard hatte der ansässigen Jüdischen Gemeinde zwar Schutz versprochen, ließ sie aber, als die aufgebrachte Menge nahte, schnell im Stich. Nur 53 Gemeindemitglieder überlebten – in der Schatzkammer des Doms versteckt – das Massaker. Etwa 600 Menschen waren ermordet worden, ein Teil der Überlebenden wurde zwangsgetauft. Kalonymus ben Jehuda klagte: »In Trümmern das Bethaus, verwüstet das Lehrhaus – wer kann wohl diesen Kummer ertragen?«

Langsam wuchs die Gemeinde wieder, aber schon 1146 kam es während des zweiten Kreuzzugs wieder zu Verfolgungen, und dieses Muster wiederholte sich auch im Vorfeld des dritten Kreuzzuges 1188. Die weltliche Herrschaft änderte nun die rechtliche Stellung der Juden und ernannte sie zu so genannten »Kammerknechten«, was bedeutete, dass der jeweilige Herrscher den Juden Schutz gegen Bezahlung einer bestimmten Summe bot.

1471 wurden alle Juden der Stadt und des Kurstaates verwiesen, die Mainzer Jüdische Gemeinde existierte nicht mehr. Zwei Jahre später wurde ihre Synagoge in eine christliche Kapelle umgewandelt. Auch wenn in den folgenden Jahren immer einmal wieder ein paar Juden sich in Mainz ansiedelten, gab es doch erst wieder 1583 eine Gemeinde mit Rabbiner. 1614 bestand die Gemeinde aus etwa sechs Familien, 1644 waren es schon vierzig Hausbesitzer mit ihren Familien und Gesinde. Nach immer wieder aufflammenden Auseinandersetzungen zwischen der christlichen und der jüdischen Bevölkerung wurde die Anzahl der jüdischen Bewohner von

6

Grabstein für Isaak, Sohn des Jeremia (1231).
Alter jüdischer Friedhof, Mainz, Mornbacher Straße.

Mainz beschränkt und ihnen ein genau umrissenes Wohngebiet zugewiesen. In den nächsten Jahrzehnten besserte sich die Lage, die Gemeinde wuchs bis Ende des 18. Jahrhunderts auf über 800 Personen an.

Wie an anderen Orten, so führten auch in Mainz die Ideen der Aufklärung zur Aufhebung des Ghettos: Dessen Tore wurden ausgehängt, und ab 1768 durften Juden auch außerhalb der Judengasse siedeln. Ab 1770 waren Juden an der Mainzer Universität für einige Studiengänge zugelassen. Von den Ideen der Französischen Revolution (1789) getragen, verlieh der französische Nationalkonvent 1791 den französischen Juden das Bürgerrecht. Nach der Einnahme der Stadt Mainz durch die Franzosen galt dies auch für die Mainzer Juden.

1853 wurde die neue Synagoge eingeweiht. Gegen den Widerstand vieler Gemeindemitglieder bekam sie eine Orgel, eine Neuerung, die umstritten war, da sie als Übernahme christlicher Rituale empfunden wurde. Dies führte letztlich zu einer Aufspaltung der Gemeinde in Reformanhänger und Verfechter des Althergebrachten. Letztere hielten ihren Gottesdienst nun für einige Zeit in einem Privathaus ab. Dies ist nach dem Verständnis des Judentums durchaus möglich; man benötigt keine Synagoge, um zum Gottesdienst bzw. zum Beten zusammenzukommen, es genügt die Anwesenheit eines so genannten »Minjans«, das heißt 10 männlicher Erwachsener. Als ihre Anhänger zunahmen, baute auch die orthodoxe Gemeinde eine Synagoge. Diese wurde 1856 eingeweiht, aber schon 1879 kam eine weitere neue und prächtigere Synagoge im maurischen Stil ein. Prediger war Marcus Lehmann, zeitgenössischen Berichten zufolge ein glänzender Redner und mitreißender Erzähler. Seine Predigten zogen auch viele Mitglieder der Reformsynagoge an.

Aber auch die Reformgemeinde wuchs; um 1912 gehörten ihr etwa 3.000 Gemeindemitglieder an, und es wurde eine neue, prächtige Synagoge erbaut, die die Mainzer Stadtsilhouette mit prägte. Der 25 Meter hohe Kuppelbau, der auf 12 Pfeilern stand, zog die Augen auf sich, Marmormosaik schmückte den Boden, Wände und Decke waren vergoldet und violett getönt.

Wie im ganzen deutschen Reich, so meldeten sich auch die Mainzer Juden 1914 voll patriotischen Eifers zu den Waffen, 64 von ihnen kamen ums Leben.

Von 1918 bis 1930 hielten die Franzosen Mainz besetzt; ihrem Abzug sollte mit einem Befreiungsdenkmal gedacht werden. Beauftragt wurde der Künstler Benno Elkan. Schon bald kam es zu heftigsten Auseinandersetzungen um seine Person, Kämpfe, die deutlich das Erstarken des Antisemitismus auch in Mainz zeigten. Nach der Machtübernahme Hitlers wurde das Denkmal sofort abgerissen.

1933 zählte die Mainzer Jüdische Gemeinde 2.609 Mitglieder; bis 1939 wurden 1.286 in die Emigration gezwungen. Auch in Mainz wurden die Synagogen angezündet und geplündert. Die Zeit der Entrechtung und Verfolgung der Mainzer Juden dokumentiert das 1965 veröffentlichte Tagebuch Michel Oppenheims, in dem der Verbindungsmann der Jüdischen Gemeinde zur Gestapo die Jahre 1941 bis 1944 dokumentiert hat.

Nur wenige überlebten die Deportationen und kehrten nach der Befreiung nach Mainz zurück. Mit diesen Überlebenden gründete Michel Oppenheim am 9. November 1945 erneut eine jüdische Gemeinde in Mainz. Seit Mitte der neunziger Jahre wächst die Mainzer Jüdische Gemeinde, russische Kontingentflüchtlinge sind als neue Mitglieder hinzugekommen – ein Prozess, der die Struktur der Gemeinde im Laufe der Jahre gewandelt hat.

SÜDWEST

Uri R. Kaufmann:
Die Jüdische Geschichte Südwestdeutschlands

DIE JÜDISCHE GESCHICHTE SÜDWESTDEUTSCHLANDS

Uri R. Kaufmann

In der mittelalterlichen Stadt

Vom 10. bis zum 13. Jahrhundert befand sich das geistige Zentrum der Juden im Alten Reich in den drei Gemeinden Speyer, Worms und Mainz; Südwestdeutschland war eher ein Nebenschauplatz. Die ersten Belege für jüdisches Leben in südwestdeutschen Städten – so in Konstanz, Heilbronn, Schwäbisch Hall – datieren aus dem Jahr 1242. Ulm muss eine recht große Gemeinde gewesen sein, sind doch von ihr urkundlich Synagoge, »Weiberschule« (= Frauenabteilung) und ein »Tanzhaus« erwähnt. An mittelalterlicher Bausubstanz hat sich fast nichts erhalten. Am bedeutendsten ist das jüdische Tauchbad (Mikwe) in Offenburg an der Glaserstraße 8, das um 1300 gebaut wurde und architektonisch auf die Bäder von Speyer und Worms zurückgeht. Nur eine größere Jüdische Gemeinde konnte einen solchen Bau finanzieren. In Heidelberg hat sich ein Grabsteinfragment aus dem Ende des 13. Jahrhunderts erhalten, dessen Inschrift den Tod eines Mädchens beklagt, und in Wertheim am Main ist ein Grabstein aus dem 15. Jahrhundert auch heute noch zu sehen. Einzelne Manuskripte sind gesicherten südwestdeutschen Ursprungs, so etwa die berühmte Darmstädter Haggada, die ein »Israel aus Heidelberg« 1410 verfasst hat.

Ruhige Phasen der Geschichte wechselten sich mit Verfolgungen ab. Im Sommer 1298 unternahm ein Mann namens Rindfleisch von Röttingen in Franken wegen »Hostienschändung« Raub- und Mordzüge, denen Juden an 20 Orten Südwestdeutschlands zum Opfer fielen. Ein früher Beleg für einen angeblichen Ritualmord findet sich für Lauda *(bei Bad Mergentheim)*. Der Vorfall wurde von einer päpstlichen Bulle im Jahr 1236 verurteilt. Dennoch wurden über Jahrhunderte hinweg die christlichen Opfer angebetet, im Jahr 1693 sogar ein Ölbild in der heute noch vorhandenen »Heilig-Blut-Kapelle« ausgestellt. 1470 wiederholte sich ein ähnlicher Übergriff in Endingen bei Freiburg im Breisgau. Hier wurde im 17. Jahrhundert ein feindseliges »Judenspiel« verfasst und aufgeführt.

Die Ausschreitungen anlässlich der Beulenpest-Epidemie 1348/49 führten in ganz Südwestdeutschland zur Zerstörung der Jüdischen Gemeinden. Die nach 1349 gegründeten Nachfolgegemeinschaften waren bescheiden. 1349 wohnten jüdische Flüchtlinge aus Speyer und Worms in Heidelberg, 1359 lebten wieder Juden in Heilbronn,1376 in Schwäbisch Hall, 1470 in Stuttgart. Nach der Vertreibung der Juden aus Augsburg 1439 zogen etliche Familien in den Südwesten.

Das erstarkende städtische christliche Bürgertum war der jüdischen Konkurrenz im Geldhandel nicht wohlgesinnt. Zudem standen die Juden theoretisch unter dem Rechtsschutz des Kaisers, was einem nach Selbständigkeit strebenden Stadtrat nicht willkommen war. Im 15. Jahrhundert wurden die Juden aus fast allen Städten des deutschen Südwestens vertrieben, aus Konstanz 1448, aus Schwäbisch Hall 1450, aus Esslingen 1465 und aus Heilbronn 1476. Im Jahre 1390 vertrieb der neue Kurfürst von der Pfalz die Juden aus seinem Territorium. Der neuen 1386 gegründeten Heidelberger Universität schenkte er die Synagoge, 11 Häuser und den Friedhof der Juden. 1492 verfügte der württembergische Herzog Eberhard im Bart testamentarisch die Vertreibung der Juden aus seinem Gebiet. Die Juden siedelten sich in der Nachbarschaft an und trieben wahrscheinlich weiterhin Handel im Herzogtum Württemberg. Die Grenzen waren nur schwer zu kontrollieren. In der Forschung bleibt umstritten, ob der berühmte Rabbiner Jakob ben Juda Weil (1390–1453), der in Augsburg, Bamberg und Erfurt amtierte, wirklich in Weil der Stadt geboren wurde. Der Karlsruher Rabbiner Natanael Weil, der von 1750 bis 1769 im Amt war, verfolgte die Ahnenreihe seiner Familie bis in diese Zeit.

Zuflucht auf dem Land

Nach 1500 und bis in die achtziger Jahre des 19. Jahrhunderts waren die Landjuden die dominante Erscheinung des Judentums in Südwestdeutschland. Sie erhielten einen Schutzbrief zumeist für mehrere Jahre. Besonders die kleinen Reichsritter waren an ihren Abgaben interessiert. Die Juden suchten sich eine Nische im Landhandel. Aus den einstigen städtischen Geldverleihern wurden so Rindvieh-, Pferde-, Hopfen-, Wein- und vom 17. Jahrhundert an Tabakhändler. Viele waren Hausierer und mussten mit einer stärkeren christlichen Konkurrenz in dieser Branche konkurrieren. Ländliche jüdische Familien, die zerstreut lebten und ihre Wohnorte oft wechselten, richteten einfache Betsäle in privaten Häusern ein. Als nach 1550 eine gewisse Stabilität der Ansiedlung eintrat, gründeten sie ländliche Verbandsfriedhöfe, die bis ins 20. Jahrhundert existierten. Besonders eindrucksvolle Beispiele solcher Friedhöfe finden sich im Nordosten in Schopfloch (1550, an der Grenze zu Bayern), Wenkheim (1570), Unterbalbach (1590), Bödigheim, Merchingen; in Hemsbach und Flehingen im

1
Hochzeitsstein Freudental 1770. Religiöse Feiern auf dem Lande waren ein öffentlicher Anlass. Hochzeiten wurden von Landjuden vor 1800 auf dem Synagogenvorplatz, nicht im Innenraum begangen.

Nordwesten; in Waibstadt, Oberöwisheim und Untergrombach im Westen; in Sulzburg, Gailingen und Mühringen im Süden und Buchau im Südosten. In Heinsheim wurden die Stelen mit einfachen Motiven oft reich verziert.

Die süddeutschen Landjuden bildeten eine Brauchtumsgruppe mit eigenen Zeremonien. Typisch für die jüdische Religionsausübung auf dem Land waren die Hochzeitssteine (»Chuppastein«), an denen ein Glas zerschlagen wurde, um im Moment der Freude auch der Zerstörung beider Tempel in Jerusalem zu gedenken. Aus einer Windel, die bei der Beschneidung getragen wurde, fertigte man »Mappot«, lange Wimpel an, mit denen man die Tora-Rollen zusammenband. Auch für Mädchen gab es eine Namensgebungszeremonie, zu der Kinder eingeladen wurden (»Holegrasch«). Die Melodien der jüdischen Liturgie waren in Südwestdeutschland, der Schweiz und Elsass-Lothringen sehr ähnlich.

Noch wenig erforscht ist allerdings die regionale Variante der religiösen Liturgie. Bei den Verzeihungsgebeten vor Jom Kippur (Slichot) ist in einem Fürther Druck des 18. Jahrhunderts vom »Minhag Schwaben we-Schweiz« die Rede. Dieser »Brauch des Landes Schwaben« mag in der Tat spätmittelalterliche Wurzeln haben und so die Kontinuität der Ansiedlung der Juden in Südwestdeutschland belegen.

Aus dem 18. Jahrhundert haben sich vereinzelt Synagogen erhalten, so in (Wallhausen-) Michelbach an der Lücke (1757), in Freudental (1770), Baisingen/Schwarzwaldkreis (1782) und (Bad Rappenau-) Heinsheim (1798). In dem zu Schwäbisch Hall gehörenden Dorf Unterlimpurg durfte ein Familienvorstand wohnen. Dieser ließ sich von Elieser Sussmann Katz aus Brody (Ostgalizien, heute Ukraine) 1735/36 einen Betsaal im Dach ausmalen, der als europäisches Unikat im Hallischen Fränkischen Museum erhalten geblieben ist. Sussmann übernahm ein ikonographisches Programm ostgalizischer Synagogen, das er lokalen Wünschen anpasste. Gebetsanfänge in altertümlichen schwarzen hebräischen Buchstaben sollten den Betern als Gedankenstütze dienen.

2
Betsaal Unterlimpurg 1735/36, Einhorn aus Kassettendecke. Die Tiersymbole entsprechen teils bekannten Vorbildern (Symbolik der Hebräischen Bibel oder des Talmuds), teils der Phantasie des Künstlers.

In Stuttgart durften nach 1710 einzelne jüdische Hoflieferanten wohnen. Am bekanntesten wurde Süß Oppenheimer, der 1738 nach dem Tod seines Beschützers Herzog Alexander nach einem Schauprozess gehängt wurde. Von der Gruppe dieser jüdischen Schicht hat sich nur wenig Sachkultur erhalten: Das heutige Rathaus der Stadt Leimen war das Palais der Bankiersfamilie Seeligmann (erbaut um 1794), die nach 1814 nach München zog und dort geadelt wurde. Viel einfacher gebaut ist das Haus »Im Rabbinat« in Braunsbach *(westlich von Schwäbisch Hall)*, das dem hohenlohischen Hoffaktor Falk Schlommel diente und nach einem Umbau als Rabbinats- und Schulhaus Verwendung fand. Es ist heute in einem beklagenswert schlechten Bauzustand.

Die Fürsten errichteten im 18. Jahrhundert Landesjudenschaften als fiskalische Organisation. Teilweise mussten sich die Familienvorstände alle drei Jahre versammeln und die Abgabenlast unter sich aufteilen. Oft wurde ein Landrabbiner gewählt. Juden waren beim Aufbau der neuen Städte Mannheim und Karlsruhe willkommen. In Letzterer sollen sie 1733 12 Prozent der Gesamtbevölkerung ausgemacht haben. Diese bedeutenden Gemeinden bildeten die Kerne einer Reurbanisierung der südwestdeutschen Juden im 18. Jahrhundert. Besonders die »Judenkonzession« in Mannheim war vergleichsweise sehr liberal, wenn man bedenkt, dass Juden in Frankfurt am Main zur selben Zeit noch übers Wochenende in der Judengasse eingesperrt wurden. Der Kurfürst von der Pfalz gestattete auch, dass 1724 der erste Jude, ein Sohn eines jüdischen Hoflieferanten, in Heidelberg als Doktor der Medizin privat – nicht mit öffentlicher Zeremonie – promovieren konnte.

Vielfach hatte der Territorialherr in innerjüdischen Dingen im 18. Jahrhundert ein Bestätigungsrecht, etwa bei der Wahl der Rabbiner. Insgesamt waren die lokalen Gemeinden jedoch recht selbständig, besonders was die Regelung religiöser und erzieherischer Fragen anging. Teilweise schlossen sie sich auch über lokale Herrschaften hinaus zur Anstellung eines gemeinsamen Rabbiners zusammen, so etwa in Mühringen und Umgebung.

Kampf um gleiches Recht

Zwischen 1803 und 1810 wurde der Südwesten politisch neu gegliedert. Das Großherzogtum Baden und das Königreich Württemberg entstanden. Beide Staaten verfolgten hinsichtlich der Juden eine Politik der Erziehung und Berufsumschichtung, und beide richteten Landesverbände ein, die die Religionspraxis »aufgeklärter« machen sollten. In Baden wurde 1809 der Oberrat der Israeliten gegründet, in Württemberg 1828/31 die Israelitische Oberkirchenbehörde. Die Rabbiner sollten akademisch gebildet sein. Deshalb wurde in Württemberg 1832 eine Rabbiner-Prüfungskommission ins Leben gerufen, die unter ihren 5 Mitgliedern nur einen Juden zählte. Wie subaltern die Position der jüdischen Oberkirchenbehörde war, lässt sich daran ablesen, dass einzig der Tübinger Alttestamentler berechtigt war, dem Prüfling Fragen zur Hebräischen Bibel zu stellen.

Das jüdische Volksschulwesen, das in Baden nach 1815 und in Württemberg nach 1830 entstand, wurde von Pfarrern inspiziert. Erst nach und nach konnten sich zuerst in Baden – in den Städten – und später in Württemberg die Juden Mitbestimmungs- und Kontrollrechte erkämpfen. Nur hier wurden jüdische Lehrer in den öffentlichen Schuldienst übernommen,

was in Deutschland singulär war. Im stärker lutherisch geprägten Württemberg bestand die Konfessionsschule bis ins 20. Jahrhundert.

Seit den zwanziger Jahren des 19. Jahrhunderts machten württembergische Juden wiederholt Eingaben bei der Regierung, die auf rechtliche Gleichstellung drangen; zwischen 1831 und 1846 reichten die badischen Juden hartnäckig – in jeder Legislaturperiode aufs Neue – Petitionen beim Landtag ein, doch es sollte noch Jahrzehnte dauern, bis die bürgerliche Gleichberechtigung erreicht war. Immer wieder formierte sich ein hartnäckiger Widerstand, der sich 1819 und 1848 vor allem in Baden in Ausschreitungen gegen Juden entlud.

3
Die ehemalige Synagoge in Kippenheim. Die 1850–1852 erbaute Synagoge wurde im November 1938 im Inneren zerstört. 1987 erfolgte die Renovierung, seit 1991 ist sie Kulturdenkmal.

Erst 1862 wurde in Baden, 1864 in Württemberg die rechtliche Gleichstellung verwirklicht und damit die Freizügigkeit auch für Juden eingeführt. Die Landgemeinden entvölkerten sich. Oft bildete die ländliche »Muttergemeinde« die Kernfamilie der nahen städtischen Gemeinde. Typisch war, dass die neu gegründeten städtischen Gemeinden meist liberal geprägt waren, obwohl ihre Gründungsmitglieder auf dem Land aufgewachsen waren, so etwa in Freiburg und Konstanz.

Erst jetzt entwickelte sich Stuttgart zu einer wichtigen Gemeinde, in der bis 1933 zwei Drittel der württembergischen Juden wohnen sollten. In Mannheim machten die Juden 1875 immerhin 8,5 Prozent der Gesamtbevölkerung aus (3.943 Personen). In Baden wohnten zur selben Zeit an die 25.000 Juden, in Württemberg 10.000. Auf dem Lande konnten nun kleine Gemeinden Synagogen bauen und Friedhöfe einrichten. Erhalten haben sich aus dem 19. Jahrhundert Synagogen in Sulzburg im Breisgau, Kippenheim *(nahe Freiburg)*, Hemsbach *(nördlich von Heidelberg)*, Affaltrach, Hechingen, Haigerloch *(Ortsteil von Horb am Neckar)*, Wankheim *(Baden)*, Oberdorf *(Nordostwürttemberg)* und ein Betsaal in Rottweil.

Mit der neuen Mobilität, dem Aufschwung durch Eisenbahnwesen und Industrialisierung erlebten viele südwestdeutsche Juden einen sozialen Aufstieg. Einzelne wurden Textilproduzenten, viele verließen den Hausiererberuf und führten Textilgeschäfte, Viehhändler gründeten Schlachtviehfirmen und exportierten in größerem Stil. Die um 1880 aufwachsende Generation erhielt oft eine höhere Ausbildung. Vorläufer auf diesem Gebiet war der im Landstädtchen Sulzburg im Breisgau geborene Orientalist Gustav Weil (1808–1889), der sich nach Aufenthalten in Nordafrika und der Türkei in Heidelberg niederließ und zunächst nur als Universitätsbibliothekar beschäftigt wurde. Er war der erste deutsche Übersetzer der Geschichten von Tausendundeiner Nacht und eine international angesehene Autorität, erhielt aber erst nach einem Vorlesungsstreik im Jahr 1861 als erster badischer Jude seine Ernennung zum ordentlichen Professor. Nach Abschluss der Emanzipation wurde der Rechtsanwalt Moritz Ellstätter aus Durlach 1868 zum badischen Finanzminister ernannt. Er übte dieses Amt 25 Jahre lang aus und war der einzige jüdische Minister zur Zeit des deutschen Kaiserreiches.

Mit den osteuropäischen Juden kam um 1900 eine neue Gruppe in das Gebiet. Vorläufer waren Studenten gewesen, die sich besonders in Heidelberg niedergelassen hatten. Hier formulierte der Mathematiker Hermann Schapira in Heidelberg um 1884 bis 1898 die ersten Gedanken über eine weltliche jüdische Universität, die die zionistische Bewegung gründen sollte. Schaul Tschernichowski schrieb neuhebräische Gedichte über seine Freundinnen. Während die Studenten eher säkular eingestellt waren,

4
Rheinau, Ortsteil Rheinbischofsheim. Kleinster jüdischer Friedhof in Baden-Württemberg mit einem erhaltenen Grab.

lebten viele nichtakademische Zuwanderer religiös. Eigene Betgemeinschaften formierten sich neben den meist liberal dominierten Synagogen, in denen sich viele osteuropäische Juden nicht wohl fühlten. Die gesellschaftlichen Spannungen zwischen Ost- und Westjuden nahmen nach 1918 allmählich ab. In diesem Umfeld wirkte in Heidelberg von 1907 bis 1927 Salman Baruch Rabinkow (1879–1941), der Max Weber die Talmudzitate für sein Werk lieferte und einen Lehrkeis um sich scharte, dem unter anderen Erich Fromm und Nahum Goldmann angehörten.

Debatte über die Modernisierung des Judentums

Während in Baden die religiösen Kontroversen bis in die sechziger Jahre des 19. Jahrhunderts gemäßigt verliefen, reizte der 1831 eingesetzte Rabbiner Josef (von) Maier in Stuttgart die traditionalistisch eingestellten Landjuden. Er wollte deutsche Hymnen im Gottesdienst einführen, verweigerte nicht weltlich gebildeten Rabbinern eine Weiterbeschäftigung, erließ 1838 eine strenge Synagogenordnung und nahm sich das Recht heraus, die Predigten seiner Amtskollegen zu prüfen. 1861 sprach er anlässlich der Einweihung der neuen Synagoge mit Orgel von Stuttgart als »unserem Jerusalem«, was den scharfen Protest des jüdischen Lehrers Ludwig Stern aus Freudental hervorrief. Beide Kontrahenten waren in Nordwürttemberg auf dem Lande aufgewachsen und hatten die Talmud-Hochschule (Jeschiwa) in Fürth absolviert.

In Baden kam es wegen der Errichtung von Orgelsynagogen zum Eklat. Eine traditionalistische Gruppe in Karlsruhe um die Familie Wormser trat 1868 aus der Jüdischen Gemeinde aus und gründete mit der Israelitischen Religionsgesellschaft nach dem Vorbild des Frankfurter Rabbiners Samson Raphael Hirsch eine eigene Gemeinde. 1880 bildeten sich in Stuttgart, 1910 in Heilbronn und nach 1918 in Heidelberg weitere kleine Separatgemeinden. Das Staatskirchenregiment wurde in Württemberg 1912 etwas relativiert, und die Gemeinden erhielten mehr Mitsprache zugestanden. 1924 gaben sich die beiden Religionsgemeinschaften neue Verfassungen und wurden autonom. In Württemberg wurde die Begrifflichkeit nach badischem Vorbild abgeändert und in »Oberrat der Israeliten« umbenannt.

Die von Frankfurt ausgehende Jüdische Lehrhausbewegung fand in Stuttgart 1926 und 1929 in Mannheim Widerhall. Rabbiner Max Grünewald führte 1931 unter großer Beachtung ein Chanukka-Musikstück auf. 1922 wurde das Israelitische Gemeindeblatt für Baden, 1924 dasjenige für Württemberg gegründet. Beide existierten bis 1938. 1925 wohnten in Mannheim rund 6.972 Juden, in Stuttgart 4.548 und in Karlsruhe 3.386.

1933–1945: Wo blieb die liberale südwestdeutsche Tradition?

Die Machtergreifung vollzog sich in Südwestdeutschland ohne größere Widerstände. Am Boykott-Tag des 1. April 1933 flüchteten viele südbadische Juden in die Schweiz. Auf dem Lande kam es schon im selben Jahr zu massiven Übergriffen, wie die Erinnerungen von Bruno Stern belegen, in Creglingen zu zwei Morden. Der einflussreiche Tübinger Theologe Gerhard Kittel diente sich im selben Jahr dem neuen Regime an und wurde Experte für antikes Judentum beim Reichsinstitut für die Geschichte des neuen Deutschland.

5 Das Jüdische Museum Creglingen befindet sich in der Badgasse 3. Der letzte jüdische Besitzer des Hauses war der Viehhändler Hermann Stern, der am 25. März 1933 in Württemberg das erste Todesopfer des nationalsozialistischen Antisemitismus wurde. 1999 erwarb die Stiftung Jüdisches Museum Creglingen das baufällige Gebäude und ließ es restaurieren. Im November 2000 wurde das Jüdische Museum eröffnet. Es ist in das Projekt »Gedenktopographie Creglingen« eingebunden. Eine Dauerausstellung ist im Aufbau.

Die »Kristallnacht« überstanden einige ländliche Synagogen, weil sie in der Nähe von Häusern waren, die sich in »arischem« Besitz befanden. Die großen städtischen Synagogen wurden meist zerstört, so in Mannheim, Karlsruhe und Stuttgart. Nach dem 10. November 1938 verbrannten Studenten in Heidelberg Tora-Rollen. Die Universitäten entließen 1933/35 ihre jüdischen Dozenten und solche, die »jüdischer Herkunft« waren. In Freiburg schloss sich Martin Heidegger begeistert dem neuen Staat an und der nationalkonservative Historiker Gerhard Ritter bereitete in seinen Universitätsreden über das gemeinsame »germanische Volkstum« im Oberrheingebiet geistig die Annexion des späteren »Gaues« Elsass-Lothringen vor. 1938 musste in Mannheim der altehrwürdige erste jüdische Friedhof auf Druck der Nazis geräumt werden, was im Judentum religionsgesetzlich verboten ist. 1939 wurden die Landesverbände aufgelöst und als Außenstellen der Reichsvereinigung von der Gestapo streng überwacht.

Der Gauleiter von Baden organisierte die erste regionale Deportation am 22./23. Oktober 1940 nach Gurs (Pyrenäen). In Heidelberg hingegen rettete der Geistliche Hermann Mass bedrohte Juden und wurde deswegen verhaftet. Deportationen aus Württemberg erfolgten von 1941 bis Februar 1945. 1942 versteigerten die Finanzämter öffentlich die Habe der deportierten Juden. Der Stuttgarter Otto Hirsch wurde 1933 als Direktor der neuen Reichsvertretung/Reichsvereinigung der Juden in Deutschland nach Berlin berufen und 1941 ermordet.

Nach der Schoa

Nur sehr wenige überlebten den Massenmord an den europäischen Juden. In »privilegierter Mischehe« lebende Juden hatten das Glück, dass sie bis April 1945 noch nicht deportiert worden waren. Diese und untergetauchte Juden sowie die wenigen Rückkehrer aus den KZs bildeten die Kerne der neuen Restgemeinden. 1945 wurde die Israelitische Kultusvereinigung Stuttgart wieder gegründet, am 2. Juni 1945 der erste Gottesdienst durchgeführt. 95 Prozent der Juden in Württemberg waren Staatenlose osteuropäischer Herkunft. Trotz erheblicher Differenzen zwischen polnischen und deutschen Juden fand man sich im Laufe der Jahre zusammen.

In Baden entstanden 1945/46 neue Ortsgemeinden und zwei Landesverbände, die sich 1953 unter dem historischen Namen »Oberrat der Israeliten« zusammenschlossen. In Baden war der Anteil ehemaliger deutscher Juden etwas höher. 1952 wurde in Stuttgart die Synagoge, 1956 in Mannheim ein unscheinbarer Betsaal, 1964 ein weiterer in Konstanz eingeweiht. In Baden waren Otto und Werner Nachmann von 1953 bis 1988 die Gründerpatriarchen. Neue repräsentative Synagogen wurden hier erst 1971 in Karlsruhe, 1987 in Freiburg *(Nussbaumstraße)* und Mannheim *(Stadtquadrat F 3, hier ein großes Gemeindezentrum mit Wohnungen)* sowie 1994 in Heidelberg *(Häußerstraße)* eingeweiht.

Als Rabbiner wirkten in Baden der streitbare Robert Raphael Geis (1952–1956), nach ihm Nathan Peter Levinson (1961–1987). In Stuttgart sorgte Fritz Elieser Bloch für Kontinuität (1953–1979). Nach ihm übte Joel Berger (1979–2002) als redegewandter Nachfolger das Amt aus.

Erst nach 1978/79 setzten sich Bürgerinitiativen zur Rettung vom Abbruch bedrohter Synagogen und für die Anbringung von Gedenktafeln ein. Bis dahin wurden Synagogen bedenkenlos »christianisiert«, besonders extrem in Merchingen, wo 1951 ein Bau aus dem Jahr 1733 mit einem Turm und einem drei Meter hohen Kreuz versehen wurde. In Oberdorf diente die Synagoge nach 1950 als katholische Kirche, und in Rexingen wurde die Synagoge 1952 zur evangelischen Kirche umgebaut, deren Gemeinde sich bis nach 1988 weigerte, auch nur eine Gedenktafel anzubringen. In Braunsbach bei Schwäbisch Hall wandelte man ebenfalls eine aus dem 18. Jahrhundert stammende Synagoge 1952 in eine »Turn- und Festhalle« um, und nach einem Umbau 1984 wurde der Synagogenraum nach Bedarf als Theaterbühne genutzt.

1978 erwarb die Ortsgemeinde die Synagoge in Michelbach; 1979 formierte sich in Freudental eine Bürgerinitiative gegen den Abbruch der Synagoge: Die politischen Umstände hatten sich verändert. Die Generation der Kinder wollte nicht mehr wie ihre Väter die letzten Spuren jüdischer Kultur beseitigen. In Freudental entstand im »Pädagogisch-Culturellen Zentrum ehemalige Synagoge« eine erfolgreiche und am intensivsten arbeitende Begegnungs- und Gedenkstätte. Dagegen ist die 1984 mit großem Pomp eröffnete ehemalige Synagoge (Wallhausen-) Michelbach heute ohne Betreuung und verwaist. Bis 1988 wurden Synagogen in Affaltrach, Hemsbach, Hechingen und Sulzburg renoviert. In Hechingen und Sulzburg verfolgte man das Prinzip einer völligen Renovierung, in Baisingen (1998) und neuerdings in (Horb-) Haigerloch (2002/03) war man zurückhaltender und hielt auch Spuren der Entweihung und Zerstörung fest.

In den letzten Jahren wurden in einigen Städten zur Erinnerung an die im Holocaust ermordeten Juden Gedenktafeln angebracht und Skulpturen aufgestellt. Ein besonders eindrucksvolles Beispiel hierzu findet sich im Zentrum von Mannheim. Dank einer Bürgerinitiative von 1997 wurde von Jochen Kitzbihler eine Gedenkskulptur geschaffen, die am 25. November 2003 mitten in der Haupteinkaufsstraße Mannheims aufgestellt wurde. Auf ihr sind die Namen der 2.240 ermordeten Mannheimer Juden verzeichnet.

1989 begann der Zustrom von Juden aus der ehemaligen Sowjetunion; besonders in kleinen Gemeinden machen sie heute die Mehrheit aus. Neue Gemeinden entstanden, so in Emmendingen und Lörrach. Die Gemeinden Baden-Baden und Pforzheim wiesen mehr Mitglieder auf. Die Religionsgemeinschaft in Stuttgart richtete 4 neue »Außenstellen« ein. In Ulm wurde ein Ortsrabbiner neu eingesetzt.

In Südwestdeutschland leben seit 1989 deutlich mehr Juden. In ganz Deutschland hat sich die Zahl der eingetragenen Gemeindemitglieder vervierfacht und erreicht jetzt mehr als 100.000. Ob sich auch das religiöse oder kulturelle Leben intensiver entwickelt, ist noch nicht abzuschätzen.

6
Gedenkskulptur in Mannheim.

LITERATUR

Joachim Hahn,
Erinnerungen und Zeugnisse jüdischer Geschichte in Baden-Württemberg, Stuttgart 1988.
Berthold Rosenthal,
Heimatgeschichte der badischen Juden, Bühl 1927, Neudruck: Magstadt 1981.
Paul Sauer,
Die jüdischen Gemeinden in Württemberg und Hohenzollern, Stuttgart 1966.

Wertvolle Kurzführer zu jüdischen Sehenswürdigkeiten in Baden-Württemberg sind im Verlag Medien und Dialog von Pfr. Klaus Schubert, Weildorfer Kreuz 22, 72401 Haigerloch erschienen.

ESSAYS

WAS IST JUDENTUM

Rachel Heuberger :

WAS IST JUDENTUM

Rachel Heuberger

Das Judentum ist die erste Offenbarungsreligion, in deren Mittelpunkt der Glaube an den einen und einzigen Gott steht. Das Credo des Juden, das Schma Israel, beginnt mit den Worten: Höre Israel, der Herr ist unser Gott, der Herr ist einzig. Nach eigenem Selbstverständnis liegt der Anfang der jüdischen Geschichte in der Offenbarung Gottes, als dieser einen Bund mit Abraham schloss und ihn zum Stammvater der Juden auserwählte. Von da an erstreckt sich dieser Bund auf alle Nachkommen und wurde erneuert, als Moses die Juden auf Befehl Gottes aus Ägypten herausführte und am Berg Sinai die Tora, die Lehre des Judentums, empfing. Die Tafeln, auf denen die Zehn Gebote übermittelt wurden, heißen auf Hebräisch Tafeln des Bundes (Luchot ha-Brit) und beginnen mit dem folgenden ersten Gebot: »Ich bin der Ewige, dein Gott, der dich geführt aus dem Lande Mizrajim (Ägypten), aus dem Knechthause« (Exodus 20, 2). Historisch werden die Ereignisse des Exodus der Juden aus Ägypten, über deren Faktizität und genauen Ablauf die moderne Forschung noch zu keinem einheitlichen Ergebnis gekommen ist, auf das Ende des 13. Jahrhunderts v. d. Z. datiert.

1
Die Offenbarung am Sinai. Moses verkündet die Zehn Gebote. Sarajevo-Haggada, Spanien, 14. Jahrhundert.

Seitdem bildete der Auszug der Juden aus Ägypten einen integralen Bestandteil des jüdischen geschichtlichen Bewusstseins und nahm eine zentrale Stelle im religiösen Bekenntnis eines jeden Juden sowie in der Liturgie ein. Aus der steten Erinnerung an das gemeinsame Erlebnis der Besiegelung des Bundes zwischen Gott und den Juden am Berge Sinai ist das jüdische Volk, das sich als Einheit von Religion und Volkstum definierte, entstanden. Erst im 19. Jahrhundert haben sich mehrere innerjüdische Strömungen herausgebildet, die das Judentum neu interpretiert und das Verhältnis von Religion und Nation unterschiedlich gedeutet haben. Im Laufe ihrer über dreitausendjährigen Geschichte haben sich die Juden stets als Glieder einer historischen Entwicklung verstanden, die mit Abraham ihren Anfang nahm, mit der Überlieferung durch Moses die entscheidenden religiösen Inhalte erhielt und auf das Kommen des Messias, der die Erlösung bringen würde, zusteuerte.

Die Erwartung eines Messias gehört zu den charakteristischen Merkmalen des Judentums und ist bereits in der Bibel verwurzelt. Erste Hinweise auf das Kommen des Messias (hebr. Maschiach, der Gesalbte) finden sich in den Schriften der Propheten und beschreiben einen Idealzustand, in dem das Volk Israel von Fremdherrschaft befreit ist und Gerechtigkeit und Frieden die Welt bestimmen. In den Schriften der Rabbiner wurde die messianische Hoffnung über die Jahrhunderte aufrechterhalten und mit der Auferstehung der Toten, dem Ende der Diaspora und der Wiedererrichtung des Tempels in Jerusalem verknüpft. Die rabbinische Lehre besagt, dass der Zeitpunkt des Kommens des Messias allein in Gottes Hand liegt, von den Juden jedoch durch ein gottesfürchtiges Leben und durch Taten der Barmherzigkeit beschleunigt werden könne. Allerdings gab es stets und auch in der Gegenwart mystische Strömungen im Judentum, welche die Möglichkeiten des Einzelnen hervorheben, durch sein Handeln auf den Gang der Geschichte Einfluss zu nehmen.

Die Tora, die hebräische Bibel, enthält neben den Geboten Gottes, die das tägliche Leben bestimmen, auch die Geschichte von den Anfängen des jüdischen Volkes. Ausführlich wird dort geschildert, wie mit der Besiedlung des Landes Kanaan, das für die Juden immer Eretz Israel, auf Deutsch das Land Israel oder das Heilige Land hieß, aus den ursprünglich nomadischen Stämmen sesshafte Bauern wurden. Sie errichteten mehrere Staatswesen, denen eine wechselhafte und leidvolle Geschichte widerfuhr. Zuerst bestand ein lockerer Verbund von Stämmen, die von Richtern regiert wurden; später wurde von Saul als erstem König und von David und Salomon als seinen Nachfolgern ein von Gott geweihtes Königtum errichtet. Nach dem Auseinanderbrechen des Reiches und der Zerstörung des Nordreiches im 8. Jahrhundert v. d. Z. blieb zunächst das Südreich Judäa erhalten. Dieses wurde 586 v. d. Z. von den Babyloniern erobert, die den Salomonischen Tempel in Jerusalem zerstörten und die Juden in das babylonische Exil führten. Anfang des 6. Jahrhunderts v. d. Z. konnten die Juden unter persischer Oberhoheit nach Jerusalem zurückkehren und im Frühjahr 515 v. d. Z. in Jerusalem den Zweiten Tempel einweihen. Unter der Führung von Esra und Nehemias, zwei jüdischen Staatsbeamten in persischen Diensten, wurde erneut ein jüdischer Staat errichtet, dessen politisches und geistiges Zentrum Jerusalem bildete. Mit der Darstellung des Wiederaufbaus des jüdischen Staates endet die erzählende Geschichtsdarstellung der Bibel.

Die Zerstörung des Zweiten Tempels durch den römischen Feldherrn Titus im Jahre 70 setzte der jüdischen staatlichen Unabhängigkeit ein Ende und führte zur Zerstreuung der Juden in alle Welt. In der Diaspora lebten die Juden in eigenen Gemeinden und verstanden sich über die Jahrhunderte als ein Volk ohne Land, das unbeirrbar an das Kommen des Messias und an eine Rückkehr nach Jerusalem glaubte und diese Erwartungen über die Jahrhunderte als Leitmotiv seiner religiösen Überzeugung beibehielt. Nicht ein begrenztes Territorium und anerkannte Landesgrenzen bestimmten den Kollektivcharakter dieses Volkes, sondern das Festhalten an dem überlieferten Glauben, der durch das Studium der religiösen Schriften und die Einhaltung der in ihnen vorgegebenen Vorschriften immer wieder von neuem gestärkt wurde. Die Lehre Gottes, die Tora, fungierte als tragbare Heimat und bewirkte den Zusammenhalt der Juden. In der Moderne hat sich bei der Mehrheit der Juden das ehemals religiöse Bekenntnis zum Judentum in ein profanes Zugehörigkeitsgefühl zu einer gemeinsamen Geschichte gewandelt und so definieren sich viele säkulare Juden der Gegenwart als Mitglieder einer Schicksalsgemeinschaft.

Die Heiligen Schriften

Die Bibel

Nach jüdischer Überlieferung wurden den Juden am Berg Sinai nicht nur die Zehn Gebote offenbart, sondern bereits die gesamte Lehre des Judentums, die Tora, die erst viel später schriftlich niedergelegt wurde. So hat der Begriff *Tora* unterschiedliche Bedeutungen; es kann damit die gesamte Lehre, aber auch nur der erste Teil der Bibel gemeint sein. Die hebräische Bibel besteht aus drei Teilen: *Tora* (die fünf Bücher Mose), *Newiim* (Propheten) und *Ketuwim* (Schriften), die im Hebräischen üblicherweise in Abkürzung als Tenach bezeichnet werden. Der erste Teil wird im Hebräischen auch Chumasch genannt, was dem griechischen Pentateuch und auf Deutsch den Fünf Büchern Mose entspricht. Der Pentateuch enthält die Geschichte des Volkes Israel von der Erschaffung der Welt bis zum Tod von Moses sowie die zahlreichen Vorschriften, die das Leben des Juden bestimmen. Insgesamt gibt es 613 religiöse Vorschriften, Mizwot, die sich aus 365 Verboten und 248 Geboten zusammensetzen, von denen viele mit dem Tempelkult zusammenhängen und Bestimmungen beinhalten, wie zum Beispiel über Tieropfer, die seit der Zerstörung des Tempels ihre Relevanz verloren haben.

2
Tora-Rolle. Die *Tora-Rolle* enthält den Text der Fünf Bücher Mose. Sie muss auf Pergament aus der Haut rituell reiner (koscherer) Tiere in insgesamt 284 Kolumnen handgeschrieben werden. Die Pergamentblätter werden zu einem langen Streifen aneinander genäht und auf zwei Stäbe gerollt. Es dürfen nur bestimmte Tierfedern und eine besonders hergestellte Tinte verwendet werden, der Text darf keine Fehler enthalten und nicht geändert werden.

Die acht Bücher der Propheten enthalten vor allem die Darstellung der historischen Ereignisse sowie die Predigten der Propheten, während die elf Bücher der Schriften sich aus den dichterischen und erbaulichen Werken sowie aus Familienstammtafeln zusammensetzen. In seiner heutigen Form besteht der Tenach, die hebräische Bibel, seit dem 2. Jahrhundert und unterscheidet sich nach Inhalt und Anordnung der einzelnen Texte vom Alten Testament der Katholiken und Protestanten. Einige der Schriften, die nicht in den Kanon der hebräischen Bibel gelangten, wurden ins Griechische übersetzt und haben sich als so genannte Äußere Schriften oder Apokryphen erhalten. Orthodoxe Juden glauben bis heute daran, dass der erste Teil der hebräischen Bibel, die Fünf Bücher Mose, von diesem auf dem Berg Sinai niedergeschrieben wurden und dass deren Inhalt daher die direkte Offenbarung Gottes an Moses und an das Volk Israel verkörpert. Die Fünf Bücher Mose werden deshalb als besonders heilig und autoritativ erachtet und nehmen im Gottesdienst in der Synagoge und beim Studium der jüdischen Texte einen besonderen Stellenwert ein.

Der Talmud

Der *Talmud* ist der Grundlagentext des rabbinischen Judentums und prägt die orthodoxe Richtung bis in die Gegenwart. Im Gegensatz zur Tora, der »schriftlichen Lehre«, wird er als »mündliche Lehre« bezeichnet, da er in der Tat zunächst über Generationen mündlich überliefert wurde. Der Talmud ist ein umfangreiches, aus zahlreichen Bänden bestehendes Werk, das die Auslegungen des Textes der Tora durch die Gelehrten beinhaltet. Als das von Gott gegebene Gesetz durfte die Tora von Menschen nicht umgeschrieben oder geändert, sondern lediglich im Sinne der göttlichen Lehre gedeutet und ausgelegt werden. Deshalb wird in der traditionellen Auffassung den Erklärungen der Gelehrten des Talmud, welche die religiösen Vorschriften kommentiert und den jeweiligen Lebensumständen angepasst haben, eine besondere göttliche Inspiration zugesprochen. Nach dieser Vorstellung wurde auch die Auslegung der Tora im Talmud, die so genannte mündliche Lehre, dem Volk Israel bereits gemeinsam mit der schriftlichen Lehre am Berg Sinai offenbart und über Generationen mündlich überliefert, bis sie schließlich im Talmud schriftlich fixiert wurde. Auf diese Weise stellte sich nach eigenem Selbstverständnis eine ununterbrochene Traditionskette her, deren Ursprünge in den Zehn Geboten liegen. Im Originaltext lautet der Grundsatz: »Mose empfing die Tora auf dem Sinai, überlieferte sie Josua, Josua den Ältesten, die Ältesten den Propheten, und die Propheten überlieferten sie den Männern der großen Synagoge.«

Der Talmud selbst besteht wiederum aus zwei miteinander verbundenen Texten, der *Mischna* und der *Gemara*. Die Mischna, der erste Teil des Werkes, ist eine in hebräischer Sprache verfasste Darstellung der verbindlichen Normen, nach denen sich die religiöse Praxis und das Rechtsleben zu richten hatten. Sie wurde von Jehuda ha-Nassi um das Jahr 200 redigiert und schriftlich festgelegt. Die Mischna besteht aus sechs Teilen, den so genannten Ordnungen, die wiederum in 63 Traktate eingeteilt sind und die Gesetze über die Landwirtschaft, Feste, Heirat und Scheidung, zivilrechtliche Fragen, Opfer und rituelle Reinheit beinhalten. Der zweite, weitaus umfangreichere und komplexere Teil ist die Gemara, die formal ein Kommentar zur Mischna ist, über diese jedoch weit hinausgeht und eine eigene Logik besitzt. Die Gemara ist größtenteils in Aramäisch geschrieben und in zwei Versionen vorhanden. Der so genannte Palästinensische oder Jerusalemer Talmud wurde im 5. Jahrhundert im Lande Israel fertig gestellt, während der wesentlich umfangreichere Babylonische Talmud einige Jahrzehnte später in der babylonischen Diaspora kodifiziert wurde. Spricht man generell vom *Talmud*, so ist damit der Babylonische Talmud gemeint, der stets von größerer Autorität war und als Grundlage des Religionsgesetzes den Jerusalemer Talmud fast völlig verdrängt hat.

Der Talmud ist kein Gesetzbuch im üblichen Sinne, sondern enthält neben dem Religionsgesetz, das alle Bereiche des Lebens umfasst, auch Legenden, Gleichnisse und zahlreiche Erzählungen. In der Gemara sind die Diskussionen über die Gesetze der Tora und der Mischna festgehalten, wobei die Argumente und Gegenargumente der einzelnen Gelehrten, die im gegenseitigen Gedankenaustausch entstanden sind, bis ins Detail und ohne klare Struktur wiedergegeben werden. Die Fülle der vermittelten Informationen und ihre Unüberschaubarkeit hat den Begriff »Meer des Talmud« geprägt und dazu geführt, dass von den Gelehrten aller Genera-

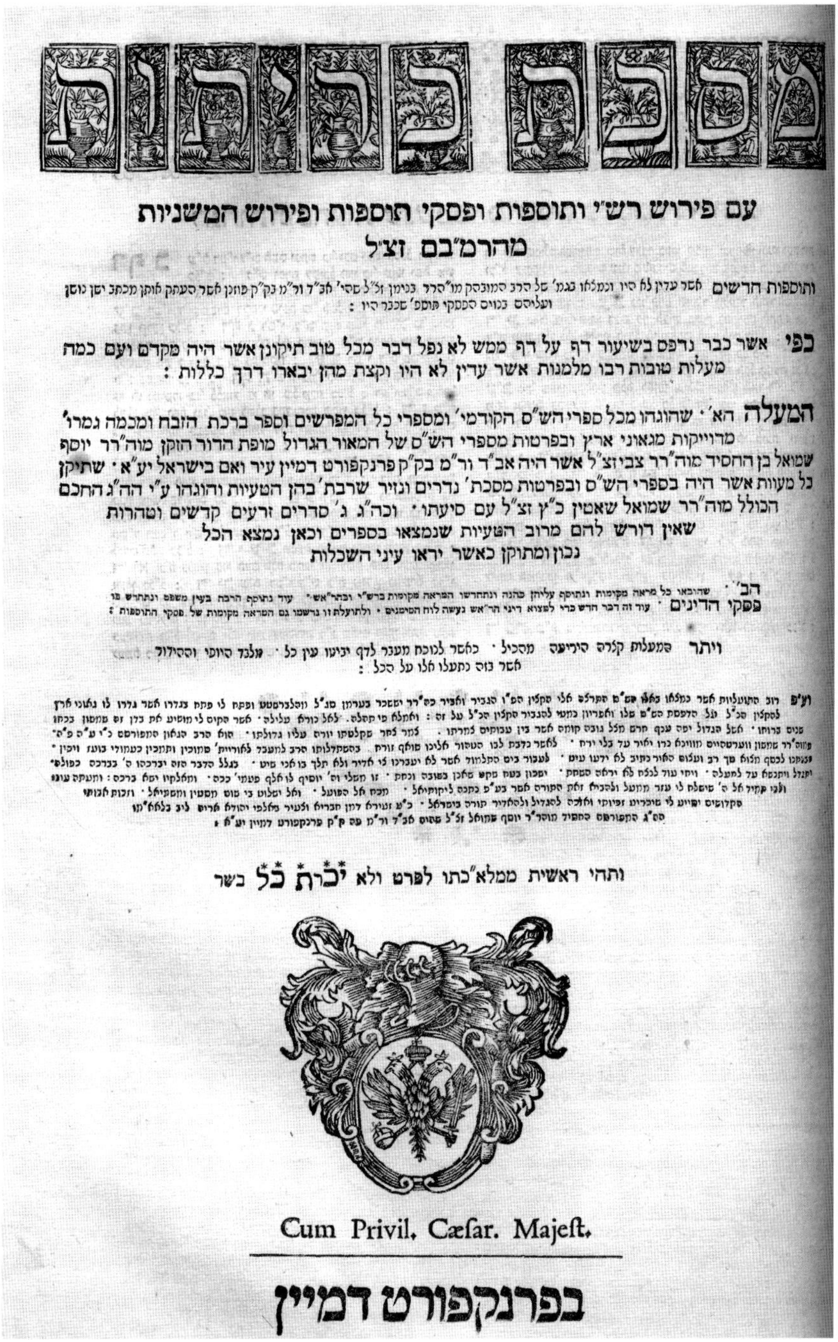
מסכת כריתות

עם פירוש רש"י ותוספות ופסקי תוספות ופירוש המשניות
מהרמ"בם ז"ל

כפי אשר כבר נדפס בשיעור דף על דף ממש לא נפל דבר מכל טוב תיקונן אשר היה מקדם ועם כמה מעלות טובות רבו מלמנות אשר עדין לא היו וקצת מהן יבארו דרך כללות :

ותהי ראשית ממלא"כתו לפרט ולא יכרת כל בשר

Cum Privil. Cæſar. Majeſt.

בפרנקפורט דמיין

3
Babylonischer Talmud mit dem Kommentar von Raschi, Tossafot und dem Mischnakommentar des Maimonides, 18 Bände. *Gedruckt in Frankfurt am Main, bei Johann Koelner, 1720–1723.*

tionen stets aufs Neue Kommentare zum Gesamtwerk oder zu einzelnen Talmudtraktaten verfasst wurden, die mit ihren Erläuterungen zum Verständnis dieses komplexen Werkes beitragen wollten. Der bekannteste Kommentar ist der des Gelehrten Raschi, der im 11. Jahrhundert in Nordfrankreich lehrte. Raschis Kommentar wiederum wurde von seinen Schülern, den Tosafisten, die im 12. und 13. Jahrhundert in Deutschland und Frankreich wirkten, durch weitere Zusätze, den Tossafot, ergänzt.

Heutige Veröffentlichungen des Babylonischen Talmud beruhen auf der Ausgabe, die zuerst in den Jahren 1880 bis 1886 von dem in Wilna ansässigen Verlag Romm gedruckt wurde. Diese Ausgabe hat wiederum den Aufbau des ersten Talmuddruckes übernommen, der in den Jahren 1520 bis 1523 von dem christlichen Drucker Daniel Bomberg in Venedig veröffentlicht wurde. In diesen Standardausgaben ist der Text des Talmud umrahmt von den Kommentaren von Raschi und seinen Schülern, den Tossafisten, die als die autoritativen Erläuterungen des Babylonischen Talmud anerkannt werden. In späteren Ausgaben wurden noch weitere Kommentare und Glossen von Gelehrten hinzugefügt. Die erste und bislang einzige deutsche Übersetzung des Talmud wurde in fünf Jahrzehnten von 1893 bis 1936 von Lazarus Goldschmidt durchgeführt und veröffentlicht.

Midrasch

Weitere wichtige rabbinische Texte sind die *Midraschim* (Einzahl: *Midrasch*), die den biblischen Text in der Form einer Geschichte oder eines Gleichnisses erläutern. Die bedeutenden Midrasch-Sammlungen wurden überwiegend im Lande Israel zwischen dem 3. und 11. Jahrhundert verfasst und haben uns Teile der Vorlesungen, Predigten und anderer Kommentare der Rabbiner erhalten. Im Gegensatz zum Talmud besitzt der Midrasch keinen religionsgesetzlich verbindlichen Charakter, doch auch diese Texte wurden stets mit großem Interesse studiert und haben vor allem auf die Bibelkommentare und Predigten der Gelehrten im Mittelalter großen Einfluss ausgeübt.

Im Laufe der Jahrhunderte fanden in der jüdischen Tradition zwei gegensätzliche Entwicklungen statt, die sich gegenseitig beeinflusst und zur Herausbildung eines allgemein gültigen religionsgesetzlichen Schrifttums, der Halacha, geführt haben. Zum einen entstand ein umfangreiches Schrifttum an Kommentaren, in denen die Rabbiner und Gelehrten bei ihrem Studium der Bibel und des Talmud ihre Erläuterungen und Ausführungsbestimmungen zu den einzelnen biblischen Geboten verfassten, die wiederum von ihren Kollegen und Nachfolgern gedeutet und kommentiert wurden. Hierzu gehören auch die Responsen, die schriftlichen Antworten der Rabbiner auf ganz konkrete Anfragen, mit denen einzelne Juden oder ganze Gemeinden sich bei einem Schriftgelehrten nach der Ausübung eines konkreten Gebotes erkundigten oder in juristischen Streitfällen und bei politischen oder persönlichen Problemen Rat suchten. Zum anderen versuchten einige Gelehrte, die Deutungen der religiösen Vorschriften, deren zunehmende Zahl das Studium der religiösen Texte immer schwieriger und unübersichtlicher gestaltete, wieder zu einem autoritativen Kanon zusammenzuführen. Auf diese Weise sollte ein verbindlicher Kodex des jüdischen Religionsgesetzes geschaffen werden, der als Leitfaden für die Ausübung der religiösen Vorschriften dienen sollte.

Die grossen Kodexwerke

Moses Maimonides (1135–1204), der bedeutende Philosoph, Gelehrte und Arzt, der unter den Juden als Rambam, das ist die Abkürzung seines hebräischen Namens Rabbi Mosche Ben Maimon, bekannt ist, wurde in Spanien geboren und lebte später in Nordafrika, Israel und Ägypten. Er verfasste als Erster einen Kodex des Religionsgesetzes, der im Jahre 1180 unter dem Titel *Mischne Tora*, »Wiederholung der Lehre«, erschien und in dem er in vierzehn Bänden die verbindlichen Vorschriften aus dem Talmud für alle wichtigen Bereiche des menschlichen Lebens zusammengefasst und systematisch geordnet hat. Ungeklärte Streitfragen und widersprechende Meinungen wurden bewusst weggelassen, um das Studium des Religionsgesetzes zu erleichtern.

Maimonides war zugleich einer der wichtigsten jüdischen Logiker des Mittelalters und Vertreter der aristotelischen Schule. Sein philosophisches Hauptwerk *More Newuchim* (»Der Führer der Verwirrten«) erschien um 1190 auf Arabisch und versuchte nachzuweisen, dass Glaube und göttliche Offenbarung mit der aristotelischen Philosophie und der Vernunft durchaus in Einklang zu bringen seien. Nach seinem Tod löste dieses Werk eine über Jahrhunderte anhaltende Kontroverse aus, und es wurde vor allem von traditionalistischen und mystischen Strömungen des Judentums bekämpft. Im 18. und 19. Jahrhundert wurde Maimonides zum Vorbild der Anhänger der Aufklärung, und heute ist sein Werk unbestritten.

Derjenige Kodex des Religionsgesetzes, der für die orthodoxe Strömung des Judentums weiterhin verbindlichen Charakter hat, ist der *Schulchan Aruch*, wörtlich »Der gedeckte Tisch«. Grundlage des Werkes bildet das zu Beginn des 14. Jahrhunderts von dem Gelehrten Jakob ben Ascher verfasste religionsgesetzliche Kompendium mit dem Namen *Arba Turim* (»Die vier Reihen«). Von dieser Sammlung ausgehend, veröffentlichte Joseph Karo (1488–1575), der nach der Vertreibung der Juden aus Spanien im Jahre 1492 mit seiner Familie nach Safed in Nordisrael geflüchtet war, im Jahre 1565 sein Werk *Schulchan Aruch*. Karo richtete sich in seinem Werk nach dem sefardischen Ritus. Sein polnischer Zeitgenosse, der Rabbiner Moses Isserles, der von 1525 bis 1572 in Krakau lebte, ergänzte den Schulchan Aruch für die aschkenasischen Juden, indem er einen Kommentar hinzufügte, der die unterschiedlichen Regeln und Gebräuche berücksichtigte. Analog zu dem Titel *Schulchan Aruch* (»Der gedeckte Tisch«) nannte er seinen Kommentar *Mappa* (»Die Tischdecke«).

Das Gesamtwerk, das von allen Juden akzeptiert wurde, ist unter dem Namen *Schulchan Aruch* bekannt und in vier Teile gegliedert, die alle Bereiche des Lebens umfassen. Der erste Teil umfasst die Vorschriften für den Alltag, den Schabbat und die Feiertage, der zweite Teil die Ritual- und Speisegesetze, der dritte Teil das Ehe- und Scheidungsgesetz und der vierte Teil das Zivilrecht. Der *Schulchan Aruch*, der vor über 400 Jahren verfasst wurde, dient bis heute als Handbuch für die Ausübung der religionsgesetzlichen Vorschriften und ist trotz der zahlreichen Veränderungen im jüdischen Alltag und trotz der Entwicklungen im Religionsgesetz von keinem anderen Kodex als grundlegendes Nachschlagewerk ersetzt worden. Das Werk selbst wurde wiederum zum Gegenstand zahlreicher Kommentare und ist gleichzeitig als Leitfaden für die tägliche orthodoxe Praxis in verschiedenen Übersetzungen und Kurzfassungen veröffentlicht worden, von denen die Schrift *Kizzur Schulchan Aruch* des Salomon Ganzfried aus dem 19. Jahrhundert, die auch ins Deutsche übersetzt und in der jüngsten Auflage 1988 erschienen ist, die größte Popularität errang.

Mystik

Im Rahmen des rabbinischen Judentums, das die Gelehrsamkeit und das Studium der Texte als den zentralen Zugang zur Religion verstand, sind auch verschiedene mystische Bewegungen entstanden, zu denen die Kabbala als die Hauptströmung der mystischen Lehre zählt. Das Hauptwerk der Kabbala ist der *Zohar* (hebr. »der Glanz oder Strahl«), der in Spanien im 13. Jahrhundert, in künstlichem Aramäisch verfasst, als Kommentar zur Tora erschien. In dem Versuch, die Entstehung der Welt und ihrer möglichen Erlösung zu erklären, entwickelte die Kabbala die Doktrin der zehn Sefirot, der zehn Sphären, die von dem unbekannten und endgültigen göttlichen Wesen En Sof, »dem Unendlichen«, geschaffen wurden. Von Spanien aus verbreitete sich der Zohar über das Mittelmeer nach Nordafrika und im 16. Jahrhundert entwickelte sich Safed, in Nordisrael, um Isaak Luria und seine so genannte lurianische Kabbala zu einem Zentrum der kabbalistischen Lehre. Das Werk übte auch einen gewaltigen Einfluss auf den Chassidismus im Polen des 18. Jahrhundert aus, erreichte jedoch niemals den normativen Stellenwert wie der Talmud und wurde von den Vertretern des rabbinischen Judentums nur beschränkt akzeptiert. Die Rationalisten des 19. Jahrhunderts widersetzten sich vehement der Kabbala und ihren Werken, von denen viele im Laufe der Jahrhunderte in Vergessenheit gerieten und erst durch die Forschungsarbeiten Gerschom Scholems wieder entdeckt wurden. In jüngster Zeit erlebt die Kabbala eine Renaissance, die jedoch teilweise von einem Interesse an Esoterischem gespeist wird.

Moderne Strömungen des Judentums

Das Judentum zeichnete sich von jeher durch eine Vielfalt an Traditionen und Gebräuchen aus, da die einzelnen Jüdischen Gemeinden in der Diaspora autonome Organisationen darstellten. Die bekannteste Unterscheidung der Juden in Sefardim und Aschkenasim ist durch geographische und historische, nicht jedoch durch theologische Ursachen bedingt. Sefardische Juden nennt man die Nachfahren der ursprünglich in Spanien und Portugal lebenden Juden, die seit dem 4. Jahrhundert auf der Iberischen Halbinsel ansässig waren. Nach der christlichen Rückeroberung Spaniens, der Reconquista, im Jahre 1492 wurden sie endgültig aus Spanien vertrieben und flohen vor allem nach Nordafrika, ins Ottomanische Reich, nach England, Holland und Norddeutschland. Als aschkenasische Juden bezeichnet man die im Mittelalter in Deutschland und Nordfrankreich lebenden Juden, die nach der Verfolgung durch die Kreuzzüge nach Osteuropa auswanderten und dort Gemeinden gründeten. Beide Gruppierungen üben ihre Gebräuche nach einem eigenen religiösen Ritus unterschiedlich aus, haben jedoch den Babylonischen Talmud mit seinen Bestimmungen als verbindliche religionsgesetzliche Autorität übernommen. In einigen westeuropäischen Städten wie Amsterdam, Hamburg oder London entstanden parallele Gemeinden von Sefardim und Aschkenasim, die nebeneinander bestanden und deren Mitgliedschaft durch die Abstammung geprägt war.

In der Moderne entwickelten sich erstmals innerjüdische religiöse Strömungen, die unterschiedliche Auffassungen in Bezug auf das Religionsgesetz vertraten und dieses in Teilen oder als Ganzes in Frage stellten. Die Gruppierungen des Chassidismus, die im 18. Jahrhundert in Osteuropa entstanden waren, zählten zu den Ersten, welche sich gegen die starre Gelehrsamkeit der rabbinischen Tradition auflehnten, die bislang unangefochtene rabbinische Autorität herausforderten und an die Stelle der traditionellen Gelehrsamkeit eine volkstümliche verinnerlichte Religiosität setzten. Die Anhänger des Chassidismus blieben jedoch auf der Grundlage des Religionsgesetzes und fügten sich bald in das traditionelle jüdische Leben ein. Sie sind heute das Rückgrat der orthodoxen Minderheit im Judentum, die weiterhin am Religionsgesetz festhält und keinerlei Abweichungen von den traditionellen Auslegungen zulässt. Dagegen haben die Aufklärung, die Haskala, und die zunehmende Säkularisierung und Emanzipation der Juden in Westeuropa zum Entstehen zweier neuer jüdischer Strömungen, dem konservativen Judentum und der Reformbewegung, geführt, denen heute die Mehrzahl der Juden angehören und die sich in wesentlichen Punkten von der Orthodoxie unterscheiden.

Die Orthodoxie

Das orthodoxe Lager umfasst eine Spannbreite, die von den so genannten Ultraorthodoxen, den Charedim (den »sich Fürchtenden«), bis zur modernen Neoorthodoxie reicht, die in Deutschland im 19. Jahrhundert von Samson Raphael Hirsch begründet wurde und eine »Synthese von Tora und weltlicher Bildung« anstrebte. Die Ultraorthodoxen sind durch ihr Äußeres leicht als solche erkennbar; die Männer haben Bärte und Schläfenlocken und tragen in der Regel einen schwarzen Mantel, den Kaftan, sowie einen schwarzen Hut; die Frauen kleiden sich sittsam und verheiratete Frauen tragen stets eine Perücke oder einen Hut. Die orthodoxen Juden glauben daran, dass sowohl die Tora, die »schriftliche« Lehre, als auch der Talmud und alle nachfolgenden kanonischen Schriften einschließlich des Schulchan Aruch göttlicher Offenbarung entstammen. Deshalb sind auch die Gebote, die Mizwot, göttlichen Ursprungs und müssen strikt befolgt werden; sie dürfen nicht willkürlich geändert, sondern lediglich im Geist der religiösen Texte kommentiert und interpretiert werden. Dies drückt sich im Alltag in der Ausübung einer großen Anzahl von Regeln aus, zu denen das tägliche Gebet, das Anlegen der Gebetsriemen, der Tefillin, und die Einhaltung der Speisegesetze ebenso gehören wie die Durchführung der verschiedenen häuslichen und synagogalen Vorschriften an den Feiertagen. Die Orthodoxen lehnen die moderne Auffassung der Trennung von Staat und Religion ab und treten deshalb in Israel vehement dafür ein, dass die religiösen Gebote auch im Personenstandsrecht und im gesellschaftlichen und politischen Bereich eingehalten werden. In Israel ist bis heute die orthodoxe Ausrichtung als einzig legitime Form des Judentums anerkannt.

4
Gemeinsames Talmud-Studium in der großen Jeschiwa in Gateshead, England.

Das konservative Judentum

Das konservative Judentum hat seine Wurzeln im Deutschland des 19. Jahrhunderts bei dem Dresdner Oberrabbiner Zacharias Frankel und den Vertretern der »historisch-positiven Strömung« des Judentums, deren Zentrum das von Frankel geleitete Breslauer Jüdisch-Theologische Seminar war. Mit seiner Lehre versuchte Frankel eine Mittelstellung zwischen dem orthodoxen Judentum und den liberalen Reformbestrebungen seiner Zeit einzunehmen, indem er an der göttlichen Offenbarung als dem »positiven« Kern des Judentums und am jüdischen Religionsgesetz als dem Fundament des Judentums festhielt und gleichzeitig bemüht war, einen Ausgleich zwischen dem Glauben an die Tora und den modernen Entwicklungen zu schaffen. Anders als die Orthodoxen sind die Konservativen der Auffassung, dass das jüdische Ritual und die nachbiblischen Gesetze sich im Laufe der Geschichte fortentwickelt und stetige Veränderungen erfahren haben und deshalb auch zukünftig den sich wandelnden sozialen und ökonomischen Verhältnissen angepasst werden müssen. Gleichzeitig verstehen sie jedoch das jüdische Gesetz als die historische Verkörperung des jüdischen Geistes, das weiterhin beachtet und in Kontinuität mit der jüdischen Überlieferung beibehalten werden muss. Die moderne konservative Bewegung ist besonders stark in den USA verbreitet und dort institutionell mit dem 1887 gegründeten Rabbinerseminar, dem Jewish Theological Seminary in New York, verbunden. Intellektueller Begründer der amerikanischen Bewegung ist der Rabbiner Salomon Schechter, der die Anpassung der jüdischen Dogmata an die Bedürfnisse der Zeit forderte. Die Anhänger dieser Strömung nehmen weiterhin eine Zwischenstellung zwischen Orthodoxie und Reformbewegung ein, indem sie in der Regel Teile des Religionsgesetzes in unterschiedlicher Weise einhalten, dessen unantastbaren Charakter jedoch bestreiten.

Die Reformbewegung

Auch die Reformbewegung hat ihre Wurzeln im Deutschland des 19. Jahrhunderts und ihr gegenwärtiges Zentrum in den USA. Sie wurde von Abraham Geiger (1810–1874) begründet, der das Judentum wieder auf seinen rein religiösen Inhalt zurückführen wollte. Deshalb traf er eine strenge Unterscheidung zwischen den universalen Elementen der jüdischen Religion, die für ihn in den ethischen Grundsätzen und der Lehre der Propheten zum Ausdruck kamen und die eigentlichen Inhalte des Judentums darstellten, und den historisch bedingten religionsgesetzlichen Vorschriften des rabbinischen Judentums, die den Anforderungen der Zeit anzupassen wären. Das Ritualgesetz verstand er nicht als Offenbarung Gottes, sondern lediglich als die von Menschen geschaffene Hülle, um die Lehre zu bewahren. Nicht das jüdische Gesetz, sondern der jüdische Geist sorgten seiner Meinung nach für das Fortbestehen des Judentums. In der Praxis führte die Umsetzung der propagierten Ideen zu weitgehenden Reformen des Judentums, zu einer Abschaffung der strikten Regeln des jüdischen Religionsgesetzes und zu einer Anpassung der jüdischen Liturgie an ihre christliche Umwelt. Im Laufe des 19. Jahrhunderts erfolgte die Umgestaltung des Synagogengottesdienstes durch Einführung von Orgelmusik sowie die Veränderung und Übersetzung der Gebete in die Landessprache. Unter der Führung von Isaac Mayer Wise (1819–1900) wurde die Reformbewegung zu einer starken Kraft im amerikanischen Judentum. In der Realität gibt es innerhalb der drei Hauptströmungen Gruppierungen unterschiedlichster Ausprägung und die Übergänge zwischen den Richtungen sind fließend. In einigen Bereichen herrschen jedoch grundsätzliche Unterschiede, so in Bezug auf den Gottesdienst, die Stellung der Frau im Judentum und die Frage, wer Jude ist.

Wer ist Jude

Die traditionelle Definition eines Juden auf der Grundlage des jüdischen Religionsgesetzes lautet, dass Jude ist, wer eine jüdische Mutter hat oder zum Judentum übergetreten ist. Damit wird die Zugehörigkeit zum Judentum in erster Linie durch die Abstammung und nicht durch den Glauben bestimmt. Konvertiten, die zum jüdischen Glauben übertreten, werden jedoch als vollwertige Juden betrachtet, was unter anderem auch dadurch belegt wird, dass die Tradition besagt, dass der Messias ein Nachfahre der Moabiterin Ruth sein wird, die selbst zum Judentum übergetreten ist. Allerdings gibt es im Judentum keine Mission und vor allem die orthodoxe Strömung erschwert in der Regel den Übertritt zum Judentum. In jüngster Zeit hat die Reformbewegung in den USA mit ihrer Entscheidung, die Zugehörigkeit zum Judentum neu zu bestimmen und auch Kinder einer nichtjüdischen Mutter und eines jüdischen Vaters, die eine jüdische Erziehung genossen haben, als Juden anzuerkennen, eine erhebliche Kontroverse unter den Juden ausgelöst.

Auch die Stellung der Frau und ihre Rolle im Gottesdienst sind in den einzelnen Strömungen grundverschieden. Das orthodoxe Judentum propagiert die Trennung der Geschlechter, was sich in der Synagoge in getrennter Sitzordnung manifestiert, und schließt Frauen von der aktiven Teilnahme am Gottesdienst und von der Übernahme religionsgesetzlicher Ämter wie desjenigen des Rabbiners und Kantors aus. Im konservativen und Reform-Judentum wurde diese Trennung aufgehoben; Frauen sind gleichberechtigt zum Studium an den religiösen Hochschulen zugelassen und haben damit auch die uneingeschränkte Möglichkeit, den Beruf des Kantors oder Rabbiners zu wählen.

Der Lebenszyklus

Der Alltag der Juden wird durch ganz spezielle Zeremonien und Gebräuche geprägt, und zwar sowohl der Lebenszyklus des Einzelnen als auch der Jahresrhythmus der Gemeinschaft, jeweils abhängig von dem Grade, an dem an der jüdischen Tradition festgehalten wird.

Die Beschneidung

Am achten Tag nach der Geburt wird ein jüdischer Junge beschnitten und tritt damit in den Bund Gottes mit Abraham ein. Die hebräische Bezeichnung Brit Mila bedeutet wörtlich »Bund der Beschneidung«. Die Zeremonie wird von einem speziell geschulten Fachmann, dem Mohel, durchgeführt und der Junge erhält seinen hebräischen Namen, mit dem er

5
Der Bar-Mizwa-Junge liest aus der Tora-Rolle vor. *Gemälde von Eduard Brandon, (1831–1897), Paris.*

bei den religiösen Zeremonien aufgerufen wird. Bis in die Gegenwart hat die Beschneidung ihren Charakter als das zentrale Merkmal der Zugehörigkeit zum Judentum beibehalten und wird in der überwiegenden Mehrzahl der jüdischen Familien, auch solchen, die sich selbst als völlig säkular definieren, durchgeführt. Dies ist eine bemerkenswerte Tatsache, da man auch ohne Beschneidung als Jude gilt und gerade dieses Kennzeichen viele jüdische Männer während des Nationalsozialismus das Leben gekostet hat. Der traditionelle Segensspruch zum Anlass der Beschneidung lautet: »Er wachse heran zur Tora, zur Chuppa (zum Traubaldachin, das heißt zur Ehe) und zu guten Werken«, und weist bereits auf die weiteren wichtigen religiösen Stationen im Leben eines Juden hin.

Für jüdische Mädchen existierte in Frankreich, Deutschland und Holland ein Brauch, der »Hollekreisch« genannt wurde. In einer feierlichen Zeremonie wurde die Wiege des Mädchens hochgehoben und ihr zukünftiger Name verkündet.

Die Bar Mizwa

Mit Vollendung des 13. Lebensjahres erreicht der jüdische Junge seine Volljährigkeit im Sinne des Religionsgesetzes und zählt als vollwertiges Mitglied der Jüdischen Gemeinde mit allen religiösen Rechten und Pflichten. Von nun an ist er selbst dafür verantwortlich, die religiösen Gebote der Tora einzuhalten, und wird zum Minjan, dem Quorum von zehn jüdischen Männern, die dem Gottesdienst Kollektivcharakter verleihen, mitgezählt. Bei der religiösen Zeremonie legt der Junge zum ersten Mal den Gebetsschal (Tallit) an und wird öffentlich dazu aufgerufen, aus der Tora zu lesen. Er spricht die Segenssprüche und liest einen Teil oder den ganzen Wochenabschnitt und den dazugehörigen Abschnitt aus den Propheten vor. Nach orthodoxem Ritus erläutert der Junge seinen Wochenabschnitt durch einen Lehrvortrag.

Mädchen werden bereits mit Vollendung des 12. Lebensjahres religionsgesetzlich volljährig. Die Feier ihrer Bat Mizwa (wörtlich: »Tochter des Gebots«) wird innerhalb des konservativen und Reform-Judentums ähnlich wie bei den Jungen öffentlich in der Synagoge begangen, während die orthodoxe Strömung weiterhin die öffentliche Lesung der Tora durch Frauen ablehnt. Allerdings haben orthodoxe Mädchen von nun an die ganz speziellen Frauenpflichten zu erfüllen, zu denen vor allem das Anzünden der Kerzen zu Beginn des Schabbat gehört.

Die Ehe

Ehe und Familie nehmen einen zentralen Stellenwert ein und dienen dazu, das Gebot »Seid fruchtbar und mehret Euch« (Gen. 1,28) zu erfüllen. Im Judentum wird die Sexualität als etwas Positives und Teil der göttlichen Schöpfung verstanden, darf allerdings nur im Rahmen der Ehe stattfinden. Die Trauung selbst wird in der Regel in ihrem Kern nach dem orthodoxen Ritus, der sich über die Jahrhunderte kaum gewandelt hat, vollzogen. Vor der eigentlichen Zeremonie wird vom Bräutigam in Gegenwart von zwei Zeugen der Ehevertrag, die Ketubba, unterschrieben.

6 Ketubba, Hochzeitsvertrag auf aramäisch, aus Ancona, Italien 1803.

In diesem Dokument verpflichtet sich der Bräutigam, für seine Frau zu sorgen und sie im Falle einer Scheidung finanziell zu entschädigen. Der Ehevertrag ist traditionell auf Aramäisch abgefasst und gelegentlich reich verziert. Die ältesten erhaltenen Exemplare eines geschriebenen Ehevertrages stammen aus dem 5. Jahrhundert v. d. Z. aus Elephantine in Ägypten. Der Vertrag sollte der finanziellen und rechtlichen Absicherung der Frau dienen und dem Mannn die Scheidung erschweren. Als Pflichten des Mannes werden ausdrücklich festgehalten, seine Frau zu ehren, zu kleiden, zu ernähren und ihre sexuellen Bedürfnisse zu befriedigen.

Bei der Trauungszeremonie steht das Brautpaar unter einem Traubaldachin, der Chuppa, die als Begriff für die Ehe verwandt wird und das jüdische Heim symbolisieren soll. Der Bräutigam streift der Braut den Ring über und spricht die Worte: »Mit diesem Ring bist Du mir angeheiligt nach den Gesetzen von Moses und Israel.« In egalitären Gemeinden findet ein Austausch der Ringe und ein gegenseitiger Ehevertrag statt.

Die Scheidung ist im rabbinischen Judentum durchaus erlaubt und wird als legitime Beendigung der Ehe anerkannt. Zur Auflösung einer nach jüdischem Gesetz geschlossenen Ehe bedarf es einer schriftlichen Urkunde, eines Scheidungsbriefes (Get), der nur vom Ehemann ausgestellt werden kann und seiner Frau in Gegenwart von Zeugen übermittelt werden muss. Die Tatsache, dass dem Mann bei der Durchführung der Zeremonie die entscheidende Funktion zufällt und die Frau im orthodoxen Judentum benachteiligt wird, hat in den letzten Jahrzehnten zu zahlreichen Problemen und vor allem in Israel, wo es keine staatliche Trauung und Scheidung gibt, zu heftigen Kontroversen und zu bislang vergeblichen Bemühungen geführt, die Prozedur zu ändern.

7
Die Trauung.
Ölgemälde von Moritz Daniel Oppenheim, 1866.

Tod und Begräbnis

Der Tod wird als Teil des Lebens akzeptiert und in das religiöse Ritual eingebettet. »Gesegnet sei der wahre Richter« lautet der traditionelle Segensspruch, mit dem ein orthodoxer Jude auf die Nachricht eines Todesfalls reagiert und damit seine Zuversicht in die göttlichen Entscheidungen, auch wenn sie Menschen nur schwer verständlich sind, zum Ausdruck bringt. Die orthodoxen Juden kennen nur die Erdbestattung, die Reformbewegung auch die Verbrennung. Die Bestattung findet so schnell wie möglich statt, nachdem der Tote von der jüdischen Beerdigungsgesellschaft nach einem festgelegten Ritus vorbereitet worden ist. An Schabbat und Feiertagen, an denen die Freude des Festtages nicht gestört werden soll, finden keine Beerdigungen statt. In der Diaspora werden die Toten in schlichten Särgen beerdigt, in Israel dagegen lediglich in Tücher gehüllt direkt ins Grab gelegt. Am Grab wird das Totengebet, das Kaddisch, gesprochen und die direkten Verwandten des Verstorbenen zerreißen zum Zeichen des Schmerzes symbolisch einen Teil ihrer Kleidung. Die Trauer selbst unterliegt strikten Regeln, die den Verbliebenen als Stütze und Handlungsrahmen dienen sollen. Die engsten Familienangehörigen halten

8
Sterben und Begräbnis. Ausschnitt aus dem Gemäldezyklus der Prager Beerdigungsbruderschaft, die sich im Versammlungsraum der Bruderschaft befanden, um 1780.

eine siebentägige Trauerzeit, die Schiwa, ein, in der sie das Haus nicht verlassen und ihren Geschäften nicht nachgehen. In dieser Zeit widmen sie sich der Trauerarbeit, erhalten Trostbesuche von Familienmitgliedern, Freunden und Bekannten und werden von diesen mit Mahlzeiten versorgt. Daran schließt sich eine weniger intensive Trauerperiode von 30 Tagen an. Jeweils am Jahrestag des Todes, der »Jahrzeit«, zünden die Hinterbliebenen ein Licht an, das 24 Stunden brennt, und rezitieren das Totengebet, das Kaddisch.

Das jüdische Jahr

Der jüdische Kalender ist eine Kombination aus Mond- und Sonnenkalender. Die 12 Monate richten sich nach den Mondphasen, beginnen mit dem Neumond und betragen jeweils 29 oder 30 Tage. Das Jahr richtet sich nach dem Sonnenzyklus, wobei zum Ausgleich der Differenz der Tage in einem Jahreszyklus von 19 Jahren siebenmal ein zusätzlicher Schaltmonat eingefügt wird, sodass die einzelnen Feiertage mit den Jahreszeiten der Natur verbunden bleiben. Der Tag beginnt am Vorabend mit dem Sonnenuntergang und endet am nächsten Tag bei Einbruch der Dunkelheit, sobald drei Sterne am Himmel zu sehen sind.

Alle jüdischen Feiertage werden stets sowohl im Rahmen der Familie als auch in der Synagoge begangen und sind durch spezielle Gebräuche und Speisen gekennzeichnet.

Der wichtigste Feiertag, mit Ausnahme des Versöhnungstages, ist der Schabbat, der wöchentlich wiederkehrende Ruhetag, der bereits in den Zehn Geboten enthalten ist. Der Schabbat wird in Erinnerung an die Erschaffung der Welt gefeiert, die nach sechs Tagen vollendet war, und gilt als Zeichen des Bundes zwischen Gott und dem Volk Israel. Schabbat wird als »heiliger« Tag bezeichnet, der sich von den Werktagen unterscheiden und durch eine besondere Freude auszeichnen soll. Deshalb herrscht an diesem Tag ein absolutes Arbeitsverbot, das bereits in der Bibel alle, auch die Sklaven, mit einbezog. Kabbalisten haben den Schabbat als Braut dargestellt und dieses Bild wurde mit dem Vers »Auf, mein Freund, der Braut entgegen, Königin Schabbat wollen wir empfangen!« in die Liturgie zu Beginn des Schabbats übernommen. Nach jüdischem Selbstverständnis nimmt der Schabbat die Erlösung vorweg.

9
Segnen der Schabbat-Kerzen. Holzschnitt aus dem Minhagim-Buch, einer Sammlung ritueller Bräuche, *von Isaak aus Tyrnau, Druck Amsterdam 1728/29.*

Im Haus wird der Schabbat mit dem Anzünden der Kerzen eingeleitet; dies ist eine der traditionellen Frauenpflichten. Zum zentralen Ritual der Abendmahlzeit gehört der Kiddusch (»die Heiligung«), der Segensspruch über Wein und Brot, sowie das Anschneiden zweier Brote, in der Regel geflochtener Mohn- oder Sesamzöpfe. Im Gottesdienst in der Synagoge steht die Lesung des Wochenabschnittes aus der Tora im Mittelpunkt. Mit einer speziellen Zeremonie, der Hawdala (hebr. »die Unterscheidung«), wird das Ende des Schabbats begangen.

Die Hohen Feiertage: Rosch Haschana und Jom Kippur

Das jüdische Neujahrsfest (Rosch Haschana) dauert zwei Tage und fällt in den Herbst. Es hat den Charakter der Reflexion und Selbstüberprüfung und wird auch als »Tag des Gerichts« bezeichnet, an dem die Juden für ihre Taten Rechenschaft ablegen müssen. Bildlich wird von einem Buch gesprochen, das aufgeschlagen ist und in dem die Taten des Einzelnen, die guten ebenso wie die schlechten, aufgezählt sind. Zehn Tage später, am Jom Kippur, dem Versöhnungstag und höchsten jüdischen Feiertag, wird das Schicksal des Einzelnen besiegelt und das Buch zugeschlagen. In den zehn dazwischen liegenden Bußtagen kann der Einzelne sein Schicksal durch Reue, Buße und Umkehr wenden. Der hebräische Begriff Teschuwa *(»Umkehr«)* ist eines der Leitmotive des Judentums.

Zu Rosch Haschana wünscht man sich deshalb »Leschana Tova Tekatewu« (»für ein gutes Jahr möget ihr eingeschrieben werden«, nämlich ins Buch des Lebens) sowie ein »gutes und süßes Jahr«. Man verzehrt Speisen, die Süßes, Segen und Überfluss symbolisieren, wie Honigkuchen, Äpfel mit Honig, und taucht auch das Brot, statt wie sonst in Salz, in Honig. Symbol des Festes ist das Schofar, das Widderhorn, das während des Gottesdienstes in der Synagoge geblasen wird. Es erinnert an die Erzählung von der Opferung Isaaks, als Abraham von Gott auf die Probe gestellt wurde und nach bestandener Prüfung anstelle des Sohnes einen Widder opferte. Außerdem soll der Klang des Schofars die Juden zur Buße aufrufen und Gott als den Schöpfer und Herrscher der Welt ehren.

Der Versöhnungstag, Jom Kippur, ist der heiligste Tag des jüdischen Jahres, an dem der Mensch durch seine Sühne die Versöhnung mit Gott erlangt. Es ist ein strenger Fastentag, der überwiegend mit Gebet in der Synagoge verbracht wird. Man bittet um Vergebung der Sünden, die man gegen Gott, die Mitmenschen und sich selbst begangen hat. Das bekannteste Gebet ist das Eingangsgebet Kol Nidre (wörtlich: »alle meine Gelübde«), mit dem man die Sünden zwischen sich und Gott sühnen will und zu dem fast alle Juden, unabhängig von ihrer religiösen Einstellung, in die Synagoge gehen. An diesem Feiertag kommt auch in Israel das gesamte öffentliche Leben zum Erliegen, es gibt weder Radio- noch Fernsehprogramme, der Verkehr ruht und die Straßen sind leer.

Die Wallfahrtsfeste

Einen ganz anderen, nämlich einen ausgesprochen freudigen Charakter haben die drei Wallfahrtsfeste, die bereits in der Tora erwähnt werden und zu den ältesten Feiertagen im jüdischen Kalender zählen. Zur Zeit des

10
Juden beten in der Synagoge am Jom Kippur, 1878. *Ölgemälde von Maurycy Gottlieb.*

ersten und zweiten Tempels wurden sie mit Pilgerfahrten nach Jerusalem begangen. In unterschiedlicher Weise symbolisieren sie den Auszug aus Ägypten und die Wüstenwanderung und hängen mit wichtigen Ereignissen in der Landwirtschaft im Lande Israel zusammen.

Pessach

Direkt an den Exodus und die Befreiung von der Knechtschaft erinnert das Pessachfest, dessen Namen von Passach (hebr. »er überging«) herstammt und bedeutet, dass Gott die Häuser der Israeliten verschonte, als er die Erstgeborenen in Ägypten tötete. Pessach ist gleichzeitig ein Frühlingsfest, das im März oder April gefeiert wird und den Beginn des Erntejahres mit der ersten Getreideernte, der Gerste, darstellt. Besonderes Merkmal des einwöchigen Festes ist die Mazza, das ungesäuerte Brot, das während des Festes gegessen wird, da Brot und alles Gesäuerte verboten sind und aus dem Haus entfernt werden müssen. Der Feiertag beginnt mit einem häuslichen Festmahl, das Seder (»Ordnung«) genannt wird, da alles seine bestimmte Ordnung hat und nach einem festgelegten Ablauf mit symboli-

11
Das Schawuotfest.
Ölgemälde von Moritz Daniel Oppenheim, 1880.

schen Speisen vollzogen wird. Im Kreise der Familie wird laut die Haggada, welche die Geschichte des Auszuges aus Ägypten ausführlich erzählt, vorgelesen und damit eines der Gebote des Tages, die Vergegenwärtigung der zentralen Ereignisse jüdischer Geschichte, erfüllt. Der Text enthält folgende Aussage: »In jeder Generation ist ein Jude verpflichtet, sich so zu betrachten, als sei er selbst aus Ägypten ausgezogen.« Das Pessachfest beinhaltet nicht nur die Erinnerung an das konkrete historische Ereignis der Befreiung aus der Sklaverei in der Vergangenheit, sondern symbolisiert alles, was mit dem Begriff der Freiheit in seinen politischen, ethischen und geistigen Dimensionen zusammenhängt. Überall auf der Welt werden deshalb Seder-Feiern ausgerichtet, und selbst unter den widrigsten Umständen ist die Seder-Feier durchgeführt worden, so auch im April 1943 im Warschauer Ghetto, am Vorabend des Aufstandes einer kleinen Gruppe jüdischer Widerstandskämpfer, die sich ihrer Vernichtung durch die Nationalsozialisten in einem letzten verzweifelten Akt mit Waffengewalt widersetzten.

Schawuot

Sieben Wochen nach Pessach wird Schawuot, das Wochenfest, begangen. Es erinnert an die göttliche Offenbarung am Berg Sinai, als den Juden die Tora gegeben wurde. Deshalb ist es Tradition, die ganze Nacht mit dem Studium der Tora zuzubringen. Gleichzeitig ist es ein Erntefest der Erstlingsfrüchte. Das biblische Festbuch ist das Buch Ruth, das die soziale Gesetzgebung zur Ernte beinhaltet und in dessen Mittelpunkt Ruth, die Fremde, steht, die sich dem jüdischen Volk anschloss, Gott und seine Lehre, die Tora, annahm und deren Nachfahre König David wurde. Mangels ausgeprägter familiärer Rituale und Symbole ist Schawuot das Fest, das außerhalb der orthodoxen Kreise in der jüdischen Gesellschaft die geringste Beachtung gefunden hat.

Sukkot

Das siebentägige Laubhüttenfest ist das dritte Wallfahrtsfest und beginnt im Herbst, einige Tage nach Jom Kippur. Es dient der Erinnerung an die 40-jährige Wüstenwanderung des Volkes Israel auf dem Weg von Ägypten ins Gelobte Land. Symbol des Festes ist die Sukka, die Laubhütte, die unter freiem Himmel nach festgelegten Regeln errichtet wird und in der man das Fest verbringen soll, was in der Regel bedeutet, dass die Mahlzeiten in der Laubhütte eingenommen werden. Es ist üblich, die Laubhütte reichhaltig, insbesondere mit Früchten und Blumen, zu dekorieren und Freunde einzuladen, um die Freude des Festes gemeinsam zu begehen. Ein weiteres Symbol des Festes ist der Feststrauß, Lulav, bestehend aus Palmwedel, Myrte, Bachweide und Etrog, einer Zitrusfrucht, die daran erinnern, dass Sukkot gleichzeitig das Erntefest der Weinlese und Obsternte war. Am letzten Tag wird das Fest der Tora-Freude, Simchat Tora, begangen. An diesem Tag wird die Lesung des jährlichen Tora-Zyklus beendet und sofort wieder neu begonnen. Dabei tanzen die Männer, in konservativen und Reform-Synagogen auch die Frauen, in fröhlichen Umzügen mit den Tora-Rollen im Arm um das Lesepult in der Synagoge.

Historische Feste

Chanukka

Chanukka und Purim sind dagegen Feste, die auf ein historisches Ereignis und nicht auf ein biblisches Gebot zurückgehen und an denen deshalb keinerlei Beschränkungen, wie das Arbeitsverbot, gelten. Chanukka bedeutet »Einweihung« und ist ein achttägiges Lichterfest. Es erinnert an die Wiedereinweihung des Tempels in Jerusalem, nachdem die Juden unter Anführung der Makkabäer diesen von den hellenistischen Seleukiden um 164 v. d. Z. zurückerobert hatten. Besonderes Merkmal des Festes ist das Anzünden des achtarmigen Leuchters, der Chanukkia, wobei jeden Abend ein zusätzliches Licht angezündet wird, bis zuletzt alle acht Öllichter oder Kerzen brennen. Zu den traditionellen Bräuchen gehört das Dreidel-Spiel, ein Kreisel mit vier Seiten, der als Glücksspiel verwendet wird, sowie Speisen, die in Öl ausgebacken werden, wie Krapfen und Kartoffelpuffer.

Purim

Das Purimfest erinnert an die Errettung der Juden vor der Vernichtung unter dem persischen König Ahasverus (wahrscheinlich Xerxes I., im 5. Jahrhundert v. d. Z.). Die Geschichte wird im biblischen Estherbuch geschildert, das in der Synagoge vorgetragen wird und neben der Tora-Rolle der einzige liturgische Text ist, der bis heute seine ursprüngliche Form als Schriftrolle bewahrt hat. Purim ist das ausgelassenste Fest im jüdischen Jahr, das viel von der Atmosphäre des Karnevals hat. Vor allem die Kinder verkleiden sich, man führt satirische Purimspiele auf und das Trinken von Alkohol wird ausdrücklich empfohlen. Es werden Almosen an die Bedürftigen verteilt und man schickt seinen Freunden Geschenke.

Daneben gibt es noch eine Reihe von einzelnen Fest- und Trauertagen, von denen der *9. Av* allgemein der bekannteste ist. Dieser strenge Fastentag, auf Hebräisch Tischa be-Aw genannt, erinnert an die Zerstörung des ersten und des zweiten Tempels in Jerusalem sowie an andere tragische historische Ereignisse, die laut der Überlieferung ebenfalls auf dieses Datum fielen.

Die Familie

Die Familie und die Gemeinde stellen die beiden zentralen Kerneinheiten der jüdischen Gesellschaft dar, die ihr Überleben als Minderheit in einer in der Regel feindlichen Umgebung über die Jahrhunderte gesichert haben und auch in der Moderne im Rahmen des Judentums stärker erhalten geblieben sind als in der allgemeinen Gesellschaft. Bereits äußerlich ist eine jüdische Wohnung oder ein jüdisches Haus an der am rechten Türpfosten angebrachten Mesusa zu erkennen, einem Kästchen, in dem sich eine Pergamentrolle mit einer Abschrift des Schma-Israel-Gebetes befindet. In traditionellen Haushalten werden zahlreiche Gebote des Judentums im Rahmen der Familie erfüllt, wobei die Rollenverteilung der Geschlechter und der Kinder vorgegeben ist.

Das Judentum geht von der Gleichwertigkeit, nicht der Gleichstellung von Mann und Frau aus, die in ihrem Leben jeweils andere Funktionen zu erfüllen haben, die als komplementär verstanden werden. »Und Gott schuf den Menschen in seinem Bilde, im Bilde Gottes schuf er ihn; Mann und Weib schuf er sie« (1. Buch Mose 1,27). Die Stellung der Frau, die innerhalb der Familie eine wichtige Rolle innehat, wird durch die Bedeutung der Familie als Vermittlerin religiöser und ethnischer Identität noch gestärkt. So obliegen der Frau die Verantwortung für die Einhaltung der rituellen Speisegesetze, der Kaschrut, die einen der Grundpfeiler des orthodoxen Judentums darstellten, sowie die Erziehung der Kinder zur Einhaltung der Gebote, der Mizwot, zu denen auch spezielle Pflichten an bestimmten Feiertagen gehören, wie etwa das Verbot, an Pessach Gesäuertes zu essen oder im Haus zu haben. Von Frauen wurden genaue Kenntnisse der komplizierten Details des Ritualgesetzes erwartet, die ihnen eine wichtige Rolle in der Vermittlung der jüdischen Religionspraxis übertrug. In der Vergangenheit hatte die jüdische Frau als die zentrale Instanz in der Vermittlung des Judentums an ihre Kinder eine höhere Stellung als in anderen traditionellen Gesellschaften. Gleichzeitig führte das Ideal des Lernens und der Brauch orthodoxer Kreise, den Männern möglichst lange ein ungehindertes Tora- und Talmudstudium zu ermöglichen, dazu, dass Frauen oftmals die profanen Geschäfte führten und nicht auf die Rolle als Hausfrau beschränkt blieben. Dies hat zu einem positiven Selbstverständnis jüdischer Frauen beigetragen.

Die Speisegesetze – Kaschrut

In orthodoxen Haushalten werden die Speisevorschriften als Teil der religiösen Gebote strikt eingehalten und nur Nahrungsmittel verwendet und zubereitet, die als koscher, wörtlich: »rein« oder »geeignet«, gelten. Die Speisegesetze waren keine Maßnahmen zur gesunden Ernährung, als welche sie manchmal rationalisiert werden, sondern sind bis heute Ausdruck des strikten Festhaltens am Religionsgesetz als göttlichem Willen, das die Selbstdisziplinierung des Juden erfordert. Im Paradies wurde dem Menschen befohlen, Vegetarier zu sein (Gen. 1, 29), und das Recht des Verzehrs von Fleisch wird als ein Zugeständnis an die menschlichen Bedürfnisse und Gelüste verstanden. Deshalb ist die Anzahl der zum Verzehr zugelassenen Tierarten begrenzt und die Art und Weise des Tötens streng reglementiert.

Die Speisegesetze bestehen aus zwei Gruppen von Regeln, und zwar zum einen aus einer Liste der reinen und unreinen, das heißt der erlaubten und unerlaubten Tiere und zum anderen aus genauen Anweisungen für die Art der Schlachtung, der Zubereitung und des Verzehrs. Die Liste der erlaubten und verbotenen Tiere beruht auf den Fünf Büchern Mose und unterscheidet zwischen Landtieren, Vögeln und Wassertieren, die alle bestimmte Merkmale aufweisen müssen. Ein Landtier muss wiederkäuen und gespaltene Hufe haben, sodass Rinder, Schafe und Ziegen erlaubt, Kamele, Hasen und Pferde (Wiederkäuer, aber keine gespaltenen Hufe) und Schweine (gespaltene Hufe, aber keine Wiederkäuer) dagegen strikt verboten sind. Wassertiere müssen Flossen und Schuppen aufweisen, sodass nur Fische mit diesen Kennzeichen erlaubt, alle anderen Meerestiere wie Aale, Austern, Krebse, Muscheln und Schnecken dagegen tabu sind. Für die Geflügelarten gibt es keine festgelegten Kennzeichen, das meiste Geflügel gilt als rein und darf verzehrt werden, während die verbotenen Vogelarten, vor allem Raubvögel, in der Bibel einzeln aufgezählt werden. Der Genuss von Blut ist strengstens untersagt und die Säugetiere werden mit einem einzigen Schnitt durch die Halsschlagader geschächtet, damit das Blut auslaufen kann. Danach wird das Fleisch zusätzlich in Wasser und Salz eingeweicht, um das Fleisch komplett ausbluten zu lassen. Verendete, durch Raubtiere gerissene oder durch die Jagd erlegte Tiere dürfen generell nicht verzehrt werden.

Ein weiteres Merkmal der koscheren Küche ist die strikte Trennung von Fleisch- und Milchprodukten, die sich auch auf die Vorbereitung der Speisen, das Kochen, die Mahlzeit sowie das Geschirr und alle Küchenutensilien bezieht. Diese Trennung basiert auf dem Vers: »Koche nicht ein Böcklein in der Milch seiner Mutter«, das in der Bibel dreimal wiederholt wird (Ex. 23, 19; Ex. 34, 26; Dt. 14, 21). Orthodoxe Haushalte haben deshalb zwei unterschiedliche Geschirre und Bestecke, getrennte Töpfe und Spülbecken. Pflanzliche Lebensmittel wie Obst und Gemüse sind ohne Einschränkungen zu genießen, sie gelten ebenso wie Eier und Fisch als neutrale Lebensmittel und können zu Fleisch- oder Milchprodukten verspeist werden. Diese Lebensmittel nennt man parve.

13
»Die beiden Juden« (Inneres der Synagoge zu Osnabrück). *Ölgemälde von Felix Nussbaum von 1926.*

Die jüdische Gemeinde

Seit der Antike bestehen Jüdische Gemeinden, welche die Belange ihrer Mitglieder in Selbstverwaltung und gegenseitiger Verantwortlichkeit regeln. Zentrale Einrichtung der Gemeinde ist die Synagoge, die nicht nur eine Stätte des Gebets, sondern nach der ursprünglichen Bedeutung des hebräischen Begriffes (Bet Knesset) vor allem das Haus der Versammlung und der Lehre ist und als Zentrum des öffentlichen religiösen und sozialen Lebens dient. Das Synagogengebäude selbst besitzt keinen sakralen Charakter, sondern erhält diesen erst, wenn es eine Tora-Rolle, die Lehre Gottes, beherbergt, sodass jeder Raum als Gebetsstätte dienen kann. Die Grundlage eines öffentlichen Gottesdienstes im Unterschied zum privaten Gebet bildet das Konzept des Minjan, nach orthodoxem Ritus ein Quorum von zehn erwachsenen Männern. Die konservative Richtung des Judentums zählt auch Frauen zum Minjan, während die Reformbewegung die Idee einer Mindestzahl von Betern abgeschafft und damit auch den Unterschied zwischen einem Kollektivgebet im öffentlichen Raum und dem Gebet des Einzelnen in der Privatsphäre aufgehoben hat. Oftmals wurde der Begriff Synagoge, die das sichtbare Zeichen der Jüdischen Gemeinde ist, auch als Synonym für diese verwandt, zum Beispiel in den Fällen, in denen einzelne Gemeinden als Synagogengemeinden bezeichnet werden.

Die Haupteinrichtung der Synagoge ist der Tora-Schrein, in dem die Tora-Rollen, in der Regel mehrere, aufbewahrt werden. Der Schrein befindet sich stets an der Wand, die nach Jerusalem gerichtet ist, also in europäischen Synagogen an der Ostwand. An zentraler Stelle befindet sich ein Podium mit dem Vorlesepult, Bima genannt, von dem aus die Tora-Rollen verlesen werden. Sowohl der Tora-Schrein als auch die Tora-Rollen sind mit prachtvoll bestickten Stoffen und Schmuckgegenständen verziert, die

14
Rituelle Reinigung in der Mikwe. Kupferstich aus dem Werk von *Johann Christoph Georg Bodenschatz: Aufrichtig Teutsch Redender Hebräer, Frankfurt am Main, Leipzig 1756.*

in ihrer kunsthandwerklichen Eigenart die Herkunft ihrer Gemeinde verraten. In Synagogen der konservativen und Reform-Bewegung enthält die Synagoge auch eine Orgel. Die Synagoge wird von selbst gewählten Vertretern aus der Gemeinschaft der Beter verwaltet und ist unabhängig.

Der Rabbiner ist das geistige Oberhaupt der Gemeinde und seiner Funktion nach in erster Linie ein Schriftgelehrter und Richter. Seine Aufgaben bestehen vor allem darin, auf der Grundlage der genauen Kenntnisse des jüdischen Religionsgesetzes die Gemeindemitglieder in religionsgesetzlichen Fragen zu beraten und in Rechtsstreitigkeiten Entscheidungen zu fällen. In der Synagoge hat er keine herausgehobene Stellung und erst im Laufe des 19. Jahrhunderts entwickelte sich die vom Rabbiner gehaltene Predigt zu einem integralen Bestandteil des öffentlichen Gottesdienstes.

Zu den festen Gemeindeeinrichtungen gehören auch die Mikwe und der jüdische Friedhof. Die Mikwe, das rituelle Tauchbad, dient der rituellen Reinigung, die im Talmud für Frauen vor der ehelichen Sexualität zwingend vorgeschrieben ist, ebenso für Konvertiten vor ihrem Übertritt. Laut den Vorschriften muss die Mikwe »lebendiges«, das heißt natürliches Wasser enthalten, also Grundwasser, Quellwasser, gesammeltes Regenwasser, Fluss- oder Meerwasser.

Auf einem jüdischen Friedhof, auch »Haus des Lebens« genannt, darf die Ruhe der Toten nicht gestört werden; die Grabstätten sind deshalb zeitlich nicht begrenzt und die Toten dürfen nicht umgebettet werden. Traditionell legt man bei Besuch eines Grabes einen kleinen Stein auf den Grabstein als Zeichen der Anteilnahme.

Die Betreuung der Sterbenden, die Durchführung des Begräbnisses und die Tröstung Trauernder ist Angelegenheit einer eigenständigen, ehrenamtlich tätigen Beerdigungsbruderschaft, genannt die »Heilige Bruderschaft« oder Chewra Kadischa, und wird als besonders ehrenhafte Betätigung angesehen. Unter den vielen Wohltätigkeits- und Fürsorgevereinen, die innerhalb der Jüdischen Gemeinde tätig waren und sind, nimmt sie stets eine hervorgehobene Stellung ein.

Die Wohltätigkeit, Zedaka, die Sorge für die Armen, Schwachen und Benachteiligten, stellt ein religiöses Gebot, eine Mizwa, dar, das zu den wichtigsten biblischen Geboten zählt und von jedem Einzelnen ausgeübt werden muss. Innerhalb der mittelalterlichen Jüdischen Gemeinde waren zahlreiche Vereine von Freiwilligen tätig, die sich um einzelne Bereiche kümmerten, so um die Versorgung der Waisenkinder, die Ausstattung und Verheiratung mittelloser Bräute, die Aufnahme von Ortsfremden, die Pflege der Kranken und die Unterstützung notleidender Torastudenten. In der Moderne werden die Aufgaben von der Gemeinde übernommen, die mit Institutionen wie Alters- und Behindertenheimen, Kranken- und Waisenhäusern dafür Sorge trägt, dass die Wohlfahrt in professionalisierter und effektiver Form durchgeführt werden kann, wobei weiterhin die Unterstützung durch ehrenamtliche Gemeindemitglieder eine wichtige Rolle spielt. Die Zentralisierung der einzelnen Wohlfahrtsinstitutionen, die im 19. und 20. Jahrhundert auf nationaler und internationaler Ebene erfolgte – so für Deutschland mit der Gründung der »Zentralwohlfahrtsstelle der deutschen Juden im Jahre 1917« –, hat dazu geführt, dass auf gesellschaftlicher Ebene ein lebendiges Solidaritätsgefühl innerhalb der jüdischen Gemeinschaft erhalten geblieben ist. Auch säkulare Juden werden dadurch in ihrer Zugehörigkeit zum Judentum weiterhin bestärkt und verstehen sich als Teil des Bundes, wenn nicht mit Gott, so doch mit dem Kollektiv der Juden.

15
Zedaka-Büchse des Silberschmiedes Leo Horovitz, Frankfurt am Main um 1910.

LITERATUR

Die Bibelzitate stammen aus:
Die vierundzwanzig Bücher der Heiligen Schrift, übers. von Leopold Zunz, Tel Aviv 1997.

Hayyim H. Donin, Jüdisches Leben. Eine Einführung zum jüdischen Wandel in der jüdischen Welt, Zürich 1987.

Emil Fackenheim, Was ist Judentum? Eine Deutung für die Gegenwart, Berlin 1999.

Monika Grubel, Judentum, Köln 1996.

Nicholas de Lange, An Introduction to Judaism, Cambridge 2000.

R. J. Zwi Werblowsky und Geoffrey Wigoder (Hg.), The Oxford Dictionary of the Jewish Religion, New York/Oxford 1997.

Geoffrey Wigoder (Hg.), The New Encyclopedia of Judaism, New York 2002.

JIDDISCH – DIE GESCHICHTE EINER SPRACHE

Jutta Strauss :

JIDDISCH –
DIE GESCHICHTE EINER SPRACHE

Jutta Strauß

Jiddisch ist die Sprache der so genannten aschkenasischen Juden und wird in hebräischen Lettern von rechts nach links geschrieben. Die Schrift, von der es sowohl handschriftliche als auch Druckformen gibt, wird größtenteils phonetisch verwendet.

Die Bezeichnung »Jiddisch« ist im Deutschen erst seit etwa hundert Jahren gebräuchlich; vorher nannte man es meist »Jüdisch« oder »Juden-Deutsch«. Innerhalb der jüdischen Gemeinschaft nannte man die Sprache »Tajtsch«, »Jiddisch« oder auch einfach »Mameloschen«, die »Muttersprache«.

Der Begriff »Aschkenas« wird zuerst im 1. Buch Mose 10 gebraucht; in Jeremias 51,27 bezeichnet es ein Land am oberen Euphrat; seit dem Mittelalter ist »Aschkenas« die gängige jüdische Bezeichnung für das Gebiet des heutigen Deutschland. Die aus diesem Gebiet stammenden Juden werden »Aschkenasim« genannt, ein Name, der im Verlauf des späteren Mittelalters, im 13. und 14. Jahrhundert, auch auf die aus Nordfrankreich, England und Norditalien stammenden Juden übertragen wird. Dieser Begriff bildet das Gegenstück zu »Sefardim«, den von der Iberischen Halbinsel vertriebenen Juden. In Ritus, Tradition und Alltag dieser beiden Gruppen gibt es offensichtliche Unterschiede; einer davon ist der Gebrauch des Jiddischen im Alltag und in der Literatur.

In der deutschen Umgangssprache lassen sich viele Ausdrücke jiddischen Ursprungs finden. Heutzutage assoziiert man dabei selten Jüdisches oder das Judentum. Das war früher ganz anders; der Gebrauch von Jiddismen diente häufig der Kenntlichmachung oder Diffamierung von Jüdischem oder von Juden. Ein bekanntes aus dem Jiddischen stammendes Wort ist zum Beispiel »Schlamassel«; es bedeutet so viel wie »Unglück« und ist wahrscheinlich eine Verbindung von deutsch »schlimm« und jiddisch »masel«, »Glück«. »Meschugge« ist ein weiteres Beispiel für ein Wort, das aus dem Jiddischen seinen Weg in die deutsche Sprache fand; es steht häufig für »verrückt« oder »entgegen der Norm«. Ebenfalls allgemein bekannt ist »Maloche« in der Bedeutung von »schwerer Arbeit«. Wahrscheinlich fanden viele der Jiddismen ihren Weg über die zeitweilig engen Kontakte von Juden und Nichtjuden in ländlichen Gegenden und Kleinstädten. Vor allem im Süden und Südwesten Deutschlands, so etwa in der Pfalz, Franken und Baden, gab es eine namhafte jüdische Bevölkerung. Diese Alltags- und Geschäftskontakte, zum Beispiel im Viehhandel, führten dazu, dass sich in den jeweiligen Dialekten jiddische Wörter wiederfanden. In Großstädten wie Berlin wiederum ließen sich viele Ostjuden nieder, aus deren Sprache viele Ausdrücke ihren Weg ins Deutsche fanden.

Jiddisch hat seinen Ursprung im Mittelalter. Es entstand zwischen dem 9. und 12. Jahrhundert im süddeutschen Sprachraum. Jiddisch ist eine germanische Sprache; es ist eine Mischsprache aus verschiedenen Elementen. Die germanische bzw. deutsche Komponente nimmt den größten Raum ein, gefolgt von einer hebräisch-aramäischen Komponente und – später – einer slawischen. Hebräisch und Aramäisch sind semitische Sprachen, auch sie werden von rechts nach links geschrieben. Die wichtigsten religiösen Schriften des Judentums sind in diesen beiden Sprachen verfasst: Der »Tanach« (die hebräische Bibel bzw. im christlichen Verständnis das Alte Testament) fast vollständig auf Hebräisch, der Talmud – eine Sammlung von verbindlichen Rechtsdebatten und -entscheidungen aus dem 6. Jahrhundert n. d. Z. – fast zur Gänze auf Aramäisch.

Jiddisch war die Sprache des Alltags, Hebräisch die der Religion. Gelehrsamkeit und Religiosität sind im traditionellen Judentum eng miteinander verwoben. Im Mittelalter und in der frühen Neuzeit konnten so gut wie alle jüdischen Männer, je nach dem Grad ihrer Gelehrsamkeit, Hebräisch zumindestens lesen. Teilweise beherrschten auch Frauen die hebräische Schrift, da auch sie – obwohl die religiösen Schriften hauptsächlich von Männern gelesen und studiert wurden – in der Lage sein sollten, hebräische Gebete und die Psalmen zu lesen. Die Beherrschung der hebräischen Buchstaben, Grundlage auch der jiddischen Sprache, war damit schon gegeben und sorgte dafür, dass die Fähigkeit, Jiddisch zu lesen und zu schreiben, weit verbreitet war.

Es gibt zwei Hauptdialekte im Jiddischen: West- und Ostjiddisch. Die Dialekte sind größtenteils identisch mit den beiden großen Siedlungsräumen der aschkenasischen Juden, das heißt West- und Osteuropa. Westjiddisch war bis zum 18. und 19. Jahrhundert weit verbreitet; Jiddisch, so wie es heute noch gesprochen bzw. geschrieben wird, ist eine moderne Form des Ostjiddischen. In diesem Dialekt finden sich durch Sprachkontakt mit den Umgebungssprachen viele slawische Elemente und heutzutage häufig auch internationale Elemente, zum Beispiel aus dem Englischen.

Das früheste erhaltene jiddische Sprachdenkmal ist ein Verspaar in einem 1272 verfassten Gebetbuch für Feiertage, einem so genannten

»Machsor«, aus Worms. In dem von einem Simcha ben Jehuda im Auftrage seines Onkels Baruch ben Jizchak geschriebenen Machsor erscheint der folgende Segensspruch: »Einen Freudentag erlebe der, der diesen Machsor in die Synagoge trägt«.

Die verheerenden Judenverfolgungen der Jahre 1348/49, die auf den Ausbruch der Pest auf deutschem Gebiet folgten, brachten das jüdische Kulturleben fast vollständig zum Erliegen. Das Zentrum des jüdischen Geisteslebens verlagerte sich nun nach Osteuropa, und auch dort war die jiddische Sprache und Literatur ein wichtiger Kulturträger. Nach und nach siedelten aber auch in den deutschen Städten wieder Juden, obgleich ihr Lebensalltag immer mehr Beschränkungen unterlag. Der aufkommende Humanismus und der Aufstieg des Bürgertums prägten auch die jüdische Erfahrungswirklichkeit und fanden ihren Niederschlag in der jiddischen Literatur.

Die älteste jiddische Textsammlung kann man auf etwa 1382 datieren. Es handelt sich um den so genannten Cambridge Codex, der in Cambridge aufbewahrt wird. Diese Zusammenstellung enthält sowohl religiöse als auch weltliche Texte. Sie spiegeln nicht nur die jüdische Kultur, sondern zeugen auch von Einflüssen der nichtjüdischen Umgebung. Dies ist ein Merkmal, das sich durch die jiddische Literatur des Mittelalters und der frühen Neuzeit zieht. Die Sammlung besteht aus sechs Texten: Vier Gedichte behandeln biblische Themen, nämlich die Geschichten von Moses, Abraham, und Josef, sowie die Beschreibung des Paradieses. Bei dem fünften Text handelt es sich um eine Version der Äsopischen Fabel vom kranken Löwen. Der sechste – und für die Forscher interessanteste Text – ist das »Dukus Horant«, ein längeres Textfragment, das auf einem germanischen Heldenepos basiert.

Die jiddische Literatur dieser Zeit umfasst unter anderem auch Bibelübersetzungen oder Bibelnacherzählungen. Übersetzt wurde vor allem die Tora, das heißt die Fünf Bücher Mose und bestimmte Abschnitte aus den prophetischen Büchern, den so genannten »Haftarot«. Diese Bibelübersetzungen wurden oft von Frauen gelesen, aber auch weniger gebildete Männer griffen gern auf sie zurück.

Schon im Mittelalter bildeten jüdische Frauen einen wichtigen Teil der Leserschaft jiddischer Literatur. Im 16. und 17. Jahrhundert entstand allmählich eine spezifische Literatur für Frauen, die nicht nur auf die Bedürfnisse ihrer weiblichen Leser zugeschnitten, sondern oft auch von einer wohlhabenden Frau in Auftrag gegeben worden war. Trotz der hohen Wertschätzung von Erziehung und Bibelgelehrsamkeit im traditionellen Judentum erhielten Mädchen und Frauen meistens nur eine beschränkte Bildung; viele der öffentlichen religiösen Rituale waren Frauen verwehrt. Frauen waren aber für die Aufrechterhaltung der Tradition und des religiösen Rituals zu Hause und in der Familie verantwortlich und schufen somit die Voraussetzungen für das Überleben des Judentums durch die Jahrhunderte. In Familien, in denen Gelehrsamkeit an erster Stelle stand, ergab sich auch für Frauen manchmal die Möglichkeit zum Hebräischstudium, aber die Durchschnittsfrau beherrschte »nur« die Texte der hebräischen Gebete und der Psalmen. Jiddisch war die Alltagssprache, auch wenn die meisten – in verschiedenem Maße – auch die Sprache des Ortes beherrschten, an dem sie lebten.

Die belehrende und moralisierende Frauenliteratur war in so genanntem »Wajbertajtsch« (»Weiberdeutsch«) verfasst. Es gab Werke, die die religiösen und häuslichen Pflichten der Frauen erläuterten, andere waren Sammlungen von Erzählungen aus den hebräischen religiösen Schriften sowie mystische Wundergeschichten und Volkslegenden. Ebenfalls weit verbreitet waren Frauengebetbücher, die zum Beispiel Sammlungen von persönlichen Gebeten beinhalteten.

Das populärste Frauenbuch in »Wajbertajtsch« war die »Zene-rene«, die wohl um 1600 zum ersten Mal in Lublin veröffentlicht wurde. Der Titel ist dem Hohelied Salomo 3, 11 entlehnt: »Kommt heraus und schaut (ihr Töchter Zions)«. Zene-rene ist eine Bearbeitung von Midraschim, die auf dem wöchentlich in der Synagoge zu lesenden Tora-Abschnitt, das heißt Teilen der Fünf Bücher Mose, beruhen. Midraschim sind rabbinische Bibelauslegungen, die oft auch erzählerische und moralische Passagen enthalten. Da Frauen im Allgemeinen eher dieses Buch als die Tora selbst lasen, wurde es als »Frauenbibel« bekannt; man las es im häuslichen Kreis auch Kindern vor.

Allgemein beliebt waren im späten Mittelalter biblische Epen. So erzählt beispielsweise das Schmuelbuch die Geschichte König Davids. Weltliche Stoffe, wie die Rittersagen über Dietrich von Bern und Hildebrandt, bildeten die Vorlagen für erfolgreiche jiddische Adaptionen. Elija Bachur Levita aus Norditalien (1468–1549) verfasste das »Bove-Buch« (1507), eine ironische Schilderung der Ritterwelt, die er seinem jüdischen Publikum anpasste. Ein anderes, weit verbreitetes Genre war das der Fabeln. Das »Kuh-Buch«, eine Sammlung von Tierfabeln von Abraham ben Mattatia (16. Jahrhundert), die auf hebräische Quellen zurückgeht, wurde gern gelesen. In dieser Zeit entstanden viele jiddische Lieder für Feste und Feiertage oder auch Lieder weltlichen Inhalts, die oft bei Hochzeiten vorgetragen wurden. Historische Lieder schildern bedeutende geschichtliche Ereignisse; hier ist vor allem die »Megiles Winz« von Elchanan Heln zu nennen. Er berichtet von den Ereignissen des so genannten Fettmilch-Aufstandes (1612–1616), der zur Plünderung der Frankfurter Judengasse und zur zeitweiligen Vertreibung ihrer Bürger geführt hatte.

Es gibt nur wenig schriftliche Überlieferungen aus dem Mittelalter oder der frühen Neuzeit, die uns Einblicke in das religiöse Leben der jüdischen Frauen gewähren. Wenn sie aus der häuslichen Sphäre heraustraten, waren Frauen vor allem als Händlerinnen, Hebammen oder Ärztinnen und Geldwechslerinnen tätig. Diese Tätigkeiten waren zum Teil sehr komplex und setzten die Fähigkeit des Lesens unds Schreibens sowie mathematische und buchhalterische Kenntnisse voraus. Mit ihrer Arbeit und ihren Einkünften ermöglichten sie häufig ihren Ehemännern und älteren Söhnen das ungestörte Studium der hebräischen Bibel und des Talmud. Die Memoiren der Glikl bas Judah Leib (1675–1724) sind daher ein einzigartiges Zeugnis und gewähren uns seltene Einblicke in zeitgenössisches jüdisches Frauenleben. Sie verfasste ihre Memoiren auf Jiddisch zwischen 1691 und 1719 und berichtet darin über den Alltag als erfolgreiche Kauffrau und Mutter.

Die westjiddischen Dialekte, in denen die bisher vorgestellten Werke verfasst waren, hatten ihre Blüte im späten Mittelalter und in der frühen Neuzeit. Die Literatursprache war mehr oder weniger einheitlich, und auf Jiddisch geschriebene Texte wurden daher im gesamten aschkenasischen Siedlungsgebiet rezipiert. Mit dem Aufkommen der jüdischen Aufklärungsbewegung, der so genannten Haskala im 18. Jahrhundert, verlor das Westjiddische mehr und mehr an Einfluss. Die Überwindung des »Jargons«, wie die Aufklärer das Jiddische abfällig nannten, war eine ihrer Hauptforderungen. Sie propagierten die Aneignung und den Gebrauch der deutschen Sprache. Dies war Teil einer Erziehungskampagne, welche die deutschen Juden zu Trägern des bürgerlichen Wertekanons machen wollte, nicht zuletzt um zu beweisen, dass auch ihnen die bürgerlichen Rechte – die ihnen vom Staat und den Intellektuellen zu dieser Zeit noch größtenteils abgesprochen wurden – zustünden. Die jüdischen Aufklärer, die so genannten »Maskilim«, benutzten daher häufig die deutsche Sprache für ihre Veröffentlichungen, andere wandten sich in biblischem Hebräisch an ihre Leserschaft. In Deutschland war deshalb bis auf einige wenige Ausnahmen der Gebrauch des Jiddischen für aufklärerische Zwecke verpönt.

Unter den gegebenen sozialen und politischen Bedingungen in Osteuropa waren Publikationen in der jeweiligen Landessprache nur bedingt sinnvoll. Auch in Osteuropa war daher zunächst das Hebräische die Sprache der Haskala. Viele Autoren merkten aber bald, dass sie eine viel größere Leserschaft erreichen konnten, wenn sie ihre Werke auf Jiddisch verfassten. Die zweite Hälfte des 19. Jahrhunderts bildet einen Meilenstein innerhalb der (ost-)jiddischen Literatur. Ein bekannter Autor ist zum Beispiel Mendele Mocher Sforim (eigentlich Salmon Jacob Abramowitsch, 1836–1917), der als der »Großvater« der modernen jiddischen Literatur, als ihr Begründer, gilt. Er schuf einen ganz eigenen Stil, in dem die jiddische Umgangssprache eine wichtige Rolle spielt, und zeichnet ein realistisches Bild des zeitgenössischen Lebens der – häufig – kleinen Leute. Einen Höhepunkt findet die moderne jiddische Literatur mit den Werken von Jitzchok Leibusch Peretz (1852–1915) und Scholem Aleichem (eigentlich Scholem J. Rabinowitsch, 1859–1916), die teilweise auch ins Deutsche übersetzt wurden.

Jiddisch war die Alltagssprache der meisten Juden in Osteuropa. In den meisten Fällen beherrschten sie auch – zumindestens teilweise – die lokale Nationalsprache, doch im täglichen Umgang, innerhalb der jüdischen Gemeinschaft, in Kultur und Politik wurde Jiddisch gesprochen. Heute wirft man oft einen nostalgisch verklärenden Blick auf diese Welt, vor allem auf das Leben im so genannten »Schtetl«, den jüdischen Kleinstadtgemeinden in Osteuropa; dabei wird oft übersehen, wie beengt und einengend das Leben in dieser Gemeinschaft war. Trotzdem war es die Blütezeit der jiddischen Kultur, die jäh durch die Ermordung des größten Teils der Jiddisch sprechenden Bevölkerung durch die Nationalsozialisten beendet wurde.

Das 18. Jahrhundert war auch die Entstehungszeit des Chassidismus, einer mystischen Bewegung innerhalb des Judentums. Sie entstand in Osteuropa, ihr Begründer war Israel ben Elieser (ca. 1700–1760), auch bekannt als Baal Schem Tow (»Meister des göttlichen Namens«). Der Chassidismus vertrat eine volkstümliche Frömmigkeit, in der die Intensität der Gotteserfahrung und des Gebets wichtiger waren als reine Gelehrsamkeit.

1
Die Konferenz von Czernowitz, August 1908. Auf der Flagge ist zu lesen: »Jiddische Kultur«, der Name der Studentenorganisation, die das Treffen organisierte.

Diese Betonung der emotionalen Erfahrung durch Gebete und religiöse Handlungen stand in Gegensatz zu der traditionellen Betonung des Talmud- bzw. Bibelstudiums als hervorragendster religiöser Pflicht. Die Ideale des Chassidismus widersprachen den Zielen der Aufklärer unmittelbar, und Maskilim und Chassidim lieferten sich erbitterte Gefechte in Wort und Schrift. Aber die Chassidim verstanden ebenso wie ihre Widersacher, dass die Publikumswirksamkeit ihrer Schriften auf Jiddisch größer war als auf Hebräisch. So erschienen zum Beispiel Erzählungen über das Leben des Baal Schem Tow und die Geschichten des Reb Nachman von Bratzlaw, die dem deutschen Publikum in der Übertragung von Martin Buber bekannt sind.

Die jiddische Dramatik entwickelte sich vergleichsweise spät, ihre Vorläufer sind die oben erwähnten Purim-Spiele. In der Haskala-Epoche entstanden zwar einige Stücke, aber erst Abraham Goldfaden (1840–1908) verhalf dem jiddischen Theater zum Durchbruch. Ab 1876 führte er mit seiner Schauspieltruppe zuerst in Rumänien, später in Russland und dann in den Vereinigten Staaten populäre Bühnenstücke auf, von denen er viele selbst verfasste.

Ein Meilenstein in der Geschichte der jiddischen Sprache ist die Konferenz von Czernowitz, die 1908 stattfand. Die wichtigsten jiddischen Schriftsteller trafen sich dort, um über die Rolle der jiddischen Sprache zu diskutieren, und erklärten in einer Resolution das Jiddische zur nationalen Sprache der Juden. Verstärkt wurden nun auch Werke der Weltliteratur ins Jiddische übertragen.

Nach der Oktoberrevolution von 1917 kam es in Russland zu einer kurzzeitigen Blüte der jiddischen Kultur. Jiddisch wurde zum Beispiel an einigen Schulen offiziell gefördert, und Anfang der vierziger Jahre war es neben Russisch die zweite Amtssprache der Provinz Birobidschan, seit 1934 Jüdische Autonome Region im Fernen Osten der Sowjetunion. Aus der Ukraine kam beispielsweise einer der größten modernen jiddischen Schriftsteller, genannt »Der Nister«.

2
Plakat für eine Aufführung von Gorkis »Nachtasyl« in jiddischer Übersetzung, 1919.

Der Schwerpunkt jiddischen Lebens und jiddischer Kultur verlagerte sich ab Ende des 18. Jahrhunderts von West- nach Osteuropa. Mit der Migration vieler Juden von Osteuropa in die USA wurde Amerika – und hier natürlich das Hauptziel aller Einwanderer, New York – zu einem weiteren wichtigen Entstehungs- und Verbreitungsort für jiddische Kultur. Seit dem Ende des 19. Jahrhunderts etablierten sich die Vereinigten Staaten immer mehr als wichtiges Zentrum jiddischer Kultur. Über das jiddische Publikum hinaus bekannt wurden beispielsweise Schalom Asch (1880–1957) oder auch Isaak Bashevis Singer (1904–1991), der 1978 den Literaturnobelpreis bekam. Aber auch Singers Bruder Israel Joschua Singer (1893– 1944) und seine Schwester Ester Kreitmann (1891–1954) traten als Schriftsteller hervor.

Nicht nur die Literatur erblühte; auch populärere Genres wie Film, Varieté und Musik zogen das Publikum an. Jiddische Filme, echte Kassenmagneten, entstanden in Osteuropa und in den Vereinigten Staaten. Viele von ihnen erzählen melodramatische Geschichten von auseinander gerissenen Familien, vom täglichen Kampf gegen Arbeitslosigkeit und Armut – Ereignisse, die viele der Zuschauer selbst erlebt hatten. Film- und Theaterschlager wurden auf Loseblattnoten verbreitet, ebenso wie jiddische Lieder und jiddischer Swing.

Schon in Osteuropa hatte sich das Jiddische auch als Sprache der Arbeiterbewegung etabliert, und auch in den Vereinigten Staaten blieb es die Sprache des jüdischen Proletariats. Der »Bund«, die Vereinigung der jüdischen Arbeiter Polens, Litauens und Russlands, wurde 1897 gegründet und mit seinen politisch-sozialen Aktivitäten schnell zu einer starken Kraft im öffentlichen jüdischen Leben. Auch die Arbeiterführer erkannten schnell, dass sie mit Jiddisch die größere Öffentlichkeitswirkung hatten. Sie und ihre Anhänger kämpften – auf Jiddisch – für soziale Gerechtigkeit, gegen die jüdische Orthodoxie und den Zionismus, den sie als kleinbürgerlich ablehnten. Es wurden Schulen gegründet, in denen auf Jiddisch ein

3
Jüdischer Arbeiter verkauft in Birobidschan die jiddische Zeitung »Birobizhaner shtern«, 1936.

4
Ein Doppeldecker in Birobidschan, 1936. Der russische Text lautet: »Die Birobidschaner Maxim-Gorki-Propagandastaffel«.

weltliches Judentum vermittelt wurde. Jiddisch war nun nicht mehr nur wie in früheren Zeiten Vermittlungssprache beim Studium der religiösen Texte, sondern eine eigenständige Sprache und Literatur. Jiddische Zeitungen und Zeitschriften entstanden sowohl in Osteuropa als auch in Amerika. Die erfolgreichste ist der in New York gegründete »Forwerts«; zu ihren Hochzeiten kam diese Zeitung in elf Regionalausgaben heraus und erschien während des Ersten Weltkriegs in einer Auflage von fast 200.000 Exemplaren.

Nicht nur die Vereinigten Staaten waren das Ziel jüdischer Auswanderer; viele kamen auch nach Deutschland. In den zwanziger Jahren war Berlin Anziehungspunkt der russischen Exilanten und für einige Jahre ein Zentrum der jiddischen Kultur und Literatur. Zahlreiche jiddische Verlage und Zeitschriften wurden gegründet, es gab jiddische Leihbibliotheken, jiddisches Theater und Varieté. Die Spannbreite reichte von populärer Unterhaltung über politische Traktate bis zu Avantgarde-Literatur.

In der Schoa wurden ungefähr zwei Drittel der Jiddisch sprechenden Bevölkerung Europas ermordet. Viele der Überlebenden fanden sich in so genannten »Displaced Persons Camps« in Deutschland wieder; dort war in vielen Fällen Jiddisch die Umgangssprache. Artikel und Berichte in Jiddisch gaben der Welt die ersten Berichte der Überlebenden. Jiddischsprachige Einrichtungen wurden geschaffen, so zum Beispiel Kindergärten, Fußballvereine und Theater. Es entstanden Erinnerungsbücher, »Jisker Bicher«, die die ausgelöschten Gemeinden, die Namen der Ermordeten aufführen und von ihnen erzählen.

In Israel finden sich Jiddisch sprechende Einwanderer seit etwa dem 16. Jahrhundert. Wiewohl von vielen Einwanderern ursprünglich Jiddisch gesprochen wurde, drängt das seit 1948 als Staatssprache etablierte Hebräisch das Jiddische immer mehr zurück. Jiddisch wird von vielen als die Sprache des Exils, des Ghettos und der Unterdrückung angesehen. Die neuen Einwanderer lernen Hebräisch, viele wollen ihre Muttersprache Jiddisch und die damit verbundenen Erinnerungen an Verfolgung und Tod vergessen, andere werden von ihrer Umwelt, die den Gebrauch der jiddischen Sprache ablehnt, dazu gedrängt. Der Aufbau des jungen Staates Israel und seine zionistische Ideologie sind eng mit der Förderung des Hebräischen als vereinheitlichender Staatssprache verbunden. Die Einfuhr hebräischer Bücher ist steuerfrei, jiddische Buchimporte werden besteuert. Das staatliche Radio sendet nur eine halbe Stunde am Tag in Jiddisch, wiewohl noch in den achtziger Jahren ein Viertel der Israelis an jiddischen Sendungen interessiert war. Obwohl der Aufstieg des Hebräischen nicht mehr aufzuhalten ist, gibt es weiterhin einen kleinen Kreis Jiddischsprechender und -schreibender. Awrom Sutzkewer (geb. 1913) ist der Herausgeber der literarischen Zeitschrift »Di goldene kejt« und Autor des folgenden Gedichtes, das die Lage der jiddischen Sprache beschreibt:

»Jiddisch

Soll ich beginnen von Anbeginn?
Soll ich, der ich kein Abraham bin
aus Bruderschaft zerhacken alle Götzen?
Lass ich mich, einen Lebenden, übersetzen?
Sollen wir einpflanzen unsere Zungen
und warten, bis sie sich verwandeln
nach Urväterart
in Rosinen und Mandeln?
In was für misslungenen Witzen
predigt mein Dichterbruder mit dem Backenbart
dass meine Muttersprach bald untergeht?
Wir werden ersichtlich in hundert Jahren noch sitzen
und am Jordan darüber verhandeln
weil eine Frage nagt und bohrt:
ob, wie genau, wo
Berditschewers Gebet
Jehoaschs Lied
und Kulbaks Wort
dem Untergang entgegenzieht?
Und da wäre noch das Problem
wohin denn die Sprache untergeht,
wohl zur Klagemauer in Jerusalem?

Wär es so und wollt sie verstummen
käm ich, öffnet den Mund
wie ein Löwe und
wollt von feurigem Zunder umweht
einschlingen die Sprache, die untergeht
einschlingen, und alle Geschlechter wecken mit meinem Brummen.«

Heute wird Jiddisch vielfach noch innerhalb der ultraorthodoxen jüdischen Gemeinschaften als Umgangssprache verwendet. Dies hat unter anderem damit zu tun, dass Jiddisch als wichtiger Bestandteil der aus Osteuropa geretteten jüdischen traditionellen Identität verstanden wird und somit auch als eine Art Schutzwall vor der umgebenden modernen Mehrheitsgesellschaft mit all ihren möglichen Gefahren für Tradition und orthodoxe Lebensweise fungiert. Diese Jiddisch sprechenden Enklaven finden sich beispielsweise in Teilen Jerusalems, in einigen Stadtvierteln in Antwerpen und London sowie in einigen Bezirken Brooklyns in New

York. Im Falle Israels kommt noch hinzu, dass Teile der ultraorthodoxen Gemeinschaft den Gebrauch des Hebräischen als säkulare Sprache vehement ablehnen, weil das Hebräische ihrem Verständnis nach erst nach Anbruch des messianischen Zeitalters wieder als Sprache in Gebrauch sein wird.

Die Verwendung des Jiddischen als Alltagssprache ist aber nicht auf ultraorthodoxe Kreise beschränkt. Ein kleine Anzahl säkularer Juden vor allem in den Vereinigten Staaten sieht sich ebenfalls der jiddischen Tradition verpflichtet. Andere benutzen es vielleicht nicht im täglichen Umgang, haben Jiddisch aber als Sprache ihrer Eltern oder Großeltern wieder entdeckt und beschäftigen sich intensiv mit Literatur und Kultur. Auch das Studium der jiddischen Sprache und Kultur im akademischen Kontext blühte in den letzten Jahrzehnten wieder auf. Schon 1925 war YIVO gegründet worden, eine Abkürzung für »Jidischer Wisenschaftlicher Institut«. Das Zentrum befand sich bis 1940 in Vilnius (Wilna), seit 1940 in New York. An verschiedenen Universitäten gibt es heute weltweit eine Anzahl von Instituten oder Teilbereichen, die sich der Erforschung des Jiddischen widmen; in Deutschland gibt es Lehrstühle für Jiddistik an den Universitäten Trier und Düsseldorf.

Ein interessantes Phänomen ist die Popularität von Jiddisch und jiddischer Kultur – und hier besonders der Musik – unter Nichtjuden. Dieses Interesse beschränkt sich nicht auf Deutschland, ist hier aber besonders ausgeprägt. Ostjüdische Schtetl-Romantik wird hierbei teilweise relativ unreflektiert nostalgisch beschworen und die jiddische Kultur der Ostjuden fälschlicherweise mit der des deutschen Judentums gleichgesetzt. Die westjiddische Literatur und Kultur dagegen, die über Jahrhunderte die Identität des Judentums auf dem Gebiet des späteren Deutschland maßgeblich geprägt hat, wird dabei oft aus den Augen verloren.

In den letzten Jahren hat es immer einmal wieder Übersetzungen jiddischer Literatur ins Deutsche gegeben, sodass eine Entdeckung der Sprache und ihrer reichhaltigen Literatur auch für den deutschen Leser möglich ist.

Literatur

Miriam Weinreich,
Jiddisch. Eine Sprache reist um die Welt,
Berlin 2003.

WARUM ZAHLEN JUDEN KIRCHENSTEUER?

Zur Geschichte und Struktur der jüdischen Gemeinden in Deutschland

Hans Ginsburg :

WARUM ZAHLEN JUDEN KIRCHENSTEUER? – ZUR GESCHICHTE UND STRUKTUR DER JÜDISCHEN GEMEINDEN IN DEUTSCHLAND

Hans Ginsburg

Von weitem erkennt man sie meistens an den Polizeiautos, mehr oder weniger nahe am Eingang zu Kindergärten und Friedhöfen, Altersheimen, Verwaltungsgebäuden und Synagogen. Was in Deutschland Jüdischen Gemeinden gehört, steht unter staatlichem Schutz, im rechtlichen Sinn, aber auch ganz augenscheinlich. Im Oktober 2000, die zweite palästinensische Intifada war gerade ausgebrochen, richtete eine glücklicherweise dilettantische Brandstiftung am jüdischen Gemeindehaus in Düsseldorf einigen Sachschaden an. Das war nur einer von vielen judenfeindlichen Anschlägen in Deutschland seit Beginn der neunziger Jahre, wenn auch ein besonders spektakulärer. Bundeskanzler Gerhard Schröder ließ sich am nächsten Tag vor Fernsehkameras durch die Düsseldorfer Synagoge führen und proklamierte den »Aufstand der Anständigen« gegen die unheimliche, für das Image der Bundesrepublik Deutschland so schädliche Gefahr eines mörderischen Antisemitismus. Als Monate später die Tat aufgeklärt wurde – zur Überraschung der Öffentlichkeit waren die Delinquenten keine deutschen Rechtsextremen, sondern junge Araber –, war das noch lange keine Entwarnung. Vor der Grundsteinlegung für die neue Synagoge in der Münchener Innenstadt im November 2003 deckte die bayerische Polizei ein Bombenlegerkomplott auf, und diesmal deutete alles auf Übeltäter aus dem Neonazi-Milieu hin.

Vom »Aufstand der Anständigen« ist nichts übrig geblieben als die Angst der Zuständigen in Politik und Polizei vor judenfeindlichen Untaten. Derweil und glücklicherweise langweilen sich die Uniformierten in den Polizeiautos, während die Eingänge etlicher Synagogen in Deutschland martialischer gesichert sind als der Einlass zu manchen Ministerien in Jerusalem. Kugelsichere Glastüren, hochkomplizierte Schließanlagen und Videokameras, daneben in den Eingängen größerer Gemeindehäuser junge Leute, welche die Besucher kritisch mustern: »Sicherheit« ist in Jüdischen Gemeinden zum wichtigen Zweig der Gemeindearbeit geworden, so wie Gottesdienst, Bestattungswesen und Religionsunterricht.

Schön kann das keiner finden. Ein paar prestigesüchtige Gemeindeobere mögen stolz darauf sein, dass sie Objekte des polizeilichen Personenschutzes sind, aber das ändert nichts daran, dass die Schutzmaßnahmen ganz einfach lästig für das Gemeindeleben sind und für bedrückende Stimmung sorgen. »Wie Mehltau« lege sich das Sicherheitswesen über das jüdische Leben, klagte schon in den neunziger Jahren der damalige Berliner Gemeindevorsitzende Andreas Nachama. Trotzdem fordert niemand die Reduzierung der manchmal festungsartigen Schutzvorrichtungen: Wer will schon Mitschuld tragen, sollte gerade nach dem Abbau der lästigen Eingangskontrolle oder dem Ausbau der safeartigen Eingangstür etwas Schlimmes geschehen? Und darum schützen die Sicherheitsmaßnahmen auf unabsehbare Zeit nicht nur vor Verbrechern, sondern auf bedrückende Weise auch vor jedem Anschein von Normalität.

Nicht dass die Sicherheitskontrolleure, oft junge Israelis, die in Deutschland mit diesem Nebenjob ihr Studium finanzieren, die Leute schikanierten. Dem steht ihre Schulung entgegen und die Tatsache, dass sie die regelmäßigen Besucher zumeist kennen. Aber auch der Fremde, sachlich nach seinem Begehr befragt und an den Zuständigen in der Gemeindeverwaltung verwiesen, mag über die Freundlichkeit der Kontrolleure staunen. Der Geschäftsführer einer mittelgroßen Gemeinde, nur ein wenig grinsend, weiß die Erklärung: »Sie haben keinen russischen Akzent, Sie fragen nicht nach der Sozialabteilung, Sie wollen kein Geld: Das ist hier alles ungewöhnlich.«

Ein Witz, eine Übertreibung, aber keine maßlose. Annähernd 100.000 Mitglieder zählen derzeit die im Zentralrat der Juden in Deutschland zusammengeschlossenen Gemeinden. Kaum 30.000 waren es, als 1989/90 erst die Regierung der untergehenden DDR und dann die Bundesregierung des vereinigten Deutschland die Grenze für Juden aus der moribunden Sowjetunion öffnete. Heute stellen die so genannten Kontingentflüchtlinge aus Russland und seinen Nachbarländern mindestens vier Fünftel aller jüdischen Gemeindemitglieder in Deutschland. Die kleinere Gruppe der Eingesessenen aus den Tagen der alten Bundesrepublik war und ist überaltert und kinderarm. Demographisch leidet sie überdies sowohl am Übermaß wie am Fehlen jüdischer Identifikation vieler Individuen: Abwanderung nach Israel oder in andere Zentren jüdischen Lebens auf dem Globus führt in der Bevölkerungsstatistik zu ähnlichen Ergebnissen wie das Ausbleiben jüdischer Familiengründungen im Lande.

Wie auch immer: Die jüdischen Zuwanderer, die es meist gar nicht mögen, wenn man sie »Russen« nennt, stellen fast in allen Gemeinden die Mehrheit der Mitglieder. In Ostdeutschland gibt es großstädtische Jüdische Gemeinden, in denen kein einziger Erwachsener nicht zu den Kontingentflüchtlingen zählt.

Fast reine Immigrantengemeinden hat es in der modernen jüdischen Geschichte immer wieder gegeben: New Yorks Lower East Side 1900, der Pariser Marais dreißig Jahre später, auch München 1950 – im Prinzip können Juden gut damit umgehen. Was anders ist, im Deutschland des frühen 21. Jahrhunderts, sind die Menschen und die institutionellen Bedingungen. Jüdische Gemeinden in der Bundesrepublik Deutschland sind keine wild und frei wachsenden Vereinigungen von Schicksals- und Glaubensgenossen, sondern Körperschaften des öffentlichen Rechts. Und in diesen institutionellen Rahmen fügen sich die einstigen Sowjetbürger eher als Untertanen und Leistungsempfänger, nur selten als Träger von Initiativen, die über Lieder- und Vortragsabende hinausgehen. Weshalb die Jüdischen Gemeinden nach außen und innen im Wesentlichen noch einige Jahre von Angehörigen der kleinen Minderheit der länger hier Lebenden repräsentiert werden dürften.

Die freilich haben umgelernt, haben andere Prioritäten als in der Zeit vor Mauerfall, Kontingentflüchtlingserlass und Intifada: Jüdische Gemeinde als Service-Agentur für integrationswillige, aufgrund von Alter und sprachlichen Hürden nicht immer integrationsfähige Zuwanderer, oft auch für permanent arme, weil für den deutschen Arbeitsmarkt absolut nicht vorbereitete Mitglieder, in den größeren Städten immer mehr auch als Schulträger, weil russische Eltern ihren Kindern einen Weg ins Judentum öffnen wollen, von dem sie selbst nach sieben Jahrzehnten unter sowjetischer Herrschaft kaum mehr kannten als ein paar Erinnerungen an Großmutters Sitten und an den Spott der Judenfeinde in der Nachbarschaft.

All das macht die Jüdischen Gemeinden in Deutschland zu ungewöhnlichen Einrichtungen, verschieden von allen Jüdischen Gemeinden der Welt und natürlich auch von allen anderen Religionsgemeinschaften in der Bundesrepublik. Mit denen sie freilich den Status teilen: »Körperschaft des öffentlichen Rechts« sind sie mit offiziellem Titel, und darauf sind sie eifersüchtig stolz. Die Bezeichnung teilen sie mit den ungleich größeren Kirchen der Katholiken und Protestanten in Deutschland, kurioserweise mit den halbstaatlichen Fernseh- und Radiosendern und mit wenigen anderen Einrichtungen. Eine Sache, die es so fast nur in Deutschland geben kann: prinzipiell nicht in Diktaturen, wo der Staat keiner Institution gleichzeitig Hoheitsqualität und innere Freiheit zubilligen kann, ganz gewiss nicht in Ländern mit wirklicher Staatskirche, wo Glaubensgemeinschaften entweder uneingeschränkt Staatsveranstaltung oder völlig privat sind, und ganz bestimmt auch nicht in Demokratien, die Staat und Religion konsequent voneinander geschieden haben.

1
Konrad Adenauer und Heinz Galinski, Berlin, 1969.

Eine exotische Einrichtung ist das für fast alle Beobachter, für nichtjüdische Deutsche wie für nichtdeutsche Juden. Deutsche tun sich schwer mit einer den Kirchen gleichgestellten Körperschaft des öffentlichen Rechts, weil Jüdische Gemeinden, so klein sie auch sein mogen, ihrem eigenen Verständnis nach viel mehr sind als Religionsgemeinschaften: Religiöse Juden, von einigen exzentrischen Denkern abgesehen, verstehen Judentum nicht nur als Teilnahme an einem liturgischen Verband oder einem Bekenntnis, sondern als ethnische, historische, eher einem gemeinsamen Schicksal und gemeinsamen Verhaltensnormen als einem gemeinsamen Glauben verpflichtete Gemeinschaft – weshalb die Zugehörigkeit von religiösen Dissidenten und Ungläubigen zur Jüdischen Gemeinde völlig unumstritten sein kann. Kirche ist etwas ganz anderes.

Die Zugewanderten dagegen kennen in der Regel heute nichts der deutschen jüdischen Körperschaftsverfassung Entsprechendes in ihren Heimatländern. Israelis kommen aus einem Land, in dem kurioserweise auch im sechsten Jahrzehnt nach der Unabhängigkeit der öffentliche Status des Judentums der Klärung harrt. Eine staatskirchenartige Synagoge gibt es im Staat Israel schon darum nicht, weil es keine Synagoge als jüdische Institution im Sinne von Kirche als christlicher Institution gibt. In den großen Ländern der jüdischen Diaspora von heute – in Amerika, den Commonwealth-Ländern, auch Westeuropa – gibt es dagegen sehr wohl Synagogen als organisierte Kongregationen, aber das sind letztlich staatsunabhängige Zusammenschlüsse, Freikirchen wie ihre christlichen Konkurrenten, entweder weil es wie in den USA immer schon so gewesen ist oder weil eine rabiate Trennung von Kirche und Staat die Juden wie in Frankreich zur Organisation auf freiwilliger Basis gezwungen hat.

Der praktische Unterschied ist groß. Für die jüdischen Individuen zeigt er sich darin, dass kaum jemand einem Juden in Los Angeles oder Johannesburg die Gemeindemitgliedschaft vorschreibt, schon gar nicht die Mitgliedschaft in einer bestimmten Kongregation. Natürlich verbietet die jüdische Religion ihren Mitgliedern, sich von der jüdischen Gesellschaft abzuwenden. Dass dies die positive Vorschrift bedeuten soll, einer bestimmten Organisation anzugehören, wird den Frömmsten in Jerusalem, Buenos Aires und schon in Zürich eher verwirren. In Deutschland ist es annähernd selbstverständlich – mit Einschränkungen, denen wir uns später zuwenden werden.

2

Willy Brandt im Gespräch mit Werner Nachmann, Berlin, 1970.

Das alles klingt so, als wäre jüdisches Gemeindeleben in Deutschland eine seltsame Abweichung vom jüdischen Normalzustand, so seltsam wie die Tatsache überhaupt, dass Juden nach 1945 ausgerechnet in Deutschland geblieben sind, ausgerechnet hier zugewandert sind, ausgerechnet Deutschland seit gut einem Jahrzehnt zur einzigen zahlenmäßig wachsenden jüdischen Diaspora gemacht haben.

So ist es aber ganz und gar nicht. Die jüdischen Gemeinden in Deutschland als Organisation stehen völlig in der Tradition des institutionellen jüdischen Lebens außerhalb des Heimatlandes Israel, wie es sich in Jahrhunderten, ja Jahrtausenden der Diaspora herausgebildet hat. Nicht dass die Jüdische Gemeinde in Aachen oder in Dresden so organisiert wäre wie die Juden in Alexandria unter Kleopatra und Mark Anton oder in Damaskus unter den Kalifen. Was sich in Deutschland aber entwickelt oder zurückentwickelt hat, fügt sich bruchlos in eine uralte Traditionslinie, zum größten Teil ohne dass die Beteiligten davon je Ahnung gehabt hätten.

Was bedeutet das? Vor allem, dass der jüdische Besucher ausgerechnet in Deutschland einen Zustand des öffentlich verfassten jüdischen Lebens besichtigen kann, der mit der Lebenswirklichkeit seiner Vorfahren im europäischen Ghetto und im nordafrikanischen Mellah mindestens genauso viel zu tun hat wie sein eigenes jüdisches Leben in Israel, Nordamerika oder sonstwo in der Welt. Freilich vermischt mit den Einwirkungen der individualisierenden Moderne, vor allem dem inkonsequenten Versuch des halbmodernen Deutschland in dem Jahrhundert zwischen Judenemanzipation und Nationalsozialismus, die jüdische Gruppe irgendwie ins deutsche Staatskirchensystem einzufügen.

Was immer schon Probleme gemacht hat. Juden, das gilt für Alexandria vor 2.000 Jahren wie für Berlin heute, sind in Gemeinden organisiert, die voneinander in der Religion und im Zusammengehörigkeitsgefühl abhängig sind, organisatorisch aber vollkommen unabhängig, was Rivalität mindestens so sehr fördert wie Kooperation. Diese Gemeinden haben Führungen – engagierte, in der Regel ehrenamtliche Gemeindemitglieder –, die keineswegs so etwas wie Priester sind: keine Kirchen also und im Grunde staatskirchenartig so wenig organisierbar wie derzeit in Deutschland etwa die Muslime. Diese Gemeinden beanspruchen herkömmlicherweise, ihre Mitglieder kollektiv gegenüber der nichtjüdischen Welt zu vertreten; die Gemeindeführer leiten ihre Legitimität nach innen oft gerade davon ab, dass die Außenwelt diesen Anspruch anerkennt. Letzteres ist natürlich vormodern; der moderne Mensch lässt sich als Staatsbürger, Wirtschaftssubjekt, Staatsleistungsempfänger nicht von einer ethnischen oder religiösen Organisation vertreten. Oder doch? In den ersten zwei Nachkriegsjahrzehnten fungierten in Westdeutschland jüdische Religionslehrer als Quasi-Vormünder jüdischer Kinder gegenüber Schulrektoren, weil die Eltern der Kinder zu fremd in Deutschland waren und aus Erfahrung zu ängstlich gegenüber deutschen Amtsträgern. Heute halten viele russisch sprechende Zuwanderer den jüdischen Gemeindefunktionär für den geeigneten Fürsprecher vor Ausländer-, Sozial- und Arbeitsvermittlungsbehörden, zu Recht auch. Und als Sprecher der Opfer Hitlers haben die Jüdischen Gemeinden im politischen Leben der Bundesrepublik über Jahrzehnte am ehesten ihren öffentlichen Platz gefunden; einen ebenso respektablen wie heiklen Platz. Heikel, weil die Gemeinden und ihr Zentralrat im Grunde nie als Sprecher von ein paar Zehntausend lebenden Juden angehört wurden, sondern als Vertreter von sechs Millionen ermordeten. Was von Jahr zu Jahr schwerer zu begründen wird gegenüber denen, die vor allem dann vergessen wollen, wenn die Erinnerung etwas kostet.

Darum kann die Jüdische Gemeinde in einer deutschen Stadt auch dann keine Kirche mit anderem Namen sein, wenn sie mit staatlicher Hilfe so genannte Kirchensteuer erhebt. Sie ist vielmehr Fortsetzung der ethnisch-religiös-kulturellen Sondervereinigung, die Juden auf deutschem Boden seit bald 1.700 Jahren darstellen und in den Mittelmeerländern noch länger. Christliche Pfarrgemeinden können da nicht mithalten: Da mag der Kindergarten eine Rolle spielen wie bei den Juden, genauso das Altersheim und die Zivildienstleistenden, die Essen auf Rädern transportieren. Es gibt aber kein wirkliches katholisches oder evangelisches Pendant zu jüdischen Gemeindebällen, jüdischen Singletreffen und jüdischen Friedhöfen. Dafür ist das eine, das Katholiken oder selbst Protestanten in Deutschland im Prinzip eint – die Religion –, unter deutschen Juden eher ein potentieller Spaltpilz: Die jüdischen Gemeinden in Deutschland quälen sich derzeit mit der Regelung ihrer Beziehungen zu prononcierten Anhängern der jüdischen Reformbewegung und auch der jüdischen Ultraorthodoxie, während ihrer Rabbinerkonferenz die Spaltung entlang religiös-dogmatischer Sollbruchstellen droht.

Ein durchaus wohlwollender, kundiger Beobachter, der Berliner Antisemitismusforscher Wolfgang Benz, hat die deutschen Jüdischen Gemeinden der Nachkriegszeit einmal »museal« genannt. Was er meinte, war die Tendenz der KZ-Überlebenden aus Osteuropa, jede Abweichung vom Kindheitsgewohnten abzulehnen. Soweit das so war, war das kaum anders als in

Tel Aviv oder London. Das wirklich »Museale« und in diesem Sinn Interessante reichte und reicht aber viel tiefer: In Deutschland, mehr als irgendwo sonst, spiegeln die Jüdischen Gemeinden uralte Zustände wider. Die großen rheinländischen Jüdischen Gemeinden des hohen Mittelalters, Speyer, Worms und Mainz, waren stil- und regelbildend für viele Jahrhunderte jüdischer Organisation in ganz Europa. Der Jude war Teil der mittelalterlichen Welt ganz und ausschließlich als Teil seiner Gemeinde; das war für ihn selbst aus religiösen Gründen ebenso selbstverständlich wie für jede christliche obere Gewalt. Um Geld ging es dabei schon immer, und die Jüdische Gemeinde trieb die Steuern und Abgaben der Juden ein – die im deutschen Mittelalter einen gewaltigen Anteil der gesamten öffentlichen Einnahmen ausmachten, was für die Juden meistens kein Vorteil war. Die Pflicht zum Gehorsam gegenüber der Gemeindeführung, dem »Kahal«, war auch religiöse Pflicht: Der Kahal repräsentierte das ansonsten spirituelle »portable Vaterland«. Im Prinzip jedenfalls. Im Konfliktfall, der sicher nicht selten war, beharrte jede lokale Gemeinde, jeder Kahal, auf seiner Unabhängigkeit gegenüber allen Nachbargemeinden, mit weit reichenden Folgen für die jüdische Gemeindeorganisation bis heute. Und ebenso auf dem Monopol der Repräsentation aller Juden in ihrem Bereich gegenüber den christlichen Gewalten und Kontrahenten.

Zu idealisieren gibt es da wenig. Im hohen Mittelalter, als mörderische Verfolgungen und Vertreibungen die Juden gerade auch in Deutschland heimsuchten, bildeten sich in vielen Gemeinden neben den alten Gegensätzen von Reich und Arm, Gelehrt und Ungelehrt, auch der zwischen Eingesessenen und Zugewanderten aus. Mancher Kahal bestand auf dem Recht, Fremden den Zuzug zu verweigern, Unliebsame auch wieder auszuweisen. »Cherem ha-Jischuw«, Bann auf die Niederlassung, heißt das im Hebräisch der Dokumente und stand einerseits im Widerspruch zur gewöhnlich wahrgenommenen Pflicht, den Armen und Verfolgten zu helfen, andererseits im Einklang mit der Notwendigkeit, nichts zu tun, was die Wahrscheinlichkeit neuer Verfolgungen erhöhte.

Die Notwendigkeit einer Zusammenarbeit der Gemeinden in der Politik war offensichtlich. Zu mehr als unverbindlichen Beratungen kam es selten, von einer einheitlichen, überregionalen Organisation der Juden war im vormodernen Deutschland noch viel weniger die Rede als sonstwo, und einzelne Juden, die seit dem Ende des Mittelalters ihren Reichtum in Einfluss auf die wirklich Mächtigen umzumünzen verstanden, waren wahrscheinlich sehr einsame Leute. Solange nicht Mord und Vertreibung dazwischenkamen, wurden Jüdische Gemeinden oft über lange Zeiträume von herrschenden Clans bestimmt, in denen sich Reichtum, Gelehrsamkeit und Ahnenstolz fortpflanzten. Kleine Gemeinden unterstanden oft einzelnen Männern – der Sache nach Vorfahren der »Geschäftsführer« heutiger Gemeinden. In den großen war der Kahal eine Art Stadtrat, in dem sich die Ämtervielfalt der christlichen Stadt widerspiegelte. In den Raschim, Gabbaim, Parnessim, Tuvej ha-Ir des größeren Ghettos lassen sich die Gemeindevorstände, Gemeinderäte, Ausschussmitglieder und Synagogenvorstände der Moderne vorausahnen.

Und natürlich gab es Rabbiner, immer gelehrt, nicht immer hauptamtlich. Ihre Autorität stand nie so fest wie die Autorität des religiösen Gesetzes, für das sie einstanden. Im frühen Mittelalter, auch in Deutschland, waren viele von ihnen beamtete Spezialisten: religiöse Richter, Prediger, Personalchefs der Vorsänger, Synagogendiener, Schlachter. Fragile Positionen, weil sie letztlich Angestellte ihrer Gemeinden waren, natürlich im besten Fall durch ihre sachliche Autorität und ihr Charisma davor geschützt, wie jeder Angestellte geheuert und gefeuert zu werden.

Alles längst vergangene Geschichte, fast alles ähnlich wie heute. Eine Jüdische Gemeinde kümmerte sich um Friedhöfe und Synagogen, rituelle Bäder und die Kontrolle der koscheren Lebensmittel, um die Schulbildung vor allem der Kinder armer Leute, um die Wohlfahrt ihrer Mitglieder. Was war anders als heute, da die Juden doch Staatsbürger sind, allenfalls mit einem großen Teil ihrer Identität Juden? Vormoderne Gemeinden erhoben Steuern und sprachen Recht; hatten auch das Privileg, staatlich sanktionierte Geld- oder sogar Haftstrafen über ihre Mitglieder zu verhängen, regulierten die Wirtschaftstätigkeit ihrer Gemeindemitglieder, ähnlich wie Zünfte das gegenüber ihren christlichen Angehörigen taten. All das ist im Prinzip restlos untergegangen – und wirkt doch im Untergrund nach, sofern die Gemeinde sich um Mitglieder kümmern will und soll, die in der Gesamtgesellschaft hilflos dastehen: Nach 1945 waren das noch lange die entwurzelten, nur körperlich befreiten Überlebenden der Konzentrationslager, heute sind es viele der Kontingentflüchtlinge.

Möglich ist diese Modernisierung des Vormodernen in Deutschland freilich nur, weil die Neuzeit in Deutschland – anders als in Amerika, anders als in England – eine Pluralität von öffentlich anerkannten Religionsgemeinschaften geschaffen hat, zu denen auch die Juden gehörten, mit empfindlichen Einschränkungen zwar, aber immer auch so, dass sich 1945 scheinbar bruchlos an den rechtlichen Status der Vor-Hitler-Zeit anknüpfen ließ. Im Rechtssinn ist nach dem Zweiten Weltkrieg kaum eine Jüdische Gemeinde in Deutschland »gegründet« worden: Die Überlebenden stellten einfach fest, sie seien die Jüdische Gemeinde hier und jetzt, und das wurde auch allgemein von außen anerkannt.

Nebenbei gerade auch mit böser Absicht: So erreichte die Jüdische Gemeinde in Düsseldorf um 1950 eine Nachforderung des Finanzamts, weil Grundsteuer für das Areal der abgebrannten Synagoge für etwa zwölf Jahre zu errichten sei – während andererseits alliierte Besatzer, deutsche Behörden und weltweite jüdische Organisationen darin übereinstimmten, dass die zusammengewürfelten Jüdischen Gemeinden der Nachkriegszeit nur einen sehr eingeschränkten Anspruch auf den öffentlichen jüdischen Besitz der Vorkriegsjahre hätten. Weshalb heute in Düsseldorf ein Verlagshaus und in Hamburg ein Radiosendesaal und ein Universitätsgebäude an der Stelle vernichteter Synagogen stehen. Rechtlich sahen das deutsche Bundesländer und Städte erst nach Jahrzehnten anders.

Die Jüdischen Gemeinden Deutschlands vor 1933 waren aber bei aller Modernisierung unmittelbare Rechtsnachfolgerinnen der mittelalterlichen Kehillot. Nicht dem Namen nach: Die Israelitischen Kultusgemeinden in Bayern und die Synagogengemeinden in Preußen reflektierten schon in der Bezeichnung die Konfessionalisierung der jüdischen Volksgruppe im frühen 19. Jahrhundert. Das ethnische Moment war aber geblieben, schon weil die Gleichberechtigung nie vollkommen war. Wohl waren die preußischen Juden 1812 prinzipiell und 1867 tatächlich gleichberechtigte Staatsbürger geworden, wohl hatte ein preußisches Gesetz 1847 die Rechtsstellung der Synagogengemeinden denen der christlichen Kirchen angenähert. Aber eben auch nur angenähert: Zusammenschlüsse der lokalen

Gemeinden zu geographisch größeren Verbänden entbehrten in der Regel des Körperschaftscharakters und waren damit Privatvereine ohne Schutz und Privileg. Als politischer Arm der Juden im Kampf etwa um bürgerliche Gleichberechtigung oder gegen die Antisemiten aufzutreten, war den Gemeinden verwehrt. Die öffentliche Stellung der protestantischen und katholischen Kirchen durften die Juden allenfalls in der Schulaufsicht über Volksschulen und bis zum Kulturkampf als Standesämter kopieren, nicht aber in der öffentlichen Mitsprache, der Militärgeistlichkeit und auf anderen wirklich angesehenen Feldern. An irgendeine Form des internationalen Zusammenschlusses war noch nicht einmal zu denken, schon weil die Juden Deutschlands nie aus dem Generalverdacht der nationalen Unzuverlässigkeit entlassen wurden. Und so verloren die Jüdischen Gemeinden wesentliche Kompetenzen und Aufgaben ihrer vormodernen Vorgängerinnen, natürlich auch die im Ghettoleben nahe liegende Kontrolle über das Leben ihrer Gemeindemitglieder, ohne viel dafür einzutauschen. Den meisten Juden wird das Recht gewesen sein: »Der einzelne Jude wurde in die nichtjüdische Gesellschaft katapultiert, wo ihm die eigenen Institutionen wenig nutzten«, schreibt der israelische Historiker Chaim Seew Hirschberg über das Europa des 19. Jahrhunderts.

Auch nicht, als der Antisemitismus Ende des 19. Jahrhunderts die Errungenschaften dreier Generationen bedrohte? Im Prinzip nicht: Der Status Jüdischer Gemeinden als Staatskirche zweiter Klasse vertrug sich nicht mit einer Rolle als Lobby in politischen Auseinandersetzungen. Für den gab es den speziellen »Centralverein deutscher Staatsbürger jüdischen Glaubens« mit nicht ganz glücklichem Namen und noch viel weniger Glück im politischen Kampf. Überhaupt gab es durchaus jüdische Vereine mit Spezialzielen, vom Zionismus über den Sport bis – jetzt wieder ganz traditionell – zur jüdischen Armenpflege mit allerlei Spezialisierungen. Was ganz anders war als etwa heute in Nordamerika: Niemals wurde einer dieser Vereine zur Ersatzinstitution für die Gemeinde. Im politischen, nicht im religiösen Verständnis war Mitgliedschaft in der Gemeinde und Bekenntnis zum Judentum eins, es gab keinen Ersatz.

Mit einer Ausnahme: Die religiöse Differenzierung des Judentums in ganz Orthodoxe, ganz Reformierte und vieles dazwischen hatte es nicht etwa den radikalen Neuerern, sondern den verbittert am Alten Festhaltenden unmöglich gemacht, mit ihren theologischen Gegnern Friedhöfe, Gemeinderäte, Kirchensteuerkassen zu teilen. Das moderne Judentum vertrug die »Einheitsgemeinde«, in der möglicherweise Synagogen unterschiedlicher Liturgie einer Gemeindeführung unterstanden. Ein Teil der Orthodoxen vertrug es nicht, hätte es aber auch nicht ertragen, in staatlichen Amtsstuben als »konfessionslos« registriert zu werden. Weshalb das deutsche Kaiserreich ein einziges Mal die Juden positiv diskriminierte, dazu auch noch die ganz Orthodoxen: Im Gegensatz zum Katholiken und Protestanten konnte der Jude im kaiserlichen und dann auch im Weimarer Deutschland aus seiner Gemeinde austreten und sich weiter »Jude« nennen. Das taten die sehr frommen, glaubensstarken und kulturell durchaus germanisierten Austrittsorthodoxen. Praktisch die Sache einer Minderheit in wenigen größeren Städten: ein Konflikt, der in Zürich und London heute nachwirkt, in Deutschland kaum.

Zu erinnern daran ist trotzdem, weil der Umgang mit jüdischer religiöser Pluralität derzeit zum großen Problem für die Zukunft der deutschen Gemeinschaft wird. Oder auch nicht, weil das religiöse Engagement allgemein doch kleiner ist, als es den nichtjüdischen Beobachtern zumeist erscheint. Gewiss, es gibt ein paar Versuche zur Neubildung austrittsorthodoxer Gemeinden, das sind aber Privatmarotten mit ungebührlichem PR-Lärm und mehr Anspruch auf Grundstücke als auf Traditionen. Anders sieht es beim Blick auf den 2004 in den Medien laut ausgetragenen Gegensatz zwischen den etablierten Gemeinden unter dem Dach des Zentralrats der Juden und dem Zusammenschluss zumeist kleiner liberaler Gemeinden aus, die vorwiegend in Städten gedeihen, in denen die jeweilige örtliche Gemeinde sich in besonderer Intoleranz gefällt. Den Liberalen, von wohlwollenden nichtjüdischen Beobachtern oft zum Träger der wahrhaftigen Tradition deutschen Judentums ausgerufen, fehlt es in der Regel an materiellen Mitteln, daneben in der Regel an Wurzeln sowohl unter den russisch sprechenden Zuwanderern als auch im seit 1945 herausgebildeten Milieu der Gemeinden. Wo das anders ist, finden sich Arrangements im Sinn der alten deutschen Einheitsgemeinde, aber der Konflikt geht weiter, übel genug.

Übel, weil es nach außen um (noch nicht einmal hohe) staatliche Zuschüsse geht, was Antisemiten Freude machen muss und Politiker bis hin zum Bundeskanzler zum Schiedsrichter in jüdischen Glaubensfragen macht – ganz wie in vormodernen Zeiten, aber unzumutbar für ein weltanschaulich neutrales Gemeinwesen. Hinter dem lösbaren Konflikt um Subventionen verstecken sich aber zwei Probleme, die auf deutschem Boden nicht mehr lösbar sind: Das eine sind die Regeln der Zugehörigkeit zum Judentum, in der alten Welt unstrittig, heute zwischen orthodoxen, liberalen und ungläubigen Juden kaum noch konsensfähig. Ähnliche Institutionen wie der deutsche Zentralrat in anderen Diasporaländern lassen da ihre Einzelgemeinden schalten, wie sie wollen – der Zentralrat, Teil des deutschen Staatskirchensystems, hat es da weniger bequem und kann sich nur schlecht weltanschaulich neutral stellen.

3
Dr. H. G. von Dam in Bergen-Belsen, 1955.

Und dann eine Frage, die ans Selbstbild der deutschen Juden geht: Sind sie trotz aller Sicherheitsängste heute ungefährdet, trotz Zuwanderung und Zuwachs immer noch eine kleine, schwache Gruppe? Denn eine einheitliche und unbestrittene Repräsentation jüdischer Interessen irgendwo auf der Welt gibt es heute regelmäßig dort, wo es entweder nur wenige Juden gibt oder eine Übermacht der Antisemiten und darum einen Zwang zur Einigkeit. In Israel, in England, in den USA, selbst in Frankreich kann davon keine Rede sein. Und so ist es auch kein Wunder, dass die amerikanischen Protektoren der deutschen Reformgemeinden, ohne Kenntnis der Vorzüge einheitlicher Repräsentation, den Konflikt vorantreiben, der den meisten Juden hierzulande die Haare zu Berge stehen lässt: weil die Juden in Deutschland sich für eine Spaltung immer noch viel zu schwach fühlen.

SYNAGOGEN IN DEUTSCH-LAND NACH 1945

Salomon Korn :

SYNAGOGEN IN DEUTSCHLAND NACH 1945

Salomon Korn

Synagogen zählen zu jenen Baugattungen, die sich nicht ohne weiteres lexikalisch definieren lassen. Schon ihre dreifache Bestimmung als Haus der Versammlung (Bet ha-Knesset), Haus des Lernens (Bet ha-Midrasch) und Haus des Betens (Bet ha-Tefila) verweist auf die Vielfalt ihres Wesens, ohne dass damit schon etwas über ihre architektonische Ausprägung angedeutet wäre. Und in der Tat ist sie eher ein geistiges denn ein baukünstlerisches Gebilde. Immaterieller Gehalt und materielle Hülle haben im Lauf von über 2.000 Jahren ein spannungsvolles Wechselverhältnis herausgebildet, ohne je zu einer architektonischen »Idealgestalt« zu finden. Auch wenn das Wesen der Synagoge sich nicht idealtypisch »materialisieren« lässt, so ist eine baukünstlerische Annäherung dennoch möglich. Um diesen komplexen Prozess zu begreifen, ist es notwendig, die entscheidenden Entwicklungsschritte der jüdischen Betstätten während ihrer langen Geschichte ansatzweise aufzuzeigen.

»Wie ehrfurchterweckend ist dieser Ort! Das ist nichts anderes als ein Haus Gottes, und hier ist die Pforte des Himmels.« Diese Worte spricht Jakob nach dem Erwachen aus jenem Traum, in dem eine Leiter von der Erde bis in den Himmel ragt: Auf ihr stiegen – wie um Himmel und Erde zu verbinden – die Engel Gottes auf und nieder. Jakob richtete den Stein auf, der zuvor im Schlaf sein Haupt gestützt hatte, goss Öl darüber und nannte die Stätte »Bet-El«: Haus Gottes. So hat im Judentum der Gedanke, Gott ein Heiligtum zu errichten, seinen Ursprung nicht in einer Forderung Gottes an den Menschen, sondern im Willen des Menschen selbst.

Für die spätere Entwicklung der Synagoge ist dieser Gedanke bedeutend, weil in ihr alle Beter Laienpriester sind und damit ohne vermittelnde Instanz direkt zu Gott stehen. Die Synagoge ist in erster Linie nicht ein Haus Gottes, sondern ein Haus der Menschen in Anwesenheit Gottes. In der Bibel wird dieser Umstand früh erwähnt: »Ein Heiligtum sollen sie mir machen, daß ich einwohne in ihrer Mitte«, lautet Gottes Anweisung an die Kinder Israel, als sie während ihrer Wüstenwanderung am Berge Sinai lagern.

Anstelle von Götzenbildern sollten sie von nun an in einem provisorischen und portativen Heiligtum, dem Stiftzelt, einen unsichtbaren Gott verehren, der weder Gestalt noch Namen hatte. Die Erfüllung dieser Forderung als Grundlage des Bundes bedeutete für die Kinder Israel den endgültigen Verzicht, göttliche Macht durch Vergegenständlichung der Gestalt Gottes magisch bannen zu können; sie war gleichzeitig die Anerkennung seiner unsichtbaren Allgegenwart und in letzter Konsequenz der »Triumph« der Geistigkeit über die Sinnlichkeit. Wie schwer es den Juden fiel, ein Heiligtum anzunehmen, dessen Gottheit nicht mehr sinnlich erfassbar war, zeigt nicht nur der Tanz ums goldene Kalb, sondern auch das zweite jüdische Gotteshaus, der Salomonische Tempel. Schon seine an phönizischer Tempelbaukunst orientierte Gestaltung lässt graduelle Aufweichungen des abstrakt-monotheistischen Prinzips zugunsten einer Annäherung an heidnische Sitten umliegender Völker erkennen. Doch über rein formale Merkmale hinaus deuten eine stark hierarchisch geordnete Priesterschaft, der Opferdienst im Tempel und Zonen unterschiedlicher Heiligkeit auf Merkmale hin, die schwerlich mit einem reinen Monotheismus vereinbar sind.

Der Salomonische Tempel war nicht die architektonisch angemessene Antwort auf den Monotheismus, sondern Übergangs- und Kompromissform zwischen sinnlichem Götzendienst und Glauben an einen unsichtbaren Gott. Vermutlich bedurfte es erst der Zerstörung des Tempels durch die Babylonier im 6. Jahrhundert v. d. Z., um einer Kultstätte zum Durchbruch zu verhelfen, die dem Monotheismus angemessener war: die »unsinnliche« Synagoge ohne Priester, wo jeder Betende in unmittelbarer Beziehung zu Gott stand, wo an die Stelle des Altars die erhöhte Predigerestrade, anstelle des blutigen Opfers das unblutige Gebet und anstelle der Bundeslade mit den Gesetzestafeln der Tora-Schrank mit den biblischen Schriftrollen traten.

Der synagogale Raumkonflikt

Im Unterschied zum Tempel, dessen differenzierte Raumfolge mit Zonen zunehmender Heiligkeit auf Opferdienste als Gipfel der Kulthandlung zugeschnitten war, erwuchsen die Forderungen an das Raumprogramm der frühen Synagogen aus einer gänzlich anderen Geisteshaltung: Hier nahte man sich Gott nicht mehr in zeremonieller Weise, als wäre seine Gegenwart nur an einen bestimmten Ort, das Allerheiligste des Tempels, gebunden. Seine Gegenwart wird rein geistig gefasst, er ist überall und nirgends; die Gläubigen sammeln sich um einen bestimmten Punkt, um vom Schriftgelehrten Gottes Wort zu hören. Daraus folgt für den Bau, dass man sich um einen Punkt, praktischerweise um einen erhöhten Punkt sammeln könne, damit der Vortragende allen sicht- und hörbar sei: Als

1
Stiftzelt (Stiftshütte).

geistiges und örtliches Zentrum ist damit die erhöhte Kanzel, der Almemor gegeben, auf dem der Vortragende seinen Platz hat. Der auf das belehrende Wort aufbauende Gottesdienst stellt keine weiteren Forderungen an den Raum.

Doch erwuchs neben der eher profan ausgerichteten Belehrung die Notwendigkeit, in der Synagoge auch geregelte sakrale Handlungen mit und neben dem Gebet vorzunehmen. Neben die rationalen Momente der geistigen Belehrung und des Gottesdienstes traten auch sakrale und damit andere, zusätzliche Forderungen an den Raum. Es handelt sich dabei um den »Aron hakodesch«, kurz Aron genannt, den heiligen Schrein, der die Tora, die biblischen Schriftrollen, enthält; sie werden an bestimmten Tagen und zu bestimmten Gelegenheiten während des Gottesdienstes aus der Heiligen Lade ausgehoben, in einer Zeremonie zum Almemor getragen, dort verlesen und anschließend wieder zurückgetragen.

Ideengeschichtlich stellt die »provisorische« Synagoge des babylonischen Exils – wenn überhaupt – eher eine Rückkehr zum portativen Stiftzelt der Wüste als zum »festen« Tempel Zions dar. Da aber schon das Stiftzelt mit der Bundeslade (Allerheiligstes) einen wichtigen sakralen Bestandteil des Tempels beherbergte, kann die Synagoge (mit der Heiligen Lade) sowohl Elemente des Stiftzeltes (profan, unsinnlich, provisorisch) als auch solche des Tempels (sakral, sinnlich, dauerhaft) mit jeweils unterschiedlicher Gewichtung enthalten.

Aus architektonischer Sicht war das Problem der nachbabylonischen antiken Synagoge im Heiligen Land keines der räumlich-plastischen Durchbildung des Gebetsraumes, sondern immer »nur« eines der Grundrissanordnung. Es betraf die zunächst schwankenden Positionen des Almemors und des Aron hakodesch in der Synagoge, bis schließlich, auch aus akustischen und optischen Gründen, der Almemor seine »logische« Aufstellung im Zentrum des Raumes fand und die Heilige Lade an die Wand rückte, die in Richtung Jerusalem, in Richtung des Tempels, zeigte.

Im Heiligen Land hat sich weder eine eigene Synagogenarchitektur noch ein besonderer Synagogenbaustil entwickelt. In Ermangelung eines eigenen synagogalen Baustils haben die Juden der Diaspora für ihre Gotteshäuser zu allen Zeiten den herrschenden Baustil ihres jeweiligen Gastlandes übernommen. Dieser Umstand bewirkte über ein Jahrtausend hindurch, dass Synagogen nicht als eigenständige Bauten einer gesellschaftlich ausgegrenzten Minderheit wahrgenommen wurden. Schon gar nicht in Deutschland, wo jüdische Gotteshäuser – wenn überhaupt – meist nur am

Ortsrand oder in Hinterhöfen errichtet werden durften. Das änderte sich zu Beginn des 19. Jahrhunderts mit den ersten Emanzipationsbestrebungen der Juden und einem zunehmenden Nationalbewusstsein der Deutschen. In dieser Wendezeit kamen jedem Baustil andere, aus abend- und morgenländischer Geschichte abgeleitete Bedeutungen und Sinngehalte zu: Die Wahl eines bestimmten Baustils hatte öffentlichen Bekenntnischarakter.

Für den Synagogenbau dieser Zeit war bedeutsam, dass im sakralsten aller überkommenen Baustile, der Gotik und Neugotik, Wünsche nach nationaler Einheit und Größe im Sinne des christlich-deutschen Mittelalters zum Ausdruck kamen. Da zu jener Zeit die Lösung der »jüdischen Frage« in der Christianisierung der Juden gesehen wurde, konnte es – sofern die Betonung jüdischer Eigenständigkeit im Vordergrund stand – für den Synagogenbau durchaus bedeutsam werden, Stilelemente zu vermeiden, die einen baulich-symbolischen »Übertritt« zum Christentum assoziativ nahe legten; andererseits wollten Juden das Bekenntnis zum deutschen Vaterland, ihrem neuen Jerusalem, auch öffentlich zeigen. Für den meist christlichen Synagogenbaumeister entstand in diesem Zwiespalt das Problem, in Baugestalt und Stilwahl die schwierige optische Differenzierung zwischen »deutsch« und »christlich« vornehmen zu müssen; er sollte den jüdischen Charakter des Sakralbaus herausarbeiten, ohne zu starke Anklänge an den Kirchenbau, dennoch das deutsch-nationale (Bekenntnis-) Element betonen – eine schwierige Gratwanderung, wenn man bedenkt, dass fast immer orientalisierende Stile herangezogen werden mussten, um die Eigenständigkeit des Judentums öffentlich darzustellen. Allerdings barg diese Verwendung neoislamischer Stilelemente die Gefahr in sich, »undeutsche« Assoziationen zu wecken und damit gesellschaftliches Außenseitertum visuell zu verstärken.

Diesem synagogalen Stilkonflikt entging zum Beispiel Gottfried Semper bei der 1840 erbauten Dresdner Synagoge durch orientalisierende Ausschmückung des Inneren und romanisierende Gestaltung des Äußeren, wobei er andeutungsweise auf Elemente des Stiftzeltes und des Tempels zurückgriff. Wie bei vielen späteren Synagogen auch sollte hier die Verwendung neoislamischer Stilformen die Erinnerung und Verbundenheit mit der aus dem Orient stammenden »alten« jüdischen Religion herausstreichen, während mit den romanisierenden (später auch gotisierenden) Gestaltungselementen die »neue« Zugehörigkeit zur deutschen Nation betont werden sollte.

Dieser Stileklektizismus versinnbildlicht die Versuche, durch Mischung orientalischer und abendländischer Bauformen für die in ihrer gesellschaftlichen Stellung noch bedrohten Juden einen eigenen, identitätsstiftenden Baustil zu finden und gleichzeitig die Zugehörigkeit zu Deutschland zu bekennen. An der Nahtstelle zwischen abendländischer Bauhülle und morgenländischen Stilelementen, die nie zu einer wirklichen baukünstlerischen Einheit gefunden haben, zeichnen sich auf architektonischer Ebene jene feinen bis breiten Risse ab, wie sie in der gesellschaftlichen Situation der Juden während ihres Kampfes um rechtliche, soziale und konfessionelle Gleichstellung allenthalben zu beobachten sind.

Die bereits zu ihrer Zeit von jüdischer Seite als zwiespältig empfundene Verwendung islamisch-orientalisierender Stilelemente im Synagogenbau veranlasste unter anderen den königlich-hannoverschen Baurat Edwin Oppler (1831–1880), gebürtiger Jude, die Abkehr von neoislamischen Synagogen zu fordern. Nach seiner Auffassung standen sie in keiner Beziehung zum Judentum der Neuzeit und waren nur als »Verirrungen« zu betrachten. In Anlehnung an die mittelalterliche Synagogenbautradition, den jeweils herrschenden Baustil zu übernehmen, bevorzugte er nach Landessitte christliche Kirchen als Synagogenvorbilder. Er wollte in »rein deutschen Stylen« bauen, wie die Synagogen in Bleicherode, Breslau, Hameln, Hannover und Schweidnitz bezeugen. Was in früheren Jahrhunderten beim Synagogenbau unmittelbare Entlehnung gerade vorherrschender Architekturformen gewesen war, rückte jetzt in die Nähe der Reproduktion bereits reproduzierter historisierender Baustile – Kopie der Kopie bis zur optischen Selbstverleugnung, um als Jude, nach Opplers Worten, »im Staate aufzugehen«. Das wiederum konnte den nach gesellschaftlicher Anerkennung strebenden Juden den Vorwurf mangelnder Eigenständigkeit und mangelnden Geschichtsbewusstseins eintragen. Aus diesem Dilemma – Spiegelbild gesellschaftlicher Stigmatisierung – gab es kein Entrinnen: Errichteten jüdische Gemeinden ihre Synagogen selbstbewusst in orientalisierenden Stilen, dann liefen sie Gefahr, sich optisch auszugrenzen, bauten sie ihre Gotteshäuser in »deutschen« Stilen, um ihre Zugehörigkeit zum deutschen Volk öffentlich zu demonstrieren, dann brachte ihnen das rasch den Vorwurf der Selbstverleugnung ein.

Über allem stand der Wille, Teil der deutschen Nation zu sein. Und so strebten die Juden in Deutschland an, ihre gesellschaftlich stigmatisierte Bezeichnung abzulegen und sich fortan »Israeliten« zu nennen. Ihre Synagogen aber wandelten sie in »Tempel« um. Dies war mehr als eine bloße Umbenennung, es war programmatisch: Nicht mehr das ferne Palästina, sondern Deutschland betrachteten sie von nun an als ihr gelobtes Land. Nicht mehr in Zion, sondern in Deutschland sahen sie den Ort, an dem der messianisch verheißene Tempel zu bauen sei. Und so entstanden in vielen deutschen Ortschaften neue große jüdische Tempel, die weithin sichtbares Bekenntnis der deutschen Juden – der israelitischen Deutschen – zu ihrem neuen Gelobten Land waren. Liberale Strömungen innerhalb des Judentums gewannen die Oberhand und glichen ihre Synagogen in Stil und Architektur zunehmend stärker dem Kirchenbau an. Der zentral stehende Almemor wurde, christlichem Zeremoniell folgend, an die Ostwand der Synagoge, in unmittelbare Nähe der Heiligen Lade gerückt: Dessen »orthodoxe Anordnung« in Raummitte schien Liberalen und Reformern nicht mehr zeitgemäß. Damit war in diesen Synagogen der jahrtausendealte synagogale Raumkonflikt aufgehoben. So wurden aus den lange als »Judenschulen« verpönten jüdischen Gotteshäusern, unter Aufgabe der originären synagogalen Raumordnung, Synagogen-Kirchen: die neuen Tempel der deutschen Israeliten.

Eine leidvolle zweitausendjährige Reise durch die Diaspora, so schien es den deutschen Juden, war an ihr glückliches Ende gelangt. Doch diese Illusion währte nicht lange. Als in der Nacht vom 9. auf den 10. November 1938 überall in Deutschland Synagogen brannten, endete für jedermann sichtbar die fruchtbarste Epoche deutsch-jüdischer Geschichte: Die über 150 Jahre mühsam erkämpfte bürgerlich-rechtliche Gleichstellung verflüchtigte sich im Rauch jener Schreckensnacht. Über den Akt materieller Zerstörung jüdischer Gotteshäuser hinaus sollten die brennenden Synagogen, nationalsozialistischer Weltanschauung folgend, die Auslöschung des Judentums im innersten Kern symbolisieren. In jener so genannten »Reichskristallnacht« verbrannten mit den Synagogen-Tempeln das innige Bekenntnis und die unerwiderte Liebe der deutschen Juden – der jüdischen Deutschen – zu ihrem Vaterland.

Seither fehlen die Synagogen im Stadtbild der meisten deutschen Ortschaften. Aber nicht nur dort – sie sind auch weitgehend aus dem Bewusstsein der deutschen Bevölkerung verschwunden. Zu Beginn des 20. Jahrhunderts gab es etwa 2.800 Synagogen und Betstuben in Deutschland. Davon wurden, entgegen den beschönigenden Angaben der Nationalsozialisten, weit über die Hälfte zerstört, der größte Teil während der Nacht des 9. November 1938, ein weiterer Teil durch Kriegseinwirkungen. Von denen, die »Reichskristallnacht« und Krieg überstanden hatten, wurden die meisten zweckentfremdet, verkauft oder abgerissen. Die Erinnerung an eine einst blühende Baugattung in Deutschland ist seither nahezu ausgelöscht.

In ihrer wechselvollen Geschichte »schwankt« die Synagoge je nach »äußeren« und »inneren« Bedingungen zwischen Provisorium (Stiftzelt) und festem Haus (Tempel), zwischen lebendiger Religiosität und ritualisiertem Zeremoniell, zwischen »Abstraktion« und Sinnlichkeit, zwischen rational-profanen und magisch-sakralen Elementen. Diese Gegensatzpaare finden ihre konkrete Umsetzung im so genannten »Konflikt« zwischen Almemor (zentrale Kanzel) und Aron hakodesch (Tora-Schrein), das heißt zwischen deren räumlicher Position, Größenverhältnis und Gestaltungsmerkmalen.

Von seiner exponierten Stellung her – meist in Raummitte – »fördert« der Almemor eher den Zentralraum, während die Ostwandposition der Tora-Lade – die Ausrichtung nach Jerusalem – durch ein Langhaus betont werden kann. Dem (ideellen) »Konflikt« zwischen Almemor, der zentralen Kanzel, und Aron hakodesch, dem Tora-Schrein, entspricht auf architektonisch-räumlicher Ebene der Konflikt zwischen Zentralität und Longitudinalität, das heißt zwischen Zentralbau und Langhaus. Darüber hinaus besitzt die Synagoge von ihrem Ursprung her keine weiteren architektonischen Merkmale oder gar charakteristischen Stilelemente.

Zugespitzt könnte man es so formulieren: Die (äußere) Architektur der Synagoge ist austauschbar – das (innere) bipolare räumliche Prinzip, die »synagogale Raumantinomie«, ist es nicht. Solange dieses Prinzip gewahrt bleibt, bewahrt das jüdische Gotteshaus gegenüber Sakralbauten anderer Religionen seinen spezifischen, originären Charakter unter allen austauschbaren Architekturformen und Stilhüllen. Die architektonische Eigentümlichkeit der Synagoge beschränkt sich demnach auf den Innenraum, auf die synagogale Raumantinomie, die sich einer endgültigen Lösung zu entziehen scheint und je nach Zeit und Ort neu durchdacht werden muss. Dies führte zu unterschiedlichen Lösungsversuchen des synagogalen Raumkonflikts in Deutschland nach 1945, nach Völkermord und Synagogenzerstörungen.

Die Entwicklung nach 1945 – ausgewählte Beispiele

Dem Synagogenbau in der ehemaligen DDR kommt in diesem Kontext nur untergeordnete Bedeutung zu. In den acht jüdischen Gemeinden wurden nach 1945 neue Synagogen nur in Dresden (1950) und Erfurt (1952)

2
Saarbrücken,
Synagoge, 1951.

erbaut. Während die Synagoge in Dresden als konventioneller Kuppelbau mit historisierenden Formen errichtet wurde, ist diejenige in Erfurt ein einfaches Gebäude ohne besondere architektonische Merkmale eines jüdischen Gotteshauses.

Die meisten der etwa 80 jüdischen Betstätten in der Bundesrepublik Deutschland sind bescheidene Betsäle, die äußerlich nicht als Gotteshäuser zu erkennen sind. Zu den eigenständigen Synagogenbauten zählen nur etwa drei Dutzend Beispiele.

Die ersten Synagogen in der Bundesrepublik Deutschland wurden nahezu gleichzeitig in Saarbrücken (1948–1951) und in Stuttgart (1951/52) erbaut. Beide Sakralbauten gehen auf Architekturströmungen der Vorkriegszeit zurück. Aus formaler Sicht haftet dem Innenraum der von Heinrich Sievers (1903–1969) erbauten Synagoge Saarbrücken etwas von jener Pseudosakralität an, wie sie manchen monumentalen Staatsbauten und Repräsentationsräumen des Dritten Reiches eigen ist; als synagogal können lediglich die um die Heilige Lade gruppierten Symbole des Judentums bezeichnet werden. Die perspektivische Konzentration des längsgestreckten Raumes auf die Ostwandnische hin verstärkt den Eindruck formaler Ungleichheit zwischen »jüdischer« Ostwandnische und der aus dem Formenschatz des Dritten Reiches nachklingenden Hallenarchitektur. Dies ist vermutlich das einzige Beispiel einer deutlichen Verschränkung des jüdischen Sakralbaus mit formalen Abkömmlingen aus der Architektur des Nationalsozialismus.

Dagegen geht die von Ernst Guggenheimer (1880–1973) entworfene Synagoge Stuttgart auf Architekturvorstellungen des Bauhauses und auf Leitgedanken zurück, die der Architekt bereits 1930 niedergelegt hatte: Prachtvolle Innenräume, wuchtige Fassaden und maurische Kuppeln lehnte er darin für den jüdischen Kultbau ab; dieser habe sich auf das Wesentliche, die Heilige Lade und den Almemor, zu konzentrieren. Der in

3
Stuttgart, Synagoge, 1952, Inneres, Blick nach Osten.

Stuttgart nach außen streng durch den Vorhof abgeschlossene kubische Raum sei »der sinnfällige bauliche Ausdruck für die Synagoge – den jüdischen Tempel [...]. Die Gottesverehrung und die Selbstbesinnung brauchen keine Pracht, sondern verlangen Schlichtheit.« Es ist eine einzigartige Fügung, dass solche vor der Vernichtung des deutschen Judentums niedergeschriebene Auffassungen über Synagogengestaltung nach dem Völkermord vom Verfasser selbst in Deutschland baulich umgesetzt werden konnten. Guggenheimers Synagoge zeigt eine konsequente Umsetzung seiner Leitgedanken. Der auf quadratischem Grundriss entworfene wohlproportionierte kubische Raum mit bekrönender Laterne entsteht ganz selbstverständlich aus der zentralen Stellung des Almemors, die fast raumhohe Ostwandnische aus der optischen Betonung der Heiligen Lade. Der in seiner Schlichtheit würdevoll wirkende helle Kultraum hat überraschenderweise bis heute nichts von seiner Gültigkeit, seiner Modernität – der Reduktion aufs Wesentliche – verloren.

Guggenheimer hat den Synagogenraum durch Rückführung von Architektur und Dekor auf einfachste Ausdrucksmittel klassisch definiert; darin liegt im Hinblick auf die synagogale Raumantinomie gleichzeitig dessen Stärke und Schwäche: Der Konflikt ist insoweit gelöst, als er durch die Einfachheit des Raumes gar nicht erst zu entstehen scheint. Andererseits aber leidet der Raum eben durch seine klassische Ausgewogenheit unter einer gewissen räumlichen Spannungslosigkeit. Als später Nachkömmling von Architekturtendenzen der Vorkriegszeit macht dieser

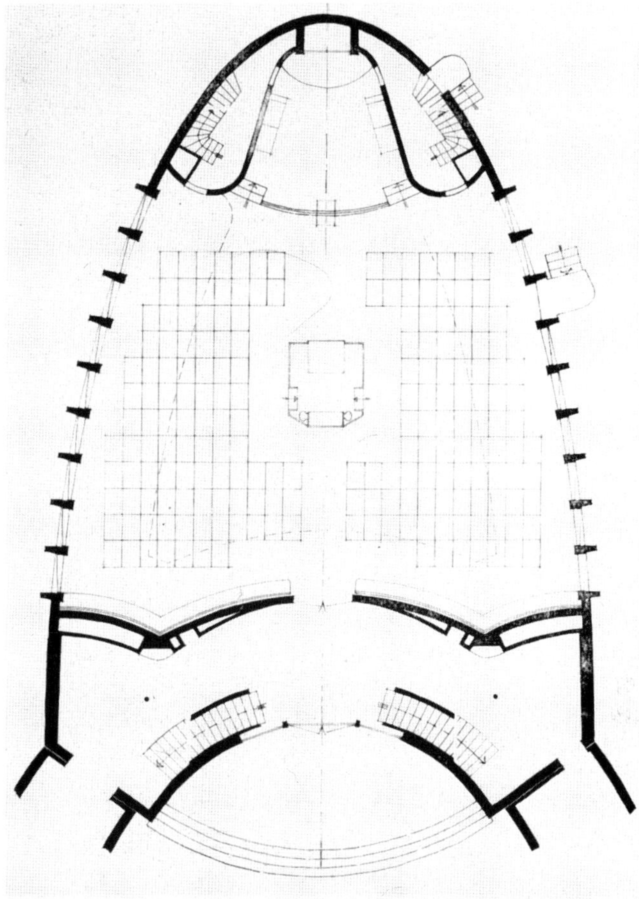

4
Hannover, Synagoge, 1963, Grundriss Erdgeschoss.

Synagogenraum noch einmal schmerzlich bewusst, dass jüdische Sakralbautradition in Deutschland zu einer Zeit gewaltsam unterbrochen wurde, als sie sich anschickte, den Weg zur Moderne einzuschlagen.

Während Guggenheimers Synagoge durch Schlichtheit und formale Strenge auch etwas Endgültiges anzuhaften scheint, zeigen die Synagogenbauten von Hermann Guttmann (1917–1977) ein fortwährendes Bemühen um den idealen Synagogenraum. Von den neun jüdischen Sakralbauten, die Guttmann in der Bundesrepublik Deutschland errichtet hat, stellt das Gotteshaus in Hannover seine reifste Leistung auf dem Gebiet des Synagogenbaus dar.

Die 1963 eingeweihte Synagoge Hannover ist im Grundriss als Parabel konzipiert, in deren Scheitel die Heilige Lade und an deren offenem Ende der – von außen gesehen – in konkaver Form geplante Eingangsbereich liegt. Guttmann hat auf originelle Weise den beiden wichtigsten Architekturelementen der Synagoge räumliches Gewicht verliehen: Der paraboloide Grundriss weitet im Bereich des Almemors den Raum auf und gibt ihm – auch durch die hohen, sakral wirkenden Fenster – zu beiden Seiten räumliche Weite. Das vom Eingang aus ansteigende Dach erreicht seine größte Höhe im Bereich des Parabelscheitels, sodass die Heilige Lade räumlich und gleichzeitig im übertragenen Sinne »erhöht« wird. Die wellenförmige Ausbildung der Ostwandnische und die scheinbar frei schwebenden, auf sie zuschwingenden Frauenemporen konzentrieren den Raum stärker auf die Heilige Lade als auf den Almemor hin.

Der Aron hakodesch ist Teil des stilisierten brennenden Dornbusches, der durch betonte Vertikalität auch die nächtlich wegweisende Feuersäule der Wüstenwanderung der Kinder Israel darstellen könnte. Das symbolische Feuer verweist auf die Bedeutung der im Aron hakodesch aufbewahrten Heiligen Schrift als Licht, Lehre und Wegweiser des Judentums. Diese baukünstlerisch umgesetzte Botschaft scheint das zentrale Anliegen Guttmanns in der Synagoge Hannover gewesen zu sein. Die damit verbundene optische Heraushebung des Aron hakodesch gibt diesem ein räumliches Übergewicht über dem zentral stehenden Almemor; andererseits wird es durch die besondere Raumausbildung der Synagoge nicht so groß, dass die räumliche Spannung zwischen den beiden zentralen synagogalen Elementen verloren ginge. Dadurch gelingt es dem Architekten, eine eigenwillige, dem synagogalen Raumkonflikt angemessene Lösung zu finden.

Eine andere Auffassung vom Synagogenraum zeigen die von Helmut Goldschmidt (geb. 1918) erbauten Gotteshäuser. In allen von Goldschmidt entworfenen Synagogen – acht an der Zahl – steht der Almemor nicht in Raummitte, sondern, wie in jüdischen Sakralräumen mit liberalem Ritus üblich, unmittelbar vor der Heiligen Lade. Dies entspreche, so Goldschmidt, der modernen Art der Predigt, die keine Kanzelrede, sondern Gespräch mit der Gemeinde sei. Danach erfolgt eine Auseinandersetzung mit dem Synagogenraum nur in Bezug auf den Aron hakodesch: Die Ostwand wird zum überhöhenden, einem stilisierten Zelt gleichenden Portal der Heiligen Lade gestaltet, der Betraum perspektivisch auf sie ausgerichtet.

Es bleibt die Frage, was diese stimmungsvollen Gotteshäuser von Sakralräumen anderer Konfessionen unterscheidet, wenn nicht die Verwendung und Stilisierung jüdischer Symbole wie Davidstern, siebenarmiger Leuchter, Mosaische Gesetzestafeln oder die Applikation kalligraphischer hebräischer Buchstaben. Goldschmidts Synagogen erhalten ihre Besonderheit nicht durch eine charakteristisch-synagogale Raumform, sondern durch geschickte Integration jüdischer Symbole zu einer auf die Heilige Lade hin konzentrierten, feierlich-sakralen Monumentalität. Diese wiederum strahlt auf den Raum zurück und definiert ihn vom sakralen Aufbau der Ostwand her.

Neben Hermann Guttmann und Helmut Goldschmidt zählt Karl Gerle (1903–1962) zu den drei Architekten, die die meisten Synagogen in der Bundesrepublik Deutschland erbaut haben. Gerles acht Synagogenentwürfe schwanken formal zwischen angedeutet-historisierenden Gestaltungselementen, wie etwa in Bremen und Minden, und zeitgenössischer Architektursprache, wie zum Beispiel in Aachen und Paderborn. Er hat sich als Nichtjude eingehend mit dem jüdischen Sakralbau beschäftigt und seine zentralen Vorstellungen folgendermaßen zusammengefasst: Wichtig sei nicht die Form des Raumes (!), sondern allein, »ob dieser Raum die Atmosphäre ausstrahlt, die mir hilft, mich innerlich zu sammeln und ob ich diesen Raum durch seine äußere Gestalt unter allen anderen Bauwerken als einen Gebetsraum erkennen und finden kann«. Dazu wählt Gerle als wichtigste Gestaltungselemente Vertikalität, sakrale Lichtführung und die aus der Kombination rechtwinkliger und geschwungener Flächen entstehenden formalen Spannungen. Seine Synagogenentwürfe, vor allem aber diejenigen in Aachen und Paderborn, zeigen eine konsequente und einfühlsame Umsetzung dieser entwurfsbestimmenden Leitgedanken.

5
Aachen, Synagoge, 1957, Inneres.

Doch die sich aufdrängende Frage, was diese jüdischen Betstätten von denen anderer Konfessionen grundsätzlich unterscheidet, kann wiederum nur mit dem Hinweis auf die verwendeten, künstlerisch gekonnt variierten jüdischen Symbole beantwortet werden – oder mit der Gegenfrage, ob eine solche Unterscheidung wünschenswert sei! Es scheint, als habe diese Frage Gerle nicht vorrangig beschäftigt und als folgte die Ausbildung seiner für Juden bestimmten Sakralräume den Worten des Propheten Jesaja: »Denn mein Haus wird ein Bethaus geheißen für alle Völker!«

Die an ausgewählten Beispielen untersuchte synagogale Raumantinomie – je nach Qualität ihrer Lösung – kann kein Maßstab zur Bewertung des religiös besseren oder schlechteren jüdischen Gotteshauses sein, sondern dient in der hier vorgenommenen Untersuchung als Mittel zur Bestimmung originärer synagogaler Raummerkmale. Diese sind jedoch nicht schon von sich aus mit Ursprung und Idee der Synagoge deckungsgleich, sondern aus ihnen während eines geschichtlichen Prozesses abgeleitete architektonisch-räumliche Prinzipien. Von daher bleiben Synagogen auch dann originäre jüdische Gotteshäuser, wenn sie nicht die Merkmale des klassischen bipolaren synagogalen Raumschemas aufweisen und ihnen damit aus architektonischer Sicht die räumliche Unverwechselbarkeit und formale Eigenständigkeit gegenüber Sakralbauten anderer Religionen fehlen mögen.

In der Phase des intensivsten Synagogenbaus, also etwa zwischen 1950 und 1967, schälen sich keine eindeutigen Typen innerhalb dieser Baugattung heraus. Die Mehrzahl der Synagogen sind den Strömungen moderner Architektur verpflichtet, ohne dadurch in den meisten Fällen schon überdurchschnittliche Beispiele hierfür zu sein. Herausragende Lösungen zum synagogalen Raumkonflikt oder gar zu einer sinnfälligen »Architektur der Synagoge« sind in dieser Zeit kaum festzustellen. Im Unterschied zur Phase des Wiederaufbaus kann man nach 1970, insbesondere aber nach 1980, ein vermehrtes Auftreten von Synagogen als Zentralräumen beobachten.

6
Karlsruhe, Synagoge, 1971, Inneres, Blick nach Osten.

Synagogen als Zentralräume werden aber immer dann problematisch, wenn der Zentralraum nicht aus funktionalen Überlegungen, nämlich Betonung des mittig stehenden Almemors, sondern aus verselbständigten formalen Gründen gewählt wurde. Steht der Almemor, wie in Synagogen mit liberalem Ritus üblich, vor dem Aron hakodesch an der Ostwand, dann sollte der Architekt mit der gewählten Raumform diesem Umstand Rechnung tragen und in einem solchen Fall nicht dem Reiz eingängiger, verabsolutierter Zentralraumformen erliegen.

Eine originelle architektonische Lösung, die ebenjene Problematik in sich trägt, stellt die von den Architekten Hermann Backhaus und Harro Wolf Brosinsky entworfene, 1971 eingeweihte Synagoge in Karlsruhe dar. Hier sind weltliches Gemeindezentrum und Sakralbau klar voneinander abgesetzt: Der auf einem davidsternförmigen Grundriss (Hexagramm) konzipierte Synagogenbaukörper entfaltet erst als abgerückter Solitär seine differenzierten plastischen Formen in optimaler Weise. Aus dem Grundriss des Davidsterns wächst ein zeltförmiger Bau mit räumlichen Faltungen außen und plastischer Räumlichkeit innen.

In dieser dem liberalen Ritus verpflichteten Synagoge sitzen die Frauen nicht streng abgesondert von den Männern, sondern auf einem an der Westseite um drei Stufen erhöhten Podest. Almemor und Aron hakodesch sind zusammengefasst und befinden sich im östlichen Zacken des davidsternförmigen Raumes. Die Form des Davidsterns zeichnet sich in den Unterzügen des »schwebenden« Daches ab und kehrt als Motiv im Zenit des Raumes wieder. Doch aus der Grundriss- und Deckenform des Davidsterns erwächst nicht schon von selbst auch ein synagogaler Raum.

Abgesehen davon, dass die auf dem Hexagramm aufgebaute Synagoge von außen her nicht als davidsternförmiger Bau wahrgenommen wird, darf die räumlich-plastische Qualität des Kultraumes nicht auch schon mit »synagogaler Raumqualität« gleichgesetzt werden. Aus der perfekten Integration eines jüdischen Symbols mit einem Gebäude, wie in Karlsruhe geschehen, entsteht möglicherweise ein Raum mit Assoziationen ans

7
Freiburg, Synagoge, 1987.

Judentum, aber nicht notwendigerweise ein unverwechselbarer Synagogenraum. Problematisch bleiben die aus der absoluten Form erwachsenden Bindungen und Beliebigkeiten: Die Heilige Lade könnte – von der vorgeschriebenen Ausrichtung nach Osten abgesehen – in jedem anderen Zacken des Hexagramms stehen, ohne die Qualität des Raumes zu beeinträchtigen oder zu verbessern.

Das Zentrum des Raumes liegt eindeutig unter dem Zenit des Zeltdaches: Dieser Punkt bleibt hier jedoch leer, weil die rituellen Ansprüche des liberalen Gottesdienstes den Almemor nicht in der Synagogenmitte fordern; dasselbe gilt für die 1987 von Backhaus und Brosinsky auf sechseckigem Grundriss (Hexagon) erbaute Synagoge in Freiburg. Hexagramm und Hexagon richten sich aber in ihrer Konzentration auf die Raummitte nicht nach den Ansprüchen des liberalen Gottesdienstes, sondern fordern dessen Anpassung an ihre verselbständigte geometrische Form. Diese ist für den auf axiales Zeremoniell bedachten liberalen Ritus – nämlich auf die Heilige Lade hin bezogen – nur bedingt geeignet und könnte auch den Ansprüchen des klassischen bipolaren Synagogenraumes kaum genügen. Dennoch bleibt die Synagoge Karlsruhe einer der originellsten zeitgenössischen Beiträge zur Synagoge als Stiftzelt – zur Synagoge als »portativem Gotteshaus« der Juden.

In der modernen Synagogenarchitektur hat Ezra Rau als einer der Ersten dieses Motiv bei der von ihm 1957 erbauten Israel-Goldstein-Synagoge in Jerusalem baulich umgesetzt. Dieses Motiv kann heutzutage für Jüdische Gemeinden in Deutschland – zumal nach der Vernichtung der meisten Jüdischen Gemeinden – von einiger Ambivalenz sein: erinnert es doch daran, dass ein jüdisches Gebetshaus in der Diaspora immer auch ein provisorisches, passageres Moment enthält.

Die bisher gezeigten Beispiele lassen darauf schließen, dass ein schöner, stimmungsvoller Synagogenraum nicht unbedingt einen Beitrag zur »Architektur der Synagoge« darstellt und eine geglückte Lösung im Sinne der synagogalen Raumantinomie noch keine qualitätvolle Architektur

8

Mannheim, Synagoge, 1987.

nach sich ziehen muss. Dass sich beides nicht ausschließt, zeigt – mit Einschränkungen – die 1987 eingeweihte Synagoge in Mannheim. Sie ist baulicher Mittelpunkt des in der Mannheimer Innenstadt errichteten jüdischen Gemeindezentrums.

Der kubische Synagogenraum wird von einer strahlenrippenförmigen Flachkuppel überwölbt, die auf vier Säulen ruht und – wegen fehlender Vierungsbögen – an einen luftigen Baldachin erinnert. Unter dem Gewölbe hängt ein kreisrunder Leuchter, der den zentral in der Synagoge stehenden Almemor gleichsam bekrönt. Das vertikale Raumkontinuum »Almemor – Leuchter – Kuppel« wird von einer auf den Aron hakodesch ausgerichteten waagrechten Ebene durchdrungen: Sie ist durch die Brüstung der dreiseitigen Frauenempore definiert, deren Linienführung bis in den bekrönenden Rundbogenaufbau des Aron hakodesch fortgesetzt wird, um ihn, ausgebreiteten Armen gleich, mit dem Synagogenraum formal zu verklammern. Der Architekt Karl Schmucker hat den synagogalen Raumkonflikt ausbalanciert: Die auf quadratischem Grundriss mit Baldachinkuppel und kreisrundem Leuchter aufgebaute »vertikale Zentralität« betont den Almemor, die horizontale, raumumgreifende Brüstung der Frauenempore den als bedeutungsvolles sakrales Portalbauwerk ausgebildeten Aron hakodesch. Schmucker hat die konventionelle, zum Beispiel 1840 von Gottfried Semper bei der Synagoge Dresden verwendete quadratische Grundrissform mit Ausdrucksmitteln zeitgenössischer Kunst und Architektur verknüpft. So betrachtet stellt die Synagoge Mannheim keinen wirklich neuen Beitrag zur Lösung des synagogalen Raumkonfliktes dar.

Das architektonische Konzept der Synagoge Mannheim findet sich wieder bei der von Alfred Jacoby erbauten, 1988 eingeweihten Synagoge Darmstadt. Im Unterschied zur Erstgenannten zeigt sie in der Straßenansicht die im Synagogenbau des 19. Jahrhunderts weit verbreitete Doppelturmfassade. Die geringfügige Abwandlung betrifft lediglich die formale Behandlung der »Ecktürme«; sie stehen nicht, wie bei der klassischen

9
Darmstadt,
Synagoge mit
Gemeindezentrum,
1988.

Doppelturmfassade üblich, vor der Fassadenebene des Eingangsvorbaues, sondern sind flächenbündig eingerückt. Dadurch gerät die solchermaßen verfremdete Fassade zum Zitat und nicht zur bloßen Kopie eines im letzten Jahrhundert bekannten Synagogenmotivs.

Bei den Gemeindezentren Heidelberg, eingeweiht 1994, und Aachen, eingeweiht 1995, hat Jacoby auf historisierende Rückgriffe verzichtet. Wenn auch in Anlage und Aufbau dem Gemeindezentrum Darmstadt ähnelnd, zeigen sie eine Weiterentwicklung und Verfeinerung des dort gewählten Grundrissschemas. Alfred Jacoby stellt in den von ihm erbauten Gemeindezentren stets die Synagoge als den zentralen Baukörper der Gesamtanlage dar. Zwar ergeben sich dadurch meist längere Erschließungswege als bei einer seitlichen Lage des Gebetsraumes. Doch steht hier der baukünstlerische Gedanke im Vordergrund, dass die Synagoge das Zentrum des jüdischen Gemeindelebens bildet. Dies ist das Leitmotiv der von Jacoby bisher entworfenen jüdischen Gemeindezentren.

Allen bisher aufgezeigten, nach 1945 errichteten Synagogenbauten ist gemeinsam, dass sie vorwiegend nach rituellen Gesichtspunkten entworfen wurden und der geschichtliche Kontext ihrer Entstehung – die Ära nach Völkermord und Synagogenzerstörung – in ihrer Architektur nirgendwo anklingt. Eine Ausnahme bildet das 1959 errichtete Jüdische Gemeindehaus Berlin, Fasanenstraße, auf dem Gelände der 1912 erbauten und im November 1938 zerstörten Synagoge. Es ist das erste Bauwerk einer Jüdischen Gemeinde in Deutschland nach 1945, in dem Zerstörung, Erinnerung und Mahnung bestimmende Motive der architektonischen Gestaltung gewesen sind.

In Berlin sollte zunächst die noch stehen gebliebene Vorderfront der Synagogenruine in den geplanten Neubau einbezogen werden. Beim ausgeführten Projekt beschränkte man sich auf den Einbau zweier Spolien: auf eine aus Risaliten zusammengesetzte hohe Mahnsäule als spannungsvollem Kontrapunkt zum lang gestreckten zweigeschossigen Gemeindehaus und auf das freistehende, den Eingang betonende Hauptportal der früheren Synagoge. Die geschlossene Wand des im ersten Obergeschoss liegenden Mehrzwecksaales bildet den neutralen, ruhigen Hintergrund, vor dem das Portal erst seine majestätische und zugleich mahnende Wirkung entfalten kann.

Bei dem 1986 eröffneten Jüdischen Gemeindezentrum Frankfurt am Main *(Architekten: Salomon Korn und Architektengemeinschaft Gerhard Balser)* wurde ebenfalls versucht, die ein für allemal nachwirkenden historischen Risse, Schnitte und Brüche der deutsch-jüdischen Geschichte zu Ansatzpunkten architektonischer Überlegungen zu machen. Da es in diesem Gemeindezentrum keine Synagoge gibt, entstand beim Entwurf die Schwierigkeit, nicht unmittelbar auf die einzig nennenswerte Bautradition innerhalb des Judentums, die synagogale, zurückgreifen zu können. Die entwurfsbestimmenden Leitgedanken – der Versuch, notwendige Mahnung und Erinnerung in Architektur zu transformieren – sind dem Konzept des Jüdischen Gemeindehauses Berlin verwandt; anstelle von Spolien wurden beim Gemeindezentrum Frankfurt am Main Symbole des Judentums als Gestaltungselemente gewählt, von denen das wichtigste die Mosaischen Gesetzestafeln sind.

Der durch das Gemeindezentrum hindurchlaufende »Bruch« *(Knick im Foyerbereich)* wird thematisch in den Rissen der neben dem Haupteingang stehenden stilisierten Mosaischen Gesetzestafeln angedeutet; unter ihnen wurde eine Liste mit den Namen der etwa 11.000 von den Nationalsozialisten in Konzentrationslager deportierten Frankfurter Juden in den Grundstein eingelegt. Die Erinnerung an ihr Schicksal soll Mahnung dafür sein, dass Gegenwart und Zukunft der Jüdischen Gemeinde Frankfurt und der Juden in Deutschland noch lange von den Ereignissen der jüngeren Vergangenheit geprägt bleiben werden. Den Rissen in den Gesetzestafeln als Mahnung an die Brüchigkeit des deutsch-jüdischen Verhältnisses während einer langen gemeinsamen Geschichte stehen drei stilisierte siebenarmige Leuchter über dem Haupteingang als Zeichen des Lichts, Symbol der Hoffnung, gegenüber. Zwischen den noch immer lebendigen Erinnerungen an die Zerstörung und der weiterhin ungewissen Hoffnung auf Zukunft, so scheint es, oszilliert heute jüdisches Leben in Deutschland.

Von den Spuren des Völkermordes und der Synagogenzerstörung ist im Synagogenbau in Deutschland nach 1945 fast nichts zu erkennen. Eine Generation lang mögen die psychischen Folgen des unvorstellbaren Massenmordens, die Erinnerungen und Ängste der davongekommenen Opfer zu quälend gewesen sein, um ihnen öffentlichen baukünstlerischen Ausdruck zu verleihen. Es ist nur zu gut verständlich, dass Unerträglichkeit und Scham des Erlebten aus Gründen des Selbstschutzes und der Selbstachtung der zutiefst erniedrigten Menschen vor der Öffentlichkeit verborgen wurden. Das mag erklären, warum der Synagogenbau in Deutschland nach 1945 eher eine Architektur der scheinbaren Neutralität und des Schweigens ist als eine der notwendigen Mahnung: Sie findet allenfalls auf Gedenksteinen und -tafeln statt, wo sie in ihrer Abstraktheit für jedermann eben noch erträglich ist.

Der Synagogenbau in Deutschland hat nach 1945, während der Phase des Wiederaufbaus der neu gegründeten Jüdischen Gemeinden, einen bescheidenen quantitativen Aufschwung genommen. Mit dem Ende der Nachkriegsära schien für die Jüdischen Gemeinden in der Bundesrepublik

Deutschland der Bau von Synagogen und Gemeindezentren im Wesentlichen abgeschlossen. Doch der seit der Vereinigung beider deutschen Teilstaaten seit 1990 anhaltende Zuzug von Juden aus der ehemaligen Sowjetunion hat einen gewissen Bedarf an neuen Synagogen und Gemeindezentren geweckt. Dies ist weniger aus quantitativer Sicht bemerkenswert – es sind etwa ein Dutzend – als vielmehr aus inhaltlicher. Es scheint, dass mit wachsendem Abstand vom Holocaust die einst politisch motivierte Zurückhaltung in der Synagogenarchitektur schwächer wird und eine expressivere, auf die tatsächliche Situation der heute in Deutschland lebenden Juden ausgerichtete Strömung an Stärke gewinnt.

Die Ergebnisse der Wettbewerbe um das Jüdische Gemeindezentrum Duisburg (1996, eröffnet 1999), Dresden (1997), Mainz (1999) und München (2001) sind zumindest erste Beispiele einer gewandelten Sichtweise. Für Zvi Hecker, Architekt des Jüdischen Gemeindezentrums Duisburg, entwickelt sich jüdische Identität und Kultur nicht durch eine territorial bezogene Tradition, sondern durch den Geist eines Buches. Dieses Buch, so Hecker, verbindet die getrennten Gemeinschaften, die in der Diaspora leben, durch Sitten und Gebräuche miteinander. Das Buch enthält die Kraft des Überlebens des jüdischen Volkes in schwierigen Zeiten. Es registriert fortschreibend, wie die alten Memorbücher der früheren Jüdischen Gemeinden, alle wichtigen historischen Geschehnisse. Auf die Architektur des jüdischen Gemeindezentrums Duisburg übertragen bedeutet dies für den Israeli Zvi Hecker: Hier wird ein neues Kapitel jüdischer Tradition in Deutschland aufgeschlagen. Wie die aufgefächerten Seiten eines Buches öffnen sich die verschiedenen Kapitel der jüdischen Geschichte Duisburgs und wenden sich der Öffentlichkeit zu.

Durch die Tore der fünf fächerförmig angeordneten Gebäudeflügel, die symbolischen Kapitel des Buches, schreitet der Besucher vom Profanen hin zum Heiligen, um schließlich in die Synagoge, eher End- als Mittelpunkt dieses Weges, zu gelangen. Dem durch die Tore Hindurchschreitenden, so die Absicht von Hecker, sollen Zeit und Geschichte sich als reale Empfindungen erschließen.

Im Unterschied zu den meisten bisher behandelten Synagogen und Gemeindezentren stellt Heckers Entwurf ein dynamisches Konzept mit eher hoffnungsvollen Elementen dar. Vielleicht fällt es einem israelischen Architekten leichter als einem deutschen oder einem in Deutschland lebenden jüdischen Architekten, lediglich das »Prinzip Hoffnung«, ohne Verweis auf die immer noch nachwirkenden Folgen des Holocaust, hervorzuheben.

Und auch die Wahl des Davidsterns als Synagogengrundriss mag mit der Herkunft von Zvi Hecker aus Israel, mag mit dem Staatssymbol seines Landes zusammenhängen. Dass jedoch der Davidstern als vordergründiges Primärsymbol nicht von sich aus bereits einen synagogalen Raum zeitigt, wurde schon an der Synagoge Karlsruhe deutlich ablesbar. Im Gemeindezentrum Duisburg bricht er das schlüssige Konzept sichtbar auf und wird zum eingezwängten, der Großform angepassten Fremdkörper in einer sonst qualitätvollen und harmonischen Gesamtanlage.

Im April 1997 schrieb die Jüdische Gemeinde zu Dresden einen Architektenwettbewerb um den Neubau einer Synagoge aus, die am Standort des von Gottfried Semper 1840 erbauten und 1938 von den National-

10
Dresden, Synagoge.
2001.

sozialisten zerstörten jüdischen Gotteshauses errichtet werden sollte. Da die Mitgliederzahl der Jüdischen Gemeinde zwischen 1990 und 1997 von 50 auf 150 gestiegen war (inzwischen ist sie auf rund 300 angewachsen), wurde neben der geplanten Synagoge auch ein neues Gemeindezentrum vorgesehen. Im Juli 1997 gingen Livio Vacchini, Locarno, und Heinz Tesar, Wien, als Sieger aus dem Wettbewerb hervor. Die Jüdische Gemeinde zu Dresden entschied sich jedoch wenige Wochen später für den mit einem dritten Preis ausgezeichneten Entwurf der jungen Saarbrücker Architekten Nikolaus Hirsch, Wolfgang Lorch und Andrea Wandel.

In der Konzeptbeschreibung ihres Entwurfs sehen die Architekten einen unmittelbaren Zusammenhang zwischen der Zerstörung Dresdens durch die Alliierten am 13./14. Februar 1945 und der Zerstörung der Synagoge am 9. November 1938. Doch während mit der Rekonstruktion von Semper-Oper, Schloss und Frauenkirche die Kontinuität zwischen Vergangenheit und Gegenwart wiederhergestellt wird, so die Architekten, ist die ungebrochene Kontinuität der Synagoge in Frage zu stellen. Daher wird in der Gestalt der neu errichteten Synagoge Dresden der Konflikt zwischen Stabilität und Fragilität, zwischen dauerhaften und provisorischen Zuständen, zwischen Tempel und Zelt thematisiert. Ein zentraler Hof bringt die unterschiedlichen Nutzungen von Synagoge, Gemeindehaus und Mikwe in einen räumlichen Zusammenhang.

Der Standort der am 9. November 1938 zerstörten Semper-Synagoge wird als Leerstelle im Bodenbelag des Innenhofes sichtbar gemacht; indem Benutzer und Besucher diese mit Glassplittern übersäte zentrale Stelle immer wieder überschreiten müssen, bleibt ihnen die anwesende Abwesenheit der zerstörten Semper-Synagoge optisch und akustisch stets gegenwärtig. Das Gemeindehaus ist auf die Altstadt hin orientiert und bildet eine neue Eingangssituation am städtebaulich amorphen Dresdner Altstadtring.

Die zur Elbe hin liegende Synagoge ist gekennzeichnet durch den Gegensatz zwischen einer massiven Hülle und einem fragilen Gewebe im Inneren. Aus Lage und Geometrie des Grundstücks und der notwendigen Ausrichtung der Synagoge nach Osten entwickelt sich ein gewundener, steinerner Baukörper, dessen komplexe Form auf einer einfachen, schrittweisen Verschiebung orthogonaler Ebenen beruht. Der an das Motiv des portativen Gotteshauses anknüpfende zeltartige Synagogenraum wird durch ein abgehängtes, golden schimmerndes Metalltextil gebildet. Innerhalb dieses Zeltes werden Empore, Bänke, Almemor und Aron hakodesch als Möbel aus Zedernholz eingestellt. Während durch das engmaschige, filigrane Metalltextil diffuses, auratisches Licht verstärkt durch sanfte Bewegungen der Zeltmembrane im Innenraum der Synagoge verbreitet wird, ist über dem Almemor eine zentrale Öffnung angebracht, die durch gebündeltes Zenitlicht den Longitudinalraum als Zentralraum erscheinen lässt – ein Raum-Licht-Kontinuum von magisch-sakraler Verspieltheit.

Bemerkenswert an diesem Entwurf ist die Sensibilität, mit der junge deutsche Architekten sich des Themas der Kontinuität von Diskontinuität in der deutsch-jüdischen Geschichte angenommen und es in zeitgenössische Architektur umgesetzt haben. Das gleiche Einfühlungsvermögen zeigen sie bei ihrem im Juli 2001 mit dem ersten Preis ausgezeichneten Wettbewerbsentwurf für eine Synagoge mit Gemeindezentrum in München. Auf dem im Zentrum der Stadt gelegenen St.-Jakobs-Platz entsteht ein Sakralbau, der die Antinomie zwischen Provisorium und Dauerhaftigkeit meisterhaft thematisiert.

Im März 1999 schrieb die Jüdische Gemeinde Mainz einen Realisierungswettbewerb zur Erlangung von Entwürfen für ein Gemeindezentrum mit Synagoge aus. Es soll am Standort der 1912 errichteten und im November 1938 zerstörten Hauptsynagoge stehen. Preisgekrönt wurde der Entwurf des 29-jährigen Architekten Manuel Herz aus Köln. Der plastische Baukörper fügt sich im Grundriss wie selbstverständlich in die umgebende Blockrandbebauung ein und zeigt gleichzeitig in seiner expressiven aufsplitternden Silhouette etwas von den historischen Verletzungen und Brüchen der Mainzer jüdischen Geschichte. Aus diesem Spannungsverhältnis zwischen städtebaulicher Einfügung und ausdrucksstarkem, individualisiertem Baukörper bezieht dieser Entwurf seine überzeugende baukünstlerische Qualität. Aus Sicht des Fußgängers entsteht die Bildfolge einer sich stets verändernden kleinen Stadt im spannungsvollen Verhältnis zur umgebenden, klaren Ordnungsprinzipien folgenden Gründerzeitbebauung: ein jüdisches Gemeindezentrum, das sich in seine Umgebung einordnet, ohne sich ihr unterzuordnen.

Die so entstandene Unverwechselbarkeit des Ortes wird gesteigert durch die ungewöhnliche Gestaltung der Synagoge. Deren aufragender Lichttrichter führt das Zenitlicht aus Richtung Osten tief in den Synagogenraum hinein und ist gleichzeitig krönendes Element der räumlich gezackten Baukörper-Silhouette.

Im Inneren des Gebäudes findet dies seine Entsprechung in einer begehbaren Raumskulptur, deren Plastizität und räumlich-differenzierte Ausformung für Benutzer und Besucher auf vielfältige Weise erlebbar werden. Synagoge, Foyer, Festsaal und die übrigen Bereiche des Gemeindezentrums reihen sich in dem mäanderförmigen Grundriss als skulpturale

Raumeinheiten aneinander und geben so der Gesamtanlage Zusammenhalt und Individualität zugleich: eine zum Nachdenken anregende Architektur, die trotz ihrer städtebaulich überzeugenden Einfügung jegliche Anpassung und Harmonisierung vermeidet.

Rückblickend lässt sich feststellen, dass die nach 1945 in Deutschland errichteten Bauten Jüdischer Gemeinden von fachlicher Kritik ausgespart und weniger als Architektur denn als Akt der Wiedergutmachung gesehen wurden, der offensichtlich nicht durch kleinliche Kritik beeinträchtigt werden sollte. Die sicherlich gut gemeinte philosemitische Ausklammerung von fachlicher Kritik ist der architektonischen Entwicklung dieser zahlenmäßig bescheidenen Baugattung nicht zugute gekommen. Vom wichtigen quantitativen Aspekt einmal abgesehen: Die ganz wenigen substantiellen Beiträge zur Architektur der Synagoge, zur synagogalen Raumantinomie und zur Synagogenarchitektur als Ausdruck gewaltsam unterbrochener historischer Kontinuität reichen trotz viel versprechender Ansätze in Duisburg, Dresden, Mainz und München noch nicht aus, um dieser eher marginalen Baugattung schon eine gesicherte Zukunft in Deutschland zu bescheinigen.

Dennoch: durch ihre herausragende Qualität eröffnen diese wenigen geplanten und gebauten Synagogen zumindest den Ausblick auf eine solche Zukunft.

KANTIANER, EXISTENZ-PHILOSOPHEN UND MARXISTEN

JÜDISCH-DEUTSCHE PHILOSOPHIE VON DER AUFKLÄRUNG BIS ZUM HOLOCAUST

Micha Brumlik :

Kantianer, Existenz-Philosophen und Marxisten

Jüdisch-Deutsche Philosophie von der Aufklärung bis zum Holocaust

Micha Brumlik

Vorbemerkung: Was ist jüdisches Denken?

Georg Friedrich Wilhelm Hegel: Philosophie ist ihre Zeit in Gedanken gefasst.

Von Hegel stammt das Wort, Philosophie sei ihre Zeit in Gedanken gefasst. Demnach liegt es nahe, als Themen dieser Philosophie das Schicksal der Juden, ihre kulturelle und religiöse Tradition anzusehen. Schwieriger erscheint es, in der jahrhundertealten Tradition jüdischer Philosophie bestimmte Denkstile auszuzeichnen: etwa eine bestimmte Form interpretationsgeleiteter Argumentation, die sich auf die Textförmigkeit ihres Gegenstandes bezieht, oder eine vom »Bilderverbot« inspirierte abstrakte Sprache bzw. eine auf die Geschichten und Weisungen der hebräischen Bibel rückbezogene Darstellungsweise.

Jüdisches Denken speist sich aus den Problemlagen und allgemeinen philosophischen Anstrengungen jener Epochen, in denen Jüdinnen und Juden ihr Leben zu deuten versuchten.

1. Aufklärung und Emanzipation

Die Juden West- und Mitteleuropas lebten in den deutschen Ländern während des Übergangs zur Moderne – von Ausnahmen abgesehen – als meist nur mäßig gebildete, ökonomisch oft benachteiligte sowie ihrem Selbstverständnis nach traditionelle Gemeinschaft und fanden den Sinn ihrer kollektiven Existenz im Leben der Tora, in den Weisungen des Religionsgesetzes, dessen göttlichen Ursprung sie im Alltag beglaubigten. An den deutschen Juden, die unter der Führung von Rabbinern in mehr oder min-

1
Moses Mendelssohn
(1729–1786)

der abgeschlossenen Gemeinden lebten, gingen jene geistigen Erneuerungsprozesse, die die christliche Welt seit Renaissance und Reformation umtrieben, zunächst vorbei. Wenige nur, als Kaufleute oder Hoffaktoren jenseits der Ghettomauern lebend, kamen in Kontakt mit säkularer Philosophie und Wissenschaft. Das Unbehagen, dem sie aus privilegierter Position heraus und im Lichte der modernen Philosophie Ausdruck verliehen, gab der hebräisch »Haskala« genannten jüdischen Aufklärung den wesentlichen Impuls. Die »Haskala«, die dem Wortstamm nach auf das hebräische »Sechel« (Verstand) Bezug nimmt, folgte einem doppelten Programm: die Juden zu Juden und die Juden zu Menschen zu bilden.

Während das Programm einer Aufklärung der Juden als Menschen diese zu gleichwertigen und gleichberechtigten Mitgliedern der bürgerlichen Gesellschaft machen wollte, ging es bei einer Aufklärung der Juden als Juden um ein neues, zeitgemäßes theologisch-religiöses Selbstverständnis.

So war erstens zu erweisen, dass die Weisungen des Glaubens nicht mit den üblichen staatsbürgerlichen Pflichten in Konflikt geraten, und zweitens darzutun, dass die Kontinuität verbürgenden Lebensregeln der Tora nicht in Widerstreit mit der Vernunft liegen. Damit nahm die Haskala ein Thema auf, das schon die jüdische Philosophie des Mittelalters und der Neuzeit beschäftigt hatte. Während der mittelalterliche, in der islamischen Welt lebende Rationalist Maimonides (1135–1204) Moses als Empfänger einer göttlichen Offenbarung verstand, deren Weisungen in keinem Fall als profan angesehen werden konnten, war der einem marranischen Milieu des 17. Jahrhunderts in Amsterdam entstammende Baruch Spinoza (1632–1677) ein radikaler Frühaufklärer: Ihm galt Moses als nichts anderes denn als eine historische Person, die von Menschen verfasste, konkret partikulare Verfassungsschriften autorisierte.

Die jüdische Philosophie der Moderne reagiert ebenso wie die Philosophie der Aufklärung überhaupt auf die Unfähigkeit überkommener Institutionen und überfälliger Denkformen, den gesellschaftlichen, politischen und ökonomischen Wandel zu fassen.

Die während der napoleonischen Umwälzungen auch in den deutschen Ländern stattfindende Verstaatlichung kirchlichen Besitzes und adliger Vorrechte war politischer Ausdruck der Philosophie der Aufklärung, »Säkularisierung« genannt, die das rational unbegründete Gottesgnadentum des Absolutismus sowie die Idee einer nur offenbarten, jedoch nicht vernünftig begründeten höheren Wahrheit nicht mehr hinzunehmen bereit war.

Im Leben und Werk Moses Mendelssohns (1729–1786), der als orthodox lebender Jude die Religion gleichwohl auf Vernunft gründen wollte, fand diese Haltung lange vor der Säkularisierung ihren vornehmsten Ausdruck. Der in Dessau geborene, in Berlin wirkende, weitgehend autodidaktisch gebildete, aufklärerische Popularphilosoph war ein Bekannter Immanuel Kants und enger Freund Lessings.

Die eigene, jüdische Religion galt Mendelssohn als Inbegriff einer höheren moralischen Haltung, die freilich in den vielfältigen jüdischen Zeremonialweisungen nicht zu finden war. Diese Schwierigkeit löste Mendelssohn in seinem 1783 erschienenen Buch »Jerusalem« mit der Annahme, dass die am Sinai offenbarte Tora weniger eine Offenbarung des Glaubens denn ein Erlass weltlicher Gesetze gewesen sei. Als Glaube enthalte das Judentum nichts anderes als den Kern, den jede auf Vernunft gegründete Religion trägt: allgemeine Grundsätze der Moral. Moses Mendelssohn suchte einen Weg zwischen Maimonides und Spinoza, indem er einerseits auf dem göttlichen Ursprung der Tora beharrte, aber gleichwohl zugab, dass sie auch partikulare, konkrete, profane Bestandteile enthält. Indem Mendelssohn eine scharfe Unterscheidung zwischen vernünftig begründeter Religion und zeitabhängigen Gesetzen und Bräuchen traf, schuf er bei aller persönlichen, traditionellen Frömmigkeit die Basis für eine Fortentwicklung des jüdischen Glaubens. Mendelssohns Schriften sowie seine deutsche Bibelübersetzung erreichten zunächst eine schmale Schicht gebildeter und über materiellen Wohlstand verfügender jüdischer Familien, die es als Hoffaktoren oder Finanziers zu einer relativen Duldung in den deutschen Ländern gebracht hatten: Veitel und Kaulla, Herz, Friedländer, Bendavid und Jacobson.

Die mit zeitgenössischer Bildung in engsten Kontakt gekommenen Jüdinnen und Juden erhofften sich über eine auf der Basis der Vernunft neu verstandene Religion zweierlei: staatsbürgerliche Gleichstellung, Toleranz und Akzeptanz in einer noch weitgehend christlich geprägten Gesellschaft sowie die Überwindung eines ihnen selbst nur noch unverständlich und entfremdet wirkenden Judentums.

Mendelssohns Philosophie und ihre Fortentwicklung durch seine Schüler ermöglichte es den Juden auch in christlich-bürgerlichen Gesellschaften, einerseits an den von Gott offenbarten sittlichen Vernunftkern der Tora zu glauben und andererseits als Staatsbürger, ganz wie es schon die spätantiken Rabbiner forderten, den Gesetzen der jeweiligen Länder zu gehorchen. Die damit von Mendelssohn, der persönlich observant lebte, angestoßene Bewegung wandte sich gegen unverstandene, oft abergläubisch missverstandene Riten, gegen die unreflektierte Macht der Rabbiner sowie gegen dem wissenschaftlichen Zeitgeist nicht mehr entsprechende Lebensformen.

Mendelssohns Schüler, die führenden Maskilim (Aufklärer) – also Friedländer, Wessely, Herz und Euchel, Bendavid, Ascher und Hirschfeld sowie Salomon Maimon (1753–1800) –, verfassten Werke, die sowohl der Erneuerung der hebräischen Sprache, der historischen Kritik der biblischen Schriften, neuen Formen der Gottesdienste, schärfster Kritik am Rabbinismus sowie einer wissenschaftlichen Erforschung des Judentums und der Neugründung eines jüdischen Schulwesens galten. Bei aller Kritik an der Tradition kannte ein großer Teil von ihnen den Talmud noch, sie räumten aber freimütig ein, ihn in seiner systematischen Bedeutung nicht mehr zu verstehen.

2
Rahel Varnhagen
(1771–1833)

Es war schließlich eine Reihe jüdischer Frauen, die im Berlin der Wende vom 18. zum 19. Jahrhundert, zwischen Aufklärung und Romantik, in ihren Salons eine freie Geistigkeit pflogen und dabei eine Annäherung von Juden, Christen und Freigeistern ermöglichten: Rahel Varnhagen (1771–1833), Henriette Herz (1767–1847) und Mendelssohns Tochter Dorothea Schlegel (1763–1839). Sie erwiesen sich nicht nur als charmante Gastgeberinnen, sondern vor allem auch als philosophierende Autorinnen von Rang. Der auf die napoleonische Besetzung reagierende Judenhass ließ ihre Salons jedoch nur eine kurzlebige Episode bleiben.

Das auf Mendelssohn und seine Schüler – Friedländer, Bendavid und Jacobson, Abraham Geiger und andere – folgende Reformjudentum reduzierte schließlich den über Jahrhunderte als fraglos überlieferten Glauben auf wenige moralische Prinzipien und verstand die jüdische Religion nicht mehr als von Gott gewollt, sondern als von der jeweiligen historischen Situation provoziert.

Indem der Gott des Judentums und der ganzen Menschheit von seinen kontextuellen Bindungen an die jüdische Geschichte und das Land Israel abstrahiert wurde, wandelte er sich von einem personalen Gott zu einem unpersönlichen moralischen Prinzip – zum Grunde dessen, was gemeinhin als »ethischer Monotheismus« bezeichnet wurde.

Haskala und Reformjudentum verkörpern damit eine doppelte, jeweils halbierte Modernisierung: Indem der Glaube nicht auf seinen Eigensinn, das heißt auf Geschichte und Existenzverständnis, sondern auf Moral hin ausgelegt wurde, drohte er, wie alle Aufklärungsreligionen, zur bloßen moralischen Erbauung herabzusinken. Indem er konsequent universalisiert wurde, wurde er zwar zum angemessenen Glauben moderner Bürger einer Staatsnation, büßte dafür jedoch seine spezifisch historische Form und damit existentielle Tiefe ein.

2. Neue Orthodoxie, staatsbürgerliche Anerkennung und moralisches Gebot

Die Widerstände, mit denen diese Haltung zu rechnen hatte, fanden Ausdruck in einer Glaubenshaltung, die heute als Neo- oder Ultraorthodoxie bezeichnet wird, aber alles andere als das alte, ursprüngliche Judentum verkörperte, vielmehr im Kern kaum weniger modern war als die Reform selbst. Zur gleichen Zeit und im Widerspruch zur Haskala entstanden, lässt sich die moderne Orthodoxie als reaktionär bezeichnen: entstand sie doch gleichermaßen im Schutze politischer Macht, in diesem Fall unter dem Schutz der reaktionären, über das revolutionäre und napoleonische Frankreich triumphierenden Macht Preußens und Österreichs. In der Gestalt des Moses Sofer (1762–1839), der, in Frankfurt am Main geboren, später in Pressburg wirkte und dort die größte Jeschiwa seit babylonischer Zeit gründete, entstand der Reformbewegung jene Gegenposition, mit der sie noch heute zu kämpfen hat. Sofer, der Haskala und Reform kompromisslos bekämpfte, prägte das reaktionäre Prinzip »Chaddasch assur min ha-tora« – »Die Tora verbietet jede Neuerung«. Sofer nahm bewusst Abstand vom jüdischen Emanzipationsstreben, befürwortete den Gebrauch der hebräischen Sprache und die Rückkehr ins Land Israel. Ganz und gar modern war Sofer darin, dass er die kasuistische rabbinische Religion durch ein allgemeines Prinzip – Neuerungen sind verboten – zu überhöhen versuchte und seinen Widerstand gegen die Reform mit den zeitgemäßesten Mitteln von Publizistik, Propaganda und politischer Agitation vorantrieb.

Bei der Auseinandersetzung zwischen Reform und Orthodoxie geht es um die Frage nach der Geschichtlichkeit des Judentums.

Die Einsicht in die Geschichtlichkeit auch des jüdischen Glaubens gewann das moderne jüdische Denken endlich über die Geschichtsphilosophie Hegels und die entstehenden Geisteswissenschaften. Diese geistigen Strömungen führten schließlich zur »Wissenschaft des Judentums«, an deren Entwicklung etwa der getaufte Schüler Hegels Eduard Gans (1798–1839), der Gelehrte Leopold Zunz (1794–1886), aber auch der philologisch orientierte Reformrabbiner und Orientalist Abraham Geiger (1810–1847) wesentlich beteiligt waren.

Die schließlich von dem in Frankfurt am Main wirkenden Rabbiner Samson Rafael Hirsch (1808–1888) angestrebte Vermittlung von orthodoxem Glauben und moderner Kultur mündete in eine »Neuorthodoxie«, die den Gedanken einer ewig gültigen Offenbarung mit einem zumindest kulturell modernisierten Lebensstil in Übereinstimmung zu bringen suchte.

Die deutsch-jüdische Neuorthodoxie wollte die Bildungsgedanken der deutschen Klassik mit einer patriotischen Staatsbürgerrolle und einem halachischen Lebensstil verbinden.

Damit reihte sich auch die Orthodoxie in jene – von Anfang an von Kant ausgebildete – Geistesströmung ein, die bis in die zwanziger Jahre des 20. Jahrhunderts die jüdische Philosophie in Deutschland prägte und das Wesen des Judentums vor allem in seiner Moralität sah.

Lange Zeit vergessen, aber von nicht zu überschätzender systematischer Bedeutung waren die religionsphilosophischen Bemühungen des liberalen, in Altona geborenen und in Rom lebenden Philosophen Samuel Ludwig Steinheim (1789–1866), der in einer Fülle von Schriften den systematischen Versuch unternahm, auf der Basis von Kants »Kritik der reinen Vernunft« und der in ihr enthaltenen Freiheitslehre die Wahrheit des biblischen Glaubens zumal in seiner Schöpfungstheologie zu erweisen.

Es war jedoch Hermann Cohen (1842–1918) – einer der ganz wenigen ungetauften jüdischen Gelehrten, die eine Professur im deutschen Kaiserreich innehatten –, der die Deutung der Tora im Sinne des unbedingten

3

Samuel Ludwig Steinheim (1789–1866)

kantischen Sittengesetzes zur Vollendung führte und dabei zugleich eine moderne Philosophie der Intersubjektivität entwickelte – eine Philosophie, die systematisch begründete, was später als so genannte Philosophie des Dialogs etwa bei Martin Buber und Franz Rosenzweig bekannt wurde. Cohen, als Sohn eines Kantors in Coswig geboren, wurde nach Studien der Philosophie in Breslau und Halle 1876 Professor für Philosophie in Marburg, wo er bis 1912 lehrte. Neben seinen grundlegenden Arbeiten vor allem zur Erkenntnistheorie Kants sah sich Cohen schon 1879 gedrängt, gegen den judenfeindlichen Historiker Treitschke in die Debatte um den Antisemitismus einzugreifen und sich öffentlich zum Judentum zu bekennen. Der von der systematischen Überlegenheit der deutschen Philosophie ebenso wie von dem unüberbietbaren sittlichen Gehalt vor allem der prophetischen Schriften überzeugte Cohen setzte sich nach 1880 zunehmend stärker mit der Philosophie der Religion auseinander – Bemühungen, die schließlich in sein 1918 postum erschienenes Hauptwerk »Die Religion der Vernunft aus den Quellen des Judentums« mündeten.

4

Hermann Cohen (1842–1918)

Die einzigartige Leistung Cohens bei der Begründung einer auf Kant basierenden vernünftigen Religionsphilosophie bestand darin, nicht mit einer erkenntnistheoretischen, sondern mit einer moralphilosophischen Argumentation einzusetzen, mit einer praktischen Philosophie, die die Grundgedanken Kants aufnahm und sie ausdrücklich gegen beide Doktrinen seiner Gegenwart wendete: gegen Materialismus und Eudämonismus.

Inhalt und Konsequenz aller Ethik sei es, das Ich des Menschen der Individualität zu entreißen und es ihm in geläuterter Form zurückzuerstatten. Das Ich, von dem die Ethik spricht, sei das Ich der Menschheit, in der überhaupt erst ein nicht von Interessen befangener Blick auf den Menschen möglich wird. Die Ethik kann den Menschen allerdings nur als Menschheit insgesamt erkennen und anerkennen. Auch als Individuum ist der Mensch – hier bewegt sich Cohen streng auf Kants Pfaden – Träger der Idee der Menschheit. Hieraus gewinnt Cohen ein Phänomen, von dem aus sich das Wesen einer teilnehmenden Intersubjektivität verständlich macht: das Mitleid. Erst die Aufnahme des Mitleids scheidet Metaphysik von Ethik. Wenn die Erfahrung des Leidens metaphysisch und eben nicht im Hinblick auf das Mitleid verstanden wird, zehre sie das Ganze des menschlichen Daseins auf und führe in einen weltverneinenden Pessimismus.

Cohen: *Das zentrale Problem der Philosophie besteht darin, wie der Sinn des menschlichen Lebens gegen die Erfahrung nicht weiter einsichtigen Leidens verteidigt werden kann.*

Diese Aufgabe löst die vernünftige Religion, deren moralischer Gehalt durch Bezüge auf die hebräische Bibel gesichert wird. In ihr findet Cohen beispielhafte Formen der Volksgenossenschaft, der Gastfreundschaft, der altisraelitischen Fremdengesetzgebung und des Bundes Gottes mit allen Menschen. Es ist vor allem die prophetische Predigt mit ihrer Ausrichtung auf materiale und irdische Gerechtigkeit, in der für Cohen historisch der Begriff des Mitmenschen zum ersten Mal zur Entfaltung kommt.

Hermann Cohen lebte – trotz eines immer wieder anbrandenden Antisemitismus – während der glücklichsten Zeit des deutschen Judentums, in der zweiten Hälfte des 19. und den ersten Jahrzehnten des 20. Jahrhunderts. Während die 1871 vollzogene Gründung des Deutschen Reiches den Juden die staatsbürgerliche Gleichberechtigung brachte, erlebte Cohen persönlich – anders als die meisten in ihrem Fortkommen behinderten jüdischen Gelehrten – Erfolg und Anerkennung. Die Schmach der Judenzählung im deutschen Heer 1916 und die Erfolge der antisemitischen Vaterlandspartei 1917 erlebte er als alter Mann, die Ostjudenhetze der Deutschnationalen sowie den allmählichen Aufstieg Hitlers seit 1923 überhaupt nicht mehr.

Cohen will zeigen, dass die Religion die Forderungen der praktischen Vernunft nicht nur anschaulich illustriert, sondern im biblischen Sinn über die Erfahrung von Leid, Mitleid und Mitmenschlichkeit aller erst begründet.

3. Jüdisches Denken in der Krise: Dialogik, Lebens- und Existenzphilosophie

Anders war es um die Generation von Cohens Schülern bzw. um jene, die sich von ihm abwandten, um neue Wege eines jüdischen Selbstverständnisses zu entwerfen, bestellt, um jüdische Intellektuelle also, die – im letzten Drittel des 19. Jahrhunderts geboren – den Ersten Weltkrieg bewusst und zum Teil auch aktiv miterlebt hatten.

Die Philosophen der Krise: Leo Baeck (1873–1954), Margarete Sussmann (1874–1966),

Die Auseinandersetzung mit dem kantianischen Judentum Hermann Cohens erfolgte im Rahmen einer geisteswissenschaftlichen Kultur- oder Geschichtsphilosophie – hier sind Cohens Schüler Ernst Cassirer bzw. dessen Zeitgenosse Rabbiner Leo Baeck ebenso zu nennen wie jene etwas

Ernst Cassirer (1874–1945), Martin Buber (1878–1965), Franz Rosenzweig (1886–1929), Walter Benjamin (1892–1940), Max Horkheimer (1895–1973), Gerschom Scholem (1897–1982), Herbert Marcuse (1898–1979), Ernst Akiba Simon (1899–1988), Leo Strauss (1899–1973), Erich Fromm (1900–1980), Theodor W. Adorno (1903–1969), Hans Jonas (1903–1993) sowie Hannah Arendt (1906–1975)

5

Leo Baeck (1873–1956)

jüngeren Philosophen, für die Cohen zu jener Vorgabe wurde, an der sie sich, um Eigenes entwickeln zu können, abarbeiten mussten. Doch während Cohens Schüler Cassirer sich schließlich dem Sinn der Kultur überhaupt zuwandte, ging es dem nicht von Kant, sondern von der hegelianischen Geschichtsphilosophie und Wilhelm Diltheys Geisteswissenschaft herkommenden Leo Baeck um den Sinn des Judentums im Besonderen.

Leo Baecks Lebenswerk galt dem weltgeschichtlichen Sinn des Judentums.

In seinen Hauptwerken – vom »Wesen des Judentums« aus dem Jahr 1905 bis zu »Dieses Volk. Jüdische Existenz«, das in seiner abschließenden Fassung 1957 postum erschien – bleibt er seiner Maxime treu, den Sinn der jüdischen Existenz zu ergründen. Baeck schreibt dem jüdischen Volk eine »gestaltende Kraft des israelitischen Genius« zu, der sich an Fremdes nicht verloren und seinen eigentümlichen »Charakter« im Lauf der Zeiten nicht geändert habe. Diese Eigenart bestimmt Baeck vor allem, ohne es hier schon namentlich zu nennen, im Unterschied zum Christentum, das durch den Glauben an Geheimnisse und Dogmen gekennzeichnet sei, durch ein von höheren Autoritäten verbürgtes »Glaubensgut«. Im Unterschied dazu kenne das Judentum weder Heilstatsachen noch Gnadengaben, noch einen einmaligen, Erlösung verbürgenden Glaubensakt; es sei vielmehr eine wesentlich undogmatische Religionsphilosophie, der praktisch das Gebot, das Rechte zu tun, entspreche.

Für Baecks Religionsverständnis ist die Unterscheidung von »klassischer« und »romantischer« Religion wesentlich. Die romantische Religion, die Baeck am reinsten im Christentum (mit Ausnahme des Calvinismus) verkörpert sieht, gipfelt im Glauben an den einzigartigen Tod Jesu, die Heiligung von Sakramenten, damit an Autorität und Dogmen wie Sentimentalität. Indem die romantische Religiosität den Erlösungsgedanken in die Gottheit selbst hineintrage, verlängere sie die menschliche Selbstsucht und komme so zu einem Gott, der paradoxerweise in seinem Kreisen um sich selbst den Menschen nicht beistehen könne. Ganz anders die »klassische« Religion des Judentums, der es um die zupackend sittliche Gestaltung des Lebens gehe. Das scheinbar paradoxe Entstehen der romantischen

Religion par excellence, des Christentums, aus der klassischen Religion par excellence, dem Judentum, erklärt Baeck – der erste jüdische Neutestamentler in Deutschland – mit einer Theorie der Tradition, in der sich das geisteswissenschaftliche Programm Wilhelm Diltheys vollendet: Was die Tradition schafft, ist die menschliche Individualität; Tradition sind weniger die vorgegebenen Inhalte und Themen denn die Art und Weise, wie die Individuen sie – bewusst oder eben unbewusst – verändern. Widerstreit und Zusammenspiel von Individuum und vorgegebenem Text, der seinerseits als Korpus mythischer Erzählungen Handlungsmöglichkeiten vorgibt, ermöglichen es den jeweiligen Lesern und Hörern, ihr eigenes Geschick in bereits vorgegebenen Mustern zu deuten, während die vorgegebenen Texte durch die aktualisierende Interpretation neues Leben erhalten: Dass das jüdische Volk einen einzigartigen Gottesgedanken hervorbrachte, zeichnet es vor allen anderen Völkern aus. In der 1940 unter den grauenvollen Bedingungen des Konzentrationslagers Theresienstadt verfassten letzten großen Schrift »Dieses Volk« wird diese neue Perspektive auf das jüdische Volk systematisch vorgestellt.

Leo Baeck versteht das jüdische Volk mit seinem prophetischen Blick, der über das jeweilige Hier und Jetzt hinausweist, als das geschichtliche Volk par excellence.

Demnach – so deutet Baeck die prophetische Gerechtigkeitspredigt – spielen im jüdischen Volk soziale Rangordnungen grundsätzlich keine Rolle, da jeder, der dem Volk angehört, durch das Hören der Weisung gleichsam geadelt wird. Das Verhältnis des Gottes Israels zu seinem Volk ist daher grundsätzlich ein Verhältnis Gottes zu den erwählten Einzelnen, die wiederum für eine sittliche Lebensführung einstehen. Monotheismus der Moral und trotziger Individualismus verbinden sich zu einem unauflöslichen Ganzen. Leo Baeck, der während des Ersten Weltkrieges als Feldrabbiner wirkte, hatte während der Weimarer Republik wichtige Funktionen im jüdischen Leben Deutschlands inne und sah sich gehalten, während der Jahre der nationalsozialistischen Verfolgung so lange wie möglich auch in von den Nationalsozialisten erzwungenen Organisationen zu wirken. Er überlebte Theresienstadt, wohin er 1943 deportiert wurde, verließ 1945 Deutschland und ließ sich in Großbritannien nieder, wo er 1956 starb.

Nach dem Zweiten Weltkrieg erklärte Leo Baeck die Geschichte des deutschen Judentums für beendet.

Während sich Baecks Denken aus der Lebens- und Geschichtsphilosophie Wilhelm Diltheys speiste, inspirierte das Denken des Kulturphilosophen Georg Simmel die Philosophin Margarete Susman (1872–1966). Susman hatte bei Simmel studiert und hing dem gewaltfreien Anarchismus Gustav Landauers an. Keiner spezifischen philosophischen Schule verpflichtet, versuchte sie stets jüdische Religion und Mystik aus dem Geist von Idealismus und Existenzphilosophie zu deuten. Ihre Arbeiten zur Philosophie der romantischen Liebe, zu Rahel Varnhagen und anderen Frauen der Romantik gipfelten schließlich nach dem Zweiten Weltkrieg in einer Geschichtsphilosophie des Judentums, in dem Werk »Das Buch Hiob und das Schicksal des jüdischen Volkes« aus dem Jahre 1946. Ihre 1964 erschienene Autobiographie »Ich habe viele Leben gelebt« zieht eine Summe deutsch-jüdischer Existenz.

Baecks Versuch, den Sinn des Judentums aus einer welthistorischen, geschichtsphilosophischen Perspektive zu ergründen, wurde von Denkversuchen Martin Bubers und Franz Rosenzweigs überboten, denen es um die Singgebung der je eigenen jüdischen Existenz ging und die von hier aus einen neuen Blick auf das Verhältnis von Judentum und Christentum warfen, ja – mehr noch – eine jüdische Theologie des Christentums ent-

6

Martin Buber (1897–1965)

wickelten. Der Zusammenarbeit von Buber und Rosenzweig in den zwanziger Jahren ist eine einzigartige, von der Übersetzung Martin Luthers deutlich abweichende Übersetzung des Alten Testaments zu verdanken. Ihre »Verdeutschung der Schrift« unternahm den Versuch, die einzigartige Sprach- und Lautgestalt der hebräischen Bibel ins Deutsche zu übertragen.

Franz Rosenzweig und Martin Buber gehören mit anderen protestantischen und katholischen Denkern zu der um die Zeit des Ersten Weltkriegs entstehenden Existenz- und Dialogphilosophie, die an die Stelle der Reflexion über das einsame Bewusstsein das Nachdenken über den Menschen als sprachliches, intersubjektives Wesen setzte.

Der in Wien geborene, einer rabbinischen Gelehrtenfamilie entstammende Martin Buber fand seinen Weg zum jüdischen Denken in der Auseinandersetzung mit der deutschen Kulturphilosophie und dem neu erwachenden religiösen, mystischen Bewusstsein der Jahrhundertwende. Früh vom Zionismus und der Welt des Chassidismus angezogen, suchte er den Kern des menschlichen Selbstverständnisses in einem Gottesbezug, den er sprachphilosophisch aus der dialogischen Struktur allen menschlichen Lebens erläutern wollte. In seiner 1923 erschienenen Schrift »Ich und Du« entfaltet Buber den Gedanken zweier radikal unterschiedlicher, in der Sprache angelegter Weltverhältnisse: »Ich/Du« und »Ich/Es«, die den Gegenwartsbezug und die Freiheit dialogischer Verhältnisse dem feststellenden Vergangenheitsbezug einer objektivierenden Sprache entgegensetzen. Buber verließ Deutschland 1938, um ins damalige britische Mandat Palästina zu emmigrieren, wo er an der Hebräischen Universität lehrte und stets aktiv für einen Ausgleich mit den Arabern Palästinas eintrat. Er gehörte zu den Wegbereitern einer Aussöhnung mit Deutschland nach dem Zweiten Weltkrieg.

Der etwas ältere, einer assimilierten jüdischen Familie entstammende Franz Rosenzweig – der nach dem Abitur in Kassel in Göttingen, München, Freiburg und Leipzig ein breites geisteswissenschaftliches Studium aufgenommen hatte und 1912 mit einer Arbeit über »Hegel und der Staat« promoviert wurde – wollte 1913 unter dem Einfluss seiner bereits konvertierten Cousins Eugen Rosenstock-Huessy sowie Hans und Rudolf Ehrenberg zum Protestantismus übertreten. Nach einer nächtlichen Auseinandersetzung mit Eugen Rosenstock, die ihn von der Notwendigkeit einer Konversion überzeugte, kam er jedoch zu dem Schluss, nur als Jude konvertieren zu können, weswegen er während des jüdischen Neujahrsfestes »Rosch-Haschana« des Jahres 1913 in Berlin noch einmal eine Synagoge besuchte. Dieses Erlebnis erschütterte ihn so sehr, dass er beschloss, Jude

7
Franz Rosenzweig
(1886–1929)

zu bleiben. Rosenzweig, der als deutscher Soldat während des Ersten Weltkriegs an der mazedonischen Front stationiert war, verfasste dort auf Postkarten, die er seinen Eltern nach Kassel zusandte, die Grundzüge seines Hauptwerks »Stern der Erlösung«, das 1921 erschien. Nach dem Krieg ließ sich Rosenzweig in Frankfurt am Main nieder, wo er gemeinsam mit herausragenden jüdischen Intellektuellen und Gelehrten wie Anton Nehemias Nobel, Erich Fromm, Ernst Simon, Gerschom Scholem und Nathan Glatzer eine neuartige Erwachsenenbildungsorganisation, das »Freie Jüdische Lehrhaus«, aufbaute, das er wegen einer 1921 ausbrechenden progressiven Muskellähmung nur bis zu diesem Jahr leiten konnte.

Von diesem Zeitpunkt an zurückgezogen in seinem Heim im Frankfurter Westend lebend, verfasste er 1924 eine Übertragung der Gedichte des mittelalterlichen jüdischen Dichters Jehuda Halevi und arbeitete seit 1924 gemeinsam mit Martin Buber an der Verdeutschung der hebräischen Bibel. Rosenzweig, der seine schwere Krankheit mit allseits bewundertem Mut und großer Lebenszuversicht ertrug, näherte sich in seinen letzten Jahren dem Zionismus an. Von Rabbiner Leo Baeck kurz vor seinem Tode zum Rabbiner ordiniert, starb er am 10. Dezember 1929.

Rosenzweig entfaltet auf der Basis von Existenzphilosophie und der Geschichtsphilosophie des deutschen Idealismus im »Stern der Erlösung« eine Theorie des Judentums als eines jenseits von Land, Geschichte und Sprache stehenden, allein dem ewigen Jetzt seines liturgischen Jahres und seiner Fortzeugung verpflichteten Volkes.

Das Judentum befindet sich für Rosenzweig bereits dort, wohin die dem eigenen Anspruch nach bereits erlöste Christenheit in ihrem grundsätzlich historischen Weltverhältnis strebt, und verfügt damit über eine Gewissheit, die dem Christentum abgeht. Rosenzweigs Geschichtsphilosophie akzeptiert die Wahrheit des Christentums, will diese Wahrheit indessen vertiefen. In einem an einen Freund gerichteten Brief, in dem er die Rücknahme seiner Übertrittsabsichten begründete, beglaubigte er diese christliche Wahrheit und überwand sie zugleich, indem er eine zentrale Aussage des Johannesevangeliums im Hinblick auf die Erwählung des Judentums überbot.

Mit diesen Annahmen ist Rosenzweig zum bisher bedeutendsten jüdischen Denker des Christentums geworden. Die Eigentümlichkeit des Christentums liegt für ihn nicht nur in einem menschengestaltigen Gott – ein Glaube, den es mit allen anderen Religionen und Weltanschauungen teilt – , sondern in seinem eigentümlichen Verhältnis zur Zeit, das es zur welthistorischen Religion par excellence macht, zur Religion der Geschichte, zu jener Religion, die der Menschheit überhaupt erst die geschichtliche

Franz Rosenzweig: »Niemand kommt zum Vater denn durch den Sohn – mit Ausnahme jener, die schon beim Vater sind: die Juden.«

8

Leo Strauss (1899–1973)

Dimension ihrer Existenz eröffnet hat. Während Baeck im Judentum die eigentlich geschichtliche Religion sah, ist für Rosenzweig das Christentum die Religion der Geschichte. Im Unterschied zum Christentum blicke das Judentum im Bannkreis seines liturgischen Jahres auf die Erfahrung geschichtlicher Existenz, die es bis zur Zerstörung des Zweiten Tempels teilte, zurück.

Freilich ist Rosenzweigs Theorie des Judentums als eines Volkes jenseits aller Geschichte und aller Kriege, eines Volkes, das ohne eigene Profansprache und ohne eigene Heimat sich selbst genügend um sein liturgisches Jahr und die eigene Fortpflanzung kreist, durch die Realgeschichte des 20. Jahrhunderts widerlegt worden. Während der nationalsozialistischen Massenvernichtung der europäischen Juden musste das »Ewige Volk« die Erfahrung bedrohter Endlichkeit machen; mit dem Zionismus und der Gründung des Staats Israel wurde das Volk mit einer eigenen, zur Profansprache gewordenen heiligen Sprache wieder in die Geschichte zurückgeworfen, in der es sich seither zu behaupten hat. Das hat der späte Rosenzweig mindestens geahnt, als er sich zwei Jahre vor seinem Tod in Briefen mit dieser nationaljüdischen Bewegung auseinander setzte. So schrieb er dem Zionismus zu, ganz von selbst zu einer Wiederherstellung des echten prophetischen Verhältnisses zum eigenen Gemeinwesen zu führen.

Antisemitismus und schließlich Nationalsozialismus ließen jedoch all diese Philosophien obsolet werden; die Krise der Assimilation in der Weimarer Republik sowie die industrielle Massenvernichtung der europäischen Juden stürzte alles bisherige jüdische Denken in eine tiefe Krise.

Symptomatisch für diese Krise ist das Werk von Leo Strauss (1899–1973), der in Berlin an der Hochschule für die Wissenschaft des Judentums studiert hatte und nach seiner Emigration in die USA mit einer Lehre von der Politik im Spannungsverhältnis von religiöser Offenbarung, politischem Druck und philosophischer Erkenntnis im Geiste Platons zu einem Vordenker der US-amerikanischen Neokonservativen wurde. Strauss sah den einzigen Ausweg aus der Krise der Tradition und der Unzulänglichkeit des Zionismus im Rückgang auf die platonische Philosophie, die er als esoterischen Ausdruck des jüdischen Grundgedankens sah. Deutlicher und prägnanter nahm die Philosophin Hannah Arendt, Schülerin von Martin Heidegger und Karl Jaspers, die Aufgabe in Angriff, die fragile Existenz des Judentums im Zeitalter des Totalitarismus zu verstehen.

3. Im Bann von Totalitarismus und Auschwitz

Hannah Arendt (1906–1975), die in den Jahren 1924 bis 1928 in Marburg, Freiburg und Heidelberg bei Bultmann, Heidegger, Husserl und Jaspers Theologie und Philosophie studiert und 1928 mit einer Arbeit über den Liebesbegriff bei Augustin promoviert wurde, emigrierte 1933 nach Frankreich, wo sie für die zionistische Jugendalijah wirkte. 1941 in die USA emigriert, wirkte sie zunächst als Mitarbeiterin der deutschsprachigen Emigrantenzeitung »Aufbau«, dann als Cheflektorin, um endlich als Philosophieprofessorin in Princeton, Harvard, Chicago und New York zu lehren.

Stets um den Gehalt jüdischer Tradition bemüht, die sie auch an überraschender Stelle fand, setzte sie sich ihr Leben lang neben ihren systematisch philosophischen Studien mit dem Schicksal des jüdischen Volkes auseinander. Für Hannah Arendt war klar, dass sie politisch immer nur im Namen der Juden sprechen könne.

In dreien ihrer Werke, der 1933 verfassten Studie über Rahel Varnhagen, dem 1951 publizierten Totalitarismuswerk und dem hochkontroversen Buch über Eichmann in Jerusalem ging Arendt der Katastrophe des modernen Judentums nach und entfaltete eine politische Existenzphilososphie des Menschen im 20. Jahrhundert.

Mit ihren Arbeiten »Elemente und Ursprünge totaler Herrschaft«, »Vita activa« sowie »Über die Revolution«, in denen sie in kritischer Auseinandersetzung mit Marxismus und Liberalismus eine neuartige Theorie öffentlicher Freiheit vorlegt, wurde sie zur prägnantesten politischen Philosophin des 20. Jahrhunderts. Sosehr sich »Elemente und Ursprünge« als ein allgemeines Resumee der ersten Hälfte dieses mörderischen Jahrhunderts darstellen, so sehr lassen sie sich auch als eines der gewichtigsten Werke lesen, die das moderne Judentum in seiner wesentlichen säkularen Variante, der des Zionismus, hervorgebracht hat, obwohl Arendt unmittelbar nach dem Kriege zu den schärfsten Kritikern des politischen Zionismus zählte.

Dass Hannah Arendt bei alledem das Grundproblem jüdischer Existenz in der Moderne mit den theoretischen Mitteln eines Denkens angeht, das der klassischen Antike und der deutschen Existenzphilosophie ungleich stärker verpflichtet ist als der Überlieferung des Judentums, erweist sich weniger als Ausdruck einer historischen Ironie denn jener paradoxen Situation, in der sich alle Juden befanden, die seit der Emanzipation der Auffassung waren, das Judentum auf die Höhe ihrer Zeit bringen zu sollen.

Als sich Anfang der sechziger Jahre – anlässlich des Erscheinens von »Eichmann in Jerusalem« – der Zorn der jüdischen Welt auf Hannah Arendt ob ihrer These von der Kollaboration der Judenräte bei der Massenvernichtung entlud, konnte sie nur mit Unverständnis reagieren. Hatte sie doch nichts anderes getan, als die Konsequenz aus Argumenten zu ziehen, die in »Elemente und Ursprünge« angelegt waren. Dort analysiert sie die Wurzeln des Totalitarismus, zu denen der moderne Antisemitismus – im Unterschied zum Judenhass – wesentlich gehört, am Problem der Ende des 18. Jahrhunderts gegründeten und schon seit Mitte des 19. Jahrhunderts im Niedergang befindlichen Nationalstaaten. Der Antisemitismus

9
Hannah Arendt
(1906–1975)

entstand demnach als massenhafte Reaktion auf die zunehmende Intransparenz des politischen Handelns, auf die Undurchsichtigkeit der Beziehungen zwischen Parlament, Kapital und Regierung. Als Massenbewegung entzündete sich der Antisemitismus an einer gesellschaftlichen Frage, die Hannah Arendt für ein objektives Problem hielt: Reichtum und Einfluss ohne Macht ließ die Juden zu Zielscheiben des Ressentiments werden. Die vermeintliche Distanz der Juden zur Macht aber und die nach Arendts Meinung damit verbundene Unfähigkeit, den Antisemitismus zu verstehen, führten dazu, dass die Juden als Volk eine politische Anomalie darstellten. Arendts Kritik an Assimilationismus, jüdischem Chauvinismus und der Flucht des jüdischen Bildungsbürgertums ins Menschheitliche entspricht in »Elemente und Ursprünge« der Hinweis, dass erst der »westeuropäische Zionismus« die objektive Realität der Judenfrage nicht mehr verleugnet habe und es zudem der »postassimilatorische Zionismus« gewesen sei, der mit seinem Einfluss auf die jüdische Intelligenz das deutsch-österreichische Ausnahmejudentum vor den schlimmsten Auswüchsen des Antisemitismus der dreißiger Jahre bewahrt habe.

Wenn Arendt feststellt, dass der Verlust der nationalen Rechte im 20. Jahrhundert in allen Fällen den Verlust der Menschenrechte nach sich gezogen habe und dass diese, wie das Beispiel der Juden und des Staates Israel zeige, bisher nur durch die Etablierung nationaler Rechte wiederhergestellt werden könnten, beglaubigt sie die Stimmigkeit zionistischer Politik sowohl im Hinblick auf die Rettung eines Teils der deutschen Juden nach 1933 als auch bezüglich jüdischer Fortexistenz nach der Massenvernichtung. Dennoch unterzog sie den staatsbildenden Zionismus spätestens seit 1941 einer harschen Kritik und hielt ihm vor, mit dem Imperialismus paktieren zu müssen. Sie kritisierte zudem die Sinnlosigkeit einer Staatsgründung angesichts des Umstandes, dass Rommel die Juden

10
Walter Benjamin
(1892–1940)

in Palästina mit dem gleichen Schicksal bedrohte wie in den europäischen Ländern. Die Konzentration der Zionisten auf Palästina erschien ihr damals als nichts anderes denn die kritiklose Übernahme des Nationalismus in seiner deutschen Version.

Doch war es nicht nur eine politisch gewendete Existenzphilosophie, die das jüdische Schicksal im frühen 20. Jahrhundert, das Scheitern der Assimilation und die Massenvernichtung, zu deuten versuchte. Mindestens ebenso starke Impulse gingen von einer marxistisch und psychoanalytisch inspirierten Kulturphilosophie aus, wie sie vor allem von jenen Autoren betrieben wurde, die man unter dem Namen »Kritische Theorie« zusammenfasst.

Walter Benjamin (1892–1940), den Hannah Arendt als den seltsamsten Marxisten bezeichnet hatte, den diese an Seltsamkeiten nicht arme Bewegung hervorgebracht habe, wurde 1892 als Sohn eines Antiquars in Berlin geboren, wo er mit seinen zwei jüngeren Geschwistern eine großbürgerliche, von Künsten, Literatur und Bildung geprägte Kindheit erlebte.
Nach seinem Abitur im Jahre 1912 und während seines Studiums in Freiburg schloss sich Benjamin dem linken Flügel der deutschen Jugendbewegung, der Freideutschen Jugend, an. Nach Kriegsausbruch setzte Benjamin sein Studium zunächst in München, dann in Bern fort, wo er sich verlobte. Sein Versuch, sich 1925 mit einer Arbeit über Barockdichtung an der Frankfurter Universität zu habilitieren, scheiterte. Im März 1933 floh Benjamin vor der nationalsozialistischen Verfolgung ins Ausland. In jenen Jahren verfasste er die »Berliner Kindheit«, ein Baudelaire-Buch sowie das erst 1982 publizierte voluminöse Fragment über die Pariser Passagen.

Endlich entstanden im Frühjahr 1940 die Thesen »Über den Begriff der Geschichte«, in dem Benjamin theologische Intuitionen, marxistische Einsichten und die bestürzende Wahrnehmung des apokalyptischen Niedergangs der bürgerlichen Kultur zu einer negativen, zutiefst pessimistischen

Geschichtsphilosophie zusammenschießen lässt, die als Ausweg nur noch eine messianische Revolution der Unterdrückten um der Toten und der Schmach der vergangenen Unterdrückung wegen offen lässt – eine Revolution, die zugleich das Ende aller Geschichte wäre.

Benjamin entwirft eine Geschichtsphilosophie, die sich von den Denkern des 19. Jahrhunderts darin unterscheidet, dass sie sich von jedem blinden und technikgläubigen Fortschrittsoptimismus verabschiedet. Worum es ihm, der schon früh mit der Religionsphilosophie Franz Rosenzweigs und den Schriften Franz Kafkas in Berührung kam, ging, hat er 1922 in einem Essay über Goethes »Wahlverwandtschaften« dargelegt. Dort heißt es, dass uns Hoffnung nur um der Hoffnungslosen willen gegeben sei.

Walter Benjamin: »Nur um der Hoffnungslosen willen ist uns die Hoffnung gegeben.«

Die Herkunft der Formel von der »Hoffnung um der Hoffnungslosen« willen ist nicht geklärt: klingt doch in ihr nicht nur die biblische Hoffnung wider alle Hoffnung an, die Paulus unter Bezug auf Abraham und die Bindung Isaaks zitiert, sondern auch und immer wieder das Werk Franz Kafkas.

Walter Benjamin starb auf der Flucht vor den Nationalsozialisten. Der Versuch einer Gruppe von Flüchtlingen, Ende September 1940 bei Portbou aus der so genannten »Freien Zone« Frankreichs die Grenze nach Spanien zu überschreiten, schien daran zu scheitern, dass die spanische Grenze gesperrt war und die Flüchtlinge zurückgeschickt werden sollten, was zumindest für den schwer herzkranken Benjamin den Tod bedeutet hätte. In der Nacht nahm Benjamin eine Überdosis Schlaftabletten und starb am nächsten Morgen an der Vergiftung. Darauf – so wird erzählt – hätten die spanischen Grenzer Benjamins Begleitern die Einreise erlaubt. Sein Grab ist bis heute unbekannt.

Benjamins Jugendfreund, der bedeutende Kabbalaforscher Gerschom Scholem (1897–1982), löste die Krise des deutschen Judentums persönlich durch eine frühe Emigration nach Palästina, wo er seit 1923 an der Hebräischen Universität tätig war. Sein weit verzweigtes philologisches und religionsgeschichtliches Werk enthält seine religionsphilosophischen und antinomistisch-theologischen Überzeugungen entweder in seinen materialen Untersuchungen oder kleineren, oft thesenhaften Nebentexten. Es war Scholem, der gemeinsam mit Theodor W. Adorno Benjamins Nachlässe edierte und dessen überragende Bedeutung herausstellte.

Seit Mitte der zwanziger Jahre stand Benjamin mit Theodor W. Adorno und – mittelbar – mit dessen Freund und geistigem Weggefährten Max Horkheimer, seit 1930 Direktor des Frankfurter Instituts für Sozialforschung, in Kontakt.

Als Sohn eines Fabrikanten in Stuttgart geboren, machte Horkheimer nach Schulabgang, Lehre und Militärzeit 1919 in München das Abitur. Nach früher Prägung durch die Philosophie Schopenhauers und einem Studium der Philosophie in München, Freiburg und Frankfurt, bei dem er mit Husserl und Heidegger bekannt wurde, wurde er 1922 mit einer Arbeit über Kants »Theorie der teleologischen Urteilskraft« promoviert. Mit Friedrich Pollock, Felix Weil und Theodor W. Adorno befreundet, wurde Horkheimer, inzwischen Marxist, zum Direktor des gesellschaftskritischen – von einem wohlhabenden Getreideimporteur finanzierten – Instituts für Sozialforschung an der Frankfurter Johann Wolfgang Goethe-Universität. Im Jahr 1933 floh Horkheimer in die Schweiz und emigrierte

1934 in die USA, wo er das Institut an der Columbia-Universität neu errichtete. Unter seiner Leitung erschien 1936 das freudianisch-marxistische Sammelwerk »Studien über Autorität und Familie«, 1937 der bahnbrechende Essay über »Traditionelle und kritische Theorie«. 1940 siedelte Horkheimer nach Kalifornien über, wo er gemeinsam mit Theodor W. Adorno an der »Dialektik der Aufklärung« arbeitete, die 1947 in Amsterdam erschien. Horkheimer, einer nicht orthodoxen, aber religiös konservativen Fabrikantenfamilie entstammend, entfernte sich in seiner Jugend in seiner persönlichen Lebensweise zunächst vom Judentum, um jedoch in seinem theoretischen Werk immer wieder auf die Lage der Juden, die Analyse des Antisemitismus und – gegen Ende seines Lebens – auch auf theologische Fragen zurückzukommen.

Dieser Philosophie einer ernüchterten Verzweiflung korrespondierte eine ebenso nüchterne Analyse der Lage der Juden nach der nationalsozialistischen Machtübernahme in Deutschland, die Horkheimer 1939 unter dem Titel »Die Juden und Europa« publizierte. In dieser Schrift verweigert Horkheimer jede übergeschichtliche Erklärung des Antisemitismus und will dieses Phänomen konsequent aus einer ökonomischen Analyse des Nationalsozialismus heraus verständlich machen.

Horkheimers frühe Erfahrung der völligen Sinnlosigkeit des einzelnen Todes brachte ihn in Gegensatz zu Walter Benjamin, der auf der Unabgeschlossenheit der Geschichte beharrte.

Es war die Zusammenarbeit mit Theodor W. Adorno an der »Dialektik der Aufklärung«, die diese ökonomistischen Versuche, den Antisemitismus zu erklären, beendete und Raum für eine anspruchsvolle, psychoanalytisch inspirierte Theorie von Mimesis und Projektion bot, die zugleich die Möglichkeit eröffnete, unter Rückgriff auf Sigmund Freuds Kritik am Christentum dem jüdischen Bilderverbot neuen Sinn abzugewinnen. Horkheimer, der vor dem Zweiten Weltkrieg auf den Spuren Schopenhauers und Marx' jede religiöse Anwandlung als unreif oder naiv gegenüber der Realität des weltgeschichtlichen Leids kritisiert hatte, wandte sich später der jüdischen Religion wieder zu und rehabilitierte eben jene Gefühle, die er vormals noch kritisiert hatte, nämlich »Hoffnung« und »Sehnsucht nach einem ganz Anderen«.

Indem er das vorausgesetzte negative Absolute, dessen Abbildung verboten ist, als Sinnbedingung eines die Welt verändernden Handelns postuliert – als Sehnsucht danach, dass der Mörder nicht über das unschuldige Opfer triumphieren möge –, gewinnt er eine praktische Transformation der Theologie. Am Ende verbindet Horkheimer den jüdischen Gedanken einer nicht individuellen Erlösung mit der Idee universaler Solidarität, die indes – wie schon zu Beginn seines intellektuellen Wirkens – von der Erfahrung sinnloser Sterblichkeit motiviert ist. Diese Idee der Solidarität allein vermöchte es, einer auf Unterwerfung zielenden total verwalteten Welt noch einen letzten Widerstand entgegenzusetzen.

Theodor W. Adorno, 1903 als Sohn des jüdischen Weingroßhändlers Oscar Wiesengrund und der katholischen Sängerin Maria Calvelli Adorno geboren, promovierte nach frühem Kompositionsunterricht und frühem Abitur sowie nach einem Studium der Philosophie, Musikwissenschaft, Psychologie und Soziologie 1924 mit einer Arbeit über Edmund Husserl. 1925 nach Wien übersiedelt, studierte er bei Alban Berg Komposition, befreundete sich mit Anton Webern und machte die Bekanntschaft Arnold Schönbergs und Kurt Weills. 1928 Redakteur der musiktheoretischen Zeitschrift »Anbruch« in Wien, kehrte Adorno 1930 nach Frankfurt zurück und habilitierte sich mit einer Arbeit über Kierkegaard. 1933 wurde dem Privatdozenten die Lehrbefugnis entzogen. Nach seiner Emigration wirkte Adorno zunächst in Oxford, um 1938 in die USA zu gehen. Von 1941 bis 1950 lebte Adorno in Los Angeles, wo er ab 1941 gemeinsam mit Max Horkheimer an der »Dialektik der Aufklärung« arbeitete. 1951 machte Adorno mit seinen »Minima Moralia – Reflexionen aus dem beschädigten Leben« auf sich aufmerksam. 1953 nach Frankfurt zurückgekehrt, entfaltete Adorno in den folgenden Jahren eine rege wissenschaftliche und publizistische Tätigkeit, die ihn schnell zu einem der bekanntesten Intellektuellen der frühen Bundesrepublik werden ließ. Er starb 1969.

Will man Adorno – der dem assimilierten deutschen Judentum entstammt, ohne im halachischen Sinn Jude gewesen zu sein – als einen jüdischen Philosophen verstehen, so gilt es, die jüdisch-theologischen Motive seines Werks aufzuweisen. Diese Motive entfalten sich im Fortgang seines Werks dreifach: als der von Walter Benjamin entlehnte Gedanke einer Hoffnung um der Hoffnungslosen willen, als aktualisiertes biblisches Bilderverbot sowie als die fortentwickelte kabbalistische Idee eines die heillose Welt erlösenden Lichts.

So verschränkt sich dieses kabbalistische Motiv im Werk Adornos, zumal in seinen moral- und ästhetiktheoretischen Arbeiten, mit einem traditionell jüdischen Motiv, dem Bilderverbot, das er vor allem gemeinsam mit Horkheimer in der »Dialektik der Aufklärung« entfaltet hat. Geschichtsphilosophie und Ästhetik, Dialektik der Aufklärung und Negative Dialektik leben aus dem Spannungsverhältnis eines restaurativ-utopischen Messianismus und einer negativistischen Kritik alles Bestehenden um der rettenden Wahrheit willen, die, um überhaupt den geschichtlichen Verfallsprozess aufhalten zu können, der Verhüllung – und das heißt: dem Bilderverbot – anheim fallen muss. In der »Dialektik der Aufklärung«, zumal in den Abschnitten über die »Elemente des Antisemitismus«, versuchen sich Horkheimer und Adorno an einer geschichtsphilosophischen Deutung des Verhältnisses von Judentum und Christentum, welche die Askese des jüdischen Gottesgedankens gegenüber den regressiven Zügen eines vermenschlichten Gottes verteidigt.

Adorno und Horkheimer: »Den Juden schien gelungen, worum das Christentum vergebens sich mühte: Die Entmächtigung der Magie vermöge ihrer eigenen Kraft, die als Gottesdienst sich wider sich selbst kehrt. Sie haben die Angleichung an Natur nicht sowohl ausgerottet als sie aufgehoben in den reinen Pflichten des Rituals. Damit haben sie ihr das versöhnende Gedächtnis bewahrt, ohne durchs Symbol in Mythologie zurückzufallen.«

Im Gedanken einer versöhnenden Erinnerung, die noch in ihrer rituellen Form den Einspruch wider die listige Unterwerfung der Natur artikuliert, ersteht der schon von Rosenzweig postulierte Einbruch des Ewigen ins Zeitliche als Essenz des jüdischen Glaubens wieder auf.

Als Unterpfand des Eingedenkens wirkt das Bilderverbot, das am Gedanken der Erlösung gerade deshalb festhalten kann, weil es strikt verbietet, sich die Erlösung vorzustellen oder auszumalen. Nur dort, wo durch die Askese des Bilderverbots der Gedanke der Erlösung nicht an die Gegenwart oder eine nur als Verlängerung der Gegenwart gedachte Zukunft verraten wird, besteht auch die Möglichkeit eines rettenden Eingedenkens an die Opfer der Geschichte. Nur so erhält der Gedanke einer »Rettung des Hoffnungslosen« seinen Sinn. So können die Autoren der »Dialektik der Aufklärung« das Bilderverbot als Prinzip der Negativität erläutern, als das Verbot, das Falsche als Gott anzurufen, das Endliche als das Unendliche, die Lüge als Wahrheit. Das Unterpfand der Rettung – so postulieren sie – liegt in der Abwendung von allem Glauben, der sich ihr unterschiebt, die »Erkenntnis in der Denunziation des Wahns. Gerettet wird das Recht des Bildes in der treuen Durchführung seines Verbots.«

Für Horkheimer und Adorno, zwei pessimistische Anhänger von Marx und Freud, wird Freuds unnachsichtige Ideologiekritik zur Vorbedingung der Erlösung. Der damit verbundene Verzicht auf falsche und voreilige Tröstung der Verzweiflung alles Sterblichen treibt ein messianisches Denken, das weder auf den Gedanken der Erlösung verzichten noch den geringsten Tribut an eine Affirmation der verfallenen Gegenwart zollen will, in eine Spannung, der es nur noch durch Absage ans Wirkliche und eine Flucht ins Mögliche standhalten kann. Im berühmten letzten Aphorismus von Adornos unorthodoxem Hauptwerk, der Aphorismensammlung »Minima Moralia«, findet sich die wohl prägnanteste Formulierung eines gleichsam konjunktivischen Messianismus, der in der Behauptung gipfelt, dass Philosophie, wie sie im Angesicht der Verzweiflung noch zu verantworten sei, der Versuch wäre, »alle Dinge so zu betrachten, wie sie sich im Licht der Erlösung darstellen«. Deshalb lässt sich Adornos Werk als »negative Theologie« kennzeichnen – eine Bezeichnung, die vor allem Horkheimer Adornos Werk zugesprochen hat.

Die von Adorno vorgetragene negative Theologie bleibt ihrem eigenen Zeitkern treu und hat die weltgeschichtliche Erfahrung der nationalsozialistischen Vernichtungslager in sich aufgenommen.

Vor dem Hintergrund von »Auschwitz« wird alle Hoffnung zum Frevel an ihr selbst; diese Erfahrung, die zugleich alle Kunst tangiert, rückt die Erfahrung des Todes mit einer Wucht ins Denken, die Hoffnung ebenso dementiert wie den immer währenden metaphysischen Willen, der Endlichkeit durch das Nachdenken über sie zu entrinnen.

4. Nach der Verzweiflung – zu neuer Verantwortung

Horkheimers und Adornos theologisch inspirierter Philosophie korrespondierte Jahre nach ihrem Tod das Werk von Hans Jonas, in dessen spät, dann aber umso nachhaltiger zur Kenntnis genommenen Schriften »Das Prinzip Verantwortung« und »Der Gottesbegriff nach Auschwitz« die jüdische Philosophie der deutschsprachigen Moderne ihren Abschluss fand.

1934 erschien – versehen mit einem Vorwort des bekannten protestantischen Neutestamentlers Rudolf Bultmann – in der angesehenen theologischen Reihe eines ebenso angesehenen Verlages das Werk eines jüdischen Autors. Jonas, ein lebenslanger Freund Hannah Arendts, hatte mit ihr in Marburg bei dem protestantischen Theologen Rudolf Bultmann und bei Heidegger studiert und fertigte, für einen Juden ungewöhnlich, eine Arbeit in Theologie an.

Als »Gnosis und spätantiker Geist« 1934 erschien, war der Verfasser bereits auf der Flucht vor den Nationalsozialisten nach Palästina emigriert – ein Schritt, der für ihn, der seit seiner Schulzeit Zionist war, ohnehin nahe lag. Nach dem Kriege emigrierte Jonas in die USA, wo er an verschiedenen Colleges lehrte und schließlich vor allem in den achtziger Jahren in Deutschland immer mehr Interesse fand. Ausgangspunkt seines auch im Kontext der Ökologiebewegung bekannt gewordenen »Prinzips Verantwortung« war aber für ihn die Krise der Weimarer Republik, die er als Schüler des Philosophen Martin Heidegger erlebte.

Die politische und ökonomische Instabilität, die spätestens 1928/29 unübersehbar zum Ausdruck kamen, die Feindschaft von mehr als der

Hälfte der deutschen Bevölkerung gegenüber der parlamentarischen Demokratie und die weltanschaulich aufgerüstete Mobilisierung nicht weniger Intellektueller sowie einer Reihe von Parteiarmeen gegen die Republik skizzieren die Situation, in der dieses Buch verfasst wurde. In den Marburger Vorlesungen von Hans Jonas' Lehrer Martin Heidegger erscheint die noch ungenannte Gestalt eines furchterregenden Menschen, der sich später als der Führer und Halbgott Adolf Hitler enthüllen wird. Die Stimmung, aus der heraus der Ruf nach Erneuerung durch Furcht ergeht, ist von tiefer Angst und Entfremdung geprägt.

In Jonas' Arbeit über die Gnosis wird die Stimmung der späten Weimarer Republik präzise charakterisiert: Gnosis erscheint als ein Weltverhältnis von Angst und Flucht, von Ohnmacht und Unheimlichkeit.

Hans Jonas hat im Lauf eines langen Lebens immer wieder versucht, dem gnostischen Denken als der Grundsignatur der Epoche zu widersprechen – zuletzt in seiner Auseinandersetzung mit Ernst Bloch in seinem Buch »Das Prinzip Verantwortung«. Noch Jonas' bedeutende Arbeiten zu einer philosophischen Biologie sind einzig von dem Bemühen getragen, den dualistischen Konzepten der revolutionären Gnosis eine monistische, nicht leibfeindliche, weltverneinende Philosophie entgegenzustellen. Die Philosophie Ernst Blochs wird in diesem Kapitel nicht erörtert, weil Bloch, obwohl Jude, in seinem ganzen Werk und speziell in seinen Aussagen zum Judentum vor allem von christlichen Motiven zehrt.

Die Vernichtungslager der Nationalsozialisten geben sowohl jeder Moralphilosophie als auch allen Versuchen, noch einmal theologisch zu denken, das schon im »Buch Hiob« erstmals artikulierte Problem der Theodizee in ungeheurer Zuspitzung auf: Wie lässt sich nach diesem Ereignis absoluter Trostlosigkeit, kaum noch vorstellbaren Mordens und vollendeter Sinnlosigkeit überhaupt noch sinnvoll und verantwortlich von Gott sprechen?

Lassen sich – so Jonas' Frage – nach Auschwitz die traditionellen Prädikate Gottes: »Allmacht«, »Allwissenheit« und »Güte« überhaupt noch zusammen behaupten? Um diese Frage nach dem Begriff, nicht nach der Wirklichkeit Gottes zu beantworten, stellt Jonas einen Mythos vor, eine Geschichte, die davon berichtet, wie der »göttliche Grund« des Seins sich dazu entschied, sich dem »Zufall, dem Wagnis und der endlosen Mannigfaltigkeit des Werdens« anheim zu geben. Die letzte Stufe dieses kosmischen Dramas ist dann mit dem Herausbilden der menschlichen Gattung gegeben, in der die Transzendenz, wie Jonas sagt, zu sich selbst erwacht. Dieser Gott kann nichts anderes denn als ein werdender, ein leidender und sich sorgender Gott sein, der als Gott im Horizont des jüdischen Glaubens von Anfang und immer mit den Menschen leidet.

Hans Jonas: Nachdem sich Gott ganz und gar der Welt überlassen und im Spiegel von Auschwitz seine Ohnmacht offenbar geworden ist, obliegt es nur noch dem Menschen und sonst niemandem, Gottes Entschluss zur Schöpfung durch seine Taten zu rechtfertigen.

Es ist an den Menschen und ihren Handlungen, zu entscheiden, ob das »Und siehe, es war gut« zutrifft oder nicht und ob Gott somit mehr war als nur ein kosmischer Wirbel. Nicht Gott rechtfertigt den Menschen, sondern die Menschen rechtfertigen Gott. Jonas, der aus einer antignostischen Einstellung heraus die Natur, das heißt die Schöpfung und die Menschenwerke, im Großen und Ganzen für gut ansieht, kritisiert – nicht anders als sein Lehrer Heidegger – den technischen Fortschritt und das instrumentell vernutzende Denken. Anders als Heidegger betrachtet er freilich als die letzte Ursache eines entgleisenden Fortschritts nicht ein im Bilde des Demiurgen gedeutetes technisches Handeln, sondern eine dem Messianismus, der Eschatologie und der Gnosis geschuldete Verachtung der kreatürlichen Natur.

In diesem Hinweis auf den appellatorischen Charakter von Schöpfung und menschlicher Existenz trifft sich Jonas mit einem anderen, freilich nicht mehr aus Deutschland stammenden Schüler Martin Heideggers, mit Emmanuel Levinas (1906–1995), der sein Denken nicht von der Mystik, sondern von den beiden Polen orthodox jüdischer Existenzerfahrung her entfaltet: dem Studium der Schrift und dem Familienleben. Aus der Beobachtung, dass es im rabbinisch-halachischen Judentum eher darauf ankommt, die Tora, also Gottes Wort, als Gott selbst zu lieben, und aus der vor dem Hintergrund von Auschwitz neu gewonnenen Erfahrung des Ausdrucks menschlichen Leidens im menschlichen Antlitz artikuliert Levinas eine philosophisch untermauerte letzte Theologie der Spur Gottes in der menschlichen Existenz.

Literatur

Micha Brumlik,
Vernunft und Offenbarung, Berlin 2001.

Heinz Mosche Graupe,
Die Entstehung des modernen Judentums. Geistesgeschichte der deutschen Juden 1650–1942, Hamburg 1969.

Christoph Schulte,
Die jüdische Aufklärung, München 2002.

JÜDISCHE STUDIEN IN DEUTSCHLAND

Rachel Heuberger :

JÜDISCHE STUDIEN IN DEUTSCHLAND

Rachel Heuberger

Die Wissenschaft vom Judentum hat sich als eine eigenständige Disziplin an den Hochschulen in der Bundesrepublik Deutschland etabliert. Seit Mitte der sechziger Jahre sind – nach einer verständlicherweise zögerlichen und zurückhaltenden Entwicklung in den ersten beiden Jahrzehnten nach Kriegsende – wieder zahlreiche, mittlerweile auch international bekannte wissenschaftliche Institute der Judaistik und Lehrstühle für Antisemitismusforschung, Jüdische Studien und Jüdische Geschichte gegründet worden, an denen in den verschiedenen Disziplinen der Wissenschaft des Judentums die Bandbreite der jüdischen Tradition und Kultur erforscht wird. Die Forschungseinrichtungen sind zum Teil im Rahmen der bestehenden theologischen, orientalistischen und germanistischen Fachbereiche der deutschen Universitäten tätig, zum Teil wurden sie als selbständige Institute gegründet. Im Folgenden kann stellvertretend lediglich eine Auswahl vorgestellt werden, in der die Institute zur Antisemitismusforschung generell unberücksichtigt bleiben.

In der Bundesrepublik Deutschland gelang die universitäre Einbindung der Wissenschaft des Judentums erst nach Kriegsende. Vor 1933 war es den damaligen jüdischen Gelehrten verwehrt geblieben, die Einrichtung von Lehrstühlen für die Wissenschaft des Judentums an den deutschen Universitäten durchzusetzen und damit die Anerkennung ihrer Forschungsarbeit als gleichwertig mit anderen wissenschaftlichen Disziplinen zu erlangen. Getragen von einer in ihrer überwiegenden Mehrzahl nichtjüdischen Studenten- und Dozentenschaft hat sich das gegenwärtige große

Interesse an jüdischer Geschichte und Religion in den letzten Jahren dahingehend ausgewirkt, dass wieder wichtige Arbeiten in diesem Bereich in Deutschland veröffentlicht und in der internationalen Forschung zur Kenntnis genommen werden. Die wachsende Zahl der Mitglieder der »Arbeitsgemeinschaft jüdischer Sammlungen in der Bundesrepublik«, die sich zu jährlichen Konferenzen treffen, belegt diese Expansion ebenso eindrucksvoll wie die sprunghaft angestiegene Zahl der deutschsprachigen Veröffentlichungen auf dem Gebiet der Wissenschaft des Judentums sowie die steigende Zahl der Studenten.

So ist die paradoxe Situation entstanden, dass nur wenige Jahrzehnte nach dem Holocaust und der Vernichtung der Juden und ihrer Kultur ohne Übertreibung von einem »Boom« in der Entwicklung deutsch-jüdischer Forschungsschwerpunkte in der Bundesrepublik gesprochen werden kann, wobei die Motive dahingestellt sein mögen. Mit folgenden Worten hat der amerikanische Historiker Michael A. Meyer diese unnatürliche Situation charakterisiert: »Auf dieser Seite des vom Holocaust geschaffenen Abgrunds feiert heute die jüdische Wissenschaft ihr Wiedererscheinen in Deutschland. Sie wird nun häufiger als ›Jüdische Studien‹ bezeichnet, um die Vielzahl der Disziplinen anzudeuten, die darunter fallen. Diese Studien werden nun in einem Ausmaß, von dem man vor dem Zweiten Weltkrieg nicht einmal zu träumen wagte, von den führenden deutschen Universitäten aufgenommen.«

Interessanterweise waren es Bibliotheken, die am Beginn des Prozesses der Wiederbelebung der Erforschung des Judentums standen und mit ihren Bücher- und Quellensammlungen die nötigen Voraussetzungen für eine ernsthafte wissenschaftliche Beschäftigung mit der Thematik boten. Die größte Sammlung an Büchern und Zeitschriften zum Themenbereich Judentum und Israel in der Bundesrepublik Deutschland findet sich in der Hebraica- und Judaica-Abteilung der Universitätsbibliothek Frankfurt am Main, der bereits im Jahre 1949 von der Deutschen Forschungsgemeinschaft das Sondersammelgebiet Wissenschaft des Judentums zugewiesen wurde und an der für diesen Sammelschwerpunkt seither die einschlägige wissenschaftliche Literatur zu allen Aspekten des nachbiblischen Judentums so umfassend wie möglich erworben wird. Hierzu zählen Werke über die Geschichte, Religion, Philosophie und Erziehung der Juden ebenso wie Veröffentlichungen zum Synagogenbau, zu jüdischer Musik und Malerei sowie zur jiddischen und deutsch-jüdischen Belletristik. Im Jahre 1964 wurde zusätzlich das regionale Sondersammelgebiet Landeskunde Israel eingerichtet, in dem alle Veröffentlichungen über den modernen Staat Israel angekauft werden, also über die Geschichte des Zionismus, die Geographie, das Erziehungswesen und die Politik des Landes sowie die kulturellen und gesellschaftlichen Entwicklungen der verschiedenen Minderheiten und Religionsgemeinschaften, um nur einige Beispiele zu nennen. Erworben wird auch die gesamte moderne hebräische Belletristik, und zwar in Ivrit und in Übersetzungen, sodass auch die Romane solch bekannter Autoren wie Amos Oz, David Grossman und Zeruya Shalev in der Sammlung zu finden sind. Weltweit werden die Neuerscheinungen zu diesen Themenbereichen in hebräischer, jiddischer und in vielen europäischen Sprachen als Monographien, Zeitschriften, Microfilm- und Microfichesammlungen sowie als CD-ROMs erworben und den Studenten und Forschern zur Verfügung gestellt.

1
Die Sammlung der jiddischen Drucke der Universitätsbibliothek Frankfurt am Main enthält an die 800 äußerst seltene und wertvolle Bücher in Jiddisch und Judendeutsch aus dem 16. bis 19. Jahrhundert. Die Werke wurden digitalisiert und sind über das Internet einsehbar.

Grundlage des Bestandes bildet die Hebraica- und Judaica-Sammlung, die zu Ende des 19. Jahrhunderts durch großzügige Spenden Frankfurter Juden gegründet wurde. Von ihrem Leiter Prof. Aron Freimann, der sie von 1898 bis 1933 betreute, wurde sie vor dem Krieg als bedeutendste Spezialsammlung des europäischen Kontinents ausgebaut und überstand auch die Aneignungsversuche nationalsozialistischer Einrichtungen ohne Verluste. Tragischerweise verbrannten bei der Bombardierung Frankfurts fast alle hebräischen Bücher, gerettet werden konnten lediglich die an die 20.000 Bände zählende Judaica-Sammlung sowie einige besonders wertvolle Hebraica-Bestände, und zwar die Sammlung der hebräischen Handschriften, der hebräischen Inkunabeln und eine fast vollständige Sammlung von jiddischen Drucken seit dem 16. Jahrhundert. Mittlerweile zählt die Sammlung über 150.000 Bände und wird auch durch den Ankauf von antiquarischen Werken kontinuierlich vervollständigt. 460 ausländische und 40 deutsche Zeitschriften werden laufend gehalten.

Eine weitere Bibliothek, die Germania Judaica, wurde als selbständige Institution im Jahre 1959 in Köln auf Initiative einiger namhafter Kölner Bürger, unter ihnen auch der Schriftsteller Heinrich Böll, als privater Verein gegründet. Mit einem Bestand von etwa 62.000 Bänden, ca. 500 deutsch-jüdischen Zeitungen und Zeitschriften und ca. 150 laufenden Abonnements zur deutsch-jüdischen Geschichte hat sie sich zu einer der bedeutendsten wissenschaftlichen Spezialbibliotheken zur Geschichte und Kultur des deutschsprachigen Judentums in der Bundesrepublik Deutschland entwickelt und ist eine der größten Sammlungen ihrer Art in Europa. Tatkräftig gefördert wird die Bibliothek von der Stadt Köln. Zu den wichtigsten Sammelgebieten gehören die Geschichte des deutschsprachigen Judentums ab dem 18. Jahrhundert, welche die Themenbereiche Emanzipation, Gemeindegeschichte sowie das Schicksal der Juden im Nationalsozialismus bis zur Emigration resp. bis zur Vernichtung der Juden beinhaltet, die Geschichte und Phänomenologie des Antisemitismus, die allgemeine jüdische Geschichte und Kultur sowie die Darstellung von Juden in Literatur und Film. Alle drei Jahre veröffentlicht die Bibliothek eine Erhebung über laufende Forschungsprojekte zur deutsch-jüdischen Geschichte und zum Antisemitismus, deren zunehmende Zahl – im Jahr 1977 wurden hier 258 Projekte angemeldet, 1992 waren es bereits 867 unterschiedliche Studienprojekte – ein eindeutiger Beweis für das steigende Interesse an der Wissenschaft des Judentums ist.

In den sechziger Jahren erfolgten dann vereinzelte Neugründungen von wissenschaftlichen Forschungsinstituten zum Judentum. Als erste Einrichtung dieser Fachdisziplin an einer deutschen Universität wurde am 1. Oktober 1963 das Institut für Judaistik an der Freien Universität Berlin offiziell eingeweiht, an der bereits seit dem Sommersemester 1952 regelmäßig Vorlesungen zu jüdischen Themen abgehalten worden waren. Zuerst war Adolf F. Leschnitzer gewonnen worden, der schon vor seiner erzwungenen Emigration in Berlin studiert und gewirkt hatte und vor allem Themen zum deutsch-jüdischen Verhältnis und zum Antisemitismus in den Mittelpunkt stellte. Seit Mitte der fünfziger Jahre lehrten Ernst L. Ehrlich, Hermann L. Goldschmidt, Johann Maier und Jacob Taubes, der 1963 der Gründungsdirektor des neuen Instituts wurde, wobei nunmehr Themen aus sehr unterschiedlichen Bereichen der Wissenschaft vom Judentum zum Lehrangebot gehörten. Nicht zufällig waren es Emigranten wie der Philosoph und Hermeneutikwissenschaftler Jacob Taubes, der von der Columbia Universität in New York kam und das Institut bis zum Jahre 1979 leitete, die am Wiederaufbau der wissenschaftlichen Einrichtungen zur Erforschung des Judentums maßgeblich beteiligt waren. Nach einer umfassenden Neuorganisation des Instituts und des Studienganges Judaistik durch Peter Schäfer zu Beginn der achtziger Jahre konnte 1987 eine zweite Professur, 1989/90 eine Arbeitsstelle für Hebräische Textforschung und 1991 eine Arbeitsstelle für Zionismusforschung eingerichtet werden. In den neunziger Jahren nahm Joseph Dan, renommierter Professor für Kabbala an der Hebräischen Universität Jerusalem, seine Forschungs- und Lehrtätigkeit im Rahmen einer ständigen Gastprofessur am Berliner Institut auf und unterrichtet jedes Sommersemester in Berlin. Dadurch ist eine enge wissenschaftliche Zusammenarbeit zwischen israelischen und deutschen Universitäten entstanden, welche die Judaistik in Deutschland in die Entwicklungen im Ausland einbindet.

Auf Berlin folgte im Jahr 1966 die Gründung des Martin-Buber-Instituts für Judaistik an der Universität Köln und 1969 das Seminar für Judaistik an der Johann Wolfgang Goethe Universität in Frankfurt. Dieses geht auf eine Stiftung der Stadt Frankfurt am Main zurück und wurde von Arnold Goldberg, dem Begründer des Verbandes der Judaisten in der BRD und Mitbegründer der European Association for Jewish Studies, bis zu seinem Tod im Jahre 1991 geleitet. Nach mehrjähriger Vakanz steht das Seminar für Judaistik seit 1994 unter der Leitung von Margarete Schlüter. Schwerpunktmäßig widmen sich beide Seminare der Erforschung des rabbinischen Judentums der Antike und des Frühen Mittelalters. In Frankfurt wird neben der für ein Judaistikstudium selbstverständlichen Ausbildung in allen Sprachstufen des Hebräischen turnusmäßig auch der Unterricht der verschiedenen aramäischen Dialekte sowie Übungen zur Sprache und Kultur des Jiddischen und Jüdisch-Spanischen angeboten. Das Seminar ist an der Herausgabe der Reihe »Frankfurter Judaistische

Studien« und der Zeitschrift »Frankfurter Judaistische Beiträge« beteiligt. Diese drei früh gegründeten Institute waren für lange Zeit die einzigen selbständigen judaistischen Institute in Deutschland und zeichnen sich bis heute durch einen methodologisch-philologischen, inhaltlich vorwiegend auf das religiöse Schrifttum gerichteten Schwerpunkt aus.

Im Mai 1966 wurde das Institut für die Geschichte der Deutschen Juden in Hamburg eröffnet, das sich als erste Forschungseinrichtung in der Bundesrepublik ausschließlich der deutsch-jüdischen Geschichte widmet. Als Stiftung bürgerlichen Rechts wird das Institut von der Freien und Hansestadt Hamburg getragen. Bis 1972 leitete Heinz Mosche Graupe das Institut, danach folgte bis 1992 Peter Freimark und von 1993 bis 2001 Monika Richarz. Seit Dezember 2001 ist Stefanie Schüler-Springorum die neue Direktorin des Instituts. Zu den Hauptaufgaben des Instituts zählen vor allem die Forschung, Veröffentlichung eigener und fremder wissenschaftlicher Studien sowie die Förderung des wissenschaftlichen Nachwuchses. Die Wissenschaftler dieser außeruniversitären Forschungseinrichtung lehren an der Universität Hamburg. Das Institut veranstaltet Konferenzen, Kolloquien und Gastvorträge in enger Zusammenarbeit mit in- und ausländischen Forschungsinstitutionen. Wichtigster Forschungsauftrag des Instituts ist die Auswertung der reichen archivalischen Überlieferung zur Geschichte der Juden im Hamburger Raum von den Anfängen bis in die Gegenwart. Dies umfasst auch die Erforschung der hier ansässig gewordenen spanischen und portugiesischen Juden sowie die Erschließung der jüdischen Friedhöfe dieser Region. Darüber hinaus widmet sich das Institut generell der Geschichte, Kultur und Religion des deutschsprachigen Judentums von der frühen Neuzeit bis heute.

Eine eingreifende Veränderung in der Erforschung des Judentums bezweckte der Zentralrat der Juden in Deutschland mit der von ihm im Jahre 1979 gegründeten Hochschule für Jüdische Studien in Heidelberg, die eine private wissenschaftliche Einrichtung und bislang die einzige ihrer Art in Deutschland ist, die von der jüdischen Gemeinschaft getragen wird. Ziel war es, die Erforschung und das Studium der jüdischen Religion, Geschichte und Kultur in Deutschland aus der jüdischen Binnenperspektive zu erneuern, basierend auf der Annahme, dass sich das Judentum nicht auf einzelne Dimensionen wie Religion oder Geschichte reduzieren lässt, sondern ein ganzes Spektrum von Bereichen der Kultur und der Wissenschaft umfasst. Ursprünglich in der Tradition der vor dem Krieg existierenden berühmten deutschen Rabbinerseminare zur Ausbildung von Rabbinern, Kantoren und Religionslehrern geplant, sollte die Hochschule es vor allem jüdischen Studenten ermöglichen, ihre eigenen Traditionen kennen zu lernen und sich diese wissenschaftlich zu erarbeiten. Von Anfang an wurde besonders Wert darauf gelegt, dass die Dozenten Juden waren, und so kamen die ersten Rektoren und Dozenten fast alle aus Israel und verbürgten eine enge wissenschaftliche Zusammenarbeit mit den dortigen Universitäten. Erst in den letzten Jahren konnten die Stellen auch mit deutschen Hochschulabsolventen besetzt werden. Die Hochschule ist staatlich anerkannt und steht Bewerbern jeder Konfession offen; für die überwiegende Mehrzahl der Studenten, die keine Juden sind, bietet sie, in enger Verbindung mit der Universität Heidelberg, einen akademisch-judaistischen Studiengang mit den Studienabschlüssen für das Lehramt für Gymnasien, Magister und Promotion an. In den letzten Jahren wurde versucht, der

Hochschule wieder verstärkt ein jüdisches Profil zu geben und ihre Zielsetzung auch an den Bedürfnissen der Jüdischen Gemeinden in Deutschland zu orientieren; so können jüdische Studenten – neben der von Anfang an bestehenden Qualifikation zum Religionslehrer – seit dem Wintersemester 2001 auch als Rabbiner für die Jüdischen Gemeinden ausgebildet werden. Das Rabbinerstudium, das durch Stipendien gefördert wird, um den großen Bedarf an Rabbinern in Deutschland in Zukunft durch eigene Kräfte decken zu können, erfolgt in zwei Phasen. Das Grundstudium von vier Semestern – mit den Schwerpunkten Bibel, Mischna, Talmud, Hebräisch und Aramäisch – findet in Heidelberg statt. Das Hauptstudium, das weitere sechs Semester bis zur »Smicha«, dem Rabbinerdiplom, umfasst, wird je nach der religiösen Auffassung des Einzelnen entweder in einem orthodoxen, konservativen oder liberalen Rabbinerseminar in Jerusalem, New York oder London absolviert. Die Hochschule organisiert regelmäßig internationale wissenschaftliche Tagungen und gibt eine wissenschaftliche Zeitschrift – »Trumah« – heraus.

2 Das Logo der Hochschule für Jüdische Studien.

Ebenfalls eine Einrichtung des Zentralrats der Juden in Deutschland mit Sitz in Heidelberg ist das Zentralarchiv zur Erforschung der Geschichte der Juden in Deutschland, das im Jahre 1987 gegründet wurde. In seiner Konzeption knüpft es an das Gesamtarchiv der deutschen Juden an, das von 1905 bis 1939 in Berlin bestand. Unter Leitung von Peter Honigmann ist sein Hauptanliegen die Aufbewahrung und Erschließung von historisch wertvollem Schriftgut jüdischer Gemeinden, Verbände, Organisationen und Personen.

Seit der zweiten Hälfte der achtziger Jahre wurden dann in rascher Folge weitere Einrichtungen zur Lehre, Forschung und musealen Darstellung des Judentums in Deutschland eröffnet, oder es wurden bereits bestehende Lehraufträge innerhalb der theologischen oder germanistischen Fakultäten zu eigenständigen Lehrstühlen erweitert. In Tübingen wird die Judaistik im Rahmen der evangelischen Theologie heute in zwei formal getrennten, räumlich in demselben Gebäude untergebrachten Instituten betrieben. Das Institutum Judaicum wurde 1957 als Institut der Evangelisch-theologischen Fakultät der Eberhard-Karls-Universität gegründet und ist seit 1981 in ein Institutum Judaicum und ein Institut für antikes Judentum und hellenistische Religionsgeschichte geteilt. Mit dem Institutum Judaicum verbunden ist der Lehrstuhl für Religionswissenschaft und Judaistik, den Stefan Schreiner innehat. Themenschwerpunkte des Institutum Judaicum sind die Darstellung der Geschichte, Religions- und Kulturgeschichte des Judentums in Mittelalter und Neuzeit.

Ebenfalls im Rahmen der Evangelisch-Theologischen Fakultät sind an der Universität Mainz das Seminar für Judaistik und an der Universität Münster das Institutum Judaicum Delitzschianum angebunden. Letzteres beschäftigt sich schwerpunktmäßig mit der Erforschung des antiken Judentums, insbesondere in seiner hellenistischen Gestalt, und deshalb auch mit der Herausgabe von Schriften des Flavius Josephus, die als eine wesentliche Quellen hierfür dienen. Zum anderen erforscht das Institut die Geschichte der christlich-jüdischen Beziehungen sowie die Geschichte der Juden in Deutschland, insbesondere in Westfalen – angefangen von der Antike bis hin zur Gegenwart, bei der es sich im Wesentlichen um Grundlagenforschung auf archivalischer Basis, vor allem um Editionen noch nicht erschlossener Quellen handelt.

Als eigenständiges Institut wurde im Jahr 1986 das Salomon-Ludwig-Steinheim-Institut an der im Jahre 1972 neu gegründeten Gerhard Mercator Universität Duisburg errichtet, das die deutsch-jüdische Geschichte von der Frühen Neuzeit bis in die Gegenwart erforscht. Das dicht gewobene Netz der Beziehungen zwischen jüdischer und allgemeiner Geschichte wird, nach der Eigendarstellung des Instituts, unter religionsgeschichtlichen, sozialgeschichtlichen, literatur- und kulturwissenschaftlichen Perspektiven untersucht. Hierbei sollen innerjüdische Zusammenhänge, Quellen und Traditionen in den Mittelpunkt der Arbeit gestellt werden und so neue Einblicke in die Art und Weise eröffnen, wie Juden im deutschen Sprachraum ihre Geschichte selbstbewusst und vielseitig gestalteten. Das Steinheim-Institut arbeitete von Anbeginn eng mit dem Fach Jüdische Studien an der Universität/Gesamthochschule Duisburg zusammen, das sich aus einem Lehrauftrag im Jahre 1977 seit 1996 zu einem eigenständigen Fach mit drei Professuren entwickelt hat. Michael Brocke war in Personalunion Leiter des Steinheim-Instituts sowie Direktor des Faches Jüdische Studien. Im Jahre 2002 wurde das Fach mit der an der Heinrich-Heine-Universität in Düsseldorf angesiedelten Abteilung für Jiddische Kultur, Sprache und Literatur, die 1996 als eigenständiger Lehrstuhl eingerichtet worden war, zusammengelegt und bildet seither das neue Institut für Jüdische Studien. Gelehrt und erforscht werden können die Sprachen, Religion, Geschichte und Kultur der Juden in ihren verschiedenen Erscheinungsformen, ihren Kontinuitäten und ihrem Wandel in den verschiedenen Epochen und Räumen einer dreieinhalbtausendjährigen Entwicklung.

Jiddistik wird seit 1970 auch an der Universität Trier im Rahmen des Fachs Germanistik gelehrt und ist seit 1985 mit der Gründung einer eigenen Abteilung innerhalb der Germanistik institutionell verankert. Zum Wintersemester 1990 ist eine Professur für Jiddistik eingerichtet worden, die zurzeit von Simon Neuberg eingenommen wird.

Ebenfalls der Germanistik zugeordnet ist das Lehr- und Forschungsgebiet deutsch-jüdische Literaturgeschichte an der Rheinisch-Westfälischen Technischen Hochschule Aachen, das 1992 gegründet wurde und unter Leitung von Hans Otto Horch steht. Ziel des Forschungsbereiches ist es, die Bedeutung jüdischer Autorinnen und Autoren für die deutsche Literatur insbesondere seit dem 18. Jahrhundert herauszuarbeiten und zugleich die deutsch-jüdische literarische Beziehungsgeschichte in ihren unterschiedlichen Facetten darzustellen. Enge Verbindungen bestehen mit entsprechenden historischen Instituten in Deutschland und insbesondere mit dem Franz-Rosenzweig-Forschungszentrum in Jerusalem.

Nach der Wiedervereinigung wurden weitere Institute in den neuen Bundesländern eingerichtet, unter anderem in Potsdam und in Leipzig. Durch die maßgebliche Initiative von Julius H. Schoeps wurde im Jahre 1992, anlässlich des 50. Jahrestages der Wannsee-Konferenz, das Moses-Mendelssohn-Zentrum für europäisch-jüdische Studien in Potsdam gegründet, das nach dem Philosophen und Aufklärer Moses Mendelssohn (1729–1786) benannt ist. Es versteht sich als ein interdisziplinär arbeitendes wissenschaftliches Zentrum, dessen Forschungsinteresse der Geschichte, Religion und Kultur der Juden und des Judentums in den Ländern Europas gilt. Ein besonderer Akzent liegt dabei auf der Beziehungsgeschichte von Juden und nichtjüdischer Umwelt, auf der Problematik der gesellschaftlichen Integration und Akkulturation der Juden sowie auf vergleichenden

3
Titelblatt des Werkes »Zemach David« von David Gans, eine Geschichte der Juden auf Jiddisch, Frankfurt am Main 1698/99.

sozialgeschichtlichen Fragestellungen. Außerdem konzentrieren sich die Forschungsarbeiten auf die Aufarbeitung der Regional- und Lokalgeschichte, insbesondere der neuen deutschen Bundesländer.

Durch die Lehrtätigkeit seiner Dozenten ist das Institut auch maßgeblich am Studiengang Jüdische Studien/Jewish Studies der Universität Potsdam beteiligt, der im Jahr 1994 eingerichtet wurde. Gegenwärtig ist der Studiengang mit zwei Professuren, und zwar je eine für Religionswissenschaft und für Neuere Geschichte mit dem Schwerpunkt deutsch-jüdische Geschichte, sowie mit zwei Privatdozenturen mit den Schwerpunkten jüdische Philosophie bzw. deutsch-jüdische Literatur- und Kulturgeschichte besetzt und das Lehrangebot wird durch zahlreiche in- und ausländische Lehrbeauftragte ergänzt. Der Studiengang versteht sich als ein interdisziplinäres Fach, dessen Zielsetzung es ist, das Judentum als komplexes, vielseitiges kulturelles und gesellschaftliches Phänomen wahrzunehmen, bei dem die Religion zwar einen zentralen, aber nicht ausschließlichen Bereich jüdischen Lebens darstellt. Im Jahre 1995 wurde wiederum auf Initiative von Julius Schöps in enger Verknüpfung mit dem Moses-Mendelssohn-Zentrum die Moses Mendelssohn-Akademie in Halberstadt als Stiftung des bürgerlichen Rechts gegründet. In den Räumen des ehemaligen Rabbinerseminars untergebracht, will die Akademie einer breiten interessierten Öffentlichkeit Wissen zur Geschichte, Religion und Kultur der Juden vermitteln und als Begegnungsstätte zur Förderung von Toleranz und interkultureller Kommunikation dienen.

In Leipzig wurde das Simon-Dubnow-Institut für jüdische Geschichte und Kultur e. V. an der Universität Leipzig, das nach dem Historiker Simon Dubnow benannt ist, im Jahr 1995 auf der Grundlage eines Beschlusses des Sächsischen Landtages ins Leben gerufen; es ist mit der Universität

Leipzig durch einen Kooperationsvertrag verbunden. Das Institut steht seit 1999 unter der Leitung des Historikers Dan Diner, Professor für jüdische Geschichte und Kultur an der Universität Leipzig. Im Zentrum der Arbeit des Simon-Dubnow-Instituts steht die Erforschung der jüdischen Lebenswelten in Mittel-, Ost- und Südosteuropa mit besonderer Berücksichtigung sowohl der Beziehungen der Juden in Ost und West untereinander als auch im Kontext ihrer nichtjüdischen Umwelt vom Mittelalter bis in die Gegenwart hinein. Nach Eigendarstellung des Instituts liegt der Schwerpunkt der Forschungstätigkeit gegenwärtig auf der Zeit vom ausgehenden 18. Jahrhundert bis zum Beginn des Zweiten Weltkrieges. Die jüdische Geschichte wird dabei aus einer transnationalen, pluralistischen Perspektive betrachtet und als Seismograph der allgemeinen historischen Entwicklung verstanden. Das Simon-Dubnow-Institut legt großen Wert auf die Forschungszusammenarbeit im nationalen und internationalen Maßstab und unterhält Kooperationsbeziehungen zu zahlreichen wissenschaftlichen Einrichtungen im Ausland, vor allem Israel, den USA und Polen. Zu den Aufgaben des Instituts im engeren Sinne gehören neben der Forschungstätigkeit die Einladung von Gastwissenschaftlern und -wissenschaftlerinnen aus dem In- und Ausland, die Betreuung von Promovierenden, die Veranstaltung von internationalen Tagungen und kleineren Kolloquien, Öffentlichkeitsarbeit sowie die Lehre an der Universität Leipzig.

In Halle ist das Seminar für Jüdische Studien der Martin-Luther-Universität Halle-Wittenberg tätig, das dem Institut für Orientalistik im Fachbereich Kunst- und Altertumswissenschaften zugeordnet ist. Sein Direktor Giuseppe Veltri ist gleichzeitig Leiter des Leopold-Zunz-Zentrums an der Stiftung Leucorea in Wittenberg, das im Jahre 1998 gegründet worden ist. Benannt nach dem Begründer der Wissenschaft des Judentums im 19. Jahrhundert, beschäftigt sich das Zentrum vor allem mit der Geschichte, Philosophie und Literatur des europäischen Judentums vom 16. bis zum 19. Jahrhundert und führt in Zusammenarbeit mit dem Seminar für Jüdische Studien wissenschaftliche Tagungen und Vortragsreihen durch.

4

Leopold Zunz, *Ölgemälde von Moritz Daniel Oppenheim, um 1874.*

Der Erforschung der jüdischen Musik widmet sich das Europäische Zentrum für Jüdische Musik in Hannover. Im Jahre 1988 von seinem heutigen Direktor Andor Izsak in Verbindung mit der Universität Augsburg gegründet, wurde es 1992 als Modellversuch von der Bundesregierung und dem Land Niedersachsen nach Hannover verlegt. Seit 1995 ist es eine feste Einrichtung des Landes Niedersachsen in der Hochschule für Musik und Theater Hannover. Das Europäische Zentrum für Jüdische Musik hat sich zum Ziel gesetzt, die liturgische Musik der europäischen Juden, die nach dem Holocaust fast vergessen war, zu erforschen und wieder ins Gedächtnis zurückzurufen. In Publikationen, Vorträgen und Konferenzen werden die wissenschaftlichen Arbeitsergebnisse vorgestellt, durch Konzertveranstaltungen wird die synagogale Musik rekonstruiert und das musikalische Erbe der Juden in der Öffentlichkeit bekannt gemacht.

Die jüngste Gründung ist der Lehrstuhl für Jüdische Geschichte und Kultur in München, der im Sommersemester 1997 seine Tätigkeit aufnahm und der zudem der erste speziell der jüdischen Geschichte gewidmete Lehrstuhl an einer deutschen Universität ist. Der von Michael Brenner besetzte Lehrstuhl ist integraler Bestandteil des Historischen Seminars an der Ludwig-Maximilians-Universität München, ein eigener Abschluss in jüdischer Geschichte ist nicht möglich. Vielmehr soll jüdische Geschichte als Teil der allgemeinen Geschichte studiert werden, wobei allerdings auch die Möglichkeit zur Spezialisierung gegeben wird und man im Rahmen des Lehrstuhls hebräische wie auch jiddische Sprache und Kultur studieren kann. Der Lehrstuhl versteht es als seine vordringliche Aufgabe, die jüdische Geschichte der Neuzeit in ihrer Gesamtheit zu vermitteln, was bedeutet, dass das Lehrangebot sich nicht auf die deutsch-jüdische Geschichte oder die Geschichte des Antisemitismus beschränkt, sondern andere Aspekte wie etwa das spanisch-jüdische Erbe, die Juden Osteuropas und Amerikas, die orientalische Judenheit und die Geschichte des Zionismus und des Staates Israel mit einbezieht.

Speziell der Erforschung der deutsch-jüdischen Geschichte widmet sich das Leo-Baeck-Institut, das bislang nur in New York, London und Jerusalem mit Instituten vertreten ist, in Deutschland aber ein neues Programm zur Förderung von Gastprofessuren für deutsch-jüdische Geschichte an den Universitäten der neuen Bundesländer entwickelt hat, wo es auch Archiverhebungen finanziert. Ebenso wurde in der Bundesrepublik vor einigen Jahren die »Wissenschaftliche Arbeitsgemeinschaft« unter Vorsitz von Reinhard Rürup eingerichtet, die unter anderem auch Doktoranden mit dem Themenbereich deutsch-jüdischer Geschichte betreut.

Anfang der neunziger Jahre entbrannte eine heftige Auseinandersetzung zwischen den Vertretern der frühen Institute für Judaistik, die den Schwerpunkt auf die philologische Analyse des religiösen Schrifttums legten, und den Vertretern der neu gegründeten Einrichtungen, die sich in Abgrenzung Jüdische Studien nannten, in ihre Arbeit alle Bereiche des jüdischen Lebens mit einbeziehen wollten und ihre Konzepte so umfassend und interdisziplinär wie möglich entwickelten. Die Auseinandersetzung zwischen den beiden Richtungen spitzte sich auf die Frage zu, inwieweit die Lehr- und Forschungsinstitute der Wissenschaft des Judentums sich nur auf die wissenschaftliche Erforschung des Judentums zu beschränken haben oder auch der jüdischen Selbstfindung und damit der Stärkung jüdischer Identität dienen sollen. Während Erstere auf dem rein wissenschaftlichen Charakter der Judaistik beharrten, bemängelten Letztere die Sterilität dieser Wissenschaft und forderten die verstärkte Einbeziehung von jüdischen Lehrkräften, da nur diese eine authentische Sichtweise vermitteln könnten. Im Gegensatz zu England und den Vereinigten Staaten, wo die Erforschung des Judentums weitgehend innerjüdisch geblieben ist, besteht in Deutschland das Dilemma im Gegenteil darin, dass aufgrund der geringen Zahl jüdischer Dozenten und Studenten eine selbstverständliche Einheit zwischen der wissenschaftlichen Erforschung und der Herausbildung einer jüdischen Identität nicht möglich erscheint.

Zurzeit hat die allgemeine Sparpolitik an den Hochschulen auch zu Kürzungen und Umstrukturierungen im Bereich der Wissenschaft des Judentums geführt; neue Institutsgründungen sind nicht zu erwarten, bereits vorhandene werden zusammengelegt, so im Fall des Faches Jüdische Studien von Duisburg nach Düsseldorf. Durch den forcierten Aufbau der letzten Jahrzehnte haben sich jedoch in der Bundesrepublik Deutschland zahlreiche sehr unterschiedliche Institutionen und Studiengänge herausgebildet, an denen das Judentum in all seiner Vielfalt und mit unterschiedlichen Schwerpunkten studiert werden kann.

LITERATUR

Annette Winkelmann (Hg.), Directory of Jewish Studies in Europe, veröffentlicht von der European Association for Jewish Studies, Oxford 1998.

Michael Brenner und Stefan Rohrbacher (Hg.), Wissenschaft vom Judentum. Annäherungen nach dem Holocaust, Göttingen 2000.

JÜDISCHE LITERATUR NACH 1945

Thomas Sparr :

JÜDISCHE LITERATUR NACH 1945

Thomas Sparr

Wenn man die jüdische Literatur Deutschlands nach 1945 geographisch lokalisieren wollte, brauchte man den ganzen Globus. Ihre Orte sind Paris und New York, Jerusalem und Bukarest, Zürich, Warschau und Sydney, Kalifornien oder Neuseeland, Stockholm und Kapstadt. Diese Weltkugel markieren keine bunten Fähnchen von Aufbruch und Entdeckung; sie zeigt eine dunkle Schleifspur von Vertreibung, Entrechtung und Heimatlosigkeit. An den verstreuten Orten der Welt schrieb man deutsch – fern von Deutschland. »Die Sprache meines Geistes wird die deutsche bleiben, und zwar weil ich Jude bin. Was von dem auf jede Weise verheerten Land übrig bleibt, will ich als Jude in mir behüten. Auch ihr Schicksal ist meines; aber ich bringe ein allgemein menschliches Erbteil mit. Ich will ihrer Sprache zurückgeben, was ich ihr schulde. Ich will dazu beitragen, dass man ihnen für etwas Dank hat.«

1
Elias Canetti (1905–1994), 1965

Diese Sätze schrieb Elias Canetti 1944 in London und benannte, in vollem Bewusstsein der Schoa, das einzige verbliebene Residuum: die Sprache als portatives Vaterland, das schon Heinrich Heine beschworen hatte. Später lebte Canetti in London und Zürich, zwischen zwei Sprachen, zwei Kulturen und Literaturen. Geboren aber wurde er 1905 im bulgarischen Rustschuk. Das Deutsche sog er – buchstäblich – mit der Muttermilch ein. Canetti ist eine Portalfigur der deutsch-jüdischen Literatur nach 1945, ein Portal, das sich vielen Wegen öffnet: ein begnadeter Essayist, der vor allem den kleinen Formen – wie in der »Provinz des Menschen«, seinen Aufzeichnungen von 1942 bis 1972 – weitreichende inhaltliche Dimensionen gab; ein Soziologe, der das Phänomen von Masse und Macht in allen Verästelungen analysierte; ein Autobiograph, der in einem einzigen, seinem Lebenslauf die Geschichte des österreichisch-ungarischen Judentums darzustellen vermochte und Millionen von Lesern fand; ein Autor, der im »Ohrenzeugen« eine Phänomenologie des menschlichen Charakters – von seinem Geiz, »Die Habundgut«, seiner Missgunst, »Der Ruhmprüfer«, seiner Scheu, »Die Pferdedunkle«, bis hin zu den anderen Ausprägungen – skeptisch und zärtlich zugleich zeichnet. 1981 erhielt Elias Canetti den Nobelpreis für Literatur.

»Die Sprache bringt es an den Tag« – diese Maxime hat Victor Klemperer in seinem Buch »LTI: Notizbuch eines Philologen« über die Sprache des Dritten Reiches ausgeführt. Anhand der zahllosen Abkürzungen, auf die der Titel »LTI« ironisch anspielt, anhand vermeintlich zeitloser, »ewiger« Begriffe wie »Vorsehung«, »Volk«, »Reich« und »Führer« oder Verben wie »organisieren«, zeigt Klemperer Missbrauch und Instrumentalisierung der Sprache nach 1933. Seine Tagebücher jener zwölf Jahre »Ich will Zeugnis ablegen bis zum letzten« wurden als viel beachtete Chronik der wachsenden Entrechtung und Bedrohung des »in privilegierter Mischehe« in Dresden lebenden und überlebenden Victor Klemperer erst vierzig Jahre später wahrgenommen.

Man nennt das Jahr 1945 gemeinhin »die Stunde Null«, einen Moment vollkommener Zerstörung, innerer und äußerer Verwüstung, bei dem indessen ein Neuanfang mitgedacht wird, das Negative wie die Wendung zum Anderen, vielleicht Besseren. Heinrich Böll und Wolfgang Borchert sind zwei Chronisten dieses Augenblicks. Aber konnten Juden im Jahre 1945, die Überlebenden des Holocaust wie die Emigranten, an einen Neubeginn denken, der, auf welche Weise auch immer, mit der deutschen Sprache verknüpft war? Die Stunde Null der jüdischen Literatur in Deutschland hat ein Werk auf den Begriff gebracht, dem man bisher nicht die gebührende Aufmerksamkeit geschenkt hat: »Das Buch Hiob und das Schicksal des jüdischen Volkes«. Verfasst hat dieses Buch die 1872 in Hamburg geborene Margarete Susman im Züricher Exil. Es erschien 1946 als erstes religionsphilosophisches, doch ganz literarisch geprägtes Buch über die Schoa. »Es gibt keine große Leistung des Judentums im Exil, die nicht in ihrem Kern eine Theodizee wäre.« Hiob erscheint Susman, wie anderen jüdischen Autoren, als Grundfigur der Moderne, die sie in ihrer Kafka-Deutung freilegt, einem bahnbrechenden Aufsatz von 1929, dessen Grundthese die Philosophin nun, anderthalb Jahrzehnte später, wieder aufgreift und neu entfaltet. In der Schoa sieht sie die furchtbare Antwortlosigkeit auf die Frage nach Gott. Wegweisend war Margarete Susman für andere Autoren ihrer Generation wie Karl Wolfskehl, der 1946 im neuseeländischen Exil bekannte: »Alles, was ich seit dem Abschied von Europa schuf, lebt und ersteht unter dem Bilde Hiob.« In den Jahren zuvor hatte Wolfskehl den Zyklus »Hiob oder Die vier Spiegel« verfasst. 1869 in Darmstadt geboren, wuchs der Dichter und Journalist in die stolze Selbstbehauptung des jüdischen Bürgertums im Kaiserreich hinein. Er war wohl dessen letzter Repräsentant, der noch – tief verwurzelt im 19. Jahrhundert – die Erfahrung der Schoa in sein Werk aufnahm. Der »Exul Poeta«, wie sein Grabstein ihn nennt, starb 1948 im neuseeländischen Exil.

Von Beginn an ist der deutsch-jüdischen Literatur ein stark reflexiver Zug eigen, das Bestreben, die Bedingungen des eigenen Schreibens zu bedenken, zu beklagen, auf sie zu deuten. Wenn die »jüdische Literatur

Deutschlands« sich nicht auf die Grenzen des Landes beschränkt, lässt sie sich auch auf der Zeitachse nur unzulänglich darstellen. Es gab die Stunde Null des Jahres 1945, da man nicht wusste, ob es je wieder jüdische Literatur in Deutschland geben würde, und es gab in den fünfziger Jahren einen fast völlig leeren, unbeschriebenen Zeitraum, in Ost und West gleichermaßen: Während dieser Jahre schrieben und veröffentlichten jüdische Autoren wie Ilse Aichinger oder Paul Celan, aber sie wurden als jüdische Autoren allenfalls unter negativen Vorzeichen wahrgenommen, wie Klaus Briegleb in seinem Buch »Mißachtung und Tabu: eine Streitschrift zur Frage: Wie antisemitisch war die Gruppe 47?« gezeigt hat.

2 Tagung der »Gruppe 47« in Nierendorf 1952. V.l.n.r.: Reinhard Federmann, Milo Dor, Ingeborg Bachmann, Paul Celan.

Dabei gab es nur wenige davon – vermutlich weil das Trauma zu unmittelbar auf jüdischen Schriftstellern lastete, auf ihrem Leben wie auf ihrem Stil, ihrem Ausdruck, auf Motiven wie Themen. So kommt dem Buch »Theresienstadt 1941–45« von H. G. Adler, das 1955 in Tübingen erschien, große Bedeutung zu. Es ist der umfassende Bericht über die geschlossene Welt der Konzentrationslager. Theodor W. Adorno hatte sich für die Veröffentlichung eingesetzt. Parallel zu diesem historischen entstand ein literarisches Werk: Gedichte und der Roman »Die unsichtbare Wand« aus den Jahren 1954 und 1961.

Namhafte Schriftsteller kamen aus der Emigration in die sowjetische Besatzungszone und die sich gerade gründende DDR: Aus Haifa kehrte Arnold Zweig nach Ost-Berlin zurück, aus Mexiko Anna Seghers. Im Gepäck hatte sie das Manuskript ihres Romans »Die Toten bleiben jung«, der 1949 in Ost-Berlin erschien. Zwei Jahre zuvor brachte der Aufbau-Verlag den Gedichtband »In den Wohnungen des Todes« von Nelly Sachs heraus. Es war das erste lyrische Werk auf Deutsch, das die Schoa im Titel aufnahm und mit den Leitworten von Nacht, Stern, Verdunkelung, Rauch und Staub zum einzigen Thema machte. »O die Schornsteine / Auf den sinnreich erdachten Wohnungen des Todes / Als Israels Leib zog aufgelöst in Rauch / Durch die Luft […]« 1940 hatte Nelly Sachs ihre Heimatstadt mit einem Passagierflugzeug verlassen, das von Tempelhof ins neutrale Stockholm startete. Ihr schwedisches Exil hat Nelly Sachs nicht mehr verlassen. Auch Bücher haben ein Schicksal der Emigration. Der Ort ihres Erscheinens deutet darauf. Der zweite Band von Nelly Sachs' »Sternverdunkelung« erschien nicht in Ost-Berlin, sondern 1949 im Amsterdamer Exilverlag Berman Fischer, vormals S. Fischer.

Einen sehr kurzen historischen Augenblick lang schien es, als ob die DDR für jüdische Emigranten zu einem Zufluchtsort werden könnte. Diese Illusion zerstob schon Ende 1949, wenige Wochen nach der Staatsgründung, erst recht mit Beginn der fünfziger Jahre, als der stalinistisch geprägte Antisemitismus sein Faustrecht durchsetzte. Es gab den Slánsky-Prozess in Prag und 1955 einen ähnlichen Schauprozess in der DDR. Über Jahrzehnte blieb der andere deutsche Staat von größter Ignoranz, was die Tradition und die Gegenwart jüdischen Lebens in Deutschland anging. Bis Ende der sechziger Jahre gab es kein einziges Buch, keinen Film über Juden in der Schoa. 1965 wies die DEFA, die zentrale Filmproduktion der DDR, Jurek Beckers Skript »Jakob der Lügner« ab, das wenige Jahre später ein Welterfolg wurde. Jakob, in einem polnischen Ghetto lebend, gibt vor, ein Radio zu besitzen, was den Ghettoinsassen streng verboten war. Jakob bringt gute Nachrichten von der nahenden Befreiung des Lagers, von dem Sieg über die Deutschen: bald, ja bald werde es so weit sein. Es sind from-

3
Szenenfoto aus: »Jakob der Lügner« nach dem Roman von Jurek Becker. Regie Frank Beyer, DDR, 1974. Erwin Geschonneck als Jakob.

me Lügen, welche die Ghettobewohner aufatmen lassen und ihnen jene Hoffung geben, zu der die Wirklichkeit keinen Anlass bietet. Bei der letzten Lagerräumung wird Jakob deportiert. Das Buch enthält zwei Schlüsse: In der ersten Version berichtet ein überlebender Freund von Jakobs Tod; in der zweiten überlebt Jakob. Der Romancier trifft keine Entscheidung, sondern lässt den Ausgang offen.

Jurek Becker wurde 1937 als Spross einer jüdischen Familie in Lodz geboren. Das Kind überlebte das Ghetto von Litzmannstadt, wie die deutschen Besatzer Lodz nannten. Die Mutter starb kurz nach der Befreiung. So ging der Vater, der Auschwitz überlebt hatte, mit dem Sohn nach Ost-Berlin, in die Sprachlosigkeit: »Als ich acht Jahre alt war, hörte mein Vater, der letzte nach dem Krieg mir verbliebene Verwandte, von einem Tag zum nächsten auf, mit mir polnisch zu sprechen; seine Absicht war die beste, er vermutete, dass mir dann gar nichts anderes übrig bleiben würde, als im Handumdrehen Deutsch zu lernen. Was er nicht bedacht hatte, war, dass ich das Polnische viel schneller vergaß, als ich die neue Sprache lernte.« 1969 erschien »Jakob der Lügner« in der DDR, ein Jahr später im Westen. Nach der Ausweisung Wolf Biermanns aus der DDR 1976 kehrte auch Jurek Becker dem Land den Rücken, behielt aber ein Visum, das ihm ein Pendeln von West- nach Ost-Berlin gestattete. So wurde er zum produktivsten literarischen Grenzgänger zwischen den beiden deutschen Staaten.

Die Verhältnisse im Westen waren in den fünfziger Jahren nicht weniger enttäuschend: Wenn man östlich der Elbe das Judentum diskriminierend wahrnahm, so im Westen bestenfalls larviert, verkleidet, verschoben. Zwei ganz unterschiedliche Beispiele zeigen die Verschiebung von einer historischen zur existentiellen Wahrnehmung. Ilse Aichinger veröffentlichte 1954 »Plätze und Straßen«, eine topographische Skizze ihrer Herkunft, der Wahrnehmung ihrer Gegenwart, die das Judentum anhand von Straßennamen, Veränderungen und Verödungen verortet. Um diese Zeit edierte Max Brod in Tel Aviv das Werk seines Freundes Franz Kafka. Die bald darauf einsetzende intensive Kafka-Rezeption brachte das Schlüsselthema des Judentums in seinem Werk kaum je zur Sprache, sondern rückte das Werk

4

Auschwitz-Prozess in Frankfurt am Main, 1963/64.

in einen existentialistischen Auslegungshorizont von Vereinzelung, Fremdheit, Schuld und Strafe. Erst Jahrzehnte später forschte man nach Kafkas bösem Böhmen (Christoph Stölzl), nach den Lebens- und Schreibbedingungen eines Prager Juden. Akzeptabel war das Judentum für das Publikum am ehesten im christlichen Gewand, wie bei Martin Buber, dem legendären, wirkungsmächtigen Wiederentdecker, fast könnte man sagen: Wiedergänger des Chassidismus. Martin Buber steht in der deutsch-jüdischen Nachkriegsgeschichte für die Annäherung, wenn nicht »Versöhnung der Geschiedenen« (Gerschom Scholem). 1951 nahm er gegen großen Widerstand in Israel und der jüdischen Welt den Friedenspreis des Deutschen Buchhandels in der Paulskirche zu Frankfurt am Main entgegen. Geehrt wurde der Brückenbauer, dessen »Chassidische Geschichten« die zerstörte Welt des Ostjudentums zum Ausdruck brachten, nicht aber einen präzisen Begriff für das, was erst wenige Jahre zurücklag.

Auf die Frage nach »ihrem« Ort, die Klaus Wagenbach 1964 einigen Autoren gestellt hatte, antwortete Peter Weiss, dieser Ort sei Auschwitz. »Meine Ortschaft, für die ich bestimmt war und der ich entkam.« Und Weiss beschreibt das ehemalige Konzentrationslager, das er zu jener Zeit noch nicht besucht hatte. Auschwitz ist der zentrale Ort in der Poetik von Peter Weiss. Zwischen Dezember 1963 und August 1965 fand in Frankfurt am Main der so genannte Auschwitz-Prozess gegen die hauptverantwortlichen Leiter des Konzentrationslagers statt. »Die Ermittlung« heißt das Stück von Peter Weiss, das im Herbst 1965 an fünfzehn Orten – in der ehemaligen DDR wie in der Bundesrepublik – aufgeführt wurde, in Berlin in der Inszenierung von Erwin Piscator. Die Aufführung dieses »Oratoriums in 11 Gesängen« war ein Manifest deutsch-deutscher Parallelität im Kalten Krieg. Peter Weiss' Werk, auch sein Verhältnis zum Judentum, hat einen protokollierenden, dokumentarischen Grundzug, der aus einer tief reichenden Fremdheit erwächst, wie sie Weiss' autobiographische Bücher »Fluchtpunkt«, »Abschied von den Eltern« und »Der Schatten des Körpers des Kutschers« bezeugen. Peter Weiss war von seinem Stockholmer Exil aus eine prägende Gestalt für die achtundsechziger Bewegung.

1955 erschien »Das Tagebuch der Anne Frank« als Fischer-Taschenbuch. Zum Bestseller wurde dieses Buch erst durch die Bühnenfassung, die am 1. Oktober 1956 an sieben deutschen Bühnen zur Aufführung kam: in Hamburg, West-Berlin, in Aachen, Düsseldorf, in Konstanz, Karlsruhe und – in seltener Gemeinsamkeit der beiden deutschen Staaten – in Dresden. »Das Tagebuch der Anne Frank« ist ein Schlüsselwerk für die fünfziger und sechziger Jahre – bis heute hält die renommierte Agentur Liepman in Zürich die Rechte; zugleich barg dieser Bestsellererfolg aber die Gefahr, dass man die Geschichte auf ein einzelnes Schicksal reduzierte, das nämlich des im Amsterdamer Versteck lebenden Mädchens, das die Nazis aufspürten und ermordeten. Hätte man denn nicht wenigstens dieses eine Kind leben lassen können?, soll eine Frau nach der Lektüre des Tagebuchs ausgerufen haben, wie Theodor W. Adorno berichtet.

Erst in den sechziger Jahren bildeten sich für die deutsch-jüdische Literatur Orte heraus: Paris, Stockholm, Berlin, Frankfurt am Main, München, Wien und Jerusalem. Orte zufälliger Begegnungen, harter Lebensbedingungen.

Paul Celan hatte 1948 Zuflucht in Paris gefunden. Dort schrieb er am 21. Oktober 1959 das Gedicht »Wolfsbohne«: »Leg den Riegel vor: Es / sind Rosen im Haus. / Es sind / sieben Rosen im Haus. / Es ist / der Siebenleuchter im Haus. / Unser / Kind / weiß es und schläft. / (Weit, in Michailowka, in / der Ukraine, wo / sie mir Vater und Mutter erschlugen: was / blühte dort, was / blüht dort? / Welche / Blume, Mutter, / tat dir dort weh / mit ihrem Namen? / Mutter, dir, / die du Wolfsbohne sagtest, nicht: / Lupine. // Gestern / kam einer von ihnen und / tötete dich / zum andern Mal in / meinem Gedicht. // Mutter, / Mutter, wessen / Hand hab ich gedrückt, / da ich mit deinen / Worten ging nach / Deutschland? [...]«

Das Gedicht ist eine Anrufung der getöteten Mutter, ein Gedicht, das Celan selbst von der Veröffentlichung fern hielt. Es reagiert auf eine Tage zuvor im Berliner Tagesspiegel erschienene Besprechung seines Gedichtbandes »Sprachgitter«. Die »Todesfuge«, das Gedicht, das Celan berühmt gemacht hat, und die »Engführung«, die den Leser textuell auf das Gelände eines Konzentrationslagers bringt, bezeichnete der Kritiker Günter Blöcke als »kontrapunktische Exerzitien auf dem Notenpapier« fern von jeglichem Wirklichkeitsbezug. Tatsächlich geht die »Engführung« auf Alain Resnais' Film »Nuit et brouillard« über die deutschen Konzentrationslager zurück. Celan hatte den Kommentar zu diesem Film aus dem Französischen übersetzt, und man findet vielfältige Entsprechungen zwischen Gedicht und Kommentar. »Ach, Sie wissen nicht«, schrieb Celan wenige Tage nachdem er seine poetische Erwiderung verfasst hatte, an Nelly Sachs in Stockholm, »wie es in Deutschland tatsächlich wieder aussieht. Sehen Sie – ach, ich weiß, wie sehr ich Sie damit belaste, aber ich muss es Sie wissen lassen – die jüngste meiner Erfahrungen.« Und Celan legte die Kritik und einen Antwortbrief an die Zeitung bei.

Paul Celan, eigentlich Antschel, wurde am 23. November 1920 in Czernowitz geboren, in der Vielvölkerstadt der Bukowina, »eine[r] Gegend, in der Bücher und Menschen lebten«. Die Mutter Friederike stammte aus dem benachbarten chassidischen Städtchen Sadagora; der Vater Leo war überzeugter Zionist. Paul besuchte die Safa-Iwrija-Grundschule, in der auf Hebräisch unterrichtet wurde. In der Nacht vom 9. auf den 10. November 1938 reiste der Abiturient durch Deutschland und kam am Morgen nach der Pogromnacht in Berlin an: »Über Krakau / bist du

5

Paul Celan (1920–1970), 1962

gekommen, am Anhalter / Bahnhof / floss deinen Blicken ein Rauch zu, / der war schon von morgen«, heißt es in seinem Gedichtband »Die Niemandsrose«, der ein Vierteljahrhundert später an die brennenden Synagogen erinnert.

Czernowitz, Bukarest, Wien, Paris und Jerusalem sind die Lebensorte, also die poetischen Orte von Celan, der seine Gedichte mit einer genauen historischen Topographie versah. Sie seien ihres »20. Jänner« eingedenk, wie Celan später im verschlüsselt-offenen Bezug auf den 20. Januar 1942, das Datum der Wannsee-Konferenz, sagte. 1941, nach der deutschen Invasion in der Sowjetunion, wurde das Ghetto von Czernowitz errichtet, in dem die Familie Antschel interniert wurde. Am 27. Juni 1942 wurden die Eltern ins Lager Michailowka in der Ukraine deportiert, wo sie, vermutlich im gleichen Jahr, ermordet wurden. Von den frühesten Gedichten an nimmt der Dichter diesen Tod auf: »Nähe der Gräber« heißt ein Gedicht aus seiner frühesten Sammlung »Der Sand aus den Urnen«, die Evokation des gewaltsamen Todes der Mutter: »Kennt noch das Wasser des südlichen Bug, / Mutter, die Welle, die Wunden dir schlug«, und das Gedicht schließt: »Und duldest du, Mutter, wie einst, ach, daheim, / den leisen, den deutschen, den schmerzlichen Reim?«

Über Bukarest erreichte Celan 1948 Wien, von dort ging er nach Paris und wurde zum bedeutendsten deutschsprachigen Lyriker der Nachkriegszeit: Sein Werk bewahrt ein präzises poetisches Gedächtnis der Schoa, aber auch jener ostjüdischen Tradition auf, die sich Celan nur noch partiell aneignete. Dass er aber diese Fragmente in der Trennschärfe des Unverbundenen, in ihrer Partialität gestaltete und nicht zu einem Ganzen schloss, macht die Bedeutung seiner Lyrik aus, die heute in viele europäische Sprachen übersetzt wird.

Im Herbst 1969 besuchte Celan auf Einladung des Hebräischen Schriftstellerverbandes Jerusalem Israel. »Ich bin zu Ihnen nach Israel gekommen«, so sagte er seinen Kollegen, »weil ich das gebraucht habe. Wie nur selten eine Empfindung beherrscht mich, nach allem Gesehenen und Gehörten, das Gefühl, das Richtige getan zu haben – ich hoffe, nicht nur für mich allein.« Dass Jerusalem eine Zäsur in seinem Leben sein würde, schrieb er später der Freundin Ilana Shmueli nach Tel Aviv, habe er zuvor gewusst. Der postum erschienene Band »Zeitgehöft« nimmt die Begegnung mit der Stadt vielfältig auf. Das hebräische Lied »Hachnissini « wird zitiert, die Tore der Heiligen Stadt, »das Dänenschiff, / dem wir dankten« – die Erinnerung an die dänischen Fischer, die im Herbst 1943 die Juden ihres Landes vor der Deportation ins neutrale Schweden retteten. Die Begegnung mit einer jüdischen Gesellschaft, einem jüdischen Land hat Celan, wie Freunde und Bekannte jener Tage und Wochen bezeugen, nachhaltig beeindruckt. Lange Jahre war Celan staatenlos, dann Franzose, der aber auf Deutsch schrieb und neben seinem eigenen Werk die Texte bedeutender Lyriker aus dem Russischen, Französischen, Englischen oder Rumänischen übertrug. Ende April 1970 nahm sich Paul Celan in der Seine das Leben.

In den siebziger und achtziger Jahren differenzierten sich Orte jüdischen Lebens und also auch Schreibens in Deutschland stärker heraus: In Frankfurt am Main setzte das Schauspiel R.W. Fassbinders Stück »Der Müll, die Stadt und der Tod« aufs Programm und damit die Gestalt des reichen Juden, eines Immobilienmaklers. Die Jüdische Gemeinde unter Ignatz Bubis erhob Protest und verhinderte durch eine spektakuläre Bühnenbesetzung mit dem Transparent »Subventionierter Antisemitismus« die Aufführung des Stückes. Die Diskussionen um die Figur des hässlichen Juden, den Fassbinder auf die Bühne bringen wollte, die Widerstände dagegen, die Plädoyers dafür sind ein Markstein auch im kulturellen Leben der Mainmetropole. Hier erschien die Zeitschrift »Babylon«, hier wurde 1988 das Jüdische Museum gegründet; der Jüdische Verlag erfuhr 1990 eine Neugründung unter dem Dach des Suhrkamp Verlags, dem schon vordem eine wichtige Rolle bei der Renaissance jüdischer Autoren wie Walter Benjamin zukam. Frankfurt war, was das jüdische Leben in Deutschland betrifft, die Stadt der Institutionen, fast so etwas wie die Metropole, bis es 1989 von Berlin als Zentrum der russisch-jüdischen Einwanderung ablöst wurde.

Im Dezember 1981 las Gerschom Scholem im Jüdischen Gemeindezentrum in der Fasanenstraße in West-Berlin aus seiner Autobiographie »Von Berlin nach Jerusalem«. Am Ende seines Lebens war der 84-jährige Scholem als Gast des neu gegründeten Wissenschaftskollegs in seine Heimatstadt zurückgekehrt und berichtete einem faszinierten Publikum von den Jahren vor dem Ersten Weltkrieg, von seiner frühen Begegnung mit Walter Benjamin, der Auswanderung ins Land Israel, der Gründung der Hebräischen Universität. Scholem, der Erforscher der Kabbala, schrieb eine makellose deutsche Prosa. Er war ein Weggefährte von Shmuel J. Agnon, der 1966, zusammen mit Nelly Sachs, den Nobelpreis für Literatur erhielt. Ausgezeichnet wurde damit auch die vergleichsweise junge hebräische Literatur, für die wesentliche Impulse von Deutschland ausgingen. Agnon verbrachte einen Teil seines Lebens in Bad Homburg vor der Höhe, in den zwanziger Jahren ein Zentrum hebräischen Schreibens. Palästina wurde schon in den dreißiger Jahren durch die zionistische Einwanderungsbewegung zu einem Zentrum deutsch-jüdischer Literatur, der Jerusalemer Stadtteil Rechavia, »Gottes Weide«, zu einem Mikrokosmos deutsch-jüdischer Literatur: Hier verfasste Else Lasker-Schüler Balladen und verfertigte, oft aus der Eingebung des Augenblicks heraus, auf einer Speisekarte im Café

6
Barbara Honigmann
(geboren 1949
in Ostberlin)

Atara in der der Asa Street Zeichnungen; Werner Kraft schrieb Gedichte und Aufsätze, Max Zweig seine Dramen. Nach Jerusalem hatte Anna Maria Jokl 1966 Manuskripte mitgenommen, die ein Vierteljahrhundert später erschienen: »Die Perlmutterfarbe. Ein Kinderroman für fast alle Leute«, 1948 bis 1952 eines der meistverkauften Kinderbücher, das man über die Jahre vergaß, »Essenzen«, »Die Reise nach London«, »Die wirklichen Wunder des Basilius Knox«, ein zweites Kinderbuch, und schließlich eine vergleichende Studie über einen jüngeren Deutschen und einen Juden in Nachkriegsdeutschland. Anna Maria Jokl, 1911 in Wien geboren, war nach Prag und London emigriert, hatte fünfzehn Jahre in Berlin gelebt und war dann nach Jerusalem gegangen, wo sie im Oktober 2001 starb.

Berlin ist nicht wie Frankfurt der Ort jüdischer Institutionen, sondern der loser, abgerissener Traditionen. Und ein Ort der tragikomischen Begegnungen und tiefer Melancholie. In ihrer Erzählung »Eine Liebe aus nichts« lässt Barbara Honigmann Schauspieler Verse von Rilke zitieren: »und fortzugehn: wohin? Ins Ungewisse / weit in ein unverwandtes warmes Land, / das hinter allem Handeln wie Kulisse / gleichgültig sein wird: Garten oder Wand; / und fortzugehn: warum? Aus Drang, aus Artung, / aus Ungeduld, aus dunkeler Erwartung, / aus Unverständlichkeit und Unverstand.« Ihr Leben lang hat Barbara Honigmanns Protagonistin sich nach Paris gesehnt. Kaum hat sie sich, der Ost-Berliner Tristesse entflohen, dort in einer bescheidenen Souterrainwohnung im dreizehnten Arrondissement eingerichtet, kehrt die Sehnsucht nach der Hauptstadt zurück, kaum dass sie ihr, glücklich wie unglücklich, entflohen ist. In ihren Büchern berichtet die 1949 in Ost-Berlin geborene Barbara Honigmann von ihrer Kindheit in der DDR, die sie 1984 verließ, um mit ihrer Familie in Straßburg zu leben, vom Tod des Vaters in Weimar, von einer beziehungslosen Liebe »aus nichts«, von der unaufhebbaren Distanz und Nähe zu den toten Eltern. »Ich glaube«, so schreibt Barbara Honigmann in ihrem »Selbstporträt als Jüdin«, »wir Kinder von Juden aus der Generation meiner Eltern sind, vielleicht überall, aber in Deutschland besonders lange, Kinder unserer Eltern geblieben, länger jedenfalls als andere.«

7
Irene Dische
(geboren 1948
in New York)

Die jüdische Literatur in Deutschland ist keine Nationalliteratur im Singular: Hier schreiben Autoren aus ganz unterschiedlichen Ländern – nicht immer auf Deutsch, aber doch für ein deutschsprachiges Publikum.

In den New Yorker Washington Heights wuchs die 1948 geborene Irene Dische als Kind eines jüdischen Emigranten inmitten einer deutschsprachigen Umgebung auf. Jahrzehnte später siedelte sie nach Berlin über, heiratete und zog ihre Kinder in Deutschland auf. Eine New Yorker Jüdin, somehow Jewish, im geteilten, heute vereinten Berlin. Einen Protagonisten ihrer Erzählung, Charles, schickt sie von Amerika ins Berlin der späten siebziger Jahre – auf der Suche nach seiner Herkunft. »Eine Jüdin für Charles allein« heißt die Erzählung, die Irene Dische 1989 – das Erscheinungsjahr wird sich als historische Ironie erweisen – auf Deutsch veröffentlichte. Charles betritt zum ersten Mal deutschen Boden auf dem Frankfurter Flughafen. Ein Schalterangestellter fragt nach seinem guten Deutsch und wann die Eltern Deutschland verlassen hätten. 1955, antwortet er, bald darauf nennt er doch lieber das Jahr 1950, und dem Taxifahrer nennt er die Zeit fünf Jahre zuvor, das Kriegsende. »Das hieß, dass seine Eltern gute Volksgenossen waren, die wussten, wann man sich zu verabschieden hat.« »Der Mann mit dem Namen Charles Allen hatte Mühe zu lügen«, schreibt Irene Dische zu Beginn und nennt damit das Grundmotiv aller ihrer Erzählungen: die Lebenslüge. Charles' Datierungen sind allesamt fromme Lügen. 1939 nämlich waren Charles' jüdische Eltern mit einem Schiff von Bremerhaven nach Amerika gelangt, aus dem Vater Johannes Allerhand wurde John Allen, die Mutter ließ die ganze Familie taufen. Als der Vater von Entschädigungszahlungen für enteignete Juden in Deutschland hört, verlässt er die Familie und kehrt auf Nimmerwiedersehen zurück. Die Mutter wird Haushälterin in einem Trappistenkloster. Sie gelobt – eine ironische Volte –, fortan nicht mehr zu sprechen. Die Sprache aber wird zum sicheren Indiz der verleugneten Identität: Was Charles in der Schule sprechen hört, sind für ihn fremde Geräusche. »Sein Englisch verlor nie den deutschen Akzent.« In Berlin begegnet Charles Esther Becker; Charles' verstorbener Vater hatte sie als Geschäftsführerin seiner Immobilienfirma eingestellt, nachdem er ihr – ein Klischee mehr – zur Flucht aus Ost-Berlin durch einen Tunnel unter der Mauer hinweg verholfen hatte. Die Jüdin erzählt ihren Lebensweg, die Umstände ihrer Geburt auf einem Heuschober im besetzten Polen der Nazizeit, ein Davidstern baumelt um ihren Hals, sie ist geizig, habgierig, in illegale Geschäfte mit Devotionalien, Pässen und Pelzen verstrickt. Charles wird zum verschreckten Zeugen der offiziellen Berliner Feiern, um an den 9. November 1938 zu erinnern. Darin liegt die unfreiwillige Ironie des Erscheinungsjahrs der Erzählung 1989. In die feierliche Stimmung platzt Esthers Mutter hinein, die dem jungen Amerikaner wutbebend die Geburtsurkunde ihrer Tochter präsentiert: »Margret Becker, geboren 12. März 1944 im Nordmark-Krankenhaus, Berlin. Keine Anomalien. Beruf des Vaters: Rechtsanwalt. Mitglied der NSDAP und der SS. Mutter Hausfrau.« Esther ist Margret, die Jüdin eine Deutsche, die ihren Namen geändert, ihre Haare gefärbt, ihre Identität vertuscht hat. Er wirft die Mutter hinaus, vergewaltigt Margret-Esther, eilt mitten in der Nacht in die nahe katholische Kirche, um zu beichten, und reist am nächsten Morgen nach Amerika zurück. Mit den Mitteln der grotesken Überzeichnung, der beißenden Ironie, der Spiegelung deckt Irene Dische die sie bedrängenden Lügen ihrer Figuren, also ihrer Zeitgenossen auf: die Lebenslüge der Juden, die in der Neuen Welt durch Konversion, Namensänderung und alle möglichen Geschichten ihre Herkunft verleugnen; die Lüge der Deutschen, die sich mit einem neuen Vornamen, gefärbten Haaren und einer anrührenden Familiengeschichte in eine Jüdin verwandelt. Die frommen Lügen Disches sind nicht rettende, wahre Lügen, wie Jurek Beckers Jakob der Lügner sie erzählt, sondern Lügen, deren innere Motive die Autorin im Dunkeln lässt. Das Haus deutscher Einwanderer im heimatlichen Fort Lee, »einer Gegend, wo linde Sauerkrautdüfte durch die Abende wehten«, erscheint Dische »wie ein geschlossener Leib, der niemanden an sein Innenleben heranließ«. So verschlossen, ohne Verbindung nach außen wie nach innen, sind auch ihre Figuren.

Kaum ein Thema beschäftigte deutsch-jüdische Autoren so sehr wie die Sprache. Manche von ihnen sind, mit dem Wort der polnisch-amerikanischen Autorin, »lost in translation«, verloren zwischen der Sprache der Herkunft und der des neuen Landes, andere finden gerade darin ihren Ort, wie Georges-Arthur Goldschmidt, der, 1928 bei Hamburg geboren, in Deutschland erst als französischer Autor bekannt geworden ist. Im Nachwort seiner Erzählung »Un Jardin en Allemagne«, von Eugen Helmlé ins Deutsche übersetzt, erklärt Goldschmidt seinen Lesern hierzulande, warum er seine Erinnerungen an Deutschland nicht in seiner Muttersprache verfassen konnte: »Erst die Übertragung (diesmal im Freudschen Sinne des Wortes) in eine Sprache, in welcher die Erinnerung alles erfinden musste, ohne es erlebt zu haben, machte das Schreiben an diesem Buch möglich.« Jahre später hat Georges-Arthur Goldschmidt dann Erinnerungen auf Deutsch verfasst, die das Erlebte zum Thema haben: »Die Absonderung«, ein Buch, das wiederum erst ins Französische übersetzt werden musste. Goldschmidt, der Kafka, Walter Benjamin, aber auch Peter Handkes Bücher ins Französische übersetzt hat, wurde nicht einfach durch seine Zweisprachigkeit zum Übersetzer, sondern durch die bewusste Trennung der beiden Sprachen: des Deutschen, das für ihn die Sprache seiner Kindheit blieb, eine Sprache voll übermächtiger Erinnerungen, und des Französischen, die Sprache der erwachsenen Reflexion, in der er erfinden konnte, »ohne es erlebt zu haben«. In seiner Erzählung »Un Jardin en Allemagne« tauchen immer wieder Realitätspartikel seiner Kindheit auf, die sich wohl umschreiben, aber nicht übersetzen lassen: »un Gartenlokal«, »Korbkoffer«, »Schnallenkoffer«, »Dir wird noch Hören und sehen vergehen« und die Inschrift von Tafeln, die man Menschen auf der Straße umgehängt hatte und die das Kind kaum verstand: »Ich bin am Ort das größte Schwein und lass mich nur mit Juden ein.«

Auch für die zweite Generation jüdischer Autoren bleibt die Sprache der zentrale Bezugspunkt: Robert Menasse, 1954 in Wien geboren, entwirft sie als ein ganzes System. Sein trauriger, skurriler Held Leo Singer in dem Roman »Selige Zeiten, brüchige Welt« versucht die Wirklichkeit mit lauter Worten zu bestehen. Als seine Liebe zu Judith zaghaft Gestalt annimmt, schreibt er den Essay »Sehnsucht und Form«. Schon dieser Titel verweist auf die Vorlage, die Menasse gewählt hat: Georg Lukács, den Prototyp des jüdischen Intellektuellen. Thomas Mann hat ihm mit Naphta im »Zauberberg« ein literarisches Denkmal gesetzt. Leo und Judith sind Kinder österreichisch-jüdischer Emigranten. In Brasilien geboren, kehren sie in die Heimat ihrer Eltern, ins Wien der sechziger Jahre, zurück. Der wortgewaltige, alles reflektierende Leo will durch sein großes Werk über Hegels Phänomenologie, das er immer nur beginnen, doch nie zu Ende schreiben wird, die transzendentale Obdachlosigkeit überwinden. Aber es ist eine historische Obdachlosigkeit. Als Kinder von Flüchtlingen seien sie beide überall Flüchtlinge, erkennen Judith und Leo an einer Stelle des Romans. Robert Menasse wählte dafür wie selbstverständlich jüdische Flüchtlinge, entwarf die Figurenkonstellation seines Romans aus seiner eigenen Lebensgeschichte, der Wiener Herkunft, der Jahre, die er als Philosoph in Brasilien arbeitete. Er lässt die erste und zweite Generation in seinem Roman aufeinander treffen – aber er thematisiert dieses Aufeinandertreffen nicht weiter.

Ganz anders die 1952 geborene Esther Dischereit, die in ihren »Übungen, jüdisch zu sein« von 1998 auch vom »Verschwinden der Worte« handelt: »In unseren Familien wurde Angst systemisch, und wir wurden Träger des Traumas. Ich setze mich, eine Person werdend, zusammen und auseinander, suchend nach der Balance. Habe Anteil als Person der zweiten Generation an dem, was man posttraumatic stress disorder nennt. Oder children of survivor – ein Begriff des Lebens oder ein Begriff des Todes? Auch eine Bestimmung meiner Abhängigkeit und einer fortdauernden Unmündigkeit. So lausche ich meinen Stimmen, den schwarzen und den hellen, besonders den ersteren, die niemals verschwinden.«

»Dies ist nicht mein Land« hieß ein Buch, das 1980 für Aufsehen in der Bundesrepublik sorgte. Der Untertitel lautet knapp: »Eine Jüdin verlässt die Bundesrepublik«, der autoritären Strukturen überdrüssig, die von der Geschichte bis in die Gegenwart reichen, müde auch vom Alltag einer Berufsschullehrerin im »deutschen Herbst« der späten siebziger Jahre. Es war ein deklamatorischer Ton, eine deutsch-jüdische Beschwerdeprosa. Das zweite Buch von Lea Fleischmann verkündete zwei Jahre später nicht weniger schlicht und bekenntnishaft: »Ich bin Israelin. Erfahrungen in einem orientalischen Land.« Ralph Giordano schrieb »Die Bertinis«, die Geschichte seiner Familie im nationalsozialistischen Hamburg, die 1982 Furore machte. Erich Frieds Gedichte, seine Kritik an der israelischen Politik sorgten für Aufsehen: »Als wir verfolgt wurden / war ich einer von

8
Szenenfoto aus dem TV Film »Schalom, meine Liebe«, BRD 1997. V.l.n.r.; Irm Hermann, Buddy Elias, Ruth Geller, Dominique Horowitz.

euch / Wie kann ich das bleiben / wenn ihr Verfolger werdet?«, heißt es in dem Gedicht »Höre, Israel«, das Fried 1983, im Jahr nach dem Massaker von Sabra und Schatila, aktualisierte.

Mit den achtziger Jahren wich das Bild jüdischer Literatur in Deutschland einer neuen Unübersichtlichkeit – zu ihrem Gewinn: Robert Schindels »Sarkasmus«, Doron Rabinovic' halb jiddischer, halb moderner »Papirnik«, Rafael Seligmans »Schalom meine Liebe«, der, mit Dominique Horowitz in der Hauptrolle, dank hoher Einschaltquoten Millionen von deutschen Fernsehzuschauern auf den Spuren einer deutsch-jüdischen Liebe von Frankfurt am Main nach Tel Aviv führt; Maxim Billers Schlüsselroman, der nach einem Gerichtsbeschluss nicht ausgeliefert werden durfte; Wladimir Kaminers Russenroman in Berlin – auf einen Nenner lassen sich die Autoren so wenig bringen wie ihre Werke. Aber eines lassen sie zu, was man vordem nicht für möglich hielt und was das Judentum Gott und die Menschen gern tun lässt: Wenn man sie liest, kann man mal leiser, mal lauter – lachen.

Literatur

Andreas B. Kilcher (Hg.),
Metzler-Lexikon der deutsch-jüdischen Literatur, Stuttgart und Weimar 2000.
Thomas Nolden,
Junge jüdische Literatur. Konzentrisches Schreiben in der Gegenwart, Würzburg 1995.
Stephan Braese, Holger Gehle u. a. (Hg.),
Deutsche Nachkriegsliteratur und der Holocaust, Frankfurt am Main 1998.

JUDEN UND »JUDEN« AUF DEM DEUTSCHEN THEATER NACH 1945

Hanno Loewy :

JUDEN UND »JUDEN« AUF DEM DEUTSCHEN THEATER NACH 1945

Hanno Loewy

Nachspiel / Vorspiel

1933 »verschwanden« die Juden von den deutschen Bühnen. Gerade 25 Jahre war es her, dass Karl Emil Franzos in seinem Roman »Der Pojaz« den Traum der Emanzipation der (osteuropäischen) Juden damit gleichgesetzt hatte, auf einer deutschen Bühne zu stehen und den Shylock zu spielen. »Wenn Ihr uns stecht, bluten wir nicht? Wenn Ihr uns kitzelt, lachen wir nicht?«

Von Alexander Granach bis zum Frankfurter Volksschauspieler Kurt Katsch, von Alexander Moissi bis Julius Bab hatte die deutsche Bühne so etwas wie den Weg aus dem Ghetto bedeutet, genauer: eine trügerische Hoffnung. Die zwanziger Jahre hatten sich als ein kurzes Zwischenspiel herausgestellt, getragen von kulturpolitischen Visionen, die die deutsche Gesellschaft von Weimar mit Fieber erfüllt hatten. Aufgeladen in den Erfahrungen des Ersten Weltkriegs hatte die Sehnsucht nach Erlösung den Bühnen die Rolle eines kathartischen Massenspiels zugewiesen. Und viele jüdische Autoren und Schauspieler hatten in dieser Mission und damit in einer neuen deutschen Kultur aufzugehen versucht. 1933 war es mit solchen Illusionen vorbei. Jüdische Schauspieler bekamen Auftrittsverbot, jüdische Autoren durften nicht länger aufgeführt werden. Und im Oktober 1933 wurde in Berlin unter nationalsozialistischer Aufsicht der Kulturbund Deutscher Juden gegründet.

Unter der Intendanz von Kurt Singer bauten Julius Bab, Fritz Wisten, Kurt Katsch, Camilla Spira, Fritz Jessner und unzählige andere auf einen

Schlag arbeitslos gewordene Künstler – Schauspieler, Musiker, Regisseure, Tänzer und Bildende Künstler – im gesamten Reich »jüdische« Bühnen und Orchester auf, deren Publikum aus Juden bestand – nur noch aus Juden.

1935 wies die Gestapo den Kulturbund an, seinen »missverständlichen« Namen zu ändern, denn »deutsche Juden« sollte es nicht länger geben. Als Jüdischer Kulturbund sorgten die Künstler, zeitweise in hundert Städten, noch bis zum September 1941 für Programm: Theater, Kunst und Musik. Aus dem Ghetto gekommen und wieder ins Ghetto gebannt, so resümierte Kurt Katsch, das frühere Frankfurter Idol und Spaßmacher der Sechs-Tage-Rennen, nachdem es ihm, wie manchem anderen, gelungen war, in die USA zu emigrieren. Dort durfte der Akzent-Clown, wie man die deutsch-jüdischen Emigranten in Hollywood nannte – zunächst einmal und vorzugsweise – Nazis spielen.

Der Schauspieler und Regisseur Fritz Wisten (1890–1962) übernahm schließlich die Leitung der Bühnen. Wisten, schon 1938 kurze Zeit in KZ-Haft, überlebte mit unwahrscheinlichem Glück als Zwangsarbeiter im Reich.

»Ihr naht Euch wieder, schwankende Gestalten« – Nathan und Shylock kehren zurück

Am 7. September 1945 betrat »Nathan der Weise«, von den nationalsozialistischen Bühnen verbannt, wieder die Szene. Fritz Wisten inszenierte Lessings Klassiker am Deutschen Theater in Berlin, mit Paul Wegener als Nathan. Das »humanistische Bekenntnis« zur Toleranz, Lessings Stück über den gerade einem mörderischen Pogrom entkommenen jüdischen Weisen, sollte die Tradition der Aufklärung wieder in ihr Recht setzen – und zur deutsch-jüdischen Verständigung beitragen. Zugleich enthielt Nathans Gleichnis, nach allem, was geschehen und getan worden war, eine tröstliche Versöhnungsbotschaft. Derart abstrakt und fern von der realen Erfahrung der Gegenwart durfte der Jude die deutsche Bühne wieder betreten.

Im Januar 1946 folgte die deutsche Uraufführung von Friedrich Wolfs (1888–1953) antifaschistischem Drama »Professor Mamlock« am Hebbel-Theater, ebenfalls in Wistens Regie. Das Stück, geschrieben 1933 im sowjetischen Exil, behandelt den Beginn der antisemitischen Verfolgung in Nazi-Deutschland. Auf Druck der Partei wurde das Stück mehrfach umgeschrieben und politisch zugerichtet, bis es den Tonfall traf, der für manches spätere DDR-Drama charakteristisch war, in dem bürgerliche Juden mit dem Leben dafür zahlen, dass sie die Gefahr eines faschistischen Kapitalismus nicht rechtzeitig erkannt haben: antifaschistische Lehrstücke, die am Schicksal der Juden das ideologisch nützliche Exempel einer die DDR legitimierenden neuen deutschen Nationalliteratur präsentieren.

Es dauerte nicht lange, da wurde auch das klassische Gegenstück zu Lessings »Nathan« wieder aufgeführt: Shakespeares »Shylock«. Erst recht dessen Inszenierung vertraute man insbesondere Juden an, zum Beispiel Ernst Deutsch (1890–1969), der 1951 unter großer Aufmerksamkeit nach Berlin zurückgekehrt war, oder Fritz Kortner (1892–1970). Beide gaben dem prekären Stoff eine andere Wendung. Das Motiv der »jüdischen Rache« für erlittenes Unrecht und die selbstquälerische Beziehung zum antisemitischen Stereotyp, das Shylock sich trotzig zu Eigen macht, haben nach 1945 einen anderen Resonanzboden als vorher. Die Shylock-Figur ließ die wenigen Juden an den deutschen Bühnen seitdem nicht los, wie das Beispiel Peter Zadeks oder George Taboris zeigt, die das Stück mehrfach inszenierten. Taboris Shylock-Interpretation an den Münchner Kammerspielen 1978 geht ernüchtert mit dem Stoff aufs Ganze. Sein Shylock unternimmt nichts, um aus dem Panzer des Stereotyps, der Wahrnehmung durch die anderen, auszubrechen, sondern richtet sich in ihm ein, als einzigem, wenigstens psychischem Schutz.

Solche schonungslose Offenlegung eines jüdischem Umgangs mit Antisemitismus und Vorurteil war 1950 kaum denkbar. Ernst Deutsch spielte den Shylock ganz auf den universalistischen Monolog hin: »Wenn Ihr uns stecht, bluten wir nicht …« Fritz Kortner hingegen setzte auf radikale Individualisierung von Shylocks Charakter.

De facto bleiben die Juden, ermordet, geflohen oder zurückgekehrt, für das deutsche Theater der Nachkriegszeit abstrakt, Verkörperung eines radikal Anderen. Oder bloße Projektionsfläche für das ganz Eigene.

Jüdische Nebenfiguren

Die moralische Wiederaufbauliteratur im Westen sieht den Juden vor allem in der Nebenrolle oder als rhetorische Figur, an der sich die Integrität des Protagonisten entscheidet: Schon in »Des Teufels General« von Carl Zukkmayer, dem am häufigsten gespielten Stück an deutschen Bühnen zwischen 1947 und 1949, wird dies für den Helden Harras zur Probe aufs Exempel: Er rettet einem jüdischen Arzt das Leben. Zuckmayer, der Emigrant, machte den Deutschen ein Identifikationsangebot, das sie nicht ablehnen mochten. So wurde das Stück allein in den ersten drei Jahren mehr als 3.200-mal aufgeführt, 1948/49 allein an 53 Bühnen. Der Fliegergeneral, in den Nationalsozialismus tragisch verstrickt, nimmt sich am Ende selbst das Leben. »Sie reden wie ein Jude«, bemerkt die Nationalsozialistin Waltraud von Mohrungen, genannt Pützchen, irgendwann spitz, und Harras gibt zurück: »Bin ich auch – honoris causa.«

Auch die Eltern des Helden Beckmann in Wolfgang Borcherts »Draußen vor der Tür« (1947) haben Selbstmord begangen. »Die Juden«, so erfährt Beckmann, »konnte Ihr Alter nicht verknusen. Die regten seine Galle an. Er wollte sie alle eigenhändig nach Palästina jagen, hat er immer gedonnert.«

Juden als Prüfstein, als Herausforderung an die Moral eines Deutschen, dessen Entscheidung zu einer Differenzierung der Täter – das heißt zu einem Dementi der zugleich beschworenen und verworfenen Kollektivschuld – gerät, spielten in einer Reihe von Dramen der fünfziger Jahre eine Nebenrolle; so in Erich Maria Remarques »Die letzte Station« (1956), Hans Breinlingers »Konzert an der Memel« (1957), Gert Weymanns »Eh' die Brücken verbrennen« (1958) und in Joachim Wichmann »Keine Zeit für Heilige« (1959). Selbst Ingeborg Drewitz' »Alle Tore waren bewacht« (1953 erschienen und kaum einmal aufgeführt) stellt das moralische Dilemma des KZ-Kommandanten Potbus in den Vordergrund, der seine Jugendfreundin Ruth im Lager als Häftling wieder sieht.

1
Johanna von Koczian und Walter Franck in: »Das Tagebuch der Anne Frank«, 1956.

»Trotz alledem glaube ich noch an das Gute im Menschen«

Im Oktober 1956 kam die Dramatisierung des »Tagebuch der Anne Frank« in Deutschland auf die Bühne und wurde zu einem bis dahin kaum vorstellbaren Theatererfolg. In zwei Jahren kam es nicht nur in beiden deutschen Staaten, sondern auch in Österreich und der Schweiz zu fast 3.500 Aufführungen des amerikanischen Stückes, das bis heute von deutschen Bühnen nicht wegzudenken ist. Zum ersten Mal stand in einem populären Theaterstück ein Holocaust-Opfer nicht nur imaginär im Raum, sondern im Zentrum der dramatischen Handlung. »Kaum ein west- oder ostdeutsches Theater«, so schrieb Gert Kalow in der FAZ, »das dieses Memento nicht ankündigte oder schon im Programm führte: ein Element Wiedervereinigung, geistige Wiedervereinigung«, und holte weit aus, um die gesamtdeutsch-nationale Katharsis zu feiern, die von diesem dreizehnjährigen Mädchen ausgehe – das trotz allem noch an das Gute im Menschen glaubt, wie ihre pathetische Schlusszeile im Stück lautet. »Niemand, auch der alte Kämpfer des Antifaschismus nicht, auch, so hoffen wir, so glauben wir, der einstige Nationalsozialist nicht, schaut in diesen Spiegel hasslos ertragenen, abgründigen Leides ohne Erschütterung.«

Die Aufführungen des Stückes verwandelten sich in Gedenkveranstaltungen; die Zuschauer wurden gebeten, auf Beifall zu verzichten (und damit freilich auch auf jede etwaige Äußerung von Missfallen). Und sie lösten Pilgerfahrten von Tausenden von Schülern nach Bergen-Belsen aus, wo Anne Frank unter grauenhaften Umständen gestorben war. Umstände, die im Theaterstück nicht zur Sprache kamen.

Anne Frank und ihre »von Hass- und Rachegedanken freieste Anklageschrift aus der Zeit des Hitlerterrors«, wie eine Zeitung schrieb, wurde zur Ikone. Ihre pubertären Konflikte mit den Eltern in der Extremsituation der Verfolgung (doch nicht ihre jüdische Geschichte) boten Jugendlichen in aller Welt wie in Deutschland Anlass zur Identifikation. Und machten das Schreiben von Tagebüchern populär.

Der Holocaust und erst recht jüdische Figuren blieben bis Anfang der sechziger Jahre ein randständiges Thema auf deutschen Bühnen, von wenigen Ausnahmen wie Erwin Sylvanus' »Korczak und die Kinder« (1957) abgesehen.

»Dokumentartheater«

Mit Versuchen, ein dokumentarisches Theater zum Ort gesellschaftlicher Selbstverständigung zu machen, provozierten Autoren in den sechziger Jahren öffentliche Debatten. Hatten sich Max Frisch in seinem Stück »Andorra« (1961) oder Martin Walser in »Der Schwarze Schwan« (1964) noch fiktionaler Fabeln bedient, in denen es freilich nur um imaginierte Juden geht, so wurden öffentlich breit diskutierte Stücke wie Rolf Hochhuths »Der Stellvertreter« (1962), Peter Weiss' »Die Ermittlung« (1965) und Heinar Kipphardts »Joel Brand« (1965) bald unter dem Genre des Dokumentartheaters betrachtet.

Als Erwin Piscator am 19. Oktober 1965 Peter Weiss' (1916–1982) Auschwitz-Oratorium »Die Ermittlung« auf die Westberliner Freie Volksbühne brachte, sah er sich dazu veranlasst, Besucher auf einem Handzettel mit Fragebogen zu ermahnen: »Bitte verlassen Sie die Aufführung nicht; versuchen Sie, durchzuhalten ...« Wer dennoch ging, wurde höflich gefragt: »Gehen sie fort ..., weil Sie dagegen sind, dass man jüdische Probleme auf der Bühne verhandelt?«

Peter Weiss' Bearbeitung des Frankfurter Auschwitz-Prozesses wurde zum größten Theaterereignis der sechziger Jahre. An der Ringuraufführung waren insgesamt 15 Bühnen beteiligt, in der DDR, in der Bundesrepublik und in London. Weitere Bühnen folgten. Mitglieder der

2
Proben zu »Die Ermittlung« an der Freien Volksbühne Berlin. *V.r.n.l: Peter Weiss, Erwin Piscator, Dieter Borsche, Hilde Mikulicz, 1956.*

3
»Die Ermittlung«. Aufführung im Volkstheater Rostock, 1965.

Akademie der Künste der DDR lasen das Oratorium in einem Staatsakt in der Berliner Volkskammer, unter Beteiligung von Helene Weigel und Stephan Hermlin, Bruno Apitz, Ernst Busch, Ekkehard Schall, Alexander Abusch und Erwin Geschonneck. In der Freien Volksbühne wurde das Stück 63-mal vor fast immer ausverkauftem Haus gespielt, und Piscator kündigte als »Ergänzung und Gegenstück« ein »ostjüdisches Volksstück« von Scholem Alejchem an. Peter Weiss hingegen hatte die Opfer weitgehend anonymisiert.

»Das Wort ›Jude‹ fällt nicht ein einziges Mal, sondern es wird nur von den Verfolgten geredet«, so wunderte sich Kurt Grossmann in der Zeitschrift »Aufbau«, doch Peter Weiss hatte alles vermeiden wollen, was Auschwitz als »jüdisches Schicksal« hätte erscheinen lassen. Vielleicht war es gerade das – sich nicht vereinnahmen lassen zu wollen, schon gar nicht vom westdeutschen Literaturbetrieb der Gruppe 47 und ihrer Gefolgschaft –, was den mittlerweile im schwedischen Exil lebenden Autor veranlasste, den Nationalsozialismus keinesfalls als »jüdisches Problem« interpretiert sehen zu wollen? Im Laufe des Jahres 1965 nahm Peter Weiss zögerlich Partei für die DDR und gegen alle Kontinuität eines Kapitalismus, dessen »Erfolgsgeschichte« im Westen ihm verdächtig vorkommen musste. So wurde »Die Ermittlung« gleich zum doppelten Skandalon. »Ist

Auschwitz darstellbar?«, fragten die Kritiker, teils in unverhohlener Abwehr einer allzu direkten Konfrontation mit dem, was Auschwitz war. Doch was daran immerhin hätte eine Debatte über Auschwitz und das (Weiter-)Leben nach Auschwitz werden können, wurde im Kalten Krieg unter politischen Attacken von beiden Seiten begraben.

Tabubruch bis ins Herz

1968 wurde George Tabori (geb. 1914), der englischschreibende ungarisch-jüdische Emigrant und Dramatiker, aus London nach Ost-Berlin zu den Brecht-Dialogen eingeladen. Für Tabori, dessen Vater in Auschwitz ermordet worden war und dessen Mutter um Haaresbreite denselben Weg gegangen wäre, war die Begegnung mit Brechts Erbe die »schönste Erfahrung« seines Theaterlebens und eine Ernüchterung zugleich. In die Bewunderung für die vollendete Form des Brechtschen Theaters mischte sich eine schmerzhafte Erfahrung: dass nämlich in der ideologischen Selbstgewissheit des Kommunismus für die Erfahrung seines Traumas, eines eben nicht nur »jüdischen« Traumas, kein Platz war. »Mein Weg führte von nun an in die Katakomben, das heißt in kaputte kleine Räume, in denen die Zuschauer uns genau sehen können, nicht größer und besser als die, die uns zuschauen.« George Tabori, obwohl bis heute englisch schreibend, wurde seit 1969 zum bedeutendsten jüdischen Künstler an und auf deutschen Bühnen.

Am 13. Dezember 1969 hatte am Berliner Schillertheater Taboris Drama »Die Kannibalen« Premiere. Tabori selbst kündigte das Stück als Tabubruch an, als Aufkündigung philosemitischer Verabredungen darüber, wie in der deutschen Öffentlichkeit von Juden die Rede sein sollte. Der Knoten sei geplatzt. Sein Theaterstück zeigt nicht Auschwitz, sondern den Versuch der Nachgeborenen und zweier Überlebender, im Dialog und im Streit zu rekonstruieren, was damals dort geschah. Tabori wählte den größtmöglichen denkbaren Tabubruch zum allegorischen und zugleich bitter wörtlich gemeinten Thema. Ein Häftling im Lager kommt in einem Handgemenge unter Verhungernden ums Leben. Und daran knüpft sich die Frage, ob man ihn aufessen soll, um zu überleben um jeden Preis, um überhaupt Zeugnis ablegen zu können von Auschwitz.

Am Ende haben nur zwei überlebt, die anderen sich geweigert, obwohl die SS sie dafür ins Gas schickt. Rolf Michaelis berichtet in der »Zeit« von Applaus in Donnerstärke und konstatierte: »Nur schlechtes Gewissen kann so rumoren.« Doch statt die Frage nach dem von Tabori angesprochenen Zivilisationsbruch auf die Tat und die Täter zuzuspitzen, erklärt er am Ende die Szene zum »moralischen Problem« von »chassidischer Dialektik«, so als ginge es einmal mehr um »jüdische Probleme«. Robert Neumann hingegen löste in der Zeitschrift »Tribüne« eine heftige Kontroverse aus, als er dazu aufrief, die »deutsch-jüdische Situation, wie sie wirklich ist«, zu sehen – »ohne die Watte, in die sie gepackt wird«. Neumann, im Exil selbst vom Schlimmsten verschont, ging noch weiter: Die Überlebenden seien eben nicht die Besten gewesen, und deutete das Gegenteil an: so als sei jeder, der die Lager überlebte, mit einem Makel behaftet. Noch kaum artikuliert, aber zwischen den Zeilen spürbar, öffnete sich ein Graben zwischen der Wahrnehmung eines deutsch-jüdischen Emigranten und der traumatischen Realität der zumeist osteuropäischen jüdischen

Überlebenden in Deutschland: jenen, die nach 1945, physisch befreit und schwer gezeichnet, nicht wie die meisten in die USA oder nach Palästina gegangen, sondern – aus welchen persönlichen Zufällen auch immer – hier geblieben waren und neue jüdische Gemeinden im Abseits der deutschen Gesellschaft aufgebaut hatten.

Tabori, der das Stück seinem Vater gewidmet hatte, der in Auschwitz ermordet wurde, war es keineswegs darum gegangen, die Überlebenden zu denunzieren. Das zeigt nicht nur die Tatsache, dass er selbst explizit darauf hinwies, dass es nur den beiden »Kannibalen« zu verdanken ist, dass wir heute überhaupt etwas von dem wissen, was geschah. Zehn Jahre nach dem durch Beifall übertönten »Skandal« von Berlin widmete er einen weiteren Dialog mit der Erinnerung dem Überleben seiner Mutter: »Mutters Courage«, 1979 von den Münchner Kammerspielen uraufgeführt. Das Überleben erweist sich hier keineswegs als Frucht der Amoralität (und auch nicht der Moral!), sondern als Produkt des Zufalls, der Sinnlosigkeit.

»Coming-out«: Der Fassbinder-Streit

Sinnlosigkeit war nichts, womit in den siebziger Jahren Politik zu machen war. Jüdische Figuren kamen in den folgenden Jahren selten auf die Bühne, und wenn, dann als Beispiel für »Randgruppen« aller Art, wie in Martin Sperrs »Koralle Meier« (1970) – oder als folkloristische Schtetl-Romantik, wie in dem Erfolgsstück »Anatevka«, das ab 1967 regelmäßig an deutschen Bühnen gespielt wurde.

Die Parole vom Tabubruch aber war nun einmal in der Welt, und man konnte sich ihrer auch mit ganz anderen Absichten bedienen. Rainer Werner Fassbinder berief sich auf niemand anderes als Robert Neumann, als er sein Theaterstück »Der Müll, die Stadt und der Tod« (1975) öffentlich gegen den Vorwurf des Antisemitismus verteidigte: »Mir ist als Kind, wenn ich Juden begegnet bin, hinter vorgehaltener Hand gesagt worden: Das ist ein Jude, benimm dich artig, sei freundlich.«

Fassbinder wollte sich nicht artig benehmen. Sein Melodram holte kein edles Bild von den Juden der Vergangenheit auf die Bühne, sondern ein Bild »des Juden« der Gegenwart, des »reichen Juden« – ein Zerrbild des Holocaust-Überlebenden, in dem sich die Angst vor einer »jüdischen Rache« übermächtig Ausdruck verschafft.

»Fassbinders ›Der Müll, die Stadt und der Tod‹«, so schrieb Heiner Müller, »beschreibt in großen, grellen Bildern am Beispiel der Rache eines Opfers die Verwüstung einer Stadt. Die Stadt heißt Frankfurt. Das Instrument der Rache ist die Grundstücksspekulation mit ihren Folgen.« Und so heißt es in dem Stück: »Bin ich ein Jud, der Rache üben muss an kleinen Leuten?! Es soll so sein und ziemt sich auch!!« Gemünzt war solche Karikatur auf jene jüdischen Unternehmer, die es in Frankfurt zu einem erfolgreichen Immobiliengeschäft gebracht hatten und denen schon Gerhard Zwerenz, der Autor der Romanvorlage des Stückes, es offenbar übel nahm, dass sie ihre romantisierte Randgruppenexistenz »verraten« hätten.

Mit der Realität der in Frankfurt lebenden Juden hatte das grelle Bild vom jüdischen Racheengel, der die Stadt zerstört, kaum zu tun. Umso mehr mit den Vorurteilen, denen man täglich ausgesetzt war – in einer Stadt, die sich die Modernisierung auf die Fahnen geschrieben hatte und in

4
Mitglieder der Jüdischen Gemeinde Frankfurt besetzen die Bühne, auf der die Premiere von »Der Müll, die Stadt und der Tod« uraufgeführt werden soll. *3. v. l., erste Reihe: der damalige Vorsitzende der Jüdischen Gemeinde Frankfurt am Main, Ignatz Bubis, 1985.*

der man 1970 verwundert zur Kenntnis nahm, dass es gegen diese »Modernisierung« auch Widerstände gab. Als Jude versuchte man vor allem nicht aufzufallen und seine eigenen Wunden zu schützen.

Doch die Fantasie einer »jüdischen Rache« grassierte in der Stadt, genährt von der Geschichte selbst. Denn die Kleinbürger, die im Westend »ihren Stadtteil« gegen Spekulation und Bürobauten verteidigten, waren zum Teil ebenjene, die von der Vertreibung und Ermordung der vielen jüdischen Bewohner des Stadtteils profitiert hatten.

Fassbinder starb, bevor er die Uraufführung seines Stückes erleben konnte. Erst 1985, nach mehreren fehlgeschlagenen Versuchen, brachte das Frankfurter Schauspiel das Drama um den »reichen Juden« auf die Bühne. Die Uraufführung am 31. Oktober 1985 wurde zum politischen Eklat und zum »Coming-out« der Jüdischen Gemeinde, wie die »tageszeitung« zweideutig titelte. Mitglieder der Jüdischen Gemeinde aller Generationen besetzten die Bühne, erzwangen eine öffentliche Diskussion und verhinderten die Aufführung. Ihr Vorsitzender, Ignatz Bubis, musste sich von Ulrich Greiner in der »Zeit« fragen lassen, »ob er der Vermutung zustimme, die nach Frankfurt gekommenen Ostjuden hätten ihre Bodenspekulation aus unbewusster Rache betrieben«. Doch nun ging man vor solchen Chimären nicht mehr in Deckung. Die verhinderte Aufführung endete in einem Paradox. »Ich bin froh, dass reale Juden den Popanz-Juden am Auftreten hinderten«, schrieb Hans-Jakob Ginsburg in der »Zeit«. Da hatte, 1983, Peter Zadeks Inszenierung von Joshua Sobols »Ghetto« für ein solches neu erwachtes Selbstbewusstsein auf seine Weise auf dem Theater schon Zeichen gesetzt.

Im selben Jahr hatte Goerge Tabori Heinar Kipphardts »Bruder Eichmann«, seinen Gestus des Dokudramas und seine Vergleiche von Auschwitz und israelischer Politik, als deutsche Ideologie entlarvt: »Auschwitz mit, sagen wir, Beirut zu vergleichen, ist so absurd, dass man dagegen nicht einmal polemisieren kann. [...] so symptomatisch für das derzeitige Klima: ›Meine Schuldgefühle habe ich satt; ich will nicht der einzige Prügelknabe der Klasse sein; endlich haben sich die Juden so abscheulich benommen wie die Nazis.‹«

Das Zerrbild des »Juden« auf der Bühne zu verhindern, dazu blieb nur ein Weg, den man bis dahin hatte vermeiden wollen: der Weg aus dem selbst gewählten »Ghetto« der Gemeinde in die deutsche Öffentlichkeit, auf die deutsche Bühne. Freilich ohne die Illusion, dort irgendeine Symbiose aufzuführen.

Literatur

Anat Feinberg, Wiedergutmachung im Programm. Jüdisches Schicksal im deutschen Nachkriegsdrama, Köln 1988.

Heiner Lichtenstein, (Hg.), Die Fassbinder-Kontroverse oder Das Ende der Schonzeit, Königstein/Ts. 1986.

Jan Strümpel, Vorstellungen vom Holocaust. George Taboris Erinnerungs-Spiele, Göttingen 2000.

Christoph Weiß, Auschwitz in der geteilten Welt. Peter Weiss und die »Ermittlung« im kalten Krieg, Sankt Ingbert 2000.

EINMAL VERGANGENHEIT

UND WIEDER ZURÜCK:

FILMISCHE ZEIT-REISEN DURCH EIN JÜDISCHES DEUTSCHLAND

Gertrud Koch :

EINMAL VERGANGENHEIT UND WIEDER ZURÜCK: FILMISCHE ZEITREISEN DURCH EIN JÜDISCHES DEUTSCHLAND

Gertrud Koch

Film ist ein Medium nicht nur der gegenwärtigen Bewegung, sondern auch der Archivierung und Bewahrung. Viele Filme, die einmal an historischen Orten gedreht wurden, sind zu Dokumenten vergangener Welten geworden. Man sollte annehmen, dass sich die zerstörten Orte jüdischen Lebens in Deutschland in Filmen aus den Jahren vor 1933 wieder entdecken lassen. Aber das ist ein Irrtum. Anders als der jiddische Film, der oft in Polen gedreht wurde, auch wenn er im Auftrag amerikanischer Produktionen entstand, und der Städtebilder zeigt, die es so nicht mehr zu filmen gibt, hat sich der Film in der Weimarer Republik nur wenig auf jüdische Themen und Milieus bezogen. Bekannt sind die frühen Stummfilmkomödien von Ernst Lubitsch, der in der von ihm selbst verkörperten Figur des Sally den osteuropäischen Einwanderern in Berlin ein Denkmal setzte. Ernst Lubitsch ging 1922 nach Hollywood und hat sich von dort aus mit »To Be or Not To Be / Sein oder Nichtsein« (1942), einer der ersten Hitler-Satiren, wieder auf sein deutsches Herkunftsland bezogen.

Die meisten Filme, die nach 1945 produziert worden sind, beziehen sich auf jüdisch kodierte Orte im Kontext historischer Rekonstruktionen. Das geschieht zum Teil im Dokumentarfilm in Interviews mit Überlebenden oder in aufwendigen historischen ›period pieces‹ (was etwa dem Kostümfilm entspricht). Mittlerweile gibt es aber auch eine ganze Reihe von Filmen aus der zweiten Generation nach dem Krieg geborener jüdischer und nichtjüdischer Regisseure, die sich, wie zum Beispiel Dany Levy in »Meschugge« (1989), mit aktuellen jüdischen Milieus und Themen befassen.

1
CCC-Ateliers
an der Havel, 1959.

Ganz ohne Zweifel sind einige der wichtigsten und aufregendsten Filme über die deutsche Nachkriegsgeschichte von Regisseuren gedreht worden, die mit dem doppelten Blick des Exilierten auf die Szenerien Nachkriegsdeutschlands schauten. Man denke nur an Billy Wilders »Foreign Affair / Eine auswärtige Angelegenheit« (1948), der im Trümmerfeld Berlins spielt; dort werden die Songs »The ruins of Berlin« und der »Iowa Corn Song« zu einer doppelten Skala der Ortsverfremdung. Und in der brillanten Komödie »One, Two, Three / Eins, Zwei, Drei« (1961) wird die Situation des Kalten Krieges im geteilten Berlin mit einer ebenso scharfzüngigen wie melancholischen Note versehen von jemandem, der im Berlin der zwanziger Jahre seine ersten Schritte als Regisseur getan hatte. Obwohl in diesen Filmen jüdisches Leben gar nicht thematisiert wird, lassen sie eine ambivalente Sichtweise zu, indem sie einen Blick auf das zerstörte Berlin werfen, das zugleich vertraut und fremd erscheint. Unzweifelhaft traf man in diesem Berlin auf alte Nazis in gewandelter Gestalt ebenso wie auf die entschlossen geschichtslosen Figuren der aufstrebenden fünfziger und sechziger Jahre, die mehrheitlich Studios und Leinwände bevölkerten.

Mit dem Wiederaufbau der Filmindustrie in der BRD wurde die Geschichte der Ufa in ihrer verstaatlichten Form abgewickelt und in der DDR in die DEFA überführt. Die legendären Studios in Babelsberg, einem Teil Potsdams vor den Toren Berlins, wurden in staatlicher Regie weitergeführt, nachdem sie zuvor im Zuge von Reparationszahlungen an die Sowjetunion fast vollständig in Einzelteile zerlegt worden waren. Fast alle Regisseure, die ihre Karriere 1933 abbrechen mussten, hatten sie in den Studios in Babelsberg begonnen – und konnten sie, wenn sie Glück hatten, mit mehr oder weniger oder gar keinem Erfolg als Emigranten in Europas und Hollywoods Studios fortsetzen. Babelsberg war zwar keineswegs das einzige Studio in Berlin. Aber es war ein mythischer Ort, in gewisser Weise das Pendant zum amerikanischen Hollywood, zum italienischen Cinecittà, zum britischen Pinewood und zu anderen Orten, deren Namen synonym mit der dort ansässigen Filmindustrie verwendet werden.

Die Filmproduktion in der BRD wurde entscheidend vorangebracht von Arthur Brauners Produktionsfirma CCC-Film. »Atze« Brauner war als jüdischer Überlebender den Lagern des Ostens entronnen und begann in Berlin seine eigene Filmproduktion aufzubauen. 1946 erhielt er eine amerikanische Lizenz für die Central Cinema Company GmbH, und 1949

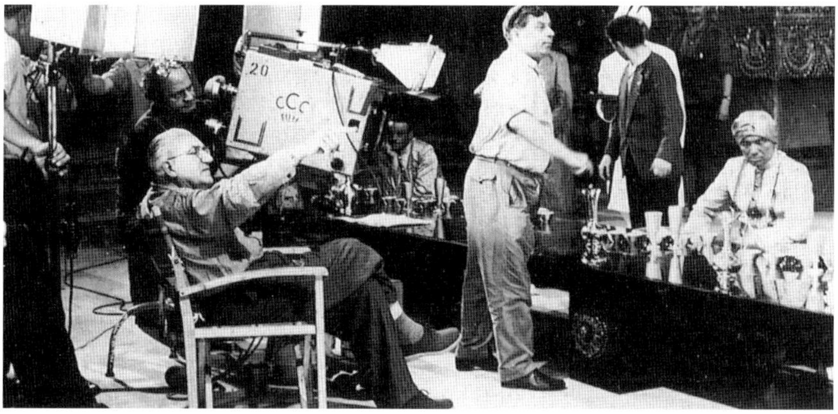

2

Dreharbeiten zu dem CCC-Film »Die 1.000 Augen des Dr. Mabuse« von Fritz Lang, 1959.

wurden in Spandau auf dem Gelände einer ehemaligen Versuchsanstalt für Kampfstoffe die ersten Hallen auf dem 35.000 Quadratmeter großen Gelände errichtet. Das erfolgreiche Unternehmen wurde in den fünfziger Jahren weiter ausgebaut und verfügte auf dem Spandauer Gelände schließlich über sechs moderne Hallen, die als die technisch am besten eingerichteten nicht nur West-Berlins, sondern der ganzen BRD galten. Orientiert am populären Film produzierte Brauner quer durch die Genres und oft mit internationaler Besetzung von Regie und Darstellern. Vergleicht man einmal die Liste der Drehorte für die einzelnen Filme, dann fällt auf, dass nicht nur West-Berlin bevorzugter Drehort war, sondern dass viele Dreharbeiten auch in Osteuropa stattfanden. Aber auch der in Hollywood mit Filmen wie »The Staircase / Die Wendeltreppe« (1948) zu Ruhm gelangte Robert Siodmak war nach Berlin zurückgekommen, um mit und für Brauner zu arbeiten. Auch in der Filmproduktion galten die merkwürdigen Stillhalteabkommen der ersten Nachkriegsjahre: Oft standen sich auf den Sets das Personal des Nazifilms und zurückgekehrte Emigranten gegenüber. Wie gespannt das Verhältnis de facto war, lässt sich besonders an den Nachkriegsauftritten Marlene Dietrichs ablesen. Sie war ihrem Regisseur Josef von Sternberg nach Hollywood gefolgt und lehnte Rückkehrangebote Nazideutschlands ab; stattdessen erwarb sie die amerikanische Staatsbürgerschaft. In der BRD wurde sie bei ihren ersten öffentlichen Besuchen nach 1945 als Landesverräterin beschimpft, und noch in den neunziger Jahren gab es ein unwürdiges Gezerre um die Überführung ihrer sterblichen Überreste auf einen Berliner Friedhof. Als nichtjüdische Deutsche war sie zum Symbol für einen zivilen Widerstand geworden, der in praktischer Solidarität mit den vertriebenen Juden Deutschland fern blieb.

Die CCC-Filme entsprachen in vieler Hinsicht der eigentümlichen Bewusstseinslage der Nachkriegszeit: Scheppernde Unterhaltungs- und Musikfilme, die in touristischen Gegenden spielten und sich fern von jedweder historischen Situierung hielten, standen neben historisch akzentuierten Filmen, die sich im Laufe der Jahrzehnte auch immer mehr direkt auf jüdische Themen bezogen. Mit dem Aufbrechen der Ausblendungen der Nazivergangenheit im aufstrebenden ›Wirtschaftswunder‹-Deutschland, die mit der Ausstrahlung der TV-Serie »Holocaust« (1976) zu Ende gegangen war, entstand auch in Brauners Produktionsfirma eine Reihe von Filmen, die sich direkt mit der Verfolgungs- und Vernichtungsgeschichte

3
Das Premierenkino Neue Scala in Berlin zeigt Eugen Yorks Film »Morituri«, ein Film über Konzentrationslager, 1948.

auseinander setzten: oft durchaus zwiespältige Filme von renommierten Regisseuren wie Andrzej Wajdas »Eine Liebe in Deutschland« (1983), Jerzy Hoffmanns »Zu Freiwild verdammt« / »Ruth» / »Blutiger Schnee« (der Film wurde unter verschiedenen Titeln verliehen) (1983/84), Agnieska Hollands »Bittere Ernte« (1984/85) oder »Hitlerjunge Salomon« (1989) – häufig in Co-Produktion mit polnischen und anderen internationalen Studios.

Die Gegenwärtigkeit der Vergangenheit, die sich im populären Film als historischer Stoff behaupten musste, wird im Neuen Deutschen Kino der Nachkriegsgeneration zum Sprengstoff eigener Art. Alexander Kluge arbeitet in seinen ersten Spielfilm »Abschied von Gestern« (1966) einige Facetten davon ein: Nicht Berlin, sondern Frankfurt am Main ist die paradigmatische Stadt, in der sich die Gespenster der Vergangenheit ein Stelldichein geben. Die weibliche Hauptfigur ist »in den Westen gegangen«, findet sich nicht zurecht und wird wegen geringfügiger Delikte vor Gericht gestellt. Dort befindet man, dass ihre Probleme »nichts, aber auch gar nichts« mit der Verfolgungsgeschichte ihrer jüdischen Eltern zu tun haben. Aber auch in den eingefügten dokumentarischen Teilen werden Orte und Örtlichkeiten der Stadt zur historischen Geographie: Generalstaatsanwalt Fritz Bauer, der in Frankfurt am Main den Auschwitz-Prozess vorbereitet und durchgeführt hat, wird in einem langen Interview zu seinen Vorstellungen von Recht befragt und danach, wie ein idealer Gerichtssaal auszusehen hätte. Das zentrale Frankfurter Amtsgericht ist wiederum ein Ort, den die Protagonistin aufsucht, da sie sich von Fritz Bauer Hilfe erhofft. Eine dritte Geschichte schließlich erzählt ein Hotelportier, der von seiner Befreiung aus einem Lager berichtet. Die städtischen Orte werden so als reale Plätze historischen Geschehens wie auch seiner fiktionalen und essayistischen Durcharbeitung vorgeführt.

Es wird die Kulisse der Stadt Frankfurt am Main sein, die schließlich in den achtziger Jahren zum Ort des erneuten Skandals um Rainer Werner Fassbinders Theaterstück »Der Müll, die Stadt und der Tod« (1975) wird. Das Stück wurde von dem Schweizer Regisseur Daniel Schmid unter dem Titel »Schatten der Engel« (1976) verfilmt, und Rainer Werner Fassbinder hat Motive des Stücks in anderen Filmen aufgegriffen. Frankfurt war eine der wenigen Städte der Nachkriegszeit, in der sich eine nennenswerte jüdische Gemeinde gebildet hatte, die sich nun im Konflikt um das Stück herausgefordert sah und ihren Protest in die Öffentlichkeit trug. Vor allem die Figur eines melancholischen jüdischen Immobilienhändlers wird zur Kristallisationsfigur in dem späteren Film von Fassbinder »In einem Jahr mit dreizehn Monden« (1978). Frankfurt als Stadt der Banken und der Hochhäuser wird nun, anders als in Alexander Kluges essayistischem Film »Abschied von Gestern« (1966), zur Metapher der Kälte und der verfehlten Beziehungen. Das historische Verhältnis zwischen Juden und Deutschen kehrt als Phantasma eines Liebeswahns wieder, den ein Mann verkörpert, der sich einer Geschlechtsumwandlung unterzogen hat, um die Aufmerksamkeit seines Liebesobjekts – eines jüdischen Überlebenden, der als Immobilienmakler Karriere gemacht hat – zu erlangen. Inszeniert ist der Film an eindringlichen städtischen Orten wie dem Schlachthaus, dem Kreuzgang des Liebfrauenklosters, dem Bahnhofsgebiet und vor glänzenden Hochhausfassaden. Mit Fassbinders Filmen ist zwar nicht zum ersten Mal in der bundesdeutschen Nachkriegsgeschichte, aber doch auf irritierende Weise auf die Kontinuität eines gestörten Verhältnisses hingewiesen worden, das auch für die Beziehungen in der zweiten Generation noch Sprengstoff enthält.

Insgesamt lassen sich die filmischen Strategien der Inszenierung des deutsch-jüdischen Verhältnisses folgendermaßen kennzeichnen: a) Historisierung des Nationalsozialismus (Kostümfilme); b) folkloristische Wieder- bzw. Neuentdeckung einer eigenständigen jüdischen Kultur (vor allem in Interviewfilmen, Dokumentarfilmen, aber auch Spielfilmen) mit einem Hang zu jiddischer Musik, den Überlebenden der osteuropäischen Schtetls usw.; c) biografische Filme (dokumentarisch und fiktiv), die von der Gegenwart aus die Verfolgungsgeschichte in ihren Auswirkungen auf die erzählende oder erzählte Lebensgeschichte erzählen. Je nach Dramaturgie und Genre vermischen sich die Erzählstrategien: Zum Beispiel erzählt Dany Levy in »Meschugge« (1998) zwei Familienbiografien einer deutschen und einer jüdischen Familie, die sich in Brooklyn kreuzen, über drei Generationen hinweg mit folkloristischem Anteil, wenngleich nicht als historischen Kostümfilm. Der zur gleichen Zeit in den Kinos laufende Spielfilm »Aimée und Jaguar« (1998) von Max Färberböck ist zu neunzig Prozent Konstümfilm mit einer gegenwartsbezogenen Rahmung, in der die filmische Erzählung vom lesbischen Melodrama einer untergetauchten Jüdin und der Frau eines NS-Militärs sich als Autobiografie der sich erinnernden Geliebten zu erkennen gibt.

Obwohl die Filme erhebliche Differenzen in ihrer filmischen und ästhetischen Qualität aufweisen, zeichnen sie sich durch eine Gemeinsamkeit aus, die etwas mit der Unmöglichkeit zu tun zu haben scheint, Distanz und Nähe im deutsch-jüdischen Verhältnis präzise auszubalancieren. Es ist, als geriete unter dem historischen Druck, der auf der Gegenwart lastet, dieser Gleichgewichtssinn derart ins Schlingern, dass rührselige Überidentifikation und untergründige Feindseligkeit nicht mehr als solche erkennbar werden. Gerade der sich populär verstehende Spielfilm hat es schwer, sich von solchen Diffusionen zu lösen. Aber auch Dokumentarfilme sind nicht frei von diesem Problem. Allerdings schaffen sie es leichter, hinter dem präsentierten Gegenstand die eigene Perspektive verschwinden zu lassen.

4
Szenenfoto aus dem DEFA-Film »Ich war 19« von Konrad Wolf, 1967.

Volker Koepp, einer der renommiertesten Dokumentarfilmer der DDR, hat in seinen beiden letzten Filmen jüdische Themen erfolgreich aufgegriffen. »Herr Zwilling und Frau Zuckermann« (1999) und »Dieses Jahr in Czernowitz« (2004) mischen folkloristisches und biografisches Erzählen, sowohl in dem Doppelporträt von 1999 wie in dem Gruppenporträt emigrierter Bewohner von Czernowitz, die mit Koepp noch einmal an den Ort ihrer Herkunft zurückkehren. Auch in Koepps Filmen mischen sich die Perspektiven am Ort wie in Kluges und Fassbinders Frankfurt am Main oder im Berliner Trümmerfilm der ersten Nachkriegsjahre.

Ein kurzer Rückblick auf die kurze DEFA-Geschichte in Babelsberg zeigt Gemeinsamkeiten wie Unterschiede zur westdeutschen Entwicklung auf. Auch in der DEFA wurden einige der bedeutenden Beiträge zur filmischen Reise in die Vergangenheit von denjenigen Regisseuren verfasst, die als Juden und/oder Kommunisten aus Nazideutschland vertrieben worden waren. Vor allem die frühen Filme Konrad Wolfs zählen hierzu. Konrad Wolf war mit seinen jüdischen Eltern – der Vater war der bekannte Dramatiker Friedrich Wolf – und seinem Bruder Markus Wolf – der später für den Staatssicherheitsapparat der DDR an leitender Stelle tätig werden sollte – nach Moskau emigriert, wo er die Filmhochschule besuchte. In der Moskauer Zeit hatte Konrad Wolf eine sowjetische Identität ausgebildet. In seinem Film »Ich war 19« (1967) beschreibt er höchst eindringlich, wie er als junger sowjetischer Soldat im Oderbruch damit betraut wird, die Ansprachen seines Vaters mit der Aufforderung zur Desertion zu verbreiten. In den Film einmontiert sind Dokumentaraufnahmen aus dem befreiten KZ Sachsenhausen, die der autobiographischen Erzählung eine weitere Identitätsachse als Überlebender einziehen. 1959 hatte Konrad Wolf bereits in »Sterne« die Geschichte der Liebe eines jungen deutschen Soldaten erzählt, der sich in eine junge griechische Jüdin verliebt, die mit einem Transport in Bulgarien auf die Deportation nach Auschwitz wartet. Aus dieser Liebe heraus schließt er sich dem Widerstand an, während die junge Frau deportiert wird.

Die komplexe Balance zwischen dem Antifaschismus kommunistischer Prägung und der eigenen jüdischen Herkunft erweist sich in vielen DEFA-Filmen zum Thema als unhaltbar. Auch hier, wie in »Sterne« (1959), treten Verortungen in Kraft, die den ambivalenten Identitäten nur scheinbar Raum geben. Der Oderbruch, der zwischen Moskau und Sachsenhausen liegt, und Bulgarien, das zwischen Berlin und Auschwitz liegt, führen zu ähnlichen Entkopplungseffekten wie die Verortungen in Koepps Filmen über Juden und Deutsche in Czernowitz.

Die eindringlichste Darstellung einer solchen phantasmatischen Überlagerung von Orten mit Geschichten stammt allerdings aus Frank Beyers Verfilmung von Jurek Beckers Roman »Jakob der Lügner« (1974), ein Vorläufer von Roberto Begninis italienischer Komödie »La vita è bella / Das Leben ist schön« (1998). Im Ghetto erfindet der Schneider Jakob gute Nachrichten über den Kriegsverlauf, die er über ein Radio zu empfangen vorgibt, das er nicht hat. Die psychologische List erlaubt den Verzweifelten zu hoffen und damit auch zu überleben. Die poetische Groteske führt eindrucksvoll vor, wie sich die Orte einer Erzählung als doppelte Fiktion erweisen. Der Film hatte große Widerstände im Studio zu überwinden und lässt etwas von den Problemen erahnen, die gerade die Inszenierung einer jüdischen Perspektive im Kino der DDR hatte. Auch wo die Ambivalenzen der jüdischen Regisseure gegenüber der eigenen jüdischen Herkunft mitschwingen, sind doch gerade deren Filme zu den eigenwilligsten der DEFA geworden.

Der Film verbindet immer Zeitreisen mit Orten, das ist sein visuelles Prinzip. Umso interessanter ist es, zu sehen, wo welche Orte von wem mit welchem Zeitindex verbunden werden. Die filmischen Reisen, die hier recht allgemein in ein imaginäres Kursbuch der deutsch-jüdischen Nachkriegsgeschichte eingetragen worden sind, gehen zurück in die Geschichte und versuchen einen Ort für sie zu finden – Städte, Landschaften mit und ohne Juden tauchen in ihnen auf. Dieses imaginäre Kursbuch enthält noch viele Seiten, die hier nicht aufgeschlagen worden sind. Dem Leser seien eigene Entdeckungsreisen durch die Filmlandschaft empfohlen.

KINDER GOTTES IM LAND DER TÄTER

DER CHRISTLICH-JÜDISCHE DIALOG IN DER BUNDESREPUBLIK DEUTSCHLAND

Gabriele Kammerer :

KINDER GOTTES IM LAND DER TÄTER

DER CHRISTLICH-JÜDISCHE DIALOG IN DER BUNDESREPUBLIK DEUTSCHLAND

Gabriele Kammerer

Als keine Juden mehr in Deutschland lebten, wurden sie von den Christen entdeckt. Das Paradox bekam den Namen »christlich-jüdischer Dialog«. Seine Existenz hat Gerschom Scholem allerdings generell bestritten. Für den Religionshistoriker ging es schlicht um einen Mythos: »Gewiss, die Juden haben ein Gespräch mit den Deutschen versucht, von allen möglichen Gesichtspunkten und Standpunkten her, fordernd, flehend und beschwörend, kriecherisch und auftrotzend, in allen Tonarten ergreifender Würde und gottverlassener Würdelosigkeit«, schrieb er 1964. »Von einem Gespräch vermag ich in alledem nichts wahrzunehmen. Niemals hat etwas diesen Schrei erwidert.«

Ganz anders hatte drei Jahre zuvor die Prognose von Robert Raphael Geis geklungen. Als der Rabbiner auf dem Evangelischen Kirchentag von 1961 über seine Religion Auskunft gab, konnte die Messehalle am Berliner Funkturm die neugierigen Christen nicht fassen, die zu Tausenden gekommen waren. Ein Erstmaliges geschehe hier, sagte der jüdische Referent hoffnungsfroh: eine Begegnung nämlich nach zweitausend Jahren des Missverstehens. Sie büße ihre Bedeutung auch dann nicht ein, »wenn man an das Meer von Blut und Tränen denkt, das wir zuvor durchschreiten mussten«.

Der industrielle Massenmord an den europäischen Juden ist der Ausgangspunkt eines Gesprächs zwischen Christen und Juden in Deutschland – und seine schwerste Hypothek zugleich.

Vorbilder für dieses Gespräch gab es kaum. Bisher hatten Christen in Deutschland höchstens über Juden geredet, und wenn sie einmal direkt mit ihnen gesprochen hatten, dann mit festen Vorstellungen vom Ausgang der Debatte: Im Mittelalter sollten Zwangsdisputationen die Überlegenheit des christlichen Glaubens anschaulich beweisen.

Zu einem ersten öffentlichen Gespräch auf Augenhöhe kam es im Januar 1933 zwischen dem jüdischen Religionsphilosophen Martin Buber und dem evangelischen Neutestamentler Karl Ludwig Schmidt. Das erste Gespräch war freilich zugleich das letzte: Zwei Wochen später kamen die Nationalsozialisten an die Macht.

In den folgenden zwölf Jahren waren es nicht die Kirchen oder ihre Amtsträger, die sich für die ausgegrenzten und verfolgten Juden einsetzten. Nicht einmal die »Bekennende Kirche«, entstanden in Opposition zum nationalsozialistischen Staat und zur Kooperationspolitik der unentschiedenen oder der »Deutschen Christen«, ging in ihrem Engagement über die Solidarität mit getauften Juden hinaus. Nur einzelne Christen halfen Juden beim Untertauchen oder zur Flucht.

Die Ausnahme blieben Stimmen wie die von Dietrich Bonhoeffer. 1941 beobachtete der Pfarrer die beginnenden Massendeportationen von Juden und berichtete davon über den Ökumenischen Rat der Kirchen an die Alliierten. Was er sah, wurde für ihn zur Anfrage an Kirche und Theologie. Er formulierte ein Schuldbekenntnis: »Die Kirche ist schuldig geworden am Leben der Schwächsten und Wehrlosesten der Brüder Jesu Christi.«

Hinter dieser Klarheit blieben die Stellungnahmen der beiden großen Kirchen nach dem Ende der nationalsozialistischen Herrschaft weit zurück. Von Fehlern wurde zwar geredet, bisweilen sogar von Schuld, doch weder die katholischen Bischöfe noch die evangelische Kirche wagten es im Jahr 1945, den Völkermord an den Juden beim Namen zu nennen und die eigene Schuld daran in den Blick zu nehmen. Die Fragen, die die Kirchen bewegten, waren offensichtlich andere.

»Hat die Kirche noch etwas zu melden?«, überlegte der Hamburger Bischof Tügel Ende Mai 1945 in einem offenen Brief. Erleichtert bejahte er die bange Frage: »Tatsächlich ist die Kirche die einzige Macht, die alle gefallenen Größen überdauert und – was wichtiger ist – deren Sache in erhobener Weltüberlegenheit sich selbst zu Wort meldet.« Die jahrhundertealten Institutionen der evangelischen wie der katholischen Kirche hatten die Diktatur überstanden, dankbar und stolz genossen sie die Unversehrtheit von Strukturen und Besitz. Ihre Aufgabe sahen sie nun in der Seelsorge an den zerschlagenen Deutschen – und nicht etwa darin, ihnen ins Gewissen zu reden.

Damit passten die Kirchen ins Bild einer Gesellschaft, die von der unmittelbaren Vergangenheit nichts mehr wissen wollte und die der Entnazifizierung durch die Alliierten mehr als skeptisch gegenüberstand. Überdies aber dürften die Kirchen gespürt haben, was für sie selbst auf dem Spiel stand: Der schonungslose Blick zurück auf den Massenmord an den Juden und die Frage nach dem Versagen der Christen oder ihrer aktiven Schuld hätte bedeutet, die eigene religiöse Tradition auf den Prüfstand zu stellen. Zu einer solchen existenziellen Revision aber fehlte den Christen der Mut – und die Sprache. Auf ein Gespräch mit Juden waren sie nicht vorbereitet.

Theologisch ist von einer »Stunde null« zu reden – oder besser sogar von einer »Stunde unter null«?

Erst der Katholikentag des Jahres 1948 und die Synode der Evangelischen Kirche in Berlin-Weißensee 1950 fanden klare Worte zur christlichen Schuld. Zu der Zeit wurden in Deutschland schon wieder Vertreter der Jüdischen Gemeinden bedroht und zahlreiche Friedhöfe geschändet.

Von Nachhilfelehrern und Autodidakten

Aus diesen Vorgängen zog eine Gruppe aus Protestanten und Katholiken im Mai 1950 eine klare Konsequenz: »Es muss jedem Theologen und Religionslehrer klar werden, welche Verantwortung mit der Behandlung unseres Verhältnisses zu den Juden auf ihn gelegt ist«, forderten sie am Ende einer Tagung im hessischen Bad Schwalbach. In neun Thesen fassten sie zusammen, was christliche Religionslehrer in Zukunft über das Judentum lehren – und erst einmal selbst lernen – sollten: dass Jesus Christus Jude war, dass den Juden sein Kreuzestod nicht zur Last gelegt werden dürfe, dass der Gott des Neuen Testaments kein anderer sei als der, von dem das Alte Testament erzähle.

Die »Schwalbacher Thesen« fragten noch nicht nach dem Selbstverständnis von Jüdinnen und Juden. Hier nahmen Christen sich selbst in die Pflicht. Sie forderten dazu auf, den über Jahrhunderte gewachsenen und festgetretenen Berg christlicher Vor- und Fehlurteile abzutragen.

Diese Herausforderung blieb nicht ungehört, denn die Neuerer konnten auf ein wachsendes Netzwerk zurückgreifen. Ab 1948 waren zunächst in München, Stuttgart, Wiesbaden und Frankfurt am Main erste »Gesellschaften für christlich-jüdische Zusammenarbeit« gegründet worden, weitere folgten. Seit 1950 bündelte der »Deutsche Koordinierungsrat« (DKR) ihre Arbeit. Seine Satzungspräambel erläuterte das Prinzip dieser Arbeit: »Eine vernünftige und gerechte Ordnung in der Welt erwächst aus der Bereitschaft jedes Einzelnen, anderen das gleiche Maß an Recht und Achtung zuzugestehen, das er für sich selbst in Anspruch nimmt.«

1
Missionar in Sachen Humanismus: Carl F. Zietlow, der Initiator der Gesellschaften für christlich-jüdische Zusammenarbeit, nach seiner Landung in Berlin-Tempelhof im März 1948.

Gegenseitiger Respekt der Individuen und das friedliche Miteinander verschiedener gesellschaftlicher Gruppen – diese eher unspezifische Zielbeschreibung verrät das Vorbild, auf das die deutschen »Gesellschaften für christlich-jüdische Zusammenarbeit« zurückgehen. In den USA hatten sich Christen und Juden seit den zwanziger Jahren für die demokratische Kultur engagiert. Der dortige »National Council of Christians and Jews« (NCCJ) war das Modell, das der amerikanische Methodistenpfarrer Carl F. Zietlow im Gepäck führte, als er im März 1948 auf Einladung der US-Militärregierung nach Deutschland kam.

Nicht nur die Inhalte, auch die Struktur der amerikanischen Bewegung versuchte der Missionar in Sachen Humanismus unter den Deutschen heimisch zu machen. In den großen Städten Westdeutschlands warb er bei ranghohen Vertretern des öffentlichen Lebens um Unterstützung. Offizielle Repräsentanten sollten Träger der Idee sein – bis heute ist der deutsche Bundespräsident Schirmherr der Gesellschaften. Jede Gesellschaft sollte von einem protestantisch-katholisch-jüdischen Dreigestirn geleitet werden, ebenso der Koordinierungsrat.

2
Adolf Freudenberg (1894–1977). Der Jurist und evangelische Theologe hielt seiner Kirche ihre Verantwortung gegenüber dem jüdischen Volk vor.

Auch die »Woche der Brüderlichkeit« war eine Übertragung der in den USA seit 1935 durchgeführten »Brotherhood Week« auf deutsche Verhältnisse. Erstmals fand eine derartige Veranstaltungswoche 1950 in München statt. Ihr Programm illustriert die Breite des Zietlowschen Ansatzes: Nach dem »Tag der Erziehung« fand ein »Tag der Konfessionen« statt, es folgten »Jugend«, »Heimatvertriebene«, »Film und Theater«, »Frau« und schließlich die »Nationen«.

Traten die Amerikaner mit diesem Feldzug gegen die Intoleranz etwa selbst die Flucht nach vorn an, nachdem ihre Politik der Umerziehung und der Entnazifizierung in Deutschland gescheitert war? Und kamen diese verfrühten Versöhnungsgesten den Deutschen nicht gerade recht bei ihrem Bemühen, einen Schlussstrich unter ihre Vergangenheit zu ziehen?

Die Gefahr billiger Rehabilitierungsversuche wurde innerhalb der Gesellschaften selbst durchaus gesehen. Der Vorsitzende der Frankfurter Gesellschaft, der Universitätsrektor Franz Böhm, schrieb 1949 seinen Mitstreitern eine eindringliche Mahnung ins Stammbuch. Man habe sich doch nicht zusammengeschlossen, um mittels Tagungen und Banketten »einen Teil der Deutschen vor den Reaktionen in Sicherheit zu bringen, die das Tun eines anderen Teils von Deutschen in der Welt hervorgerufen hat«. Nicht um das internationale Image der Deutschen dürfe es gehen, sondern um den aktiven Einsatz gegen »Antisemitismus und inhumanes Vorurteil«.

Dieser Einsatz war vielen der Beteiligten ein echtes Anliegen und nicht nur ein amerikanischer Imperativ. Am Netzwerk der Gesellschaften knüpften auch Christen mit, die sich während des Dritten Reichs für Juden engagiert hatten. Der Jurist und Theologe Adolf Freudenberg etwa war in der Ökumenischen Flüchtlingshilfe aktiv gewesen und versuchte seit 1945 unermüdlich, seine evangelische Kirche mit der Frage nach ihrem Verhältnis zum Judentum zu konfrontieren. Als Pfarrer in Hessen rief er den dortigen Arbeitskreis »Kirche und Israel« ins Leben, dem zahlreiche Initiativen in anderen Landeskirchen folgen sollten. Die Gesellschaft in Freiburg im Breisgau wurde auf Initiative von Gertrud Luckner gegründet. Die Katholikin hatte die Flüchtlingshilfe der Caritas organisiert und selbst anderthalb Jahre im Konzentrationslager Ravensbrück verbracht.

Die Verständigung von Juden und Christen zu fördern, das war für die Gesellschaften in erster Linie eine gesellschaftliche Aufgabe. Ihre Aktivitäten waren eher politischer oder pädagogischer Natur. Die religiösen Dimensionen des Verhältnisses standen nicht im Mittelpunkt ihres Interesses. Wer nun allerdings vermutet, dieser Dimensionen habe sich naheliegenderweise die offizielle akademische Theologie angenommen, liegt fehl. Eine neue Verhältnisbestimmung zwischen Kirche und Israel stand nicht auf dem Lehrplan der Universitäten. Zu erwähnen sind höchstens die Instituta Judaica, mit denen die evangelisch-theologischen Fakultäten in Münster, Tübingen und Berlin die lebendige Vielfalt jüdischer Stimmen zu dokumentieren versuchten. In Freiburg und Duisburg untersuchten Religionspädagogen Schulbücher der Fächer Religion, Geschichte und Sozialkunde auf ihre Darstellung jüdischer Themen hin.

Es geht an die Substanz

Ein Gespräch der Religionen kam erst langsam in Gang. Lähmend wirkte das Wissen um den Gestus der Überlegenheit, den die christliche Theologie seit jeher gegenüber dem Judentum eingenommen hatte. Als sich Juden nach 1945 dennoch auf eine Begegnung einließen, taten sie dies mit einer überraschenden Begründung: »Nun haben auch Christen wieder ihre Märtyrer«, formulierte der jüdische Theologe Leo Baeck. Und Robert Raphael Geis stellte fest: »Eine grausige Gottesfinsternis gibt jäh den Blick dafür frei, dass der Christ mitgemeint ist, wenn man den Juden schlägt.« Eine für Christen beschämende Feststellung, waren doch die Beispiele christlicher Solidarität mit den verfolgten Juden äußerst rar – und viel zahlreicher die Gegenbeispiele von Versagen und Verrat. Doch die wenigen Ausnahmen boten Juden Anlass zu der vorsichtigen Hoffnung, in neuen Gesprächen vielleicht an ihre deutsch-jüdische Identität von vor 1933 anknüpfen zu können.Von ihrem Schwanken zwischen Misstrauen und Hoffnung berichtet die in London lebende deutsche Soziologin Eva Reichmann. Sie war im Januar 1961 nach Berlin gereist, um – zunächst als einzige Jüdin – an den Vorbereitungen für eine Arbeitsgruppe »Juden und Christen« am Kirchentag teilzunehmen: »Es war erhebend, manchmal erschütternd, den Ernst zu erleben, mit dem diese Menschen, die meist persönlich nicht schuldig geworden waren, sondern die sogar um ihrer Gesinnung willen Schweres zu erleiden hatten, die Schuld auf sich nahmen, wie sie unter ihr litten, wie sie zu sühnen versuchten.« Sie sei nicht sicher gewesen, ob es angemessen sei, sich an diesem Unternehmen zu beteiligen, gesteht Eva Reichmann. Am Ende der Sitzung habe es keinen Zweifel mehr gegeben: »Diesen Menschen musste man helfen, sie durfte man in ihrem Verlangen nach dem jüdischen Gesprächspartner nicht im Stich lassen.« Neben Eva Reichmann waren Eleonore Sterling, Robert Raphael Geis und Ernst Ludwig Ehrlich die jüdischen Partner jenes ersten öffentlichen Glaubensgespräches, das auf dem Berliner Kirchentag 1961 zum Publikumsmagneten wurde.

Vorher hatte zwar bereits der »Deutsche Evangelische Ausschuss für Dienst an Israel« Juden und Christen zu theologischen Tagungen eingeladen. Von ihnen ging aber keine Breitenwirkung aus, da der Ausschuss innerhalb der Kirche eher ein Schattendasein fristete. Außerdem zeigt der

Name, von welchen Voraussetzungen diese Gespräche ausgingen: »Dienst an Israel« leistet eine Kirche aus der Überlegenheit heraus, bestenfalls mit mütterlichem Wohlwollen. Die traditionelle theologische Sicht auf das jüdische Volk wurde hier noch nicht in Frage gestellt. Diese Sicht lautete: Das Volk, aus dem Jesus kam, hat ihn nicht als Messias angenommen, also gehen seine Rechte als Volk Gottes an die Kirche über. Die Sicherheit, die aus dieser Enterbungstheologie spricht, ist zugleich die panische Abwehr einer existentiellen Angst. Wie kann denn, so müssen Christen sich fragen, unser Glaube an Jesus als Christus wahr sein, wenn sein eigenes Volk diesen Glauben nicht teilt? Über Jahrhunderte wussten Theologen auf diese Herausforderung keine andere Antwort als die: In seiner Ablehnung Jesu disqualifiziert sich Israel als Gottesvolk, das »neue Israel« ist die Kirche.

In diesem Kontext war die Resolution, die die Arbeitsgruppe »Juden und Christen« am dritten Tag der Berliner Großveranstaltung verabschiedete und in 6.000 Abzügen verteilte, nicht weniger als eine kleine Revolution. »Gegenüber der falschen, in der Kirche jahrhundertelang verbreiteten Behauptung, Gott habe das Volk der Juden verworfen, besinnen wir uns neu auf das Apostelwort: ›Gott hat sein Volk nicht verstoßen, das er zuvor ersehen hat‹ (Römer 11, 2).« Mit dieser Aufforderung zur theologischen Kehrtwende endet das Papier. Es beginnt ebenso grundsätzlich. Angesichts des christlichen Antijudaismus und angesichts des zur Zeit des Kirchentages in Jerusalem stattfindenden Prozesses gegen Adolf Eichmann werden der Öffentlichkeit vier Zeichen der Umkehr abverlangt: eine neue Pädagogik, die eigene Fehler eingesteht, politische Verantwortlichkeit jedes Einzelnen, Solidarität mit Juden und dem Staat Israel und schließlich eine Revision der theologischen Traditionen.

Mit diesen Ergebnissen der Berliner Begegnung von 1961 begann die eigentliche theologische Auseinandersetzung zwischen Juden und Christen in Deutschland. Alle Beteiligten stimmten darin überein, dass der Austausch und die Zusammenarbeit sich nicht auf die Theologie im engeren Sinne beschränken konnten. Die Veränderungen in Denken und Sprechen mussten unmittelbare Konsequenzen für das private wie für das öffentliche Handeln haben. Am deutlichsten machte dies die »Aktion Sühnezeichen«. Der Jurist Lothar Kreyssig hatte den Verein am Rande einer Synode der Evangelischen Kirche im Jahr 1958 gegründet und an »die Völker, die Gewalt von uns erlitten haben«, die Bitte gerichtet, Friedensdienste junger Deutscher in ihren Ländern anzunehmen. Die Einsicht in historische Verantwortung und der Protest gegen ein wiedererstarkendes Deutschland mit einer atomar bewaffneten Bundeswehr mündeten hier in praktisches Tun: 1959 bauten junge Freiwillige ein Ferienheim in den Niederlanden, 1961 reiste eine erste Gruppe nach Israel. Politischen Ausdruck fanden aber auch die Erkenntnisse der Arbeitsgemeinschaft »Christen und Juden«, die zur ständigen Einrichtung des Kirchentags wurde, sowie der Gesellschaften für christlich-jüdische Zusammenarbeit und der Studentengemeinden an den Hochschulen. Die Pioniere des christlich-jüdischen Dialogs bezogen Position gegen die restaurativen Tendenzen der Adenauer-Republik: Sie engagierten sich für die Entlassung belasteter Politiker aus dem Amt – die namentliche Nennung des Staatssekretärs Hans Globke führte zum Skandal –, für die Aussetzung der Verjährung bei NS-Verbrechen, für beschleunigte Entschädigungszahlungen und für die Aufnahme diplomatischer Beziehungen mit Israel.

Der kämpferische Optimismus der ersten Jahre sollte freilich rasch realistischem Langmut weichen. Keine der genannten Organisationen hat es geschafft, sich selbst überflüssig zu machen, auch wenn manche sich das in der ersten Euphorie vorgenommen hatten. Zu heftig blies der Gegenwind aus Amtskirche, Gemeinden und akademischer Theologie.

Aber auch intern zeigte sich der neu gewonnene Zusammenhalt als anfällig für Erschütterungen und Ernüchterung. Beispielhaft ist die Kontroverse um die Judenmission, die die Kirchentags-Arbeitsgemeinschaft 1963 auf den Prüfstand stellte. »Der ungekündigte Bund« war der eindeutige Titel des ersten Dokumentationsbandes der Gruppe gewesen. Damit bekannte sie die bleibende Erwählung Israels. Die jüdischen Mitglieder hatten gehofft, christlichen Partnern zu begegnen, die aus dieser Einsicht die Konsequenz zögen, keinen Juden mehr von der Notwendigkeit einer Hinwendung zum christlichen Glauben überzeugen zu müssen. Endlich schien eine Gruppe zu existieren, in der Juden theologisch nicht in die Enge getrieben wurden. Umso größer war die Enttäuschung, als Robert Raphael Geis entdeckte, dass die Ablehnung der Judenmission innerhalb der Gruppe so einhellig nicht war, dass vielmehr selbst sein Freund und Mitstreiter Helmut Gollwitzer sich ernsthaft mit den Thesen judenmissionarischer Gruppen auseinander setzen wollte. »Es ist genug des Spiels, da man Juden umwirbt, bezirzt, als Aushängeschild missbraucht – und letztlich nicht ernst nimmt«, entrüstete sich Geis.

Über Monate setzte der Streit die Tragfähigkeit der Arbeitsgemeinschaft einer harten Prüfung aus. Was den Zusammenhalt letztlich rettete, waren persönliche Freundschaften. Aber auch inhaltlich hatten die Christen dazugelernt. Helmut Gollwitzer rang sich zu der selbstkritischen Frage durch: »Habe ich für den Juden etwas zu hoffen, was er zurzeit gar nicht gehofft haben will?«

Wer macht mit?

»Gewiss ist die Kirche das neue Volk Gottes, trotzdem darf man die Juden nicht als von Gott verworfen oder verflucht darstellen, als wäre dies aus der Heiligen Schrift zu folgern.« Die kleine Eitelkeit zum Einstieg schwächt nicht die Bedeutung dieser Stellungnahme. Es handelt sich nämlich um eine Selbstkritik von höchster Stelle: Im Oktober 1965 veröffentlichte das Zweite Vatikanische Konzil die Erklärung »Nostra aetate« über das Verhältnis der Kirche zu den nichtkirchlichen Religionen. Die katholische Kirche wandte sich offiziell und deutlich gegen jahrhundertealte Lehrsätze – und gegen eine ebenso alte Praxis. Schritt für Schritt wurde jetzt die Karfreitagsliturgie reformiert, in der bislang für die »treulosen Juden« gebetet worden war, denen somit ausdrücklich der Tod des Heilands zur Last gelegt wurde.

Ungefähr zeitgleich zur katholischen Kirche hatten sich auch die anderen Weltkirchen im Ökumenischen Rat dem Thema gestellt. Internationale Diskussionen mündeten 1967 in den »Bristol Report«. Diese Studie sollte vielen weiteren Entwicklungen die Richtung weisen. Zum einen, weil das Papier auf Kompromisse verzichtete. Vielmehr wurde offen gelegt, an welchen Stellen – wieder einmal ging es beispielsweise um die fragliche Notwendigkeit einer christlichen Mission an den Juden – die

3
Christlicher Dialogbedarf. Rabbiner Albert Friedlander erläutert Kirchentagsbesuchern Grundlagen der jüdischen Religion.

Meinungen auseinander gingen. Zweitens wurde der theologische Dialog in einen historischen Kontext gestellt, indem die Verfolgung der europäischen Juden und die Gründung des Staates Israel als Anstöße für eine Neubestimmung des christlich-jüdischen Verhältnisses genannt wurden. Und schließlich ging die Studie bei dieser Neubestimmung von den Gemeinsamkeiten aus. »Die ersten Christengemeinden bestanden aus Juden«, war da zu lesen – eine banale historische Tatsache, die modernen christlichen Gemeinden aber erst wieder ins Bewusstsein gerufen werden musste. Und das mit erheblichen theologischen Konsequenzen: Wenn das Christentum vom Judentum abstammt, dann sind die Unterschiede zwischen beiden nicht Defizite des Judentums, sondern Ergebnisse einer Entwicklung, die das Christentum rechtfertigen muss.

»Was gut ist am Christentum, ist nicht neu, und was neu ist, ist nicht gut« – mit dieser Kurzformel können Juden umschreiben, warum die Auseinandersetzung mit der jüngeren Schwesterreligion ihre jüdische Identität nicht tangiert. Vor ganz anderen Problemen standen die Christen, nämlich vor der Aufgabe, die Existenz ihrer »Sekte« zu legitimieren, ohne der Mutterreligion die Daseinsberechtigung abzusprechen – wie sie das über Jahrhunderte mit fatalen Folgen getan hatten.

Dieser Aufgabe stellten sich die beiden großen Kirchen ab Mitte der sechziger Jahre auch in Deutschland. Beim Zentralkomitee der deutschen Katholiken entstand ein Gesprächskreis aus Juden und Christen. Die Evangelische Kirche berief 1967 die Studienkommission »Kirche und Judentum« ein, in der Vertreter verschiedener theologischer Flügel im Lauf von sieben Jahren eine Studie zum Verhältnis von Christen und Juden formulierten.

Das Umdenken und die neuen Fragen erreichten keine breite Öffentlichkeit. Immerhin aber entstanden zahlreiche Initiativen und Gemeindegruppen vor Ort, die die Auseinandersetzung und den Austausch suchten. Die Zahl der Begegnungen nahm zu – nicht zuletzt durch vermehrte Besuche von Jüdinnen und Juden aus Israel oder den USA. Außerdem reisten mehr und mehr Gruppen aus Deutschland nach Israel. Durch die Gründung des Vereins »Studium in Israel« im Jahr 1978 etablierte sich für Theologiestudierende die Möglichkeit, ein Jahr in Israel zu leben, um im »Meer des Talmud« zu schwimmen und modernes jüdisches Leben kennen zu lernen. Diese Möglichkeit war umso wichtiger, als der christlich-jüdische Dialog nach wie vor wenig Verankerung in den Fakultäten gefunden hatte.

4
Auslage jüdischer Publikationen und ein Adventskranz im »Plätzl«, Berlin, 2001.

Reisen nach Israel hatten schon in den fünfziger Jahren Christen aus Deutschland die beiden Schwerpunkte jüdischer Existenz vor Augen geführt und zum Thema gemacht. Ihre Gegenüber waren nicht nur in der Diaspora lebende Jüdinnen und Juden, sondern ebenso Menschen im Land und Staat Israel. Der Konflikt zwischen Israel und seinen arabischen Nachbarn und Bürgern verschaffte dem weltweiten christlich-jüdischen Dialog eine zusätzliche Dimension. Innerhalb der katholischen Weltkirche und im Ökumenischen Rat der Kirchen – beides Dachverbände auch arabischer Christen – führte der Nahost-Konflikt zeitweise zum völligen Stillstand christlich-jüdischer Bemühungen. In Deutschland waren im Dialog engagierte Christen mit einem Kräftefeld konfrontiert, in dem verschiedene gesellschaftliche Gruppierungen ihre je eigene Rezeption des Konfliktes pflegten.

Weite Teile der Linken wie auch der entstehenden Friedensbewegung ergriffen Partei für die Palästinenser; ihre Zionismuskritik trug unüberhörbar antisemitische Züge. Demgegenüber beschrieben israelnahe kirchliche Gruppen ihre Position als »kritische Solidarität« mit Israel – und waren damit beschäftigt, diese Grundhaltung je wieder ins Konkrete umzusetzen.

In ihrem »Beschluss zur Erneuerung des Verhältnisses von Christen und Juden« fasste 1980 die Synode der Evangelischen Kirche im Rheinland das heiße Eisen an und bezeichnete die Errichtung des Staates Israel als »ein Zeichen der Treue Gottes«. Ist das eine theologische Überhöhung – oder ist dieser Staat tatsächlich kein Staat wie jeder andere? Diese Frage unterstrichen zu haben ist ein Verdienst des Rheinischen Beschlusses.

Doch nicht nur hierin liegt seine Bedeutung. Mit der Arbeit an diesem Text und seiner Veröffentlichung gaben die rheinischen Protestanten dem christlich-jüdischen Dialog einen wichtigen Impuls. Klar formulierten sie »die Erkenntnis christlicher Mitverantwortung und Schuld am Holocaust« als Ausgangspunkt christlicher Neubesinnung. Erst Jahrzehnte nach »Auschwitz« wurde die Anfechtung der christlichen Theologie durch diesen Zivilisationsbruch in vollem Ausmaß zur Kenntnis genommen. Das geschah in einem Text, der durch eine Synode als das höchste Gremium einer Kirche beschlossen wurde. Seit dem Weißenseer Wort von 1950 hatte es in Deutschland keine Synodenerklärung zum Verhältnis von Kirche und Israel mehr gegeben. Dem Rheinischen Beschluss folgten nicht nur intensive Diskussionen, sondern zahlreiche weitere Beschlüsse in anderen Landeskirchen oder Änderungen in deren Grundordnungen.

Hat sich also der christlich-jüdische Dialog ins Fundament der mehrheitschristlichen Gesellschaft BRD eingeschrieben? Skepsis ist angebracht. Das Zerrbild vom »alttestamentarischen Rachegott« geistert nach wie vor durch die Kolumnen. Die christliche Bekehrung von Juden ist auch in der jüngsten Studie der EKD aus dem Jahr 2000 nicht gänzlich vom Tisch. Jüdische Gemeinden stehen vor dringlicheren Herausforderungen als dem Dialogbedarf christlicher Gruppen. Und was die betrifft, sprechen Spötter schon von »thematischer Altenarbeit auf intellektuellem Niveau«.

Ob die Verjüngung gelingt? Im Prinzip besteht ein Bedarf. Es braucht Menschen, die gegen religiösen Fundamentalismus Gesprächsfähigkeit setzen – und gegen das verkümmernde Zweckdenken den Reichtum biblischer Traditionen. Immerhin ist das »Sabbatjahr« bereits in den Wortschatz der deutschen Wirtschaft gelangt.

Literatur

Die Kirche und das Judentum. Dokumente in zwei Bänden. Bd. 1 (1945–1985), hg. von Rolf Rendtorff und Hans Hermann Henrix, München/Paderborn 1988; Bd. 2 (1986–2000), hg. von Wolfgang Kraus und Hans Hermann Henrix, Gütersloh/Paderborn 2001.

Josef Foschepoth, Im Schatten der Vergangenheit. Die Anfänge der Gesellschaften für Christlich-Jüdische Zusammenarbeit, Göttingen 1993.

Hubert Frankemölle (Hg.), Christen und Juden gemeinsam ins dritte Jahrtausend, Paderborn 2001.

Emanuel Hurwitz, Christen und Juden. Tagebuch eines Missverständnisses, Zürich 1991.

Gabriele Kammerer, In die Haare, in die Arme. 40 Jahre Arbeitsgemeinschaft »Juden und Christen« beim Deutschen Evangelischen Kirchentag, Gütersloh 2001.

KOFFER AUF, KOFFER ZU

JÜDISCHE AB- UND ZU-WANDERUNG

Judith Kessler :

KOFFER AUF, KOFFER ZU … JÜDISCHE AB- UND ZUWANDERUNG

Judith Kessler

Vor 1933 lebten über 600.000 Juden in Deutschland. Im Frühjahr 1945 waren es noch 14.000 Juden, die als »U-Boote« versteckt oder in »Mischehen« dem Morden entgangen waren. Aus den befreiten Konzentrationslagern kamen hauptsächlich osteuropäische Juden hinzu – 50.000 DPs, Displaced Persons, die als nicht repatriierbar galten und zunächst wieder in Lagern untergebracht wurden. Ihre Zahl wuchs zeitweise bis auf 200.000 Personen an, als 1946 Pogrome in Polen stattfanden und die meisten noch dort lebenden Juden flüchteten.

Die DP-Lager und die ehemaligen jüdischen Gemeindebüros waren die ersten Anlaufstellen auf der Suche nach Hilfe und Kontakten, nach Familienersatz und Schutz. Hier verteilte man Lebensmittelpakete und versuchte »Normalität« zu organisieren: In Berlin wurde bereits im Juli 1945 das erste jüdische Paar getraut; es hatte sich in Auschwitz kennen gelernt.

Zwei unversöhnliche Lager bildeten sich – die einen wollten bleiben und Hitler den späten Triumph nicht lassen, die anderen wollten so schnell wie möglich weg. Sie sahen Deutschland als Durchgangsstation an und die Gemeinden als Liquidationsgemeinden, die bis zu ihrer Auflösung das wenige verwalten sollten, was die Nazis übrig gelassen hatten. Amerikanische Hilfseinrichtungen organisierten indes Religionskurse, Hebräischunterricht und die Weiterreise nach Palästina. Tatsächlich wanderte ein Großteil der Juden zwischen 1948 und 1952 in den gerade gegründeten Staat Israel oder in die USA aus. Auch in der Sowjetischen Besatzungszone schrumpften die Mitgliederzahlen der Jüdischen Gemein-

»1944, da war ich 26, bin ich aus dem Ghetto in Ungarn nach Auschwitz deportiert worden. Ich war dann noch in verschiedenen Lagern. 1945 wurde ich befreit. Als ich einigermaßen gesund war, bin ich nach Hause gefahren, um zu sehen, wer noch am Leben ist. Ich habe fast niemanden mehr angetroffen. Ich konnte das nicht aushalten und bin zurück nach Deutschland. Ich war dann erst mal in Bergen-Belsen in einer Kaserne; dann bin ich nach Hannover, da hat mir eine katholische Familie geholfen, und dann nach Berlin, und da bin ich geblieben …« *(Eugen G.)*

den in dieser Zeit um die Hälfte – die Menschen setzten sich in die Westsektoren ab, da man aus dem Osten Deutschlands nicht legal auswandern konnte.

Einige tausend DPs und Mitglieder der kleinen deutsch-jüdischen Restgruppe blieben im Land. Sie gründeten 1950 den Zentralrat der Juden in Deutschland und setzten sich Vorwürfen von Juden in aller Welt und der Ächtung durch jüdische Organisationen aus. Die Jewish Agency schloss alle deutschen Filialen und forderte die Juden ultimativ auf, umgehend den »blutgetränkten deutschen Boden« zu verlassen. Dennoch kehrten weiter Juden – auch prominente Wissenschaftler wie Max Horkheimer und Theodor W. Adorno – aus dem Exil nach Deutschland zurück, andere blieben hier »hängen« – auf der Suche nach Angehörigen oder weil sie auf Entschädigung hofften.

In den fünfziger und sechziger Jahren veränderten sich die »Abbruchgemeinden« allmählich zu »Aufbau-« und »Einwanderergemeinden«. Politische Konflikte in Nordafrika und im Iran und vor allem der fortwährende Antisemitismus und -zionismus im kommunistischen Osteuropa zeitigten eine permanente, wenn auch zahlenmäßig kleine Einwanderungsbewegung in alle westeuropäischen Gemeinden: Die stalinistische Sowjetunion und ihre Satellitenstaaten hatten wenige Jahre nach Kriegsende begonnen, Juden systematisch zu verfolgen. Man warf ihnen Spionage, Zionismus, Trotzkismus, Kosmopolitismus vor und inszenierte große Schauprozesse, die mit hohen Haftstrafen und Todesurteilen endeten: den Rajk-Prozess in Ungarn 1950, den Slánsky-Prozess 1952 in Prag, die Ärzteprozesse 1953 in Moskau. Zum Jahreswechsel 1952/53 begann auch in der DDR eine Welle von Verhören, Verhaftungen und Entlassungen »zionistischer Agenten«. Ende Januar 1953 meldete die New York Times, seit Beginn des Jahres seien bereits 355 Juden geflüchtet. Im Frühjahr waren es schon 1000 Personen und bis zum Herbst hatte über ein Viertel der registrierten DDR-Juden ihr Land verlassen.

Nach Stalins Tod begann man sich in der DDR wieder moderater gegenüber Juden zu verhalten; viele jüdische Kommunisten spielten zudem eine große Rolle beim Aufbau des Landes. Dennoch flohen bis zum Mauerbau 1961 weiter auch Juden in den Westen. Als die DDR 1990 aufhörte zu existieren, lebten dort nur noch etwa 400 Juden. Der sowjetische Einmarsch in Ungarn (1956) und in die CSSR (1968) sowie die großen antijüdischen Kampagnen in Polen (1968, 1973) verursachten neue Flüchtlingsströme auch nach Deutschland und in die Jüdischen Gemeinden.

»In Israel wäre nur alles zu fremd für mich. Das Klima, das Orientalische, die Sprache. Jetzt bin ich hier. Nochmal gehe ich nicht weg.«
(G., Rentnerin, 76)

Wenn auch die jüdischen Organisationen und »Offiziellen« in ihren Verlautbarungen noch immer auf »gepackten Koffern« saßen, begannen nun vor allem die Kinder der Überlebenden allmählich diese »Koffer auszupakken« und sich in Deutschland einzurichten. Manche heirateten Juden aus anderen Ländern, die nach Deutschland nachzogen. Und in den siebziger Jahren begannen auch ältere deutsche Juden aus Südamerika oder Israel zurückzukehren, um ihren Lebensabend in der alten Heimat zu verbringen.

In dieser Zeit kamen auch die ersten sowjetischen Juden nach Deutschland. Die UdSSR hatte unter internationalem Druck und vor dem Hintergrund der veränderten Beziehungen zu den USA Anfang der siebziger Jahre damit begonnen, Juden nach Israel ausreisen zu lassen. Da es bis 1989 keine Direktflüge gab, reisten sie meist über Wien oder Rom. Seit 1972 entschieden sich immer mehr Migranten, unterwegs ihr Reiseziel zu

»Israel ist auch Ausland für mich. Deutschland ist mir etwas näher, ich meine neutraler. In Israel muss man irgendwas sein: religiös, Zionist, Sozialist. Und meine Frau ist keine Jüdin, die hätte es bestimmt auch nicht leicht.«
(O., Jurist, 40)

»Ich bin Aron D., geboren 1920, Jude, Teilnehmer des Zweiten Weltkriegs. Ich schreibe Ihnen, weil ich dieses Leben nicht mehr aushalte. Wir erwarten bald einen Judenpogrom. Im Moment lassen wir Drohungen per Telefon und Post über uns ergehen. Ich bin in meinem ganzen Leben so oft gedemütigt worden, dass die Erinnerung daran schrecklich ist. Meine Frau und ich haben beschlossen, für immer nach Deutschland auszuwandern. So kann es nicht weitergehen. Ich bitte Sie inständig, uns zu helfen. *(Brief aus Leningrad an die Jüdische Gemeinde zu Berlin, Februar 1990)*

ändern und mit Hilfe der jüdischen Hilfsorganisation HIAS nach Nordamerika oder Australien weiterzuwandern. Einige versuchten aber auch nach Deutschland zu kommen. Dem damaligen Zentralrats- und Berliner Gemeindevorsitzenden Heinz Galinski gelang es, ihre Aufnahme – allerdings ausschließlich in Berlin – zu erreichen: Bis 1980 registrierte die Berliner Gemeinde über 2.100 jüdische Ex-Sowjetbürger, die auf teilweise abenteuerlichen Umwegen nach Berlin gekommen waren. Seit Mitte der achtziger Jahre konnten staatenlos gewordene sowjetische Juden, die bereits Verwandte oder andere »Sponsoren« in Berlin hatten, dann relativ unproblematisch eine so genannte Duldung erhalten. Im November 1986 veranstaltete die Gemeinde das »Erste Judentum-Seminar in russischer Sprache«, was damals der Jüdischen Allgemeinen Wochenzeitung noch eine Schlagzeile wert war.

»Wir haben alles stehen und liegen lassen, sind einfach losgefahren, mit einer Tasche. Wenn es nicht geklappt hätte, wären wir umgekehrt und hätten weiter auf die Papiere für Amerika gewartet.« *(A., Tänzerin, 36)*

Die Einwanderungswellen vor 1990 führten jedoch kaum zu einer Vergrößerung der Jüdischen Gemeinden. Aus verschiedenen Gründen: In den sechziger und siebziger Jahren verließen Jahr für Jahr noch Hunderte Juden Deutschland, vor allem in Richtung Israel. Derzeit entschließen sich durchschnittlich nur noch 70 Personen jährlich für eine Auswanderung nach Israel. Wie in allen Diaspora-Gemeinden lagen und liegen die Sterberaten vielfach höher als die Geburtenziffern. Außerdem begannen Juden aus den Gemeinden wieder auszutreten oder Ehen mit Nichtjuden zu schließen. 1955 lag die Quote noch bei 19 Prozent, 1980 schon bei 55 Prozent. Die Mitgliederzahlen stagnierten bis Ende der achtziger Jahre, in einigen Jahren waren sie sogar rückläufig.

»In Deutschland protestieren sie, wenn eine Synagoge brennt. Bei uns würden sie das auch tun, aber mit Uniformen und Fahnen, und schreien, dass man nicht eine, sondern alle anzünden soll.« *(R., Informatiker, 35)*

Erst der Mauerfall 1989 und die deutsche Einheit veränderten die Situation grundlegend. Nun ließen sich auch junge Israelis und Juden aus den USA und der Europäischen Union in Deutschland nieder. Den mit Abstand größten Zuwachs brachte jedoch die – seit 1990/91 bundesweit gesetzlich geregelte – Einwanderung sowjetischer Juden, die vor Antisemitismus, Nationalitätenkonflikten, Umweltkatastrophen und Perspektivlosigkeit flüchten: Hatten die Jüdischen Gemeinden 1989 insgesamt 28.000 Mitglieder, sind es im Jahr 2002 bereits 94.000 Personen. Fünfzig Jahre nach der Schoa wurde Deutschland damit zum wichtigsten europäischen Aufnahmeland für Juden – und die alteingesessene, deutschsprachige Majorität in den Gemeinden zur Minorität.

»In Deutschland, denke ich, zählt Leistung, nicht die Nase.« *(B., Physiker, 46)*

»Ich habe die Revolution, die Blockade (Leningrads), den Kommunismus und die Judenhasser überlebt. Mich schreckt das bisschen Antisemitismus hier nicht. Immerhin hat Deutschland mich eingeladen.« *(I., Rentner, 86)*

Die Entscheidung, sowjetische Juden als Flüchtlinge aufzunehmen, stieß in Israel und bei jüdischen US-Organisationen zunächst auf heftige Kritik. Man sah die israelische Einwanderungspolitik boykottiert und konnte noch immer nicht »guten Gewissens« einer Einwanderung in ein Land zusehen, das »beispiellose Verbrechen an Juden« begangen hat. Doch schien es auch für Deutsche nach wie vor paradox, dass Juden in diesem Land leben wollen: »Vielleicht muss man es zweimal lesen, um es zu begreifen: Sowjetische Juden emigrieren nach Deutschland« – schrieb die Berliner Zeitung noch im Mai 1990.

»Die Deutschen waren immer sehr gebildet. Sie haben doch große Traditionen. All die deutschen Philosophen und dann Goethe und Heine. Mich hat das immer sehr beeindruckt.« *(G., Lehrerin, 34)*

Die Mehrzahl der ersten Zuwanderer entschied sich jedoch ganz pragmatisch für die Migrationsentscheidung nach Deutschland. In einer Situation, in der einerseits der Ausreisedruck durch Pogromgerüchte und eine immer instabiler werdende politische und wirtschaftliche Lage wuchs und andererseits Migrationsformalitäten normalerweise langwierig sind, bot sich Deutschland als Ausweg an. Denn man konnte anfänglich als Tourist einreisen. Zudem hatten die Zuwanderer ein recht unbelastetes Deutsch-

»Ich wollte hierher, weil ich die deutsche Kultur kenne. Ich bin Europäer mit einer europäischen Lebensweise. Ich dachte, hier kann es ja nicht groß anders sein als zu Hause. Höchstens besser.«
(W., Jurist, 56)

»Von dem, was man so gehört hat, hab ich mir das hier wie im Paradies vorgestellt.«
(K., Krankenschwester, 50)

1
Seniorenfreizeit für russisch-jüdische Neueinwanderer der Zentralen Wohlfahrtsstelle. Schachspiel am Tage.

»Großmutter hat mir Deutsch beigebracht, sie kommt aus Czernowitz. Opa war auch aus der Bukowina. Mein Vater und ich sind in Kiew geboren. Mütterlicherseits kommen sie aber aus Russland. Im Krieg sind sie nach Mittelasien evakuiert worden. Da hat meine Oma einen Usbeken geheiratet. Meine Mutter ist auch da geboren. Hätte sie nicht den Studienplatz in Kiew bekommen, wäre sie bestimmt dort geblieben. Sie ist inzwischen nach Israel gegangen. Wo ich hingehöre, weiß ich nicht.«
(O., Schauspielerin, 28)

landbild. Viele waren der Ansicht, die Deutschen hätten aus der Vergangenheit gelernt und würden nun besonders freundlich mit Juden umgehen. Für andere überwog das positive Bild der Deutschen als »Dichter und Denker«. Über die wirklichen Verhältnisse war kaum jemand korrekt unterrichtet und die wenigen Kontaktpersonen, die bereits hier lebten, nährten den Mythos Bundesrepublik und idealisierten ihr hiesiges Leben. Da die USA, das Traumland sowjetischer Juden, die Immigration stark beschränkt hatte und Israel von vielen als »zu unsicher, zu fremd, zu orientalisch, zu ideologisiert« angesehen wurde, blieb Deutschland in der Erwartung der Zuwanderer die günstigste Alternative: »reich, weltoffen, nah, ähnlich, europäisch«.

Und tatsächlich stammen 90 Prozent der Einwanderer aus dem europäischen Teil der UdSSR. Trotz recht starker »Russifizierung« und »Sowjetisierung« – die sich nebenbei auch in Vornamen wie ›Marx‹, ›Lenina‹ oder ›Kima‹, der Abkürzung für Kommunistische Internationale Jugend, zeigt – sind sie durch einen heterogenen Vielvölkerstaat geprägt, der fast fünfmal so groß wie das restliche Europa war. Den typischen russisch-jüdischen Zuwanderer gibt es also gar nicht. Nur ein Drittel der »russischen« Juden kommt überhaupt aus Russland; 40 Prozent sind aus der Ukraine, über zwanzig aus dem Baltikum, Weißrussland und Moldawien, die übrigen aus dem Kaukasus und Mittelasien.

Die Migrationswellen nach dem Zerfall der Sowjetunion haben eine starke Sogwirkung. Der Eindruck, dass nicht nur Verwandte, sondern »alle gehen«, lässt nun auch Menschen das Land verlassen, die zuvor nicht an Auswanderung gedacht hatten, sich nicht entschließen konnten oder sich zu alt fühlten. Dadurch, dass nun nicht nur junge Menschen, sondern stufenweise ganze Familienverbände auswandern, ist die Altersstruktur der Zuwanderergruppe wie die der zurückgebliebenen Juden durch Überalterung und geringe Geburtenraten gekennzeichnet. Mit einem Durchschnittsalter von 45 Jahren sind die jüdischen Migranten deutlich älter als andere Zuwanderer in Deutschland.

»Ich bin ein Nichts hier. Alle haben mich geachtet zu Hause und als Ärztin – hab doch gearbeitet, die Enkel versorgt, gekocht – alles. Und jetzt weiß ich nicht mal, welche Äpfel am besten schmecken. Alles ist so kompliziert. Ich bin ein Nichts.« *(Ch., Rentnerin, 68)*

Eine weitere Besonderheit: Über zwei Drittel der ex-sowjetischen Juden sind Akademiker. Männer und Frauen sind gleichermaßen gut ausgebildet, Frauen häufig auch in klassisch »männlichen« Berufen: Elektriker, Mechaniker, Flugzeugbauer. Ingenieure bilden die größte Einzelgruppe, gefolgt von Lehrern, Ärzten, Ökonomen und Musikern. Die meisten von ihnen waren in der früheren UdSSR durchgängig beschäftigt, häufig auch über das Rentenalter hinaus, und bezogen ihre gesellschaftliche Akzeptanz – trotz aller Einschränkungen – aus meist guten beruflichen Positionen.

An deren Stelle treten mit der Migration zunächst Erwartungsenttäuschungen, sozialer Abstieg, Arbeitslosigkeit und eine Art Bittstellerposition. Der frühere Werkdirektor mit der großen Wohnung im Zentrum Moskaus, der bekannte Chirurg und die gefeierte Schauspielerin werden zu arbeitslosen Bewohnern von Massenunterkünften am Stadtrand, und der »Held des Großen Vaterländischen Krieges« ist nur noch irgendein alter Mann.

»Das Materielle ist nicht alles. Ich brauche gute Musik, gute Gespräche – das ist es, nicht das Materielle. Aber wer redet schon noch mit mir.« *(G., Rentnerin, 76)*

»Ich habe 30 Jahre auf Touristendampfern gearbeitet, die Leute unterhalten. Hier kenne ich niemanden. Bin nur wegen der Enkel hier. Aber die haben jetzt ihre eigenen Probleme. Für den vollen Bauch ist es hier gut, aber nicht für die Seele.« *(V., Rentner, 75)*

»Wir haben eine deutsche Familie kennen gelernt, die Juden helfen wollte. Sie haben uns überall herumgezeigt: ›Das sind Juden aus Russland!‹ – wie Wundertiere. Geholfen haben sie nicht. Die haben uns jiddische Musik vorgespielt; ihr Sohn singt die Lieder nach: ›Jiddische Mame‹ und so. Wir haben nicht viel erwartet, aber sie hatten dann nicht mal Zeit, einen Brief für uns zu schreiben. Mein Mann sagt immer: ›Die wollten den Gefilte Fisch, aber ohne Gräten‹.« *(L., Bibliothekarin, 47)*

Die Migration bedeutet die Entwertung von Lebensläufen und Selbstbildern, eine für den Homo sovieticus ungewohnte Eigenverantwortlichkeit, den Verlust von Sprache, sozialen Kontakten, Heimat und Handlungssicherheiten. Die Einschätzung ihrer neuen – deutschen wie jüdischen – Umwelt fällt vielen Zuwanderern umso schwerer, als sie »Abwehr und Umarmung« gleichermaßen erfahren und zwischen Ausgrenzung und partieller Subventionierung kaum die vorhandene »Mitte« zu finden vermögen. Auch wenn Juden in Deutschland immer noch nur 0,1 Prozent der Bevölkerung ausmachen, hat die sowjetische Einwanderung die faktische Unsichtbarkeit der Juden teilweise aufgehoben und sie in das Wahrnehmungsfeld der Umgebung gerückt: Ausländervereine eröffnen »jüdische Filialen«, Reisebüros bieten russischsprachige Führungen an, Regisseure drehen Migrantenfilme – jüdische Kultur, jüdische Küche oder schlicht Juden sind »in«. Allerdings schlägt die Anteilnahme der Öffentlichkeit schnell in Desinteresse um, wenn sich romantische Erwartungen nicht erfüllen und auch Juden »nur« Normalbiographien haben.

»Am Anfang ist in der Gemeinde jeder gekommen und hat gefragt: ›Hattet ihr eine eigene Küche in Russland? Eine Wohnung? Ein Badezimmer?‹. ›Stellen Sie sich vor, wir hatten sogar eine Toilette‹, haben wir gesagt. Die dachten wirklich, wir kommen aus dem Wald! ›Wieso sprechen Sie denn deutsch?‹, haben die gefragt. ›Wissen Sie, wo Riga liegt‹, hab ich geantwortet, ›da waren deutsche Schulen‹. Hebräisch und französisch konnten wir ja auch. Mein Gott, was für Fragen! Na ja, seitdem hat sich einiges geändert …« *(Salomon, 72)*

Aber auch das Verhältnis zwischen zugewanderten und lang ansässigen Juden ist kompliziert. Zunächst hat die Einwanderung die Angst vor einem Aussterben der jüdischen Gemeinschaft in den Hintergrund gerückt – die Mitgliederzahlen haben sich vervielfacht und es konnten Gemeinden an Orten (wieder)gegründet werden, an denen es nach 1945 keine Juden mehr gab. Die Hilfe ihrer neuen Gemeinden reicht vielen Zuwanderern jedoch nicht aus. Bei ihrer Ankunft sind sie davon überzeugt, nicht nur in ein reiches Land, sondern auch in eine reiche jüdische Gemeinschaft zu kommen, die sie bereitwillig und allumfassend für ihr bisheriges Schicksal entschädigen wird. Damit sind die Gemeinden jedoch schlicht überfordert.

Viele Alteingesessene denken, die Neuen kämen aus einem »großen Gefängnis« und wären dementsprechend zufrieden und »dankbar« für alles, was ihnen hier geboten wird. Bei durchschnittlich 80 Prozent Zuwanderern in den Gemeinden und der Konzentration auf ihre Probleme fühlen sich inzwischen jedoch auch viele Alteingesessene benachteiligt und infolge der Sprach- und Kulturdominanz »der Russen« ins Abseits gedrängt. Es fällt ihnen schwer zu akzeptieren, dass »ihre« Gemeinden keine »deutschen« Gemeinden bleiben werden, und sie bemängeln, dass die

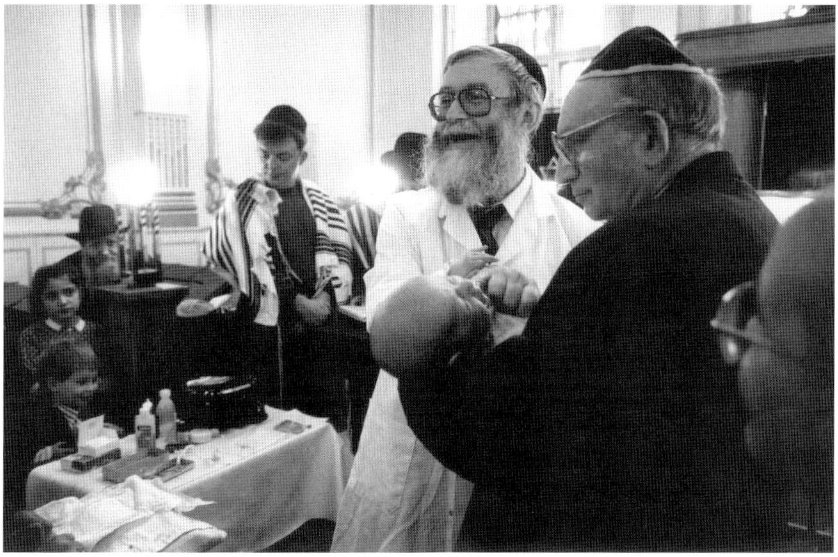

2
Beschneidung in der Synagoge Joachimsthaler Straße, Berlin, 1992.

3
Purimball in Weiden, 2001.

»In der Jüdischen Schule kennt jeder jeden. Das ist mir wichtig, und die Kinder fühlen sich wohl. Trotzdem: manchmal ist es mir richtig peinlich, wenn ich meine Kinder fragen muss, worüber sie eigentlich reden. Sie benutzen jüdische Wörter und erzählen Sachen, die habe ich noch nie gehört. Langsam beginnt mich das auch zu interessieren.« *(N., Laborantin, 30)*

Neuen »zu wenig jüdisch« sind. Die sitzen nun also zwischen allen Stühlen: Waren sie in der Sowjetunion »die Juden«, sind sie hier »die Russen«. Aber auch ihre Selbstdefinition ist indifferent: In über 70 Jahren Sowjetmacht größtenteils abgeschnitten vom Judentum, bewahrten sie ihre jüdische Identität oft nur durch den Passeintrag »Jude« und die Reaktionen ihrer Umwelt. Jiddisch sprechen nur noch wenige. Interethnische Familien machen fast die Hälfte der Gesamtgruppe aus und das kulturell-religiöse Wissen über das Judentum und entsprechende Bindungen sind gering. Oft wird erst in Deutschland die Suche nach einem Gemeinschaftsgefühl Auslöser dafür, sich wieder für das Judentum und die eigenen Wurzeln zu interessieren. Insgesamt ist die mittlere Generation jedoch eher mit der Schaffung einer ökonomischen Existenz befasst und »überlässt« das Judentum ihren Kindern. Die besuchen jüdische Einrichtungen und der Fokus der Gemeinden richtet sich vor allem auf sie als die eigentlichen »Kulturvermittler« für die Eltern.

»Zeig mir einen, der zu einem deutschen Friseur geht. Sie können nicht richtig reden und außerdem ist es teurer. Und was sollen sie sich mit denen 'rumärgern oder mit dem Arbeitsamt. Sie arbeiten bei den Leuten, die vor 20 Jahren gekommen sind. Die zahlen nicht gut, aber es funktioniert, man verständigt sich ... Wenn ich Fisch brauche, gehe ich in den jüdischen Fischladen, wenn ich mich ausheulen will, gehe ich zu Olga, wenn ich Ärger mit der Hausverwaltung habe, komme ich zur Gemeinde. Mein Deutsch ist gar nicht schlecht, aber wann brauche ich das? Wenn ich Deutsche kennen lerne, gut, wenn nicht, auch gut. Ich habe russisches Fernsehen, will ich ausgehen, kann ich das jeden Tag. Hier treten alle irgendwann auf, die ich von früher kenne.«
(A., Friseuse, 36)

Eine ambivalente Umgebung, Mentalitätsunterschiede, fehlende Sprachkenntnisse oder auch nur Heimweh sind Gründe, dass viele Einwanderer »unter sich bleiben« wollen. Wie in der alten Heimat werden Beziehungen nach regionaler Herkunft, politischer Anschauung und gesellschaftlicher Position aufgebaut oder weitergeführt – begünstigt durch die enorm hohe »Verwandtschafts- und Freundeskreisdichte« infolge der »Kettenwanderung«. Geheiratet wird bislang fast ausschließlich unter Zuwanderern, die nicht unbedingt der jüdischen, wohl aber der russischsprachigen Gruppe angehören und teilweise »importiert« werden. Steigende Geburtenzahlen sind Indiz für ein allmähliches »Sich-Einrichten«.

Einhergehend mit dem Aufbau privater Beziehungen hat sich eine russischsprachige Ethnic Community etabliert – ein offenbar auf Dauer angelegtes »Chinatown«, das inzwischen die meisten Bedürfnisse bedienen oder kompensieren kann. In Berlin ist dieses russisch-jüdische Netzwerk am weitesten entwickelt, weil es auf eine bereits vor dem Mauerfall entstandene Infrastruktur aufbauen konnte – das »Haus der deutsch-sowjetischen Freundschaft« in Ost-Berlin, die Angebote etablierter Migranten und die institutionell starke Jüdische Gemeinde im Westteil der Stadt. Als nach der Vereinigung die Einwandererzahl sprunghaft anstieg – legal und illegal sollen inzwischen 100.000 bis 200.000 ehemalige Sowjetbürger in der Stadt leben, in ganz Deutschland sind es mehr als 3 Millionen –, wurden die Formen der Selbstorganisation weiter ausgebaut. Man gründete Schulen, Klubs und Vereine, vor allem aber Medienprojekte: Heute gibt es russischsprachige Sendungen im Lokalfernsehen und im Rundfunk sowie diverse russischsprachige Zeitungen, die bundesweit so gut wie alles offerieren, was das Zuwandererherz begehrt: Nachrichten aus dem letzten Winkel der alten Heimat, das komplette russische Satellitenprogramm, Rechtsberatung, Billigflüge nach Baku, Heiratsannoncen, Steuertipps, Besuchsvisa und Konzerte Moskauer Popstars.

Ebenso schnell wurde eine – vom deutschen Arbeitsmarkt und von Deutschkenntnissen relativ unabhängige – »Nischenökonomie» aufgebaut. Sie deckt Bedürfnisse der zugewanderten Klientel – von russischen Videos, Büchern und Lebensmitteln bis zum Übersetzungs- oder Versicherungsbüro. Zugleich zielt sie auf Interessen des einheimischen Publikums – mit preiswerten Fertigungs- und Reparaturwerkstätten, mit Klesmerbands, Galerien, aserbaidschanischen Restaurants und ukrainischen Imbissen.

Die jüdischen Zuwanderer haben gesamtgesellschaftlich kaum mehr als symbolische Bedeutung. Die jüdische Gemeinschaft und ihr Bild in der Öffentlichkeit werden sie jedoch über kurz oder lang nachhaltig verändern – mit ihrer Andersartigkeit und ihren ganz eigenen kulturellen Impulsen.

Alle Zitate stammen aus Interviews der Autorin mit Gemeindemitgliedern und jüdischen Migranten aus der ehemaligen Sowjetunion in Berlin.

Literatur

Ljudmila Duwidowitsch und Volker Dietzel (Hg.), Russisch-jüdisches Roulette. Jüdische Emigranten erzählen ihr Leben, Zürich 1993.

Judith Kessler, Von Aizenberg bis Zaidelman. Jüdische Zuwanderer aus Osteuropa und die Jüdische Gemeinde heute, Berlin 1997.

Fania Oz-Salzberger, Israelis in Berlin, Berlin 2001.

Julius H. Schoeps, Willi Jasper und Bernhard Vogt (Hg.), Ein Neues Judentum in Deutschland? Fremd- und Eigenbilder der russisch-jüdischen Einwanderer, Potsdam 1999.

PASTRAMI AUF DEM MÜNCHNER VIKTUALIENMARKT

KOSCHERE GESCHÄFTE IN DEUTSCH-LAND

Cilly Kugelmann :

PASTRAMI AUF DEM MÜNCHNER VIKTUALIENMARKT
KOSCHERE GESCHÄFTE IN DEUTSCHLAND

Cilly Kugelmann

Kein anderes Land der Bundesrepublik kultiviert seinen Nationalstolz so unverhohlen wie Bayern; da machen auch die Juden keine Ausnahme. Wo sonst würde man Bagels aus New York, Pastrami, besser bekannt als gepökelte Rinderbrust, und koscheren Leberkäse mitten auf einem traditionellen Straßenmarkt bekommen? In München leben nicht mehr »koschere« Juden als in Berlin oder Frankfurt, aber nur hier gibt es einen koscheren Stand auf dem Viktualienmarkt.

Es sind nicht viele, die heute aus Gründen der religiösen Lebensführung koschere Lebensmittel brauchen. Statistiken über die Anzahl der gesetzestreu lebenden Juden in Deutschland liegen nicht vor, aber es werden nur wenige in jeder Gemeinde sein, die sich koscher ernähren. Dennoch gibt es in vielen deutschen Städten größere und kleinere Geschäfte, die sich auf koschere Waren spezialisiert haben, und nicht alle von ihnen leben ausschließlich von frommen Kunden. Manche Geschäfte mussten inzwischen aufgeben, wie ein Laden in einem Charlottenburger Hinterhof, der nur vor den Pessach-Feiertagen gute Geschäfte machte. Andere wiederum entstehen neu, wie ein Laden, ebenfalls in Berlin, der sich auf koschere Weine spezialisiert hat.

»Koscher«, der jiddische Begriff für das hebräische »kascher«, bedeutet »passend« oder »angemessen« im Sinne der Angemessenheit einer rituellen Handlung. Obwohl der Begriff im Zusammenhang mit Speisen am bekanntesten ist, bezieht sich das Konzept der »Kaschrut« nicht nur auf Lebensmittel und die Art ihrer Zubereitung. Koscher – oder auch

1

Koschere Spezialitäten auf dem Viktualienmarkt in München, 2001.

2

Koschere Spezialitäten auf dem Viktualienmarkt in München, Innenansicht, 2001.

nicht – sind auch unter anderem Tora-Rollen, das Wasser für das Ritualbad oder das Schofar. Das Gegenteil von »koscher« wird »trefe« genannt. Dieser Begriff für das rituell Unreine, der so viel wie »zerreißen« bedeutet, ist dem Buch Exodus entnommen, wo von dem Verbot gesprochen wird, Fleisch zu essen, das von wilden Tieren gerissen wurde.

Die Ethik der Kaschrut, auf die Ernährung angewandt, geht auf antike Traditionen zurück, die in der Tora aufgegriffen werden und deren historischer Ursprung zum Teil im Dunkeln liegt. Der erste Komplex der Regelungen, der in dem dritten Buch der Tora (Leviticus) und dem fünften Buch (Deuteronomium) benannt wird, bezieht sich auf eine Reihe von Tieren – Säugetiere, Vögel und Fische –, deren Verzehr erlaubt oder verboten ist. Die Tora spricht, was das Verspeisen von Tieren anbetrifft, von reinen und unreinen Tieren. Die Reinheitsauflage bezieht sich ausschließlich auf den Genuss von Kreaturen, die durch Schlachtung getötet wurden, nicht auf Vegetarisches, auf Obst und Gemüse. Dabei ist die Liste der erlaubten und verbotenen Tiere bei den Säugetieren am ausführlichsten.

3
Regal mit Gefilte Fish im »Plätzl«, Berlin, 2001.

Neben der systematischen Regel, nach der nur solche Säugetiere gegessen werden dürfen, die zu den Wiederkäuern gehören und deren Hufe gespalten sind, werden reine und unreine Tiere ausdrücklich genannt. Zu den Vögeln sagt die Tora nichts Genaues. Aasfresser sind verboten, Gänse, Enten, Hühner, Tauben, Fasane und Truthähne gelten als rein. Bei den Wassertieren gibt es wieder eine systematische Regel. Zugelassen sind alle Fische, die Flossen und Schuppen haben. Darüber hinaus sind die Produkte reiner Tiere, also Eier und Milch, erlaubt. Für die heutigen Anbieter koscherer Waren weniger interessant ist der Hinweis, dass es sich bei dem einzig koscheren Insekt um die Heuschrecke handelt.

Der zweite Komplex von Regelungen, ebenfalls im Buch Leviticus notiert, bezieht sich auf Bestimmungen für die Schlachtung oder »Schechita«, die – abgeleitet von dem Opferkult – einen religiösen Vorgang darstellt, der mit dem entsprechenden Instrumentarium als rituelle Handlung vollzogen wird. Verwendet wird ein sehr scharfes Messer, das keinerlei Kerben oder Scharten aufweisen darf. Die geringste Beschädigung des Schächtmessers macht es für das Schächten untauglich. Nur derart geschlachtetes Fleisch darf in den Handel kommen und verzehrt werden, nachdem ihm zuvor durch Salz alles Blut entzogen wurde. Das Blut als Sitz der Seele und des Lebens war das eigentliche Opfergut, das Gott zustand, dem Einzigen, der über Leben und Tod von Lebewesen entscheiden durfte.

Der dritte Aspekt bezieht sich auf einen rätselhaften Satz, der zweimal in der Tora vorkommt. Im Buch Exodus, Kapitel 34, Vers 26 und im Buch Deuteronomium, Kapitel 14, Vers 21 heißt es: »Du sollst das Böcklein nicht in der Milch seiner Mutter kochen«. Im Buch Exodus schließt sich der Satz der Aufforderung an, Opfergaben zu spenden; im Deuteronomium steht er im Kontext des Verbots, Aas zu verspeisen, und wird als Zeichen der Zugehörigkeit zu einem heiligen Volk interpretiert. Damit wird eine weitere Dimension dieser Bestimmungen deutlich: Die Regeln der Kaschrut dienen auch der Herstellung und Aufrechterhaltung der jüdischen Identität sowie der Abgrenzung von anderen Kulturen. Auch wenn sich die Konsequenzen aus dem Satz nicht unmittelbar aus dem Text

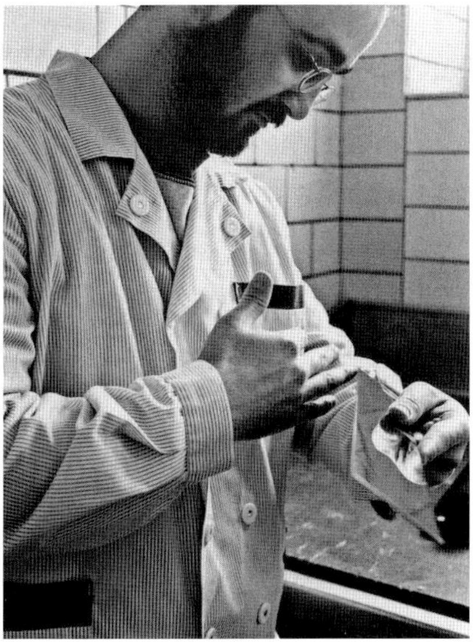

4
Ein Schächter überprüft das Schächtmesser, Berlin, 2001.

5
Die Mitarbeiter von »Aviv« an der Fleischtheke, Frankfurt am Main, 2001.

erschließen, leitet sich aus ihm das Verbot her, Milch und Fleisch gleichzeitig zu verzehren. In den talmudischen Ausführungsbestimmungen zu diesen Regeln werden die Vorsichtsmaßnahmen betont, die beachtet werden müssen, damit das Gebot der Trennung von Milchigem und Fleischigem nicht aus Versehen verletzt wird. Nach Auslegung dieser Regeln dürfen milchige und fleischige Produkte nicht nur nicht zusammen verspeist, sondern auch nicht zusammen gekocht und zubereitet werden und müssen zudem getrennt aufbewahrt und mit eigenem Geschirr hergestellt werden, das jeweils getrennt zu lagern und zu reinigen ist.

Eine Sonderstellung in der Einhaltung der Gebote, die sich auf das Essen beziehen, nehmen Wein und Brot ein. Brot als Opfergabe während der Zeit des Tempels, als schnell gebackene Wegzehrung vor der Flucht aus Ägypten, wie wir sie aus der Exodusgeschichte kennen, und die Segnung des Schöpfers des Brotes zu Beginn des Schabbat nehmen im Judentum einen wichtigen Platz ein. Das gilt auch für den Wein, der bei rituellen Handlungen unentbehrlich ist. Für die Herstellung dieser beiden Lebensmittel ist daher große Sorgfalt vorgeschrieben. Da auch im christlichen Ritus Wein und Brot eine besondere Bedeutung genießen – nach der Transsubstantiationslehre findet beim Abendmahl die Wandlung von Brot und Wein zu Leib und Blut Jesu statt –, galten im Mittelalter spezifische Regeln für den Kauf dieser Lebensmittel. Beide sollten nicht bei christlichen Händlern gekauft, sondern möglichst von Juden selbst produziert werden, um nicht etwa Lebensmittel zu erwerben, die für die Eucharistiefeier bestimmt waren. Während aus historischen Quellen für den Kauf von Brot ein großzügigerer Umgang überliefert ist, galten für Wein strengere Regeln. Wenn gewährleistet ist, dass der Wein von Juden produziert wurde, können auch andere Auflagen beachtet werden. Dazu gehören das Weglassen nicht erlaubter Zusätze für eine schnellere Gärung oder das Arbeitsverbot am Schabbat. Neben koscheren Metzgereien und Milch- und Käsehandlungen gibt es deshalb inzwischen koschere Weinhandlungen und Bäckereien.

6
Lieferung von Mazze-Paketen an das »Plätzl«, Berlin, 2001.

Eine weitere Sonderbestimmung ist während des achttägigen Pessach-Fests zu beachten: In dieser Zeit ist der Verzehr von Gesäuertem untersagt. In der aschkenasischen und der sefardischen Küche herrschen unterschiedliche Traditionen, beiden gemeinsam ist das Gebot, Mazza, das ungesäuerte Brot, zu essen. In den letzten Jahrzehnten ist eine Fülle von Lebensmitteln entstanden, die saisonal als »koscher für Pessach« verkauft werden.

Da es sich bei der »Kaschrut« um ein religiöses Regelwerk zu Herstellung und Verzehr von Lebensmitteln handelt, kann man nicht eigentlich von einer »jüdischen Küche« sprechen, die sich von den Kochtraditionen der Gesellschaft unterschiede, in denen Juden leben. Es gibt also so viele »koschere Küchen«, wie es Juden in den Regionen aller Kontinente gab und gibt. Dennoch hat sich so etwas wie ein Brauchtum jüdischer Küchen entwickelt, die sowohl mit den Festtagsbräuchen als auch mit den Regeln der »Kaschrut« zu tun haben. Zu diesem kulinarischen Brauchtum gehören bestimmte Speisen an Feiertagen, wie in Öl Gebackenes während des Chanukka-Festes oder milchige Speisen während des Wochenfestes »Schawuot«.

Das Aufkommen von Geschäften mit vorgefertigten koscheren Artikeln hängt zum einen mit der Entwicklung der Produktion von vorfabrizierten Lebensmitteln und Fertigmahlzeiten im ausgehenden 19. Jahrhundert sowie mit der modernen Lebensführung orthodoxer Juden zusammen. In dem gleichen Zeitraum, in dem die industrielle Herstellung von Lebensmitteln entwickelt wurde, begannen begüterte Juden in Urlaub zu fahren. Hotels mit koscherer Küche wurden notwenig, ebenso koschere Restaurants. Das Anwachsen der neoorthodoxen Gemeinden mit einer durchaus wohlhabenden Mitgliedschaft in Berlin, Frankfurt und an anderen Orten schuf einen neuen Bedarf an koscheren Lebensmitteln. Zu Beginn des 20. Jahrhunderts stellte eine Reihe deutscher Lebensmittelbetriebe, die unter Aufsicht von Rabbinern standen, koschere Waren her. Die Firma Palmin beispielsweise produzierte die »Koscher-Palmona« und die Firma Sidol, unter Aufsicht eines Kölner Rabbiners, ein koscheres Metallputzmittel.

7
Kunden kaufen Mazzen im »Schalom«, Berlin, 2001.

In jenen Jahren entstanden in Deutschland zahlreiche koschere Geschäfte, wie Michel & Co oder Fischbein's Kolonialwaren in Frankfurt am Main, Gebrüder David & Silberberg in Hamburg oder die Mazzebäckerei Liebmann Strauss in Karlsruhe, um nur einige zu nennen. Im Laufe der Jahre sind weltweit Tausende Geschäfte mit koscheren Waren und zahllosen koscheren Einzelartikeln entstanden, und der Höhepunkt dieser Entwicklung ist noch lange nicht abzusehen. Im Internet sind die Publikationen für zertifizierte koschere Produkte Legion. Jede religiöse Richtung hat ihre eigenen Rabbiner, die ein Produkt für koscher erklären, das wiederum von anderen rabbinischen Autoritäten nicht immer als koscher anerkannt wird. Die US-amerikanische Union der Orthodoxen Juden bringt unter ihrem Zeichen »Union-Symbol« eine Zeitschrift heraus, in der Tausende von Einzelartikeln von 2500 Produzenten koscherer Waren aufgelistet werden. Das bedeutet nicht, dass die Anzahl frommer Juden zunähme, sondern vielmehr dass die frommen Juden zunehmend genauere Regeln und Bestimmungen für die koschere Ernährung aufstellen.

Neben den Hotels und Restaurants, die im Kaiserreich und in der Weimarer Republik entstanden, waren die jüdischen Waisen- und Kinderheime, die Krankenhäuser und die zahlreichen jüdischen Vereine angehalten, koscher zu kochen. Überall in Deutschland wurde geschächtet, um diesen Verbrauch zu decken, auch wenn diese Art des Schlachtens immer misstrauisch von Tierschützern und Antisemiten abgelehnt wurde. So ist es auch nicht verwunderlich, dass das erste antijüdische Gesetz, das von der NSDAP nach ihrer Machterlangung verabschiedet wurde, das Verbot des Schächtens war. Die schon ab 1930 regional erlassenen Verbote wurden bereits am 30. Januar 1933 auf fast alle übrigen Länder ausgeweitet und galten vom 21. April 1933 an für das gesamte Deutsche Reich.

Mit dem Kriegsende und der kurzen Zwischenperiode von 1945 bis 1948, in der eine viertel Million jüdischer Überlebender in den Lagern für Displaced Persons auf ihre Auswanderung nach Übersee warteten, verschwanden nicht nur die Juden weitgehend aus Deutschland, sondern auch ihre Einrichtungen. Und doch gab es damals in Städten mit einer »Großgemeinde«, worunter man eine Mitgliederzahl von bis zu 5.000 See-

8
Außenansicht des »Kolbo«, Berlin, 2001.

len meinte, mehr koschere Schlachter und Metzger als heute. Der Anteil der traditionellen Juden aus Osteuropa war hoch, der Bedarf an koscherem Fleisch ebenso. Inzwischen ist der Anteil der gesetzestreuen Juden in Deutschland gesunken. Viele koschere Metzgereien sind verschwunden und haben moderneren Geschäften mit importiertem Gefrierfleisch und den zahlreich hinzugekommenen koscheren Produkten aus den USA, Israel und Frankreich Platz gemacht.
So kommt es, dass es einige Geschäfte gibt, die die Nachkriegszeit überlebt haben und die heute noch so aussehen wie die vergleichbaren Läden in Wilna, Lemberg oder Krakau zu Beginn des 20. Jahrhunderts. Daneben haben sich aber moderne Läden etabliert, die ihre Ware unter anderem auch unter der Flagge der ökologischen Reinheit und ethnischen Vielfalt anbieten und durchaus auch für Kunden attraktiv sind, die multikulturelle Abwechslung unter kulinarischen Gesichtspunkten schätzen.

SERVICE :

1. Adressen jüdischer Gemeinden in Deutschland :

2. KZ-Mahn- und Gedenkstätten in Deutschland :

3. Weitere Gedenkstätten :

4. Ausgewählte Sehenswürdigkeiten in Ostdeutschland :

5. Kleine Auswahlbibliographie zu : »Juden / Jüdische Geschichte in den Neuen Bundesländern« :

1.

JÜDISCHE GEMEINDEN IN DEUTSCHLAND

Jüdische Gemeinden in Deutschland

Jüdische Gemeinde Aachen
Synagogenplatz 23
52062 Aachen
Tel.: 0241–477800
Fax: 0241–22214

Israelitische Kultusgemeinde Amberg
Salzgasse 5
92224 Amberg
Tel./Fax: 09621–13140

Israelitische Kultusgemeinde Schwaben-Augsburg
Haldererstraße 6–8
86008 Augsburg
Tel.: 0821–509930
Fax: 0821–5099314

Israelitische Kultusgemeinde Baden-Baden
Werderstraße 2
76530 Baden-Baden
Tel.: 07221–391021
Fax: 07221–391024

Jüdische Kultusgemeinde Bad Kreuznach
Gymnasialstraße 11
55543 Bad Kreuznach
Tel./Fax: 0671–26991

Jüdische Gemeinde Bad Nauheim
Karlstraße 34
61231 Bad Nauheim
Tel.: 06032–5605 und 31157
Fax: 06032–938956

Jüdische Gemeinde Bad Pyrmont e.V.
Tel.: 05281–163505
(Mittwoch und Freitag)

Jüdische Gemeinde Bad Segeberg e.V.
Tel.: 04551–879530

Israelitische Kultusgemeinde Bamberg
Willy-Lessing-Straße 7
96047 Bamberg
Tel.: 0951–23267
Fax: 0951–204727

Israelitische Kultusgemeinde Bayreuth
Postfach 100638
95406 Bayreuth
Tel.: 0921–64389
Fax: 0921–512581

Jüdische Gemeinde zu Berlin
Fasanenstraße 79/80
10623 Berlin
Tel.: 030–880280
Fax: 030–88028105

Israelitische Synagogen-gemeinde (Adass Jisroel) zu Berlin K.d.ö.R.
Tucholskystraße 40
10117 Berlin
Tel.: 030–2813135
Fax: 030–2813122

Jüdische Kultusgemeinde Bielefeld
Stapenhorststraße 35
33617 Bielefeld
Tel.: 0521–123083
Fax: 0521–5245785

Jüdische Gemeinde Bochum-Herne-Hattingen
Alte Wittener Straße 13
44803 Bochum
Tel.: 0234–9325790
Fax: 0234–93257930

Synagogengemeinde Bonn
Tempelstraße 2–4
53113 Bonn
Tel.: 0228–213560 und 214320
Fax: 0228–2618366

Jüdische Gemeinde Brandenburg / Havel
Große Münzenstraße 15
14776 Brandenburg/Havel
Tel./Fax: 03381–702622

Jüdische Gemeinde Landkreis Barnim
Lohmühlenstraße 4
Tel.: 03338–759541

Jüdische Gemeinde Braunschweig e.V.
Steinstraße 4
38100 Braunschweig
Tel.: 0531–45536
Fax: 0531–124019

Jüdische Gemeinde im Lande Bremen
Schwachhauser Heerstraße 117
28211 Bremen
Tel.: 0421–4985104
Fax: 0421–4984944

Jüdische Gemeinde Bremerhaven
Kleiner Blink 6
27568 Bremerhaven
Tel.: 0471–804072 oder 502454

Jüdische Gemeinde Landkreis Schaumburg
Langestraße 59
31675 Bückeburg/Schaumburg

Jüdische Gemeinde Celle e.V.
Synagoge im Kreise 24
29231 Celle
Postfach 3130
Tel.: 05141–740896

Jüdische Gemeinde Chemnitz
Stollberger Straße 28
09119 Chemnitz
Tel.: 0371–355970
Fax: 0371–3559719

Jüdische Gemeinde Cottbus
Spremberger Straße 29
03046 Cottbus
Tel.: 0355–3831046
Fax: 0355–4944530

Jüdische Gemeinde Darmstadt
Wilhelm-Glässing-Straße 26
Tel.: 06151–28897
Fax: 06151–296320

Jüdische Gemeinde Delmenhorst e. V.
Louisenstraße 34
27749 Delmenhorst
Tel.: 04221–18011
Fax: 04221–121590

Jüdische Gemeinde Dessau
Kantorstraße 3
06844 Dessau
Tel./Fax: 0340–2215107

Jüdische Kultusgemeinde Gross-Dortmund
Prinz-Friedrich-Karl-Straße 9
44135 Dortmund
Tel.: 0231–5574720
Fax: 0231–55747220

Jüdische Gemeinde zu Dresden
Hasenberg 1
01067 Dresden
Tel.: 0351–656070
Fax: 0351–6560750

Jüdische Gemeinde Düsseldorf K. d. ö. R.
Zietenstraße 50
40476 Düsseldorf
Tel.: 0211–469120
Fax: 0211–485156

Jüdische Gemeinde Duisburg-Mülheim / Ruhr-Oberhausen
Springwall 16
47051 Duisburg
Tel.: 0203–2981205 und 2981242
Fax: 0203–2981264

Jüdische Gemeinde Emmendingen
Kirchstraße 11 / Postfach 1423
79312 Emmendingen
Tel.: 07641–571989
Fax: 07641–571980

Jüdische Landesgemeinde Thüringen / Erfurt
Juri-Gagarin-Ring 16
99084 Erfurt
Tel.: 0361–5624964
Fax: 0361–5668690

Israelitische Kultusgemeinde Erlangen e.V.
Hauptstraße 34
91054 Erlangen
Tel./Fax: 09131–978859

Jüdische Kultusgemeinde Essen
Sedanstraße 46
45138 Essen
Tel.: 0201–273413
Fax: 0201–287112

Jüdische Gemeinde Frankfurt am Main
Westendstraße 43
60325 Frankfurt am Main
Tel.: 069–7680360
Fax: 069–76803666

Jüdische Gemeinde Frankfurt an der Oder
Halbe Stadt 30
15230 Frankfurt an der Oder
Tel.: 0335–4010849
Fax: 0335–66592321

Israelitische Gemeinde Freiburg
Nußmannstraße 14
79098 Freiburg
Tel.: 0761–3830967
Fax: 0761–382332

Israelitische Kultusgemeinde Fürth
Blumenstraße 31
90762 Fürth
Tel.: 0911–770879
Fax: 0911–770853

Jüdische Gemeinde Fulda
Von-Schildeck-Straße 13
36043 Fulda
Tel.: 0661–70252 und 90140 29
Fax: 0661–47465 und 9014019

Jüdische Gemeinde Gelsenkirchen
Von-der-Recke-Straße 9
45879 Gelsenkirchen
Tel./Fax: 0209–23143

Jüdische Gemeinde Giessen
Burggraben 6
35390 Gießen
Tel.: 0641–932890
Fax: 0641–9328925

Jüdische Gemeinde Göttingen
Postfach 2202
Gronerstraße 11
37047 Göttingen
Tel.: 0551–68737
Fax: 0551–68747

Jüdische Gemeinde Hagen
Potthofstraße 14–16
58095 Hagen
Tel.: 02331–13289
Fax: 02331–32833

Jüdische Gemeinde Halle / Saale
Große Märker Straße 13
06108 Halle/Saale
Tel.: 0345–233110
Fax: 0345–2331122

Jüdische Gemeinde in Hamburg
Schäferkampsallee 27
20357 Hamburg
Tel.: 040–4409440
Fax: 040–4108430

Jüdische Gemeinde in Hamburg Dienststelle Flensburg
Südergraben 53
24937 Flensburg
Tel.: 0461–8405116
Fax: 0461–8405117

Verwaltung und Gemeindezentrum in Kiel
Wikinger Straße 6
24143 Kiel
Tel.: 0431–7399097
Fax: 0431–7399095

Verwaltung und Gemeindezentrum in Lübeck
Synagoge Lübeck
St. Annenstraße 11
23552 Lübeck
Tel.: 0451–7982182
Fax: 0451–7074208

Jüdische Gemeinde Hameln e.V.
Stubenstraße 30
31785 Hameln
Tel./Fax: 05151–925625

Jüdische Kultusgemeinde im Landkreis Hameln-Pyrmont
Lohstraße 1–2
31785 Hameln
Tel./Fax: 05151–41727

Jüdische Gemeinde Hannover
Haeckelstraße 10
30173 Hannover
Tel.: 0511–810472
Fax: 0511–852983

Liberale jüdische Gemeinde Hannover e. V.
Freundallee 27
30173 Hannover
Tel.: 0511–2880100
Fax: 0511–2353954

Jüdische Kultusgemeinde Heidelberg
Häusserstraße 10–12
69115 Heidelberg
Tel.: 06221–905240
Fax: 06221–163008

Jüdische Kultusgemeinde Herford-Detmold
Komturstraße 21
32052 Herford
Tel.: 05221–10190
Fax: 05221–101919

Jüdische Gemeinde Hildesheim e.V.
Orleanstraße 26
31135 Hildesheim
Tel.: 05121–704962
Fax: 05121–704964

Jüdische Gemeinde Hildesheim
Tel.: 05121–34809

Israelitische Kultusgemeinde Hof / Saale
Oberkotzauer Straße 66
95032 Hof/Saale
Tel./Fax: 09281–51741

Landesgemeinde Thüringen in Jena / Bildungs- und Kulturzentrum
Salvador-Allende-Platz 11
07747 Jena
Tel.: 03641–635324

Jüdisches Gemeindehaus
Basteigasse 4
67655 Kaiserslautern
Tel./Fax: 0631–69720

Jüdische Kultusgemeinde Karlsruhe
Knielinger Allee 11
76133 Karlsruhe
Tel.: 0721–72035
Fax: 0721–756643

Jüdische Gemeinde Kassel
Bremer Straße 3
34117 Kassel
Tel.: 0561–7880930
Fax: 0561–78809312

Jüdische Kultusgemeinde Koblenz
Schwerzstraße 14
56073 Koblenz
Tel.: 0261–42223
Fax: 0261–43813

Jüdische Liberale Gemeinde Köln
Gescher Lamassoret
Stammheimer Straße 22
50735 Köln
Tel./Fax: 0221–2870424

Synagogen-Gemeinde Köln
Roonstraße 50
50674 Köln
Tel.: 0221–9215600
Fax: 0221–9215609

Israelitische Kultusgemeinde Konstanz
Sigismundstraße 19
78462 Konstanz
Tel.: 07531–23077 und 282700
Fax: 07531–23076 und 282702

Jüdische Gemeinde Krefeld
Wiedstraße 17 b
47799 Krefeld
Tel.: 02151–20648
Fax: 02151–801530

Israelitische Religionsgemeinde zu Leipzig
Löhrstraße 10
04105 Leipzig
Tel.: 0341–9800233 und 9803586
Fax: 0341–2115290

Israelitische Kultusgemeinde Lörrach
Tumringerstraße 270
Tel.: 07621–166186
Fax: 07621–48953

Synagogen-Gemeinde zu Magdeburg
Gröperstraße 1 a
39106 Magdeburg
Tel.: 0391–5616675
Fax: 0391–5432067

Jüdische Gemeinde Mainz
Forsterstraße 2
55118 Mainz
Tel.: 06131–613990
Fax: 06131–611767

Jüdische Gemeinde Mannheim
F 3, 4
68159 Mannheim
Tel.: 0621–153974
Fax: 0621–106513

Jüdische Gemeinde Marburg / Lahn e.V.
Pilgrimstein 25
35037 Marburg/Lahn
Tel.: 06421–162254
Fax: 06421–32881

Jüdische Kultusgemeinde Minden und Umgebung
Kampstraße 6
32423 Minden
Tel.: 0571–23437
Fax: 0571–8290216

Jüdische Kultusgemeinde Mönchengladbach
Albertusstraße 54
41061 Mönchengladbach
Tel.: 02161–23879
Fax: 02161–14639

Israelitische Kultusgemeinde München und Oberbayern
Reichenbachstraße 27
80469 München
Tel.: 089–2024000
Fax: 089–2014604

Liberale jüdische Gemeinde München Beth Shalom e.V.
Postfach 750566
81335 München
Tel.: 089–89809373

Jüdische Gemeinde Münster
Klosterstraße 8–9
48143 Münster
Tel.: 0251–44909
Fax: 0251–511552

Jüdische Kultusgemeinde der Rheinpfalz
Ludwigstraße 20
67433 Neustadt/Weinstraße
Tel./Fax: 06321–2652

Israelitische Kultusgemeinde Nürnberg
Johann-Priem-Straße 20
90411 Nürnberg
Tel.: 0911–56250
Fax: 0911–5625101

Jüdische Gemeinde Offenbach
Kaiserstraße 109
63065 Offenbach
Tel.: 069–82003611
Fax: 069–820036–26

Jüdische Gemeinde Oldenburg
Wilhelmstraße 17
26121 Oldenburg
Tel.: 0441–13127
Fax: 0441–14456

Jüdische Gemeinde Oranienburg
Sachsenhausener Straße 2
Tel.: 03301–578750
Fax: 03301–578751

Jüdische Gemeinde Osnabrück
In der Barlage 41
49078 Osnabrück
Tel.: 0541–48420
Fax: 0541–434701

Jüdische Kultusgemeinde Paderborn
Pipinstraße 32
33098 Paderborn
Tel.: 05251–22596

Israelitische Kultusgemeinde Pforzheim
Postfach 100442
75104 Pforzheim
Tel.: 07231–353656
Fax: 07231–568471

Jüdische Gemeinde Potsdam
Schlossstraße 1
14467 Potsdam
Tel.: 0331–2311140
Fax: 0331–2311137

Jüdische Kultusgemeinde Kreis Recklinghausen
Am Polizeipräsidium 3
45657 Recklinghausen
Tel.: 02361–15131
Fax: 02361–184678

Jüdische Gemeinde Regensburg
Am Brixener Hof 2
93047 Regensburg
Tel.: 0941–57093
Fax: 0941–53640

Jüdische Gemeinde Rostock
Augustenstraße 20
18055 Rostock
Tel.: 0381–4590724
Fax: 0381–4922315

Synagogengemeinde Saar (Saarbrücken)
Kaiserstraße 5 (im Hof)
66111 Saarbrücken
Postfach 102838
66028 Saarbrücken
Tel.: 0681–910380
Fax: 0681–9103813

Jüdische Liberale Gemeinde Emet weSchalom e.V. Schwalm-Eder
Tel./Fax: 05603–6701

Jüdische Gemeinde Schwerin
Schlachterstraße 7
19055 Schwerin
Tel.: 0385–5507345
Fax: 0385–59360989

Jüdische Gemeinde Seesen
Tel.: 05381–2107

Israelitische Kultusgemeinde Straubing
Wittelsbacherstraße 2
94315 Straubing
Tel./Fax: 09421–1387

Israelitische Religionsgemeinschaft Württembergs Stuttgart
Hospitalstraße 36
70174 Stuttgart
Tel.: 0711–228360
Fax: 0711–22836–18

Jüdische Gemeinde Trier
54290 Trier
Kaiserstraße 25
Tel.: 0651–9945575
Fax: 0651–9945577

Jüdische Gemeinde Weiden
Ringstraße 17
92637 Weiden
Tel.: 0961–32794

Jüdische Gemeinde Wiesbaden
Friedrichstraße 31–33
65185 Wiesbaden
Tel.: 0611–9333030
Fax: 0611–93330319

Jüdische Kultusgemeinde
Gemarker Straße 15
42275 Wuppertal
Tel.: 0202–371183

Israelitische Gemeinde Würzburg
Valentin-Becker-Straße 11
97072 Würzburg
Tel.: 0931–51190
Fax: 0931–18184

2.

KZ-MAHN- UND GEDENKSTÄTTEN IN DEUTSCHLAND

KZ-Mahn- und Gedenkstätten in Deutschland

Gedenkstätte Bergen-Belsen
29303 Lohheide
Tel.: 05051–6011
Fax: 05051–7396
Öffnungszeiten: täglich 9–18 Uhr

Gedenkstätte Buchenwald
Straße der Nationen
99427 Weimar-Buchenwald
Tel.: 03643–430128
Fax: 03643–430100
Die Gedenkstätte liegt etwa 10 km nördlich vom Stadtzentrum Weimar. Sie ist vom Goetheplatz und vom Hauptbahnhof aus mit der Buslinie 6 in Richtung Buchenwald zu erreichen.
Öffnungszeiten:
täglich außer montags
April–Oktober: 10–18 Uhr;
November–März: 10–16 Uhr
Alle Außenanlagen können täglich bis zum Einbruch der Dunkelheit besichtigt werden. Der Besuch der Gedenkstätte und der Ausstellungen ist kostenlos.

KZ-Gedenkstätte Dachau
Alte Römerstraße 75
85221 Dachau
Tel.: 08131–669970
Fax: 08131–2235
Öffnungszeiten:
ganzjährig täglich außer montags
9–17 Uhr

Dokumentations- und Informationszentrum Emslandlager
Wiek rechts 22
26871 Papenburg
Tel.: 04961–4971
Fax: 04961–66210
Öffnungszeiten:
Dienstag–Freitag und Sonntag
10–17 Uhr

KZ-Grab- und Gedenkstätte Flossenbürg
Gedächtnisallee 5–7
92696 Flossenbürg
Tel.: 09603–921980
Öffnungszeiten (Dokumentenhaus):
täglich April–September: 8–18 Uhr;
Oktober–März: 9–17 Uhr

Mahn- und Gedenkstätte Gardelegen-Isenschnibbe
1,5 km nordöstlich von Gardelegen in Richtung Hemstedt; der Weg ist ausgeschildert.
Öffnungszeiten:
ganzjährig ohne Schließungszeiten begehbar.
Die Betreuung erfolgt durch das Stadtmuseum Gardelegen
Rathausplatz 10
39638 Gardelegen
Tel.: 03907–6519
Öffnungszeiten:
Dienstag–Freitag 10–16 Uhr;
Samstag 10–12 Uhr

Mahn- und Gedenkstätte Langenstein-Zwieberge
c/o Landratsamt Halberstadt
Friedrich-Ebert-Straße 42
38820 Halberstadt
Tel.: 03941–30248
Fax: 03941–567324
Öffnungszeiten:
Das Gelände der Gedenkstätte ist ständig begehbar.
Besucherservice: Montag–Freitag
November–Januar: 9–15 Uhr;
Februar–Oktober: 8–16 Uhr;
Samstag, Sonntag und Feiertage
November, Januar–März: 14–16 Uhr;
April–Oktober: 14–17 Uhr

Mahn- und Gedenkstätte »Mittelbau Dora« Aussenlager des KZ Buchenwald
Kohnsteinweg 20
99734 Nordhausen
Tel.: 03631–49580
Fax: 03631–495813
Die Gedenkstätte umfasst eine Dokumentationsstelle und eine Bibliothek. In der ehemaligen Feuerwache befindet sich die ständige Ausstellung »Kunst hinter Stacheldraht« mit künstlerischen Werken ehemaliger Häftlinge.
Öffnungszeiten:
Oktober–März:
täglich außer montags 10–16 Uhr;
April–September:
täglich außer montags 10–18 Uhr

Die Außenanlagen können täglich bis zum Einbruch der Dunkelheit besichtigt werden. Der Besuch des Stollens ist nur im Rahmen von Führungen möglich.

KZ-Gedenkstätte Moringen
Lange Straße 58
37186 Moringen
Tel.: 05554–2520
Fax: 05554–8807
Öffnungszeiten:
Mittwoch 14–17 Uhr
oder nach Vereinbarung

KZ-Gedenkstätte Neuengamme
Jean-Dolidier-Weg 39
21039 Hamburg
Tel.: 040–4289603
Öffnungszeiten:
Dienstag–Sonntag 10–17 Uhr;
April–September:
am Samstag und Sonntag bis 18 Uhr

Mahn- und Gedenkstätte Ravensbrück
Straße der Nationen 2
16798 Fürstenberg/Havel
Tel.: 033093–39241
Fax: 033093–38397
Öffnungszeiten:
täglich außer montags 8–18 Uhr,
Oktober–April: 9–17 Uhr

Gedenkstätte und Museum Sachsenhausen
Straße der Nationen 22
16515 Oranienburg
Tel.: 03301–2000
Fax: 03301–200201
Öffnungszeiten:
täglich außer montags 8.30–17.30 Uhr,
Oktober–März: 9–17 Uhr
Bibliothek und Archiv:
Dienstag–Freitag 9–15.30 Uhr

Mahn- und Gedenkstätten Wöbbelin
Ludwigsluster Straße 26
19288 Wöbbelin
Tel./Fax: 038753–80782
Öffnungszeiten:
April–Oktober:
Mittwoch–Sonntag 10–16 Uhr;
November–März:
Mittwoch–Freitag 10–16 Uhr,
Sonntag 13–16 Uhr
oder nach Vereinbarung; Eintritt frei

3.

WEITERE GEDENK-STÄTTEN

Weitere Gedenkstätten

Stiftung Topographie des Terrors
Niederkirchnerstraße 8
10963 Berlin
Tel.: 030–25486703
Öffnungszeiten:
Oktober–April: täglich 10–18 Uhr
(bzw. bis Einbruch der Dunkelheit);
Mai–September: 10–20 Uhr
Auf dem Gelände der »Topographie des Terrors« zwischen Prinz-Albrecht-Straße (heute Niederkirchnerstraße), Wilhelmstraße und Anhalter Straße befanden sich zwischen 1933 und 1945 die wichtigsten Zentralen nationalsozialistischer Repressions- und Verbrechenspolitik.

Haus der Wannsee-Konferenz – Gedenk- und Bildungsstätte
Am Großen Wannsee 56–58
14109 Berlin
Tel.: 030–805001–0
Fax: 030–805001–27

Gedenkstätte Deutscher Widerstand
Stauffenbergstraße 13–14
10785 Berlin
Tel.: 030–26995000
Fax: 030–26995010

Denkmal für die ermordeten Juden Europas
– Besucherservice –
Cora-Berliner-Straße 1
10117 Berlin
Tel.: 030–74072929
Fax: 030–26394321
Öffnungszeiten:
Das Stelenfeld ist jederzeit begehbar.
Ort der Information:
täglich 10–20 Uhr
Eintritt frei
Tel. Kontakt am Wochenende: 030–200766–0

Gedenkstätte Bernburg – Gedenkstätte für die Opfer der NS-»Euthanasie«
c/o Landeskrankenhaus für Psychiatrie und Neurologie
Olga-Benario-Straße 16/18
06406 Bernburg
Tel./Fax: 03471–22149
Öffnungszeiten:
Dienstag–Donnerstag 9–18 Uhr,
Freitag 9–12 Uhr;
jeden ersten Sonntag im Monat
11–16 Uhr oder nach Vereinbarung

Gedenkstätte Wewelsburg – Kreismuseum Wewelsburg
Burgwall 19
33142 Büren-Wewelsburg
Tel.: 02955–76220
Fax: 02955–762222

Mahn- und Gedenkstätte Steinwache
Steinstraße 50
44147 Dortmund
Tel.: 0231–5025002
Fax: 0231–5026011

Gedenkstätte Münchner Platz Dresden
George-Bähr-Straße 7
01069 Dresden
Tel.: 0351–4633-1990
Fax: 0351–4633-1991
Öffnungszeiten:
Montag–Freitag 10–16 Uhr
und nach Vereinbarung

Mahn- und Gedenkstätte Düsseldorf
Mühlenstraße 29
40200 Düsseldorf
Tel.: 0211–8996205
Fax: 0211–8929137

Dokumentationsstätte »Gelsenkirchen im Nationalsozialismus«
Institut für Stadtgeschichte
Cranger Str. 323
45891 Gelsenkirchen
Tel.: 0209–1672960
Fax: 0209–1672951

Gedenkstätte Grafeneck Samariterstift
72532 Gomadingen-Marbach
Tel.: 07385–9660
Fax: 07385–966103

Gedenkstätte Breitenau
Brückenstraße 12
34302 Guxhagen
Tel.: 05665–3533
Fax: 05665–1727

Gedenkstätte Hadamar
Mönchberg 8
65589 Hadamar
Tel.: 06433–917–0
Fax: 06433–917–175
Öffnungszeiten:
Dienstag–Donnerstag 9–16 Uhr;
jeden ersten Sonntag im Monat
11–16 Uhr

NS-Dokumentationszentrum
(EL-DE Haus)
Appellhofplatz 23–25
50667 Köln
Tel.: 0221–2216331 und –6361
Fax: 0221–2215512

KZ-Gedenkstätte Neckarelz e.V.
Mosbacher Straße 39
74821 Mosbach-Neckarelz
Tel.: 06261–670653
Fax: 06261–672381

Gedenkstätte ehemaliges KZ
Osthofen
Ziegelhüttenweg 38
67574 Osthofen
Förderverein Projekt Osthofen e. V.
Tel.: 06242–910825
Fax: 06242–910829

Dokumentationszentrum
Oberer Kuhberg –
KZ-Gedenkstätte Ulm
Postfach 2066
89010 Ulm
Tel./Fax: 0731–21312

Gedenkstätte
Ehrenhain Zeithain
An der Gröditzer Straße
01619 Zeithain
Tel./Fax: 03525–760392

4.

AUSGEWÄHLTE SEHENSWÜRDIGKEITEN IN OSTDEUTSCHLAND

Ausgewählte Sehenswürdigkeiten in Ostdeutschland

Brandenburg

Brandenburg an der Havel

Ehemaliger Synagogenstandort

Joliot-Curie-Straße 15
(früher Große Münzenstraße)

1882 erbaut, 1938 zerstört; erhalten blieb einzig die Südwand des Gebäudes, die den Hof der Joliot-Curie-Schule abschließt.

Ehemaliger Friedhof

Geschwister-Scholl-Straße

1747 angelegt und 1840 erweitert; von den Nationalsozialisten 1938 geschändet und zerstört; das Areal wurde von der Stadt in Besitz genommen und im Januar 1945 an die Brennabor-Werke verkauft, die darauf einen Sportplatz errichten wollten. Dazu kam es allerdings nicht mehr. Das Gelände wurde durch Bombenangriffe im Frühjahr 1945 völlig verwüstet und ist seit 1951 als Gedenkstätte eingerichtet. An der Ostmauer befinden sich drei Gedenktafeln mit den Namen der deportierten und ermordeten Juden.

Dom St. Peter und Paul

Burghof

Im Kreuzgang aus den 1230er Jahren haben sich Kapitelle und Verzierungen aus gebranntem Ton erhalten, darunter die älteste so genannte »Judensau«, eine blasphemische Anspielung auf den Umgang mit Geld und Zinsen.

Öffnungszeiten:
Montag–Freitag 10–16 Uhr,
Samstag 10–17 Uhr,
Sonntag 11–17 Uhr

Caputh

Sommerhaus Albert Einsteins

Waldstraße 6/7

Erbaut wurde das Sommerhaus im Jahr 1929 von dem Architekten Konrad Wachsmann (1901–1980), Meisterschüler des Baumeisters Hans Poelzig in Berlin und Potsdam. Zwischen 1929 und 1932 empfing Albert Einstein (1879–1955) hier zahlreiche Freunde und Kollegen aus aller Welt. Nachdem er von einer Vortragsreise in den USA nicht mehr nach Deutschland zurückkehrte, übergab er sein Sommerhaus dem jüdischen Landschulheim, das es einige Jahre nutzen konnte, bevor im Zuge des Novemberpogroms 1938 die Kinder und Erzieher vertrieben und das Haus beschlagnahmt wurden. 1979 wurde das Haus unter Denkmalschutz gestellt und diente der Akademie der Wissenschaften bis zur Wende unter anderem als Gästehaus.
Haupteigentümerin des Hauses heute ist die Hebräische Universität Jerusalem, die dem Einstein Forum in Potsdam die Nutzungsrechte übertragen hat. Das Haus soll Ort des wissenschaftlichen, politischen und kulturellen Dialogs werden und ist nach gründlicher Sanierung und Instandsetzung in begrenztem Umfang auch der interessierten Öffentlichkeit zugänglich.

Öffnungszeiten:
Donnerstag, Samstag, Sonntag 10–18 Uhr

Eintrittspreise:
Euro 5,– (Euro 2,50 ermäßigt)

Kontakt über:
Einstein Forum
Am Neuen Markt 7
14467 Potsdam
Tel.: 0331–271780

Gedenkstein für Albert Einstein

Straße der Einheit/Ecke Weberstraße

Ehemaliges Jüdisches Landschulheim

Potsdamer Straße 18

1931 von der Sozialpädagogin Gertrud Feiertag (1890–1943) als »Kinder-Landheim zur Erziehung, Pflege und Erholung« eröffnet, wurde das Heim im Novemberpogrom 1938 zerstört. Die Kinder und ihre Betreuer mussten das Haus fluchtartig verlassen. Heute ist in diesem Gebäude das Kinderheim »Anne Frank« untergebracht. Gedenktafel.

Cottbus

Ehemaliger Synagogenstandort

Karl-Liebknecht-Straße 132
(frühere Jahrstraße 5)

1875 errichtet; Neubau 1901/02, 1938 von Nationalsozialisten niedergebrannt und später abgetragen. Eine Gedenktafel vor dem Kaufhaus »Galeria Kaufhof« erinnert an die Zerstörung der Synagoge.

Alter Friedhof

Straße der Jugend

Nach 1841 angelegt; im Novemberpogrom 1938 geschändet und verwüstet, nach 1945 eingeebnet; zwischen 1958 und 1965 Umgestaltung des Areals zur Gedenkanlage.

Neuer Friedhof

Straße der Jugend

1917 als Teil des städtischen Südfriedhofs angelegt; die 1929 erbaute Feierhalle befindet sich in sehr baufälligem Zustand; der Begräbnisplatz wird bis heute belegt.

Frankfurt an der Oder

Ehemaliger Synagogenstandort

Karl-Marx-Straße

(früher Tuchmacherstraße 60)

1823 errichtet; 1938 zerstört; ein Gedenkstein wurde 1988 vor dem Hotel »Stadt Frankfurt« errichtet und nach Abriss des Hotels zwischen das Brunnencafé und den Oderturm versetzt und neu eingeweiht.

Ehemaliger Friedhof

1399 auf der Ostseite der Oder außerhalb der Stadt im heutigen Slubice, jenseits der »Kuhburg« auf dem Judenberg in der Straßengabelung der Chausseen nach Reppen und Crossen angelegt und mehrfach erweitert. 1868 Bau einer Feierhalle, die 1944 bei einem Luftangriff zerstört wurde. Ende der 1970er Jahre wurde der Friedhof von den polnischen Behörden abgeräumt und eingeebnet. Heute befindet sich auf dem Areal ein Motel.

Potsdam

Ehemaliger Synagogenstandort

Platz der Einheit 1

(früher Wilhelmplatz 1),

neben der Hauptpost

1938 durch Nationalsozialisten geschändet; vollends zerstört wurde das Gebäude durch Bombenangriffe; danach Abriss und Neubebauung des Grundstücks mit Wohnhäusern. Gedenktafel.

Friedhof

Am Pfingstberg, hinter der russischen Kirche in der Nähe vom Belvedere / Puschkinallee

1743 eröffnet, 1801 mit einer mehrfach reparierten und erneuerten festen Mauer umgeben. Der Friedhof wurde verschiedentlich erweitert, zuletzt 1910–1912. Damals wurde auch die bis heute bestehende Friedhofshalle erbaut. Der Friedhof ist insgesamt gut erhalten. Aus dem 18. Jahrhundert sind noch zahlreiche Steine vorhanden.

Astrophysikalisches Institut Potsdam

Sonnenobservatorium

Einsteinturm

An der Sternwarte 16

Der Einsteinturm ist das erste bedeutende Bauwerk des bekannten Architekten Erich Mendelssohn (1887–1953). Es wurde in den Jahren 1919–1924 entworfen und fertiggestellt und gilt als ein bedeutendes Beispiel expressionistischer Bauweise. Als Teil des Astrophysikalischen Instituts Potsdam ist der Turm von außen jederzeit zu besichtigen. Der Besuch des Inneren kann ausschließlich im Rahmen von Führungen im Winterhalbjahr erfolgen.

Interessenten wenden sich an:

Urania-Verein »Wilhelm Foerster« e.V.

Gutenbergstr. 71/72

Tel.: 0331–291741

Schwedt

Ehemaliger Betsaal

Jüdenstraße (früher Mittelstraße)

Im Keller des Hauses fanden die rituellen Schlachtungen statt; bis 1868 befand sich hier auch das Ritualbad.

Ehemaliger Synagogenstandort

Louis-Harlan-Straße 1

Zwischen Harlan- und Gartenstraße in der Nähe des Berliner Tors richtete die Gemeinde 1862 eine neue Synagoge ein. 1938 wurde sie verwüstet und später abgetragen. Gedenktafel.

Ehemalige Mikwe

(Jüdisches Ritualbad)

Louis-Harlan-Straße 1

1878 errichteter Backsteinrundbau mit kleiner Kuppel; dieser liegt hinter der Stadtmauer zur Gartenstraße hin in einem Garten und wurde bis in die 1930er Jahre genutzt. Die in Brandenburg einzig erhaltene Mikwe ist aufgrund jahrelanger Vernachlässigung in schlechtem Zustand. Die Renovierung ist geplant.

Friedhof

Helbigstraße 16a/Ecke Am Schlachthof; in der Nähe des Bahnhofs in Richtung Gartz

Im 17. Jahrhundert angelegt; erhalten ist neben Grabsteinen aus dem 18.–20. Jahrhundert noch die Feierhalle. Der Schlüssel für den verschlossenen Friedhof kann bei der Stadtverwaltung erbeten werden.

Mecklenburg-Vorpommern

Krakow am See

Ehemalige Synagoge

Schulplatz 1
Tel.: 038457–23647

1866 eingeweiht, wegen Abwanderung vieler Gemeindemitglieder im Jahr 1920 von der Stadt erworben. 1995 nach umfassenden Restaurierungsarbeiten der Öffentlichkeit übergeben. Heute ist die alte Synagoge Sitz des Kulturvereins »Alte Synagoge« Krakow am See e.V., der Ausstellungen, Konzerte und Lesungen organisiert.

Öffnungszeiten:

Dienstag–Freitag 10–16 Uhr (Winterhalbjahr),
Dienstag–Samstag 10–17 Uhr (Sommerhalbjahr)

Friedhof

Plauer Chaussee

Jüdische Grabfelder auf heute evangelischem Friedhof; Gedenktafel.

Neustrelitz (mit Altstrelitz)

Standort der ehemaligen Synagoge

Alexanderplatz, im Ortsteil Altstrelitz

1763 Bau der Synagoge in Strelitz-Alt; in der Pogromnacht vom 9./10. November 1938 angezündet und später auf Kosten der jüdischen Gemeinde abgerissen. Gedenkstein.

Friedhof Altstrelitz

Kalkhorstweg / Ecke Vogelsang, außerhalb der Stadt gelegen

1728 angelegt, überstand der jüdische Begräbnisplatz die Zeit des Nationalsozialismus relativ unbeschadet, allerdings wurde der Friedhof 1953 zerstört; 1961 wurde ein kleiner Teil des Friedhofs als Gedenkstätte hergerichtet; zahlreiche Grabstelen aber wurden für die Straßenpflasterung bzw. als Wegbegrenzung verwendet. Im Frühjahr 2005 wurde der lange Jahre verwaiste Teil des Friedhofs nach erfolgter Instandsetzung wieder eingeweiht.

Friedhof Neustrelitz

Gegenüber dem Bahnhof »Neustrelitz« am Schwarzen Weg

Kleiner, mit einer hohen Ziegelsteinmauer umgebener Begräbnisplatz, durch ein Holztor verschlossen; erhaltene Grabstelen sind im Halbrund bzw. an der Mauer entlang aufgestellt.

Parchim

Mittelalterlicher Friedhof

Einige Grabsteine vom mittelalterlichen Friedhof, zwischen dem Kreuztor und den Plümmerwiesen (heute Flörkestraße 44) gelegen, wurden zum Bau des Kreuztors und beim Nordanbau der St. Marienkirche (ca. 1450) verwendet. Alle sichtbaren Steine weisen Sterbedaten zwischen 1304 und 1346 aus. Ein als Schwellenstein verbauter Grabstein wurde im Nordportal der Kirche freigelegt und ist heute im städtischen Museum zu sehen.

Museum der Stadt Parchim

Lindenstraße 38
Tel.: 03871–213210

Öffnungszeiten:

Dienstag–Freitag 10–12 und 14–16 Uhr,
Sonntag 14–16 Uhr

»Neuer« Friedhof

Am Voigtsdorfer Weg

Ende des 17. Jahrhunderts wurde westlich des Wockersees ein neuer Friedhof angelegt, der in der Zeit des Nationalsozialismus zerstört und abgetragen wurde. Eine Gedenkstätte für den jüdischen Begräbnisplatz befindet sich heute auf dem städtischen Friedhof.

Plau am See

Ehemalige Synagoge

Strandstraße

Nur bis 1921 im Besitz der jüdischen Gemeinde, dann Verkauf und spätere Nutzung als katholische Kirche. Tora-Schrein und Bima (Vorlesepult) sind erhalten. Das ehemalige Rabbiner-Haus befindet sich auf demselben Grundstück zur Seite Eldenstraße 19 hin. Besichtigungen sind nach Rücksprache mit dem Pfarrer (Große Burgstraße) möglich.

Friedhof

Südlich des Stadtzentrums am Klüschenberg an der Bergstraße/Lübzer Straße

Gedenktafel

Röbel

Ehemalige Synagoge

Kleine Stavenstraße

Fachwerkbau mit Walmdach aus der ersten Hälfte des 19. Jahrhunderts und die letzte noch erhaltene Landsynagoge der Müritzregion. Das Gebäude musste wegen schwindender Mitgliederzahl in den 1930er Jahren verkauft werden und wurde danach zweckentfremdet als Garage genutzt. Derzeit wird es aufwendig restauriert und soll wiederhergestellt künftig als Jugendbegegnungsstätte dienen.

Ehemaliger Friedhof

Friedrich-Engels-Straße im Bereich des Gewerbegebiets

Um 1700 jenseits der alten Stadtmauern angelegt und bis 1938 belegt. Von Nationalsozialisten geplündert und zerstört, die meisten Grabsteine wurden verkauft. In den 1960er Jahren wurde der Begräbnisplatz eingeebnet und völlig beseitigt. Bemühungen engagierter junger Leute, das Areal im Jahr 2002 vor Neubebauung zu bewahren und stattdessen einen Erinnerungsort einzurichten, wurden durch Vandalismus und mutwillige Zerstörung torpediert.

Weitere Informationen erteilt:

Land und Leute e.V.
Kleine Stavenstraße 9–11
Tel.: 039931–53944

Rostock

Ehemaliger Synagogenstandort

Augustenstraße 101

Gedenkstele

Jüdisches Zentrum

Ein neues jüdisches Zentrum wurde in unmittelbarer Nähe der in der Pogromnacht 1938 zerstörten Synagoge eingeweiht. Die Stadt stellte der Gemeinde einen ehemaligen Schulkomplex zur Verfügung. Auf dem Hof wurden die Synagoge sowie ein großer Festsaal mit angrenzender koscherer Küche gebaut. Die sanierte ehemalige Schule steht der Gemeinde unter anderem für Verwaltungszwecke sowie für Proben des jüdischen Theaters »Mechaje« zur Verfügung.

Ehemalige Friedhöfe

Vom mittelalterlichen Friedhof vor dem Kröpeliner Tor sind keine Spuren erhalten.

Nach 1870 wurde am südlichen Rand des Lindenparks in der Nähe des Saarplatzes ein neuer Friedhof angelegt, der in der NS-Zeit mehrfach geschändet wurde; Gedenkstein und Mahnmal.

Schwerin

Ehemaliger Synagogenstandort / Betraum und Gedenkstätte

Schlachtermarkt 3–5

Eine Gedenkstätte mahnt und erinnert an die 1819 erbaute und 1938 verwüstete und später abgerissene Synagoge. Im Haus Schlachterstraße 3 befand sich ehemals die Israelitische Schule; hier richtete die Jüdische Gemeinde einen Betsaal ein.

Wohnhaus des ehemaligen Landesrabbiners Samuel Holdheim (1806–1860)

Großer Moor 12

Friedhof

Am Heidensee / Auf dem Schwälkenberg

Der Begräbnisplatz wird von der um 1950 hier gebauten Bornhövedstraße durchschnitten. Die erhaltene Trauerhalle befindet sich daher auf der anderen Straßenseite; Besichtigungen sind im Sommerhalbjahr tagsüber möglich. Gedenkstein.

Sachsen

Chemnitz

Ehemaliger Synagogenstandort
Stephanplatz, auf dem Kassberg
1897–99 nach Plänen des Chemnitzer Architekten Wenzel Bürger erbaut; 1938 verwüstet und in Brand gesetzt; Gedenkstein.

Neue Synagoge / Jüdische Gemeinde
Stollberger Straße 28
Tel.: 0371–35597–0
Nach den Plänen des Architekten Alfred Jacoby gebaut und im Mai 2002 eingeweiht.

Friedhof
Hoher Weg / Am Laubengang
(am Ende der Weststraße links)
Der jüdische Friedhof liegt westlich des Stadtzentrums auf halber Höhe des Kassbergs neben dem Matthäus-Friedhof. Er wurde 1879 angelegt und 1898 erweitert. Die Trauerhalle blieb in der NS-Zeit unversehrt; ein Obelisk erinnert an die Opfer der Schoa; Gedenkstein.

Ehemaliges Kaufhaus Schocken
Brückenstraße
Das für Salman Schocken erbaute Kaufhaus mit bogenförmiger Front und horizontalen Fensterbändern wurde von dem bedeutenden Architekten Erich Mendelssohn (1887–1953) im Jahr 1927 entworfen und gilt als besonders schönes Beispiel moderner Architektur in Deutschland.

Restaurant »Schalom«
Carolastraße 7

Görlitz

Früherer ehemaliger Betraum
Nikolaistraße 10

Ehemalige Synagoge
Langenstraße,
Hinterhaus des Grundstücks
Obermarkt 17
Im Jahr 1853 errichtet und zwischen 1867 und 1869 erweitert.

Ruine der »Neuen« Synagoge
nahe der Otto-Müller-Straße
1909–11 im Jugendstil nach Plänen der Dresdner Architekten William Lossow und Max Hans Kühne erbaut; 1938 in Brand gesetzt, doch aus Angst vor dem Übergreifen des Feuers auf das Wohnhaus des christlichen Hauswarts wurde das Feuer gelöscht. Das Gebäude blieb erhalten und wird seit 1991 saniert. Gedenktafel für die Opfer der Naziverfolgung.

Besichtigungen
sind möglich am
Sonntag 11–13 Uhr oder nach
Rücksprache mit dem Kulturamt
der Stadt Görlitz
Untermarkt 20
Tel.: 03581–671401

Mikwe (Jüdisches Ritualbad)
Görlitzer Altstadt,
direkt am Nikolaiturm
Das Tauchbad ist heute im Restaurant »Destille« zu besichtigen.

»Destille«
Nikolaistraße 6
Tel.: 03581–405302

Friedhof
Promenadenstraße /
Ecke Büchtemannstraße und
Biesnitzer Straße in der Görlitzer
Südstadt
1849 angelegt und 1860 erweitert; die aus dem 19. Jahrhundert erhaltene Zeremonienhalle ist erhalten und wurde renoviert. Mahnmal für die im KZ Biesnitzer Grund ermordeten Juden.
Öffnungszeiten:
Sonntag–Donnerstag 7–18 Uhr,
Freitag 7–14 Uhr

Plauen

Friedhof
Auf der Gemarkung Kauschwitz
»Am Tannenhof« (Oberjößnitzer Weg)
1898 am nördlichen Stadtrand angelegt; die erhaltene Feierhalle wurde zu einer Mahn- und Gedenkstätte umgebaut und beherbergt heute eine Ausstellung zur Geschichte der Juden in Plauen. Im Jahr 2000 wurde ein Gedenkstein für die Opfer des Nationalsozialismus gesetzt, die ohne Grab verblieben sind.

Gedenkstätte Flieshalle
Am Tannenhof
08525 Kauschwitz
Tel.: 03741–2912345
Öffnungszeiten:
1. April – 15. November:
Mittwoch 13–17 Uhr,
Sonntag 9–12 Uhr

Sachsen-Anhalt

Dessau

Geburtsstadt des jüdischen Aufklärers und Philosophen Moses Mendelssohn (1729–1786)

Ehemaliger Synagogenstandort
Askanische Straße/Ecke Kantorstraße
Gedenkstele zur Erinnerung an die 1906/08 erbaute und in der Pogromnacht vom November 1938 geplünderte und niedergebrannte Synagoge.

Früheres Rabbinerhaus
Kantorstraße 3
Tel.: 0340–2215107

Gedenktafel für Moses Mendelssohn
in der Nähe des Geburtshauses
Askanische Straße 18/8

Mendelssohn-Denkmäler
Ein vom Berliner Bildhauer Heinz Hoffmeister geschaffenes und im Sommer 1890 in den Grünanlagen vor dem Bahnhof eingeweihtes Mendelssohn-Denkmal wurde von den Nationalsozialisten entfernt und stand noch einige Jahre auf dem jüdischen Friedhof in der Leipziger Straße, bevor es 1938 im Novemberpogrom zerstört und geplündert wurde.
Anlässlich des 250. Geburtstages von Mendelssohn wurde im September 1979 eine vom Bildhauer Gerhard Geyer gefertigte Mendelssohn-Büste enthüllt.

Friedhof
Am Leipziger Tor /
Eingang: Stenesche Straße
Um 1674 angelegt und mehrmals erweitert; 1906 wurde eine Friedhofshalle eingeweiht. Im Novemberpogrom 1938 wurden zahlreiche Grabsteine auf dem Friedhof zerstört und die Halle in Brand gesetzt. Begraben liegen hier auch Moses Mendelssohns Eltern, die Großeltern mütterlicherseits und seine Schwester. Erhalten sind die originalen Grabsteine der Mutter Bela Rachel Sara und des Großvaters mütterlicherseits, Saul Wahl, sowie eine Kopie des Grabsteins seiner Schwester Jente.

Moses Mendelssohn Gesellschaft e.V.
Mittelring 38
Tel.: 0340–8501199
Im Erdgeschoss des vom Bauhaus-Architekten Walter Gropius errichteten Gebäudes zeigt die Mendelssohn-Gesellschaft eine Ausstellung über Leben und Werk von Moses Mendelssohn.
Öffnungszeiten:
täglich 10–17 Uhr

Gröbzig

Ehemalige Synagoge / Jüdisches Museum
Lange Straße 8–10
Tel.: 034976–22209
1766 erbaut mit Kantorhaus, Schulgebäude, Bibliothek und Gemeindebüros; 1934 Zwangsverkauf an die Stadt, die darin ein Heimatmuseum einrichtete. Daher überstand dieses einzigartige Ensemble die NS-Zeit. Heute befindet sich darin ein kulturhistorisches Museum, das am Beispiel Gröbzig Kultur und Geschichte des Judentums im mitteldeutschen Raum und der Region veranschaulicht. Neben den Museumsführungen wird auch ein Stadtrundgang »Auf den Spuren jüdischen Lebens in Gröbzig« angeboten.
(Voranmeldung erforderlich)
Öffnungszeiten:
Dienstag–Donnerstag und Sonntag 10–12 und 14–17 Uhr,
Freitag 10–12 Uhr

Friedhof
An der Fuhne
(ehemals »Vordere Saulache«),
am Stadtrand Gedenkstein. Der Schlüssel zum Friedhof ist im Museum erhältlich.

Halle / Saale

Ehemaliger Synagogenstandort
Kleine Brauhaus-Straße / Am Großen Berlin
Einrichtung einer kleinen Synagoge und eines Kantorhauses am Großen Berlin um 1700; 1829 Renovierung; 1869/70 Neubau der Synagoge, die 1884/85 umgebaut wurde. Im November 1938 geschändet und 1940 abgetragen.

Gedenkstätte am Grossen Berlin
Synagogenportal

Jüdische Schule und Kantorhaus
Großer Berlin 8

Jüdisches Gemeindehaus
Große Märkerstraße 13

Alter Friedhof
Gottesackerstraße
(Töpferplan / Martinsberg)
Nach dem mittelalterlichen, heute nicht mehr existierenden Friedhof als zweiter jüdischer Begräbnisplatz Ende des 17. Jahrhunderts angelegt und 1716 erweitert; Begräbnisse fanden hier bis etwa 1870 statt. Die Nationalsozialisten zwangen die Gemeinde im Jahr 1937 zum Verkauf eines Teils des Friedhofsgeländes. Eine Umbettung der Gräber auf den neuen Friedhof konnte nur zum Teil erfolgen.

Friedhof Humboldtstrasse
Humboldtstraße 52
1869 angelegt, war der Friedhof Ende der 1920er Jahre voll belegt. Zu Grabsteinschändungen kam es bereits im Jahr 1931. Die ehemalige Beisetzungshalle wurde seit der Pogromnacht und nach einem Umbau auch nach dem Krieg als Synagoge genutzt. Die Grabsteine sind weitestgehend erhalten und teilweise restauriert.

Neuer Friedhof
Dessauer Straße 24
1929 als Teil des städtischen Gertraudenfriedhofs angelegt – rechts neben dem Haupteingang. Der Leipziger Architekt Wilhelm Haller schuf 1929 im expressionistischen Stil die Trauerhalle, die von den Nationalsozialisten zweckentfremdet genutzt wurde. Vom Mai 1942 bis Februar 1945 gingen von hier die Deportationen der halleschen Juden in die Vernichtungslager aus. Auf dem Friedhof befinden sich auch umgebettete Gräber vom Alten Friedhof. Gedenkstein. Die Einrichtung einer Mahn- und Gedenkstätte ist geplant.
Weitere Informationen erteilt:
Förderverein »Haus des Lebens« e.V.
Mittelstraße 14/15
Tel./Fax: 0345–2035365

Stolpersteine
verlegte der *Kölner Künstler Gunter Demnig* in der Gegend um das Haus der Jüdischen Gemeinde:
Große Märkerstraße,
Sternstraße und
am Großen Berlin / Jerusalemer Platz
Sie erinnern an das Schicksal jüdischer Hallenser.

Magdeburg

Ehemaliger Synagogenstandort
Julius-Bremer-Straße
(früher Große Schulstraße 2 c);
»An der Alten Synagoge«
Eine jüdische Gemeinde in Magdeburg wird urkundlich für das Jahr 965 erwähnt. Juden hatten sich außerhalb der Stadt in der Nähe der Sudenburg etwa im Bereich des heutigen Hasselbachplatzes angesiedelt. Im Jahr 1492 wurden sämtliche Juden vertrieben.
Die ursprüngliche Synagoge wurde zu einer christlichen Kirche, die um 1550 zerstört wurde. Erst 1705 ließ sich wieder ein Jude in der Stadt nieder. Kleine Betstuben entstanden infolge weiterer Ansiedlung von Juden in der Kleinen Münzstraße 5 und der Prälatenstraße 27.
Nachdem um die Mitte des 19. Jahrhunderts die jüdische Gemeinde weiter angewachsen war, begann man im September 1850 mit dem Bau einer Synagoge, die ein Jahr später durch Rabbiner Ludwig Philippson feierlich eingeweiht wurde. Das Gotteshaus wurde um 1897 im maurisch-orientalisierenden Stil umgebaut und erweitert. Wie in anderen deutschen Städten wurde auch in Magdeburg die Synagoge im Novemberpogrom 1938 zerstört und im Jahr 1939 gesprengt. Ein von Josef Bzodok gestaltetes Mahnmal erinnert unweit des ehemaligen Standortes an die Synagoge und deren Zerstörung.

Friedhof
Fermersleber Weg 46
Seit Beginn des 19. Jahrhunderts im Süden der Stadt angelegt; von einem älteren Friedhof wurden mittelalterliche Grabsteine aus dem 13. Jahrhundert hierher überführt. Östlich der Sudenburg, im »Judendorf«, besaßen Juden im 13. Jahrhundert Wohnrecht. An dieser Stelle wird ein früherer jüdischer Begräbnisplatz vermutet; die Trauerhalle stammt aus dem 19. Jahrhundert. Gedenk- und Mahnmale für die im Ersten Weltkrieg gefallenen jüdischen Soldaten und für die Million ermordeter jüdischer Kinder in den nationalsozialistischen Konzentrationslagern.

Dom
»St. Katharina und Mauritius«
Ecclesia und Synagoga, um 1275
Die beiden allegorischen Frauenfiguren, die den Alten und den Neuen Bund darstellen sollen, befinden sich gegenüber des Paradiesportals den Figuren der klugen und törichten Jungfrauen zugeordnet.

»Judensau«
An einem Kapitell in der Ernstkapelle im Dom sind Juden mit Judenhut beim Saugen an den Zitzen einer Sau dargestellt – ein Spottbild auf die Juden, die 1493 aus der Stadt gewiesen wurden, und ein frühes Zeugnis mittelalterlicher Judenverfolgungen.

Wörlitz

Ehemalige Synagoge
Amtsgasse (im Schlossgarten)
Rundbau, Ende des 18. Jahrhunderts vom Baumeister des Fürsten, Friedrich Wilhelm von Erdmannsdorff, am Ufer des Wörlitzer Sees erbaut. Das Gebäude wurde im Novemberpogrom 1938 in Brand gesteckt, und nur dem beherzten Eingreifen des damaligen Gartendirektors Hallervorden ist der Erhalt des Gebäudes zu danken. Heute gibt hier eine kleine Ausstellung Einblicke in die jüdische Geschichte Anhalts.
Öffnungszeiten:
April und Oktober: täglich 11–17 Uhr,
Mai–September: täglich 11–18 Uhr

Ehemaliger Friedhof
Georg-Forster-Straße 163
1799 angelegt; der Friedhof ist heute ein Garten, die von Erdmannsdorff 1790 erbaute ehemalige Zeremonienhalle ein Wohnhaus. 1938 wurde der Friedhof demoliert, nur Bruchstücke einiger Steine sind erhalten.
Besichtigungen
sind nach Absprache mit der Schlossverwaltung möglich.

In der Nähe:
Gräfenhainichen,
Dorf Jüdenberg,
Gehöft Bomdorf
Dort erinnert ein Denkmal an die ermordeten Lehrer und Schüler einer jüdischen Landwirtschaftsschule (Hachschara), die der Vorbereitung zur Auswanderung nach Palästina diente.

Thüringen

Berkach

Berkach verfügt über mehrere Zeugnisse jüdischen Lebens. Einmalig in Thüringen ist das aus Synagoge, Badehaus, Schule und Friedhof bestehende Ensemble.

Synagoge und ehemalige Schule
Mühlfelder Straße 7/8
Synagoge und Schule wurden 1852 bis 1854 erbaut. Die Schule wurde jedoch nur bis 1898 genutzt, danach verkauft und zu einem Wohnhaus umgebaut. Die Synagoge wurde 1990/91 als solche wieder hergerichtet und im November 1991 erneut geweiht.

Mikwe (Jüdisches Ritualbad)
Poststraße, nahe der Grüne
Im Jahr 1838 errichtet und 1990 restauriert.

Friedhof
Im Roth; Alte Behrunger Landstraße (südlicher Ortsrand)
In der zweiten Hälfte des 19. Jahrhunderts angelegt.

Eine *Besichtigung*
aller drei Kulturstätten ist möglich.
Nähere Informationen unter:
Historische Gebäude
Tel.: 036944–54813 oder –50251

Erfurt

Mauerreste der mittelalterlichen Synagoge aus dem 14. Jahrhundert

Fischmarkt 22 / Ecke Michaelisstraße 2; im Bereich des Viertels um die Krämerbrücke

»Kleine« Synagoge

An der Stadtmünze 5, in der Nähe des Rathauses

1840 eingerichtet, bis 1884 genutzt, nach dem Bau der »großen« Synagoge am Kartäuserring verkauft und umgebaut. Heute dient das in den 1990er Jahren restaurierte Gebäude als Begegnungsstätte zur Erforschung und Vermittlung deutsch-jüdischer Regionalgeschichte und beherbergt die Dauerausstellung »Juden in Erfurt«. Besichtigt werden kann außerdem das restaurierte Ritualbad im Kellergeschoss.

Weitere Informationen erteilt:

Förderverein Alte & Kleine Synagoge Erfurt e.V.

An der Stadtmünze 4/5

Tel.: 0361–7891906

»Grosse« Synagoge

Juri-Gagarin-Ring 16

1938 von den Nationalsozialisten geplündert und niedergebrannt; die Überreste mussten von der Gemeinde abgetragen werden. Auf demselben Gelände entstand 1952 die »Neue« Synagoge, der einzige jüdische Kultusbau, der auf dem Gebiet der ehemaligen DDR neu errichtet wurde.

Tel.: 0361–5624964

Öffnungszeiten:

Montag–Freitag 9–16 Uhr

Friedhöfe

»Judenkirchhof«

Andreasstraße / Große Ackerhofsgasse

Der im Mittelalter vor dem Moritztor im Norden der Stadt angelegte Begräbnisplatz ist nicht erhalten. (s. Angermuseum)

»Alter« jüdischer Friedhof

Cyriakstraße 3–4

Im frühen 19. Jahrhundert angelegt, 1938 zerstört, 1952 eingeebnet, heute Parkplatz. Ein Gedenkstein verweist auf die Geschichte des Ortes.

»Neuer« Friedhof

Werner-Seelenbinder-Straße 3, neben der Thüringenhalle

1878 eingeweiht, mit Trauerhalle und Kastellanswohnung; Denk- und Ehrenmäler erinnern an die gefallenen jüdischen Soldaten des Ersten Weltkrieges und an die Opfer des Naziterrors.

Öffnungszeiten:

Sonntag–Donnerstag 8–17 Uhr,
Freitag 9–15 Uhr

Angermuseum Erfurt

Anger 18

Tel.: 0361–554560

Öffnungszeiten:

Dienstag–Sonntag 10–18 Uhr

In der Vorhalle des Museums befindet sich der vom Friedhof am Moritztor stammende Grabstein des Rabbi Elazar ben Kalonymus ha-Levi aus dem Jahr 1289.

Dom

Mittelalterliche Darstellung der »besiegten« Synagoga am Jungfrauen-Portal und der »Judensau« in einer Schnitzerei am Chorgestühl aus dem 14. Jahrhundert.

Öffnungszeiten:

Montag–Samstag
10–11.30 und 12.30–17 Uhr
im Sommer bzw. bis 16 Uhr
im Winter, Sonntag 14–16 Uhr

»Israel Boutique« – Geschenke- und Souvenirladen

Krämerbrücke 29

Tel.: 0361–6461776

Mühlhausen

Ehemalige Synagoge

Jüdenstraße 24, im Hof gelegen

1842 eingeweiht, in der Pogromnacht 1938 geschändet und nach 60 Jahren 1998 neu geweiht. Synagoge und Gemeindehaus dienen als Begegnungsstätte und beherbergen eine Ausstellung und eine Bibliothek.

Besichtigungen

sind möglich nach *Voranmeldung* unter
Tel.: 03601–452321

Gebäudereste des Oppéschen Wohnhauses

Lindenbühl 17

Eingangsportal der ehemaligen Privatsynagoge des Textilfabrikanten und Stadtverordneten Louis Oppé.

Friedhof

Eisenacher Straße, zwischen Heinrich-Pfeiffer-Straße und Martinischule

In der zweiten Hälfte des 19. Jahrhunderts als »neuer« Friedhof neben dem einstigen evangelischen Friedhof angelegt.

Sondershausen

Ehemaliger Standort der Synagoge

Bebrastraße 6, Hinterhaus

1938 geschändet; Überreste wurden durch Bombenangriffe zerstört. In den 1960er Jahren wurden die Gebäudereste abgetragen.

Mikwe (Jüdisches Ritualbad)

Einkaufszentrum
»Galerie am Schlossberg«
Langestraße 1a

Unter dem Einkaufszentrum befindet sich ein jüdisches Ritualbad aus der Zeit um 1300, das mit einigem Aufwand umgebaut und so in den Gebäudekomplex integriert wurde, dass es separat zugänglich bleibt. Das Bad kann besichtigt werden.

Informationen

dazu sind erhältlich bei der Touristeninformation Sondershausen oder bei:

Frau Hirschler

Schloss Sondershausen
Tel.: 03632–663120

Jüdischer Friedhof (Waldfriedhof)

Possenallee,
südlich des Heinrich-Cotta-Weges

Um 1840 angelegt; 1938 geschändet; Gedenkstein.

5.

BIBLIO-GRAPHIE

Juden / Jüdische Gemeinden
in den Neuen Bundesländern

Kleine Auswahlbibliographie zum Thema:

»Juden / jüdische Geschichte in den neuen Bundesländern«

Michael Brocke, Eckehart Ruthenberg und Kai Uwe Schulenburg,
Stein und Name. Die jüdischen Friedhöfe in Ostdeutschland (Neue Bundesländer / DDR und Berlin), Berlin 1994 (Veröffentlichungen aus dem Institut Kirche und Judentum, 22).

Jutta Dick und Marina Sassenberg (Hg.),
Wegweiser durch das jüdische Sachsen-Anhalt,
Potsdam: Verlag für Berlin-Brandenburg 1988 (Beiträge zur Geschichte und Kultur der Juden in Brandenburg, Mecklenburg-Vorpommern, Sachsen-Anhalt, Sachsen und Thüringen, 3).

Irene Diekmann (Hg.),
Wegweiser durch das jüdische Brandenburg,
Berlin: Edition Hentrich 1995.

Irene Diekmann (Hg.),
Wegweiser durch das jüdische Mecklenburg-Vorpommern,
Potsdam: Verlag für Berlin-Brandenburg 1988 (Beiträge zur Geschichte und Kultur der Juden in Brandenburg, Mecklenburg-Vorpommern, Sachsen-Anhalt, Sachsen und Thüringen, 2).

Geschichte jüdischer Gemeinden in Sachsen-Anhalt. Versuch einer Erinnerung,
Wernigerode: Oemler Verlag 1997.

Juden in Sachsen. Ihr Leben und Leiden,
Leipzig: Evang. Verl.-Anstalt 1994.

Monika Kahl,
Denkmale jüdischer Kultur in Thüringen,
Bad Homburg: Verl. Ausbildung und Wissen, 1997
(Kulturgeschichtliche Reihe, 2).

Zeugnisse jüdischer Kultur. Erinnerungsstätten in Mecklenburg-Vorpommern, Brandenburg, Berlin, Sachsen-Anhalt, Sachsen und Thüringen,
Berlin: Tourist-Verlag u. a. 1992.

ABBILDUNGS- UND COPYRIGHT-NACHWEIS

S. Ajnwoiner S. 230
Akg-images, Berlin
S. 17, 28, 40 (Abraham Pisarek), 97, 103, 148, 203, 332, 365 u.
Alte Synagoge, Essen
S. 247, 251 und Schutzumschlag
Altonaer Museum, Hamburg
S. 159
American Jewish Historical Society
S. 34
Archiv der Herausgeber
S. 155 und Schutzumschlag
Arthotek
S. 219
Ingeborg Bachmann Forum
S. 395
Michael Bause, Köln
S. 194
Uta Berg-Ganschow/Wolfgang Jacobsen, Film, Stadt, Kino, Berlin
S. 418, 419
Berlinische Galerie – Landesmuseum für Moderne Kunst, Fotografie und Architektur
S. 21, 37 u. (Henry Ries)
Beth Hatefutsoh (Diasporamuseum), Tel Aviv
S. 230
Ludwig Bez
S. 282 o. und Schutzumschlag
Bildarchiv-Hamburg
S. 143, 153 und Schutzumschlag
Bildarchiv Preußischer Kulturbesitz, Berlin
S. 15, 19 l., 35 (Herbert Hoffmann)
Bildsammlung Salomon Korn
S. 341, 345, 346, 347, 349, 350, 351, 352, 353, 356
Bundesarchiv, Koblenz
S. 37 o.
DEFA-Stiftung, Berlin
S. 422
Deutsch-Jüdische Geschichte in der Neuzeit, München 1997
S. 223 und Schutzumschlag
Deutsches Filmmuseum, Berlin
S. 420
Deutsches Theatermuseum, München
S. 411 (Ilse Buhs); 415 (Abisag Tüllmann)
Jürgen Faust
S. 265
Wolfgang Feyerabend, Berlin
S. 18 r.
Foto Klier, Hofgeismar
S. 189
Freilichtmuseum Hessenpark, Neu-Anspach
S. 178
Andrea Frenzel, Wiesbaden
S. 175 und Schutzumschlag
Gateshead Yeshiva, Gateshead
S. 301
Joachim Hahn, Plochingen
S. 285
Roland Halbe, Stuttgart
S. 66
Hällisch-Fränkisches Museum, Schwäbisch-Hall
S. 282 u.
Lisa Hammel, Hamburg
S. 60
Robert Heiler
S. 173
Volkmar Heinz, Leipzig
S. 206
Maren Heyne, Düsseldorf
S. 74, 75, 80, 83 und Schutzumschlag, 135, 136
Historisches Museum, Frankfurt am Main
S. 101, 104 (Horst Ziegenfusz); 106 (Ursula Seitz-Gray)
Historisches Museum der Pfalz, Speyer
S. 272, 273
Israel Museum, Jerusalem
S. 304 (D. Harris); 305
Jewish Museum, New York
S. 306, 310
Juden in Leipzig. Eine Dokumentation, Leipzig 1988
S. 208
Juden in Sachsen. Ihr Leben und Leiden, Leipzig 1994
S. 62, 64
Jüdische Allgemeine
S. 337 (M. Gärtner)
Jüdisches Berlin, Dezember 2002
S. 57 und Schutzumschlag
Jüdisches Kulturmuseum und Synagoge, Veitshöchheim
S. 90 und Schutzumschlag (Angelika Neuhaus)
Jüdisches Museum Berlin
S. 13, 14, 26 l., 29, 34 (H. Sonnenfeld); 390
Jüdisches Museum Creglingen
S. 286 (Martin Heuwinkel)
Jüdisches Museum Franken
S. 88, 91
Jüdisches Museum Frankfurt
S. 98, 106, 109, 111, 115, 119 u., 121, 176, 295, 316
Jüdisches Museum München
S. 237, 239
Jüdisches Museum Prag
S. 307 o.
Michael Kerstgens-Wirth, Großheide
S. 438, 441
Michael Koglin, Spaziergänge durch das jüdische Hamburg, Europäische Verlagsanstalt, 1998
S. 156
Christine Krienke, Wiesbaden
S. 174 o., 181., 185
Kunsthalle Mannheim
S. 32 und Schutzumschlag

Landesarchiv Berlin
S. 26 r. und Schutzumschlag, 31 l., 39 (Gert Schütz), 42 (Edmund Kasperski)
Landesmuseum Sarajewo
S. 293
Levi-Strauss-Museum, Buttenheim
S. 94
Heike Liebsch, Leipzig
S. 65, 67, 70, Schutzumschlag
Peter Liedtke, Essen
S. 257
Literaturarchiv Marbach
S. 31 r.
Ralf Maro/Version
S. 44, 45, 53, 54
Masterpress/Martin Proßwitz
S. 289
Klaus Meier-Ude, Frankfurt am Main
S. 100, 112, 123 und Schutzumschlag, 124, 125 und Schutzumschlag, 128, 131
Michael Melcer, Berlin
S. 433, 445, 446, 447, 448, 449, 450
Moses-Mendelssohn-Akademie
S. 137
Münchner Stadtarchiv
S. 220, 221, 225, 226
Felix Nussbaum Museum, Osnabrück
S. 314
Picture Alliance
S. 63, 119 o. (dpa); 370, 393 (dpa);
Rheinisches Bildarchiv, Köln
S. 193
Saalbau
S. 397
Kirsten Serup-Bilfeldt, Zwischen Dom und Davidstern. Jüdisches Leben in Köln von den Anfängen bis heute, Verlag Kiepenheuer und Witsch, Köln 2001
S. 195, 199 und Schutzumschlag
Staatsarchiv Hamburg
S. 167
Stadtarchiv Ahrensburg
S. 261
Stadtarchiv Bad Nauheim
S. 182
Stadtarchiv Friedrichstadt
S. 263
Stadtarchiv Mainz
S. 277
Stadtarchiv Worms
S. 274
Stadtbildstelle Essen
S. 250
Stadtgeschichtliches Museum Leipzig
S. 205, 207 und Schutzumschlag, 214 (Atelier Hermann Walter)
Stadtmuseum Berlin
S. 27 (Christel Lehmann)
Stadtmuseum Düsseldorf
S. 81
Stadtplanungsamt Köln/ Büro Fitzek/Pancini
S. 192
Stadt- und Universitätsbibliothek Frankfurt am Main
S. 297, 307 u., 315, 384, 389, Schutzumschlag
Stadtverwaltung Gudensberg
S. 188
Stadtverwaltung Michelstadt
S. 174 u.
Michael Studemund-Halévy
S. 160, 161, 162, 163, 259 und Schutzumschlag
Tel Aviv Museum of Art
S. 309
Ullstein
S. 33, 50; 157 (Michael Zapf); 198 und Schutzumschlag (kpa) ; 233 (Jochen Blume); 235, 255, 331, 363, 396, 399, 400 (Sauer); 402 (Friedrich); 405, 410, 428 (dpa/85)
Universität Heidelberg
S. 387
Universitäts- und Landesbibliothek, Darmstadt
S. 271
Gudrun Vogel, Leipzig
S. 209, 212
Volkstheater Rostock
S. 412 (Hildegard Levermann-Westerholz)
Hans-Georg Vorndran, Büttelborn
S. 432
Miriam Weinstein, Yiddish. A Nation of Words, Steerforth Press
S. 325
Dagmar Wienrich
S. 151
Falk Wiesemann, Düsseldorf
S. 77
Yiv Institute for Jewish Research
S. 323
Wolfgang Zeyen
S. 213
© The Munch Museum/The Munch Ellingsen Group/VG Bild-Kunst, Bonn 2005
S. 27

Verlag und Herausgeber haben sich bemüht, alle Rechteinhaber ausfindig zu machen. Leider ist dies in einigen Fällen nicht gelungen. Berechtigte Ansprüche werden selbstverständlich im Rahmen der üblichen Vereinbarungen abgegolten.